Das Visual Basic 3.0 Buch

Das Visual Basic 3.0 Buch

Gerald Mutsch

Michael Reitinger

DÜSSELDORF · SAN FRANCISCO · PARIS · SOEST (NL)

Projektmanagement/Lektorat: Jens Grabig
Produktion: Brigitte Hamerski
Satz: text korrekt · Carola Richardt, Essen
Farbreproduktionen / Umschlaggestaltung: TUBBY TUBBAX TYPE & IMAGE GmbH, Düsseldorf
Belichtung, Druck und buchbinderische Verarbeitung: Koninklijke Wöhrmann B.V., NL-Zutphen

ISBN 3-8155-0115-6
1. Auflage 1994

Printed in the Netherlands

Widmung

Wir widmen dieses Buch allen Vulcaniern und Betazuiden, die uns regelmäßig im Gamma-Quadranten besuchten und der Besatzung der NCC-1701D, sowie allen Terranern.

LIVE LONG AND PROSPER!

Inhaltsverzeichnis

Vorwort? XV

Kapitel 1: Einführung in Visual Basic 1

Die Idee "Visual Basic" 4
- Visual Basic als Interpreter 4
- Visual Basic als Compiler 5
- Die verschiedenen Ausgaben von Visual Basic 5

Die Oberfläche - Ihr Arbeitsbereich 6
- Das Visual Basic-Fenster 7
- Die Toolbox 7
- Das Eigenschaften-Fenster - Properties 8
- Das Form-Fenster - Ihre Anwendung 8
- Das Project-Fenster - Visual Basic modular 9
- Hallo Welt - Ein kleiner Rundgang 10

Code - Ihre Kommandos an den PC 12
- Die Syntax - Regeln gibt es überall 12
- Variablen 14

Die Ereignis-Orientierte-Programmierung 18
- Ereignisse 19
- Objekte 20
- Prozeduren und Funktionen 25

Der Umgang mit Projekten 29
- Die Formen - Ihre Fenster zur Außenwelt 30
- VBX - Visual Basic-Erweiterungen 34

Kapitel 2: Die Steuerelemente 37

Der Umgang mit Steuerelementen 39

Die wichtigsten Eigenschaften 41
- Position 41
- Farben 42
- Die Gestaltung von Schrift 43
- Sichtbar und aktiviert 44
- Name 44
- Ausrichten von Steuerelementen 46

Die wichtigsten Ereignisse 46
- Die Click-Ereignisse 47
- Die Mausereignisse 47
- Tastaturereignisse 48

Der Fokus 49
Wichtige Ereignisse der Form 50
Grundlegende Steuerelemente 50
Der CommandButton 51
Das Label 52
Die Textbox 53
Die Checkbox 57
Der OptionButton 58
Die Listbox 59
Die Combobox 62
Die Scrollbars 63
Der Timer 64
Die DriveListbox 65
Die DirectoryListbox 65
Die FileListbox 66
Der Frame 68
Die Picturebox 69
Das Image 70
Menüs 70
Menüdesign 72
Tips zum Umgang mit Steuerelementen 76
Erweiterte Steuerelemente 76
Der CommonDialog (CMDIALOG.VBX) 77
Das Gitternetz (GRID.VBX) 88
Die 3D-Elemente (THREED.VBX) 91
Das MaskedEdit-Control (MSMASKED.VBX) 96
Der AnimatedButton (ANIBUTON.VBX) 99
Das Graph-Control (GRAPH.VBX) 101
Das Outline-Control (MSOUTLIN.VBX) 106
Das Spin-Control (SPIN.VBX) 110
Das Gauge-Control (GAUGE.VBX) 111
Das KeyStatus-Control (KEYSTAT.VBX) 113
Das Communication-Control (MSCOMM.VBX) 114
Die MAPI-Controls (MSMAPI.VBX) 115
Multimedia Programmierung 122
Grundlagen 122
Das MCI-Steuerelement (MCI.VBX) 123
Abschluß 129

Kapitel 3: Die Tiefen der Programmierung 131

Variablen - Kein Ende in Sicht? 133
Implizit oder explizit? 133
Der Gültigkeitsbereich von Variablen 134

	Die Lebensdauer von Variablen	135
	Konstanten	136
	Arrays - Die Dimensionen	138
	Benutzerdefinierte Variablentypen	142
	Entscheidungsstrukturen	143
	IF...THEN	143
	SELECT CASE	145
	Schleifen	145
	FOR...NEXT	146
	DO...LOOP	146
	WHILE...WEND	147
	Ein- und Ausgaben	148
	Die Tastatur	148
	Die InputBox	150
	Die MessageBox	151
	Dateioperationen	153
	Die verschiedenen Zugriffsarten	155
Kapitel 4:	**Debugging**	**161**
	Syntaxfehler	163
	Programmstrukturfehler	165
	Laufzeitfehler	166
	Erwartete Laufzeitfehler	166
	Unerwartete Laufzeitfehler	172
	Logische Fehler	173
	Debugging Tools	173
	Break-Modus	174
	Breakpoint	175
	Next Statement	176
	Step	177
	Calls	178
	Watch	178
	Debug-Fenster	181
Kapitel 5:	**Datenaustausch mit anderen Anwendungen**	**183**
	Die Zwischenablage	186
	DDE	189
	Visual Basic als Ziel	191
	DDE im Netzwerk	198
	Visual Basic als Quelle	199
	Zusammenfassung	201
	OLE - Object Linking and Embedding	201

	Grundlagen	202
	Was ist OLE?	202
	Das OLE-Control (MSOLE2.VBX)	207
	OLE-Automation	212
	VBA - Visual Basic für alle?	214
Kapitel 6:	**Windows ist eigen - Eigenheiten**	**219**
	MDI - Eltern und Kinder	221
	Instanzen	222
	Erstellen von MDI-Anwendungen	227
	Menüs in MDI-Anwendungen	228
	Drag and Drop - Einfach fallenlassen	230
	API - Das Windows-Getriebe	232
	DLL-Aufrufe mit Visual Basic	232
	Deklaration	233
	Aufruf	235
	Einige nützliche Funktionen	236
Kapitel 7:	**Datenbankzugriff - Der Grund für 3.0**	**239**
	Datenbanktheorie	241
	Was ist eine Datenbank?	241
	Datenbankmodelle	242
	Aufbau und Funktionsweise eines RDBMS	245
	Normalisierung von Datenbanken	249
	Beziehungen	252
	SQL	255
	Was ist SQL?	255
	SQL-Anweisungen	258
	SQL-Optionen	262
	Bound Controls - Fesselspiele mit Visual Basic	262
	Anlegen von Datenbanken	263
	Design der Datenmaske	270
	Programmierung des Datensteuerelementes	276
	Die Datenbankobjekte - Zugriff für Profis	285
	Erzeugen von Datenbanken	288
	Ändern der Datenbankstruktur	291
	Öffnen von Datenbanken	291
	Zugriff auf Daten - Das Dynaset	294
	Fotografie in der Datenbank - Das Snapshot	295
	Filter	295
	Sortieren	296
	Schließen von Dynasets und Snapshots	296

QueryDefs - Vordefinierte Abfragen 296
Der direkte Zugriff auf Tabellen 298
Aktionsabfragen 299
Transaktionen 300
Verwaltung von Datenbanken im Access-Format 301
Gemeinsamer Datenbankzugriff 302
Database Locking 302
Table / Dynaset Locking 302
Page Locking 303
Zugriff auf externe Datenquellen 304
Zugriff auf andere Datenbanken 304
Einbinden von Tabellen 306
SQLPassThrough 308
Besonderheiten des SQL-Servers 309
Crystal Reports - Jetzt gibt´s Druck 309
Erstellen eines neuen Berichts 310
Einbinden von Berichten in Visual Basic 315

Kapitel 8: Hilfe-Compiler 317

Erstellung eines Hilfetextes 320
Compilieren einer Hilfedatei 328
Programmierung unter Visual Basic 330
Von der Theorie zur Praxis 332
Anlegen des Hilfe-Textes 333
Anlegen der Projektdatei 338

Kapitel 9: E-Forms - Das Ende des Papierkrieges 341

Der E-Forms-Designer 343
Das Erstellen einer E-Form 344
1. Lokalisieren der E-Form-Designer-Dateien auf der Festplatte 344
2. Anlegen eines neuen E-Form-Projektes in Visual Basic 345
3. Entwerfen der Compose Form 345
4. Entwerfen der Read Form 348
5. Festlegen des Nachrichtentyps 348
6. Kompilieren des Projektes 349
7. Editieren der MSMAIL.INI 349
8. Testen der E-Form 350
Die Funktionsweise einer E-Form 350
Custom Message Types 351
Installation und Verwaltung von E-Forms 351
Lokale- und Server-Installation 352
Der Eintrag in die Sektion [Custom Messages] 353

Einträge für die Server-Installation und den Cache 355
Abschließende Bemerkungen 356
E-Forms für Profis - Erweiterte Möglichkeiten 357
Überprüfen der Benutzer-Eingaben 358
Zusätzliche Formulare 359
Festlegen der Empfänger 361
Zusammenfassung 362

Anhang A: Objekte und Befehlsübersicht 365
Objekte 367
App-Objekt 367
Clipboard-Objekt 367
Data Control 367
Database-Objekt 367
Debug-Objekt 368
Dynaset-Objekt 368
Field-Objekt 368
Fields-Collection 368
Form 368
Index-Objekt 369
Indexes-Collection 369
MDI-Form 369
Printer-Objekt 369
QueryDef-Objekt 370
Screen-Objekt 370
Snapshot-Objekt 370
Steuerelemente 370
Table-Objekt 371
TableDef-Objekt 371
TableDefs-Collection 371
Befehlsübersicht 371
Arrays 371
Programmablauf 372
Umwandlung 372
Zwischenablage 373
Datum / Zeit 373
Dynamic Data Exchange (DDE) 373
Fehlerbehandlung 373
Datei Ein-/Ausgabe 374
Grafiken 375
Methoden zum Umgang mit Objekten 375
Mathematik 376
Finanzmathematik 376

Drucken 377
Prozeduren 377
Strings 377
Variablen und Konstanten 378
Diverses 378
Operatoren 379

Anhang B: Sprachreferenz 381
Anhang C: Trappable Errors 499
Anhang D: Visual Basic-Schaltflächen und Zeichentabelle 515

Stichwortverzeichnis 521

Vorwort?

Die ersten Sonnenstrahlen, die durch die Jalousien trafen, krochen langsam, unendlich langsam über die Tischplatte. Als hätten sie es gewußt, trafen sie auf den Monitor, auf dem immer noch ungeduldig blinkend ein schwarzer Cursor auf weißem Grund seine Mahnung in den Raum schickte - Ihr habt immer noch kein Vorwort.

Die Mahnung formierte sich in unseren Köpfen zur Gewißheit. Wir würden das Manuskript an den Verlag schicken und dort würden die weißen, leeren Seiten anklagend auf unser Versagen hinweisen. Zum ersten Mal in der Geschichte des deutschen Fachbuches, würde es ein Buch ohne Vorwort geben.

Draußen fingen die ersten Vögel an zu singen und schon bald würden es die Spatzen von den Dächern pfeifen - ein Buch ohne Vorwort. Also gut, noch einmal rappelten wir uns zu einem letzten Versuch auf. Die Tastatur wurde zurechtgerückt, die Maus neu angeordnet. Alles war bereit, doch was fehlte, waren die Worte.

Wie sollten wir es nur ausdrücken, das Gefühl nach langer, intensiver Arbeit es endlich geschafft zu haben? Ein großer Stapel Papier lag vor uns. Direkt unseren Gedanken entsprungen und über flinke Finger rasant der Tastatur übergeben.

Wie all den Menschen danken, die aktiv oder passiv zur Entstehung dieses Werkes beigetragen haben? Unseren Eltern und Freunden für die Geduld, die sie aufbringen mußten um uns, zumindest hin und wieder zu Gesicht zu bekommen. Dem Verlag, der trotz mehrfacher Terminverschiebungen unserem kreativen Prozeß freien Lauf ließ. Dabei wäre gerade das Vorwort so günstig gewesen, unserem Projektleiter, Herrn Jens Grabig, dem wir kaum noch in die Augen zu schauen wagten, für sein Verständnis unsere Terminprobleme betreffend zu danken.

Wie sollten wir unseren Dank für Herrn Rüdiger Vogel und Frau Getrud Schiller von der Unternehmensberatung Vogel in Ditzingen zu Papier bringen, die immer Entgegenkommen für unsere Terminwünsche zeigten.

Auch Frau Bettina Moser gebührt unser Dank, die uns in der Endphase tatkräftig unterstützte und sich tapfer mit unseren unleserlichen Korrekturen herumschlug. Auch dieser Dank wäre ein Opfer unseres fehlenden Vorwortes.

Auf jeden Fall wollten wir doch unserem Leser mitteilen, daß er uns jederzeit unter der CompuServe-ID: 100332,1356 erreichen könnte. Dort hätte er die Möglichkeit, uns Anregungen, Kritik, Wünsche oder auch Gratulationen zu senden. Aber wie sollte er davon erfahren? Und wollten wir ihm nicht auch viel Spaß beim Lesen wünschen?

Inzwischen hatte die Sonne ihren Zenit erreicht. Die Post wartete begierig darauf, endlich unser Paket an der Verlag in Empfang nehmen zu können. So entschieden wir uns schweren Herzens auf ein Vorwort zu verzichten - leider!

Gerald Mutsch und Michael Reitinger im November 1994

1 Einführung in Visual Basic

❑ **Die Idee "Visual Basic"** **4**

Visual Basic als Interpreter 4
Visual Basic als Compiler 5
Die verschiedenen Ausgaben von Visual Basic 5

❑ **Die Oberfläche - Ihr Arbeitsbereich** **6**

Das Visual Basic-Fenster 7
Die Toolbox 7
Das Eigenschaften-Fenster - Properties 8
Das Form-Fenster - Ihre Anwendung 8
Das Project-Fenster - Visual Basic modular 9
Hallo Welt - Ein kleiner Rundgang 10

❑ **Code - Ihre Kommandos an den PC** **12**

Die Syntax - Regeln gibt es überall 12
Variablen 14

❑ **Die Ereignis-Orientierte-Programmierung** **18**

Ereignisse 19
Objekte 20
Prozeduren und Funktionen 25

❑ **Der Umgang mit Projekten** **29**

Die Formen - Ihre Fenster zur Außenwelt 30
VBX - Visual Basic-Erweiterungen 34

Visual Basic, was ist das eigentlich? Oft wird man im Zusammenhang mit Visual Basic mit der Aussage konfrontiert, das Wort "Basic" im Namen sei das größte Problem. BASIC erinnere an die Anfangstage der Computerära, wo Freaks vor ihren selbstgebauten PCs in Garagen saßen und kleine Programme in BASIC entwickelten. BASIC, das klinge nach Heimcomputern, Teenagern mit Hamburgern und Cola. So etwas könne man doch nicht als ernst zu nehmendes Entwicklungssystem für moderne PC-Systeme sehen.

Zudem, mal abgesehen von den Leuten die vor den PCs sitzen, sei BASIC ja eine Sprache für Anfänger, nicht schnell genug, nicht flexibel genug, also kurz gesagt, in BASIC zu programmieren ruiniert den Ruf eines jeden integeren Softwareentwicklers.

Wer so denkt, liegt nicht nur vollkommen falsch, er verschläft eine wichtige Entwicklung im Bereich des Software-Designs. Dieser Name zeigt schon die Richtung an. Die Entwicklung weicht hier ab von dem Bild des allmächtigen Programmierers, der im Olymp seines Rechenzentrums, von Zigarettenrauch und einer Aura des Geheimnisvollen umgeben, sich in nächtelangen Sitzungen auf, für jeden anderen, vollkommen unverständliche Weise mit seinem PC unterhält.

Heutzutage werden keine Programme mehr geschrieben, es wird nicht mehr programmiert. Die Anwendungen werden designed. Programmierer gibt es eigentlich auch nicht mehr, nur noch "Software-Design-Ingenieure". Und die entsprechen schon fast mehr dem Bild des kreativen Künstlers, als dem des abgedrehten Freaks.

Microsoft Windows hat nicht nur dazu beigetragen, daß Computer einfacher und intuitiver zu bedienen sind. Auch das Anwendungsdesign funktioniert wie Windows selbst. Genau das ist es, was Sie bei Visual Basic auch noch sehen werden. Eine Applikation mit Visual Basic zu erstellen bedeutet nicht nur für Windows zu entwickeln, sondern auch mit und wie Windows.

Dennoch sollte man hier nicht den Fehler machen zu glauben, die Programmierung unter Visual Basic sei im Schlaf zu erlernen. Auch hier sind solide Grundlagen und erlernte Methodik von grundlegender Bedeutung. Dies alles sollte aber nach der Lektüre dieses Buches kein Problem mehr für Sie darstellen.

Die Idee "Visual Basic"

VISUAL?

Visual Basic - der Name drückt bereits aus, was Sie zu erwarten haben. Wenn Sie schon mit anderen, herkömmlichen Programmiersystemen gearbeitet haben, werden Sie bald feststellen, daß Visual Basic eine z.T. völlig andere Art der Programmierung darstellt. Wie das Wort "Visual" bereits vermuten läßt, programmieren Sie oft mehr mit der Maus und dem Auge, als der Tastatur. Eigentlich, wie schon angesprochen, programmieren Sie gar nicht, Sie designen eine Anwendung. Ihre erste Aufgabe bei der Erstellung einer Applikation ist die Oberfläche, lange bevor Sie beginnen werden, die erste Zeile Code zu tippen.

BASIC?

Das Wort "Basic" deutet hier nur noch darauf hin, daß sich Programmsyntax und Befehle an die Hochsprache BASIC anlehnen. Wenn Sie BASIC kennen, wird Ihnen aber schon sehr bald auffallen, daß es auch hier einige grundlegende Änderungen gibt.

Compiler oder Interpreter?

Sollten Sie sich nun fragen, ob Visual Basic ein Compiler oder ein Interpreter ist, so werden Sie eine Antwort erhalten, die Ihnen im Umfeld von Visual Basic noch öfter begegnen wird: "sowohl als auch". Eine eindeutige Zuordnung zu einer der beiden Programmiersysteme läßt sich auch hier nicht machen. Visual Basic vereinigt Charakteristika beider Gattungen.

Visual Basic als Interpreter

Threaded-P-Code Technik

Grundlegendes Merkmal von Interpretern ist es, daß die darin erstellten Programme in der Entwicklungsumgebung ablaufen. Die Programme können jederzeit gestartet werden und Programmfehler werden so auch sofort erkannt. All das bietet auch Visual Basic. Auch hier können Sie Ihre Anwendung in der Entwicklungsumgebung starten. Visual Basic arbeitet hier mit der *Threaded-P-Code* Technik.

Auch wenn sich das jetzt kompliziert anhört, Sie selbst müssen nichts dazu tun, werden aber merken, welche Vorteile diese Technik bietet. Visual Basic wandelt jede Codezeile, die Sie tippen, nach dem Zeilenabschluß bereits in eine Art von Zwischencode, dem *Threaded-P-Code* um. Das ist noch kein reiner Maschinencode, bietet aber im Vergleich zu reinen Interpretern erhebliche Geschwindigkeitsvorteile. Dabei prüft Visual Basic auch gleich Ihre Programmsyntax und meldet Ihnen gefundene Fehler. Ein weiterer Vorteil dieser Technik sind die Möglichkeiten der Fehlersuche, die Sie aber noch kennenlernen werden.

Dennoch ist Visual Basic nun kein reiner Interpreter, denn dies würde ja bedeuten, daß die Anwendungen nur mit Visual Basic zusammen laufen würden. Doch Visual Basic bietet Ihnen auch die Möglichkeit, lauffähige EXE-Dateien zu erzeugen. Damit fällt es aus dem Schema der Interpreter heraus.

Visual Basic als Compiler

VBRUN300.DLL

Nun, das Erzeugen von lauffähigen Programmdateien hört sich verdächtig nach einem Compiler an. Im Prinzip ist Visual Basic das auch, und doch wieder nicht. Um Visual Basic-Anwendungen auf anderen Systemen laufen zu lassen, benötigen Sie eine Datei namens VBRUN300.DLL. Diese enthält die gesamte Funktionalität von Visual Basic. Ohne diese Datei ist das erzeugte Programm nicht lauffähig. Es gibt auch keine Möglichkeit, eine Applikation mit Visual Basic zu erzeugen, welche diese Datei nicht benötigt. Also ist Visual Basic auch kein richtiger Compiler.

Fazit: Visual Basic ist sowohl Interpreter als auch Compiler. Es vereint die Eigenschaften beider Typen und läßt sich doch nicht nur einem der Typen zuordnen. Das dies aber mehr Vor- als Nachteil ist, werden Sie noch sehen.

Die verschiedenen Ausgaben von Visual Basic

Sie haben es evtl. bereits in Anzeigen sehen können. Von der Visual Basic-Version 3.0 gibt es zwei verschiedene Ausgaben, zwei *Editions.*

Standard Edition

Die *Standard Edition* von Visual Basic stellt eine Grundversion des Produktes dar. Im Kern, also im Grunde ihres Herzens sozusagen, sind die beiden Editions gleich. Lediglich im Lieferumfang und damit auch in den Möglichkeiten unterscheiden sie sich.

Professional Edition

Der *Professional Edition* wurden mehr Werkzeuge und Hilfsmittel spendiert. Dazu gehören mehr Steuerelemente, ein Hilfecompiler und diverse andere Tools. Diese Ausgabe gibt es allerdings nur in englisch.

Grundsätzlich haben Sie aber die Möglichkeit, Ihre Standard-Ausgabe zur Professional-Ausgabe zu erweitern.

Die Oberfläche - Ihr Arbeitsbereich

Klicken Sie doch einmal auf das Visual Basic-Icon in der entsprechenden Gruppe des Programm-Managers. Täterätä, da liegt er vor Ihnen, Ihr neuer Arbeitsbereich.

Die Oberfläche von Visual Basic ist allerdings etwas gewöhnungsbedürftig. Viele halten gerade die Entwicklungsumgebung mit ihrer Vielfalt an verschiedenen Fenstern für einen der größten Schwachpunkte von Visual Basic. Wie dem auch sei, Sie werden sich nach einer kleinen, aber sicherlich turbulenten Eingewöhnungsphase darin wie zu Hause fühlen. Danach werden wahrscheinlich auch Sie diese Oberfläche benutzen, als hätte es nie etwas anderes gegeben. Bei allem Optimismus kann man sich aber dennoch fragen, ob es hierfür nicht andere, vielleicht bessere Lösungen gegeben hätte. Das bleibt aber z.Z. eine rein hypothetische Frage. Vielleicht hat diese Art der Oberfläche ja auch einige Vorteile.

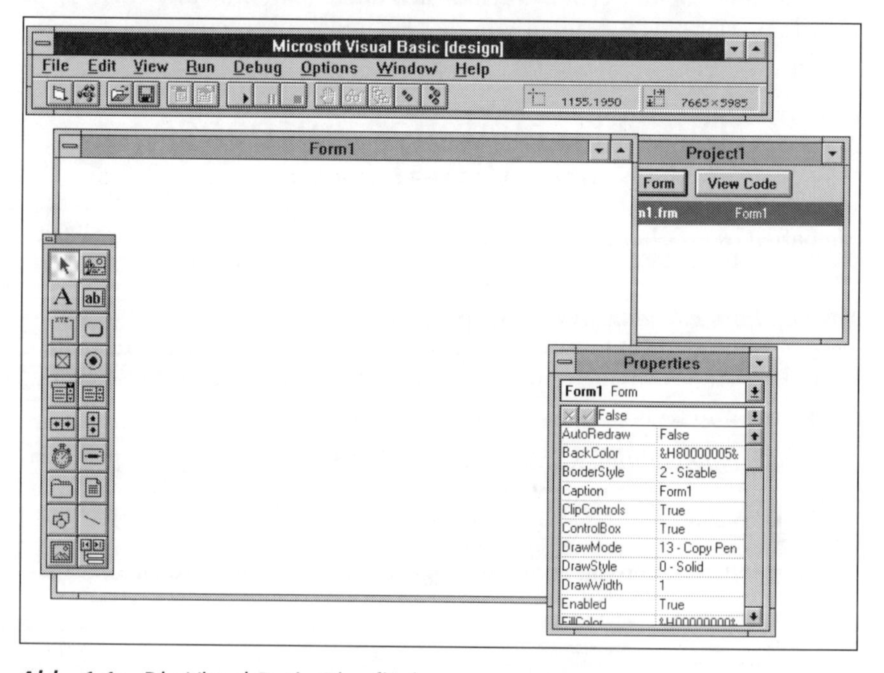

Abb. 1.1: Die Visual Basic-Oberfläche

Die vielen Fenster sind es, die einem als erstes auffallen. Grund genug, sich die einzelnen Fenster einmal genauer anzusehen.

Das Visual Basic-Fenster

Am oberen Bildschirmrand "thront" das eigentliche Visual Basic. Hier allerdings zu einer Menüzeile und einer Werkzeugleiste verkleinert. Obwohl die anderen Fenster unabhängig von diesem wirken, werden sie geschlossen, sobald dieses Fenster zum Symbol verkleinert oder geschlossen wird.

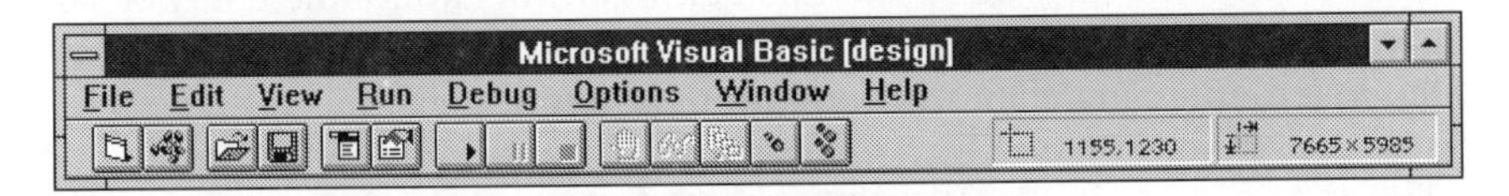

Abb. 1.2: *Das eigentliche Fenster von Visual Basic*

In diesem Fenster befindet sich die Steuerzentrale von Visual Basic. Dazu zählen die verschiedenen Menüs und die Werkzeugleiste. Auf beide soll später noch genauer eingegangen werden.

Die Toolbox

Wenn Sie nach Knöpfen, Eingabefeldern und ähnlichem suchen, die später auf Ihrer Anwendung erscheinen sollen, dann sind Sie bei der Toolbox genau richtig. Achten Sie hier auf den kleinen, aber feinen Unterschied. Die o.g. Werkzeugleiste wird *Toolbar* genannt, dieses Fenster aber ist die *Toolbox*, nur um Mißverständnisse auszuschließen. Hier befinden sich alle Elemente, die Sie in Ihrer Anwendung benutzen können. Was diese Elemente darstellen und wie sie eingesetzt werden lernen Sie später noch.

Abb. 1.3: *Die Toolbox*

Falls Ihre Toolbox größer sein sollte, liegt das an den verschiedenen Editions von Visual Basic. Die professionelle Ausgabe hat hier mehr zu bieten.

Das Eigenschaften-Fenster - Properties

Dieses kleine Fenster wird später noch eine zentrale Rolle spielen. Hier sei allerdings erst einmal nur kurz erwähnt, daß Sie hier die Eigenschaften der Steuerelemente einstellen und verändern können.

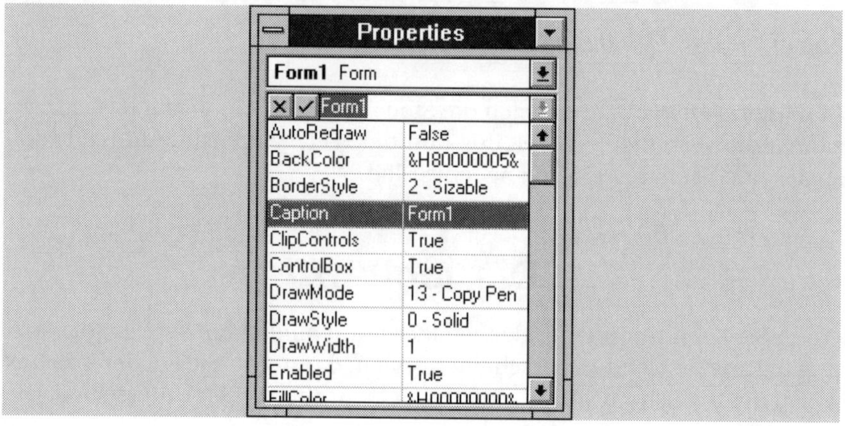

Abb. 1.4: *Das Eigenschaften-Fenster - Properties Window*

Auch dieses Fenster kann anders aussehen. Das Eigenschaften-Fenster paßt sich jeweils dem ausgewählten Steuerelement an. Aus diesem Grund hat es mal mehr und mal weniger Eigenschaften.

Das Form-Fenster - Ihre Anwendung

Das Form-Fenster, einfacher nur die Form genannt, ist das zentrale Ausgabefenster Ihrer Anwendung. Nachdem Sie ja hier Windows-Anwendungen entwickeln, müssen diese sich genau dort abspielen, wo der Name es sagt, in einem Fenster.

Dieses Fenster ist beim Start von Visual Basic erst einmal leer und es wird später Ihre Aufgabe sein, es mit Leben zu füllen. Auf dieses Fenster, auf die Form, bringen Sie die Steuerelemente der Toolbox auf und stellen deren Eigenschaften dann im Eigenschaften-Fenster ein.

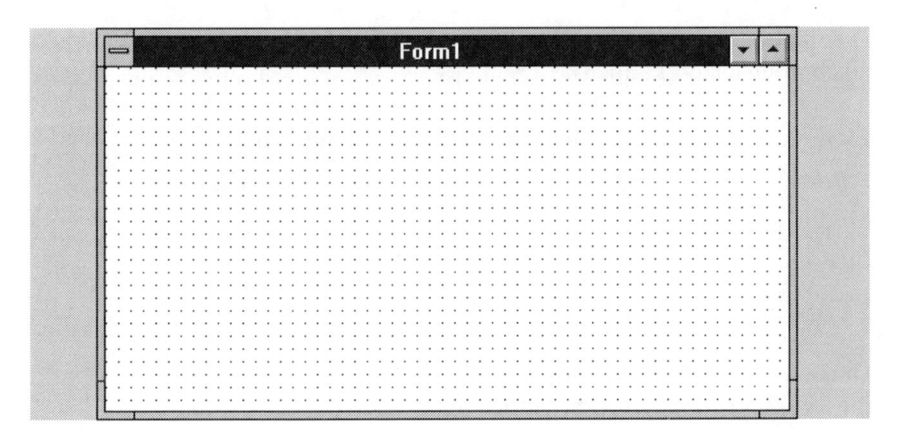

Abb. 1.5: *Die Form*

Das Project-Fenster - Visual Basic modular

Anhand des Project-Fensters können Sie erkennen, daß Visual Basic-Anwendungen eigentlich modular aufgebaut sind. Der Quellcode besteht also nicht aus einer großen Datei, sondern aus mehreren Bestandteilen, die alle in diesem Fenster angezeigt werden.

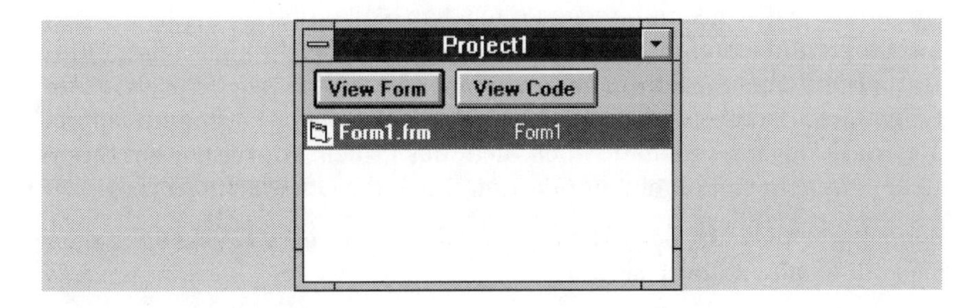

Abb. 1.6: *Das Project-Fenster*

Ihr Fenster wird wahrscheinlich einige Elemente mehr enthalten.

Visual Basic-Anwendungen bestehen also aus mehreren Bestandteilen. Diese einzelnen Elemente der Anwendung werden auch einzeln gespeichert. Auf diese Weise können sie in anderen Programmen, unter Visual Basic „Projekte" genannt, wieder verwendet werden. Teamarbeit oder Recycling, hier haben Sie beide Möglichkeiten.

Die folgende Tabelle zeigt Ihnen, aus welchen Elementen sich Ihr Projekt zusammensetzen kann:

Element	Dateierweiterung	Bedeutung
Form	*.FRM	Ausgabefenster
Modul	*.BAS	Codemodul ohne Objekte
Custom Control	*.VBX	Erweiterungen

Tab. 1.1: Elemente eines Visual Basic-Projektes

Die Bedeutung und Funktion der einzelnen Elemente werden Sie im Laufe dieser Einführung noch kennenlernen.

Alle diese Elemente werden, wie schon erwähnt, als einzelne und unabhängige Dateien gespeichert. Aus diesem Grund können Sie auch jederzeit einzelne Teile laden und speichern. Dies gibt Ihnen natürlich die Möglichkeit, Formen und Code, die Sie für ein früheres Projekt erstellt haben, in anderen Projekten wieder zu verwenden. Dies spart Arbeit und schont die Nerven.

Hallo Welt - Ein kleiner Rundgang

So, genug der Theorie. Starten Sie Ihren Computer, lassen Sie die Festplatte schnurren und aktivieren Sie Visual Basic. Auf einem kleinen Rundgang durch die Oberfläche sollen Sie mit deren Bestandteilen vertraut werden. Um nun keine Trockenübungen zu machen, soll an dieser Stelle ein kleines Programm erstellt werden. Und hier soll auch nicht mit einer nahezu jahrtausend alten Tradition gebrochen werden, die besagt, daß das erste Programm in dieser Art von Büchern ein "Hallo Welt"-Programm ist. Bei diesem Rundgang sollen Sie noch nicht das Prinzip von Visual Basic verstehen. Es geht erst einmal nur darum, Ihnen die Oberfläche zu zeigen.

Beim Start von Visual Basic wird Ihnen immer ein leeres Projekt angezeigt. Sie können also sofort loslegen.

Als erstes soll ein Steuerelement auf die Form gebracht werden. In diesem Fall eine Befehlsschaltfläche (engl. CommandButton). Dies geschieht am einfachsten dadurch, daß Sie auf das entsprechende Symbol in der Toolbox doppelklicken. Danach sollte der CommandButton zentriert auf Ihrer Form erscheinen.

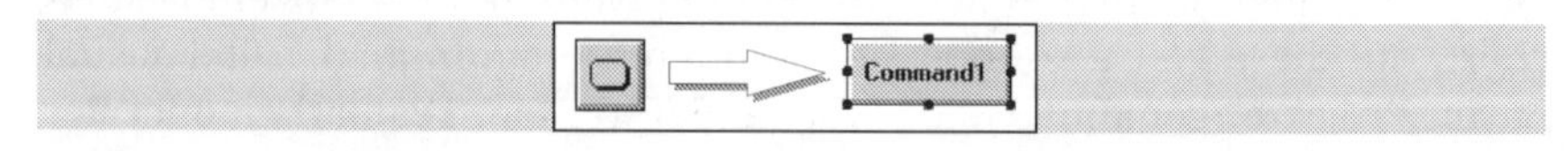

Abb. 1.7: *CommandButton*

Auf diesem CommandButton steht noch die Bezeichnung (engl. Caption) “Command1”. Dies ist eine typische Standardbezeichnung, wie Visual Basic sie automatisch vergibt. Dort soll aber nun “Hallo Welt” stehen. Dazu klikken Sie mit der Maus auf das Properties-Fenster und wählen dort den Punkt CAPTION aus. Geben Sie jetzt einfach die neue Bezeichnung HALLO WELT ein. Diese müßte auch auf dem CommandButton erscheinen.

Code-Fenster

Als letztes muß nun selbstverständlich noch der eigentliche Programmcode geschrieben werden. Dazu führen Sie auf dem Command Button auf der Form einen Doppelklick aus. Nun müßte sich ein Fenster öffnen, das Sie bis jetzt noch nicht gesehen haben, das Code-Fenster.

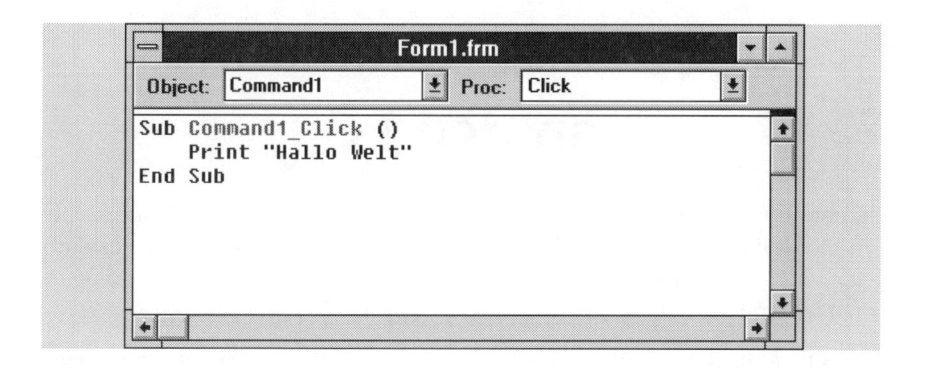

Abb. 1.8: *Das Code-Fenster*

Hier geben Sie, so wie Sie es in Abbildung 1.8 sehen können, den Befehl PRINT ”HALLO WELT” ein. Fertig ist Ihr erstes Programm. Um den Erfolg auch sehen zu können, müssen Sie das Programm jetzt nur noch starten. Dazu

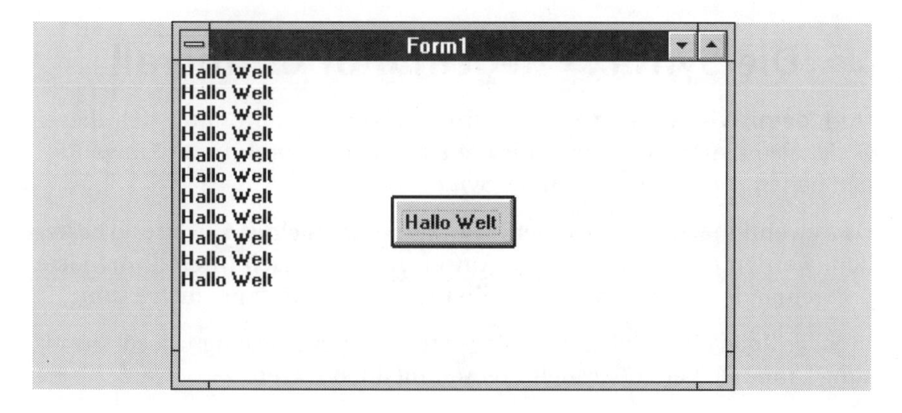

Abb. 1.9: *Das fertige Hallo Welt-Programm*

klicken Sie entweder auf das PLAY-Symbol in der Werkzeugleiste oder drükken einfach %. Da sich Visual Basic, wie bereits erwähnt, auch wie ein Interpreter verhalten kann, startet das Programm nun und Sie können dessen Funktionsweise durch einen Klick auf den HALLO WELT-Knopf testen.

Beenden können Sie die Programmausführung, indem Sie in der Visual Basic-Werkzeugleiste das STOP-Symbol benutzen.

Gratulation - Ihre erste mit Visual Basic erstellte Windows-Anwendung ist fertig. Es wird nun Zeit, Sie mit den unergründlichen Tiefen der Programmierung in Visual Basic vertraut zu machen.

Code - Ihre Kommandos an den PC

Ja, nachdem Sie nun bereits Ihre erste Anwendung entwickelt haben, sollen Sie den Vorgang nun auch nachvollziehen können. Dazu läßt es sich leider nicht umgehen, sich einige, manchmal auch trockene, Grundlagen anzusehen.

Eines ist klar, damit der PC, oder Windows das tut, was Sie gerne wollen, müssen Sie es dem System in irgendeiner Weise mitteilen. Dies geschieht bei Programmiersystemen, und dazu zählt Visual Basic ja, durch Code. Code besteht normalerweise aus einer oder mehreren Anweisungen, die das Programmiersystem versteht und dann in die Art Code umsetzen kann, die Ihr Computer versteht. Aus diesem Grund ist Visual Basic auch so etwas wie Ihr Dolmetscher.

Die Syntax - Regeln gibt es überall

Und, damit Visual Basic Sie wiederum verstehen kann, muß sich dieser Code, also die Anweisungen, die Sie eingeben, an bestimmte Konventionen halten. Diese nennt man die Syntax.

Da Anwendungen in 99,9% aller Fälle aus mehr als einer Anweisung bestehen, werden die verschiedenen Anweisungen einfach in einer Art Liste untereinander geschrieben. Deshalb nennt man das dann auch *Listing*.

In jeder Zeile eines solchen Listings steht eine Anweisung. Diese Anweisung kann noch ein oder mehrere Argumente besitzen.

```
Print „Hallo Welt“
```

In diesem Fall sehen Sie eine Anweisung mit einem Argument. PRINT ist die Anweisung, ein Wort, das Visual Basic versteht und der Ausdruck "Hallo Welt" ist in diesem Fall das Argument. Wie die einzelnen Anweisungen zu verwenden sind und wo die Argumente aufgeführt werden, ist von Befehl zu Befehl unterschiedlich.

```
A = 1
```

Auch hier steht eine Anweisung, das Gleichheitszeichen. Die beiden Argumente für diesen Befehl stehen zum einen davor (A) und zum anderen dahinter (1).

Sie haben schon erfahren, daß Visual Basic eine spezielle Technik verwendet, um diesen Code zu übersetzen, die Threaded-P-Code Technik. Aus diesem Grund kann Visual Basic auch sofort nach Betätigung der Taste ↵ überprüfen, ob der von Ihnen eingegebene Code in Ordnung ist.

Diese Technik ist aber auch der Grund dafür, weshalb es nicht möglich ist, Programmzeilen über mehrere Bildschirmzeilen hinweg zu ziehen. Andere Programmiersprachen kennen häufig ein Zeilenabschlußzeichen, mit dem dem Programmiersystem gezeigt wird, wo eine Programmzeile endet. Aus diesem Grund wäre auch folgendes möglich:

```
Print
    „Hallo Welt“ ;
```

In diesem Fall markiert das Semikolon das Zeilenende. Die Programmzeile ist also physikalisch nicht auf eine Bildschirmzeile begrenzt.

Visual Basic kennt ein solches Zeilenabschlußzeichen nicht. Deshalb würde der o.g. Code hier zu einer Fehlermeldung führen. Alles was Visual Basic in einer Programmzeile erwartet, muß auch in einer Bildschirmzeile stehen.

Eine Programmzeile kann unter Visual Basic maximal 1024 Zeichen aufnehmen. Dies dürfte aber im Normalfall ausreichen.

Sie können zwar eine Anweisung nicht auf mehrere Zeilen aufteilen, aber Sie können mehrere Anweisungen in einer Zeile zusammenfassen. Dazu müssen Sie die Anweisungen mit einem Doppelpunkt trennen. Denken Sie aber bitte daran, daß dies absolut kein eleganter Programmierstil ist und außerdem den Code schwer lesbar macht.

```
Print „Hallo Welt“ : Print „Hallo Björn !“ : Print „Hallo Kleines !“
```

Wie die meisten Programmiersprachen bietet Ihnen auch Visual Basic eine Möglichkeit, Ihren Code zu kommentieren. Diese Kommentare tragen zur besseren Lesbarkeit von Programmcode bei und werden von Visual Basic ignoriert. Um den Beginn eines Kommentars zu markieren, können Sie entweder ein einzelnes Hochkomma (‘) oder den Befehl Rem benutzen. Beide haben die gleiche Wirkung.

```
Rem Das ist ein Kommentar
Print „Hallo Welt“   ‘Das ist auch ein Kommentar
```

Variablen

Ein wichtiger Bestandteil einer jeden Programmiersprache sind die Variablen. Variablen sind so etwas wie kleine Kästchen, in die man einen bestimmten Inhalt, beispielsweise Zeichen oder Zahlen, legen kann. Dann gibt man diesem Kästchen noch einen Namen und fortan braucht man sich nur noch den Namen des Kästchens, also den Variablennamen zu merken, um sich den Inhalt anzusehen.

Es gibt unterschiedliche Arten von Variablen, je nach Inhalt. Folgende Variablentypen kennt Visual Basic.

Typ	Inhalt	Wertebereich
Integer	Ganzzahl	-32.768 bis 32.767
Long	Ganzzahl	2.147.483.648 bis 2.147.483.647
Single	Fließkomma	3,402823 * 10^{38} bis – 1,401298 * 10^{-45} (negativ) und 1,401298 * 10^{-45} bis 3,402823 * 10^{38} (positiv)
Double	Fließkomma	1,79769313486232 * 10^{308} bis -4,94065645841247 * 10^{308} (negativ) 4,94065645841247 * 10^{324} bis 1,79769313486232 * 10^{308} (positiv)
Currency	Währung	922.337.203.685.477,5808 bis 922.337.203.685.477,5807
String	Text	Bis 65.500 Zeichen

Tab. 1.2: Standard-Variablen-Typen

Dimensionieren/ Deklarieren

Viele Programmiersprachen verlangen eine *Deklaration,* oder auch *Dimensionierung* von Variablen. Mit dem Deklarieren von Variablen wird dem Programmiersystem der Name und der Typ mitgeteilt, also zum Beispiel die Variable heißt Vorname und beinhaltet Text. Damit weiß das System später, welchen Inhalt es in der Variablen zu erwarten hat und vor allem, wieviel Speicher es für diese Variable reservieren muß.

Visual Basic läßt es Ihnen in diesem Fall frei, ob Sie eine Variable deklarieren wollen oder nicht. Falls Sie die Variable deklarieren wollen, so stellt Ihnen Visual Basic dafür den Befehl DIM zur Verfügung.

Syntax: DIM

```
Dim Variablenname [As Typ]
```

Auf diese Weise können Sie Variablennamen frei wählen, dabei sind allerdings noch folgende Regeln zu beachten:

- Variablennamen müssen mit einem Buchstaben beginnen
- Maximale Länge sind 40 Zeichen
- Die Namen können Buchstaben, Nummern und den Unterstrich (_) enthalten. Alle anderen Zeichen sind nicht erlaubt.
- Der Name darf nicht ein reserviertes Wort (Befehl o.ä.) von Visual Basic sein.

```
Dim Vorname As String
Dim Einnahmen As Currency
Dim I As Integer
```

Eine Variable vom Typ STRING kann zudem in ihrer Länge eingeschränkt werden. Dies geschieht durch einen Stern und die Länge in Zeichen.

```
Dim Variablenname [As String] [* Länge in Zeichen]
```

```
Dim Vorname As String * 30
Dim Straße As String * 75
```

Wie Sie anhand der Syntax sehen können, ist die Typangabe bei der Deklaration optional. Beim Dimensionieren von Variablen kann anstelle des Typnamens, der Typ auch mittels des letzten Zeichens im Variablennamen festgelegt werden.

Variablentyp	Zeichen	Beispiel
INTEGER	%	Zähler%
LONG	&	Nr&
SINGLE	!	Ergebnis!
DOUBLE	#	Zahl#
CURRENCY	@	Betrag@
STRING	$	Vorname$

Tab. 1.3: Variablen und Zeichen

So würde die o.g. Beispieldeklaration mit diesen Zeichen wie folgt aussehen:

```
Dim Vorname$
Dim Einnahmen@
Dim I%
```

Sie haben nun gesehen, wie Sie Variablen in Visual Basic dimensionieren können. Visual Basic erfordert aber, im Gegensatz zu anderen Programmiersprachen, keine explizite Variablendeklaration. Variablen können auch einfach deklariert werden, indem sie im Code auftauchen.

Aus diesem Grund hätten die beiden folgenden Codebeispiele die gleiche Wirkung.

```
Sub Command1_Click ()
   Dim Einnahmen As Currency

   Einnahmen = 523
End Sub


Sub Command1_Click ()

   Einnahmen@ = 523
End Sub
```

Im unteren Beispiel deklariert Visual Basic die Variable selbst, sobald diese auftaucht. In diesem Fall muß allerdings das Typzeichen, hier der Klammeraffe, verwendet werden, damit Visual Basic erkennt, daß es sich hier um eine Variable vom Typ CURRENCY handelt.

Sollten Sie hier den Typ nicht über das Zeichen festlegen, verwendet Visual Basic einen Variablentyp, der bisher noch nicht besprochen wurde und der in BASIC auch ein Novum darstellt - den Typ *Variant*.

Variant - Das Chamäleon unter den Variablen

Der Typ VARIANT ist, wie es die Überschrift schon sagt, eine Art von Chamäleon. Er paßt sich nämlich seinem Inhalt an. Hat er eine Zahl als Inhalt, ist er vom Typ DOUBLE; bei Text vom Typ STRING und als Besonderheit kann er noch Datumsformate aufnehmen.

Dabei kann eine Variant-Variable seine Erscheinungsform auch jederzeit ändern. Dazu ein einfaches Beispiel.

```
Dim V As Variant

V = „25“                'V enthält den String „25“
V = V + 5               'V enthält die Zahl 30
V = V & „ Mitglieder“   'V enthält den String „30 Mitglieder“
```

Wie Sie sehen, paßt V seine Form in der zweiten Zeile dem Inhalt an. Es erkennt hier eine mathematische Operation und wandelt seinen Inhalt, die Zeichenfolge 2 und 5 in die Zahl 25 um und addiert danach die Zahl 5. Das Ergebnis 30 steht dann als Zahl, genauer eigentlich als Typ DOUBLE in der Variablen. In der letzten Zeile wird eine Zeichenfolge hinzuaddiert. Infolge dessen wird aus V wieder ein STRING.

Dazu ein kleiner Tip, um den Programmcode besser lesbar zu machen. Um zwei Variablen vom Typ STRING zusammenzufügen, können Sie auch das normale Additionszeichen PLUS (+) verwenden. STRINGS lassen sich allerdings auch mit dem AMPERSAND (&), zu deutsch das sog. “kaufmännische Und”, zusammenfügen. Da nur Variablen vom Typ STRING mit dem AMPERSAND addiert werden können, erleichtert Ihnen dies das Lesen des Codes. Immer wenn das Zeichen & auftaucht, wissen Sie, daß hier mit Variablen vom Typ STRING operiert wird. Denken Sie aber bitte daran, daß dieses Zeichen auch als Typzeichen für LONG-Variablen fungiert.

Nun, Variablen vom Typ VARIANT scheinen ja eine ungeheuer praktische Sache zu sein. Allerdings hat der Einsatz dieses Variablentyps auch Nachteile. Zum einen wissen Sie beim Lesen des Codes nie genau, welche Art von Wert die entsprechende Variable verbirgt. Dies kann zu unschönen und schwer auffindbaren logischen Fehlern führen. Zum anderen benötigt diese Art von Variable mehr Speicherplatz und verlangsamt, wenn auch nur unmerklich, die Programmausführung.

Beachten Sie bitte, daß Visual Basic immer den Typ VARIANT verwendet, wenn Sie die entsprechende Variable nicht anders deklarieren.

So, dies soll erst einmal genug zum Thema Variablen sein. Später erfahren Sie noch mehr zu Gültigkeitsbereichen, Arrays und statischer Deklaration.

Die Ereignis-Orientierte-Programmierung

Dies ist nun der Dreh- und Angelpunkt bei der Erstellung von Windows-Anwendungen mit Hilfe von Visual Basic. Die Entwicklung einer Anwendung vollzieht sich hier nicht nur unter Windows, sondern auch wie Windows.

Microsoft Windows ist ein nachrichten- und ereignisbasiertes System. Das bedeutet, jede Aktion und Windows löst eine Nachricht und diese dann ein Ereignis aus. Diese Nachrichten und Ereignisse werden dann von Windows an die zuständige Anwendung weitergeleitet, die sie dann bearbeiten.

Der Grund für diese Art der Aktionsbearbeitung liegt im Konzept von Windows selbst. Hier ist es ja durchaus möglich, daß ein Benutzer mit mehreren Anwendungen parallel arbeitet. Er bedient möglicherweise gerade eine Textverarbeitung, hat aber eine Tabellenkalkulation ebenfalls geöffnet und damit die Möglichkeit, kurz in diese "umzuschalten". Aus diesem Grund darf keine Anwendung von "alleine" tätig werden. Eine übergeordnete Instanz muß ihr mitteilen, was passiert ist und dann erst kann die Anwendung selbst darauf reagieren. Im o.g. Fall, zwei Programme laufen,

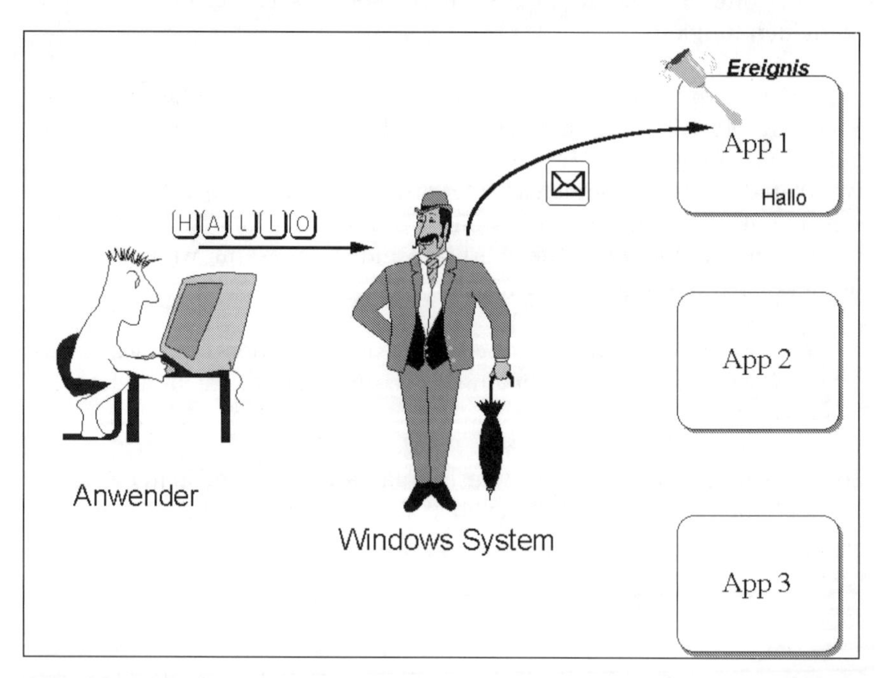

Abb. 1.10: *Das Windows-System*

macht der Benutzer Eingaben auf der Tastatur. Nun kann nicht einfach eine der beiden Anwendungen die Tastenanschläge abfangen und auswerten, da diese ja u.U. für die andere Anwendung gedacht waren. Hier fängt also das Windows-System die Tastenanschläge ab und entscheidet dann, an welche der beiden Anwendungen diese weitergeleitet werden.

Die Tastenanschläge selbst werden dann in einer Nachricht verpackt und an die entsprechende Anwendung gesandt. Bei dieser Anwendung wird nun, beim Eingehen der Nachricht ein Tastaturereignis ausgelöst. Die Anwendung holt sich nun die Tastenanschläge und wertet sie aus.

Das Verfahren wurde dabei allerdings reichlich vereinfacht dargestellt. Im Normalfall werden dabei wesentlich mehr Nachrichten und Ereignisse ausgelöst. Die Vorgehensweise ist aber im Prinzip dieselbe.

Auch eine Anwendung, die Sie mit Visual Basic erstellen, arbeitet nach dem gleichen Prinzip. Dabei nimmt Ihnen Visual Basic aber einiges an Arbeit ab. Es fängt die Nachrichten für Sie ab und leitet sie an das zuständige Objekt, beispielsweise ein Eingabefeld oder ein CommandButton, weiter. Dort wird dann ein entsprechendes Ereignis ausgelöst, etwa ein CLICK-EREIGNIS.

Ereignisse

Genau das ist es, was geschieht, wenn Sie in Ihrem "Hallo Welt"-Programm mit der Maus auf die Schaltfläche HALLO WELT klicken. Visual Basic fängt die entsprechende Nachricht vom Windows-System ab und löst ein CLICK-Ereignis auf dem Objekt COMMAND1 aus. Sehen Sie sich dazu den Code des "Hallo Welt"-Programms noch einmal an. Sie hatten eigentlich ja nur die PRINT-Zeile eingegeben, aber der gesamte Code lautet:

```
Sub Command1_Click ()
   Print „Hallo Welt"
End Sub
```

Die Ereignis-Orientierte-Programmierung (kurz: "EOP") können Sie in der ersten Zeile des Codes erkennen. Dort steht, daß dieser Code nur ausgeführt wird, wenn am Objekt COMMAND1 das Ereignis CLICK auftritt.

Zur Ausführung von Programmcode brauchen Sie immer ein Ereignis!

Dies ist einer der wichtigsten Kernsätze bei der Anwendungserstellung mit Visual Basic. Es gibt keinen Code, der ohne Ereignis ausgeführt wird. Von dieser Regel gibt es nur eine Ausnahme, die Sie später noch kennenlernen werden.

Wenn Sie bereits Anwendungen in anderen Programmiersprachen erstellt haben, dann müssen Sie jetzt damit beginnen umzudenken. Bei der EOP gibt es keinen durchgehenden Programmcode mit definiertem Start- und Endpunkt. Nach dem Programmstart gibt es also keinen vorgegebenen Weg mehr für den Benutzer. Dieser kann jederzeit irgendeinen der Schaltflächen auf Ihrer Anwendung betätigen, er kann Texteingaben in einer anderen Reihenfolge erledigen, als diese auf dem Bildschirm angeordnet sind und er kann jederzeit in ein anderes Programm wechseln.

Windows und Visual Basic stellen Ihnen dabei eine Reihe von verschiedenen Ereignissen zur Verfügung. Ihre Anwendung muß eigentlich nur abwarten, wann diese Ereignisse auftreten und dann entsprechend reagieren.

Objekte

Im Text oben wurde schon häufiger von Objekten gesprochen. Diese Objekte sind auch der Grund, warum im Zusammenhang mit Visual Basic immer die Bezeichnung Objekt-Orientierte-Programmierung auftaucht. Visual Basic ist allerdings keine Objekt-Orientierte-Programmiersprache, auch wenn es mit diesen einiges gemeinsam hat.

Vieles, oder fast alles von dem, was Sie in Visual Basic benutzen sind Objekte. So ist der Command Button in Ihrer "Hallo Welt"-Anwendung ein Objekt. Eine Linie auf Ihrer Form ist auch ein Objekt, auch Ihre Form selbst ist ein Objekt. Aber auch Menüeinträge sind beispielsweise Objekte.

Steuerelemente

Objekte, die Sie in der Toolbox finden, werden auch Steuerelemente genannt.

Objekte werden dabei grundsätzlich von drei Dingen definiert:

- Ereignissen
- Eigenschaften
- Methoden

Mit den Eigenschaften bestimmen Sie das Aussehen und Auftreten der Objekte. Mit den Ereignissen deren Reaktionen und mit den Methoden können Sie Objekte manipulieren.

Wenn Sie sich dagegen einmal einen Alltagsgegenstand betrachten, den Sie täglich benutzen, das Telefon. Auch hier lassen sich diese drei Begriffe Ereignisse, Eigenschaften und Methoden anwenden.

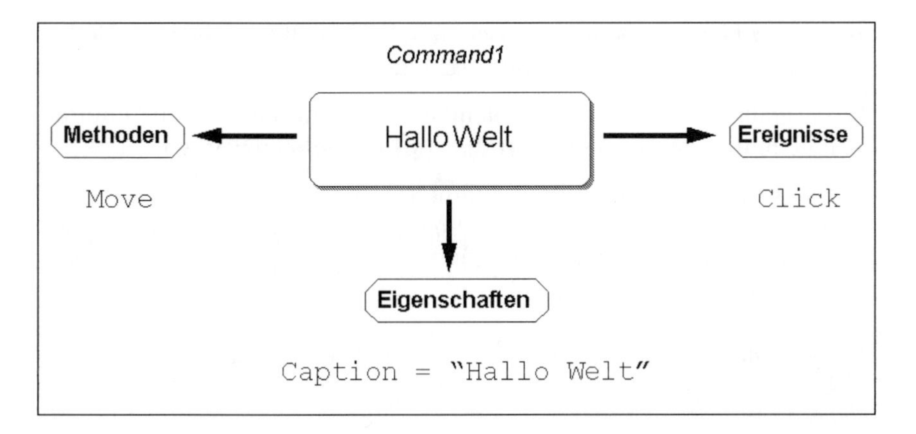

Abb. 1.11: *Ereignisse, Eigenschaften und Methoden bestimmen ein Objekt*

Wenn das Telefon klingelt, ist das ein Ereignis. Normalerweise reagieren Sie auf dieses Ereignis und nehmen den Hörer ab. Um jemanden anzurufen, wenden Sie die Methode "Wählen" an. Und letztlich wird natürlich auch das Telefon von Eigenschaften bestimmt, wie z.B. der Farbe.

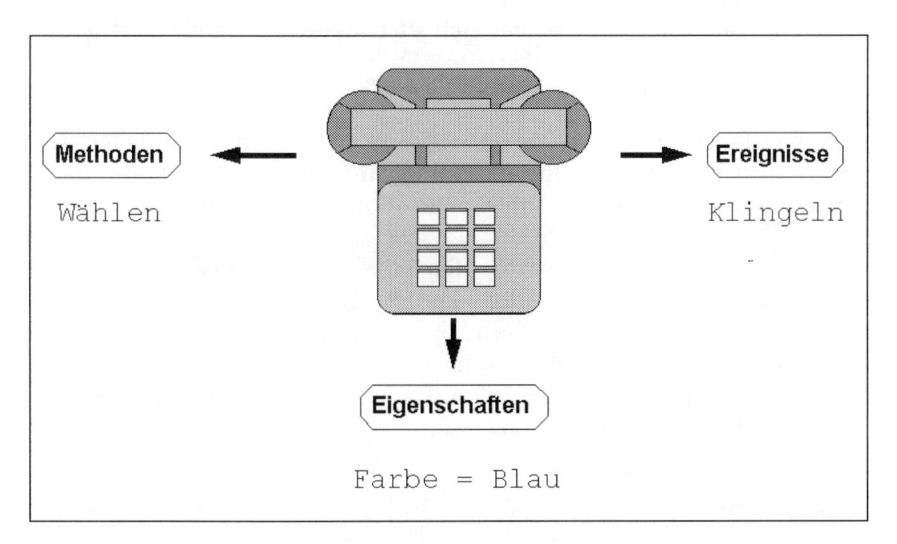

Abb. 1.12: *Ereignisse, Eigenschaften und Methoden am Beispiel Telefon*

Es gibt nun auch Eigenschaften, die nicht nur das Aussehen eines Objektes, sondern auch dessen Reaktionen oder Methoden beeinflussen. So kann bei einem Telefon eine Eigenschaft die Art sein, also ob Wählscheiben- oder Tastentelefon. Beide dienen immer noch dem gleichen Zweck. Auch die

Ereignisse und viele andere Eigenschaften können die gleichen sein, lediglich in der Methode "Wählen" unterscheiden sie sich.

Um die graue Theorie etwas zu verdeutlichen, soll nun der CommandButton noch einmal etwas genauer unter die Lupe genommen werden.

Als erstes sollten Sie einen Blick auf die Eigenschaften werfen. Dazu klikken Sie in der Entwurfsansicht (das Programm wird nicht ausgeführt) einmal auf den CommandButton. Im Fenster PROPERTIES sollten nun dessen Eigenschaften zu sehen sein.

Die Eigenschaften im Fenster PROPERTIES sind alphabetisch sortiert!

Die Eigenschaft CAPTION, die Beschriftung der Schaltfläche, haben Sie bereits geändert. Im unteren Bereich des Eigenschaften-Fensters finden Sie auch die Eigenschaft NAME. Diese ist nun von grundlegender Bedeutung für jedes Objekt. Über den Namen, den Sie hier eintragen, wird das Objekt später im Code auch angesprochen. Hier finden Sie im Augenblick den Eintrag "Command1". Dies ist ein typischer Standardname, wie er von Visual Basic vergeben wird. Erinnern Sie sich auch an die erste Zeile des Codes:

```
Sub Command1_Click ()
```

Auch hier taucht der Name wieder auf. Sollten Sie nun nachträglich den Namen des CommandButtons ändern, so wird dieser Code ungültig, da es dann kein Objekt mehr mit dem Namen "Command1" gibt.

!

Grundsätzlich sollten Sie die Namen der einzelnen Objekte sofort nach deren Erstellung ändern. Auf diese Weise ersparen Sie sich Ärger und Konfusionen mit den Standardnamen. Jeder weitere CommandButton würde jetzt von Visual Basic "Command2", "Command3" usw. genannt werden. Konventionen zur Namensgebung werden später auch noch besprochen.

Eigenschaft	Bedeutung
BACKCOLOR	Hintergrundfarbe
CANCEL	Button wird durch [Esc] ausgelöst
CAPTION	Beschriftung
DEFAULT	Button wird durch [↵] ausgelöst
DRAGICON	Icon beim Verschieben
DRAGMODE	Modus bei Drag and Drop

Eigenschaft	Bedeutung
ENABLED	Aktiviert
FONTBOLD	Beschriftung Fett
FONTITALIC	Beschriftung Kursiv
FONTNAME	Beschriftung Schriftart
FONTSIZE	Beschriftung Schriftgröße
FONTSTRIKETHRU	Beschriftung Durchgestrichen
HEIGHT	Höhe des Buttons
HELPCONTEXTID	Verbindung zu eigener Hilfedatei
INDEX	Index bei Control-Arrays
LEFT	Linke obere Ecke, Koordinate X
MOUSEPOINTER	Form des Mauszeigers über dem Button
NAME	Name des Steuerelementes
TABINDEX	Reihenfolge bei Tabulatorsprüngen
TABSTOP	Tabulatorhalt ja/nein
TAG	Freie Eigenschaft
TOP	Linke obere Ecke, Koordinate Y
VISIBLE	Sichtbar ja/nein
WIDTH	Breite des Buttons

Tab. 1.4: Eigenschaften des CommandButtons

In Tabelle 1.4 sehen Sie alle Eigenschaften des CommandButtons. Es gibt einige Eigenschaften, wie die Schriftarteneinstellung oder Höhe und Breite, die auch andere Objekte besitzen. Grundsätzlich hat aber auch jedes Objekt seine speziellen Eigenschaften. Aus diesem Grund ist die Liste mal länger, mal kürzer. Um sich die Eigenschaften eines anderen Objektes anzusehen, wählen Sie dies entweder direkt auf der Form aus oder in der ersten Zeile des Eigenschaften-Fensters.

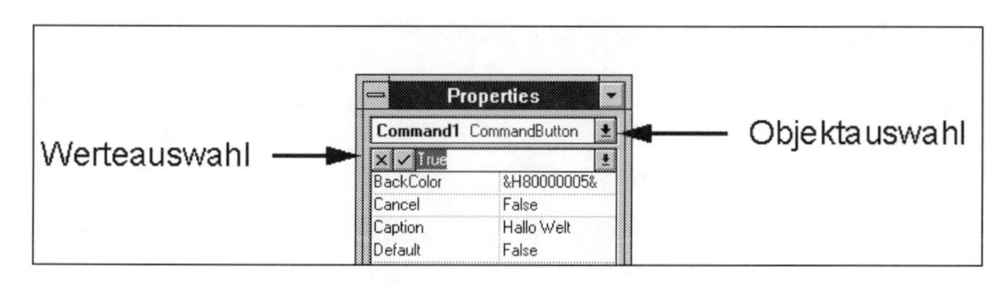

***Abb. 1.13:** Einstellen von Eigenschaften und Objekt*

Einige Eigenschaften erlauben freie Eingaben, wie die CAPTION, andere dagegen besitzen feste Wertebereiche, wie VISIBLE (TRUE/FALSE). Bei solchen Eigenschaften wird in der zweiten Zeile des Eigenschaften-Fensters eine Auswahlliste eingeblendet.

Um schnell an die Eigenschaften eines Steuerelementes heranzukommen, markieren Sie es im Entwurfsmodus und drücken dann F4. Zudem können Sie durch den Wertebereich von Eigenschaften hindurchschalten, indem Sie auf die entsprechende Eigenschaft doppelklicken.

Ändern Sie hier ruhig einmal ein paar Eigenschaften, wie die Schriftarteneinstellungen oder die Höhe und Breite, und beobachten Sie die Auswirkungen.

Ereignisse sind immer an Objekte gebunden

Als nächstes führen Sie einen Doppelklick auf den CommandButton aus. Damit gelangen Sie wieder in das Code-Fenster. Dort finden Sie oben links eine Auswahl OBJECT und rechts eine Auswahl PROC. Hieran können Sie einen weiteren Grundsatz der EOP erkennen. Ereignisse sind immer an Objekte gebunden.

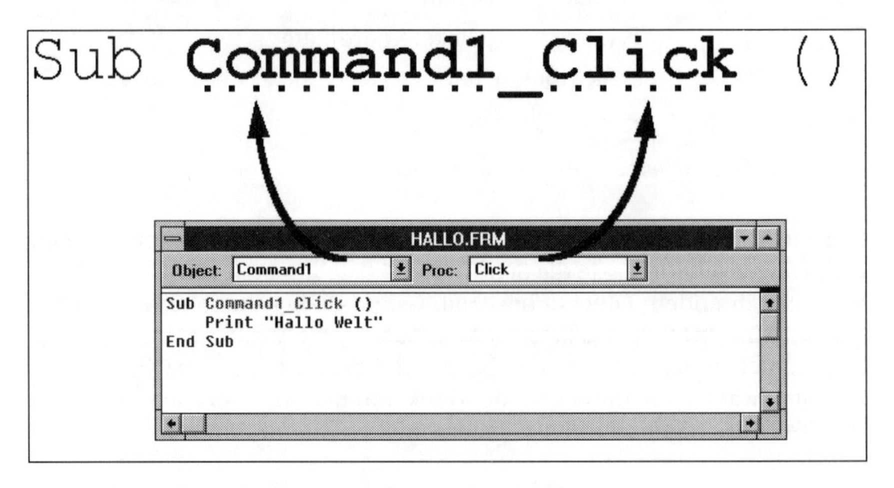

Abb. 1.14: Auswahl von Objekt und Eigenschaft

In Abbildung 1.14 können Sie auch erkennen, wie sich der Prozedurname zusammensetzt.

Prozeduren und Funktionen

Auch dies ist eine weitere Eigenschaft der Programmierung unter Visual Basic. Jeglicher Code steht innerhalb von Prozeduren oder Funktionen. Was sind nun Prozeduren und Funktionen?

Ein Beispiel für eine Prozedur haben Sie schon kennengelernt. Der Code für das "Hallo Welt"-Programm steht in einer Prozedur, genauer gesagt in einer Ereignisprozedur.

Prozedur

Eine Prozedur ist eigentlich ein kleines Unterprogramm. Es beginnt mit der SUB... Zeile und endet mit der Zeile END SUB. Dazwischen steht der eigentliche Code. Solche Prozeduren können entweder vom Programm selbst aufgerufen werden (Ereignisprozeduren) oder von Ihnen. Dabei sind alle Ereignisse auch Prozeduren. Deren Name setzt sich aus dem Namen des Objektes und dem Namen des Ereignisses zusammen. Die beiden Bestandteile sind dabei durch einen Unterstrich getrennt.

Argumente

Sie können sich dies ansehen, indem Sie im Code-Fenster als Objekt den COMMAND1 beibehalten und sich aus der Auswahl PROC verschiedene Ereignisse aussuchen. Bei einigen dieser Ereignisse werden Sie feststellen, daß in den beiden Klammern hinter dem Namen noch Zeichen stehen. Dies sind die Argumente. Durch Argumente besteht die Möglichkeit, Werte an eine Prozedur zu übergeben, die von dieser dann ausgewertet oder benutzt werden. Im Fall der Ereignisprozeduren werden diese Argumente von Visual Basic zur Verfügung gestellt.

Wählen Sie unter PROC das Ereignis MOUSEMOVE aus. Die Prozedur sieht folgendermaßen aus:

```
Sub Command1_MouseMove (Button As Integer, Shift As Integer,
X As  Single, Y As Single)

End Sub
```

Hier werden Ihnen von Visual Basic vier Argumente übergeben, die den Zustand der Maustasten, der Taste ⇧ und die X- und Y-Koordinate der Maus beschreiben.

Um die Verwaltung der Ereignisprozeduren brauchen Sie sich also nicht selbst zu kümmern. Anders sieht das bei selbstgeschriebenen Prozeduren aus. Nehmen Sie einmal an, Sie möchten sich eine Prozedur schreiben, die Ihnen die Uhrzeit ausgibt. Diese könnte dann folgendermaßen aussehen:

```
Sub Uhrzeit ()
   Print „Es ist jetzt „ & Time$ & „ Uhr“
End Sub
```

Das Schreiben einer solchen Prozedur hat nun den Vorteil, daß Sie diese, in diesem Fall nur eine, Zeile Code nicht überall dort wieder eingeben müssen, wo sie ausgeführt werden soll, sondern nur ein einziges Mal. Aufgerufen wird die Prozedur nun wie ein normaler BASIC-Befehl.

```
Sub Command1_Click
   ...
   Uhrzeit
   ...
End Sub
```

In diesem Fall wird aus dem Ereignis COMMAND1_CLICK heraus die Prozedur UHRZEIT aufgerufen.

Geht man davon aus, daß vor und nach dem Aufruf noch andere Anweisungen stehen, dann verzweigt das Programm beim Aufruf von UHRZEIT in die Prozedur UHRZEIT, führt die Anweisungen aus, die dort stehen und kehrt dann wieder in an den Ausgangspunkt, in die Prozedur COMMAND1_CLICK zurück.

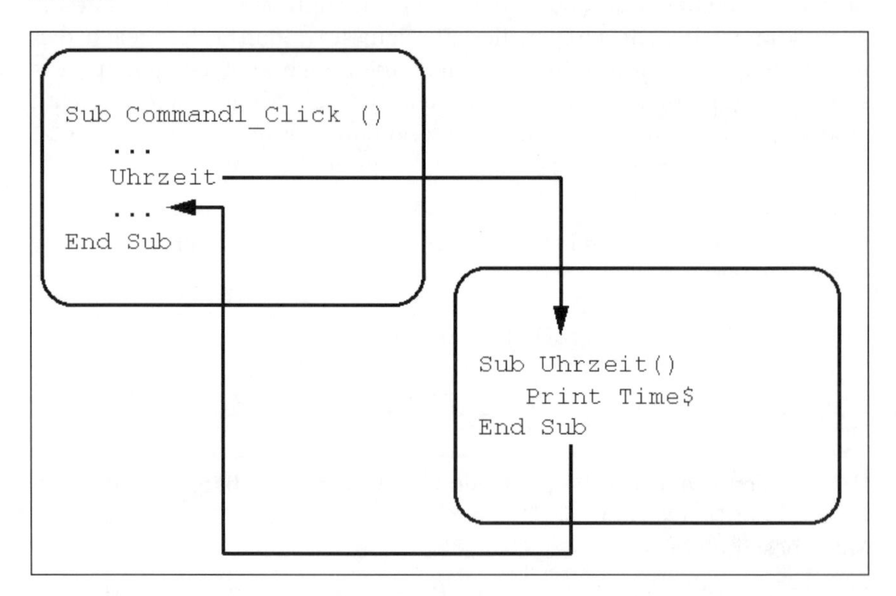

Abb. 1.15: Aufruf der Prozedur UHRZEIT

Wie können Sie nun eine eigene Prozedur eingeben? Eigentlich ganz einfach. Dazu wählen Sie im Code-Fenster als Objekt (GENERAL) und als PROC (DECLARATIONS). Danach finden Sie sich in einem leeren Code-Fenster wieder. Dieser Bereich der GENERAL DECLARATIONS wird auch noch eine wichtige Rolle spielen. Hier geben Sie jetzt einfach die erste Zeile der Prozedur UHRZEIT ein:

```
Sub Uhrzeit ()
```

Dabei können Sie die Klammern auch weglassen, Visual Basic fügt diese automatisch ein. Nachdem Sie die Taste ↵ gedrückt haben, finden Sie sich in einer neuen Prozedur UHRZEIT wieder. Visual Basic hat die Zeile END SUB automatisch hinzugefügt.

Funktion

Eine Funktion ist weitgehend genauso aufgebaut, wie eine Prozedur. Es gibt nur einen, wichtigen Unterschied. Eine Funktion in Visual Basic liefert, wie in der Mathematik, ein Ergebnis, einen Rückgabewert zurück.

Als Beispiel soll eine Funktion dienen, die die Mehrtwertsteuer berechnet. Dabei erhält die Funktion den Nettobetrag und den Steuersatz als Argumente und liefert den Steuerbetrag zurück.

```
Function MwSt (Netto As Currency, Steuersatz As Single) As Currency
   MwSt = Netto * Steuersatz
End Function
```

Definition des Rückgabewertes

In der ersten Zeile steht nun nicht mehr das reservierte Wort SUB, sondern an dessen Stelle steht FUNCTION. Diese Änderung ist auch in der letzten Zeile zu erkennen. Zusätzlich werden nun im Funktions-Kopf, also der ersten Zeile, zwei Argumente übergeben. Vielleicht wundern Sie sich jetzt über die letzten beiden Worte der ersten Zeile. Nun, die Erklärung dafür ist eigentlich ganz einfach. Die Funktion liefert ja einen Wert zurück. Visual Basic muß allerdings wissen, welchen Typs dieser Rückgabewert ist. Im Beispiel wird als Rückgabewert ein Währungsbetrag übergeben. Aus diesem Grund muß die Funktion als CURRENCY definiert werden.

In der zweiten Zeile sehen Sie die Berechnung der Mehrwertsteuer, die von der mathematischen Seite kein Problem darstellen sollte. Die einzige Besonderheit hierbei ist, daß der Name der Funktion gleichzeitig als Variable benutzt wird. Diese Variable mit dem Namen der Funktion enthält den Rückgabewert.

Der Aufruf der Funktion unterscheidet sich auch etwas vom Aufruf einer Prozedur:

```
Sub Command1_Click ()
   Dim Steuer As Currency
   ...
   Steuer = MwSt(100,0.15)
   ...
End Sub
```

In dieser Prozedur wird nun die Funktion MWST aufgerufen. Dabei werden als Argumente die beiden Werte 100 und 0.15 übergeben. Diese werden dann in der Funktion in den Variablen NETTO und STEUERSATZ abgelegt. Der Rückgabewert der Funktion, in diesem Fall also 15, wird in der Variablen STEUER abgelegt.

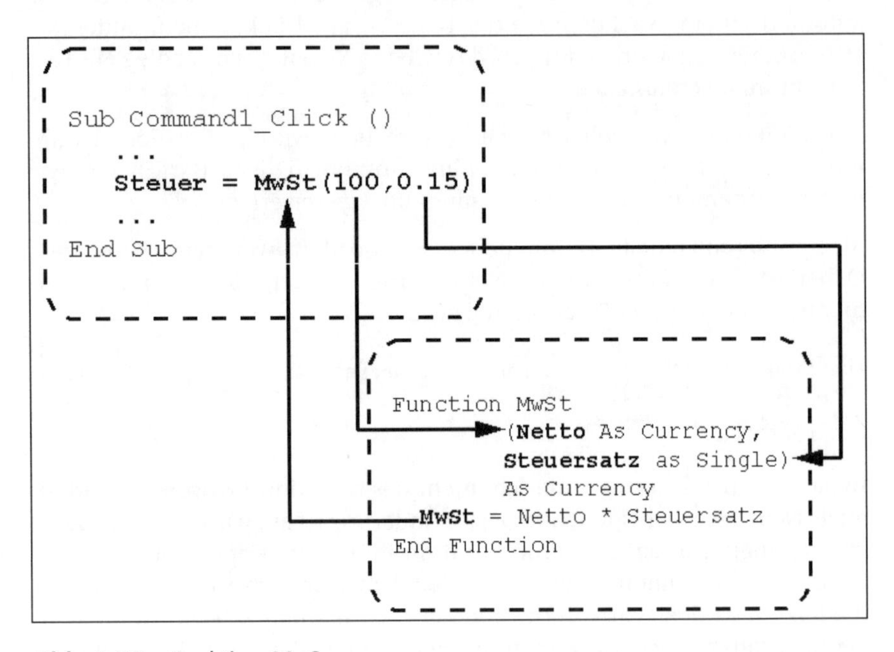

Abb. 1.16: Funktion MWST

Um es kurz zusammenzufassen. Prozeduren sind kleine Unterprogramme, die von anderen Stellen im Programm aufgerufen werden können. Dabei ersparen selbsterstellte Prozeduren Platz und Arbeit. Ereignisse sind immer Prozeduren. Diese werden von Visual Basic selbst aufgerufen und müssen auch nicht eigenhändig angelegt werden.

Funktionen verhalten sich ebenfalls wie Prozeduren. Als wichtigster Unterschied gibt es hier aber einen Wert zurück, den Rückgabewert. Jede Funktion kann dabei allerdings nur einen Rückgabewert besitzen. Angelegt werden Funktionen genau wie Prozeduren durch die Eingabe des Funktionskopfes (erste Zeile) im Code Abschnitt GENERAL DECLARATIONS.

Beachten Sie bitte auch die Unterschiede beim Aufruf von Funktionen und Prozeduren. Bei Funktionen werden die Argumente in Klammern gesetzt, und Sie erhalten einen Rückgabewert. Bei Prozeduren werden die Argumente nicht in Klammern gesetzt. Es gibt auch keinen Rückgabewert.

```
'Funktionsaufruf
   Rückgabe = Funktion(Argument1,Argument2,...)

'Prozedur
   Prozedur Argument1, Argument2, ...
```

Der Umgang mit Projekten

Jedes Programm ist unter Visual Basic ein Projekt. Dabei ist das nicht nur eine andere Bezeichnung für das, was bei anderen Programmiersystemen noch als Quellcode etc. bezeichnet wurde, sondern auch hier steckt eine andere Idee dahinter.

Speichern

Visual Basic-Programme sind, wie Sie bereits gelesen haben, modular aufgebaut, bestehen also aus verschiedenen Programmteilen. Alle diese Programmteile werden einzeln und unabhängig von einander gespeichert. Dies können Sie sehen, wenn Sie Ihr HALLO WELT-Programm speichern. Dazu wählen Sie im Menü FILE den Punkt SAVE PROJECT aus. Das erste, was Visual Basic speichert, ist Ihre Form, die im Augenblick auch noch FORM1 heißt. Nachdem dies noch ein Standardname ist, fragt Visual Basic Sie nach einem neuen Namen, z.B. HALWELT. Damit wird die Form als einzelne Datei unter dem Namen HALWELT.FRM gespeichert. Im nächsten Schritt werden Sie nach dem Projektnamen gefragt. Auch hier wird wieder eine eigene Datei angelegt, beispielsweise auch HALWELT. Diese Datei ist später unter dem Namen HALWELT.MAK wiederzufinden.

Diese letzte Datei, mit der Endung MAK ist die Projektdatei. Es ist eine einfache Textdatei, die Sie mit jedem Editor lesen können. In dieser Projektdatei sind nun, neben einigen anderen Einstellungen, die Informationen über die Bestandteile des Projektes gespeichert. Dies ist die einzige Verbindung zwischen diesen Bestandteilen. Die Teile selbst, also beispielsweise die Form unter dem Dateinamen HALWELT.FRM, "wissen" nichts voneinander. Aus diesem Grund können Sie diese Bestandteile auch einfach in ein anderes Projekt laden.

Die HALWELT.MAK könnte in etwa folgendermaßen aussehen:

```
HALWELT.FRM
ProjWinSize=207,321,232,159
ProjWinShow=2
IconForm="Form1"
```

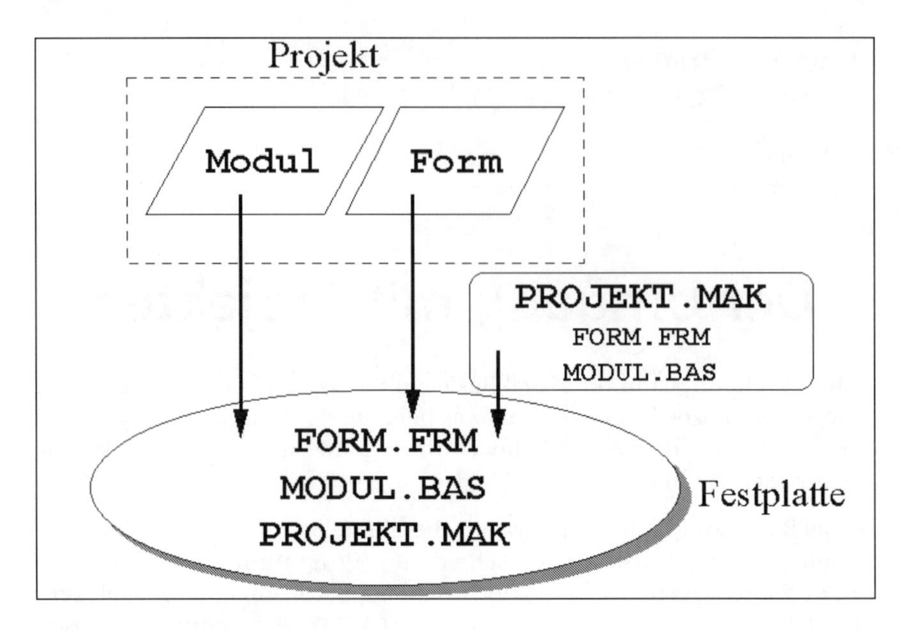

Abb. 1.17: *Laden und Speichern von Projekten*

Beim Speichern wird das Projekt also in einzelne Bestandteile zerlegt und beim Laden wieder zusammengesetzt. Auf diese einzelnen Bestandteile soll nun noch genauer eingegangen werden.

Die Formen - Ihre Fenster zur Außenwelt

Mit einer Form haben Sie bereits gearbeitet. Da die Form aber Ihre Möglichkeit ist, mit der Außenwelt - sprich dem Benutzer - zu kommunizieren, soll sie hier noch etwas genauer unter die Lupe genommen werden.

Wie Sie gerade gelesen haben, wird jede Form in einem Projekt als einzelne Datei gespeichert. Dabei enthält diese Datei eine Beschreibung der Oberfläche und den zugehörigen Code. Sie werden auch noch sehen, daß ein Projekt mehrere Formen besitzen kann.

TIP Normalerweise wird die Form in einem unlesbaren Binärformat gespeichert. Sie können die Definition der Form dennoch als reinen Text ansehen. Dazu wählen Sie die Form aus und aktivieren im Menü FILE den Befehl PRINT. In der anschließend erscheinenden Dialogbox, wählen Sie CURRENT und FORM TEXT. Jetzt wird die Form als Textdefinition auf Ihrem Drucker ausgegeben.

Dies sieht in etwa folgendermaßen aus:

```
Begin Form Form1
   Caption         =   „Form1“
   ClientHeight    =   3000
   ClientLeft      =   1950
   ClientTop       =   3420
   ClientWidth     =   5250
   Height          =   3465
   Left            =   1860
   LinkTopic       =   „Form1“
   ScaleHeight     =   3000
   ScaleWidth      =   5250
   Top             =   3045
   Width           =   5430
   Begin CommandButton Command1
      Caption         =   „Hallo Welt“
      Height          =   495
      Left            =   2025
      TabIndex        =   0
      Top             =   1260
      Width           =   1215
   End
End
Option Explicit

Sub Command1_Click ()
    Print „Hallo Welt“
End Sub
```

Dies ist ein sog. Formlisting. Sie sehen allen Code und eine Textdefinition der Form und Steuerelemente mit ihren Eigenschaften.

Wenn Sie sich die Form in der Entwurfsansicht einmal genauer ansehen, stellen Sie fest, daß diese mit einem Raster überzogen ist, an dem die Steuerelemente ausgerichtet werden. Dieses Raster verschwindet natürlich beim Start der Anwendung. Die Einteilung des Rasters können Sie auch jederzeit ändern. Dazu wählen Sie aus dem Menü OPTIONS den Befehl ENVIRONMENT. In der Liste, die nun angezeigt wird, finden Sie die Einstellungen zum Raster am Ende. Mit den Eigenschaften GRID HEIGHT und GRID WIDTH können Sie die Rasterung festlegen. Kleinere Werte ergeben dabei ein feineres Raster, höhere Werte ein gröberes Raster. Mit der Einstellung SHOW GRID legen Sie fest, ob das Raster angezeigt wird und mit ALIGN TO GRID ob die Steuerelemente am Raster ausgerichtet werden sollen.

Die Eigenschaften der Form

Die Formen besitzen spezielle Eigenschaften, die kein anderes Steuerelement bietet. Gerade diese Eigenschaften sollen hier einmal kurz besprochen werden. Formen besitzen natürlich auch einen Großteil der Standardeigenschaften, wie CAPTION, BACKCOLOR, FONTNAME usw.

Um die Eigenschaften einer Form im Eigenschaften-Fenster zu sehen, können Sie entweder einmal auf eine leere Stelle der Form, nicht auf die Titelleiste, klicken oder die Form in der Objektauswahl des Eigenschaften-Fensters anwählen.

Um die einzelnen Eigenschaften eines Fensters auch richtig zu verstehen, sollte man sich einmal ansehen, wie Fenster und Windows normalerweise aufgebaut sind.

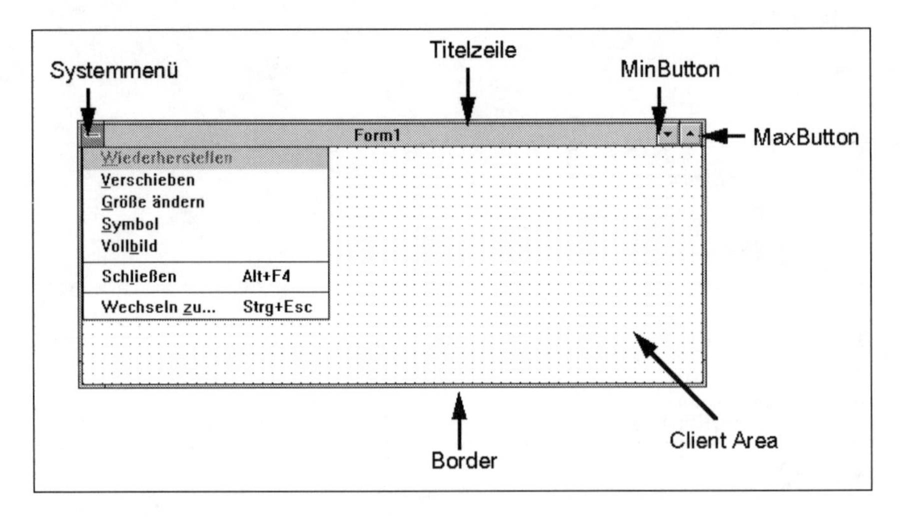

Abb. 1.18: Aufbau eines Fensters

Border Style

Normalerweise besitzen Fenster einen Rahmen (*Border*). Über diesen Rahmen kann ein Benutzer auch die Größe des Fensters ändern. Dazu existiert auch ein Menüpunkt im *Systemmenü*. Hierzu gibt es eine passende Eigenschaft namens BORDER STYLE. Über diese Eigenschaft legen Sie fest, welche Art von Rahmen Ihr Fenster besitzt. Dabei gibt es folgende Möglichkeiten:

Einstellung	Bedeutung
NONE	Das Fenster besitzt keinen Rahmen. Dadurch läßt sich auch die Größe des Fensters nicht mehr ändern. Das Fenster besitzt auch keine Titelleiste mehr.

Einstellung	Bedeutung
	Da das Verschieben eines Fensters über die Titelleiste vor sich geht, kann das Fenster auch nicht mehr verschoben werden. Symbol und Vollbild sind nicht möglich.
FIXED SINGLE	Anstelle des normalen Rahmens erscheint eine einfache Linie. Das Fenster kann nicht mehr in seiner Größe geändert werden. Symbol und Vollbild sind noch möglich.
SIZEABLE	Normaleinstellung. Alle Änderungen am Fenster sind möglich.
FIXED DOUBLE	Das Fenster wird von einem dicken Rahmen umgeben. Größenänderungen sind nicht mehr möglich. Die Min- und MaxButtons verschwinden. Symbol und Vollbild sind nur noch über das Systemmenü einstellbar.

Tab. 1.5: Einstellung des Fensterrahmens

! Wie Sie sehen, können Sie also mit dem Fensterrahmen nicht nur das Aussehen, sondern auch die Reaktion des Fensters beeinflussen. Damit können Sie verhindern, daß der Benutzer Ihrer Anwendung die Größe des Fensters verändert. Dies ist deshalb wichtig, da bei einer Größenänderung der Inhalt des Fensters nicht automatisch an seine neue Größe angepaßt wird. Auf diese Weise ist es möglich, daß Steuerelemente nach der Größenänderung außerhalb des sichtbaren Bereiches liegen und damit "vergessen" werden. Es werden auch keine Bildlaufleisten eingeblendet.

ControlBox

Mit der Eigenschaft CONTROL BOX können Sie entscheiden, ob dem Benutzer das Systemmenü angezeigt wird. Denken Sie daran, daß der Benutzer im Systemmenü die Möglichkeit hat, Ihr Programm einfach zu beenden (Alt F4). Sollten Sie das Systemmenü entfernen, so müssen Sie für eine andere Möglichkeit sorgen, das Programm zu beenden.

MaxButton

Den MaxButton, mit dem der Benutzer das Fenster zum Vollbild vergrößern kann, können Sie mit Hilfe der Eigenschaft MAXBUTTON entfernen. Setzen Sie diese Eigenschaft auf FALSE, dann wird der Knopf selbst nicht mehr angezeigt und der Eintrag VOLLBILD wird aus dem Systemmenü entfernt.

MinButton

Wenn Sie den MaxButton entfernen können, so können Sie dies auch mit dem MinButton. Sollten Sie die Eigenschaft MINBUTTON auf FALSE setzen, so wird der Knopf ausgeblendet und auch der Eintrag SYMBOL im Systemmenü wird entfernt. Der Benutzer hat also keine Möglichkeit mehr, die Form zum Symbol zu verkleinern.

Das soll fürs erste zum Thema Form reichen. Sie werden in diesem Buch noch oft genug auf Möglichkeiten der Fenstermanipulation stoßen.

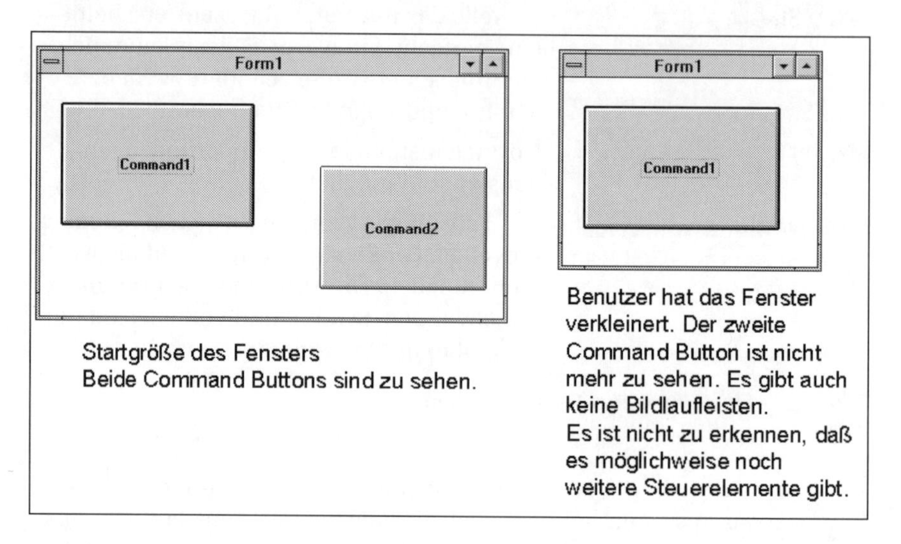

Abb. 1.19: *Größenänderung eines Fensters*

VBX - Visual Basic-Erweiterungen

Hier stoßen Sie auf einen weiteren Grund für den Erfolg von Visual Basic: die Visual Basic Extensions. Diese Erweiterungen sind im Normalfall neue Steuerelemente, sog. *Custom Controls.* Einige solcher Steuerelemente werden auch in den beiden Visual Basic-Editionen mitgeliefert. Solche Custom Controls werden normalerweise in C geschrieben und können dann als VBX-Dateien in Visual Basic-Projekte eingebunden werden. In der Professional Edition finden Sie auch das CDK, das Custom Control Development Kit, mit dem Sie solche zusätzlichen Steuerelemente selbst entwerfen können - Programmiererfahrung in C vorausgesetzt.

Sie brauchen diese Erweiterungen nicht selbst zu programmieren. Die Custom Controls, die sich bereits in den Visual Basic-Paketen befinden, sind meist von Fremdherstellern entwickelt worden und stellen oft nur einen kleinen Ausschnitt aus deren Programm dar. Zudem finden Sie in den Paketen auch einen kleinen Katalog mit Anbietern solcher VB-Extensions. Dort gibt es sogar komplette kleine Textverarbeitungen und Tabellenkalkulationen als Steuerelemente, die Sie nur noch auf Ihre Form aufbringen müssen. Visual Basic ist also kein starres Programmiersystem, sondern über die VBX-Dateien jederzeit erweiterbar.

Da diese Objekte im Gegensatz zur Form beispielsweise nicht verändert werden können, werden sie auch nicht wieder gespeichert. Aber auch hier wird nur ein Texteintrag in der Projektdatei vorgenommen, der auf dieses erweiterte Steuerelement hinweist.

Ihre HALWELT.MAK dürfte etwas größer sein und mehr Einträge mit der Endung *.VBX beinhalten. Dies sind, wie bereits erwähnt, erweiterte Steuerelemente und werden u.U. nicht in jedem Projekt gebraucht. Da sie den Ladevorgang verzögern, speziell bei der Professional Edition von Visual Basic, können Sie es auch verhindern, daß sie beim Start von Visual Basic und bei Anlegen eines neuen Projektes immer geladen werden.

AUTOLOAD.MAK

Dazu gibt es in Ihrem VB-Verzeichnis eine Datei namens AUTOLOAD.MAK. Diese Projektdatei wird immer geladen, wenn Sie Visual Basic starten oder ein neues Projekt anlegen. Um nun Visual Basic davon abzuhalten, die erweiterten Steuerelemente immer zu laden, müssen Sie nur aus dem Projekt AUTOLOAD entfernt werden. Laden Sie dazu mittels FILE, OPEN PROJECT das Projekt AUTOLOAD.MAK. Dieses Projekt dürfte eine Reihe von VBX-Dateien beinhalten, aber keine Form.

Markieren Sie nun die erste dieser VBX-Dateien im Projektfenster, und wählen Sie aus dem Menü FILE den Punkt REMOVE FILE. Auf diese Weise wird ein Bestandteil eines Projektes aus diesem entfernt. Die Datei selbst wird natürlich nicht gelöscht, sondern nur der Eintrag in der Projektdatei. Wiederholen Sie diesen Schritt mit allen anderen VBX-Dateien so lange, bis das Projektfenster leer ist. Danach speichern Sie das Projekt wieder unter dem Namen AUTOLOAD.MAK ab.

Ab jetzt dürfte das Starten von Visual Basic etwas flotter von sich gehen. Diese Steuerelemente können selbstverständlich bei Bedarf wieder in ein Projekt geladen werden.

Auf diese Weise haben Sie die Möglichkeit, eine "Startkonfiguration" von Visual Basic-Projekten zu bauen.

!

Beim Laden von Projekten kann es passieren, daß Visual Basic nicht mehr alle Fenster seiner Oberfläche anzeigt. Das ist aber weiter kein Problem. Sie können diese Fenster wieder sichtbar machen, indem Sie sie im Menü WINDOW wieder aktivieren.

2 Die Steuerelemente

- **Der Umgang mit Steuerelementen** 39
- **Die wichtigsten Eigenschaften** 41
  - Position 41
  - Farben 42
  - Die Gestaltung von Schrift 43
  - Sichtbar und aktiviert 44
  - Name 44
  - Ausrichten von Steuerelementen 46
- **Die wichtigsten Ereignisse** 46
  - Die Click-Ereignisse 47
  - Die Mausereignisse 47
  - Tastaturereignisse 48
  - Der Fokus 49
  - Wichtige Ereignisse der Form 50
- **Grundlegende Steuerelemente** 50
  - Der CommandButton 51
  - Das Label 52
  - Die Textbox 53
  - Die Checkbox 57
  - Der OptionButton 58
  - Die Listbox 59
  - Die Combobox 62
  - Die Scrollbars 63
  - Der Timer 64
  - Die DriveListbox 65
  - Die DirectoryListbox 65
  - Die FileListbox 66
  - Der Frame 68
  - Die Picturebox 69
  - Das Image 70
- **Menüs** 70
  - Menüdesign 72
- **Tips zum Umgang mit Steuerelementen** 76

- **Erweiterte Steuerelemente** **76**
  - Der CommonDialog (CMDIALOG.VBX) 77
  - Das Gitternetz (GRID.VBX) 88
  - Die 3D-Elemente (THREED.VBX) 91
  - Das MaskedEdit-Control (MSMASKED.VBX) 96
  - Der AnimatedButton (ANIBUTON.VBX) 99
  - Das Graph-Control (GRAPH.VBX) 101
  - Das Outline-Control (MSOUTLIN.VBX) 106
  - Das Spin-Control (SPIN.VBX) 110
  - Das Gauge-Control (GAUGE.VBX) 111
  - Das KeyStatus-Control (KEYSTAT.VBX) 113
  - Das Communication-Control (MSCOMM.VBX) 114
  - Die MAPI-Controls (MSMAPI.VBX) 115
- **Multimedia Programmierung** **122**
  - Grundlagen 122
  - Das MCI-Steuerelement (MCI.VBX) 123
- **Abschluß** **129**

Die Steuerelemente spielen, wie Sie bereits sehen konnten, eine zentrale Rolle bei der Erstellung von Windows-Anwendungen mit Visual Basic. Diese Objekte sind es, die es dem Benutzer ermöglichen, mit Ihrer Applikation zu interagieren.

Dabei stellen die Steuerelemente keine Sackgasse dar. Wie in Kapitel 1 schon gesagt, läßt sich die Riege der Steuerelemente in Visual Basic durch Custom Controls jederzeit beliebig erweitern.

In diesem Kapitel haben Sie nun die Möglichkeit, die einzelnen Steuerelemente genauer kennenzulernen.

Der Umgang mit Steuerelementen

Obwohl Sie durch die "Hallo Welt"-Anwendung bereits Kontakt mit Steuerelementen hatten, gibt es noch einiges zu diesem Thema zu sagen. Bisher hatten Sie Steuerelemente nur dazu verwendet, um Code ausführen zu lassen. Visual Basic bietet Ihnen aber auch die Möglichkeit, diese Steuerelemente zur Laufzeit des Programms zu manipulieren. Dazu müssen Sie allerdings wissen, wie Steuerelemente innerhalb einer Anwendung behandelt werden.

Steuerelemente und Variablen

Auch wenn es auf den ersten Blick etwas überraschend klingen mag, so können Sie Steuerelemente fast wie Variablen verwenden. Sie weisen ihnen Werte zu oder lesen Werte aus. Sie werden später noch sehen, daß Steuerelemente auch Variablen sind.

Ändern von Eigenschaften

Daß Aussehen und Verhalten der Steuerelemente von deren Eigenschaften bestimmt werden, haben Sie schon erfahren. Aus diesem Grund müssen Sie, immer wenn Sie ein Steuerelement manipulieren wollen, dessen Eigenschaften manipulieren. Wenn Sie also beispielsweise eine Schriftart ändern wollen, müssen Sie die Eigenschaft FONTNAME ändern. Wenn Sie die Beschriftung des Steuerelementes ändern wollen, müssen Sie die Eigenschaft CAPTION ändern. Wie Sie dies zur Entwurfszeit bewerkstelligen ist nichts neues für Sie, doch wie werden Eigenschaften zur Laufzeit der Anwendung verändert. Auch das ist weiter kein Problem. Wie gesagt, hier werden Steuerelemente wie Variablen behandelt. Also um beispielsweise die Beschriftung des CommandButtons namens "Command1" zu ändern, bräuchten Sie folgende Anweisung:

```
Command1.Caption = „Neue Beschriftung"
```

Was geschieht in diesem Beispiel also, genau das, was dort steht. Beim Objekt COMMAND1 wird die Eigenschaft CAPTION mit dem neuen Wert „Neue

Beschriftung“ belegt. Nicht anders, als hätten Sie diesen Wert einer Variablen zugewiesen. Objektname (= Control) und Eigenschaft werden einfach durch einen Punkt voneinander getrennt.

```
Control.Eigenschaft = Wert
```

Sie werden später noch sehen, wie mit mehreren Formen in einem Programm gearbeitet wird. In diesem Fall besteht natürlich noch die Möglichkeit, daß das betreffende Steuerelement sich auf einer anderen Form befindet. Aus diesem Grund muß die Syntax noch geringfügig erweitert werden.

```
[Form.]Control.Eigenschaft = Wert
```

Wie Sie sehen, ist der Name der Form optional, d.h. er kann weggelassen werden. Wenn nur mit einer Form gearbeitet wird, so ist die Angabe des Formnamens nicht nötig. Dabei gibt es hier bereits eine neue Namenskonvention:

```
[Form!]Control.Eigenschaft = Wert
```

Diese neue Namenskonvention hat sich noch kaum durchgesetzt. Visual Basic akzeptiert beide Schreibweisen, und Sie finden in 95% aller Visual Basic-Anwendungen noch den Punkt als Trennzeichen zwischen Formnamen und Steuerelement.

Unter den mitgelieferten Beispielprojekten finden Sie auch ein Projekt namens SE01.MAK. Dort können Sie sehen, wie die Beschriftung eines CommandButtons nach einem Klick auf diesen geändert wird. Der Code dazu sieht einfach so aus:

```
Sub Command1_Click ()
   Command1.Caption = „Hallo Welt“
End Sub
```

Im Prinzip also noch mal ein “Hallo Welt”-Programm.

Das Auslesen von Werten aus Steuerelementen ist genauso einfach. Dabei müssen Sie auch wieder die Eigenschaft angeben, deren Wert Sie auslesen möchten. Jedes Steuerelement besitzt dabei eine Eigenschaft, die Ihren “Rückgabewert” enthält, also beispielsweise der Text in einem Textfeld. Auf diese Eigenschaften wird im folgenden noch genauer eingegangen. Um nun z.B. zu erfahren, was “auf” einem CommandButton steht, reicht dieser Code:

```
Beschriftung$ = Command1.Caption
```

Damit enthält die Variable *Beschriftung$* die Beschriftung des CommandButtons. Sie sehen, die Argumente vor und nach dem Gleichheitszeichen wurden nur vertauscht.

```
Wert = [Form.]Objekt.Eigenschaft
```

Read Only-Eigenschaften

In der Regel können Sie auf diese Weise also Eigenschaften von Steuerelementen setzen und lesen. Es gibt allerdings Eigenschaften, die zur Laufzeit nur gelesen werden können. Und es gibt Eigenschaften, die zur Entwurfszeit noch gar nicht vorhanden sind. Diese erhalten erst zur Laufzeit einen Sinn. Welche Eigenschaften gelesen werden können und welche verändert, wann und wie sie auftreten, erfahren Sie entweder aus der Hilfedatei von Visual Basic oder aus dem Anhang dieses Buches.

Niemand kann sich alle Eigenschaften der Steuerelemente merken. Es gibt aber eine einfache Möglichkeit, sich diese anzusehen. Markieren Sie dazu einfach das entsprechende Steuerelement in der Toolbox und drücken Sie [F1], danach zeigt Ihnen Visual Basic eine Hilfeseite an, auf der Sie entscheiden können, ob Sie sich die Methoden, Eigenschaften oder Ereignisse dieses Steuerelements ansehen möchten. Dies ist im Normalfall die einfachste und schnellste Möglichkeit.

Die wichtigsten Eigenschaften

In diesem Abschnitt sollen Eigenschaften angesprochen werden, die bei nahezu allen Steuerelementen auftauchen. Aus diesem Grund ist es nicht sinnvoll, bei einem speziellen Element darauf einzugehen. Nicht alle Elemente kennen alle von diesen Eigenschaften, aber viele kennen die meisten davon.

Position

Die Position eines Steuerelementes wird von vier Eigenschaften bestimmt. Dies sind LEFT, TOP, HEIGHT und WIDTH. Die Werte, die Sie hier angeben, benutzen als Maßeinheit standardmäßig die Einheit *Twips*. Das sind nun keine Außerirdischen und auch keine neuen Schokoladenbonbons, sondern ein *Twip* ist eine spezielle Maßeinheit, die es Visual Basic ermöglicht, korrekt zu drucken, unabhängig von der Bildschirmauflösung. Dabei ergeben 20 Twips einen Punkt auf dem Drucker und 567 Twips einen Zentimeter. Diese Maßeinheit läßt sich auch ändern, mehr dazu aber später.

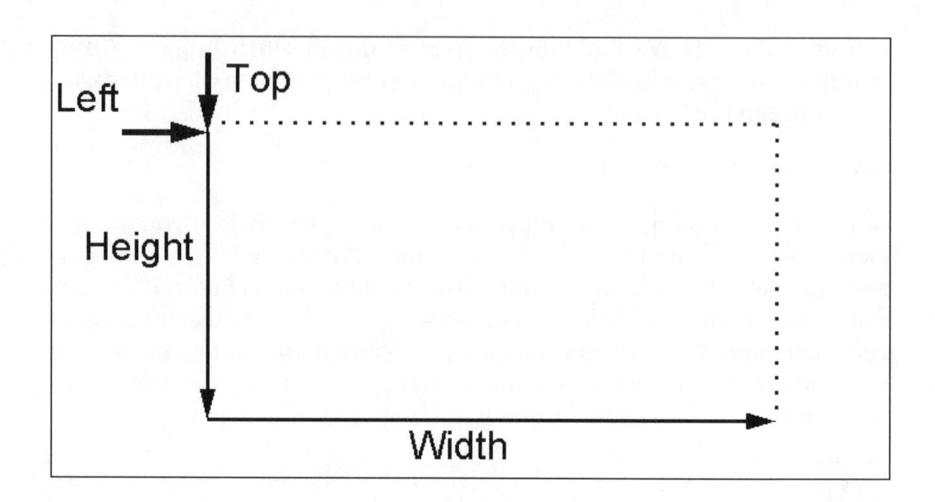

Abb. 2.1: Die Eigenschaften Top, Left, Height und Width

Die Eigenschaften TOP und LEFT geben dabei die linke, obere Ecke eines Elementes an. Die Eigenschaften HEIGHT und WIDTH legen, wie deren Namen schon sagen, die Höhe und Breite des Steuerelementes fest. Das Koordinatensystem bewegt sich dabei von oben nach unten (y) und von links nach rechts (x).

Auf der rechten Seite der Visual Basic-Funktionsleiste werden die vier Positions-Eigenschaften nochmals in anderer Form angezeigt.

Farben

Auch an der farblichen Gestaltung Ihrer Steuerelemente können Sie Hand anlegen. Dabei sind die Eigenschaften BACKCOLOR, FILLCOLOR und FORECOLOR von Bedeutung. Diese Eigenschaften beinhalten als Standardwert die entsprechenden Farben aus der Windows-Systemsteuerung.

BackColor

Zur farblichen Gestaltung des Hintergrundes trägt die Eigenschaft BACKCOLOR bei. Zur Entwurfszeit können Sie den Farbeigenschaften neue Farben durch eine komfortable Farbauswahl zuweisen. Zur Laufzeit benötigen Sie den RGB (Rot-Grün-Blau) Wert der entsprechenden Farbe. Sie werden aber noch eine einfache Möglichkeit der Farbzuweisung später kennenlernen.

ForeColor, FillColor

Die Eigenschaft FORECOLOR bestimmt die Farbe von Text oder Grafiken auf den Steuerelementen, sofern diese nicht von der Windows-Systemsteuerung festgelegt ist. Und die Eigenschaft FILLCOLOR schließlich legt fest, welche Farbe sog. Shapes, über die Sie auch noch lesen werden, besitzen.

Wenn Sie Mischfarben als Text- oder Hintergrundfarbe wählen, dann kann der Text nicht mehr korrekt in dieser Farbe dargestellt werden. Es entsteht eine andere Farbschattierung unter dem Text. Aus diesem Grund sollten Sie nach Möglichkeit nicht mit Mischfarben arbeiten.

Die Gestaltung von Schrift

Zur Gestaltung der Schrift auf Steuerelementen gibt es eine Reihe von Eigenschaften, die sich allerdings alle schon durch den Namen erklären.

Eigenschaft	Bedeutung
FONTNAME	Name der Schriftart
FONTSIZE	Größe der Schriftart in Pixel
FONTBOLD	Fett
FONTITALICS	Kursiv
FONTUNDERLINE	Unterstrichen
FONTSTRIKETHRU	Durchgestrichen
FONTTRANSPARENT	Durchsichtig

Tab. 2.1: Schriftarten-Eigenschaften

Gerade bei den Schriftarten gibt es einiges, worauf Sie achten sollten. Grundsätzlich sollten Sie die Eigenschaft FONTNAME als erstes ändern.

Denken Sie aber bitte daran, daß die Schriftart, die Sie hier wählen, möglicherweise auf dem System des Benutzers nicht installiert ist. Am sichersten ist es hier, sich auf die Windows-System-Schriften und die mit Windows gelieferten True-Type-Fonts zu beschränken.

Bei der Einstellung der Schriftgröße sollten Sie daran denken, daß es verschiedene Videokartentreiber gibt, die eine "Smallfont / Largefont"-Option bieten. Hier kann Ihr Text möglicherweise anders aussehen als gewünscht. Unter Umständen paßt Ihr Text auch nicht mehr auf das Steuerelement.

Ab der Schriftgröße 7 Punkt und kleiner stellt Visual Basic die Schrift als Bitmap dar. Hier kann es bei "exotischen" Schriftarten zu Problemen kommen.

Sichtbar und aktiviert

Es ist nicht immer wünschenswert, daß Steuerelemente von Benutzer auch jederzeit bedient werden können. Ein CommandButton zum Drucken ist beispielsweise sinnlos, wenn es zu diesem Zeitpunkt noch nichts zum Drukken gibt. Aus diesem Grund können Steuerelemente an- und abgeschaltet werden. Dafür gibt es zwei Möglichkeiten.

Enabled

Mit der Eigenschaft ENABLED wird festgelegt, ob ein Steuerelement gerade aktiv ist, oder nicht. Falls diese Eigenschaft auf FALSE gesetzt wird, kann der Benutzer das dazugehörige Element nicht mehr bedienen. In den meisten Fällen wird es grau unterlegt dargestellt, so wie Sie es von Menüpunkten kennen, die nicht ausgewählt werden können.

Visible

Die Eigenschaft VISIBLE dagegen hat, wie der Name schon sagt, die Möglichkeit, Steuerelemente von der Oberfläche verschwinden zu lassen. Wird diese Eigenschaft auf FALSE gesetzt, ist das Steuerelement nicht mehr sichtbar und kann damit auch nicht mehr bedient werden.

Welche der beiden Eigenschaften Sie benutzen, um ein Steuerelement der Kontrolle des Benutzers zu entziehen, ist Ihre Entscheidung. Ein Steuerelement, dessen Eigenschaft ENABLED auf FALSE gesetzt ist, das also deaktiviert ist, sagt dem Benutzer, hier gibt es noch ein Element, aber dessen Benutzung ist im Augenblick nicht möglich. Die Eigenschaft VISIBLE dagegen ermöglicht es Ihnen, Elemente komplett vor dem Benutzer zu "verstecken".

Das Beispiel SE02.MAK zeigt Ihnen zwei CommandButtons, von denen der Linke nach dem Drücken deaktiviert und der Rechte unsichtbar wird.

```
Sub Command1_Click ()
    Command1.Enabled = False
End Sub

Sub Command2_Click ()
    Command2.Visible = False
End Sub
```

Name

Die Eigenschaft NAME spielt noch eine besondere Rolle. Das Ändern dieser Eigenschaft hat weitreichende Konsequenzen. Der Name eines Steuerelementes wird verwendet, um es anzusprechen. Würde man im obigen Beispiel die Eigenschaft NAME des zweiten CommandButtons ändern, würde der Code nicht mehr funktionieren. Erstens hieße dann die Ereignisprozedur auch nicht mehr COMMAND2_CLICK, da es keinen COMMAND2 mehr gibt und auch die Zuweisung schlägt fehl, da der Knopf nun einen anderen Namen hat.

Aus diesem Grund sollten Sie den Namen eines Steuerelements immer ändern, bevor Sie Code dafür schreiben. Visual Basic ändert den Code in diesem Fall nicht automatisch und teilt Ihnen auch nicht mit, daß es hier Probleme gibt.

Nehmen Sie als Beispiel einmal Projekt SE02.MAK. Ändern Sie die Eigenschaft NAME des rechten CommandButtons auf *UnsichtKnopf*. Nach einem Doppelklick auf diesen Knopf werden Sie sehen, daß sich der Name der Ereignisprozedur geändert hat, er lautet jetzt UNSICHTKNOPF_CLICK. Damit das Programm wieder ordnungsgemäß abläuft, müssen Sie den Code erneut eingeben.

```
Sub UnsichtKnopf_Click ()
    UnsichtKnopf.Visible = False
End Sub
```

Wo ist aber die alte Prozedur COMMAND2 CLICK mit Ihrem Code geblieben? Diese wurde nicht gelöscht, sondern von Visual Basic wie eine Prozedur behandelt, die nicht direkt einem Steuerelement zugeordnet ist. Diese Prozeduren finden Sie, indem Sie im Code-Fenster unter OBJECT die Auswahl (GENERAL) treffen. Anschließend sehen Sie sich die Auswahl PROC an, und dort finden Sie Ihre Prozedur COMMAND2_CLICK wieder. Sollten Sie jetzt einen neuen CommandButton erzeugen und diesen wieder *Command2* nennen, taucht die Prozedur dort wieder auf. Ansonsten wird diese Prozedur nicht mehr ausgeführt. Sie können sie nun löschen, indem Sie sie komplett markieren und die Taste [Entf] drücken.

Der Name eines Steuerelementes kann zwar theoretisch 40 Zeichen lang sein, aber dabei ist noch ein weiterer Faktor zu bedenken. Die Namen der dazugehörigen Ereignisprozeduren dürfen die 40 Zeichen jeweils auch nicht überschreiten. Aus diesem Grund erhält man die maximale Anzahl an Zeichen im Namen eines Steuerelementes, wenn man dessen Ereignisse ansieht und die Anzahl an Zeichen des längsten Ereignisnamens davon abzieht. Auf diese Weise kann der Name des CommandButtons maximal 30 Zeichen lang sein.

Namen und Abkürzungen

Normalerweise sollten Sie den Namen der Steuerelemente nach dem Aufbringen auf eine Form sofort ändern. Dies hilft Ihnen dabei, sich leichter im Programm zurechtzufinden. Ein Steuerelementname wie *UnsichtKnopf* sagt Ihnen sicher mehr, als *Command2*. In Ihrem Handbuch und im Anhang dieses Buches finden Sie eine Liste von Abkürzungen. Diese Abkürzungen sollten Sie am Anfang des Steuerelementnamen verwenden um deutlich zu machen, um welche Art von Element es sich hier handelt. Im obigen Beispiel würde der Knopf also beispielsweise *CmdUnsichtbar* heißen. Dabei sagt Ihnen das Kürzel CMD, daß es sich hier um einen CommandButton handelt. Die Abkürzungen werden auch in den Beispielen aus diesem Buch verwendet.

Ausrichten von Steuerelementen

Beim Entwurf einer Oberfläche werden Sie bald vermissen, daß es keinen Menüpunkt in Visual Basic gibt, der es erlaubt, Steuerelemente aneinander auszurichten, daß diese also links oder rechts ausgerichtet erscheinen.

Dieses kleine Manko läßt sich aber leicht umgehen. Wenn Sie mehrere Steuerelemente zur gleichen Zeit markieren (entweder durch das Gummiband oder durch die ⇧-Taste), zeigt Ihnen das Eigenschaften-Fenster alle Eigenschaften an, die die gewählten Steuerelemente gemeinsam besitzen. Da eigentlich alle Elemente die Eigenschaften TOP, LEFT, HEIGHT und WIDTH besitzen, werden diese auf jeden Fall mit angezeigt. Die Felder hinter den Eigenschaften sind erst einmal leer. Wenn Sie eine Eigenschaft auswählen, wird dort der Wert des ersten gewählten Elements angezeigt. Drücken Sie nun einfach ↵, werden die Werte der anderen Elemente diesem angepaßt. Natürlich können Sie hier auch neue Werte eingeben.

Um also Steuerelemente links aneinander auszurichten, markieren Sie diese und wählen im Eigenschaften-Fenster die Eigenschaft LEFT. Wenn Sie nun einfach ↵ drücken, werden alle markierten Steuerelemente links ausgerichtet.

Die wichtigsten gemeinsamen Eigenschaften von Visual Basic-Steuerelementen haben Sie jetzt kennengelernt. Da gibt es zwar noch einige andere, die spielen jetzt aber erst einmal keine Rolle.

Die wichtigsten Ereignisse

An dieser Stelle sollen einige Ereignisse kurz angesprochen werden, die Sie bei den meisten Steuerelementen finden können. Auf spezielle Ereignisse wird im nächsten Abschnitt eingegangen.

Die Click-Ereignisse

Es gibt zwei Ereignisse die von Mausklicks ausgelöst werden. Dies sind die Ereignisse CLICK, das Sie schon kennengelernt haben und DBLCLICK, das Sie noch kennenlernen werden.

Click

Das Ereignis CLICK wird ausgelöst, sobald der Benutzer mit der Maus auf dem entsprechenden Steuerelement einen einfachen Klick, also ein Drükken und Loslassen der Maustaste, durchführt.

DblClick

Das Ereignis DBLCLICK dagegen benötigt zur Ausführung einen Doppelklick mit der Maustaste. Denken Sie dabei daran, daß die Unterscheidung zwischen zwei einzelnen und einem Doppelklick durch die Werte in der Windows-Systemsteuerung bestimmt wird.

Bei beiden Ereignissen werden keine Parameter übergeben.

Die Mausereignisse

Eigentlich gehören auch die beiden Click-Ereignisse zu den Mausereignissen, aber neben diesen gibt es noch drei weitere Ereignisse, die mit der Maus zusammenhängen.

MouseDown

Das Ereignis MOUSEDOWN wird beim Drücken der Maustaste ausgelöst. Hier empfiehlt es sich, den Code einmal genauer anzusehen. Das Ereignis erhält nämlich einige Übergabeparameter.

```
Sub Command1_MouseDown (Button As Integer, Shift As Integer,
                                    X As Single, Y As Single)
End Sub
```

Die mitgelieferten Parameter geben Ihnen Aufschluß über den Zustand der Maustasten und die Position der Maus relativ zum Steuerelement. Die Parameter X und Y bestimmen also nicht die absolute Position der Maus auf dem Bildschirm, sondern nur deren Position auf dem Steuerelement, das dieses Ereignis auslöst.

Parameter	Bedeutung
BUTTON	Maustaste (1=links, 2=rechts, 4=mitte)
SHIFT	0=keine, 1= H, 2= S, 4=Ã
X	X-Position relativ zum Steuerelement
Y	Y-Position relativ zum Steuerelement

Tab. 2.2: Parameter bei Mausereignissen

MouseUp

Das Ereignis MouseUp wird, wie der Name vermuten läßt, beim Loslassen der Maustaste ausgelöst. Auch hier werden die gleichen Parameter, wie in Tabelle 2.2 aufgeführt, mitgeliefert.

! Anhand der Mausereignisse können Sie gut sehen, daß sich verschiedene Ereignisse überschneiden können. Wenn Sie beispielsweise auf einen CommandButton klicken, dann wird erst ein MouseDown, dann ein Click und danach ein MouseUp ausgelöst. Jedes dieser drei Ereignisse können Sie abfangen und bearbeiten. Aus diesem Grund ist es in einem solchen Fall wichtig zu wissen, wann welches Ereignis eintritt. Mit Hilfe des Programms SE03.MAK können Sie dies selbst nachvollziehen.

Tastaturereignisse

KeyPreview

Passend zu den Mausereignissen gibt es auch Tastaturereignisse. Dies sind KeyPress, KeyUp und KeyDown. Dabei gibt es eine Besonderheit zu beachten. Normalerweise erhält dasjenige Steuerelement das Tastaturereignis, in dem sich der Benutzer befindet. Dies kann geändert werden. Wenn Sie die Form-Eigenschaft KeyPreview auf True setzen, wird das Tastaturereignis erst an die Form und dann an das aktuelle Steuerelement übermittelt. Auf diese Weise können Sie Tastendrücke formweit abfangen und manipulieren.

KeyPress

Das Ereignis KeyPress gibt Ihnen den ASCII-Wert des Zeichens wieder, das gerade gedrückt wurde. Dabei werden keine speziellen Tasten, wie [Druck] oder [Alt] erfaßt. Lediglich die Tasten [↵], [Esc] und [⇦] werden abgefangen. Die Prozedur übergibt Ihnen dabei den Parameter KeyAscii, der den ASCII-Wert der gedrückten Taste enthält.

Sie können diesen Wert aber auch ändern. Um den Tastendruck abzufangen und nicht weiterzuleiten, können Sie den Parameter KeyAscii auf Null setzen.

```
Control_KeyPress (KeyAscii As Integer)
```

KeyDown, KeyUp

Die Ereignisse KeyDown und KeyUp werden beim Drücken bzw. Loslassen einer Taste ausgelöst. Diese Ereignisse werten auch spezielle Tasten, wie die Pfeiltasten u.ä. aus. Dabei werden zwei Parameter übergeben, KeyCode und Shift. Der Parameter KeyCode liefert den Tastaturcode - nicht den ASCII-Code - der gedrückten Taste. Der Parameter Shift informiert Sie über den Zustand der Tasten [⇧], [Strg] und [Alt].

```
Control_KeyUp (KeyCode As Integer, Shift As Integer)

Control_KeyDown (KeyCode As Integer, Shift As Integer)
```

Auch diese Ereignisse können sich überschneiden. Wenn Sie eine Taste drücken, treten die Ereignisse in der Reihenfolge KeyDown, KeyPress, KeyUp auf. Das Beispielprogramm SE04.MAK veranschaulicht dies.

Der Fokus

Ein wichtiger Begriff im Umgang mit Steuerelementen und Windows ist der Fokus (engl. Focus). Wie schon erwähnt, muß das Windows-System entscheiden, welche Tastenanschläge an welche Anwendung weitergeleitet werden. Diese Entscheidung fällt aufgrund des Fokus. Wenn in oder auf einem Element der Markierungscursor steht, besitzt dieses Element den Fokus. In Textfeldern können Sie den Cursor als blinkende Eingabemarke erkennen, auf CommandButtons beispielsweise als gepunkteten Rahmen um die Beschriftung.

LostFocus, GotFocus

Visual Basic kennt zwei Ereignisse, die mit der Übergabe des Fokus zusammenhängen. Dies sind die Ereignisse LostFocus und GotFocus. Wenn Sie nun mit Hilfe der Maus oder der Taste ⇆ von einem Steuerelement auf ein anderes wechseln, so tritt bei dem Element, das Sie verlassen haben ein LostFocus ein. Das Element, zu dem Sie gewechselt haben erhält ein GotFocus.

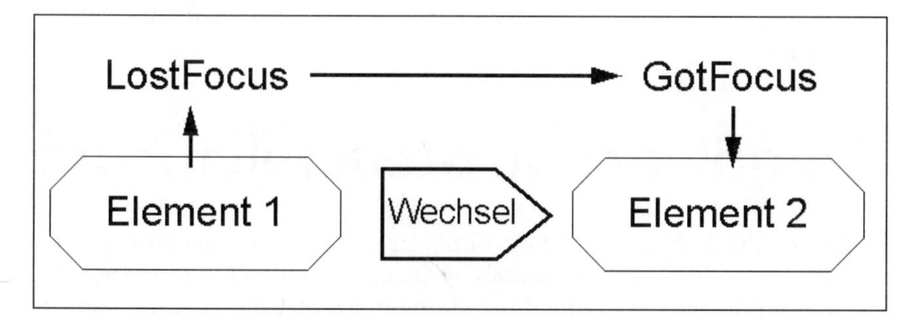

Abb. 2.2: Die Ereignisse GotFocus und LostFocus

Achten Sie hier vor allem darauf, daß diese beiden Ereignisse fast immer zusammen auftreten. Wenn ein Element den Fokus erhält, muß ihn ein anderes gerade verloren haben.

Wichtige Ereignisse der Form

Auch die Form hat ja verschiedene Ereignisse. Einige davon konnten Sie gerade kennenlernen. Die Form besitzt aber noch einige spezielle Ereignisse, von denen die wichtigsten hier aufgeführt werden sollen. Ein wichtiger Aspekt bei den Formereignissen ist die Tatsache, daß hier die Syntax des Ereignisnamens etwas anders aussieht. Formereignisse haben als Steuerelementnamen immer FORM, gleichgültig, wie die Form wirklich heißt, was also in deren Eigenschaft NAME steht.

```
Form_Ereignis [(Argumente...)]
```

Form_Load

Eines der meist verwendeten Ereignisse bei der Form ist das Ereignis LOAD. Dieses tritt auf, wenn die Form in den Speicher geladen wird, also normalerweise beim Programmstart. Aus diesem Grund eignet es sich bestens für Initialisierungen, Aufbau von Verbindungen u.ä.

Form_Resize

Das Problem der Größenänderung einer Form wurde schon angesprochen. Um dieses Problem zu lösen oder zu behandeln, kann Ihnen evtl. das Ereignis RESIZE vonnutzen sein. Dieses Ereignis wird ausgelöst, sobald die Größe der Form in irgendeiner Art und Weise verändert wird.

! Zwei Punkte gilt es hier zu beachten. Während des Ereignisses LOAD ist die Form noch nicht zu sehen. Deshalb können manche Befehle hier wirkungslos sein. Außerdem wird beim Laden und Anzeigen der Form auch immer ein RESIZE ausgelöst, da hier ja die Form von der Größe Null auf Ihre Startgröße verändert wird.

Nun, damit haben Sie die wichtigsten Eigenschaften und Ereignisse kennengelernt. Jetzt wird es langsam Zeit, sich auf die Steuerelemente zu konzentrieren.

Grundlegende Steuerelemente

In diesem Abschnitt wird auf die grundlegenden Steuerelemente eingegangen. Dies sind diejenigen Steuerelemente, die in beiden Editionen von Visual Basic mitgeliefert werden und somit eine zentrale Bedeutung haben. Auf die Steuerelemente der Professional Edition wird später auch noch eingegangen. Denken Sie bitte auch an die Steuerelementereferenz im Anhang dieses Buches. Dort sehen Sie die wichtigsten Fakten eines jeden Elementes auf den ersten Blick. Hier werden Ihnen kurz der Zweck, die wichtigsten Ereignisse und Eigenschaften angegeben und dazu noch ein paar Tips und Tricks und wichtige Hinweise in bezug auf den Umgang mit diesen

Elementen. Zu allen Elementen finden Sie ein Beispielprogramm auf der Diskette zum Buch.

Der CommandButton

Zweck

Mit dem CommandButton haben Sie schon gearbeitet. Dieses Steuerelement eignet sich dafür, vom Benutzer auf Mausklick oder Tastendruck eine Aktion ausführen zu lassen. Auf CommandButtons stoßen Sie in Windows-Anwendungen immer wieder.

Ereignisse

Das wichtigste Ereignis eines CommandButtons ist das Ereignis CLICK. Dem Button stehen zwar auch andere Ereignisse zur Verfügung, aber diese werden eigentlich nie gebraucht. Der Windows-Benutzer ist lediglich gewohnt einen Button zu klicken, nichts anderes.

Dabei gibt es verschiedene Möglichkeiten, ein CLICK auszulösen. Am einfachsten natürlich durch einen echten Klick mittels der Maus. Dieses Ereignis wird aber auch ausgelöst, wenn der Fokus mittels [Tab] auf den Button verschoben und danach [↵] gedrückt wird. Eine programmierte Möglichkeit das CLICK-Ereignis auszulösen ist es, die Eigenschaft VALUE, die nur zur Laufzeit existiert, auf TRUE zu setzen.

Eigenschaften

Zudem existieren noch zwei interessante Eigenschaften, die auch mit dem CLICK-Ereignis zu tun haben. Die Eigenschaft DEFAULT macht den CommandButton zum Standardknopf auf einer Form. Wird diese Eigenschaft auf TRUE gesetzt, so wird durch [↵] automatisch dieser CommandButton ausgelöst, gleichgültig auf welchem Element der Fokus liegt. Nur bei einem CommandButton auf einer Form kann diese Eigenschaft auf TRUE gesetzt werden. Achten Sie dabei darauf, daß in diesem Fall der Tastenanschlag [↵] abgefangen und an diesen Button weitergeleitet wird. Buttons mit dieser Eigenschaft sind normalerweise die “OK”-Knöpfe.

Die Eigenschaft CANCEL wird wie DEFAULT angewandt. Sie bewirkt, daß die [Esc]-Taste abgefangen und an den entsprechenden CommandButton weitergeleitet wird, um dort einen CLICK auszulösen. Dabei darf auch hier bei einem der CommandButtons einer Form diese Eigenschaft auf TRUE gesetzt werden. Buttons mit dieser Eigenschaft sind normalerweise die “Abbrechen”-Knöpfe.

Ein Beispiel zu diesen beiden Eigenschaften finden Sie im Programm SE05.MAK.

Das Label

Zweck

Das Label stellt ein reines Anzeigensteuerelement dar. Seine einzige Aufgabe ist es, Text darzustellen. Für die Ausgabe von Text haben Sie in den Beispielen bisher den Befehl PRINT kennengelernt. Dessen größter Nachteil ist es, daß der Text dabei unformatiert auf der Form erscheint. Normalerweise wird der Befehl PRINT in Windows-Anwendungen nicht benutzt. Wenn Sie Text anzeigen wollen, steht Ihnen dafür das Label zur Verfügung. Das Label kann nur Text ausgeben. Dieser Text kann vom Benutzer nicht verändert werden.

Ereignisse

Das Label kann zwar auch eine Reihe von Ereignissen auswerten, diese Möglichkeit besitzt allerdings nur untergeordnete Bedeutung. Normalerweise wird der Text eines Labels nur gelesen und das ist noch kein Ereignis, das Windows bemerken könnte. Vorstellbar wäre natürlich auch eine Verwendung der Ereignisse CLICK und DBLCLICK, aber dies entspricht nicht den Gepflogenheiten unter Windows.

Eigenschaften

Die absolut wichtigste Eigenschaft eines Labels ist CAPTION, also die Beschriftung. Die Beschriftung ist es ja, die dem Benutzer angezeigt wird. Dabei kann über die Eigenschaft BORDERSTYLE festgelegt werden, ob der Text mit oder ohne Rahmen angezeigt wird. Bei der Gestaltung des angezeigten Textes haben Sie natürlich von der Schriftart bis zur Farbe alle Möglichkeiten. Wenn Sie das Label auf die Form aufbringen, können Sie ihm eine bestimmte Größe geben. Sollte die CAPTION, also der Text länger sein, als das Label, so wird der Rest einfach abgeschnitten. Dies können Sie umgehen, indem Sie die Eigenschaft AUTOSIZE auf TRUE setzen, damit paßt sich das Label in der Länge seiner CAPTION an. Um das Label auch vertikal der CAPTION anzupassen, sollten Sie neben der Eigenschaft AUTOSIZE auch die Eigenschaft WORDWRAP auf TRUE setzen. Dadurch werden Wörter, die nicht mehr in eine Zeile passen automatisch in die nächste umgebrochen. Diese Eigenschaft funktioniert allerdings nur zusammen mit AUTOSIZE, damit die Höhe des Labels auch automatisch angepaßt wird.

Sie können diese beiden Eigenschaften mit dem Programm SE06.MAK testen. Dabei werden Sie auch sehen, daß WORDWRAP vor AUTOSIZE aktiviert werden muß. Der Grund dafür liegt auf der Hand. Ist AUTOSIZE erst einmal aktiviert, paßt sich das Label ja bereits horizontal seiner Beschriftung an. Eine vertikale Anpassung durch WORDWRAP ist dann nicht mehr sinnvoll. Aus diesem Grund werden in der Beispielanwendung die entsprechenden CommandButtons nach der Betätigung auch deaktiviert. Um das Label wieder in seine Originalmaße zu bringen, müssen Sie das Programm jeweils erneut starten.

```
Sub Command1_Click ()
    label1.AutoSize = True
    ' Falls Autosize zuerst gewählt wurde, läßt sich WordWrap
                                              nicht mehr erkennen
    Command2.Enabled = False
    Command1.Enabled = False
End Sub


Sub Command2_Click ()
    label1.WordWrap = True
    label1.AutoSize = True
    'Autosize wurde ja automatisch eingestellt
    Command1.Enabled = False
    Command2.Enabled = False
End Sub


Sub Command3_Click ()
    label1.borderstyle = 1
    command3.Enabled = False
    command4.Enabled = True
End Sub


Sub Command4_Click ()
    label1.borderstyle = 0
    command4.Enabled = False
    command3.Enabled = True
End Sub
```

Sie erkennen anhand dieser Codebeispiele auch, wie verwirrend es sein kann, nur mit den Standardnamen für Steuerelemente, die Visual Basic automatisch vergibt, zu arbeiten. Aus diesem Grund soll ab hier weitgehend mit "sprechenden" Namen für Steuerelemente gearbeitet werden.

Die Textbox

Zweck

Die Textbox ist das grundlegende Eingabesteuerelement. Sie kann zwar aussehen wie ein Label, aber der Benutzer hat die Möglichkeit, den Text zu verändern und neu einzugeben. Sie werden auch noch feststellen, daß die Textbox eigentlich fast ein kleiner Editor ist. Über die Textbox erhalten Sie

Eingaben vom Benutzer, Sie können den Text in einer Textbox aber natürlich auch programmiert verändern.

Ereignisse

Bei der Benutzung der Textbox können mehrere Ereignisse interessant für Sie werden. Als erstes schlägt Ihnen Visual Basic beim Doppelklick auf die Textbox das Ereignis CHANGE vor. Dieses Ereignis ist allerdings mit Vorsicht zu genießen. CHANGE wird ausgelöst, wenn sich der Inhalt der Textbox ändert. Dies geschieht aber jedesmal, wenn Sie ein neues Zeichen eingeben, löschen oder ändern. Geben Sie also beispielsweise das Wort "Hallo" in eine Textbox ein, wird das Ereignis CHANGE fünfmal ausgelöst, bei jedem Buchstaben einmal und wenn Sie sich vertippen entsprechend öfter.

Um den endgültigen und vollständigen Inhalt einer Textbox auszuwerten oder zu überprüfen, ist das Ereignis LOSTFOCUS wohl am besten geeignet. Dieses Ereignis wird ja erst ausgelöst, wenn die Textbox verlassen wird, also wenn der Benutzer mit seiner Eingabe fertig ist. Dabei muß es aber eine Möglichkeit geben, die Textbox zu verlassen. Ist die Box das einzige Steuerelement auf der Form, das angesprungen werden kann, hat die Textbox keine Möglichkeit, den Fokus zu verlieren.

Um den Inhalt der Textbox zu initialisieren, also beispielsweise einen Vorgabewert hineinzuschreiben oder den Inhalt zu löschen, eignet sich das Ereignis GOTFOCUS. Dieses Ereignis wird ausgelöst, wenn der Benutzer die Textbox "betritt".

Eigenschaften

Die Textbox besitzt neben den Standardeigenschaften eine ganze Reihe interessanter Eigenschaften, die es wert sind, hier extra besprochen zu werden. Als erstes und wichtigstes ist natürlich die Eigenschaft TEXT. Diese Eigenschaft enthält den Inhalt der Textbox, also das, was der Benutzer oder Sie eingegeben haben. Der folgende Code ersetzt so etwas, wie einen *Input*-Befehl.

```
Sub txtEingabe_LostFocus ()
    eingabe$ = txtEingabe.Text
End Sub
```

Beim Ereignis LOSTFOCUS, also nach dem Verlassen der Textbox mit dem neuen Namen *txtEingabe*, wird deren Inhalt der Variablen *Eingabe$* zugewiesen. Hier sehen Sie auch die Namenskonventionen. Das Kürzel "txt" am Anfang des Namens (*Prefix*) deutet auf eine Textbox hin und der Rest des Namens beschreibt kurz deren Aufgabe.

! Am Anfang bereitet es etwas Schwierigkeiten bei LABEL und TEXTBOX deren Eigenschaften CAPTION und TEXT auseinander zu halten. Das Label ist ein Beschriftungselement. Aus diesem Grund ist seine wichtigste Eigenschaft CAPTION, die Beschriftung. Da in einen

Label nichts eingegeben werden kann, hat es keine Eigenschaft TEXT. Die Textbox dagegen ist ein Eingabeelement. Daher besitzt sie eine Eigenschaft TEXT, die die Eingabe enthält. Eine Beschriftung gibt es bei einer Textbox nicht, daher keine CAPTION. Als Faustregel können Sie sich merken, daß Elemente, die eine Zeicheneingabe zulassen eine TEXT-Eigenschaft aufweisen. Reine Anzeigeelemente dagegen die CAPTION-Eigenschaft verwenden.

Sie haben vorhin gelesen, eine Textbox sei fast ein kleiner Editor. Nun, um aus der Textbox einen kleinen Editor zu machen, genügt es eigentlich, die Eigenschaft MULTILINE auf TRUE zu setzen. Dadurch haben Sie die Möglichkeit, mehrere Zeilen einzugeben.

Um einen Zeilenumbruch in einer Multiline-Textbox hervorzurufen, können Sie, wie gewohnt ↵ verwenden. Denken Sie dabei aber daran, daß Sie evtl. bei einem CommandButton die Eigenschaft DEFAULT gesetzt haben. Dadurch wird bei ↵ dieser Button ausgelöst und kein Zeilenumbruch. In diesem Fall ist es sicherer für einen Zeilenumbruch in einer Textbox, die Tastenkombinationen Strg ↵ oder ⇧ ↵ zu verwenden.

TIP

Sollten Sie keine Multiline-Textbox verwenden und die Form hat keinen Default-CommandButton, dann erzeugt ↵ in einer Textbox evtl. einen Systembeep, also das Windows-Warnsignal. Mit dem folgenden Code im KEYPRESS-Ereignis dieser Textbox können Sie dies umgehen. Dabei wird die Taste ↵ einfach ignoriert.

```
Sub Text1_KeyPress (KeyAscii As Integer)
    If KeyAscii = 13 Then KeyAscii = 0
End Sub
```

Beim Arbeiten mit Multiline-Textboxen werden Sie schnell auf ein kleines Problem stoßen. Ist der eingegebene Text größer als die Box, wird er zwar nicht abgeschnitten, aber auch nicht mehr angezeigt. Dieses Problem können Sie mit der Eigenschaft SCROLLBARS umschiffen. Hier können Sie einstellen, ob die Textbox mit horizontalen, vertikalen oder beiden Bildlaufleisten ausgestattet werden soll. Um die Verwaltung dieser Bildlaufleisten brauchen Sie sich dann nicht mehr zu kümmern, die funktionieren automatisch.

In einer Textbox können Sie Text auch markieren, so wie Sie es unter Windows gewohnt sind. Auf diesen markierten Text können Sie dann auch programmiert zugreifen. Dazu stellt Visual Basic Ihnen drei weitere Eigenschaften der Textbox zur Verfügung.

Die Eigenschaft SELSTART liefert Ihnen die Startposition des markierten Textes zurück. Dabei wird in Zeichen gezählt. Parallel dazu erhalten Sie über die Eigenschaft SELLENGTH die Anzahl Zeichen, die markiert wurden. Mit der Eigenschaft SELTEXT schließlich können Sie auf den markierten Text selbst zugreifen. In folgendem Code-Beispiel wird in einer Textbox der Text vom 2. bis 6. Zeichen markiert und durch "Hallo" ersetzt.

```
Text1.SelStart = 2
Text1.Sellength = 5
Text1.SelText = „Hallo“
```

TIP In einigen Anwendungen kann es von Nutzen sein, daß der Text beim Eintritt in die Textbox schnell gelöscht werden kann, sofern der Benutzer dies wünscht. Würde man nun einfach den Text beim GOTFOCUS komplett programmiert löschen, ließe man dem Benutzer ja keine Wahl. In diesem Fall empfiehlt es sich, bei GOTFOCUS einfach nur den gesamten Text zu markieren. Möchte der Benutzer ihn löschen, braucht er nur noch den neuen Text einzugeben. Windows ersetzt markierten Text automatisch, falls neuer eingegeben wird. Will der Benutzer den Text dagegen behalten oder nur Teile ändern, kann er einfach die Markierung aufheben und dies tun. Der folgende Code zeigt Ihnen, wie so etwas zu realisieren ist.

```
Sub txtEingabe_GotFocus ()
    txtEingabe.SelStart = 0
    txtEingabe.Sellength = Len(txtEingabe.Text)
End Sub
```

Im Beispielprogramm SE07.MAK können Sie selbst etwas mit der Textbox experimentieren.

Wenn Sie den Text in einer Textbox einmal kursiv darstellen, werden Sie sehen, daß die Zeichendarstellung beim Eingeben neuer Zeichen und beim Löschen nicht mehr korrekt funktioniert. Dies ist ein Problem der Visual Basic-Textboxen. Sie können es teilweise umgehen, indem Sie im Ereignis CHANGE die folgende Zeile hinzufügen:

```
txtEingabe_Change
      txtEingabe.Refresh
End Sub
```

Dadurch wird die Textdarstellung nach jedem Zeichen erneut aufgebaut. Dadurch flackert die Darstellung allerdings etwas.

Die Checkbox

Zweck

Checkboxen sind kleine Kästchen, in die Sie mittels Mausklick "ankreuzen" können oder die Markierung wieder löschen können. Das kennen Sie sicherlich auch aus einer Reihe von Windows-Anwendungen. Mit Hilfe dieses Steuerelements können Sie dem Benutzer eine Möglichkeit zur Verfügung stellen, aus einer Reihe von Optionen eine oder mehrere auszuwählen. Dabei kann die Checkbox zwei verschiedene Zustände annehmen - angekreuzt und nicht angekreuzt. Eigentlich hat sie sogar noch einen dritten Zustand, der beides bedeutet. Dann wird die Checkbox grau unterlegt. Dies zeigt dem Benutzer, daß das Programm hier keine Unterscheidung mehr treffen kann. So etwas kann beispielsweise in einer Textverarbeitung auftreten, wenn Sie Text markiert haben, der zum Teil fett, zum Teil aber auch nicht fett gedruckt ist. In diesem Fall kann das System keinen eindeutigen Zustand mehr anzeigen und zeigt damit die Checkbox "Fett" grau ausgefüllt an.

Ereignisse

Auch bei der Checkbox spielt, ähnlich dem CommandButton, nur ein einziges Ereignis eine entscheidende Rolle, das Ereignis CLICK. Was sollte der Benutzer auch anderes mit der Checkbox machen, als darauf zu klicken.

Eigenschaften

Die einzige wichtige Eigenschaft einer Checkbox lautet VALUE. Hier steht, ob die Checkbox angekreuzt wurde, oder nicht.

Value	Bedeutung
0	nicht angekreuzt
1	angekreuzt
2	grau unterlegt

Tab. 2.3: Werte der Checkbox

Im Beispiel SE08.MAK sehen Sie, wie durch Checkboxen die Schriftattribute einer Textbox geändert werden können.

```
Sub chkFett_Click ()
    txtEditor.FontBold = -chkFett.Value
End Sub
```

Wenn Sie sich diesen Code einmal ansehen, werden Sie sich vielleicht fragen, was denn das Minuszeichen dort zu suchen hat. Um das zu verstehen, muß man eigentlich nur noch eine Kleinigkeit über die beiden Werte TRUE und FALSE wissen. Und zwar, welche Zahlenwerte die beiden repräsentieren.

Ausdruck	Wert
TRUE	-1
FALSE	0

Tab. 2.4: Werte von TRUE und FALSE

Wie Sie sehen, stellt TRUE den Wert -1 dar. Die Checkbox dagegen enthält als Wert für den Zustand "angekreuzt" die Zahl 1. Aus diesem Grund das Minus. Bei "nicht angekreuzt" stört es nicht weiter, da -0 gleich 0 ist, sagt die Mathematik.

In dieser Beispielanwendung sehen Sie auch den Nutzen des FORM_LOAD-Ereignisses. Es kann ja sein, daß der Text in der Textbox bereits fett, kursiv oder unterstrichen ist. In der Tat ist Text in einer Textbox standardmäßig fett. Aus diesem Grund werden beim Laden der Form Textbox und Checkboxen synchronisiert.

```
Sub Form_Load ()
    chkFett.Value = -txtEditor.FontBold
    chkkursiv.Value = -txtEditor.FontItalic
    chkUnterstrichen.Value = -txtEditor.FontUnderline
End Sub
```

Sie sehen, auch hier taucht das Minuszeichen wieder auf. Wäre das nicht so, erhielten Sie hier eine Fehlermeldung. Sie können dies auch gerne einmal testen.

Der OptionButton

Zweck

Dieses Steuerelement, das einen Kreis mit und ohne Punkt darstellt, wird hin und wieder auch als Radio-Button bezeichnet. Es dient dazu, dem Benutzer aus einer Reihe von Optionen eine Möglichkeit auswählen zu lassen. Während bei den Checkboxen auch mehrere angekreuzt werden können, ist beim OptionButton nur eine Auswahl zulässig.

Alle OptionButtons auf einer Form werden als Gruppe gesehen. Damit läßt sich jeweils nur einer auswählen. Wenn Sie weitere Optionsgruppen anlegen wollen, müssen Sie sich eines Containerobjektes bedienen. Containerobjekte werden Sie noch kennenlernen.

Ereignisse

Ähnlich der Checkbox gibt es auch hier nur ein interessantes Ereignis, den CLICK.

Eigenschaften

Bei den Eigenschaften spielt ebenfalls VALUE die zentrale Rolle. Hier können Sie den Zustand eines Optionsknopfes erkennen. Dabei können in dieser Eigenschaft die Werte TRUE und FALSE enthalten sein.

Wie Sie aber anhand des Code in Beispiel SE09.MAK sehen können, braucht Sie der Inhalt von VALUE eigentlich gar nicht zu interessieren. Da nur einer der Knöpfe ausgewählt werden kann, ist es logisch, daß der Knopf, der gerade den CLICK erhalten hat, ausgewählt wurde.

Die Listbox

Zweck

Die Listbox, zu deutsch Listenfeld, bietet dem Benutzer die Möglichkeit, aus einer Liste ein oder mehrere Elemente auszuwählen. Dabei läßt sich die Liste frei gestalten. Es können jederzeit Elemente hinzugefügt und auch wieder gelöscht werden. Sollte der Platz dabei nicht mehr ausreichen, um alle Elemente anzuzeigen, werden automatisch Bildlaufleisten generiert.

Ereignisse

Das wichtigste Ereignis einer Listbox ist auch wieder einmal CLICK. Dieses Ereignis wird ausgelöst, wenn der Benutzer mittels der Maus ein Element der Liste auswählt und darauf klickt. Das Ereignis CLICK wird aber auch ausgelöst, wenn der Benutzer mit den Pfeiltasten in der Liste auf und ab fährt.

Methoden

Dies ist nun das erste Steuerelement, bei dem Methoden eine zentrale Rolle spielen. Hier benötigen Sie Methoden, um die Liste mit Elementen zu füllen oder diese zu löschen. Das Füllen einer Liste mit Elementen wird durch die Methode ADDITEM ausgeführt. Danach folgt das neue Listenelement. Über den Parameter INDEX kann festgelegt werden, an welcher Stelle der Liste das neue Element eingefügt wird.

```
Listbox.Additem Ausdruck[, index]
```

Um eine Liste mit mehreren Elementen zu füllen, müssen Sie diese Methode auch mehrmals anwenden. Um die Liste beim Programmstart bereits mit Werten zu belegen, eignet sich wiederum die Prozedur FORM_LOAD. Diese wurde auch in der Beispielanwendung SE10.MAK dazu verwendet.

```
Sub Form_Load ()
    lstAnrede.AddItem „Sehr geehrter Herr,“
    lstAnrede.AddItem „Sehr geehrte Frau,“
    lstAnrede.AddItem „Sehr geehrtes Fräulein,“
    lstAnrede.AddItem „Sehr geehrte Damen und Herren,“
End Sub
```

Hier wird die Listbox namens *lstAnrede* mit verschiedenen Anreden gefüllt.

Zum Löschen einzelner Elemente aus der Liste wird die Methode REMOVEITEM verwendet. Dabei muß mit angegeben werden, welches Element entfernt werden soll. Jedes Element besitzt dabei eine Nummer, einen Index. Das erste Element hat den Index 0, das zweite 1 usw.

```
Listbox.RemoveItem Eintragsindex
```

```
lstAnrede.RemoveItem 2    'Entfernt das dritte Listenelement
```

Um alle Elemente einer Liste zu löschen, die Liste also komplett zu leeren, kann die Methode CLEAR verwendet werden.

```
Listbox.Clear
```

Eigenschaften

Bei den Eigenschaften der Listbox wird es interessant. Die einfachste Möglichkeit herauszufinden, welchen Eintrag der Benutzer ausgewählt hat, ist die Eigenschaft TEXT zu verwenden. Sie enthält den ausgewählten Eintrag. Es gibt aber auch noch andere Möglichkeiten. Dazu muß man wissen, daß alle Elemente eines Listenfeldes zusammen auch als Liste im Speicher gehalten werden. Dabei enthält das erste Element wieder den Index 0 usw. Auf diese Liste können Sie nun mit der Eigenschaft LIST() zugreifen.

```
drittes_Element = lstAnrede.List(2)
```

Eine weitere Eigenschaft enthält den Index des ausgewählten Elementes, die Eigenschaft LISTINDEX. Der folgende Ausdruck würde also die Nummer des ausgewählten Elementes zurückliefern.

```
Nummer = lstAnrede.ListIndex
```

Kombiniert man nun diese beiden Eigenschaften LIST() und LISTINDEX erhält man den ausgewählten Eintrag zurück, genau wie mit der Eigenschaft TEXT.

```
Element = lstAnrede.List(lstAndrede.ListIndex)
```

Die Eigenschaft LISTINDEX erhält den Wert 0, wenn kein Element aus der Liste ausgewählt wurde. In diesem Zusammenhang ist auch die Eigenschaft LISTCOUNT von Interesse. Sie gibt die Anzahl der Elemente einer Liste an.

Normalerweise werden die Elemente eines Listenfeldes in einer Spalte dargestellt. Sollten Sie die Anzahl der Spalten ändern wollen, so können Sie dies mit Hilfe der Eigenschaft COLUMNS. Sollten Sie mehr als eine Spalte benutzen, so wird zuerst die erste Spalte gefüllt, danach die zweite usw.

Die Eigenschaft SORTED legt fest, ob die Einträge eines Listenfeldes sortiert dargestellt werden. Wenn Sie ein neues Element einfügen, ohne einen Index anzugeben, wird dieses Element in die Liste einsortiert. Seinen Index erhalten Sie über die Eigenschaft NEWINDEX.

Diese Eigenschaft steht in Zusammenhang mit einer weiteren, äußerst interessanten Eigenschaft der Listbox. Mit der Eigenschaft ITEMDATA(), die ebenfalls eine Liste repräsentiert, können Sie zu jedem Eintrag der Liste noch eine Zahl vom Typ LONG angeben. Damit haben Sie die Möglichkeit, in einer Listbox Mitarbeiter aufzulisten und deren Personalnummern in der Eigenschaft ITEMDATA mitzuführen.

```
lstPersonal.Additem „Meier“
lstPersonal.ItemData(lstPersonal.NewIndex) = 8763
```

In diesem Beispiel wird der Name „Meier“ in die Liste mit aufgenommen. In der zweiten Zeile wird durch NEWINDEX der Index des neuen Eintrages ermittelt und dessen Eigenschaft ITEMDATA auf die Personalnummer gesetzt.

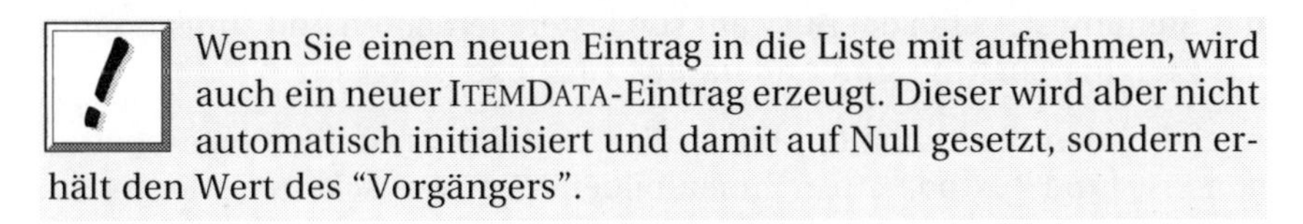

Wenn Sie einen neuen Eintrag in die Liste mit aufnehmen, wird auch ein neuer ITEMDATA-Eintrag erzeugt. Dieser wird aber nicht automatisch initialisiert und damit auf Null gesetzt, sondern erhält den Wert des “Vorgängers”.

In der Einleitung wurde schon kurz angesprochen, daß es dem Benutzer einer Listbox auch möglich ist, mehrere Einträge gleichzeitig auszuwählen. Um diese Funktionalität zur Verfügung zu stellen, muß die Eigenschaft MUTLISELECT geändert werden. Diese kann drei verschiedene Werte annehmen.

Wert	Verhalten
0	Der Benutzer kann nur einen Eintrag auswählen.
1	Mittels der Maus- oder Leertaste werden Elemente der Liste ausgewählt und wieder deaktiviert.
2	Der Benutzer kann mittels Maus oder Pfeiltasten zusammen mit der Taste ⇧ mehrere Elemente auswählen.

Tab. 2.5: Wertebereich der Eigenschaft MULTISELECT

In der Eigenschaft TEXT befindet sich weiter nur der aktuell ausgewählte Eintrag. Um an alle Einträge heranzukommen, müssen Sie mit der Eigenschaft SELECTED() arbeiten. Mittels dieser Eigenschaft können Sie abfragen, ob ein bestimmter Eintrag selektiert wurde oder nicht.

```
lstAnrede.Selected(2)    'index beginnt bei 0
```

Dieser Ausdruck liefert entweder TRUE oder FALSE zurück. Dabei wird festgestellt, ob der dritte Listeneintrag (INDEX beginnt bei 0) markiert wurde oder nicht.

Die Combobox

Zweck

Die Combobox, oder zu deutsch Kombinationsfeld ist, wie der Name schon sagt, eine Kombination aus zwei Steuerelementen. Zum einen enthält es die Eigenschaften und Methoden der Listbox und zum anderen die einer Textbox. Comboboxen werden normalerweise dann eingesetzt, wenn der Benutzer sowohl aus einer Liste auswählen als auch neue Punkte eingeben können soll. Zudem verbraucht die Combobox weniger Bildschirmplatz als ein Listenfeld, da sie die Liste nur bei Bedarf herunterklappt.

Ereignisse

Da die Combobox eine Mischung aus Textbox und Listbox darstellt, spielen auch deren beiden wichtigsten Ereignisse hier eine Rolle. Zum einen das Ereignis CLICK bei der Auswahl von Listenelementen und zum anderen das Ereignis CHANGE beim Ändern des Textboxeintrages.

Eigenschaften

Auch bei den Eigenschaften bietet die Combobox fast alle Eigenschaften von List- und Textbox. Ausnahmen bilden hier Eigenschaften wie MULTILINE.

Eine Eigenschaft sollten Sie sich aber etwas genauer ansehen. Die Eigenschaft STYLE bestimmt das Aussehen und Verhalten der Combobox.

Wert	Verhalten
0	Dies ist die Standardeinstellung. Die Combobox bietet ein Textfeld zum Editieren und eine Listenauswahl.
1	Hier bietet die Combobox ein Textfeld und eine Listenauswahl. Die Liste ist allerdings ständig sichtbar und kann nicht weggeklappt werden.
2	Mit diesem Wert verhält sich die Combobox wie ein Listenfeld. Die Liste kann aufgeklappt werden, aber der Benutzer kann keinen Text eingeben.

Tab. 2.6: Die Eigenschaft STYLE

In Beispiel SE11.MAK haben Sie die Möglichkeit, diese verschiedenen Stile zu testen. Dort sehen Sie auch eine Lösungsmöglichkeit, um Text, der in das Textfeld einer Combobox eingegeben wird, in die Liste aufzunehmen.

Wenn die Höhe der Combobox kleiner als 377 Twips ist, kann es u.U. zu einem Systemfehler kommen. Sie sollten es auch vermeiden, die Methode MOVE zusammen mit der Combobox zu verwenden.

Die Scrollbars

Zweck

Auf Scrollbars sind Sie bereits gestoßen. Dabei handelte es sich um Bildlaufleisten, auf die Sie keinen programmierten Zugriff ausüben konnten. Die Rollbalken, mit denen Sie es hier zu tun haben, funktionieren zwar wie Bildlaufleisten, verschieben allerdings nicht automatisch irgendeine Art von Inhalt. Sie können dafür aber programmiert Gebrauch von diesen Steuerelementen machen. Rollbalken werden normalerweise eingesetzt, wenn der Benutzer schnell Werte innerhalb eines großen Wertebereichs einstellen soll. Als Beispiel könnte der Benutzer Farben mit Hilfe der Rollbalken einstellen (RGB-Werte). Es gibt zwei Arten von Scrollbars, die sich nur in ihrer Ausrichtung (horizontal, vertikal) unterscheiden.

Ereignisse

Bei der Betrachtung der Scrollbars fällt nur ein interessantes Ereignis auf, das Ereignis CHANGE. Dieses Ereignis wird ausgelöst, wenn der Benutzer den Wert des Scrollbars ändert.

Eigenschaften

Mit den Eigenschaften wird vor allem der Wertebereich der Scrollbars festgelegt.

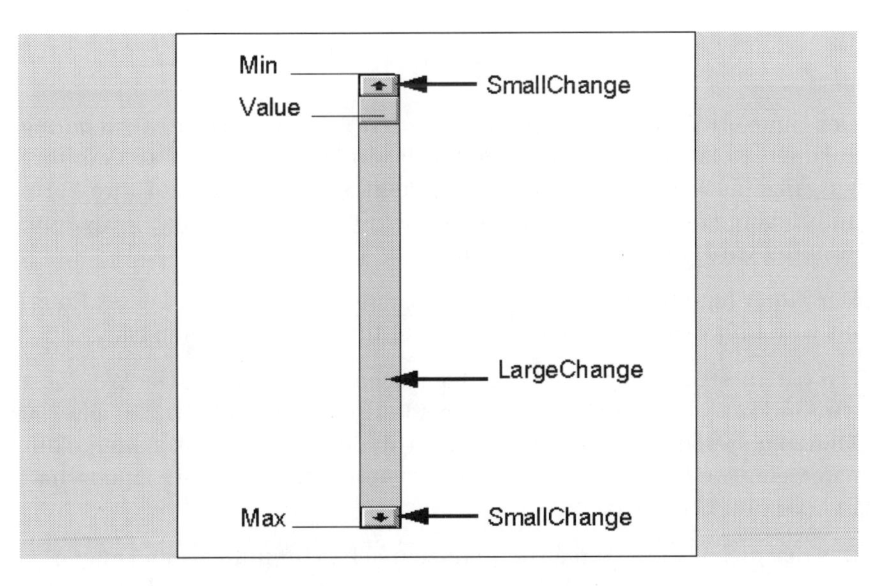

Abb. 2.3: Die verschiedenen Eigenschaften der Scrollbars

Wie Sie anhand der Grafik sehen können, wird der Wertebereich der Scrollbars durch die beiden Eigenschaften MIN und MAX bestimmt. Dabei liegt MIN immer am oberen Ende und MAX immer am unteren Ende der Scrollbars. Normalerweise scrollt der Balken also von oben nach unten. Um dies zu ändern, brauchen Sie nur die Werte MIN und MAX zu vertauschen.

Mit einem Klick auf die beiden Pfeile an den Enden der Scrollbar wird der Wert der Scrollbar um den Betrag geändert, der sich in der Eigenschaft SMALLCHANGE befindet. Den augenblicklichen Wert der Rollbalken finden Sie in der Eigenschaft VALUE.

Klickt der Benutzer auf den Bereich zwischen dem Scrollcursor und den beiden Enden, ändert sich der Wert des Balkens um den Betrag in der Eigenschaft LARGECHANGE.

Im Beispiel SE12.MAK wurde der Wertebereich des Scrollbars von 0 bis 100 festgelegt. Ein SMALLCHANGE bedeutet die Änderung des Wertes um eins, ein LARGECHANGE um zehn. Der Wert des Scrollbars wird nach jeder Änderung einem Label zugewiesen.

```
Sub vsbTest_Change ()
    lblAnzeige.Caption = vsbTest.Value
End Sub
```

Experimentieren Sie ruhig etwas, um ein Gefühl für die Scrollbars zu bekommen.

Der Timer

Zweck

Der Timer ermöglicht es Ihnen, zeitgesteuert Vorgänge in Ihrer Anwendung ablaufen zu lassen. Dabei können Sie das Intervall festlegen, in dem Ihre Vorgänge ausgeführt werden sollen. Wenn Sie den Timer auf Ihre Form aufbringen, können Sie ihn zur Designzeit sehen. Sobald das Programm gestartet wird, wird der Timer unsichtbar.

Ereignisse

Der Timer hat nur ein einziges Ereignis, das Ereignis TIMER. Dieses Ereignis wird immer dann ausgelöst, wenn ein Intervall abgelaufen ist.

Eigenschaften

Das o.g. Intervall stellen Sie in der Eigenschaft INTERVAL ein. Der Wert dort wird in Millisekunden eingegeben. Als Beispiel löst der Wert 250 alle 250 Millisekunden das Ereignis TIMER aus. Um den Timer abzuschalten, können Sie entweder die Eigenschaft INTERVAL auf Null oder die Eigenschaft ENABLED auf FALSE setzen.

Das Beispiel SE13.MAK realisiert eine einfache Uhr mittels des Timers.

Die maximale Länge eines Timerintervalls beträgt 64.767 Millisekunden. Das bedeutet, ein Timerintervall kann maximal 64 Sekunden, also kaum länger als eine Minute dauern. Da das System nur 18 Impulse pro Sekunde verarbeitet, beträgt die Genauigkeit des Intervalls maximal eine achtzehntel Sekunde, egal welchen Wert Sie in Millisekunden eintragen. Dabei sollten Sie auch bedenken, daß das System durch starke Benutzung (Netzwerke, Drucken etc.) so beansprucht wird, daß es noch seltener Impulse auslösen kann.

Windows erlaubt den Einsatz von maximal 32 Timern. Da es selbst einen Timer benötigt, bleiben für Ihre Applikation also maximal 31 übrig, vorausgesetzt, keine andere Anwendung benutzt ebenfalls Timer.

Dauert die Bearbeitung eines TIMER-Ereignisses länger als ein INTERVAL, wird kein neues Ereignis TIMER ausgelöst, so lange Visual Basic ein TIMER-Ereignis abarbeitet.

Die DriveListbox

Zweck

Die DriveListbox gehört zu einer Gruppe von Steuerelementen, mit deren Hilfe sich Dateiauswahldialoge erzeugen lassen. Zweck der DriveListbox ist es nun, die verschiedenen Laufwerke eines Systems anzuzeigen und eines davon auswählen zu lassen. Dabei brauchen Sie sich nicht um die Verwaltung der Laufwerke zu kümmern, all das erledigt die DriveListbox automatisch.

Ereignisse

Das interessanteste Ereignis der DriveListbox ist wieder einmal CHANGE. Dieses Ereignis wird ausgelöst, wenn der Benutzer das Laufwerk wechselt.

Eigenschaften

Die DriveListbox besitzt nahezu alle Eigenschaften einer herkömmlichen Listbox. Allerdings dürfte meist nur die Eigenschaft DRIVE genutzt werden. Diese Eigenschaft liefert das ausgewählte Laufwerk zurück (z.B. "C:\").

Die DirectoryListbox

Zweck

Die DirectoryListbox, oder kürzer DirListbox, ist das zweite Steuerelement zur Programmierung von Dateidialogen. Sie zeigt die Verzeichnisstruktur des aktuellen Laufwerks an und ermöglicht die Auswahl eines Verzeichnisses.

Ereignisse

Auch hier spielt das Ereignis CHANGE wieder die zentrale Rolle. Es wird ausgelöst, wenn der Benutzer durch einen Doppelklick auf ein Verzeichnis dieses auswählt.

Eigenschaften

Auch bei der DirListbox läßt sich die Verwandtschaft zur Listbox erkennen. Allerdings ist hier nur eine Eigenschaft von Bedeutung. Die Eigenschaft PATH gibt das ausgewählte Verzeichnis inklusive des Laufwerks zurück (z.B. "C:\WINDOWS\WORD").

Wenn Sie eine Drive- und eine DirListbox auf eine Form aufbringen, arbeiten diese noch nicht zusammen. Das bedeutet, daß die DriveListbox evtl. Laufwerk C: anzeigt und die DirListbox aber die Verzeichnisstruktur von Laufwerk D: zeigt. Aus diesem Grund müssen die beiden Steuerelemente synchronisiert werden. Dies geschieht im Ereignis CHANGE der DriveListbox.

```
Sub Drive1_Change ()
    Dir1.Path = Drive1.Drive
End Sub
```

Möglicherweise soll dem Benutzer die Auswahl des Verzeichnisses etwas komfortabler gemacht werden. Aus diesem Grund ist es in vielen Anwendungen möglich, das Verzeichnis durch Drükken der Taste [↵] auszuwählen. Die DirListbox aber ignoriert diese Taste normalerweise. Die Lösung besteht in der Möglichkeit, die Taste im Ereignis KEYPRESS abzufangen und programmiert das Verzeichnis zu wechseln.

```
Sub Dir1_KeyPress (KeyAscii As Integer)
     If KeyAscii = 13 Then
        Dir1.Path = Dir1.List(Dir1.ListIndex)
     End If
End Sub
```

Die FileListbox

Zweck

Die FileListbox ist nun das letzte Steuerelement, das benötigt wird, um einen Dateidialog komplett zu machen. Sie zeigt, wie der Name schon sagt, Dateien an und läßt den Benutzer daraus auswählen.

Ereignisse

Bei der FileListbox steht das Ereignis CLICK wieder im Vordergrund, das ausgelöst wird, wenn der Benutzer eine Datei auswählt. Zwei weitere Ereignisse sind in diesem Zusammenhang noch von Interesse. Die Ereignisse PATHCHANGE und PATTERNCHANGE können vom Benutzer nur indirekt ausgelöst werden. Das Ereignis PATHCHANGE wird ausgelöst, wenn sich der Pfad in der Dateiliste ändert. PATTERNCHANGE dagegen zeigt eine Änderung in der Auswahl der angezeigten Dateien an. Für beide Ereignisse gibt es jeweils eine zugehörige Eigenschaft, die allerdings nur programmiert geändert werden kann.

Auch hier finden Sie wieder viele Eigenschaften der Listbox. Zur Auswertung der ausgewählten Datei wird hier aber keine Eigenschaft wie TEXT zur Verfügung gestellt, sondern logischerweise eine Eigenschaft namens FILENAME. Sie enthält den ausgewählten Dateinamen (z.B. "BUCH.DOC").

Über die Eigenschaft PATTERN können Sie festlegen, welche Art von Dateien angezeigt werden sollen. Der Inhalt von PATTERN funktioniert dabei annähernd vergleichbar zum Befehl DIR unter MS-DOS. Folgender Code würde nur alle Dateien mit den Endungen "ICO" und "BMP" anzeigen.

```
File1.Pattern = „*.ICO;*.BMP“
```

Verschiedene Dateimasken werden, wie im Beispiel, durch ein Semikolon getrennt.

Auch die Dateiliste muß mit der Laufwerks- und der Verzeichnisauswahl synchronisiert werden. Dies geschieht im CHANGE-Ereignis der DirListbox. Benutzt wird dabei die Eigenschaft PATH, die auch die FileListbox besitzt.

```
Sub Dir1_Change ()
    File1.Path = Dir1.Path
End Sub
```

Da die DirListbox ja bereits mit der Laufwerksauswahl synchronisiert wurde, arbeiten nun alle drei Steuerelemente zusammen.

Um nun den Dateinamen inklusive des Pfades anzuzeigen, müssen einfach die beiden entsprechenden Eigenschaften kombiniert werden. Dabei fehlt allerdings noch das Zeichen "\" zwischen Pfad und Dateiname, aber das ist auch kein Problem.

```
lblAnzeige.Caption = File1.Path & „\“ & File1.Filename
```

Das Problem ist nun nur noch das Stammverzeichnis, also "C:\". Sollte kein Verzeichnis ausgewählt sein, würde die obige Zeile ein "\" zuviel aufweisen. Um dieses Problem zu umgehen, muß der Code geringfügig geändert werden.

```
Sub File1_Click ()
    If Right(File1.Path,1) = „\“ Then
        lblAnzeige.Caption = File1.Path & File1.Filename
    Else
        lblAnzeige.Caption = File1.Path & „\“ & File1.Filename
    End If
End Sub
```

Wenn Sie dieses Stück Code noch nicht vollständig verstehen sollten, machen Sie sich keine Gedanken. Die Struktur und einige Befehle werden Sie erst später kennenlernen.

Der Frame

Zweck

Der Frame ist das erste, aber nicht letzte Containerelement, das Sie kennenlernen. Ein Containerelement hat den Zweck andere Steuerelemente zu einer Einheit zu verbinden. Das wiederum bringt einige Vorteile mit sich. Objekte, die durch ein Containerobjekt zusammengefaßt sind, können mit einem Befehl sichtbar oder unsichtbar gemacht, deaktiviert oder aktiviert und verschoben werden. Dabei müssen nicht die einzelnen Elemente angesprochen werden, sondern lediglich das Containerelement. Der Frame bewirkt außerdem eine optische Abhebung der enthaltenen Elemente. Zudem benötigen einige Elemente einen Container. Die OptionButtons auf einer Form werden immer zu einer Gruppe zusammengefaßt. Um nun eine zweite Optionsgruppe zu erzeugen, müssen diese OptionButtons auf ein Containerelement aufgebracht werden.

Um Objekte in einem Container zusammenzufassen, muß zuerst das Containerelement auf die Form gebracht werden. Danach werden die einzelnen Steuerelemente auf dem Container aufgebracht. Sollten die Steuerelemente allerdings bereits existieren, so markieren Sie diese und schneiden sie aus. Dann erstellen Sie das Containerelement, markieren es und fügen die ausgeschnittenen Elemente wieder ein. Um zu erkennen, ob ein Element tatsächlich mit dem Container verbunden ist und nicht nur auf diesem liegt, genügt es entweder den Container oder das einzelne Element zu verschieben. Elemente, die mit einem Container verbunden sind, können nicht aus diesem hinausgeschoben werden. Andererseits werden alle verbundenen Elemente beim Verschieben des Containers automatisch mit verschoben. Läßt sich also ein Element aus dem Container hinausschieben, oder bleibt es beim Verschieben des Containers liegen, so ist es nicht mit diesem verbunden.

Eigenschaften

Bei den Eigenschaften hat der Frame keine Besonderheiten aufzuweisen.

Ereignisse

Normalerweise werden die Ereignisse eines Frames nicht ausgewertet, da er kein "aktives" Element darstellt, d.h. der Benutzer interagiert nicht mit dem Frame selbst, sondern nur mit den Steuerelementen, die sich darauf befinden.

Das Verhalten eines Frames und damit das Verhalten von Containerobjekten können Sie in Beispiel SE15.MAK sehen.

Die Picturebox

Zweck

Die Picturebox eignet sich, wie der Name bereits sagt, hervorragend zur Darstellung von Bildern und Grafiken. Sie ist aber auch ein Containerobjekt. Aus diesem Grund kann sie auch dazu verwendet werden, OptionButtons zusammenzufassen.

Ereignisse

Bei der Picturebox gibt es eigentlich kein spezielles Ereignis. Der Box stehen eine Reihe von Ereignissen zur Verfügung, die sie auswerten kann. Möglicherweise soll der Benutzer die Picturebox anklicken, dann wird das Ereignis CLICK abgefangen. In der Beispielanwendung SE16.MAK wird das Ereignis MOUSEMOVE dazu genutzt, Punkte auf die Picturebox aufzubringen.

Eigenschaften

Mit der Eigenschaft ALIGN können Sie festlegen, ob sich die Picturebox so wie entworfen auf der Form befindet, oder ob sie sich am oberen oder unteren Rand befindet und dabei ihre Breite immer der Breite der Form anpaßt.

Die Eigenschaft AUTOSIZE bestimmt, ob sich die Picturebox in den Ausmaßen ihrem Inhalt anpaßt.

Die wichtigste Eigenschaft der Picturebox ist die Eigenschaft PICTURE. Dort können Sie zur Entwurfszeit festlegen, welches Bild die Box enthalten soll. Dabei kann die Picturebox Bilder in den Formaten Bitmap, Icon oder Metafile anzeigen.

Um diese Eigenschaft zur Laufzeit zu ändern, müssen Sie die Funktion LOADPICTURE verwenden. Bilder, die zur Entwurfszeit geladen werden, werden mit der Form zusammen gespeichert. Bilder, die Sie zur Laufzeit durch Code laden, nicht.

```
Picture1.Picture = LoadPicture(„C:\WINDOWS\AUTOS.BMP“)
```

Das Speichern eines Bildes erfolgt analog über den Befehl SAVEPICTURE.

```
SavePicture Picture1.Picture, „BILD.BMP“
```

Methoden

Die Picturebox verfügt neben Methoden zum Zeichnen von Punkten, Linien und Kreisen auch über die Methode PRINT. Aus diesem Grund können Sie das allseits beliebte „Hallo Welt“ auch auf einer Picturebox ausgeben. Sie sehen dies auch in Beispiel SE16.MAK

```
picAnzeige.Print „Hallo Welt“
```

Die Möglichkeit, der Picturebox mehrere Formate aufzunehmen, kann auch dazu benutzt werden, Icons in Bitmaps umzuwandeln.

Alles, was Sie dazu tun müssen, ist das Icon in die Picturebox zu laden und mit der Endung „.BMP“ wieder zu speichern. Dieses Verfahren funktioniert leider nicht in die andere Richtung.

Bei Verwendung der Bildschirmtreiber „8514.DRV“ und „V7VGA-.DRV“ kann es im Zusammenhang mit Bitmaps, die größer als 20KByte sind, zu einem GP-Fehler kommen.

Das Image

Zweck

Auch das Image wurde zur Darstellung von Bildern ins Leben gerufen. Im Gegensatz zur Picturebox ist es allerdings kein Containerelement. Aus diesem Grund kann auf ihm auch nicht gezeichnet werden. Auch das Gruppieren von Objekten funktioniert hier nicht. Dafür benötigt das Image aber auch weniger Ressourcen als die Picturebox. Wenn es also nur darum geht, Bilder anzuzeigen, ist oft das Image die bessere Wahl.

Ereignisse

Da der Hauptzweck des Image wirklich nur darin liegt, Bilder anzuzeigen, werden normalerweise keine seiner Ereignisse ausgewertet, auch wenn sie vorhanden sind. Vorstellbar ist es natürlich, den Benutzer auf das Image klicken zu lassen, also das Ereignis CLICK auszuwerten.

Eigenschaften

Die zentrale Eigenschaft eines Image ist auch wieder PICTURE. Hier kann das Bild zur Entwurfszeit festgelegt oder, wie oben beschrieben, geladen und gespeichert werden. Dabei können Sie über die Eigenschaft STRETCH festlegen, ob der Inhalt des Image auf dessen Größe gestreckt werden soll. Mit STRECH=TRUE wird das Bild auf die Größe des Image vergrößert.

Menüs

Eines der grundlegenden Merkmale der meisten Windows-Anwendungen, ist das Vorhandensein von Menüs, speziell Pull-Down-Menüs. Sie werden sich jetzt vielleicht fragen, warum Sie dieses Thema bei den Steuerelementen finden. Der Grund dafür ist ebenso einfach wie überraschend. Menüs sind auch Objekte bzw. Steuerelemente.

In Abbildung 2.4 sehen Sie eine Anwendung mit einem typischen Menüdesign. Diesen Menüaufbau finden Sie auch im Beispiel SE17.MAK. Bevor Sie selbst Menüs entwerfen, sollten Sie sich mit einigen Standards vertraut machen. Dazu zählt auch die Art und Weise, wie Menüs unter Windows aufgebaut sein sollten.

Abb. 2.4: Fenster mit Menü

Menüs bestehen im Normalfall aus mehreren Ebenen. Aus diesem Grund sollten Sie die Menüstruktur auch als themenorientierte Hierarchie planen. Die oberste Ebene stellt die Menüleiste dar. In der Menüleiste befinden sich die Hauptmenüpunkte. Diese markieren die wichtigsten Befehlsbereiche, wie [DATEI] oder [BEARBEITEN]. Achten Sie hier darauf, sich nach Möglichkeit an gängige Menüstrukturen zu halten, wie Sie sie von den Windows-Standard-Anwendungen kennen. Dies erleichtert dem Benutzer die Bedienung und das Erlernen des Programms. Schließlich ist die Intuitivität ein Merkmal von Windows.

Bei der Anwahl eines Menüpunktes der ersten Ebene wird die zweite Ebene automatisch von Windows aufgeklappt. Die Punkte der zweiten Ebene werden als Liste nach unten geklappt. Bei vielen Anwendungsprogrammen enden die Menüebenen bereits hier. Sie haben aber auch noch die Möglichkeit, weitere Ebenen zu erzeugen. Maximal sind 6 Ebenen möglich.

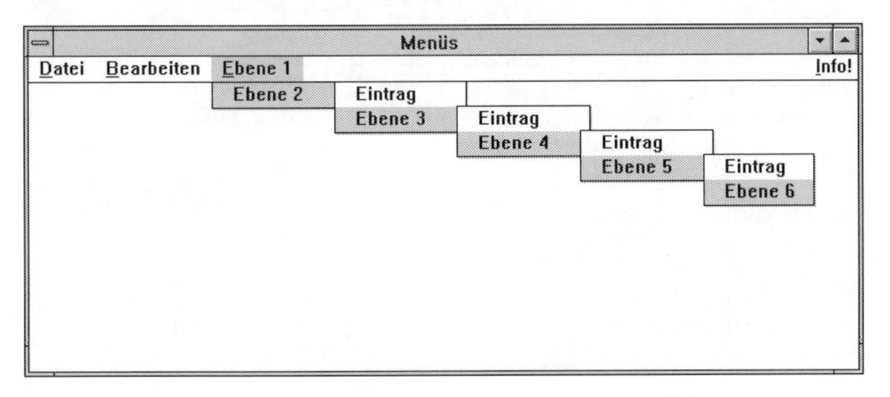

Abb. 2.5: Verschiedene Menüebenen

Menükonventionen

Die folgenden Konventionen sollten Sie beachten, damit sich der Benutzer auch in Ihrem Menü “zu Hause” fühlt.

- Normalerweise besitzen Einträge in der Menüleiste immer mindestens einen Unterpunkt, es wird also ein Pulldown-Menü aufgeklappt. Sollte dies nicht der Fall sein und bereits beim Klick auf einen Punkt der Menüleiste Code ausgeführt werden, so sollte am Ende des Menüleisteneintrages ein Ausrufungszeichen stehen, z.B. [INFO!].
- Menüeinträge, bei deren Aufruf ein Dialogfeld erscheint, um weitere Informationen vom Anwender zu erhalten, werden durch drei Punkte am Ende des Namens gekennzeichnet, z.B. [ÖFFNEN...].

Menüdesign

Nach diesen theoretischen Überlegungen können Sie nun damit beginnen, Ihr eigenes Menü zu entwerfen. Dabei brauchen Sie erst einmal nicht zu programmieren. Visual Basic stellt Ihnen für den Menüentwurf ein Hilfsmittel zur Verfügung, das Menudesign-Fenster. Sie gelangen in dieses Fenster durch die Tastenkombination Strg M, durch Anwählen des entsprechenden Symbols in der Symbolleiste oder durch das Menü [WINDOW]. Die folgende Abbildung zeigt Ihnen das Menüentwurfs-Fenster bereits mit einem fertigen Menüentwurf.

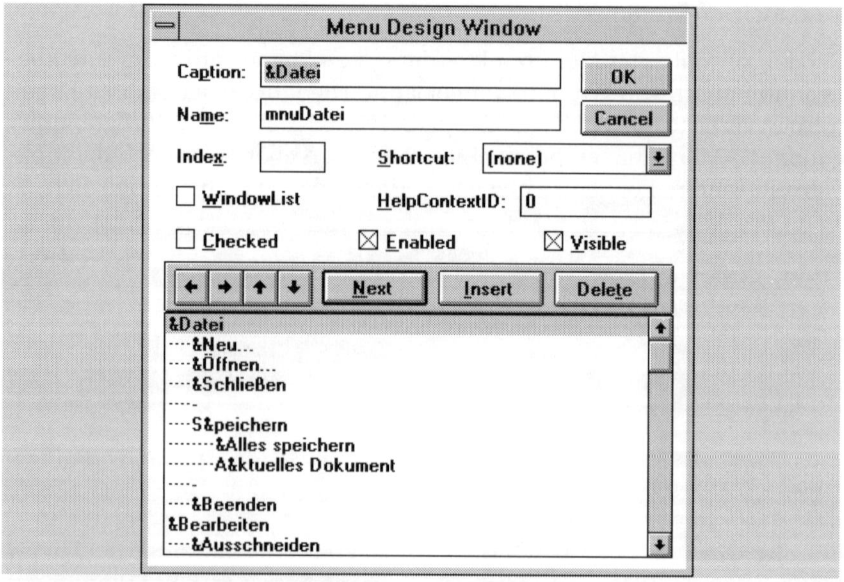

Abb. 2.6: *Menüentwurfs-Fenster*

Bereits an diesem Fenster können Sie erkennen, daß Menüeinträge tatsächlich wie Steuerelemente behandelt werden. Denn, wie Sie sehen, besitzen sie Eigenschaften wie CAPTION oder ENABLED. Auch wenn diese Eigenschaften hier anders dargestellt sind, die Funktionsweise ist dieselbe.

Der wichtigste Schritt, um das Menüdesign von Visual Basic verstehen zu können, ist der hierarchische Aufbau der Menüs. Dieser sieht, etwas anders dargestellt, so aus:

```
Titelleisteneintrag1 (Ebene 1)
----Ebene 2
--------Ebene 3
------------Ebene 4
----------------Ebene 5
--------------------Ebene 6
Titelleisteneintrag2
----Ebene 2
```

Die verschiedenen Ebenen dieser Hierarchie werden also durch unterschiedlich große Einrückungen dargestellt. Je weiter eine Ebene eingerückt ist, desto tiefer - sprich weiterverzweigt - ist der Menüeintrag. Sehen Sie sich einmal das Menü aus Beispiel SE17.MAK an. Dessen Struktur finden Sie hier.

Die Struktur:

```
Datei
   Öffnen
   Schließen
   -
   Speichern
      Alles
      Aktuell
   -
   Beenden
Bearbeiten
   Ausschneiden
   Kopieren
Info
```

Diese Struktur ist es, die Sie im unteren Teil des Menüdesign-Fensters aufbauen müssen. Dazu tragen Sie als erstes im Feld CAPTION die Bezeichnung ein, also den Text, der als Menüeintrag erscheint. Dabei werden bei Menüs oft einzelne Buchstaben unterstrichen, welche dann in Kombination mit der Taste [Alt] das Menü auswählen. Diese Tastenkombinationen werden auch Hotkeys genannt. Um beispielsweise das Menü [DATEI] zu öffnen, kann man sich auch der Tastenkombination Ad bedienen. Um einen solchen Hotkey zu definieren, reicht es, in der CAPTION vor dem entsprechenden Buchstaben ein Ampersand „&“ anzugeben. So würde die CAPTION für o.g. Menü [DATEI] „&Datei“ lauten. Sollte dagegen das „a“ als Hotkey definiert werden, wäre „D&atei“ die richtige CAPTION.

Als nächsten Schritt müssen Sie dem Menüpunkt, wie jedem anderen Steuerelement auch, einen Namen geben. Visual Basic trägt hier im Gegensatz zu anderen Steuerelementen keinen Standardnamen ein, dies müssen Sie explizit übernehmen.

Namens-konventionen

Auch die Namensvergabe von Menüs sollte sich an Konventionen halten. Dabei sollte sich der Name aus folgenden Bestandteilen zusammensetzen. Als erstes ein Prefix, das auf ein Menü hinweist, also MNU. Danach folgt bei Menüleisteneinträgen der Name der Menüs. Bei Untermenüs wird vom darüberliegenden Menü jeweils der Hotkey verwendet, danach folgt der eigene Name des Menüs. Sehen Sie dazu einige Beispiele.

Menü	Name
Datei	mnuDatei
Datei/Öffnen	mnuDÖffnen
Datei/Schließen/Alle	mnuDSAlle

Tab. 2.7: Menünamen

Ihre beinahe schon letzte Aufgabe ist es, die Menüebene festzulegen. Dies geschieht mit Hilfe der Pfeilsymbole im Menüdesign-Fenster. Mit dem Pfeil-nach-Rechts-Symbol plazieren Sie den Menüeintrag eine Ebene tiefer und mit Pfeil-nach-Links eine Ebene höher. Mit den beiden vertikalen Pfeilsymbolen können Sie dabei noch die Position einzelner Menüeinträge verändern, sie also in der Liste nach oben oder unten verschieben.

Im Feld SHORTCUT können Sie noch einen Shortcut für diesen Menüeintrag festlegen. Shortcuts sind Tastenkombinationen, die einen Menüpunkt sofort zur Ausführung bringen. Sie kennen dies normalerweise z.B. von Tastenkombinationen wie Strg X (Ausschneiden), Strg C (Kopieren) oder Strg V (Einfügen). Menüleisteneinträge sollten eigentlich nie Shortcuts besitzen.

Visible, Enabled, Checked

Auf die beiden Felder WINDOWLIST und INDEX wird in späteren Kapiteln noch eingegangen. In der letzten Zeile der oberen Hälfte sehen Sie noch drei verschiedene Eigenschaften von Menüeinträgen. Die Eigenschaft VISIBLE ermöglicht es Ihnen, den entsprechenden Eintrag ein- oder auszublenden. ENABLE funktioniert auch analog zu anderen Steuerelementen. Auf den Wert

FALSE gesetzt wird die CAPTION grau unterlegt dargestellt und der Benutzer ist nicht in der Lage, diesen Menüpunkt auszuwählen. Die Eigenschaft CHECKED ist hier neu. Sie setzt einen kleinen Haken vor die Bezeichnung des Menüpunktes.

Die Eigenschaften der Menüeinträge können natürlich auch zur Laufzeit verändert werden. Dabei unterscheidet sich die Syntax nicht von anderen Steuerelementen.

```
mnuDÖffnen.Caption = „&Laden“
mnuDÖffnen.Enabled = False
mnuDÖffnen.Visible = False
mnuDÖffnen.Checked = True
```

Um nun einen Menüeintrag auch mit Code zu versehen, müssen Sie lediglich zur Entwurfszeit den entsprechenden Menüpunkt anwählen. Damit gelangen Sie in das Code-Fenster und in die für Menüs geeignete Ereignisprozedur CLICK. Natürlich finden Sie die einzelnen Menüeinträge auch in der OBJECT-Liste des Code-Fensters.

```
Sub mnuDÖffnen_Click ()
    Laden
End Sub
```

TIP

Vielleicht haben Sie bei einigen Windows-Anwendungen gesehen, daß einige Menüleistenpunkte rechts an der Form ausgerichtet wurden. Auch diese Möglichkeit gibt Ihnen Visual Basic. Dazu muß die CAPTION des Menüleisteneintrages mit dem ASCII-Zeichen 8 (BackSpace) beginnen. Leider gibt es keine Möglichkeit, dies im Menüentwurfs-Fenster anzugeben. Aus diesem Grund muß ein solches Menü beim Laden der Form mit einer neuen CAPTION versehen werden. Meistens steht übrigens das Menü [HILFE] am rechten Rand. Allerdings funktioniert dies nur bei einem Menüleisteneintrag, also einem Menüpunk auf der obersten Ebene.

```
Sub Form_Load ()
    mnuHilfe.Caption = Chr$(8) & „&Hilfe“
End Sub
```

!

Wenn sich Pull-Down-Menüs im aufgeklappten Zustand befinden, werden von Windows nur noch die Tasten angenommen, die Hotkeys darstellen. Aus diesem Grund lösen in einem solchen Fall alle anderen Tasten auch keine Tastaturereignisse aus.

Einem kleinen Fehler von Visual Basic können Sie begegnen, wenn Sie mit überlappenden Menüs arbeiten. Wenn dabei Menüpunkte des jeweils überlappenden Menüs unsichtbar gemacht werden, kann es passieren, daß das CLICK-Ereignis auf einen Menüpunkt gar nicht ausgelöst oder einem falschen Menüpunkt zugeordnet wird.

Tips zum Umgang mit Steuerelementen

Bevor im nächsten Abschnitt auf die sog. Custom Controls eingegangen werden soll, erhalten Sie hier noch ein paar Tips und grundlegende Methoden im Umgang mit Steuerelementen.

Hotkeys

Hotkeys, so wie Sie sie gerade bei den Menüs kennengelernt haben, gibt es auch bei nahezu allen anderen Steuerelementen, die eine CAPTION-Eigenschaft besitzen. Auch hier können Sie in der CAPTION durch ein „&" vor dem entsprechenden Buchstaben einen Hotkey definieren. Bei Textboxen existiert keine CAPTION. Dennoch können Sie auch hier mit Hotkeys arbeiten. Dazu fügen Sie einen Label vor die Textbox, und definieren Sie den Hotkey dort. Jetzt müssen Sie lediglich die Eigenschaft TABINDEX der Textbox um eins höher setzen als die gleiche Eigenschaft des Labels.

TabIndex

Eine Möglichkeit von einem Steuerelement zum nächsten zu springen, also den Fokus zu verschieben, ist unter Windows die Taste [Tab]. In welcher Reihenfolge die einzelnen Steuerelemente angesprungen werden, kann über die Eigenschaft TABINDEX festgelegt werden. Dabei beginnt der Index bei 0. Normalerweise wird diese Eigenschaft von Visual Basic automatisch erhöht. Das bedeutet, daß jedes neue Steuerelement einen TABINDEX erhält, der um eins höher ist, als das vorhergehende Steuerelement. Wenn Sie die Steuerelemente nun nicht in der gewünschten Reihenfolge erzeugt haben, können Sie über die Eigenschaft TABINDEX diese nachträglich ändern. Dabei paßt Visual Basic die nachfolgenden Indizes immer automatisch an. Wollen Sie verhindern, daß ein Steuerelement per [Tab] gewählt werden kann, dann setzen Sie einfach die Eigenschaft TABSTOP auf FALSE.

Erweiterte Steuerelemente

Alle Steuerelemente, die Sie nun kennenlernen werden, haben eine Gemeinsamkeit. Sie sind nicht im Visual Basic-Kern integriert, sondern müssen zu einem Projekt hinzugeladen werden. Dies geschieht über den Menüpunkt [FILE] [ADD FILE...]. Die Dateien besitzen die Endung *.VBX und befinden sich normalerweise im Windows-Systemverzeichnis. Sollten Sie das Programm danach vertreiben, müssen Sie diese Dateien auch mit Ihrem Programm ausliefern. Einige dieser Custom Controls, so werden diese Steuerelemente bezeichnet, befinden sich bereits im Paket der Visual Basic Standard Edition, die meisten aber finden Sie erst in der Professional Edition.

Der CommonDialog (CMDIALOG.VBX)

Zweck

Sie haben vor einigen Seiten eine Möglichkeit kennengelernt, Dateidialoge zu erstellen. Wie Sie gesehen haben, sind die verschiedenen Listen (Laufwerke, Verzeichnisse und Dateien) relativ einfach zu bedienen. Wenn Sie sich nun andere Windows-Anwendungen ansehen, werden Sie feststellen, daß die Dialoge für das Öffnen und Speichern von Dateien nahezu identisch sind. Das hat seinen Grund darin, daß Windows selbst Ihnen diese Dialoge mitliefert. Speziell für Dialoge dieser Art besitzt Windows eine Datei, mit deren Hilfe Dateien ausgewählt werden können. Aber diese Datei beinhaltet noch mehr Dialoge zur Farben-, Schriftarten- oder Druckerauswahl. Das Motto hier lautet einfach: „Warum das Rad ein zweites Mal erfinden?“

Dieser Dialoge können Sie sich auch bedienen. Normalerweise würde dies über einen sog. API-Call vonstatten gehen. Diese Programmiertechnik lernen Sie auch noch kennen, allerdings erst später. Da speziell diese API-Calls wichtig sind und häufig gebraucht werden, hat man Visual Basic ein spezielles Steuerelement mitgegeben, das die Verbindung zwischen der *Common Dialog-API* und dem Visual Basic-Programm wesentlich vereinfacht.

Nach dem Laden der VBX-Datei und dem Aufbringen des entsprechenden Symbols auf Ihrer Form, werden Sie feststellen, daß dieses Steuerelement auf der Form nur als Symbol abgebildet wird. Es läßt sich auch nicht verändern. Wohin Sie es plazieren, spielt eigentlich keine Rolle, da es zur Laufzeit nicht angezeigt wird. Sie benötigen es nur um die o.g. Verbindung herzustellen.

Ereignisse

Anhand der Ereignisse können Sie bereits erkennen, daß es sich hier um kein normales Steuerelement handelt. Es besitzt keine Ereignisse. Da es auch nur ein Bindeglied zwischen Ihrer Visual Basic-Anwendung und der COMMDLG.DLL ist, benötigt es keine.

Eigenschaften

Auch bei den Eigenschaften gibt es Unterschiede zu herkömmlichen Steuerelementen, wie Sie sie bisher kennengelernt haben. Einen Teil dieser Eigenschaften können Sie zwar bereits zur Entwurfszeit verändern, aber eigentlich ist auch dies nicht sinnvoll. Die meisten Eigenschaften werden Ihnen erst zur Laufzeit des Programms zur Verfügung gestellt. Das hat auch seinen Grund. Das Common-Dialog-Steuerelement kann, je nach Dialog den es darstellt, verschiedene Eigenschaften haben. Es ist ja auch logisch, daß Sie bei einem Farbdialog keinen Dateinamen brauchen und umgekehrt. Daher werden die verschiedenen Eigenschaften getrennt nach Dialog besprochen.

Eine Eigenschaft legt dabei fest, welche Art von Dialog angezeigt werden soll. Und auch diese Eigenschaft ist eigentlich keine. Sie ist mehr Methode als Eigenschaft. Durch Setzen der Eigenschaft ACTION legen Sie fest welcher Dialog angezeigt werden soll, und beim Setzen von ACTION wird der Dialog auch schon gestartet. Hier verhält sich diese Eigenschaft auch eher wie eine Methode. Aus diesem Grund wird bei ACTION auch oft von einer "Quasi-Eigenschaft" gesprochen.

Wert	Dialog
0	Keine Aktion
1	Datei Öffnen
2	Datei Speichern unter
3	Farbauswahl
4	Schriftartenauswahl
5	Druckereinstellungen
6	Starten von WINHELP.EXE

Tab. 2.8: ACTION-Eigenschaft

Alle Eigenschaften, die das Aussehen und Verhalten der einzelnen Dialogfelder verändern, müssen vor der Eigenschaft ACTION gesetzt werden.

Datei öffnen-Dialog

Der Datei öffnen-Dialog gibt dem Benutzer die Möglichkeit, mittels verschiedener Listen (Laufwerk, Verzeichnisse, Dateien) eine oder mehrere Dateien auszuwählen. Dabei können Filter gesetzt werden, welche die Auswahl der angezeigten Dateien einschränken.

Ein weiterer Vorteil der Verwendung dieser Standard-Dialoge ist die Sprachunabhängigkeit. Je nach Sprachversion der Datei COMMDLG.DLL werden die Dialoge in englisch, deutsch, französisch oder auch japanisch angezeigt.

Filter

Die erste interessante Eigenschaft im Zusammenhang mit dem Dateiauswahl-Dialog ist FILTER. Über FILTER können Sie festlegen, welche Dateimasken dem Benutzer zur Verfügung stehen. Diese Dateimasken kann er über das Listenfeld "Dateityp" auswählen. Dabei bestehen die Dateimasken immer aus einer Bezeichnung (z.B. "Textdateien") und der eigentlichen Maske (z.B. "*.TXT").

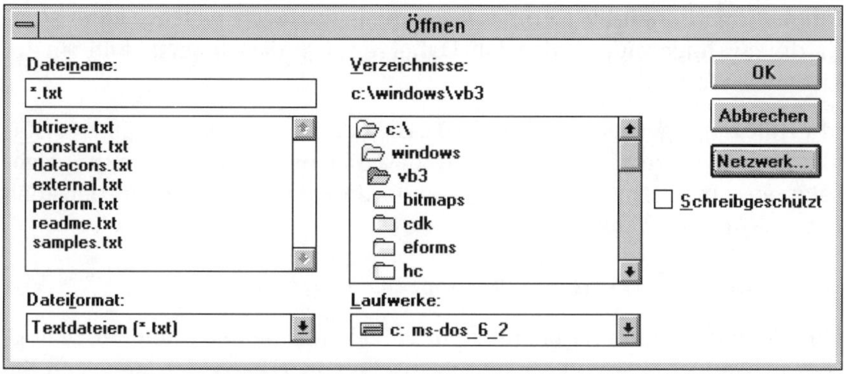

Abb. 2.7: Datei-Öffnen-Dialog

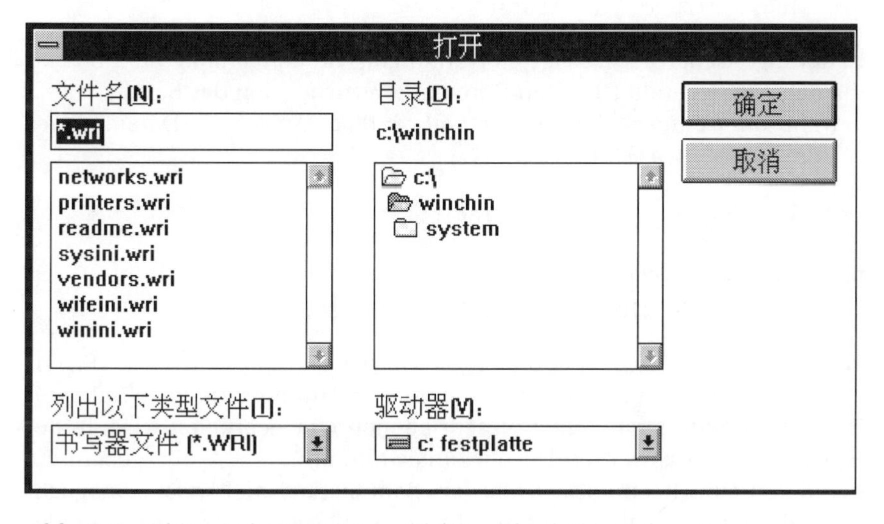

Abb. 2.8: Chinesische Dateiauswahl (Simplifyed Chinese)

```
cmdialog.Filter =
[„Bezeichnung1|Maske1|Bezeichnung2|Maske2...“]
```

Um nun beispielsweise alle Textdateien, INI-Dateien und Batch-Dateien anzeigen zu lassen, wäre also folgende Zeile nötig:

```
cmdialog1.Filter = „Text|*.txt|INI- und Batch-Dateien|*.INI;*.BAT“
```

Dabei ist die Bezeichnung, wie Sie sehen, ein frei wählbarer Text. Dieser Text wird später dem Benutzer unter “Dateityp” angezeigt. Wählt der Benutzer einen Texteintrag aus dieser Liste aus, wird der darauffolgende Filter verwendet. Bezeichnung und Filter werden durch ein “Pipesymbol” getrennt.

FilterIndex

Mit der Eigenschaft FILTERINDEX können Sie festlegen, welcher Filter standardmäßig angezeigt werden soll. Dabei repräsentiert der erste Filter in der Liste den Wert 1.

DialogTitle

Mit Hilfe der Eigenschaft DIALOGTITLE können Sie die Beschriftung des Dialogs in der Titelzeile festlegen. Wird diese Eigenschaft nicht von Ihnen gesetzt, so wird von Windows der Standarddialogtitel angezeigt, der auch wieder sprachabhängig ist.

```
cmdialog1.DialogTitle = „Dateien ins Programm“
```

InitDir

Um einen bestimmten Pfad oder ein Verzeichnis beim Öffnen der Dialogbox anzuzeigen, können Sie die Eigenschaft INITDIR verwenden. Tun Sie dies nicht, wird das aktuelle Verzeichnis angezeigt.

```
cmdialog1.InitDir = „C:\Daten“
```

FileName

In der Eigenschaft FILENAME liefert Ihnen das Steuerelement, oder besser, die dahinterliegende DLL, den Dateinamen zurück den der Benutzer ausgewählt oder eingegeben hat. Ein vollständiger Aufruf des Dateidialoges würde also in etwa so aussehen:

```
cmDialog1.Filter = „Textdateien|*.txt“
cmDialog1.Action = 1
Dateiname = cmDialog1.FileName
Print „Es wurde die Datei „ & Dateiname & „ gewählt“
```

Flags

Die Eigenschaft FLAGS stellt eine Besonderheit dar. Anhand dieser Eigenschaft können Sie auch erkennen, daß hier im Hintergrund noch mit einer in der Programmiersprache C geschriebenen DLL gearbeitet wird. In der Eigenschaft FLAGS werden Hexadezimalwerte an die DLL übergeben, die deren Verhalten beeinflussen. Soll dem Benutzer beispielsweise ermöglicht werden, mehrere Dateien auszuwählen, so müßte vor der Zuweisung der Eigenschaft ACTION noch folgende Zeile eingefügt werden:

```
cmDialog1.Flags = &H200&
```

Wählt der Benutzer nun mehrere Dateien aus, so werden deren Namen in der Eigenschaft FILENAME durch ein Leerzeichen getrennt übergeben.

Speziell hier sollten Sie sich einmal die Visual Basic-Hilfe zum Thema CMDIALOG.VBX ansehen. Sie werden feststellen, daß auch die Eigenschaft FLAGS je nach Art des Dialoges andere Werte übergeben kann.

Wie Sie sehen können werden die einzelnen möglichen Werte der Eigenschaft FLAGS in einer Tabelle aufgeführt. Dabei sehen Sie in der ersten Spalte eine sog. “symbolische Konstante”, danach den eigentlichen Hexadezimal-

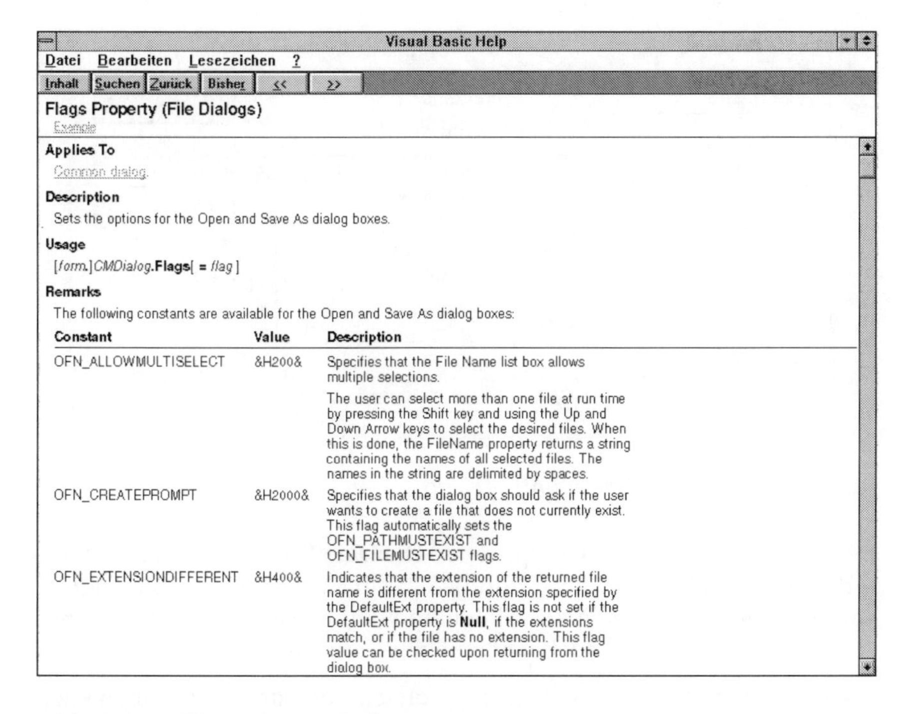

Visual Basic Help

Datei Bearbeiten Lesezeichen ?

Inhalt Suchen Zurück Bisher << >>

Flags Property (File Dialogs)

Example

Applies To

Common dialog.

Description

Sets the options for the Open and Save As dialog boxes.

Usage

[*form*.]*CMDialog*.**Flags**[= *flag*]

Remarks

The following constants are available for the Open and Save As dialog boxes:

Constant	Value	Description
OFN_ALLOWMULTISELECT	&H200&	Specifies that the File Name list box allows multiple selections. The user can select more than one file at run time by pressing the Shift key and using the Up and Down Arrow keys to select the desired files. When this is done, the FileName property returns a string containing the names of all selected files. The names in the string are delimited by spaces.
OFN_CREATEPROMPT	&H2000&	Specifies that the dialog box should ask if the user wants to create a file that does not currently exist. This flag automatically sets the OFN_PATHMUSTEXIST and OFN_FILEMUSTEXIST flags.
OFN_EXTENSIONDIFFERENT	&H400&	Indicates that the extension of the returned file name is different from the extension specified by the DefaultExt property. This flag is not set if the DefaultExt property is **Null**, if the extensions match, or if the file has no extension. This flag value can be checked upon returning from the dialog box.

Abb. 2.9: *Hilfe zur Eigenschaft* *FLAGS*

wert und in der letzten Spalte die Erklärung dazu. Normalerweise können Sie einfach den entsprechenden Hexadezimalwert an die Eigenschaft übergeben. Sie können allerdings auch die Konstante benutzen. Visual Basic kennt diese Konstanten aber erst einmal nicht. Auf solche symbolischen Konstanten werden Sie in der Hilfe noch häufiger stoßen. Alle diese Konstanten finden Sie in einer Datei wieder, die sich in Ihrem VB-Verzeichnis befindet und den Namen CONSTANT.TXT trägt. Mehr zu dieser Datei und der Verwendung von symbolischen Konstanten erfahren Sie im nächsten Kapitel. Sollten Sie mehrere Werte in FLAGS übergeben wollen, so kombinieren Sie diese mittels der logischen Operation OR.

```
cmDialog1.Flags = &H200& Or &H2000&
```

Diese Zeile setzt die beiden Werte, auch wenn hier das reservierte Wort OR mit angegeben werden muß.

Datei Speichern Unter-Dialog

Dieser Dialog ist dem vorhergehenden Dialog weitestgehend ähnlich. Es gibt jedoch auch einige kleine Unterschiede.

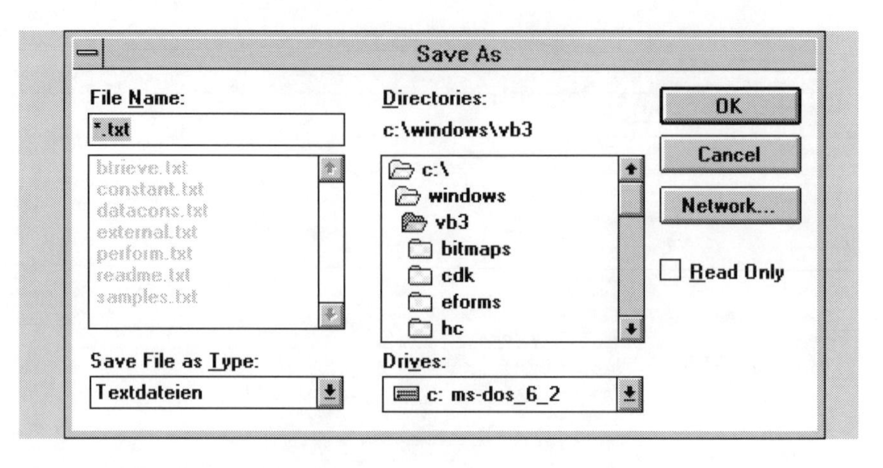

Abb. 2.10: Datei Speichern unter-Dialog

Der erste Unterschied ist ein optischer. Die Dateiliste selbst wird grau unterlegt dargestellt. Natürlich kann der Benutzer hier immer noch einen vorhandenen Dateinamen auswählen und damit später diese Datei überschreiben. Er kann aber auch einen neuen Dateinamen eingeben.

DefaultExt

Die Eigenschaft DEFAULTEXT legt eine Dateiendung (drei Buchstaben nach dem Punkt im Dateinamen) fest, die verwendet wird, wenn der Benutzer den Dateinamen ohne Endung eingibt.

```
cmDialog1.DefaultExt = „TXT“
```

Gibt der Benutzer nun als Dateinamen einfach nur "HILFE" ein, so wird in der Eigenschaft FILENAME der Dateiname "HILFE.TXT" zurückgegeben.

MaxFileSize

Die Eigenschaft MAXFILESIZE gibt nicht, wie der Name vermuten ließe, die maximale Dateigröße an, sondern die maximale Länge des Dateinamens inklusive Pfad. Dabei sind 256 Zeichen der Standardwert.

Hier hat sich in der englischen Visual Basic-Hilfe und auch im Handbuch ein kleiner Fehler eingeschlichen. Der Wertebereich der Eigenschaft MAXFILESIZE reicht von 1 Byte bis 2 Kbyte (2048 Byte), nicht von 1K-2K, wie dies in der Hilfe beschrieben ist. Der Wertebereich im Handbuch (1 - 32.767) ist somit ebenfalls falsch. Die Begrenzung auf 2048 Byte ist dabei eine Begrenzung der Windows COMMDLG-.DLL und nicht von Visual Basic.

Die beiden o.g. Eigenschaften können auch beim Datei öffnen-Dialog eingesetzt werden.

Farbauswahl-Dialog

Der Farbauswahl gibt dem Benutzer sowohl die Möglichkeit, aus bereits voreingestellten Systemfarben eine auszuwählen als auch neue Farben zu erzeugen.

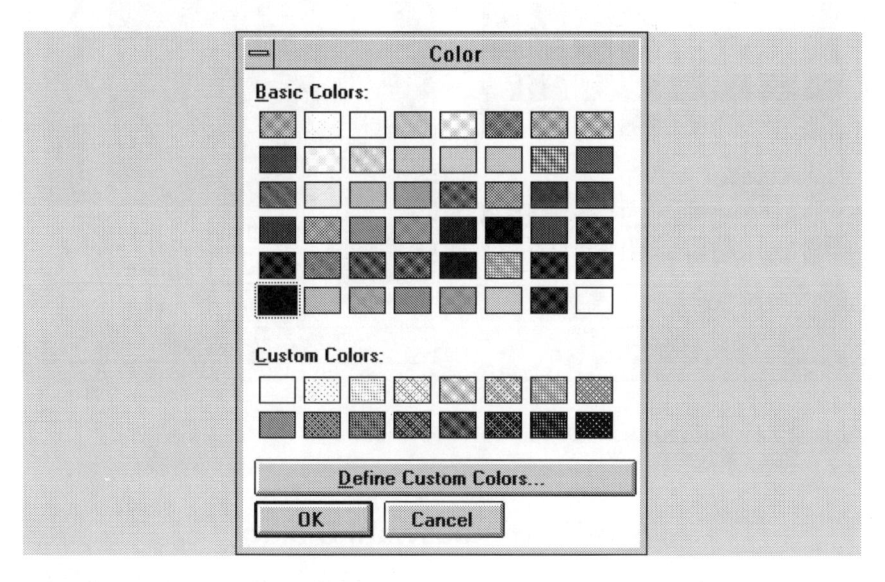

Abb. 2.11: Farbauswahl-Dialog

Color

In der Eigenschaft COLOR wird die, vom Benutzer gewählte Farbe zurückgeliefert.

```
Form1.BackColor = cmDialog1.Color
Text1.ForeColor = cmDialog1.Color
```

Flags

Auch die Eigenschaft FLAGS kann hier wieder gesetzt werden. Beispielsweise um eigene Farbdefinitionen des Benutzers zu verhindern.

```
cmDialog1.Flags = &H4&
```

Damit wird dem Benutzer die Möglichkeit genommen, den Dialog zur Definition eigener Farbwerte zu öffnen.

```
cmDialog1.Flags = &H2&
```

Über diese Zeile erreichen Sie, daß der Farbdialog grundsätzlich voll, also mit Farbdefinition geöffnet ist.

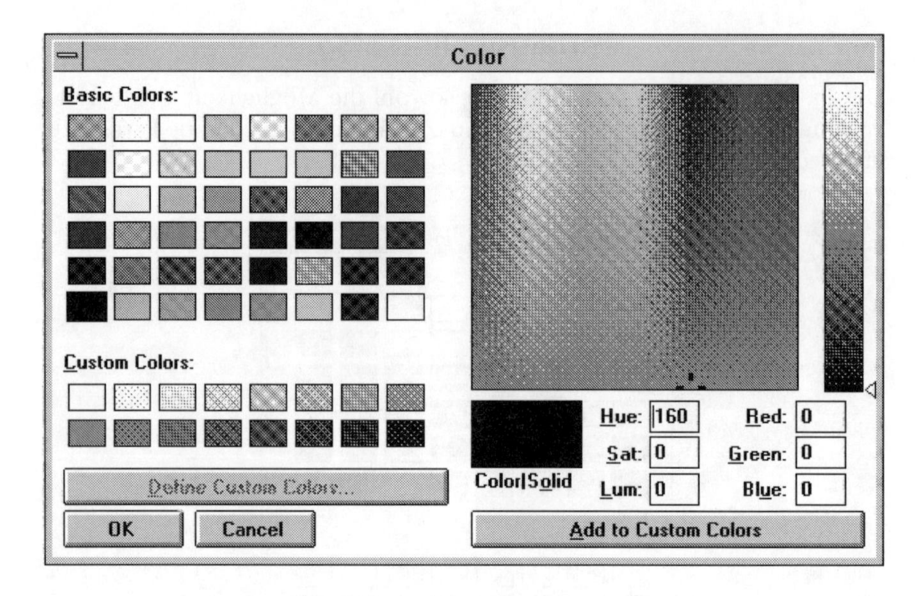

Abb. 2.12: Farbauswahl-Dialog voll geöffnet

Schriftartenauswahl-Dialog

Der Dialog zur Auswahl von Schriftarten ermöglicht es dem Benutzer Schriftart, Schriftgröße und Attribute wie fett oder kursiv einzustellen. Zusätzlich kann auch noch eine Farbeinstellung für die Schrift vorgenommen werden.

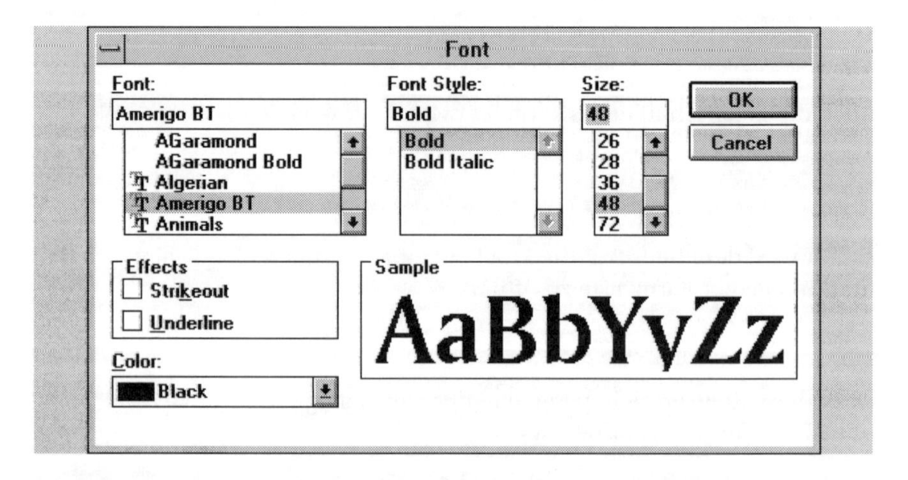

Abb. 2.13: Schriftartenauswahl-Dialog

Eine der wichtigsten Eigenschaften bei der Auswahl der Schriftarten ist FLAGS. Ohne das Setzen dieser Eigenschaft erhalten Sie beim Aufruf des Dialoges eine Fehlermeldung, die Ihnen mitteilt, auf Ihrem System wären keine Schriften installiert.

Flags

Die Begründung dafür ist eigentlich ganz einfach. Sie müssen dem Dialog vorher mitteilen, welche Art von Schriften er anzeigen soll, Bildschirm- und/oder Druckerschriftarten. Dies geschieht mittels der Eigenschaft FLAGS.

```
cmDialog1.Flags = &H1&
```

Mit dieser Zeile werden nur Bildschirmschriftarten angezeigt. Um auch die sog. "Spezialeffekte" wie durchgestrichen, unterstrichen oder die Farbe wählen zu können, müssen Sie hier FLAGS noch mit dem Wert &H100& angeben.

Kombiniert würde diese Zeile also wie folgt aussehen.

```
cmDialog1.Flags = &H1& Or &H100&
```

In der Hilfe finden Sie den Wert &H200& als Parameter zur Anzeige der Spezialeffekte. Dies ist ein Fehler in der Hilfedatei. Der richtige Wert lautet &H100& !

Mit den beiden Eigenschaften MIN und MAX können Sie den Bereich angeben, der in der Auswahl der Schriftgröße aufgeführt wird.

Min, Max

```
cmDialog1.Min = 10       'Kleinste Schriftgöße ist 10 Punkt
cmDialog1.Max = 72       'Größte Schriftgröße ist 72 Punkt
```

Der Schriftartendialog liefert Ihnen die Eigenschaften FONTNAME, FONTSIZE, FONTBOLD, FONTITALIC, FONTSTRIKETHRU, FONTUNDERLINE und COLOR zurück. Diese Eigenschaften müssen Sie dann dem Steuerelement zuweisen, dessen Schriftgestaltung Sie ändern möchten.

FontName, FontSize, FontBold, FontItalic, FontStrikeThru, FontUnderline, Color

```
Sub cmdSchrift_Click ()
    cmDialog1.Flags = &H1& Or &H100&
    cmDialog1.Action = 4
    txtTest.FontName = cmDialog1.FontName
    txtTest.FontSize = cmDialog1.FontSize
    txtTest.FontBold = cmDialog1.FontBold
    txtTest.FontItalic = cmDialog1.FontItalic
    txtTest.FontUnderline = cmDialog1.FontUnderLine
    txtTest.FontStrikethru = cmDialog1.FontStrikethru
    txtTest.ForeColor = cmDialog1.Color
End Sub
```

Oben sehen Sie eine Möglichkeit für die Schriftgestaltung einer Textbox mit Hilfe der Schriftartenauswahl der CMDIALOG.VBX.

Drucken-Dialog

Der letzte Dialog, den Sie mit Hilfe der CMDIALOG.VBX darstellen können, ist der Drucken-Dialog. Damit erhält der Benutzer ein Dialogfeld, indem er einstellen kann, wohin gedruckt werden soll, welche Seiten usw. Auch die Einstellung des Druckers kann hierüber erfolgen.

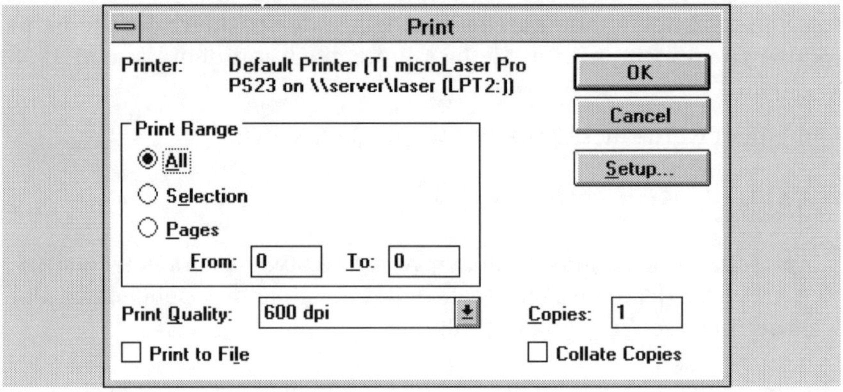

Abb. 2.14: *Drucken-Dialog*

In Abbildung 2.14 sehen Sie den Dialog zum Einstellen des "Was soll gedruckt werden". Über den Knopf "Setup" oder im deutschen "Einstellungen" können dann auch Änderungen an den Druckereinstellungen selbst vorgenommen werden.

Dabei muß eine kleine Unterscheidung getroffen werden. Alle Einstellungen, die der Benutzer im Drucken-Dialog vornimmt werden Ihnen lediglich als Parameter übergeben.

Für die weitere Verarbeitung sind Sie selbst zuständig. Änderungen an der Druckereinstellung werden vom Programm nicht an Sie, sondern direkt an den entsprechenden Druckertreiber übermittelt. Diese sind also ohne Ihr Zutun wirksam.

Visual Basic besitzt speziell bei der Druckerbehandlung einen kleinen Fehler. Wenn zur Laufzeit eines Programms der Drucker gewechselt wird, der Benutzer also einen anderen Druckertreiber als Standard wählt, dann aktualisiert Visual Basic seine interne

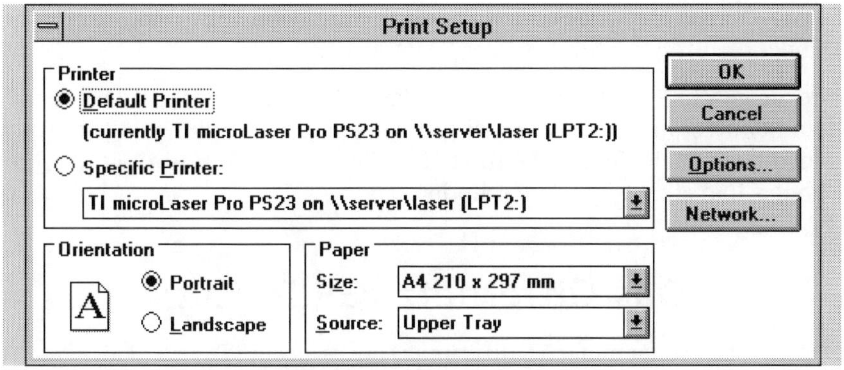

Abb. 2.15: Druckereinstellungen

Druckerschriftartenliste nicht. Das bedeutet, daß nach einem Druckerwechsel zur Laufzeit in der Schriftartenauswahl immer noch die Druckerschriftarten des vorher eingestellten Druckers angezeigt werden.

Zur Lösung dieses Problems gibt es zwei, leider sehr unschöne, Möglichkeiten. Die erste Möglichkeit ist, nach dem Wechsel des Druckers folgenden Code ausführen zu lassen.

```
Printer.Print „“
Printer.EndDoc
```

Auf diese Weise erhält Visual Basic wieder die richtige Schriftartenliste. Allerdings wird so jedesmal eine Leerseite ausgedruckt, sobald der Benutzer den Drucker wechselt.

Die zweite Möglichkeit beinhaltet das Programmieren einer eigenen DLL in der Programmiersprache C und ist somit noch komplizierter. Obwohl sich dieser Fehler seit der Version 1.0 von Visual Basic durch das Programm zieht, wird er ja möglicherweise in einer folgenden Version behoben sein. Hoffnung ist alles.

CancelError

Die Eigenschaft CANCELERROR hat bei allen Variationen des Dialogs dieselbe Bedeutung. Wenn Sie dieser Eigenschaft den Wert TRUE zuweisen, dann wird ein Laufzeitfehler ausgelöst, sobald der Benutzer den ABBRECHEN-Knopf betätigt. Mehr zu Laufzeitfehlern im Abschnitt *Debugging*.

Die letzte Funktion der CMDIALOG.VBX (ACTION = 6) werden Sie im Kapitel *Der Hilfe Compiler* noch näher kennenlernen.

Soviel also zu einem der wichtigsten Custom Controls, dem Common-Dialog.

Wie Sie gesehen haben, vereinfacht dieses Steuerelement den Dialog mit dem Benutzer im Bereich einiger grundlegender Einstellungen. Hier werden einfach Dialogfenster benutzt, die Windows selbst mitbringt. Warum also das Rad ein zweites Mal erfinden?

Das Gitternetz (GRID.VBX)

Zweck

Das Gitternetz oder einfach Grid erinnert etwas an eine Tabellenkalkulation. Doch sollte man hier seine Erwartungen drastisch zurückschrauben. Das GRID ist eigentlich nur ein Anzeigensteuerelement, wie der Label, allerdings mit der Möglichkeit, die Informationen in Spalten und Zeilen unterteilt darzustellen.

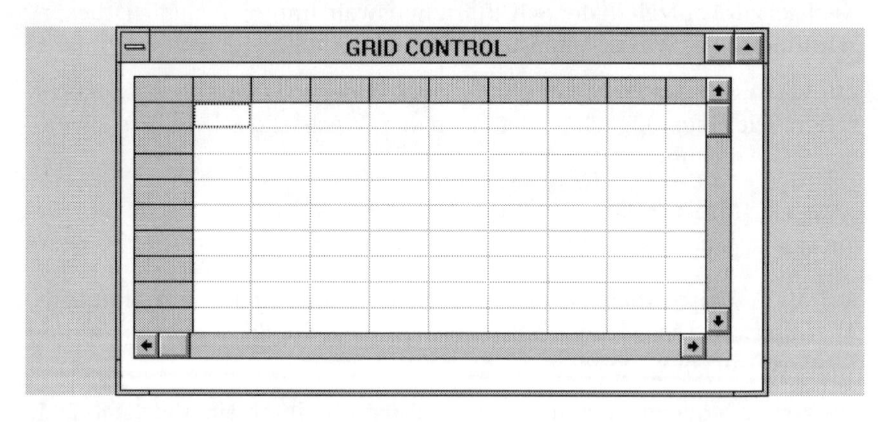

Abb. 2.16: *Grid-Control*

Eigenschaften

Ein solches Gitter besteht, wie Sie in Abbildung 2.16 sehen können, aus Zeilen und Spalten. Die Anzahl der Zeilen legen Sie mittels der Eigenschaft ROWS, die der Spalten mittels COLS fest. Dabei gilt es zu berücksichtigen, daß es in solchen Tabellen auch feste Zeilen und Spalten geben kann. Feste Zeilen und Spalten werden normalerweise als Spalten- bzw. Zeilenköpfe verwendet. Standardmäßig besitzt das Grid eine feste Spalte und eine feste Zeile. Die Anzahl der festen Spalten legen Sie über die Eigenschaft FIXEDCOLS fest, die der festen Zeilen über FIXEDROWS. Die Werte in COLS und ROWS schließen jeweils die Anzahl der festen Spalten und Reihen mit ein.

```
Grid1.Cols = 10        'Die Tabelle besitzt 10 Spalten
Grid1.FixedCols = 2    'zwei davon sind feste Spalten
```

Der Benutzer kann sich später mittels einer Art Cursor in der Tabelle bewegen, allerdings nur in freien Zellen, nicht in festen.

Die Position dieses Cursors erhalten Sie über die beiden Eigenschaft, COL und ROW, die Ihnen die aktuelle Spalte und Zeile liefern. Diese beiden Eigenschaften können natürlich auch von Ihnen gesetzt werden. Auf diese Weise können Sie den Cursor auch programmiert in der Tabelle bewegen. Die erste Zeile bzw. Spalte hat dabei die Nummer Null.

Die Höhe und Breite der Zellen können Sie dabei über die Eigenschaften ROWHEIGHT und COLWIDTH festlegen. Das Gitternetz selbst können Sie über GRIDLINES ein- oder abschalten. Mit der Eigenschaft GRIDLINEWIDTH, die nicht in der Hilfe aufgeführt wird, können Sie die Strichstärke der Trennlinien verändern.

Um nun Werte in die einzelnen Zellen eintragen zu können, gibt es mehrere Methoden. Eine Möglichkeit stellt die Eigenschaft TEXT dar. Diese Eigenschaft gibt den Inhalt der augenblicklich aktiven Zelle wieder.

```
Grid1.Col = 2
Grid1.Row = 1
Grid1.Text = „Zelle 3,2“   'Fügt Text in die Zelle 3,2 ein
```

Die Eigenschaft TEXT erlaubt es Ihnen, nur in eine einzige Zelle etwas einzutragen. Im Grid ist es allerdings auch möglich, mehrere Zellen zu markieren. Dies geschieht entweder durch den Benutzer oder programmiert über die Eigenschaften SELSTARTCOL, SELENDCOL, SELSTARTROW und SELENDROW. Die Namen dieser Eigenschaften sprechen wohl für sich. Den Inhalt des kompletten markierten Bereiches finden Sie in der Eigenschaft CLIP wieder. Dabei erhalten oder übergeben Sie einen einzigen String. Dieser trennt die einzelnen Zellen durch ein Tabulatorzeichen (ASCII-Code 9) und die verschiedenen Zeilen durch ein Zeilenabschlußzeichen (ASCII-Code 13).

```
Grid1.SelStartCol = 1
Grid1.SelEndCol = 2
Grid1.SelStartRow = 1
Grid1.SelEndRow = 2
Grid1.Clip = „Z 2,2“ & CHR$(9) & „Z 3,2“ & CHR$(13) & „Z 3,2“
                                          & CHR$(9) & „Z 3,3“
```

Dieses Codebeispiel füllt die Zellen von 2,2 bis 3,3 mit den entsprechenden Positionswerten auf.

Um festzustellen, ob die gerade aktive Zelle auch zu den markierten Zellen gehört oder nicht, können Sie die Eigenschaft CELSELECTED abfragen.

Mit der Eigenschaft HighLight können Sie dabei festlegen, ob der markierte Zellbereich auch markiert dargestellt werden soll. Setzen Sie diese Eigenschaft auf False, kann der Benutzer nicht mehr erkennen, welche Zellen gerade markiert sind.

Die Eigenschaft ColAlignment erlaubt es Ihnen, die Ausrichtung innerhalb bestimmter Spalten der Tabelle festzulegen. Bei festen Spalten müssen Sie allerdings die Eigenschaft FixedAlignment verwenden.

```
Grid1.ColAlignment(2) = 1   ' Richtet die 3. Spalte rechts aus
Grid1.FixedAlignment(0) = 2  ' Richtet die 1. feste Spalte
mittig aus
```

Methoden

Um eine neue Zeile oder Spalte zu Ihrer Tabelle hinzuzufügen, können Sie zwar auch die Eigenschaft Col oder Row vergrößern. Hier wird aber die neue Reihe oder Spalte am Ende der Tabelle eingefügt. Möchten Sie eine neue Zeile an einer beliebigen Position Ihrer Tabelle einfügen, so können Sie dies mit Hilfe der Methode AddItem, die Sie bereits bei den Listenelementen kennengelernt haben, tun.

Grid.AddItem *Item, [Index]*

Dabei wird mit *Item* der Inhalt der ersten Spalte der neuen Zeile angegeben. Durch ein Tabulatorzeichen getrennt, können aber auch die folgenden Spalten gefüllt werden. Der Parameter *Index* beginnt dabei wieder mit dem Wert Null.

```
Grid1.Additem „1. Zelle“ & CHR$(9) & „2. Zelle“, 3
```

Diese Methode funktioniert nicht mit festen Zeilen. Auch bei Spalten kann diese Methode nicht verwendet werden.

Um eine Zeile wieder zu entfernen, benutzen Sie einfach die Methode RemoveItem. Dabei können Sie mittels des Argumentes *Index* angeben, welche Zeile entfernt werden soll.

Grid.RemoveItem *Index*

```
Grid1.RemoveItem 2     'Entfernt die 3. Zeile
```

Leider weist das Grid einige kleine Fehler auf. Einer der harmloseren davon ist die Angewohnheit des Grids sich komplett neu zu zeichnen, sobald es den Fokus verliert. Wenn es beispielsweise von einer anderen Form überdeckt wird, sollte es eigentlich nur den überdeckten Teil erneut darstellen, nicht das komplette Grid. Dieser Fehler kostet aber eigentlich nur ein wenig Zeit und Ressourcen, ansonsten stört er nicht weiter.

Sollten Sie versuchen, die Ausrichtung einer freie Spalte mit der Eigenschaft FIXEDALIGNMENT auszulösen, so wird fälschlicherweise kein Fehler ausgelöst. Trotzdem bleibt diese Vorgehensweise ohne Erfolg.

TIP Sollten Sie versuchen, Zellen in einem Grid mit Hilfe des Befehls STR$ zu füllen, kann es vorkommen, daß die entsprechende Zelle leer erscheint. Dies liegt an einer Besonderheit des Befehls STR$, der Zahlen in Zeichenfolgen umwandelt. Dabei erzeugt er vor der Zahl ein Leerzeichen. Aus der Zahl 89 beispielsweise wird also die Zeichenfolge „ 89“. Reicht nun der Platz in der Zelle nicht aus, um diese Zeichenfolge darzustellen, bricht Visual Basic die Zeichen in eine zweite Zeile um. Diese kann aber nicht dargestellt werden. Sie können dieses Problem folgendermaßen umgehen:

```
Grid1.Text = Format$(89)  'oder: Grid1.Text = Ltrim$(Str$(89))
```

Die 3D-Elemente (THREED.VBX)

Mit der Datei THREED.VBX holen Sie sich eine ganze Reihe von Steuerelementen in Ihre Anwendung. Die meisten davon haben Sie eigentlich schon kennengelernt. Es handelt sich bei diesen “neuen” Elementen lediglich um 3D-Versionen von grundlegenden Steuerelementen. Sie werden aber auch sehen, daß diese 3D-Versionen nicht nur anders oder besser aussehen, sondern sich teilweise auch in ihrer Funktionsweise von ihren 2D-Kollegen unterscheiden.

Folgende Elemente werden in der THREED.VBX mitgeliefert:

- 3D-CommandButton
- 3D-OptionButton
- 3D-Checkbox
- 3D-Frame
- 3D-GroupPushButton
- 3D-Panel

Von der grundlegenden Funktionsweise unterscheiden sich die 3D-Elemente kaum von ihren 2D-Kollegen. Unterschiede gibt es hauptsächlich die Gestaltung und die 3D-Fähigkeit betreffend.

Einige Eigenschaften besitzen alle 3D-Steuerelemente. Dabei werden Sie auch bald eine Besonderheit der THREED.VBX kennenlernen. Jedes Element, das Sie neu auf die Form aufbringen, übernimmt einige Layout-Eigenschaften des Vorgängers. Auf diese Weise versuchen die 3D-Steuerelemente zu einer einheitlichen Gestaltung der Oberfläche beizutragen.

Font3D

Mit Hilfe der Eigenschaft FONT3D können Sie das Aussehen der Beschriftung der 3D-Elemente festlegen. Dabei haben Sie die Auswahl zwischen einer Beschriftung, die nicht dreidimensional dargestellt werden soll, hervorgehoben oder versenkt. Bei den Varianten der dreidimensionalen Darstellung können auch noch verschiedene Schattierungen gewählt werden.

3D-Checkbox

Die 3D-Checkbox unterscheidet sich in Ihrem Wertebereich von Ihrem 2D-Gegenstück. Während die Eigenschaft VALUE einer normalen Checkbox die Werte 0, 1 und 2 annehmen kann, besitzt die 3D-Checkbox die Werte TRUE (-1) oder FALSE (0). Eine Einstellung um die Box grau unterlegt (grayed) darzustellen, gibt es nicht.

3D-OptionButton

Der 3D-OptionButton funktioniert, abgesehen von seiner 3D-Darstellung, wie der normale OptionButton. Unterschiede gibt es hier nicht.

3D-Frame

Von der Funktionsweise unterscheidet sich der 3D-Frame auch nicht vom normalen Rahmen. Beides sind auch Container-Objekte. Lediglich bei den Eigenschaften zur 3D-Darstellung besitzt der 3D-Frame noch einige Besonderheiten.

Alignment

Die Eigenschaft ALIGNMENT legt die Ausrichtung der Beschriftung des 3D-Rahmens fest. Möglich sind dabei eine linke, rechte oder mittige Ausrichtung.

ShadowColor, ShadowStyle

Die beiden Eigenschaften SHADOWCOLOR und SHADOWSTYLE legen fest, ob der Rahmen erhöht oder vertieft dargestellt werden soll und welche Farbe für den Schatten verwendet wird.

3D-CommandButton

Auch der 3D-CommandButton unterscheidet sich nicht in der Funktionsweise von der normalen Befehsschaltfläche. Eine Besonderheit weist die Knopf aber zusätzlich auf. Es handelt sich dabei um ein Bildelement. Der 3D-CommandButton ist also in der Lage, Bilder neben der normalen Beschriftung auf dem Knopf darzustellen.

AutoSize

Mit der Eigenschaft AUTOSIZE legen Sie fest, ob ein Bild auf dem 3D-CommandButton an dessen Größe ausgerichtet wird, oder ob der Button auf die Größe des Bildes angepaßt wird.

BevelWidth

Um die "Höhe" des 3D-CommandButtons zu bestimmen, können Sie die Eigenschaft BEVELWIDTH verwenden. Je höher der Wert dieser Eigenschaft ist, desto "weiter" ragt der Knopf aus der Ebene heraus.

Outline

Die Eigenschaft OUTLINE zeichnet, wenn aktiviert, einen weiteren schwarzen Rahmen um den 3D-CommandButton.

! Die Eigenschaft OUTLINE ist beim 3D-CommandButton leider nur von eher theoretischer Bedeutung. Hier stoßen Sie nämlich wieder auf einen Bug. Wenn Sie OUTLINE auf FALSE setzen, wird der Knopf zwar im Entwurfsmodus nicht umrahmt, zur Laufzeit aber taucht der Rahmen wieder auf.

RoundedCorner

Die Eigenschaft ROUNDEDCORNER stellt, wie der Name bereits vermuten läßt, den 3D-CommandButton mit abgerundeten Ecken dar.

Picture

Da der 3D-CommandButton in der Lage ist, Bilder darzustellen, muß er natürlich auch die Eigenschaft PICTURE besitzen. Denken Sie bitte noch daran, die Funktion LOADPICTURE zu verwenden, falls Sie Bilder zur Laufzeit der Anwendung laden.

```
Command3D1.Picture = LoadPicture(„C:\PICS\BEFEHL.BMP“)
```

! Auch hier taucht ein kleiner Fehler dieses Steuerelementes auf. Der 3D-CommandButton ist in der Lage, Bilder mit 256 Farben darzustellen. Sollten Sie allerdings nach dem Knopf noch ein weiteres Steuerelement mit einem 256 Farben Bild bestücken, so verliert der 3D-CommandButton seine Farbpalette und u.U. werden die Farben des Bildes falsch dargestellt. Zudem wird Ihnen beim Ändern dieser Eigenschaft zur Entwurfszeit eine Dateiauswahl angezeigt, die auch das Bildformat „*.WMF“ zuläßt. Der 3D-CommandButton kann dieses Format allerdings nicht lesen.

3D-GroupPushButton

Für dieses Steuerelement existiert keine 2D-Entsprechung. 3D-GroupPushButtons sehen einmal aus, wie CommandButtons. Sie funktionieren aber anders. Zum einen sind dies Knöpfe, die, ähnlich einer Checkbox, zwei Zustände darstellen können - gedrückt und nicht gedrückt. Wird also auf einen PushButton geklickt, so bleibt er bis zum nächsten Klick gedrückt.

Zudem werden PushButtons in einer Gruppe angeordnet. In diesem Fall funktionieren sie wie OptionButtons. Sobald ein Knopf der Gruppe gedrückt wird, werden alle anderen gelöst. Es ist also immer nur einer der Knöpfe einer Gruppe in gedrücktem Zustand.

GroupNumber Es gibt zwei Möglichkeiten PushButtons zu gruppieren. Eine Möglichkeit ist die Verwendung von Container-Objekten, wie Sie dies auch bei OptionButtons kennengelernt haben. Die zweite und meist einfachere und komfortablere Möglichkeit ist die Eigenschaft GROUPNUMBER. Bei allen PushButtons, die zur selben Gruppe gehören sollen, reicht es, deren GROUPNUMBER auf den gleichen Wert zu setzen. Dies funktioniert allerdings nur, wenn die Buttons auf demselben Container-Element, normalerweise auf der Form selbst, liegen. Ein PushButton auf der Form und einer auf einem Frame arbeiten auch bei gleicher GROUPNUMBER nicht zusammen.

GroupAllow-AllUp Bei einer Gruppe von OptionButtons ist es nicht möglich, daß keiner der Buttons aktiviert ist, sobald der erste aktiviert wurde. Bei den PushButtons können Sie mit Hilfe der Eigenschaft GROUPALLOWALLUP festlegen, ob alle Knöpfe sich in gelöstem Zustand befinden dürfen, oder ob auf jeden Fall einer gedrückt sein muß.

PictureDn-Change Mit der Eigenschaft PICTUREDNCHANGE können Sie bestimmen, auf welche Weise ein gedrückter Knopf dargestellt werden soll. Dabei haben Sie die Wahl zwischen einer gegrauten und einer invertierten Darstellung.

PictureUp, PictureDn Sollten Sie mit den Möglichkeiten, die Ihnen die o.g. Eigenschaft bietet nicht zufrieden sein, so können Sie über die Eigenschaften PICTUREUP und PICTUREDOWN selbst festlegen, welches Bild im gedrückten oder gelösten Zustand des Knopfes angezeigt werden soll.

PictureDisabled Mit der Eigenschaft PICTUREDISABLED können Sie ein spezielles Bild darstellen, wenn die Eigenschaft ENABLED auf FALSE steht.

Das Beispielprojekt SE20.MAK zeigt Ihnen einige Möglichkeiten der 3D-GroupPushButtons. Bei diesen Knöpfen können Sie übrigens die Hintergrundfarbe ändern.

Ein Bug hat sich allerdings auch bei den PushButtons eingeschlichen. Wenn Sie in der CLICK-Ereignisprozedur eines PushButtons den Befehl UNLOAD verwenden, erhalten Sie einen GPF (General Protection Fault / Allgemeine Schutzverletzung).

Wenn Sie zur Entwurfszeit ein Bild in die verschiedenen Picture-Eigenschaften laden möchten, erhalten Sie normalerweise einen Datei-Öffnen-Dialog. In diesem Dialog werden Ihnen die Formate „*.ICO“, „*.BMP“ und „*.WMF“ angeboten. Die PushButtons können aber nur das Format „*.BMP“ laden.

3D-Panel

Auch für das 3D-Panel gibt es keine Entsprechung. Das 3D-Panel ist ein sehr wandlungsfähiges Steuerelement. Einmal ist es eine einfache Möglichkeit, um Elemente, die keine 3D-Entsprechung besitzen mit einem 3D-Effekt zu versehen. Es kann aber auch als Statusanzeige benutzt werden. Auch der Einsatz als Symbolleiste bietet sich an.

Das 3D-Panel ist aber auch ein Container-Element wie der Frame und besitzt zudem die Eigenschaften eines gebundenen Steuerelementes für den Datenbankzugriff.

AutoSize, BevelOuter, BevelInner

Um einem 2D-Steuerelement einen 3D-Effekt zu verleihen, müssen Sie lediglich die Eigenschaft AutoSize des 3D-Panels auf den Wert 3 stellen. Danach ändern Sie die Eigenschaft BevelOuter auf den Wert 1. Als letztes markieren Sie das 3D-Panel und bringen nun das entsprechende 2D-Steuerelement auf das Panel auf. Wenn alles funktioniert, sollte sich das 2D-Steuerelement automatisch der Größe des Panels anpassen. Dies haben Sie durch Setzten der Eigenschaft AutoSize erreicht. Wenn Sie zusätzlich noch einen 3D-Rahmen um dieses Steuerelement legen möchten, setzen Sie die Eigenschaft BevelInner des 3D-Panels auf den Wert 1 oder 2. Das Beispiel einer so erzeugten 3D-Textbox sehen Sie in Beispiel SE21.MAK.

FloodType

Wenn Sie dem Benutzer Ihrer Anwendung gerne zeigen möchten, wie weit ein bestimmter Prozeß, wie die Sortierung einer Datenbank, bereits fortgeschritten ist, dann können Sie das 3D-Panel auch als Statusanzeige benutzen. Dazu setzen Sie einfach die Eigenschaft FloodType. Sie können sich mehrere Stilarten von Statusanzeigen aussuchen, beispielsweise einen Balken, der sich von rechts nach links füllt, oder einen Kreis dessen Umfang zunimmt.

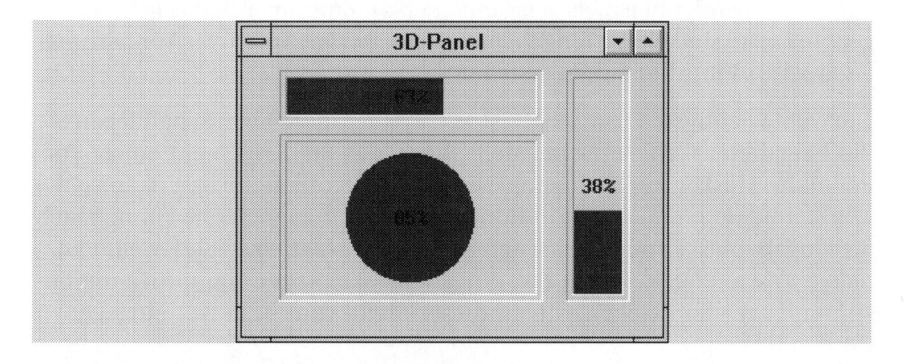

Abb. 2.17: Verschiedene Statusanzeigen

FloodPercent

Um nun anzuzeigen zu wieviel Prozent ein Vorgang bereits abgeschlossen ist, reicht es, die entsprechende Prozentzahl der Eigenschaft FLOODPERCENT zuzuweisen.

```
Panel3D1.FloodPercent = 53
```

Dabei müssen Sie sich selbst überlegen, wie Sie feststellen können, wie weit der Prozeß bereits fortgeschritten ist. Das 3D-Panel macht nichts anderes, als die in FLOODPERCENT angegebene Prozentzahl grafisch anzuzeigen.

FloodColor, FloodShowPct

Mit Hilfe der Eigenschaft FLOODCOLOR können Sie die Farbe des Statusbalkens innerhalb das Panels festlegen. Die Eigenschaft FLOODSHOWPCT läßt Sie die Anzeige der Prozentzahl abschalten.

Align

Die Eigenschaft ALIGN besitzt die Möglichkeit, das 3D-Panel in eine Statuszeile oder eine Symbolleiste zu verwandeln. Wenn Sie diese Eigenschaft auf den Wert 2 setzen, paßt sich das Panel in der Breite immer der Form an und ist immer am unteren Rand der Form plaziert - eine Statuszeile. Setzen Sie den Wert dagegen auf 1, so wird das Panel am oberen Rand der Form plaziert - eine Symbolleiste. Mehr zur Verwendung von Symbolleisten erfahren Sie im Abschnitt “MDI”.

Das MaskedEdit-Control (MSMASKED.VBX)

Zweck

Das MaskedEdit-Steuerelement ist eigentlich nichts anderes als eine Textbox, bei der Ein- und Ausgabe formatiert und beschränkt werden können. Wie der Name bereits vermuten läßt kann hier eine Eingabemaske definiert werden. Auf diese Weise ist es möglich, nur ein Datum, eine Uhrzeit, einen Betrag oder beispielsweise eine Personalnummer in das Feld einzugeben. Dabei sind einige Eingabeformate bereits definiert. Sie können aber auch selbst Eingabemasken erstellen.

Eigenschaften

Die wohl wichtigste Eigenschaft ist MASK. Über diese Eigenschaft legen Sie die Eingabemaske fest. Dabei stellt Ihnen das Steuerelement einige vordefinierte Masken zur Verfügung. Diese sind allerdings am amerikanischen Markt ausgelegt und damit in Europa relativ untauglich. Sie können sich die Eingabemasken auch selbst definieren. Dazu benötigen Sie jeweils Platzhalter. Diese Platzhalter in der Eingabemaske stehen dann für eine bestimmte Art von Zeichen, die an dieser Stelle vom Benutzer eingegeben werden dürfen.

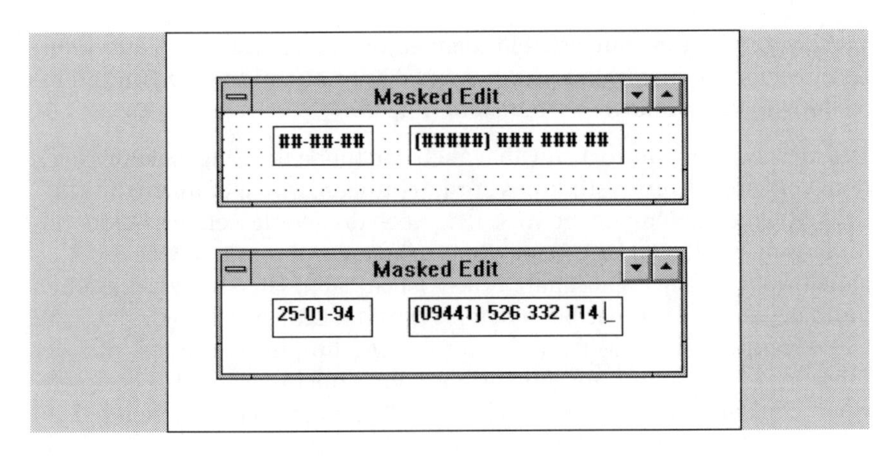

Abb. 2.18: *MaskedEdit mit Datum- bzw. Telefonmaske*

Platzhalter	Steht für
#	Zahl
.	Dezimaltrennzeichen
‘	Tausendertrennzeichen
:	Zeittrennzeichen
/	Datumstrennzeichen
\	Zeigt den nachfolgenden Platzhalter an (&,#,...)
&	ANSI-Zeichen von 32 bis 126 und 128 bis 255
A	Alphanumerisches Zeichen (a bis z, A bis Z, 0 bis 9)
?	Buchstabe (a bis z, A bis Z)

Tab. 2.9: Platzhalter

Die folgende Tabelle gibt Ihnen einige Beispiele für Eingabemasken.

Maske	Eingabefeld
DM #####.##	DM _____,__
##/##/####	__.__.____
??###-#-##-#	_____-_-__-_
##:##	__:__

Tab. 2.10: Beispiele für Eingabemasken

Welche Zeichen im Eingabefeld anstelle der Platzhalter für Tausendertrennzeichen u.ä. wirklich erscheinen, hängt auch von der Ländereinstellung in der Windows-Systemsteuerung ab.

Das MaskedEdit-Control kann aber auch den Inhalt des Eingabefeldes nach dem Verlassen in ein bestimmtes Format bringen. Dies gibt Ihnen die Möglichkeit, eine Zahleneingabe wie „123" nach dem Verlassen des Feldes automatisch als „123,00 DM" darstellen zu lassen. Dafür müssen Sie das Ausgabeformat in der Eigenschaft FORMAT festlegen. Hier finden dieselben Formate Verwendung wie beim Befehl FORMAT$. Lediglich das Format „ON/OFF" kann hier nicht verwendet werden. Wichtig ist aber auch, daß der Inhalt des Feldes zum Ausgabeformat kompatibel ist. Um also beispielsweise ein Datumsformat auszugeben, muß auch eine entsprechende Zahl oder ein Datum im Eingabefeld stehen.

Eingabe	Format	Ausgabe
123	currency	123,00 DM
123	0.00E+00	1,23E+02
2-2-94	long date	Wednesday, 2.February 1994
2.2.94	long date	Thursday, 12. April 1906

Tab. 2.11: Beispiele für Format

! Wie Sie in der letzten Zeile der Tabelle 2.11 sehen können hat das MaskedEdit-Control Probleme mit nicht-englischen Datumsformaten. Da dieses Control direkt aus den USA kommt, erwartet es bei Datumsformaten immer das amerikanische Trennzeichen („-" oder „/"), aber die Reihenfolge der aktuellen Ländereinstellung (DD.MM.YY oder MM.DD.YY).

Die Eingabe des Benutzers erhalten Sie unformatiert über die Eigenschaft TEXT. Wenn Sie die Eingabe auch formatiert erhalten wollen, verwenden Sie anstelle der Eigenschaft TEXT die Eigenschaft FORMATEDTEXT. Diese ist aber nur dann formatiert, wenn das MaskedEdit-Control nicht mehr den Fokus besitzt. Sie können dies im Beispiel SE22.MAK testen.

Das MaskedEdit-Control benutzt normalerweise den Unterstrich als Platzhalter für leere Stellen. Diesen Platzhalter können Sie über die Eigenschaft PROMTCHAR ändern.

Ereignisse

Zu den Ereignissen einer normalen Textbox gesellt sich hier noch eines dazu. Das Ereignis VALIDATIONERROR wird ausgelöst, sobald das MaskedEdit-Control ein Zeichen erhält, das an dieser Stelle nicht zur Eingabemaske paßt.

```
Sub control_ValidationError (InvalidText As String,
StartPosition As Integer)
```

Der Parameter *InvalidText* gibt dabei den gesamten falschen Eintrag wieder, *StartPosition* die Position des ersten falschen Zeichens.

! Die falsche Datumseingabe ist leider nicht der einzige Fehler des MaskedEdit-Controls. Besonders problematisch stellt sich die Eigenschaft BORDERSTYLE dar. Ändern Sie diese Eigenschaft zur Entwurfszeit auf den Wert 0, dann erhalten Sie beim Start des Programms die Fehlermeldung „Invalid Property Value". Wenn Sie diese Eigenschaft auf den Wert 0 und dann wieder zurück ändern, werden die Werte in den Eigenschaften MASK und FORMAT zerstört.

Das MaskedEdit-Control ist ein Versuch, Benutzereingaben zu kontrollieren. Leider ist es bei einem Versuch geblieben. Aufgrund der Fehler und der mangelnden Anpassung an den deutschen oder europäischen Markt, kann man von der Verwendung eigentlich nur abraten. Hier empfiehlt es sich, Eingabebeschränkungen über die Tastaturereignisse einer normalen Textbox zu realisieren oder auf eines der funktionierenden Custom Controls, die zusätzlich erworben werden können, zurückzugreifen.

Der AnimatedButton (ANIBUTON.VBX)

Zweck

Der AnimatedButton ist eigentlich auch nur eine weitere Schaltfläche, allerdings eine, die es in sich hat. Er kann dabei als CommandButton mit animierter Grafik fungieren, als Multi-State-Button, als CheckBox oder als ganz normaler Button. Der AnimatedButton ist dabei eine Schaltfläche, der eine Reihe von Bildern zugeordnet werden. Dabei kann er diese Bilder wie in einem Film abspielen.

Eigenschaften

Als ersten sei hier die Eigenschaft FRAME genannt. Diese Eigenschaft enthält den eigentlichen Film, also die einzelnen Bilder eines Films. Als Beispiel wurde in SE23.MAK ein amerikanisches Verkehrsschild gewählt, dessen Pfeil sich nun in vier verschiedene Richtungen drehen soll.

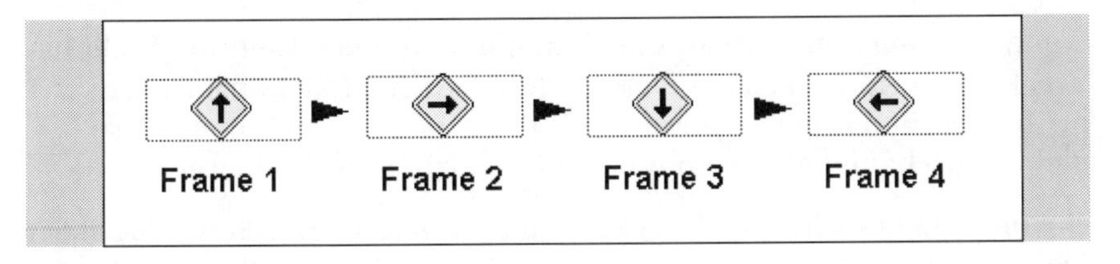

Abb. 2.19: Frames für einen Film

Die verschiedenen Frames können Sie einfach dadurch festlegen, daß Sie mit der rechten Maustaste einen Doppelklick auf den AnimatedButton ausführen. Wohlgemerkt, die **rechte** Maustaste muß es sein. Nun können Sie mittels eines Dialogfeldes den "Film" bearbeiten.

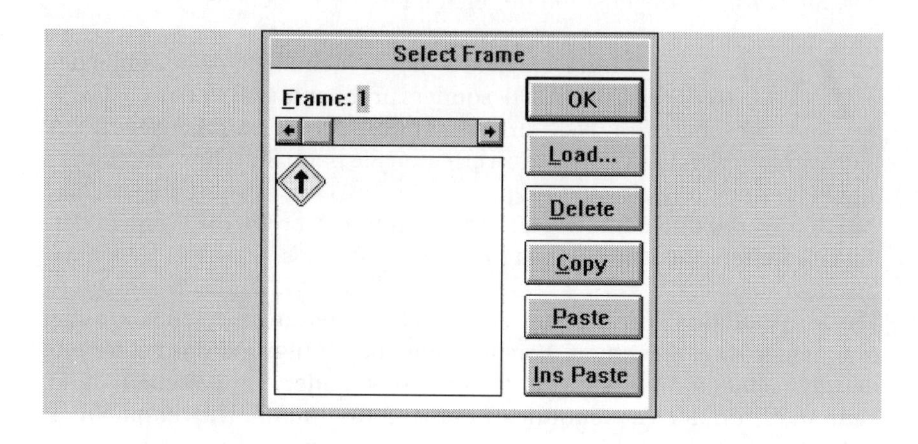

Abb. 2.20: *Frame - Dialogfeld*

In welcher Weise dieser "Film" nun abgespielt werden kann hängt von der Eigenschaft CYCLE ab.

Cycle	Wirkung
0	Spielt beim Drücken des Knopfes die erste Hälfte der Bilder ab, beim Loslassen die zweite Hälfte.
1	Beim Drücken des Buttons wird der nächste Frame, also das nächste Bild angezeigt. Bild für Bild wird abgespielt. Ist das letzte Bild erreicht, wird als nächstes das erste Bild angezeigt.
2	Beim ersten Drücken des Knopfes wird die erste Hälfte der Bilder abgespielt, beim zweiten Drücken des Knopfes wird die zweite Hälfte der Bilder abgespielt.

Tab. 2.12: CYCLE-Eigenschaft

Wenn Sie erst einmal einen "Film" für einen AnimatedButton erstellt haben, können Sie diesen über die Eigenschaft CCBFILESAVE abspeichern und bei Bedarf mittels der Eigenschaft CCBFILELOAD wieder laden. Diese beiden Eigenschaften können nur verändert, nicht ausgelesen werden.

Um die Ablaufgeschwindigkeit des "Films" zu verändern, können Sie in der Eigenschaft SPEED festlegen, wie viele Millisekunden zwischen den einzelnen Frames abgewartet werden soll.

Auch der AnimatedButton besitzt noch eine Beschriftung, also eine CAPTION-Eigenschaft. Mittels der Eigenschaft TEXTPOSITION können Sie dabei festlegen, wo die Bezeichnung auf dem Knopf erscheinen soll.

Um den Zustand des AnimatedButton auszuwerten, wird die Eigenschaft VALUE verwendet. Im normalen Zustand benötigen Sie diese Eigenschaft nicht, hier werten Sie einfach das Ereignis CLICK aus. Funktioniert der Knopf als Multistate-Button (CYCLE = 1) erhalten Sie über VALUE welcher Frame gerade aktiv ist. Bei einem 2-State-AnimatedButton (CYCLE = 2) erhalten Sie nach dem ersten Klick den Wert 2, nach dem zweiten Klick wieder den Wert 1. Auf diese Weise funktioniert der AnimatedButton wie eine Checkbox.

Beim AnimatedButton gibt es eine Möglichkeit, das Ereignis CLICK auch programmiert auszulösen. Dazu setzen Sie einfach die Eigenschaft SPECIALOP auf den Wert 1.

Das Graph-Control (GRAPH.VBX)

Zweck

Das Graph-Control ist Ihre Möglichkeit, mittels Visual Basic Zahlen jeglicher Art als Grafik darzustellen. Dabei beherrscht das Graph-Control einen Großteil der Möglichkeiten professioneller Anwendungen zum Erstellen von Charts. Egal ob 3D-Balken- oder Tortendiagramm, mit dem Graph-Control ist es kein Problem für Sie. Wenn Sie die Datei GRAPH.VBX zu Ihrem Projekt hinzuladen, werden Sie plötzlich ein neues Icon auf Ihrem Bildschirm entdecken, den Graphics Server. Dieses kleine Programm ist eigentlich für die Erstellung der Grafiken zuständig. Das Graph-Control schickt die Daten und Zahlen dort hin und erhält die fertige Grafik von dort zurück.

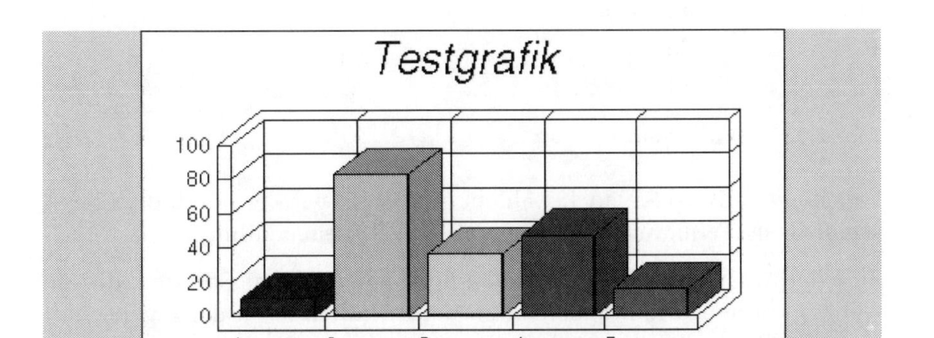

Abb. 2.21: Das Graph-Control

Eigenschaften

Das Graph-Control weicht bei der Bedienung etwas von dem ab, was Sie bisher kennengelernt haben. Einige Eigenschaften werden wie Methoden verwendet. Dies hat seinen Grund in der Zusammenarbeit zwischen Graph-Control und dem Graphics Server. Sobald Sie eine Eigenschaft der Graph-Controls ändern, wird diese Änderung an den Graphics Server gesandt und u.U. liefert dieser sofort ein Ergebnis zurück.

Wenn Sie das Graph-Control auf Ihre Form aufbringen, werden Sie sehen, daß es bereits mit einer Grafik versehen ist. Diese Grafik ändert sich auch bei jedem Programmstart. So lange das Graph-Control keine Werte zum Zeichnen einer Grafik erhält, erstellt es eine mit Zufallswerten. Damit haben Sie die Möglichkeit, einige Einstellungen zu testen, bevor Sie mit richtigen Werten arbeiten. Diese Funktionalität können Sie mittels der Eigenschaft RANDOMDATA aber auch abschalten.

Um eine neue Grafik zu erstellen, sollten Sie erst einmal festlegen, welche Art von Grafik es sein soll. Das Graph-Control stellt Ihnen dabei die folgenden Chart-Typen zur Verfügung.

GraphType	Art der Grafik
1	2D-Torte
2	3D-Torte
3	2D-Säulen (Standard)
4	3D-Säulen
5	Gantt
6	Linien
7	Log/Lin
8	Fläche
9	Streuung
10	Polar
11	HLC

Tab. 2.13: Grafiktypen

Welchen Grafiktyp Sie auch wählen, eingestellt wird er durch die Eigenschaft GRAPHTYPE, wie Sie auch in Tabelle 2.13 sehen können.

Zu jeder Art von Grafik gibt es auch noch verschiedene Stilarten, die Sie wählen können. Die Möglichkeiten dafür finden Sie in der Eigenschaft GRAPHSTYLE. Als Beispiel können Sie Säulendiagramme auch als horizontale Balken darstellen oder Tortendiagramme mit und ohne Prozentangaben.

Der nächste Schritt ist die Einstellung der Anzahl an Datenpunkte. Als Standard werden fünf Datenpunkte angezeigt. Die Anzahl der Datenpunkte können Sie mit der Eigenschaft NUMPOINTS festlegen. Dabei kann es mehrere Datenreihen geben. Die Anzahl der Datenreihen können Sie unter NUMSETS festlegen. Standardwert ist ein Datenset. Insgesamt darf das Produkt aus Datenreihen und Datenpunkten den Wert 3800 nicht übersteigen.

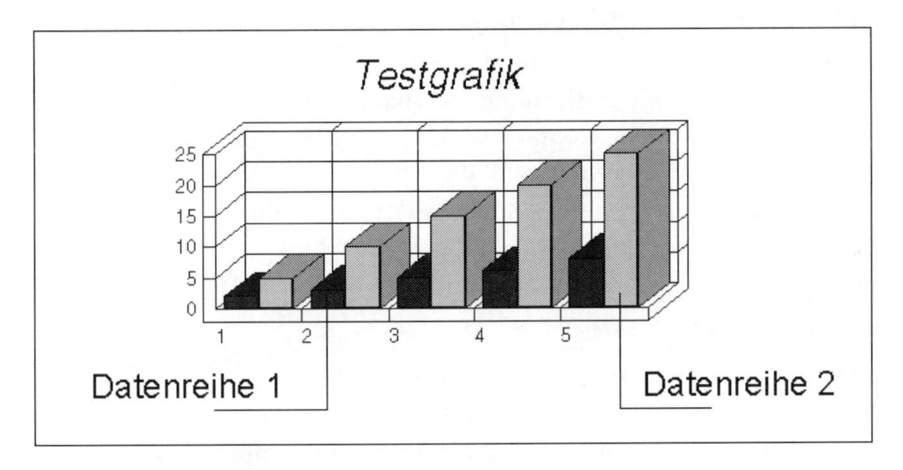

Abb. 2.22: 2 Datenreihen und 5 Datenpunkte

Nun können Sie damit beginnen die Grafik mit Werten zu füllen. Dabei ist aber die Vorgehensweise von Bedeutung. Die Eigenschaft, die die Grafikwerte erhält, nennt sich GRAPHDATA. Sie müssen aber noch angeben, an welchen Datenpunkt in welcher Datenreihe Sie den Wert übergeben wollen. Normalerweise schaltet das Graph-Control nach der Zuweisung mittels GRAPHDATA weiter zum nächsten Datenpunkt und zur nächsten Datenreihe. Diese Funktionalität läßt sich aber auch über die Eigenschaft AUTOINC an- und abschalten.

```
Graph1.ThisSet = 1
Graph1.ThisPoint = 1
Graph1.GraphData = 95
Graph1.ThisPoint = 2
Graph1.GraphData = 112
Graph1.ThisSet = 2
Graph1.ThisPoint = 1
Graph1.GraphData = 132
```

Dieses Listing zeigt Ihnen die Vorgehensweise beim Zuweisen von Werten. Als erstes legen Sie am besten die Datenreihe fest, dies geschieht mit der Eigenschaft THISSET. Danach wählen Sie mit der Eigenschaft THISPOINT den entsprechenden Datenpunkt aus und weisen dann mit GRAPHDATA den gewünschten Wert zu.

Nachdem Sie das Grobdesign des Graphen festgelegt haben, können Sie mit der weiteren Gestaltung beginnen. Dabei helfen Ihnen die Eigenschaften, die in der folgenden Tabelle kurz erklärt werden.

Eigenschaft	Bedeutung
BACKGROUND	Hintergrundfarbe
BOTTOMTITLE	Beschriftung unterhalb der Grafik
COLORDATA	Farbe der Datenreihe bzw. des aktuellen Datenpunktes
EXTRADATA	Hebt ein Stück einer Tortengrafik hervor
FOREGROUND	Farbe für Achsen etc.
GRAPHTITLE	Titel der Grafik
GRIDSTYLE	Achsenart
LABELEVERY	Beschriftungsschrittweite
LABELS	Art der Beschriftung
LABELTEXT	Beschriftung für aktuellen Datenpunkt
LEFTTITLE	Titel an der Y-Achse
LEGENDSTYLE	Art der Legende
LEGENDTEXT	Legendenbeschriftung
PALETTE	Art der Farb-/Graupalette
PATTERNDATA	Art der Füllmuster
PRINTSTYLE	Art des Ausdrucks
SEETHRU	Macht die Grafik durchsichtig
THICKLINES	Linienstärke

Tab. 2.14: Gestaltungseigenschaften

Es gibt noch mehr Eigenschaften mit denen Sie die Gestaltung der Grafik ändern können. Einige dieser Eigenschaften sind allerdings nur für bestimmte Grafiktypen vorhanden. Es ist aber wichtig bei Eigenschaften, die von Datenreihe oder -punkt abhängig sind, die Eigenschaften THISSET und THISPOINT nicht zu vergessen.

Eine wichtige Rolle spielt bei allem noch die Eigenschaft DRAWMODE. Diese Eigenschaft legt nicht nur fest, wie die Grafik gezeichnet werden soll, sondern ermöglicht auch ein Kopieren in die Zwischenablage und das Drukken. Grundsätzlich können Sie Änderungen an Eigenschaften des Graph-

Controls, die Sie zur Laufzeit der Anwendung vornehmen, erst sehen, wenn Sie die Eigenschaft DRAWMODE auf den Wert 2 setzen. Dadurch wird ein neues Erstellen der Grafik ausgelöst. Wenn Sie anstelle von 2 den Wert 3 verwenden, zeichnet der Graphics Server die neue Grafik versteckt und zeigt sie erst an, wenn diese fertiggestellt ist.

Diese Vorgehensweise sorgt dafür, daß das Neuzeichnen der Grafik etwas "weicher" vor sich geht. Jedesmal, wenn Sie also eine Eigenschaft ändern, sollte DRAWMODE gesetzt werden.

```
Graph1.GraphData = 47
Graph1.DrawMode = 2  'Oder Graph1.DrawMode = 3
```

Um die Grafik auf dem Drucker auszugeben, reicht es eigentlich, die folgende Zeile einzufügen.

```
Graph1.DrawMode = 5
```

Über die Eigenschaft PRINTSTYLE können Sie dabei noch festlegen, wie die Grafik an den augenblicklichen Windows-Standarddrucker gesendet werden soll.

```
Graph1.DrawMode = 4
```

Mit dieser Code-Zeile können Sie die Grafik in die Windows-Zwischenablage kopieren. Dabei wird die Grafik entweder als Metafile (DRAWMODE = 2) oder als Bitmap (DRAWMODE = 3) kopiert. Das verwendete Format hängt also davon ab, mit welcher DRAWMODE-Einstellung die Grafik vorher gezeichnet wurde.

```
Graph1.ImageFile = „CHART.BMP“
Graph1.DrawMode = 6
```

Über die Eigenschaft IMAGEFILE können Sie einen Dateinamen festlegen und durch Setzen von DRAWMODE auf den Wert 6 die Grafik unter diesem Dateinamen speichern. In welchem Format die Grafik gespeichert wird, also ob Metafile oder Bitmap, liegt wieder an der vorhergehenden Einstellung von DRAWMODE.

Mit den Eigenschaften FONTFAMILY, FONTSIZE, FONTSTYLE können Sie die verwendeten Schriftarten und -attribute ändern. Dabei legen Sie vorher über die Eigenschaft FONTUSE fest, welcher Text in der neuen Schriftart erscheint.

Interessant am Graph-Control ist auch, daß Sie nahezu alle Eigenschaften mit gleicher Auswirkung zur Entwurfs- und zur Laufzeit ändern können.

Alle Beschriftungen innerhalb einer Grafik sind auf maximal je 80 Zeichen begrenzt. Sie sollten auch darauf achten, daß die beiden Eigenschaften THISPOINT und THISSET beim Start des Programms auf den Wert 1 zurückgesetzt werden.

Leider haben sich auch beim Graph-Control Fehler eingeschlichen. So arbeitet die Eigenschaft SEETHRU nicht korrekt. Wird diese Eigenschaft auf TRUE gesetzt, kann es zu Füllfehlern in der Grafik kommen.

Wenn Sie von einer vertikalen in eine horizontale Balkengrafik umschalten und zurück, werden normalerweise alle Werte der neuen Situation angepaßt, mit Ausnahme der Achsentitel (LEFTTITLE, BOTTOMTITLE). Diese beiden müssen von Ihnen geändert werden.

Im Handbuch wird auch beschrieben, das Graph-Control könne mit Child-Fenstern arbeiten und andere Grafiken beinhalten. Dies ist falsch. Das Graph-Control kann keine anderen Grafiken als Kind-Fenster beinhalten. Das Graph-Control kann also nicht als Container-Objekt verwendet werden.

Das Outline-Control (MSOUTLIN.VBX)

Zweck

Das Outline-Control rüstet Sie mit der Möglichkeit aus, hierarchische Daten beliebiger Art grafisch darzustellen. Dabei liegt die Betonung auf dem Wort "hierarchisch". Das Outline-Control ähnelt dabei in Aussehen und

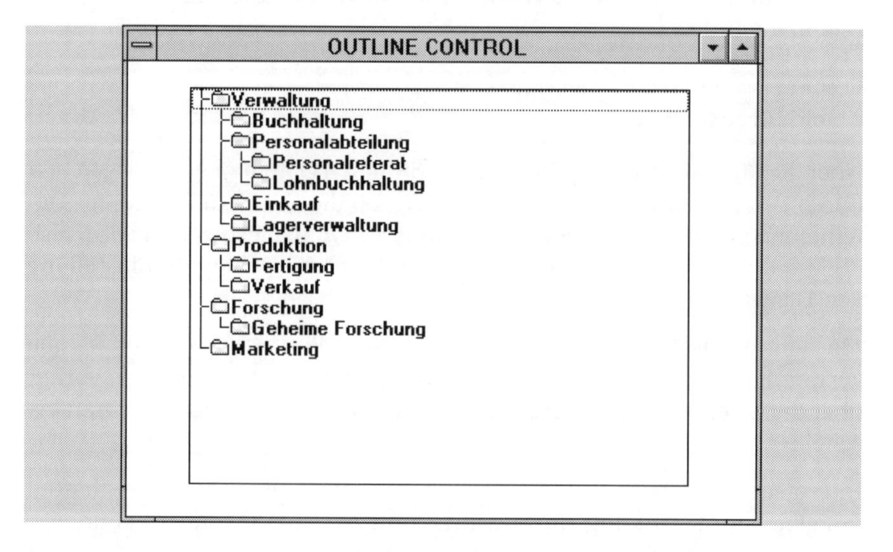

Abb. 2.23: Outline-Control mit Firmenstruktur

Funktion dem Verzeichnisfenster im Windows-Dateimanager. Auch Verzeichnisse sind ja eine Form hierarchischer Daten. Dabei ist das Outline-Control eigentlich nur eine spezielle Form der Listbox, allerdings mit einigen, sehr interessanten Unterschieden.

Dabei kann die hierarchische Darstellung mit verschiedenen grafischen Mitteln gestaltet werden. Eine Möglichkeit sehen Sie in Abbildung 2.23. Dort wird eine Baumstruktur gemischt mit Bildern (Ordner) verwendet. Eine andere Möglichkeit zeigt Ihnen Abbildung 2.24.

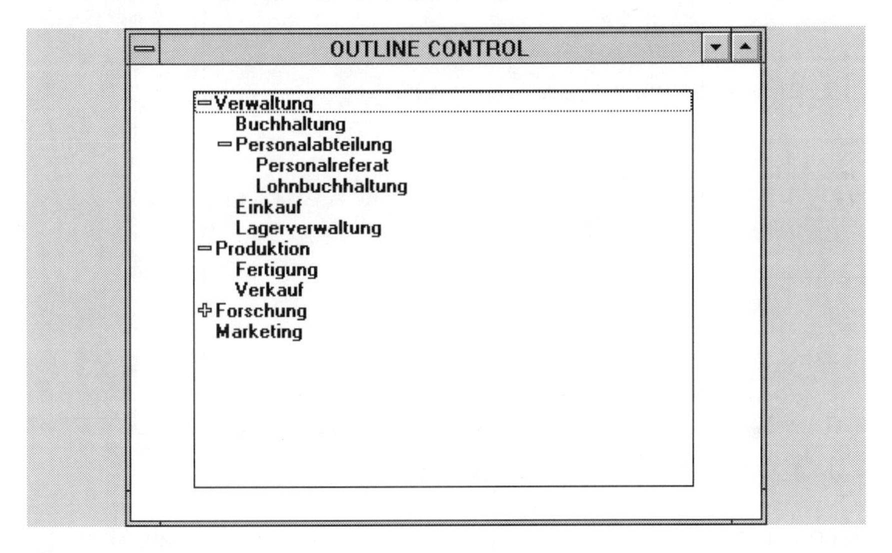

Abb. 2.24: *Outline mit +/- Zeichen*

In dieser Abbildung sehen Sie die Darstellung mittels +/- Zeichen. Dabei deutet das Zeichen "+" dem Benutzer an, daß sich hinter dem entsprechenden Element noch weitere, untergeordnete Elemente befinden. Das Zeichen "-" dagegen symbolisiert, daß alle Ebenen unterhalb dieses Elementes bereits angezeigt werden.

Eigenschaften

Welche Art der Darstellung verwendet wird, legen Sie mit Hilfe der Eigenschaft STYLE fest. Dabei gibt es folgende Möglichkeiten:

Style	Darstellung
0	Nur Text
1	Bilder und Text, (Abbildung 2.25)
2	Plus/Minus und Text (Standard), (Abbildung 2.24)
3	Plus/Minus, Bilder und Text

Style	Darstellung
4	Baumstruktur und Text, (Abbildung 2.23)
5	Baumstruktur, Bilder und Text

Tab. 2.15: Eigenschaft STYLE

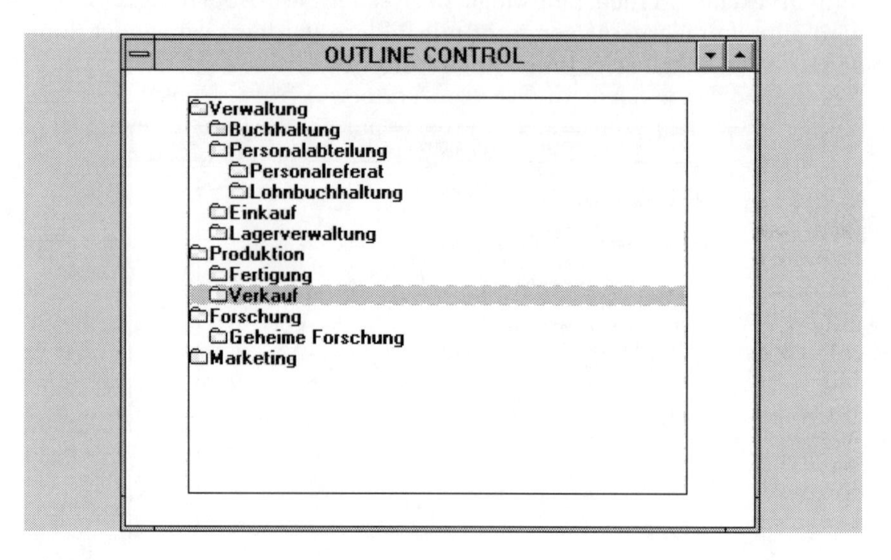

Abb. 2.25: *Outline mit Bildern und Text*

Bei Darstellungsarten mit Bildern können noch verschiedene Bilder für die einzelnen Ebenen der Hierarchie gewählt werden. Dies geschieht über die Eigenschaften PICTURECLOSED, PICTURELEAF, PICTUREOPEN, PICTUREPLUS und PICTUREMINUS. Damit legen Sie fest, welches Bild jeweils für die verschiedenen Zustände angezeigt wird. Um nun einem Element ein bestimmtes Bild zuzuweisen, können Sie die Eigenschaft PICTURETYPE verwenden. Für jedes Element gibt es auch eine PICTURETYPE-Eigenschaft. Die Verbindung erfolgt dabei über den Index innerhalb der Liste.

```
Outline1.PictureClosed = „C:\BILDER\LULU.ICO"
Outline1.PictureType(4) = 0
```

Dieses Listing wählt ein Icon namens „LULU.ICO" als Bild für den geschlossenen Zustand eines Elementes. Danach wird dem Listeneintrag Nummer fünf (Index beginnt bei 0) das geschlossene Bild zugewiesen.

In Abbildung 2.26 sehen Sie die Standardbilder, die das Outline-Control verwendet, so Sie keine eigenen definieren.

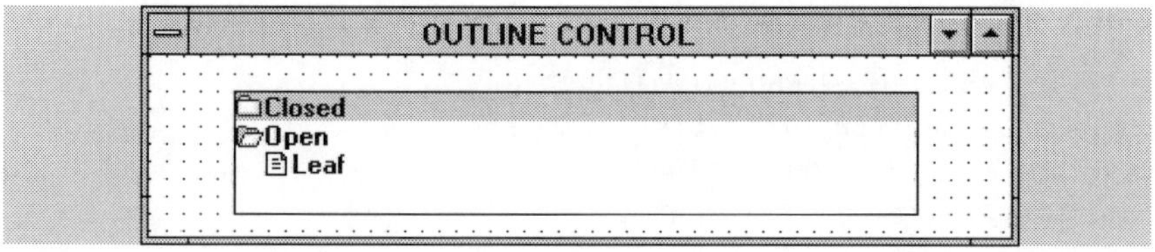

Abb. 2.26: Standardbilder

Elemente, die Unterelemente besitzen, können sich also in geschlossenem oder geöffneten Zustand befinden, je nachdem, ob die Unterelemente sichtbar sind, oder nicht. Ob nun ein Element geöffnet oder geschlossen ist, können Sie über die Eigenschaft EXPAND ermitteln.

Ob ein Element überhaupt Unterelemente besitzt, läßt sich über die Eigenschaft HASSUBITEMS feststellen. Und mittels ISITEMVISIBLE können Sie feststellen, ob ein Unterelement gerade angezeigt wird, oder nicht.

Die Eigenschaft FULLPATH liefert Ihnen am Ende den gesamten Pfad bis zu einem Unterelement hin, dabei sind die einzelnen Elemente in diesem String durch ein Trennzeichen getrennt. Dieses Zeichen ist standardmäßig „\", es kann aber über die Eigenschaft PATHSEPERATOR selbst definiert werden. Der Rückgabewert von FULLPATH könnte also wie folgt aussehen:

```
„Verwaltung\Personalabteilung\Lohnbuchhaltung"
```

Ein entsprechendes Beispiel finden Sie im Projekt SE25.MAK.

Methoden

Wie bei Listenelementen üblich, benötigen Sie zum Füllen der Liste die Methode ADDITEM bzw. zum Löschen eines Listenelementes die Methode REMOVEITEM. Sie können auch das Outline-Control auf diese Weise füllen. Allerdings müssen Sie die Listenelemente hier noch in eine hierarchische Ordnung bringen. Um dies zu erledigen, müssen Sie mit der Eigenschaft INDENT arbeiten, die die Ebene eines Listenelementes festlegt. Die Liste in SE25.MAK wird beispielsweise wie folgt gefüllt:

```
outListe.AddItem „Verwaltung"
outListe.AddItem „Buchhaltung"
outListe.Indent(outListe.ListCount - 1) = 2
outListe.AddItem „Personalabteilung"
outListe.Indent(outListe.ListCount - 1) = 2
outListe.AddItem „Personalreferat"
outListe.Indent(outListe.ListCount - 1) = 3
outListe.AddItem „Lohnbuchhaltung"
outListe.Indent(outListe.ListCount - 1) = 3
outListe.AddItem „Einkauf"
```

```
outListe.Indent(outListe.ListCount - 1) = 2
outListe.AddItem „Lagerverwaltung"
outListe.Indent(outListe.ListCount - 1) = 2
outListe.AddItem „Produktion"
outListe.AddItem „Fertigung"
outListe.Indent(outListe.ListCount - 1) = 2
outListe.AddItem „Verkauf"
outListe.Indent(outListe.ListCount - 1) = 2
outListe.AddItem „Forschung"
outListe.AddItem „Geheime Forschung"
outListe.Indent(outListe.ListCount - 1) = 2
outListe.AddItem „Marketing"
```

Hier wird also ein neues Element in die Liste eingefügt. Den Index des neuen Elementes erhält man einfach durch die Eigenschaft ListCount. Das neue Element hat immer den Index ListCount - 1. Damit wird die Eigenschaft Indent dieses neuen Elementes auf den Wert der gewünschten Ebene (im Beispiel eins, zwei oder drei) gesetzt.

Ereignisse

Es gibt drei neue Ereignisse, in denen sich das Outline-Control von einem herkömmlichen Listenelement unterscheidet. Das Ereignis Expand wird ausgelöst, sobald ein neuer Zweig geöffnet wird. Beim Schließen eines Zweiges dagegen wird Collapse ausgelöst. Bei beiden Ereignissen wird Ihnen der Index des geöffneten bzw. geschlossenen Elementes mitgeliefert. Neben dem normalen Click-Ereignis gibt es beim Outline-Control noch das PictureClick-Ereignis, das stattfindet, wenn der Benutzer auf ein Bild vor einem Element klickt. Beim Klick auf das Element selbst wird ein normales Click ausgelöst.

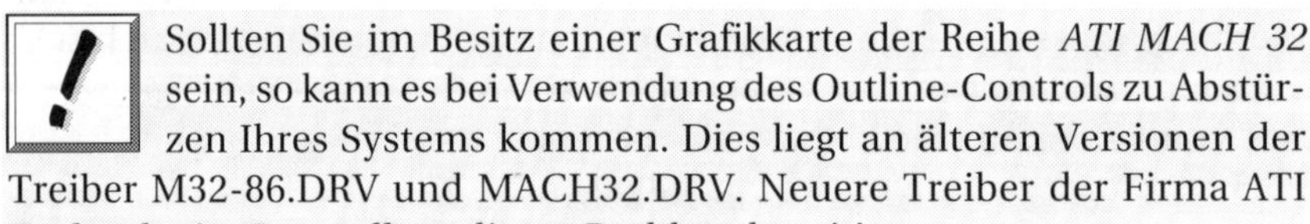

Sollten Sie im Besitz einer Grafikkarte der Reihe *ATI MACH 32* sein, so kann es bei Verwendung des Outline-Controls zu Abstürzen Ihres Systems kommen. Dies liegt an älteren Versionen der Treiber M32-86.DRV und MACH32.DRV. Neuere Treiber der Firma ATI Technologies Inc. sollten dieses Problem beseitigen.

Das Spin-Control (SPIN.VBX)

Zweck

Das Spin-Control stellt eine einfache Möglichkeit dar, den Benutzer dabei zu unterstützen Zahlenwerte zu in- oder dekremieren. Dabei stellt es zwei Pfeile dar, entweder vertikal oder horizontal angeordnet. Der Benutzer kann nun durch Anklicken des entsprechenden Pfeils einen beliebigen Wert in die eine oder andere Richtung verändern.

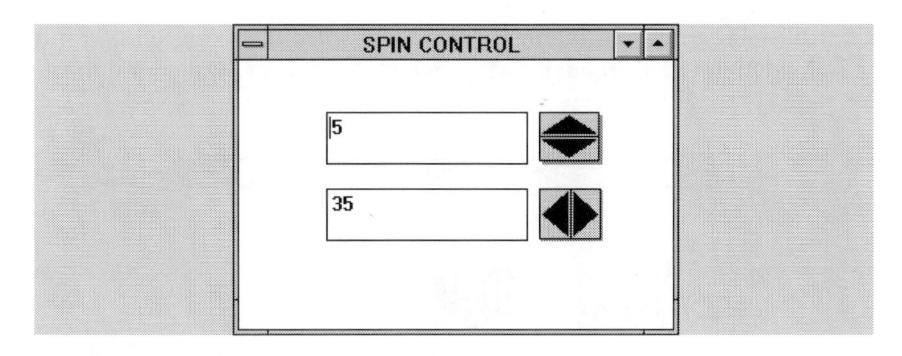

Abb. 2.27: *Das Spin-Control*

Eigenschaften

Wie Sie in Abbildung 2.27 sehen können, kann das Spin-Control die beiden Pfeile entweder horizontal oder vertikal anordnen. Die Art der Anordnung können Sie dabei über die Eigenschaft SPINORIENTATION einstellen. Ansonsten können dem Spin-Control noch verschiedene Farben und auch ein Schatten verliehen werden. Die einzige noch interessante Eigenschaft ist DELAY. Hierüber legen Sie fest, wie schnell ein Wert verändert werden kann. Standardwert sind 250 Millisekunden. Gültig sind dabei Werte zwischen 0 und 32.767.

Ereignisse

Beim Klick auf einen der beiden Pfeile des Spin-Controls wird entweder das Ereignis SPINUP oder SPINDOWN ausgelöst. Bleibt der Benutzer bei gedrückter Maustaste auf dem Pfeil stehen, so werden weitere SPINUP oder SPINDOWN Ereignisse im Abstand ausgelöst, den Sie unter DELAY eingestellt haben. Ein Beispiel sehen Sie in Projekt SE26.MAK.

Wichtig ist hier allerdings, daß nur die beiden beschriebenen Ereignisse ausgelöst werden. Das Spin-Control sorgt nicht selbst für die Erhöhung oder Verminderung der Werte, dies müssen Sie selbst übernehmen.

```
Sub Spin1_Up ()
      Wert = Wert + 1
      Text1.Text = Str$(Wert)
End Sub
```

Das Gauge-Control (GAUGE.VBX)

Zweck

Das Gauge-Control ist ein grafisches Steuerelement zur Zustands- bzw. Fortschrittsanzeige. Ein ähnliches Element haben Sie bereits mit dem 3D-Panel kennengelernt. Auch das Gauge-Control kann verschiedene Balken zur Anzeige eines Arbeitsfortschritts darstellen. Allerdings kann das Gauge-

Control noch ein wenig mehr. Das Gauge-Control kann zusammen mit verschiedenen Grafiken auch Tachometer, Uhren und ähnliches darstellen.

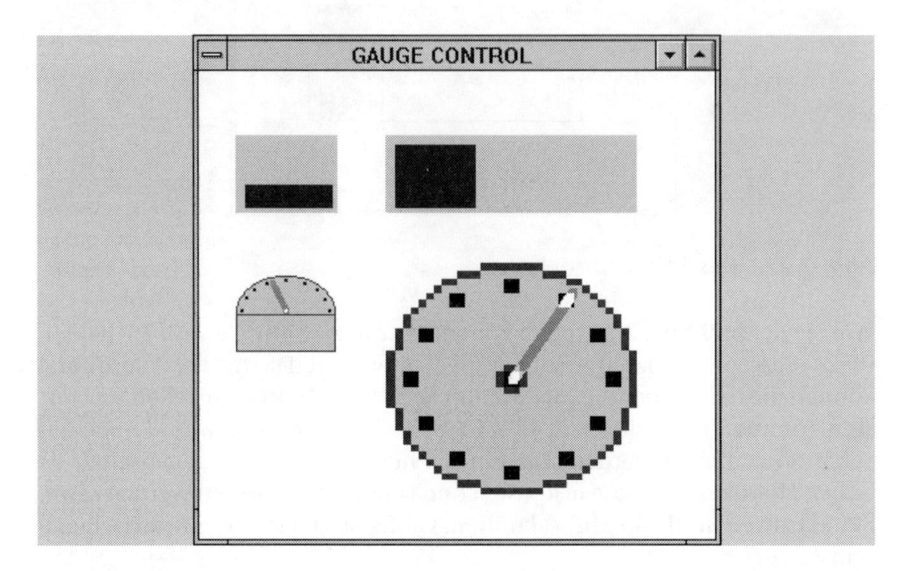

Abb. 2.28: Verschiedene Darstellungsformen des Gauge-Controls

In Abbildung 2.28 können Sie einige verschiedene Darstellungsformen des Gauge-Controls sehen. Nach der Installation von Visual Basic werden Sie im Verzeichnis \BITMAPS ein weiteres Verzeichnis namens \GAUGE finden, in dem sich verschiedene Bilder zur Darstellung solcher Instrumente befinden.

Eigenschaften

Als erstes können Sie über die Eigenschaft STYLE festlegen, welche Art von Instrument dargestellt werden soll.

Style	Art des Instrumentes
0	Horizontaler Balken
1	Vertikaler Balken
2	Nadel im Halbkreis
3	Nadel im Vollkreis

Tab. 2.16: Eigenschaft STYLE

Über die Eigenschaften MIN und MAX können Sie den Wertebereich des Gauge-Controls festlegen. Den aktuellen Wert erhalten und setzen Sie über die Eigenschaft VALUE. Auch hier nicht viel neues. Nachdem Sie STYLE und

Wertebereich festgelegt haben, können Sie zwischen einer einfachen Balkenanzeige und einer Instrumentenanzeige wählen. Dazu laden Sie über die Eigenschaft PICTURE ein entsprechendes Instrumentenbild. Über die Eigenschaften INNERBOTTOM, INNERTOP, INNERLEFT und INNERRIGHT können Sie Nadeln oder Balken noch an die Grafik anpassen. Mit Hilfe der Eigenschaft NEEDLEWIDTH können Sie auch noch die Stärke der entsprechenden Nadel einstellen.

! Ein Fehler dürfte Ihnen auch beim Gauge-Control auffallen. Wenn Sie das Control neu einfügen, wird die Eigenschaft NEEDLEWIDTH auf den Wert 0 gesetzt. Der Wertebereich dieser Eigenschaft läuft aber von 1 bis 32.767. Beim Einfügen des Controls enthält diese Eigenschaft also einen falschen Wert.

Nach dem Start und Beenden des Programms enthält diese Eigenschaft mindestens den Wert 1.

Das KeyStatus-Control (KEYSTAT.VBX)

Zweck

Das KeyStatus-Control gibt Ihnen die Möglichkeit, einige Spezialtasten auf der Tastatur näher unter die Lupe zu nehmen. Dabei handelt es sich um die Tasten [⇩], [#], [Rollen] und [Einfg]. Dabei können Sie Änderungen am Zustand dieser Tasten überwachen und per Ereignis darauf reagieren, oder den Zustand nur anzeigen und per Maus vom Benutzer ändern lassen.

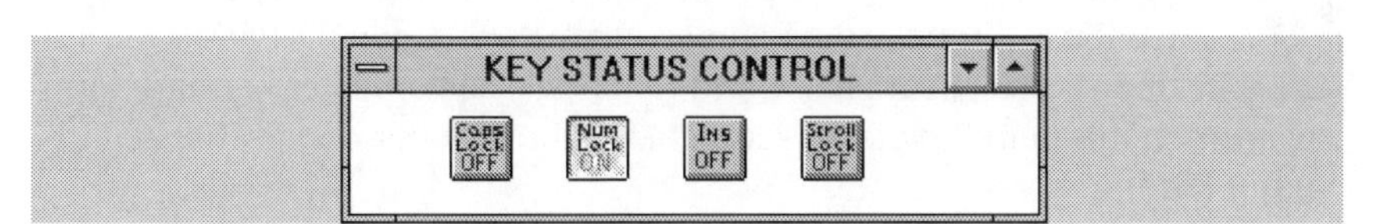

Abb. 2.29: Das KeyStatus-Control

Für das Beispiel, das Sie in Abbildung 2.29 sehen und das Sie auch im Projekt SE28.MAK wiederfinden, mußten vier KeyStatus-Controls eingefügt werden. Jedes KeyStatus-Control kann eine bestimmte Taste überwachen. Wollen Sie mehrere oder alle der möglichen Tasten auf Ihre Form aufbringen, so brauchen Sie auch stets die entsprechende Anzahl an KeyStatus-Controls.

Eigenschaften

Ob ein KeyStatus-Control nun die Taste [⇩] oder [Rollen] darstellt, liegt an der Einstellung, die Sie in der Eigenschaft STYLE festlegen.

Style	Taste
0	⇩
1	Num
2	Einfg
3	Rollen

Tab. 2.17: STYLE-Eigenschaft des KeyStatus-Control

Über die Eigenschaft VALUE erhalten Sie dann zur Laufzeit den Zustand der zugehörigen Taste. Dabei können Sie die Eigenschaft VALUE auch verändern und damit die entsprechenden Tasten programmiert ein- und ausschalten.

Wenn Sie mit dem KeyStatus-Control einmal arbeiten, werden Sie feststellen, daß die Anzeigen auf dem Schirm nicht immer synchron mit den Tasten auf der Tastatur geändert werden. Standardmäßig überprüft das KeyStatus-Control jede Sekunde einmal den Zustand der entsprechenden Taste auf der Tastatur. Dieses Intervall können Sie jedoch über die Eigenschaft TIMERINTERVAL selbst verändern. Wenn Sie dabei dieses Intervall für ein KeyStatus-Control ändern, ändern Sie es für alle anderen auch. Alle KeyStatus-Controls sind vom selben Timer abhängig.

Ereignisse

Es gibt nur ein interessantes Ereignis beim KeyStatus-Control. Das Ereignis CHANGE wird ausgelöst, sobald sich der Zustand der Taste ändert.

> ! Wenn Sie das KeyStatus-Control auf ein 3D-Panel aufbringen wollen, sollten Sie die Eigenschaft AUTOSIZE der 3D-Panels nie auf den Wert 3 („Autosize Child to Panel") setzen. Hier kann es dann zusammen mit dem KeyStatus-Control zu überraschenden grafischen Effekten kommen.

Im Handbuch wird angegeben, daß der Wert FALSE der Standardwert für die Eigenschaft VALUE beim KeyStatus-Control sei. Das ist ein Fehler. Es gibt eigentlich keinen Standardwert, da das KeyStatus-Control immer den Zustand der entsprechenden Taste auf der Tastatur anzeigt.

Das Communication-Control (MSCOMM.VBX)

Zweck

Das Communication-Control, kurz einfach COM genannt, ist auch nur eines der "Pseudo"-Steuerelemente, die nur eine Verbindung herstellen. So wie das CommonDialog-Control eine Verbindung zu einer bestimmten

Windows DLL herstellt, stellt das COM eine Verbindung zu einer seriellen Schnittstelle her. Damit bietet es Ihnen eine einfache und komfortable Möglichkeit, die seriellen Schnittstellen Ihres Systems anzusprechen.

Eigenschaften

Da die Möglichkeiten einer Kommunikation über die serielle Schnittstelle ebenso zahlreich, wie verschieden sind, soll hier nicht näher darauf eingegangen werden. Das Communication-Control besitzt eine Anzahl von Eigenschaften, über die Kommunikationsparameter wie Baud Rate, Parity Bit u.ä. gesetzt werden können. Dabei benötigen Sie für jede serielle Schnittstelle, die Sie bedienen wollen, ein COM-Control auf Ihrer Form.

Ereignisse

Eigenschaften und Ereignisse lassen sich beim COM-Control eigentlich nicht exakt trennen. Es gibt nur ein Ereignis namens ONCOMM und dieses gibt nur an, das eine Änderung der Eigenschaft COMMEVENT stattgefunden hat. Was genau passiert ist, erfahren Sie dann über die Eigenschaft COMMEVENT. Diese teilt Ihnen mit, ob ein Fehler bei der Übertragung an der seriellen Schnittstelle aufgetreten ist, ob ein dort angeschlossenes Modem gerade "online" gegangen ist und eine ganze Reihe weiterer Ereignisse.

Die MAPI-Controls (MSMAPI.VBX)

Mit den beiden MAPI-Steuerelementen, die Visual Basic Ihnen zur Verfügung stellt, erhalten Sie die Möglichkeit, Ihre Anwendung mit der Funktionalität für Emails, also elektronische Nachrichten auszustatten. Die MAPI-Controls funktionieren in derselben Art und Weise wie beispielsweise das CommonDialog-Steuerelement, als Verbindung zwischen Visual Basic und einer API (Application Programm Interface). Um allerdings diese API, genannt MAPI (Mail Application Programm Interface) ansprechen zu können, muß eine Mailsoftware, die sich über MAPI programmieren läßt, auf Ihrem System installiert sein. Anders gesagt, bedeutet dies, daß Sie entweder den Microsoft Mail Client ab Version 3.0 benötigen oder Microsoft Windows für Workgroups ab Version 3.1. Beide stellen Ihnen die Mail-Funktionalität zur Verfügung. Die beiden MAPI-Steuerelemente in Visual Basic greifen nur auf diese Funktionalität zu.

Das MAPI-Session-Control

Zweck

Um elektronische Nachrichten, Mails, zu versenden und zu erhalten, müssen Sie mit einem Mail Server oder einem Postoffice verbunden sein. Mail Server oder Postoffice sorgen für die korrekte Aufnahme und Weiterleitung von elektronischen Nachrichten vom Sender zum Empfänger. An ein solches Postoffice oder an einen Mail Server muß sich aber jeder Benutzer, der Mails versenden oder empfangen möchte erst einmal anmelden. Für diese Anmeldung besitzt jeder Teilnehmer am Mailversand eine eigene

Kennung, ein Postfach und ein Paßwort um den Zugang Unberechtigter zu verhindern.

Abb. 2.30: *Mail-Anmeldung*

Für eine solche Anmeldung an ein Postoffice oder einen Server ist das MAPI-Session-Control verantwortlich. Es meldet den eingegebenen Benutzer an und baut dabei eine neue Mail-Sitzung auf.

Eigenschaften

Die beiden MAPI-Steuerelemente besitzen weder Ereignisse noch Methoden. Um nun eine bestimmte Aktion auszulösen gibt es, wie auch beim CommonDialog, eine Eigenschaft namens ACTION. Diese Eigenschaft ist wiederum eine “Pseudo”-Methode. Das MAPI-Session-Control kann grundsätzlich nur zwei verschiedene Aktionen ausführen, die An- und die Abmeldung.

Action	Symb. Konstante	Funktion
1	SESSION_SIGNON	Anmelden
2	SESSION_SIGNOFF	Abmelden

Tab. 2.18: *ACTION-Eigenschaft des MAPI-Session-Controls*

Die Definitionen der angegebenen Symbolischen Konstanten finden Sie wiederum in der Datei CONSTANT.TXT.

Bei der Anmeldung können Sie über die Eigenschaften USERNAME und PASSWORD diese entsprechenden Anmeldedaten bereits im Programm festlegen. Auf diese Weise merkt der Benutzer auch nichts von der stattfindenden Anmeldung. Lassen Sie diese beiden Eigenschaften ungenutzt, so wird der Benutzer entweder nach diesen beiden Daten gefragt (Abbildung 2.30) oder es werden die entsprechenden Daten aus der Datei MSMAIL.INI entnommen, falls vorhanden. Die Dialogbox zur Abfrage von Postfach und Password können Sie auch über die Eigenschaft LOGONUI abschalten. Sollte dann aber eine der beiden Angaben fehlen oder falsch sein, wird keine Dialogbox angezeigt, sondern ein Fehler ausgegeben.

```
'Mail Anmeldung
Dim Sitzung As Integer
MapiSession.UserName = „gm“        'Name des Postfaches
MapiSession.Password = „geheim“
MapiSession.Action = 1             'SESSION_LOGON
Sitzung = MapiSession.SessionID
```

Nach der erfolgreichen Anmeldung und dem Aufbau einer neuen Sitzung erhalten Sie über die Eigenschaft SESSIONID die Nummer dieser Sitzung zurück. Diese Nummer ist außerordentlich wichtig für das zweite der MAPI-Steuerelemente.

Über die Eigenschaft NEWSESSION können Sie zudem noch festlegen, ob auf jeden Fall eine neue Mail-Sitzung aufgebaut werden, oder ob eine evtl. bereits vorhandene Sitzung genutzt werden soll.

Jeder Teilnehmer am Mail-Verfahren besitzt mehrere Ordner oder Boxen. Eine davon ist die Inbox. Wenn sich ein Mail-Teilnehmer an einem Postoffice oder Mail Server anmeldet, werden die dort für ihn wartenden Nachrichten in seine Inbox geladen.

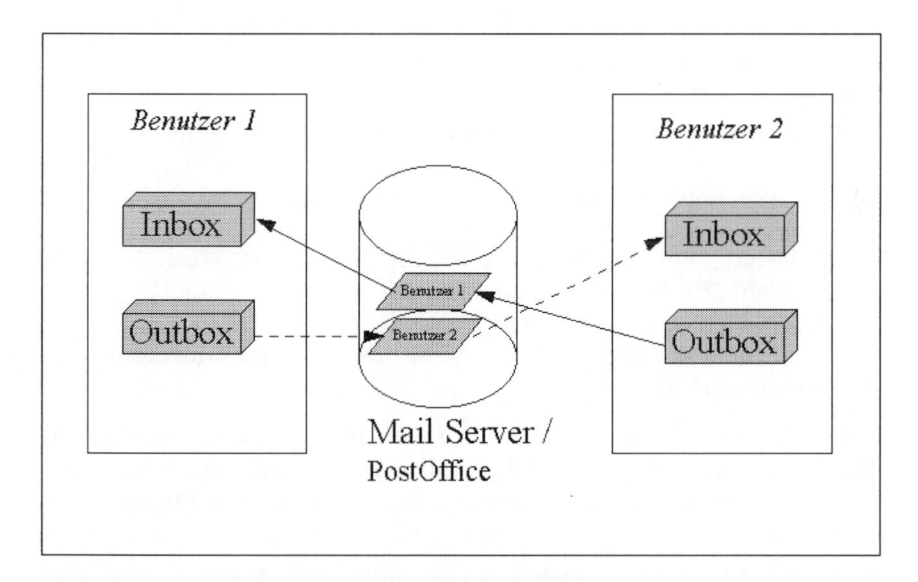

Abb. 2.31: Versandweg von elektronischen Nachrichten

Abbildung 2.31 zeigt Ihnen den Weg, den eine elektronische Nachricht vom Sender zum Empfänger durchlaufen muß. Dabei ist dies eine stark vereinfachte Darstellung. Bei komplexeren Mail-Systemen kann es mehrere Mail Server geben, Übergänge (Gateways) zu anderen Systemen und vieles mehr.

Wie schon erwähnt, wird beim Anmelden an das Postoffice ein Vorgang gestartet, der alle wartenden Nachrichten des Benutzers in dessen Inbox lädt. Dieser Vorgang kann, je nach Nachrichtenaufkommen, einige Zeit in Anspruch nehmen. Über die Eigenschaft DOWNLOADMAIL können Sie diesen Vorgang aber auch abschalten. Setzen Sie diese Eigenschaft auf FALSE, werden die neuen Nachrichten erst dann vom Postoffice zum Benutzer transportiert, wenn das System Zeit dazu findet.

! Beachten Sie bitte, daß es normalerweise nicht möglich ist, auf einem System mehrere Mail-Sitzungen mit verschiedenen Anmeldenamen aufzubauen. Mehrere Sitzungen unter demselben Anmeldenamen sind dagegen kein Problem.

Das MAPI-Messages-Control

Zweck

Nachdem Sie eine Mail-Sitzung aufgebaut haben, wird das MAPI-Messages-Control interessant für Sie. Dieses Steuerelement übernimmt nun alle weiteren Mail-Funktionalitäten. Damit haben Sie nahezu alle Möglichkeiten, um Mails zu versenden, zu manipulieren und vieles mehr. Die folgenden Funktionen bietet Ihnen das MAPI-Messages-Control:

- Zugriff auf die Nachrichten in der Inbox
- Erstellen neuer Nachrichten
- Hinzufügen und Löschen von Empfängern und Attachments
- Senden von Nachrichten
- Speichern, Kopieren und Löschen von Nachrichten
- Anzeigen des Adreßbuches
- Anzeigen der Einzelheiten
- Zugriff auf Attachments und OLE-Objekte
- Herausfinden eines Adressaten
- Durchführen der Mail-Aktionen “Antworten”, “Allen Antworten” und “Weiterleiten”

Um Nachrichten zu empfangen und zu versenden, gibt es im Mail-System zwei Zwischenspeicher, zwei Buffers. Mit diesen Zwischenspeichern werden Sie im Umgang mit elektronischen Nachrichten noch öfter konfrontiert werden.

Eigenschaften

Auch das MAPI-Messages-Steuerelement verfügt nicht über Ereignisse und Methoden. Aus diesem Grund gibt es auch hier eine ACTION-Eigenschaft.

Aus den zahlreichen Möglichkeiten des MAPI-Messages-Control sollen hier nur einige besprochen werden. Alle Möglichkeiten aufzuzeigen würde in jedem Fall zu weit führen.

Um eine neue Nachricht zu versenden, bedarf es mehrerer Schritte. Der erste ist das Festlegen der Sitzung, die das MAPI-Messages-Control verwenden soll, um seine Mail-Operationen durchzuführen. Dafür gibt es auch hier wieder die Eigenschaft SESSIONID. Den Wert für diese Eigenschaft haben Sie beim Aufbau der Sitzung ja vom MAPI-Session-Control erhalten. Als nächstes muß noch der Zwischenspeicher zum Versenden von Nachrichten initialisiert werden. Dies geschieht indirekt durch die Eigenschaft MSGINDEX. Mit dieser Eigenschaft können Sie normalerweise Nachrichten aus der Inbox auswählen. Wenn Sie dieser Eigenschaft aber den Wert -1 zuweisen, wird eine neue, leere Nachricht in der Outbox erzeugt. Der letzte Schritt ist das Erstellen der eigentlichen Nachricht. Auch hier gibt es mehrere Möglichkeiten. Die einfachste ist die Benutzung des Standard-Mail-Dialoges.

```
'Versenden einer Nachricht
MapiMessages.SessionID = MapiSession.SessionID
MapiMessages.MsgIndex = -1    'Initialisieren des OUT-Buffers
MapiMessages.Action = 2       'Standard Mail Dialog
```

Mit diesem Codebeispiel rufen Sie den Standard-Mail-Dialog auf. Das Senden erfolgt über den entsprechenden Knopf im Dialogfeld.

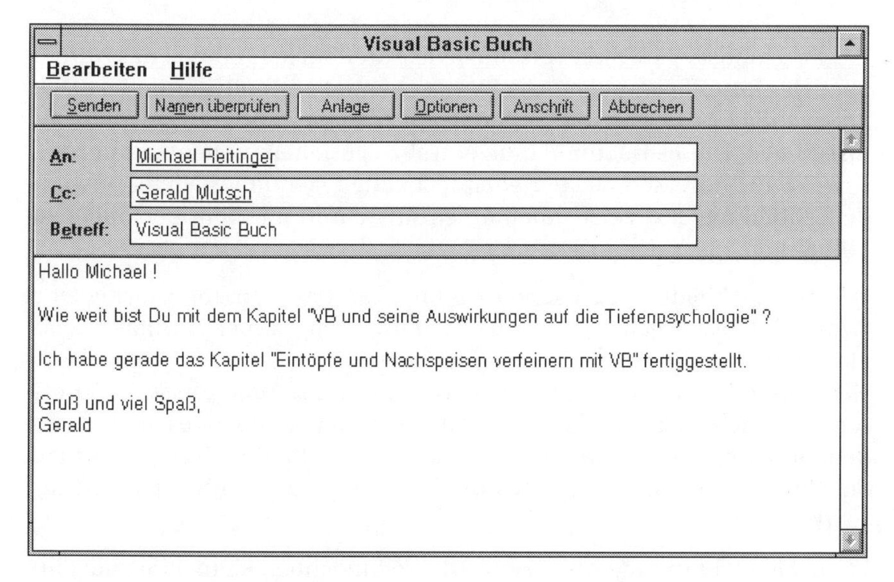

Abb. 2.32: *Standard-Mail-Dialog*

In diesem Dialog stehen dem Benutzer auch alle Möglichkeiten, die Mail bietet, zur Verfügung. Dazu zählen das "Details"-Fenster und das Adreßbuch.

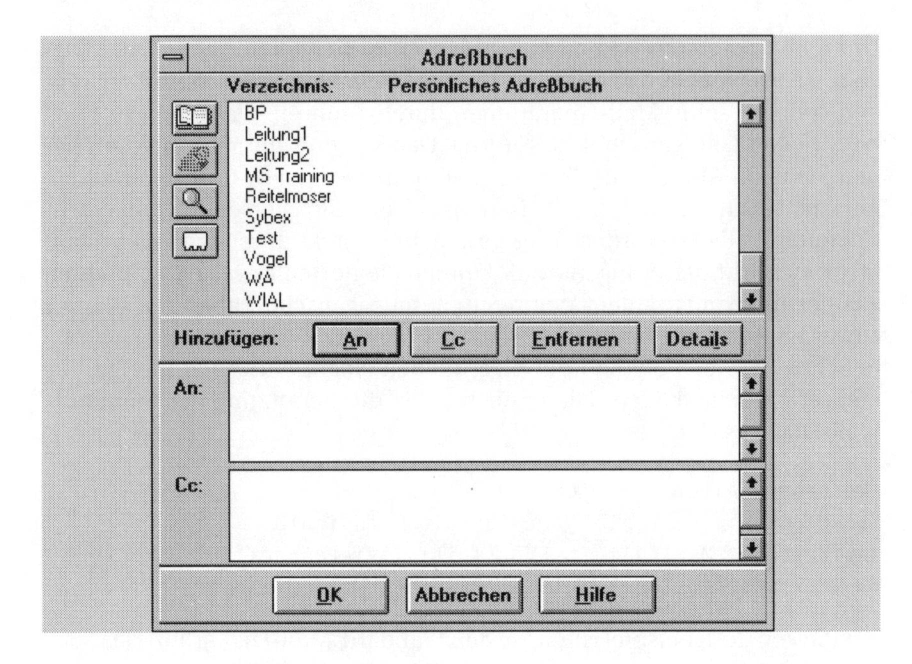

Abb. 2.33: Das persönliche Adreßbuch

Es gibt grundsätzlich zwei verschiedene Adreßbücher. Einmal das Adreßbuch des Postoffices, indem alle Benutzer enthalten sind, die ein Postfach im Postoffice besitzen. Zum anderen gibt es immer noch ein persönliches Adreßbuch. Dieses ist vom Benutzer frei zu gestalten und enthält normalerweise die Adressen, die der entsprechende Eigentümer häufig verwendet. Abbildung 2.33 zeigt Ihnen einen Ausschnitt aus dem persönlichen Adreßbuch.

Wie Sie in Abbildung 2.34 sehen können, kann es mehrere verschiedene "Details"-Fenster geben. Ein solches Fenster zeigt Ihnen normalerweise eine Reihe von Informationen zu einer bestimmten "Adresse". Dabei kann es mehrere Formen von Adressen geben, normaler Mail Adressen, Adressen aus einem Fax-Gateway u.v.m. Aus diesem Grund gibt es auch zu jedem Adressentyp passend ein "Details"-Fenster. In Abbildung 2.34 sehen Sie einmal einen Mail-Adresstyp und eine Fax-Adresse für Microsoft-At-Work-Fax.

Wenn Sie nicht mit diesem Dialog arbeiten möchten, können Sie die einzelnen Bestandteile einer elektronischen Nachricht auch im Code festlegen. Auf diese Weise können Sie z.B. automatische Nachrichten versenden.

```
'Programmiertes Versenden
MapiMessages.SessionID = MapiSession.SessionID
```

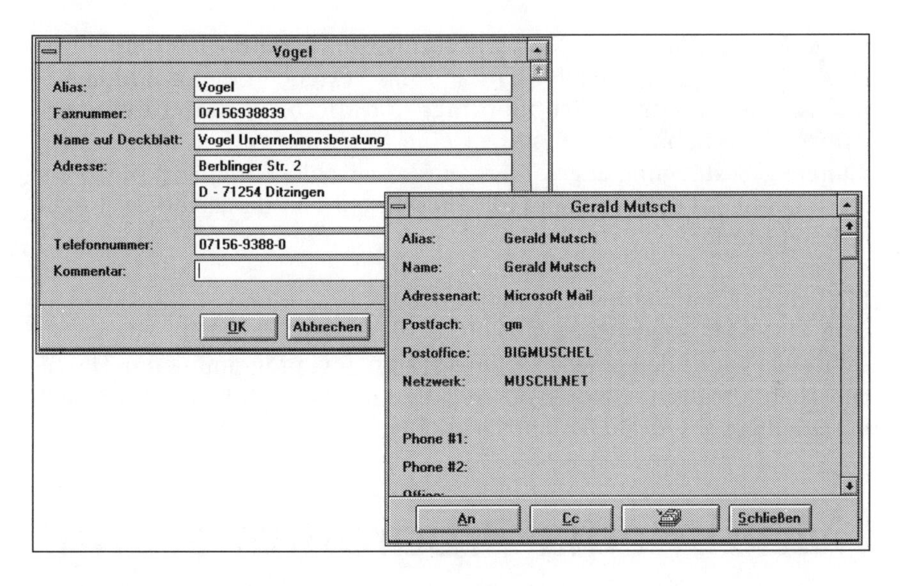

Abb. 2.34: Zwei verschiedene "Details"-Fenster

```
MapiMessages.MsgIndex = -1
MapiMessages.RecipDisplayName = „Björn Rettig"
MapiMessages.MsgSubject = „Automatische Nachricht"
MapiMessages.MsgNoteText = „Hallo Administrator !"
MapiMessages.Action = 3 'MESSAGE_SEND
```

In Beispiel SE29.MAK finden Sie einige Codebeispiele zum Umgang mit Mails.

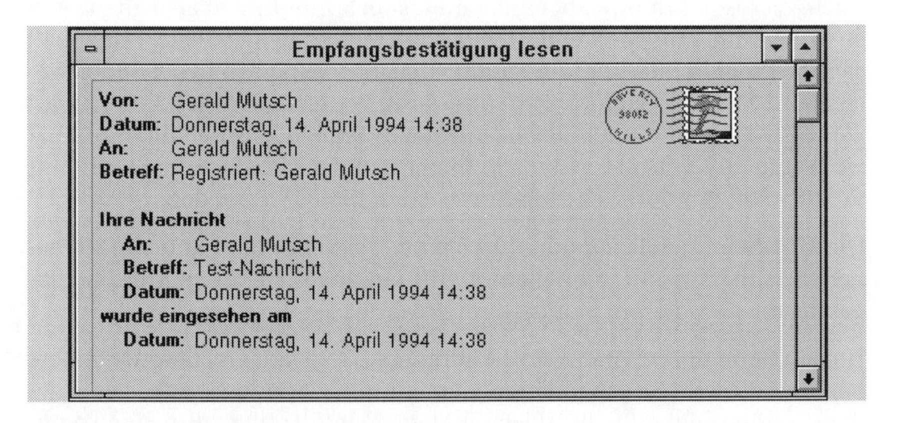

Abb. 2.35: Empfangsbestätigung

! Unter Microsoft Mail gibt es die Möglichkeit, eine Empfangsbestätigung anzufordern. Für das Versenden dieser Empfangsbestätigungen ist allerdings der Microsoft Mail Client verantwortlich. Sobald der Benutzer eine Nachricht öffnet, für die eine Empfangsbestätigung angefordert wurde, verschickt Microsoft Mail eine Bestätigung an den Absender, die diesem mitteilt, daß seine Nachricht gelesen wurde.

Eine solche Empfangsbestätigung wird nicht versandt, wenn die Nachricht vom MAPI-Messages-Control geöffnet wird. In diesem Fall müssen Sie selbst das Versenden einer Empfangsbestätigung programmieren. Die Eigenschaft MSGRECIEPTREQUESTET zeigt Ihnen dabei an, ob eine Empfangsbestätigung vom Absender der Nachricht gewünscht wurde.

Multimedia Programmierung

Das Wort "Multimedia" ist zur Zeit in aller Munde. Auch wenn viele nicht genau wissen, worum es sich bei Multimedia wirklich handelt, das Wort ruft Bilder von blinkenden, blitzenden, donnernden, lautstarken und farbprächtigen Computern hervor. Es gibt Multimedia Anwendungen, Multimedia CD's, Multimedia PC's, Multimedia Zeitungen, Multimedia Bücher, Multimedia Oberflächen und Multimedia Zahnbürsten.

Grundlagen

Auch Microsoft Windows hat mit der Version 3.1 multimediale Fähigkeiten erworben und entsprechende Treiberunterstützung installiert. Dabei hält sich die Programmierung von Multimedia unter Windows an den Industriestandard "MCI" (Media Control Interface). Dieser Industriestandard wird von vielen Unternehmen in verschiedenen Branchen unterstützt und hat wohl gute Zukunftsaussichten. So findet sich der MCI-Standard nicht nur in Microsoft Windows NT, sondern auch in IBM OS/2 wieder.

Die MCI-Schnittstelle erlaubt durch einen relativ kleinen und einfach gehaltenen Befehlssatz, schnellen Zugriff auf angeschlossene Multimediageräte, die sich diesem Standard unterwerfen.

Um ein Gerät unter Windows als Multimedia Gerät ansprechen zu können, benötigt dieses, ähnlich anderen Geräten unter Windows, zwei verschiedene Gerätetreiber. Einen "device-independent" Treiber, also einen geräteunabhängigen Treiber, den die Windows-Anwendungen ansprechen und einen gerätespezifischen Treiber, der die einzelnen Funktionen des Gerätes selbst kennt. Den ersten Treiber liefert Windows selbst, die MMSYSTEM.DLL mit der MCI-Schnittstelle. Den zweiten Treiber erhalten Sie normalerweise zusammen mit dem entsprechenden Gerät vom Hardwarehersteller.

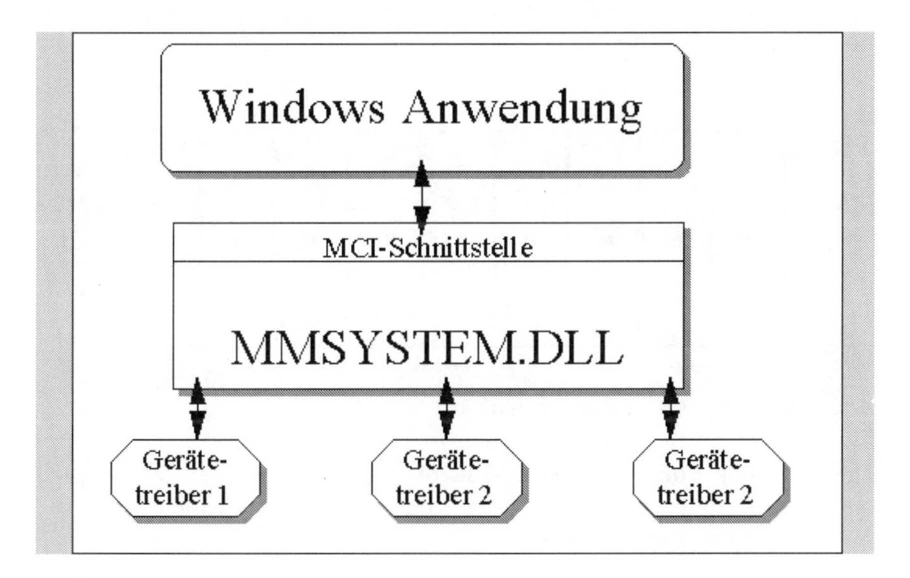

Abb. 2.36: *Aufbau der Multimedia-Treiber*

Nun, dieser ganze Abschnitt hätte natürlich nichts in diesem Buch verloren, wenn nicht auch Sie mit Visual Basic Anwendungen erstellen könnten, die Multimedia-Geräte ansprechen. Dabei gibt es hier eine Vielzahl von Geräten, wie Sound Karten CD-ROM´s und CD-PLAYER, Video und vieles mehr. Diese Welt der Farben, Klänge und bewegten Bildern, steht auch Ihnen mit Visual Basic offen.

Dazu existieren in Visual Basic zwei Wege, um multimediale Anwendungen programmieren zu können. Einmal direkt über die entsprechenden API-Aufrufe und zum anderen über ein eigens dafür entwickeltes Steuerelement, das MCI-Control. In diesem Kapitel wird nur auf den Einsatz des MCI-Controls eingegangen, da dieses die einfachste Zugriffsmöglichkeit darstellt.

Das MCI-Steuerelement (MCI.VBX)

Das MCI-Steuerelement von Visual Basic ermöglicht Ihnen einen einfachen und meist problemlosen Zugriff auf die MCI-Schnittstelle, ohne sich um API-Aufrufe und ähnliches kümmern zu müssen.

Gleichzeitig stellt es Ihnen eine Oberfläche für "Ihren" Benutzer zur Verfügung, um die Sie sich weitgehend nicht zu kümmern brauchen. Die Oberfläche des Steuerelementes selbst besteht aus einer Reihe von Knöpfen, wie man sie vom CD-Player, Kassetten- oder Videorekorder kennt. Nicht immer sind alle diese Knöpfe sinnvoll, aber es gibt Möglichkeiten, die einzelnen Knöpfe auszublenden.

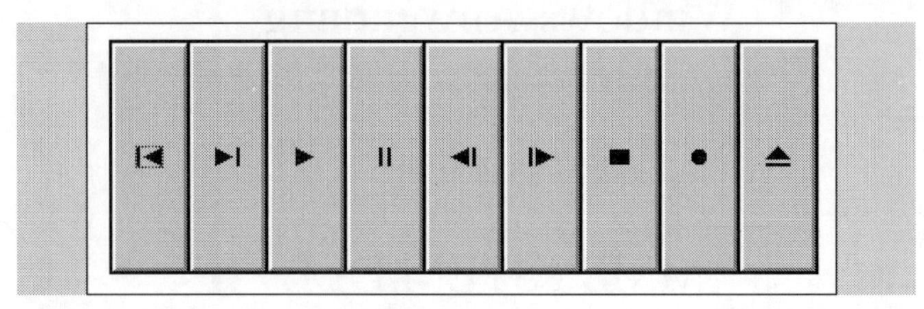

Abb. 2.37: *Das MCI-Steuerelement*

Die einzelnen Knöpfe des MCI-Controls haben dabei einen festgelegten Namen und eine festgelegte Bedeutung. Die folgende Tabelle zeigt die Namen von links nach rechts.

Name	Bedeutung
Prev	Zurückspulen an den Anfang
Next	Vorspulen an das Ende
Play	Abspielen
Pause	Pause
Back	Eine Spur zurück
Step	Eine Spur vor
Stop	Halt (Abbrechen)
Eject	Auswurf

Tab. 2.19: Die Schaltflächen des MCI-Controls

Abschalten von Knöpfen

Wie schon erwähnt, sind nicht immer alle Schaltflächen sinnvoll einzusetzen. Die Schaltfläche *Record* ist bei einem CD-Spieler nicht sinnvoll, andererseits gibt es bei einer Klangdatei auch keine Verwendung für *Eject*. Aus diesem Grund können Sie jede einzelne Schaltfläche aktivieren und deaktivieren, ein- und ausblenden. Dazu besitzt das MCI-Steuerelement eine ganze Reihe von ENABLED und DISABLED Eigenschaften, mit dem Namen *xxxxx*ENABLED und *xxxxx*VISIBLE. Wobei *xxxxx* jeweils der Name der entsprechenden Schaltfläche ist.

```
MMControl1.EjectEnabled = False
MMControl1.RecordVisible = False
```

Dieses kleine Beispiel würde also die Schaltflächen *Eject* deaktivieren und *Record* ausblenden.

AutoEnable

Die Eigenschaft AUTOENABLE aktiviert und deaktiviert automatisch die Schältflächen, die für das augenblicklich angesprochene Gerät sinnvoll sind oder nicht.

MCI-Geräte

Nun wurde schon viel über Geräte gesprochen. Welche Geräte kann denn die MCI-Schnittstelle genau ansprechen? Diese Frage beantwortet Ihnen die nachstehende Tabelle. Jedes Gerät besitzt dabei einen speziellen Namen, auf den sich die MCI-Schnittstelle beziehen kann.

Name	Gerät
AVIVideo	Videodatei
CDAudio	CD-Spieler
DAT	Digitaler Audio-Recorder
DigitalVideo	Digitales Videogerät / Videokarte
MMMovie	MultimediaMovie Player
Other	andere MM-Quelle
Overlay	Frame-Grabber Karte / Overlay-Board
Scanner	Scanner
Sequencer	MIDI-Sequencer
Vcr	Videorecorder
Videodisc	Videodisc
WaveAudio	Soundkarte oder PC-Lautsprecher mit Treiber

Tab. 2.20: MCI-Geräte und deren Namen

Um nun das MCI-Control einsetzen zu können, müssen Sie mindestens drei Eigenschaften setzen. Die Eigenschaft DEVICETYPE legt den Gerätetyp über den passenden Namen fest. Danach kann mittels FILENAME der passende Dateiname (falls vorhanden) angegeben werden. Als letztes muß der MCI-Schnittstelle noch der Befehl zum Öffnen dieser Multimedia-Datei gegeben werden. Dies geschieht über die Eigenschaft COMMAND.

```
MMControl1.DeviceType = „WaveAudio“
MMControl1.FileName = „C:\windows\ding.wav“
MMControl1.Command = „Open“
```

Nach diesem kleinen Beispielcode kann sich der Benutzer über das MCI-Steuerelement die Klangdatei DING.WAV anhören. Falls die richtigen Sound-Karten-Treiber istalliert wurden, können Sie dann ein aufregendes "Ding" aus Ihrem Lautsprecher vernehmen.

Die beiden Eigenschaften DEVICETYPE und FILENAME hätten Sie natürlich auch im Eigenschaftenfenster zur Entwurfszeit festlegen können. Normalerweise kann das MCI-Steuerelement den Gerätetyp an der Dateiendung schon erkennen. In diesem Fall hätten Sie sich also eigentlich gar nicht um diese Eigenschaft kümmern müssen.

Das Abspielen von CD-Titeln oder Video-Dateien ist genau so einfach. Dabei ist es nur von Interesse, die Befehle der MCI-Schnittstelle zu kennen. Dies aber auch nur, wenn Sie programmiert in das Abspielen eingreifen möchten.

Das MCI-Steuerelement besitzt außer den bereits genannten Eigenschaften noch eine Reihe weiterer und ebenfalls interessanter Möglichkeiten.

Eigenschaft	Bedeutung
CANEJECT	Liefert TRUE zurück, falls Gerät auswerfen kann
CANRECORD	TRUE, falls das Gerät aufzeichnen kann
ERROR	Fehlercode der letzten MCI-Anweisung
ERRORMESSAGE	Fehlertext
HWNDDISPLAY	Handle für Anzeigefenster für Video, etc
LENGTH	Länge des Gerätes (Datei)
MODE	Zustand des Gerätes
NOTIFY	Bei FALSE wird das Ereignis DONE nicht ausgelöst
ORIENTATION	Legt fest ob MCI-Control vertikal oder horizontal angeordnet werden soll
POSITION	Aktuelle Abspielposition (*ReadOnly*)
SILENT	Schaltet den Ton an oder aus
TIMEFORMAT	Zeitformat für Positionierung
TRACK	Auswahl der Spur
TRACKLENGTH	Länge der Spur
TRACKPOSITION	Position innerhalb der Spur
TRACKS	Anzahl Spuren

Eigenschaft	Bedeutung
WAIT	Bei TRUE wartet das System mit der Ausführung des nächsten MCI-Befehls, bis der letzte abgeschlossen wurde.

Tab. 2.21: Wichtige Eigenschaften des MCI-Steuerelements

Command

Sie haben eventuell schon festgestellt, daß die Eigenschaft COMMAND eine besondere Rolle bei der Programmierung von MCI-Geräten spielt. Hier wird der passende MCI-Befehl, wie *play, record, seek...* an das MCI-Gerät übermittelt. Die Parameter zu diesem Befehlen werden allerdings meist durch die entsprechenden Eigenschaften des MCI-Steuerelementes übergeben und nicht über die Eigenschaft COMMAND.

Command	Beschreibung/verwendete Eigenschaften
Open	Öffnet ein MCI-Gerät.
	NOTIFY (FALSE)
	Wait (True)
	Shareable
	DeviceType
	FileName
Close	Schließt ein MCI-Gerät.
	NOTIFY (FALSE)
	Wait (True)
Play	Abspielen eines Gerätes.
	NOTIFY (TRUE)
	Wait (False)
	From
	To
Pause	Unterbricht das Abspielen oder Aufzeichnen eines MCI-Gerätes. Befindet sich das Gerät bereits im Pausenmodus wird versucht die vorhergehende Tätigkeit wieder aufzunehmen.
	NOTIFY (FALSE)
	Wait (True)
Stop	Bricht das Abspielen eines Gerätes ab.
	NOTIFY (FALSE)
	Wait (True)

Command	Beschreibung/verwendete Eigenschaften
Back	Spult zurück.
	NOTIFY (FALSE)
	Wait (True)
	Frames
Step	Spult vor.
	Notify (False)
	Wait (True)
	Frames
Prev	Geht an den Anfang der augenblicklichen Spur zurück. Falls der nächste Aufruf innerhalb von drei Sekunden erfolgt, wird eine Spur nach zurückgegangen.
	Notify (False)
	Wait (True)
Next	Geht an den Anfang der nächsten Spur weiter.
	Notify (False)
	Wait (True)
Seek	Falls das Gerät nicht abspielt, wird die gewünschte Position aufgesucht. Falls das Gerät gerade spielt, wird ab der gewünschten Position mit dem Abspielen fortgefahren.
	Notify (False)
	Wait (True)
	To
Record	Startet die Aufzeichnung auf dem MCI-Gerät.
	Notify (True)
	Wait (False)
	From
	To
	RecordMode (Insert)
Eject	Wirft den Träger aus.
	Notify (False)
	Wait (True)
Sound	Spielt einen bestimmten Klang.
	Notify (False)
	Wait (False)
	FileName

Command	Beschreibung/verwendete Eigenschaften
Save	Speichert eine Datei (nach Aufzeichnung, Änderung) ab. Notify (False) Wait (True) FileName

Tab. 2.22: MCI-Befehle

Done

Beim MCI-Steuerlement spielen nur wenige Ereignisse eine, wenn auch untergeordnete Rolle. Das erste ist DONE und wird ausgelöst, wenn ein MCI-Befehl beendet wurde. Über den Parameter *NotifyCode* erfahren Sie, ob der Befehl korrekt und bis zum Ende ausgeführt wurde.

StatusUpdate

Das Ereignis STATUSUPDATE wird in bestimmten Intervallen ausgeführt um eine Statuskontrolle oder -anzeige zu ermöglichen.

ButtonClick und Button-Completed

Das Ereignis BUTTONCLICK wird, wie der Name vermuten läßt bei einem Klick auf eine der Schaltflächen des MCI-Controls ausgelöst. Sie erfahren zwar nicht, welcher Knopf betätigt wurde, aber Sie können über den Parameter *Cancel*, wie üblich das Ereignis abbrechen. Wenn die Aktion hinter dem gedrückten Knopf ausgeführt wurde erhalten Sie ein BUTTONCOMPLETED-Ereignis zurück. Dabei sagt Ihnen der Parameter *Errorcode* nur, ob die Aktion erfolgreich war oder nicht. Welches Problem oder welcher Fehler auftrat, wird Ihnen nicht verraten.

Wie Sie sehen konnten ist das Abspielen von Klang- oder Videodateien und das Bedienen eines CD-Players über Windows kein Problem mehr für Sie. Trotz der eigentlich kinderleichten Bedienung, sollten Sie sich, falls Sie plannen, Multimedia Anwendungen zu erstellen, überlegen, ob Visual Basic das richtige Werkzeug dafür ist.

Abschluß

So, damit vorerst einmal genug der Steuerlemente. Sie haben bis hierher nahezu alle Steuerelemente kurz kennengelernt. Steuerelemente, die Sie bisher vermißt haben, wie das Datenbanksteuerelement werden in eigenständigen Kapiteln behandelt.

Die Custom Controls, die in der professionellen Ausgabe von Visual Basic mitgeliefert werden, geben dabei nur einen kleinen Einblick in die Möglichkeiten von Steuerelementen. Dabei ist, wie schon öfter erwähnt, Visual Basic kein starres System, sondern kann jederzeit mit solchen Custom Controls erweitert werden.

Viele neue Steuerelemente und Demos von solchen finden Sie auch in CompuServe unter dem Microsoft Basic Forum (GO MSBASIC), aber auch in vielen anderen Bereichen.

3 Die Tiefen der Programmierung

- **Variablen - Kein Ende in Sicht?** **133**
  - Implizit oder explizit? 133
  - Der Gültigkeitsbereich von Variablen 134
  - Die Lebensdauer von Variablen 135
  - Konstanten 136
  - Arrays - Die Dimensionen 138
  - Benutzerdefinierte Variablentypen 142
- **Entscheidungsstrukturen** **143**
  - IF...THEN 143
  - SELECT CASE 145
- **Schleifen** **145**
  - FOR...NEXT 146
  - DO...LOOP 146
  - WHILE...WEND 147
- **Ein- und Ausgaben** **148**
  - Die Tastatur 148
  - Die InputBox 150
  - Die MessageBox 151
- **Dateioperationen** **153**
  - Die verschiedenen Zugriffsarten 155

Lassen Sie sich durch diese Überschrift nicht zu sehr erschrecken. In diesem Kapitel werden Sie alles kennenlernen, was Ihnen für eine erste, große Anwendung noch fehlt. Sie erfahren etwas über den Gültigkeitsbereich und die Lebensdauer von Variablen, über verschiedene Arten von Ein- und Ausgaben und über Dateioperationen. Auch Entscheidungsstrukturen und Schleifen stehen hier zur Diskussion. Dabei ist vieles vom dem, was Sie in diesem Kapitel lesen werden, eigentlich nur etwas mehr Basic. Aber auch hier hat Visual Basic einige Besonderheiten für Sie zu bieten. Lassen Sie sich einfach überraschen.

Variablen - Kein Ende in Sicht?

Auch wenn Variablen bisher mehrmals angesprochen und behandelt wurden, ist das, was Sie über Variablen bisher erfahren haben eigentlich nur die Spitze eines Eisberges. Über Variablen gibt es noch eine ganze Menge mehr zu erzählen. Sie werden in diesem Abschnitt etwas über den Gültigkeitsbereich und die Lebensdauer von Variablen erfahren. Sie lernen Konstanten und benutzerdefinierte Variablentypen kennen. Nicht zuletzt werden Sie auch noch Bekanntschaft mit Arrays machen.

Implizit oder explizit?

Wie Variablen dimensioniert werden, haben Sie schon in Kapitel 1 erfahren. Dabei wurde auch kurz auf die Möglichkeiten der impliziten und expliziten Dimensionierung eingegangen. Sie können bei Visual Basic Variablen immer auf zwei verschiedene Arten dimensionieren - implizit und explizit. Bei der impliziten Deklaration werden Variablen einfach im Code verwendet. Dagegen müssen Variablen bei der expliziten Deklaration vorher über den Befehl DIM definiert werden. Ein kleines Beispiel zeigt beide Versionen.

```
Dim Name As String          'Explizit dimensioniert
a% = 7                      'Implizit definiert
```

Wie schon in Kapitel 1 beschrieben, hat die explizite Dimensionierung einige Vorteile wie Übersichtlichkeit, bessere Lesbarkeit des Codes u.ä.

Option Explicit

Da Softwaredesigner ja auch nur Menschen sind, neigt man öfter dazu die bequemere implizite Dimensionierung zu verwenden. Um sich nun selbst etwas zu disziplinieren, können Sie Visual Basic dazu bringen Sie zu einer expliziten Deklaration zu zwingen. Dazu gibt es die OPTION EXPLICIT. Um diese Option zu aktivieren, gibt es zwei Möglichkeiten. Eine davon ist über das Menü [OPTIONS][ENVIRONMENT]. Dort können Sie die Option *„Require Variable Declaration"* auf TRUE stellen. Diese Einstellung hat aber nur Auswirkungen auf alle künftigen Programme und Programmteile. Das bedeutet, wenn Sie diese Option aktivieren, werden die aktuell vorhandenen Module und Formen nicht davon betroffen.

Die zweite Methode ist es, einfach in der Sektion GENERAL DECLARATIONS einer Form oder eines Moduls die beiden Worte *Option Explicit* einzutragen. In diesem Fall wird für dieses Modul oder für diese Form eine explizite Variablendeklaration verlangt. Die oben beschriebene Methode macht eigentlich auch nichts anderes, als diese beiden Worte in die entsprechende Sektion aller neuen Module und Formen einzutragen.

```
'GENERAL DECLARATION
Option Explicit
```

Sobald diese Option aktiviert wurde, werden Variablen ohne Deklaration von Visual Basic als Fehler gemeldet.

Der Gültigkeitsbereich von Variablen

Lokal, Modul/Form, Global

Ein äußerst wichtiges Kriterium bei Variablen ist deren Gültigkeitsbereich. Welche Variable gilt wo? Dazu gibt es in Visual Basic drei verschiedene Arten von Gültigkeitsbereichen:

- Lokal
- Modul / Form
- Global

Lokale Variablen sind Variablen, die innerhalb einer Prozedur definiert werden. Diese Variablen sind nur innerhalb dieser einen Prozedur, in der sie definiert wurden, gültig.

Modul- bzw. Formweite Variablen werden im Abschnitt GENERAL DECLARATION definiert und gelten für das Modul bzw. die Form, in der sie definiert wurden.

Globale Variablen werden im Abschnitt GENERAL DECLARATION eines Moduls definiert. Dabei wird anstelle des Befehls DIM das reservierte Wort GLOBAL verwendet. Globale Variablen gelten für ein komplettes Projekt und sind somit in allen Prozeduren dieses Projektes gültig.

In Abbildung 3.1 sehen Sie die verschiedenen Gültigkeitsbereiche von Variablen schematisch dargestellt. Da lokale Variablen, wie „a" nur innerhalb der eigenen Prozedur gültig sind, gibt es keine Probleme, wenn zwei verschiedene Prozeduren („Eins","Delta") dieselben Namen für Variablen ver-

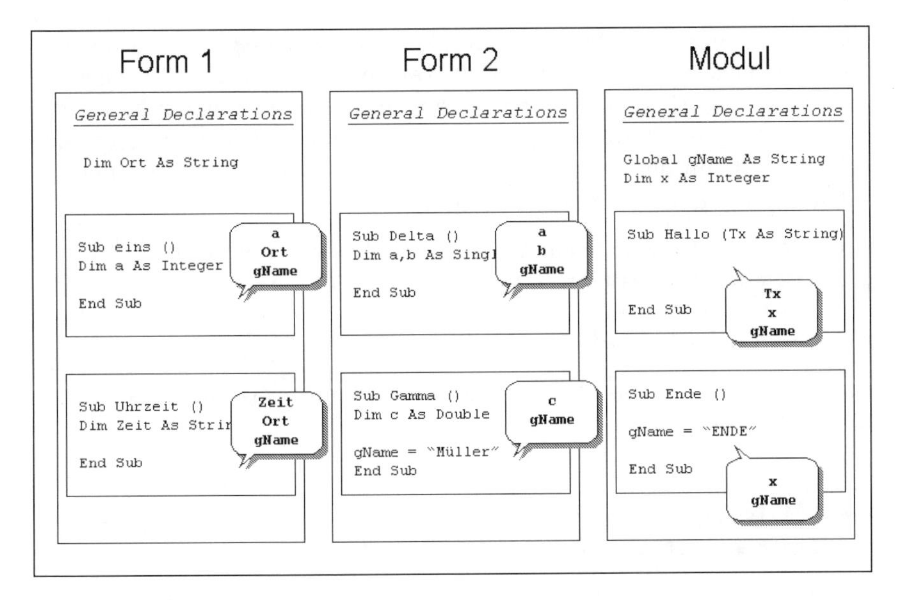

Abb. 3.1: *Gültigkeitsbereich von Variablen*

wenden. Sobald eine Prozedur verlassen wird, werden alle lokalen Variablen innerhalb dieser Prozedur aus dem Speicher entfernt und erst beim erneuten Betreten dieser Prozedur wieder eingerichtet. Sie sehen dabei auch, daß es sich bei den beiden o.g. Variablen nur um denselben Namen handelt, da der Variablentyp ja grundsätzlich verschieden ist (INTEGER, SINGLE).

Im fiktiven Projekt von Abbildung 3.1 gibt es nur eine globale Variable („gName"). Diese wird über das Befehlswort GLOBAL im Abschnitt GENERAL DECLARATIONS des Moduls deklariert. Sie ist damit in allen Prozeduren des gesamten Projektes vorhanden und kann somit auch zum Austausch von Inhalten verwendet werden.

Die Lebensdauer von Variablen

Lokale Variablen werden beim Verlassen einer Prozedur aus dem Speicher entfernt und beim erneuten Betreten wieder neu initialisiert, ihr Inhalt also gelöscht. Möglicherweise ergibt sich aber das Problem, daß der Inhalt der Variablen nach Verlassen der Prozedur aber erhalten bleiben soll. Eine Lösungsmöglichkeit dafür wäre die globale oder zumindest form- bzw. modulweite Deklaration dieser Variablen. Dabei erhalten aber auch alle anderen Prozeduren Zugriff auf diese Variable und u.U. kommt es bei gleichen Namen zu Konflikten.

Statische Variablen

Hier bietet Ihnen Visual Basic die Möglichkeit, Variablen als statische Variablen zu deklarieren. Bei einer statischen Variablen "vergißt" Visual Basic zwar den Namen beim Verlassen der Prozedur, aber nicht den Inhalt. Beim erneuten Betreten dieser Prozedur wird die Variable nicht komplett initialisiert und damit der Inhalt gelöscht, sondern nur der Name wird neu erzeugt und mit dem alten Inhalt verknüpft.

Um eine Variable als statische Variable zu deklarieren, wird einfach anstelle des Befehls DIM das Wort STATIC verwendet.

```
Static Variablenname [As Variablentyp]
```

Das Beispiel TIEF01.MAK zeigt Ihnen die Wirkungsweise statischer Variablen.

```
Sub cmdLos_Click ()
    Static I As Integer
    Dim x As Integer
    I = I + 1
    x = x + 1
    lblI.Caption = Str$(I)
    lblX.Caption = Str$(x)
End Sub
```

Die Variable I als statische Variable wird bei jedem Klick auf den COMMANDBUTTON um eins erhöht. Da X dagegen nicht statisch ist, wird bei jedem Klick diese Prozedur betreten, X initialisiert und damit dessen Inhalt gelöscht. Daher bleibt X immer auf dem Wert 1 stehen.

Um alle lokalen Variablen einer Prozedur als statische Variablen zu deklarieren, können Sie das Wort STATIC auch in den Prozedurkopf mit aufnehmen.

```
Static Sub|Function (Argumente)
```

```
Static Sub cmdLoad ()
Dim a,b As Integer   ' a und b sind statische Variablen
End Sub
```

Konstanten

Konstanten sind im Gegensatz zu Variablen eigentlich nur Platzhalter. Dabei können Konstanten Ihnen häufig eine deutliche Arbeitserleichterung geben. Der Wert einer Konstanten kann im Gegensatz zu Variablen nicht mehr geändert werden, sobald er einmal festgelegt ist. Beim Gültigkeitsbereich läßt sich gleiches sagen, wie bei den Variablen. Auch hier gibt es lokale, form- bzw. modulweite und globale Konstanten.

Dort, wo bei Variablen der Befehl DIM eingesetzt wird, erfordert die Deklaration von Konstanten den Befehl CONST. Gleichzeitig mit der Deklaration muß aber auch bereits der Wert einer Konstanten zugewiesen werden.

```
[Global] Const Konstantenname = Wert
```

```
'Beispiele
Const CR = CHR$(13)
Const Radius = 17
Global Const Name = „Meier"
```

Die Datei CONSTANT.TXT

Die Datei CONSTANT.TXT wurde auch schon mehrmals angesprochen. In dieser Datei finden Sie Konstantendeklarationen für viele wichtige symbolische Konstanten. Dies sind Definitionen für Bildschirmfarben, Hexwerte für DLL-Aufrufe und vieles mehr. Um diese Deklarationen zu verwenden, sollten Sie ein neues Modul anlegen und die entsprechenden Zeilen aus der Datei CONSTANT.TXT dort im Abschnitt GENERAL DECLARATIONS einfügen.

Eine Möglichkeit für die Datei CONSTANT.TXT wäre es, die gesamte Datei in ein Modul zu kopieren. Davon ist allerdings abzuraten. Mit dieser Methode werden nur unnötig große Mengen Speicher vergeben, meist für Konstanten, die Sie nie benötigen. Dabei wäre es eine bessere Möglichkeit, die Datei CONSTANT.TXT in mehrere Bereiche zu unterteilen, z.B. *Layout, Farben, Controls* etc. Diese einzelnen Bereiche können dann zu einzelnen Modulen gemacht werden. Damit haben Sie die Möglichkeit, bei Bedarf die entsprechenden Module einfach in Ihr Projekt einzuladen.

Die Datei CONSTANT.TXT ist dabei schon in einzelne Bereiche mit Überschriften unterteilt. Wenn Sie also beispielsweise Konstanten zu Farbdefinitionen suchen, so laden Sie diese Datei in einen Editor, wie das Windows Notepad und suchen dort einfach nach dem Begriff „COLORS".

Oftmals finden Sie in einem Hilfetext Hinweise auf Symbolische Konstanten.

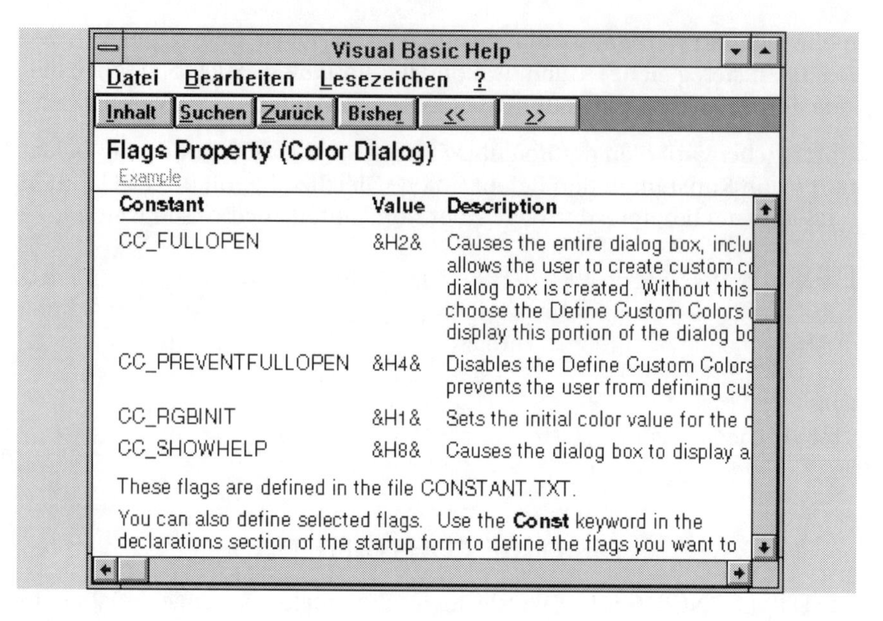

Abb. 3.2: Symbolische Konstanten in der Hilfe

Der entsprechende Abschnitt zu Abbildung 3.2 sieht in der Datei CONSTANT.TXT wie folgt aus:

```
'Color Dialog Flags
Global Const CC_RGBINIT = &H1&
Global Const CC_FULLOPEN = &H2&
Global Const CC_PREVENTFULLOPEN = &H4&
Global Const CC_SHOWHELP = &H8&
```

Arrays - Die Dimensionen

Stellen Sie sich einmal vor, Sie sind Vorsitzender eines Vereins und möchten gerne die Namen aller 150 Mitglieder Ihres Vereins in Variablen speichern. Nun können Sie natürlich einfach 150 verschiedene Variablen vom Typ STRING definieren und diese verwenden. Hier bieten aber alle höheren Programmiersprachen eine bessere, dynamische Lösung an - Arrays.

Arrays sind ein- oder mehrdimensionale Variablen. Anstatt 150 verschiedene Variablen zu dimensionieren (Name1, Name2, Name3, Name4, ...) können Sie hier einfach nur eine Variable deklarieren, diese hat dann aber 150 verschiedene Inhalte.

```
Dim Name(150) As String
```

In diesem Fall unterscheiden sich die verschiedenen Inhalte der Variable *Name* nicht am Variablennamen, sondern am Index. Der Index gibt in diesem Fall an, ob Sie auf den fünften oder achten Namen zurückgreifen wollen.

```
Name(4) = „Meier“       ‘Der  5. Name
Name(7) = „Huber“       ‘Der  8. Name
```

Der Vorteil von Arrays liegt dabei in der einfacheren und komfortableren Benutzung. Sie können auf diese Weise eine Liste von Variablen schnell durch Schleifen ansprechen und auf deren Werte zurückgreifen.

```
For I = 1 To 10
    Print Name(I)      ‘ Gibt die Namen von 2 - 11 aus
Next I
```

Index beginnt bei Null

Sie sehen, wie einfach Sie über den Index mit den Inhalten der Variablen operieren können. Dabei sollten Sie sich allerdings im klaren sein, daß der Index in diesem Fall immer bei Null beginnt. Die Variable mit dem Index 0 ist also die erste Variable, die mit Index 1 die zweite usw.

Option Base

Diese Festlegung können Sie aber über die OPTION BASE umgehen. Mit dieser Option haben Sie die Möglichkeit, die Basis für einen Index auch bei 1 beginnen zu lassen.

```
‘General Declaration
Option Base 1
```

Diese Anweisung sollte dabei im Abschnitt GENERAL DECLARATIONS eines Moduls stehen.

Was bisher hier über die Lebensdauer und Reichweite von Variablen gesagt wurde, gilt größtenteils auch für Arrays. Sie können Arrays allerdings nicht lokal, also innerhalb einer Prozedur, sondern nur modul- /formweit und global definieren.

Syntax

```
[Static|Global|Dim] Variablenname (Reichweite)
```

Der Index eines Arrays wird dabei immer von einer oberen und einer unteren Grenze bestimmt. Im Beispiel oben war die untere Grenze 0 (bei OPTION BASE 0) und die obere Grenze war 150. Wenn Sie hier allerdings mit anderen Grenzen arbeiten möchten, stellt dies auch kein Problem dar.

```
Dim Name(500 To 650)
```

In diesem Fall wurde die untere Grenze auf 500, die obere auf 650 gelegt. Auf diese Weise können Sie den Index der Variablen an andere Gegebenheiten oder Werte (Mitgliedsnummer, etc.) anpassen.

Mehrdimensionale Arrays

Variablen lassen sich auch als mehrdimensionale Arrays definieren. Den Aufbau von mehrdimensionalen Arrays können Sie sich wie eine Tabelle aus einer Tabellenkalkulation vorstellen.

```
Dim NachName(10,50)
```

Das Array mit dem Namen „Nachname" besitzt also nun insgesamt 500 verschiedene Werte, nämlich 10 x 50 = 500. Dabei können Sie die einzelnen Werte wie bei einer Tabelle zuweisen.

```
Wert(5,47) = „Meier"
```

Stellen Sie sich vor, Sie verwalten die Schüler einer Schule, die zehn Klassen besitzt. Jede dieser Schulklassen kann nun wiederum 50 Schüler beinhalten. Im obigen Beispiel heißt also der Schüler Nummer 47 aus Klasse Nummer 5 „Meier".

Nun werden Sie plötzlich mit der Verwaltung aller Schulen in Ihrem Landkreis beauftragt. Sie müssen also nun 5 Schulen mit je 10 Klassen und je Klasse 50 Schülern verwalten.

```
Dim NachName(5,10,50)
Nachname(3,2,18) = „Huber"
```

„Huber" ist also der Name des 18. Schülers der Klasse 5 in der Schule Nummer 3.

Max. 60 Dimensionen

Ein Array kann maximal 60 Dimensionen aufweisen. Die Anzahl der Dimensionen ist allerdings auch vom Speicherplatz begrenzt.

Dynamische Arrays

Dabei können auch hier feste Indexbereiche innerhalb der einzelnen Dimensionen angegeben werden.

```
Dim Matrix(5 to 10, 80 to 120, 40 to 45)
```

Dabei kann es natürlich auch vorkommen, daß Sie bei der Dimensionierung eines Arrays noch gar nicht wissen, wie groß dies später werden soll. In diesem Fall können Sie Arrays auch *dynamisch* dimensionieren. Dazu wird das entsprechende Array im Abschnitt GENERAL DECLARATIONS eines Moduls oder einer Form ohne Angabe der Größe definiert.

```
Dim Namen()
```

Nun kann dieses Array innerhalb einer Prozedur, und nur dort, auf die entsprechenden Dimensionen erweitert werden.

```
ReDim Namen(50,10)
```

Im Gegensatz zu einem normalen DIM, kann der Befehl REDIM **nur** in Prozeduren verwendet werden.

Auf diese Weise läßt sich ein Array jeweils an die augenblicklichen Bedürfnisse anpassen. Ein dynamisches Array kann jederzeit wieder redimensioniert werden. Dabei verliert es aber seinen Inhalt. Nach dem Redimensionieren befindet sich das Array wieder in seinem leeren Ausgangszustand.

Visual Basic gibt Ihnen aber auch eine Möglichkeit, dynamische Arrays zu redimensionieren ohne deren Inhalt zu verlieren.

```
ReDim Preserve Namen(50,10)
```

Mit dem reservierten Wort PRESERVE bei der Dimensionierung von Variablen bleiben die Inhalte des Arrays erhalten. Achten Sie aber darauf, daß Sie bei mehrdimensionalen Arrays immer nur die letzte Dimension verändern können.

```
ReDim Matrix(5,5+X)     'Letzte Dimension wird vergrößert
ReDim Matrix(5+X,5)     'Erste Dimension - erzeugt Fehlermeldung
```

Auch bei der Redimensionierung kann eine Reichweite der Dimension angegeben werden. Dabei darf allerdings auch nur die obere Grenze erweitert werden, nicht die untere.

```
ReDim Matrix(5 to 5+X)  'Obere Grenze wird erhöht
ReDim Matrix(5+X to 5)  'Untere Grenze kann nicht verändert werden
                        -> FEHLER !
```

Die Reichweite von dynamischen Arrays (modul-/formweit, global) wird über die Deklaration mittels DIM festgelegt.

Ubound(), Lbound()

Mit Hilfe der beiden Funktionen LBOUND() und UBOUND() können Sie jeweils die untere und obere Grenze eines Arrays ermitteln lassen. Dies ist vor allem dann hilfreich, wenn diese Grenze erweitert werden soll, ohne den genauen Wert zu kennen.

```
Dim Namen(UBound(Namen)+1)
```

Syntax

```
UBound(Array,Dimension)
LBound(Array,Dimension)
```

Huge Arrays

Sobald ein Array mehr Speicher als 64 Kbyte belegt, spricht man von einem *Huge Array*. Für das Anlegen eines solchen Arrays brauchen Sie selbst nichts zu tun. Visual Basic erledigt das automatisch für Sie, sobald ein Array die 64 KByte-Grenze überschritten hat. Für diese Art von Arrays gibt es aber einige Punkte zu beachten:

- Es können keine Huge Arrays von Objekt-Variablen erzeugt werden.
- Bei Stringvariablen können nur Strings fester Länge verwendet werden.
- Im 386-enhanced Mode von Windows kann die Größe maximal 64 Mbyte betragen, 1 Mbyte im Standard-Mode.

Benutzerdefinierte Variablentypen

Neben den Standardtypen für Variablen unterstützt Visual Basic auch noch benutzerdefinierte Typen. Dies sind Variablen, die sich aus Standard-Typen zusammensetzen.

Ein benutzerdefinierter Variablentyp kann beispielsweise zur Verwaltung von Artikel - ähnlich einer Datenbankstruktur - eingesetzt werden.

```
Type ArtikelTyp
     Artikelnr As Long
     Name As String * 40
     Preis As Currency
End Type

Dim Artikel As ArtikelTyp

Artikel.Name = „Schraubenzieher“
Artikel.Preis = 2,95
```

Als erstes muß dazu mittels TYPE die Struktur des benutzerdefinierten Typs festgelegt werden. Dies kann nur im Abschnitt GENERAL DECLARATIONS eines Moduls geschehen. Aus diesem Grund sind benutzerdefinierte Variablentypen immer global.

Im zweiten Schritt wird dann eine Variable von diesem benutzerdefinierten Typ deklariert. Diese kann sowohl lokal, modul-/formweit als auch global dimensioniert werden.

Das Zuweisen und Lesen von Werten solcher Variablen geschieht ähnlich dem von Eigenschaften. Dies können Sie im Beispiel oben sehen. Dabei können solche Variablen auch komplett einander zugewiesen werden, falls sie vom selben Typ sind.

```
Dim ArtikelEin As ArtikelTyp, ArtikelAus As ArtikelTyp

ArtikelEin = ArtikelAus
```

Benutzerdefinierte Datentypen sollten immer dann eingesetzt werden, wenn es um die Verwaltung von Daten mit einer festen Struktur geht.

Das ist erst einmal genug zum Thema Variablen. Auch wenn diese einer der wichtigsten Bestandteile von Programmiersprachen sind, reicht es an dieser Stelle erst einmal. Sie werden aber später noch auf ganz spezielle Variablen treffen.

Entscheidungsstrukturen

Einiges vom dem, was Sie in diesem Abschnitt lesen, haben Sie in den verschiedenen Code-Beispielen schon gesehen. Dies zeigt Ihnen auch, daß die Entscheidungsstrukturen zu den grundlegenden Bausteinen eines jeden Programmiersystems gehören.

Code soll ja nicht immer durchgehend ausgeführt werden. Wie im "richtigen Leben" muß oft auch im Code auf vorliegende Situationen geachtet werden, und danach werden Entscheidungen über das weitere Vorgehen getroffen. Hierzu stellt Ihnen Visual Basic auch eine Reihe von Funktionen und Befehlen zur Verfügung. Viele davon gibt es auch in anderen Programmiersprachen mit mehr oder weniger großen Unterschieden.

IF...THEN

Die wohl gebräuchlichste Art einer Entscheidungsstruktur ist IF...THEN. Diese Art der Entscheidung gibt es in vielen modernen, aber auch bereits "ergrauten" Programmiersystemen. Dabei gibt es jedoch von Dialekt zu Dialekt kleine Unterschiede. Visual Basic kennt eigentlich zwei "Typen" dieser Anweisung. Die einzeilige Struktur und die Blockstruktur.

Syntax einzeilig

```
If Bedingung Then Anweisung [Else Anweisung]
```

Beispiele

```
If A=7 Then Print „Hallo !“
If X<9 Then Print „Falsches Ergebnis“ Else Print „Richtig !“
```

Die Funktionsweise dieser Entscheidungsstruktur ist dabei relativ einfach. Trifft die Bedingung hinter IF zu, d.h. ist dieser Ausdruck TRUE, dann wird die Anweisung hinter THEN ausgeführt.

Ansonsten, d.h. ist die Bedingung FALSE, wird die Anweisung hinter dem ELSE-Zweig ausgeführt, sofern vorhanden.

Block Syntax

```
If Bedingung Then
     [Anweisungen 1]
[ElseIf Bedingung 2 Then
     [Anweisungen 2]]
[Else
     [Anweisungen 3]]
End If
```

Beispiele

```
If A = 5 Then
     Print „Bitte Warten“
     Drucken
End If

If Name = „Meier“ Then
     Print „Ihre Karte wird einbehalten !“
Else
     Print „Bitte, Ihr Geld !“
End If

If Anrede = 1 Then
     Print „Sehr geehrter Herr“
ElseIf Anrede = 2 Then
     Print „Sehr geehrte Frau“
ElseIf Anrede = 3 Then
     Print „Sehr geehrte Damen und Herren“
Else
     Print „Hallo Leute“
End If
```

Grundsätzlich ermöglicht es Ihnen die Blockstruktur nicht nur eine Anweisung bei Zutreffen der Bedingung auszuführen, sondern einen ganzen Block von Anweisungen. Das gilt auch für den ELSE-Zweig. Zudem haben Sie bei der Blockstruktur über ELSEIF die Möglichkeit, mehrere, auch andere Bedingungen abzufragen und auszuwerten.

Generell ist die Blockstruktur aber auch die übersichtlichere Variante. Aus diesem Grund sollten Sie immer diese Struktur verwenden. Das macht Ihren Code später besser lesbar.

SELECT CASE

Gerade das obige Beispiel mit verschiedenen Anreden wäre durch eine andere Entscheidungsstruktur besser zu lösen gewesen. Während bei ELSEIF grundsätzlich verschiedene Bedingungen überprüft werden können, stellt SELECT CASE eine einfache Möglichkeit dar, um ein und denselben Wert auf verschiedene Inhalte zu überprüfen.

Syntax

```
Select Case Testausdruck
[Case Inhalte 1
     [Anweisungen 1]]
[Case Inhalte 2
     [Anweisungen 2]]
[Case Else
     [Anweisungen 3]]
End Select
```

Beispiel

```
Select Case Anrede
Case 1
      Print „Sehr geehrter Herr“
Case 2
      Print „Sehr geehrte Frau“
Case 3,5,7
      Print „Sehr geehrte Damen und Herren“
Case 8 To 9
      Print „Liebe Freunde“
Case Else
      Print „Hallo Leute“
End Select
```

Wie Sie anhand dieses Beispiels sehen können, haben Sie die Möglichkeit, nicht nur auf jeweils einen Inhalt, sondern auf verschiedene Inhalte (3,5,7 oder 8 To 9) zu prüfen.

Schleifen

Auch hier ist es wie im „richtigen Leben“. Soll etwas mehrmals getan werden, dann aber mit möglichst wenig Aufwand. Man versucht wiederkehrende Prozesse möglichst “kraftsparend” anzugehen. Natürlich gibt es in Visual Basic, wie auch in anderen Programmiersprachen, andere Möglichkeiten, um Code mehrmals auszuführen, als ihn mehrmals zu schreiben. Die wichtigsten sollen hier kurz vorgestellt werden.

FOR...NEXT

Die FOR...NEXT-Schleife gehört zu den ältesten und einfachsten Schleifenkonstruktionen. Sie ist dabei aber relativ inflexibel und starr.

Syntax

```
For Zähler = Startwert To Endwert [Step Schrittweite]
     Anweisungen
Next [Zähler]
```

Beispiele

```
For I = 1 To 10
     Print I * 100
Next I

For L = 100 To 5 Step -0.5
     X = Y * L
Next I

For I1 = 1 To 5
     For I2 = 10 To 20
          Print I1 + I2
     Next I2
Next I1 'Oder auch (Next I2,I1)
```

Wie bereits erwähnt, ist diese Schleifenstruktur nicht sonderlich flexibel. Hier bietet Ihnen Visual Basic bessere Möglichkeiten.

DO...LOOP

Die DO...LOOP-Schleife ist wesentlich flexibler, als die FOR...NEXT-Konstruktion. Hier hängt die Anzahl der Ausführungen nicht von einem simplen Zähler ab, sondern von einer Bedingung.

Syntax

```
Do [{While | Until} Bedingung]
     [Anweisungen]
     [Exit Do]
     [Anweisungen]
Loop

Do
     [Anweisungen]
     [Exit Do]
     [Anweisungen]
Loop [{While | Until} Bedingungen]
```

Wie Sie sehen können, gibt es zwei verschiedene Strukturen der DO...LOOP-Schleife. Die beiden Strukturen unterscheiden sich in der Position der Bedingung. Mit der ersten Möglichkeit - die Bedingung am Anfang - wird die Schleife möglicherweise nie ausgeführt, falls die Bedingung nicht zutrifft. Steht die Bedingung dagegen am Ende, wird die Schleife auf jeden Fall einmal ausgeführt, gleichgültig ob die Bedingung erfüllt wird, oder nicht.

Dabei können Sie die Schleife jeweils so lange ausführen lassen, so lange die Bedingung TRUE ist (WHILE) oder so lange sie FALSE ist (UNTIL).

Beispiele

```
Do Until EOF(Datei)
      Input #1, Daten
Loop

Do
      X = X + 1
      Print „Hallo !“
Loop While X < 9
```

Die DO...LOOP-Schleife ist die flexibelste und auch gebräuchlichste Schleifenkonstruktion. Sie eignet sich hervorragend, wenn es nicht nur darum geht, einige Zeilen Code x-mal ausführen zu lassen, sondern wenn eine intelligentere Lösung gefragt ist.

WHILE...WEND

Die WHILE...WEND-Schleife spielt eigentlich nur eine untergeordnete Rolle. Sie wurde hauptsächlich aus Gründen der Portierbarkeit von Code aus anderen BASIC-Dialekten mit in Visual Basic aufgenommen. Sie ist nicht so flexibel wie DO...LOOP und entspricht in ihrer Funktionsweise genau einer DO WHILE...LOOP-Konstruktion.

Syntax

```
While Bedingung
      [Anweisungen]
Wend
```

Beispiel

```
While X < 5
      X = X + 1
      Print „Hallo“
Wend
```

Der einzige Grund, diese Schleifenkonstruktion zu verwenden, ist, wie bereits erwähnt, die Portierbarkeit von Code. Ansonsten sollten Sie diese Möglichkeit am besten schnell wieder vergessen.

Ein- und Ausgaben

Sie haben zwar schon eine Menge an Möglichkeiten zur Ein- und Ausgabe kennengelernt. Doch die verschiedenen Steuerelemente sind nicht die einzigen Möglichkeiten, um Eingaben vom Benutzer zu erhalten oder ihm Informationen zur Verfügung zu stellen.

Letztlich sind aber auch Dateizugriffe eine Art von Ein- und Ausgaben und diese zählen auch zu den wichtigsten Bestandteilen einer Anwendung.

Die Tastatur

Eine Reihe von Steuerelementen nutzt zum Erhalt von Daten die Tastatur oder die Maus. Dabei können Sie die Eingaben, die der Benutzer über die Tastatur machen kann bei einigen dieser Elemente schon über die Eingaben beschränken. Viele der Steuerelemente bieten aber die Möglichkeit, die Tastaturereignisse KEYDOWN, KEYPRESSED und KEYUP abzufangen und auszuwerten.

Sofortiges Ändern von Eingaben

Speziell wenn es um Texte für die DFÜ (DatenFernÜbertragung) geht, sind oft keine deutschen Umlaute zugelassen. Auch hier können Ihnen die Tastaturereignisse helfen. Die Beispielanwendung EA01.MAK zeigt Ihnen eine Textbox, in der die deutschen Umlaute automatisch in Buchstabenkombinationen (ä=ae, ü=ue etc.) umgewandelt werden.

```
Sub txtDfue_KeyPress (KeyAscii As Integer)
    Select Case KeyAscii
        Case 246
            KeyAscii = 0
            txtDfue.SelText = „oe“
        Case 228
            KeyAscii = 0
            txtDfue.SelText = „ae“
        Case 252
            KeyAscii = 0
            txtDfue.SelText = „ue“
        Case 223
            KeyAscii = 0
            txtDfue.SelText = „ss“
    End Select
End Sub
```

Wie Sie anhand des Listings sehen können, wird das Tastaturereignis KEYPRESS dazu verwendet, die entsprechenden Tasten zu filtern und zu ersetzen. Dabei wird in diesem Fall die entsprechende Taste aus dem Tastaturpuffer gelöscht (KEYASCII=0) und danach an der Cursorposition (SELTEXT) die umgewandelten Zeichen eingesetzt.

Dieses Beispiel wandelt allerdings keine Umlaute als Großbuchstaben um (Ä,Ö,Ü).

Das ist aber nur ein Beispiel der Möglichkeiten, die Ihnen das Tastaturereignis KEYPRESS bietet. Sie können in jedem Fall das Zeichen, das augenblicklich im Tastaturpuffer steht durch ein anderes ersetzen lassen, einfach über die Variable *KeyAscii.*

Arbeiten mit Spezialtasten

Wenn Sie auch spezielle Tasten wie [Einfg] oder Funktionstasten abfangen und auswerten möchten, können Sie KEYPRESS dazu nicht verwenden. Hier werden nur Tasten übermittelt, die über einen ASCII-Code verfügen. Zum Auswerten der Sondertasten eignen sich die Ereignisse KEYDOWN und KEYUP. Wollen Sie beispielsweise von jeder Stelle Ihrer Anwendung diese durch Drücken von [F10] beenden können, so eignet sich dafür das KEYDOWN-Ereignis der Form selbst.

Damit die Form aber diesen Tastendruck auch erhält muß die Formeigenschaft KEYPREVIEW auf den Wert TRUE gesetzt werden. In diesem Fall wird ein Tastenanschlag erst an die Form übermittelt und danach an das aktive Steuerelement. Ein Beispiel dazu sehen Sie auch im Projekt EA01.MAK.

Senden von Tastenanschlägen

Hin und wieder kann es auch vorkommen, daß Sie Tastenanschläge an die eigene oder an eine andere Anwendung senden wollen. Auch hierfür stellt Ihnen Visual Basic eine Möglichkeit zur Verfügung. Über den Befehl SENDKEYS können Sie Tastenanschläge direkt in den Tastaturpuffer schreiben. Das System merkt dabei keinen Unterschied zu “echten” Tastenanschlägen.

```
SendKeys „%{F4}“        ' Sendet [Alt]+[F4] in den Tastaturpuffer
```

Dieses Beispiel simuliert dem System das Drücken der Tasten [Alt][F4] vor, die Tastenkombination zum Beenden einer Anwendung.

Syntax

SendKeys *Tasten,warten*

Über den Parameter *warten* können Sie noch festlegen, ob das System mit der Ausführung der aktuellen Prozedur wartet bis die Tastenanschläge verarbeitet wurden (TRUE), oder ob die Ausführung der Prozedur sofort weiterläuft (FALSE). Sollten Sie nichts angegeben haben, wird automatisch FALSE angenommen.

AppActivate

Denken Sie aber daran, daß die Tastenanschläge von der augenblicklich aktiven Anwendung und dem aktiven Steuerelement ausgewertet werden. Dies wird normalerweise ein Steuerelement in Ihrer eigenen Anwendung sein. Um die Tasten an eine andere Anwendung zu senden, muß diese vorher aktiv gemacht werden. Dazu stellt Ihnen Visual Basic den Befehl APPACTIVATE zur Verfügung.

Syntax

`AppActivate` *`Titelzeilentext`*

Als Parameter müssen Sie den Titelzeilentext, also die CAPTION der Form der jeweiligen Anwendung angeben. Dabei muß der Parameter Buchstabe für Buchstabe mit dieser CAPTION übereinstimmen. Die Groß- und Kleinschreibung spielt dabei keine Rolle.

```
AppActivate „Programm-Manager“
SendKeys „%{F4}“
```

Dieses kleine Beispielprogramm beendet “ferngesteuert” den Programm-Manager und damit normalerweise auch Windows.

Die InputBox

Normalerweise müssen Sie, um eine Texteingabe vom Benutzer zu erhalten, ihm eine Textbox o.ä zur Verfügung stellen. Teilweise soll der Benutzer aber nur eine kurze Angabe machen. Dafür eine Textbox und vielleicht sogar eine dazupassende Form mit Labels zu erstellen, ist oft zu viel Mühe. Bei textbasierten BASIC-Compilern gab es hier den praktischen Befehl *Input,* um den Benutzer zu Texteingaben zu bewegen. Dies war, nebenbei erwähnt, oft auch die einzige Möglichkeit. Auch Visual Basic gibt Ihnen

Abb. 3.3: *Die InputBox*

einen solchen Befehl. Doch hier wird unter Windows, einer grafischen Oberfläche, programmiert. Einfach ein Fragezeichen mit einem blinkenden Cursor erscheinen zu lassen, wäre aus diesem Grund nicht standesgemäß.

Visual Basic bietet Ihnen hier die Funktion INPUTBOX. Diese erfüllt eigentlich dieselbe Funktionalität, wie ein guter alter *Input*-Befehl. Allerdings mit dem Windows "Look&Feel", also alles in einem kleinen Fenster und mit ein paar Buttons versehen.

Die InputBox besteht, wie Sie sehen können, im wesentlichen aus vier Elementen:

- Die Titelzeile (Beschriftung des Fensters)
- Die Eingabeaufforderung (Prompt)
- Das Eingabefeld
- Zwei Knöpfen (OK und CANCEL)

Entsprechend dazu sieht auch die Syntax aus.

Syntax

```
Textrückgabe = InputBox[$]
(Prompt[, [Titel][, [Vorgabe][,[xpos, ypos] ]])
```

Über den Parameter *Prompt* geben Sie die Eingabeaufforderung an, die angezeigt wird. Dabei können Sie über *Titel* die Beschriftung der Titelzeile festlegen. Sollten Sie dies nicht tun, so wird dort der Name Ihrer Anwendung angezeigt. Durch den Parameter *Vorgabe* können Sie auch noch einen Vorgabewert für die Eingabezeile festlegen.

Die beiden Werte *xpos* und *ypos* legen die linke, obere Ecke des Input-Fensters fest. Als Standard wird das Fenster in der Mitte des Schirms angezeigt. Wenn Sie diese Parameter verwenden, müssen sie immer beide verwendet werden.

Die Antwort des Benutzers erhalten Sie als Rückgabewert. Sollte der Benutzer den Knopf [ABBRECHEN] gedrückt haben, so erhalten Sie einen leeren String zurück.

Die Funktionsweise der InputBox können Sie in Beispiel EA02.MAK sehen.

Die MessageBox

Zur InputBox, die Sie gerade kennengelernt haben, gibt es auch ein passendes Gegenstück für Ausgaben, die MessageBox. Dieses kleine Objekt ist die richtige Wahl für Sie, wenn Sie dem Benutzer eine kleine Meldung, Warnung oder auch Frage ausgeben möchten.

Nahezu alle Windows-Anwendungen bedienen sich der MessageBox. Denn diese gehört nicht zum Lieferumfang von Visual Basic, sondern zu den Grundfunktionalitäten von Microsoft Windows. Visual Basic stellt Ihnen lediglich eine Möglichkeit zum Aufruf dieser Box zur Verfügung. Dabei kann die MessageBox viele Gesichter haben.

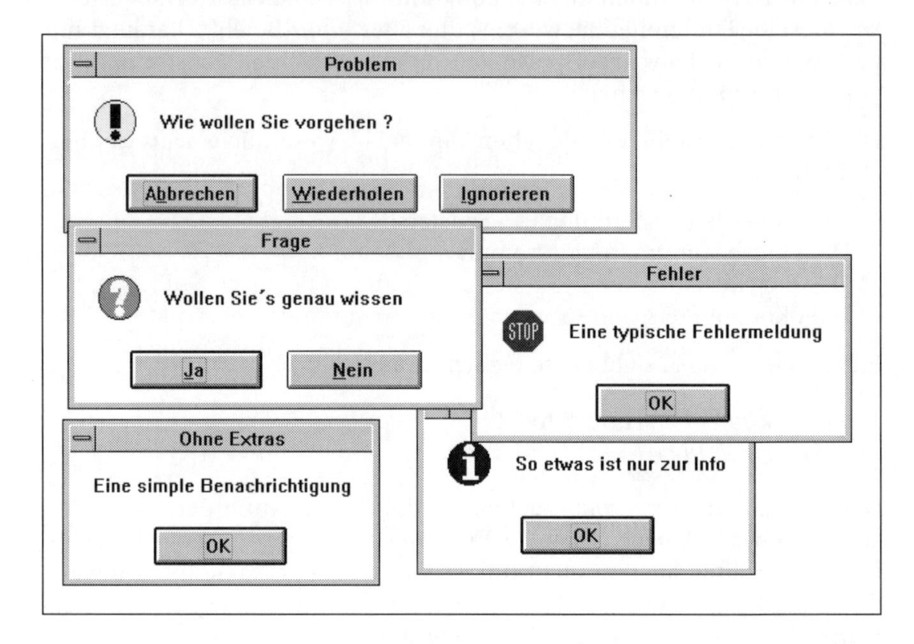

Abb. 3.4: *Verschiedene MessageBoxen*

Wie Sie in Abbildung 3.4 sehen können, besteht eine MessageBox aus verschiedenen Bestandteilen:

- Einem Titel
- Einem Nachrichtentext
- Einem Icon
- Verschiedenen Knöpfen

Dieser Aufbau spiegelt sich auch so ähnlich in der Syntax der MessageBox wieder. Dabei kann die MessageBox sowohl als Befehl als auch als Funktion aufgerufen werden.

Befehls-Syntax

```
MsgBox Nachrichtentext [, [Gestaltung],[Titeltext]]
```

Funktions-Syntax

```
Rückgabewert = MsgBox
(Nachrichtentext [, [Gestaltung],[Titeltext]])
```

```
MsgBox „Hallo Leute", 32, „Begrüßung"      ' Befehl
Ret = MsgBox („Beenden ?", 16, „Ende")     ' Funktion
```

Die Parameter *Nachrichtentext* und *Titeltext* erklären sich wohl von selbst. Über den Parameter *Gestaltung* wird das Aussehen der MessageBox festgelegt. Dabei setzt sich dieser Wert aus mehreren Bestandteilen zusammen, die einfach addiert werden.

Gestaltung = Icon + Buttons + Default + Modal

Anders ausgedrückt bedeutet dies, daß es jeweils eine Zahl für die verschiedenen Icons, eine für die verschiedenen Buttons, eine für die Defaulteinstellung der Buttons und eine die entscheidet, ob applikations- oder systemmodal, gibt. Diese einzelnen Zahlenwerte sind entweder der Hilfe oder der Datei CONSTANT.TXT zu entnehmen und zu addieren. Wollen Sie beispielsweise eine Box darstellen mit einem Fragezeichen, einem JA- und einem NEIN-Knopf, dabei soll der JA-Knopf der Default-Knopf sein. Zudem soll die Box applikationsmodal sein, d.h. die Ausführung Ihrer Anwendung wird erst nach dem Beantworten der Box fortgesetzt. Sie müssen also die entsprechenden Werte addieren.

```
32 (Fragezeichen) + 4 (JA/NEIN Knöpfe) + 0 (1. Default) + 0 (A-Mod.)
```

Also geben Sie als Parameter *Gestaltung* die Zahl 36 an.

```
Ret = MsgBox („Wollen Sie ?", 36, „Titel")
```

In der Variablen *Ret*, dem Rückgabewert steht danach eine Integerzahl, welche Ihnen den gedrückten Knopf anzeigt, z.B. die Zahl 6 für JA.

In Beispiel EA03.MAK sehen Sie die verschiedenen Verwendungsmöglichkeiten der MessageBox. Denken Sie dabei auch daran, daß die Box selbst von Windows zur Verfügung gestellt wird. Das bedeutet, Sie haben in der deutschen Windows-Version Knöpfe wie „JA" und „NEIN" und in der englischen Windows-Version „YES" und „NO". Diese Box ist also auch von der Windows-Version abhängig. Aus diesem Grund müssen Sie sich keine Gedanken über die Sprache machen.

Dateioperationen

Sie haben nun eine Reihe von Möglichkeiten kennengelernt, Eingaben von einem Benutzer zu erhalten. Hin und wieder ist es auch angebracht, sich solche Eingaben irgendwo zu "merken". Für diesen Zweck gibt es die Dateioperationen, zum Einlesen und Ausgeben von Daten von und zur Festplatte oder zu anderen Medien.

Um nun mit Dateien arbeiten zu können, sollte man verstehen, wie das System oder Ihre Anwendung mit einem Speichermedium oder einer Datei kommuniziert.

Kommunikations-Kanäle

Dazu gibt es grundsätzlich einen Kommunikationskanal. Jede offene Datei besitzt einen eigenen Kanal zu Ihrer Anwendung, um über diesen Daten zu senden und zu empfangen.

Filehandle

Auch das System erkennt die einzelnen offenen Dateien, also Dateien mit denen gerade kommuniziert wird, nicht an deren Namen oder Position, sondern an der Nummer dieses Kanals, dem *Filehandle*. Dieses *Filehandle* ist eine Integerzahl, die einen ganz bestimmten Kommunikationskanal zu einer ganz bestimmten Datei repräsentiert.

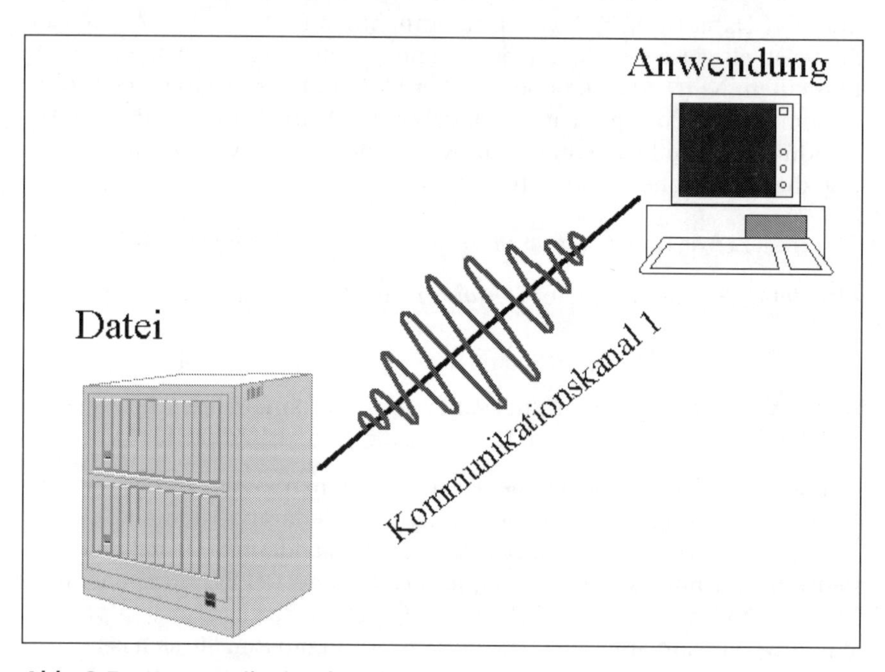

Abb. 3.5: Kommunikationskanal

Für alle Dateioperationen ist also nicht der Dateiname von Bedeutung, sondern einzig und allein die Nummer des Kommunikationskanals zu dieser Datei.

Die verschiedenen Zugriffsarten

Um nun überhaupt einen solchen Kommunikationskanal aufbauen zu können, muß das System wissen, mit welcher Art von Zugriff Sie auf diese Datei zugreifen wollen. Es muß den Aufbau der Daten innerhalb dieser Datei kennen. Dazu gibt es drei verschiedene Arten.

Sequentieller Zugriff

Der sequentielle Dateizugriff dient vor allem dem Umgang mit Textdateien. Jede Information wird als Textinformation gelesen oder gespeichert. Dabei wird normalerweise zeilenweise vorgegangen. Das bedeutet, daß sich in einer Datei für den sequentiellen Zugriff einige Textformatierungszeichen, wie *Linefeed* (ASCII 10), befinden sollten.

Diese Art des Dateizugriffs ist zwar die unproblematischste, aber dafür auch nur für Textdateien geeignet. Diese Methode auch zum Zugriff auf strukturierte Daten zu verwenden ist schlichtweg unsinnig.

Die Art des Dateizugriffs unterscheidet sich im Code durch die Art der Verwendung des Befehls OPEN. Im Fall des sequentiellen Zugriffs gibt es prinzipiell drei Möglichkeiten.

Syntax

```
Open Dateiname For [Input | Output | Append]
As Filehandle
```

For	Bedeutung
Input	Einlesen von Daten
Output	Ausgeben von Daten
Append	Anfügen von Daten an eine vorhandene Datei

Tab. 3.1: Verschiedene Operationsmöglichkeiten für sequentiellen Zugriff

Öffnen Sie eine Datei *For Input* ohne das diese existiert, so erzeugt Visual Basic eine Fehlermeldung. Bei den Operationsmöglichkeiten *Output* und *Append* wird eine neue Datei erzeugt, falls noch nicht vorhanden.

Beispiele

```
Open „README.TXT“ For Input As 1
Open „TEXT.TXT“ For OutPut As 7
Open „Protok.TXT“ For Append As 2
```

Dabei geben Sie am Ende der Zeile jeweils einen *Filehandle* an, den Sie frei vergeben können. Dies ist also die Nummer des Kommunikationskanals, die Sie beim Einlesen und Ausgeben noch brauchen werden.

Um nun Daten aus einer sequentiellen Datei einzulesen, gibt es mehrere Möglichkeiten. Grundsätzlich steht Ihnen dafür der Befehl INPUT zur Verfügung. Dieser hat jedoch mehrere Varianten.

- INPUT # und LINE INPUT lesen jeweils bis zum Zeilenende ein.
- INPUT$ kann dagegen auch die komplette Datei einlesen.

Um eine Textdatei komplett einzulesen, gibt es also mehrere Möglichkeiten.

Beispiele

```
LF = Chr$(10)
Open „Text.TXT“ For Input As 1

'1. Möglichkeit
Do While Not Eof(1)
      Input #1,Zeile
      Text = Text & Zeile & LF
Loop
'2. Möglichkeit
Do While Not Eof(1)
      Line Input #1,Zeile
      Text = Text & Zeile & LF
Loop
'3. Möglichkeit
Text = Input$(Lof(1),1)

Close #1
```

Alle drei Möglichkeiten führen im Endeffekt zum selben Ergebnis. Die Funktion EOF (End Of File) liefert dabei TRUE oder FALSE zurück. Die Funktion LOF (Length Of File) dagegen die Dateilänge in Bytes.

Wie Sie in diesen Beispielen auch sehen können, werden bei den verschiedenen INPUT-Befehlen nicht die Dateinamen mit angegeben, sondern die Nummer des Kommunikationskanals, also das Filehandle.

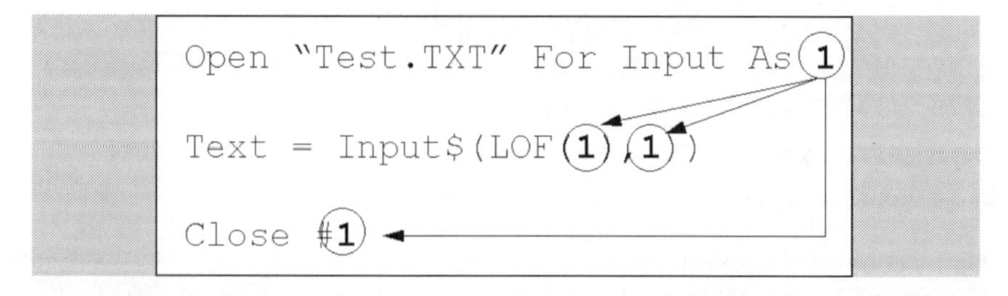

Abb. 3.6: Das Filehandle

Die Funktionsweise können Sie sich auch in Beispiel EA04.MAK betrachten.

Close

Der Befehl CLOSE dient dazu eine geöffnete Datei bzw. den Kommunikationskanal zu dieser wieder zu schließen.

FreeFile

Im Beispiel sehen Sie auch noch die Verwendung der Funktion FREEFILE. Diese Funktion liefert Ihnen die nächste freie Nummer für einen Kommunikationskanal zurück. So brauchen Sie sich nicht um die Verwaltung dieser Nummern zu kümmern.

Speichern

Auch beim Schreiben von Daten in eine Datei beschränkt Visual Basic sich nicht nur auf eine Methode. Hier gibt es die beiden Befehle PRINT# und WRITE#.

Print#

Der Befehl PRINT# funktioniert im Prinzip fast wie sein Kollege für den Bildschirm. Hier werden die Daten allerdings nicht auf dem Schirm ausgegeben, sondern in eine Textdatei, eine sequentielle Datei.

Syntax

```
Print #Filehandle,
[[{Spc(n) | Tab(n)}][ Daten][{; | ,}]]
```

Die Befehlssyntax sieht komplexer aus, als sie wirklich ist.

Beispiele

```
Print #1,Text1.Text
```

```
Print #2,"Teil 1", „Teil 2"
```

```
Print #1,"Das gehört"; „ zusammen"
```

Werden die Daten nach dem Befehl durch ein simples Komma getrennt, so werden diese als aufeinanderfolgende Sequenzen gespeichert. Dies hat die gleiche Wirkung, wie aufeinanderfolgende PRINT-Anweisungen.

```
Print #1,"Teil 1", „Teil 2"
'entspricht
Print #1,"Teil 1"
Print #1,"Teil 2"
```

Verwenden Sie dagegen zu Trennung ein Semikolon, so werden die Daten eben nicht getrennt, d.h. sie werden in diesem Fall wie ein String behandelt.

```
Print #1,"Das gehört"; „ zusammen"
'entspricht
Print #1,"Das gehört zusammen"
```

Der zweite Befehl zur Speicherung von Textdaten wäre WRITE#. Dieser Befehl hat aber eher eine untergeordnete Bedeutung. Während PRINT# seine

Daten nur durch Linefeeds voneinander trennt, werden bei WRITE# die Daten in Anführungszeichen und mit Kommata getrennt gespeichert.

Auch das Speichern können Sie im Beispiel EA04.MAK sehen.

Random Access - Der wahlfreie Zugriff

Die Zugriffsart *Random Access*, im Deutschen durch den schönen Begriff "wahlfreier Zugriff" übersetzt, ist seit der Einführung des Datenbankzugriffs seit Version 3.0 eigentlich nur noch von untergeordneter Bedeutung.

Im Gegensatz zum sequentiellen Zugriff, bei dem man ja von unstrukturierten Daten in den Dateien ausgeht, greift der Random Access auf Dateien zu, die eine bestimmte und bekannte Struktur aufweisen.

In diesen Daten gibt es nur noch eine identische Art des Datentyps. Dies kann aber auch ein benutzerdefinierter Datentyp sein. Alle Daten innerhalb einer solchen Datei sind also vom selben Datentyp und benötigen dafür auch genau denselben Platz. Aus diesem Grund ist es möglich, genau den Anfang des 7. Datensatzes, beispielsweise, zu finden. Dieser ist genau (7 * Länge des Datentyps) Bytes vom Dateianfang entfernt.

Das ist der Grund dafür, warum bei dieser Zugriffsart die Daten nicht sequentiell, also nacheinander, gelesen werden müssen. Hier kann auch auf ein einzelnes Datum mitten in der Datei zugegriffen werden.

Das Einsatzgebiet des Random Access war bzw. ist es immer noch, der Zugriff auf Datendateien. Aus diesem Grund sieht auch die Syntax des Befehls OPEN etwas verändert aus.

Syntax

```
Open Datei For Random Access [Zugriff] [lock]
As [#]Filehandle [Len = Datensatzlänge]
```

Sie können hier schon sehen, daß am Ende des Befehls die Länge eines Datensatzes angegeben werden muß, um später auf einen einzelnen Datensatz innerhalb der Datei zugreifen zu können.

Dabei stehen Ihnen auch hier mehrere Zugriffsarten zur Verfügung, die sich allerdings nicht nur in Input oder Output trennen lassen.

Zugriff	Beispiel
Read	Open „DATEN.DAT“ For Random Access Read As 1
Write	Open „DATEN.DAT“ For Random Access Write As 1
Read Write	Open „DATEN.DAT“ For Random Access Read Write As 1

Tab. 3.2: Zugriffsarten bei Random Access

Da der Random Access ja aus der Welt des Datenzugriffs stammt, hat man sich hier, im Gegensatz zum sequentiellen Zugriff, auch Gedanken zum Thema Mehrbenutzerumgebung gemacht. Aus diesem Grund kann hier nach der Zugriffsmethode noch der *Lock*-Status angegeben werden.

Lock	Bedeutung
Shared	Von allen Prozessen oder Maschinen kannauf die Datei mit Schreib- und Leseprozessen zugegriffen werden.
Lock Read	Kein anderer Prozeß kann Lesezugriffe durchführen. Diese Option ist nur dann möglich, wenn noch kein anderer Prozeß einen Lesezugriff ausführt.
Lock Write	Kein anderer Prozeß kann Schreibzugriffe durchführen. Auch diese Option ist nur möglich, wenn kein anderer Prozeß gerade einen Schreibzugriff ausführt.
Lock Read Write	Kein anderer Prozeß kann lesen oder schreiben. Diese Option ist nur möglich, wenn noch kein anderer Prozeß Lese- oder Schreibzugriffe ausführt bzw. diese bereits vorher gesperrt hat.

Tab. 3.3: Sperrung des Zugriffs für andere Prozesse

Der letzte Parameter in der Zeile des OPEN-Befehls gibt nun noch die Länge des Datensatzes an. Dazu kann auch die Funktion LEN() verwendet werden.

Beispiel

```
Open „Adressen.DAT“ For Random Access Write As 1 Len = Len(adresse)
```

Get, Put

Zum Ausgeben bzw. Einlesen von Daten werden hier die Befehle PUT und GET verwendet.

Syntax

```
Put #FileHandle, DatensatzNr, Datensatz

Get #FileHandle, DatensatzNr, Datensatz
```

Beispiele

```
Put #1, 7, adressen    'Schreibt den 7.Datensatz

Get #1, 2, adressen    'Liest den 2.Datensatz
```

Die genaue Verwendung von GET und PUT beim Random Access können Sie in Beispiel EA05.MAK sehen.

Binary Access - Zugriff byteweise

Der *Binary Access* unterscheidet sich eigentlich nur wenig vom Random Access. Der Unterschied liegt hier darin, daß nicht auf einen bestimmten Datensatz innerhalb einer strukturierten Datei zugegriffen wird, sondern auf ein einzelnes, bestimmtes Byte innerhalb einer beliebigen Datei.

Öffnen

Auch hier wird zum Öffnen eines Kommunikationskanals der Befehl OPEN verwendet.

Syntax

```
Open Dateiname For Binary As FileHandle
```

Beispiel

```
Open „XXXX.XXX“ For Binary As 1
```

Zum Einlesen der Bytes und zur Ausgabe in die Datei werden auch hier die Befehle GET und PUT verwendet. Die Syntax entspricht dabei der des Random Access. Lediglich wird anstelle der Datensatznummer die Bytenummer angegeben.

Beispiel

```
Get #1, 5, B       'Liest das 5. Byte
Put #1, 78, B      'Schreibt das 78. Byte
```

Auch der Binary Access ist in der Praxis von untergeordneter Bedeutung.

4 Debugging

- **Syntaxfehler** 163
- **Programmstrukturfehler** 165
- **Laufzeitfehler** 166
  - Erwartete Laufzeitfehler 166
  - Unerwartete Laufzeitfehler 172
- **Logische Fehler** 173
- **Debugging Tools** 173
  - Break-Modus 174
  - Breakpoint 175
  - Next Statement 176
  - Step 177
  - Calls 178
  - Watch 178
  - Debug-Fenster 181

Der Begriff 'debugging' rührt von einem Zwischenfall im Amerikanischen Verteidigungsministerium. Als in einem der ersten Rechner des Pentagon Fehler bei Berechnungen auftraten, wurden die Programmlistings überprüft, doch es konnten keine Inkorrektheiten darin gefunden werden. Bei der Überprüfung des Rechners selbst wurde man schließlich fündig. Ein Käfer (engl.: bug) hatte sich in einem der Relais verklemmt und das Problem verursacht. Nach dem Entfernen des Käfers ("debuggen") war der Fehler wieder beseitigt. Selbst wenn die Anekdote nicht stimmen sollte, ist sie eine nette Erklärung für die Entstehung des Begriffs Debuggen.

Grundsätzlich können vier verschiedene Typen von Fehlern unterschieden werden.

- Syntaxfehler
  Dabei handelt es sich um Verstöße gegen die Syntaxkonventionen eines Befehls (z.B.: IF ohne THEN).
- Programmstrukturfehler
  Bei dieser Art von Fehler ist die Schreibweise von mehrzeiligen Anweisungen nicht korrekt (z.B.: FOR ohne NEXT). Eigentlich eine Form der Syntax-Fehler, doch Visual Basic behandelt diesen Typ etwas anders.
- Laufzeitfehler
  Dies sind Fehler, die zur Laufzeit auftreten und zum Abbruch des Programms führen (z.B.: Division durch Null).
- Logische Fehler
  Diese ist die heimtückischste Art von Fehlern. Das Programm läuft ohne erkennbare Störung, trotzdem wird das gewünschte Ergebnis nicht erreicht (wie z.B.: 6+2=4).

Syntaxfehler

Zu den Syntaxfehlern gehören falsch geschriebene Schlüsselworte, Fehler in der Verwendung der Trennzeichen oder unzulässige Kombinationen von Befehlen.

Visual Basic erkennt solche Syntaxfehler, wenn Sie mit dem Textcursor die gerade bearbeitete Zeile verlassen. Dabei wandelt Visual Basic die Anweisungen in einen Zwischencode, sog. 'P-code', um.

Findet Visual Basic einen Fehler, so erscheint eine Meldung, die genaueren Aufschluß über die Art des Fehlers gibt. Diese Meldungen sind meistens so aussagekräftig, daß das Problem schnell erkannt wird und gelöst werden kann.

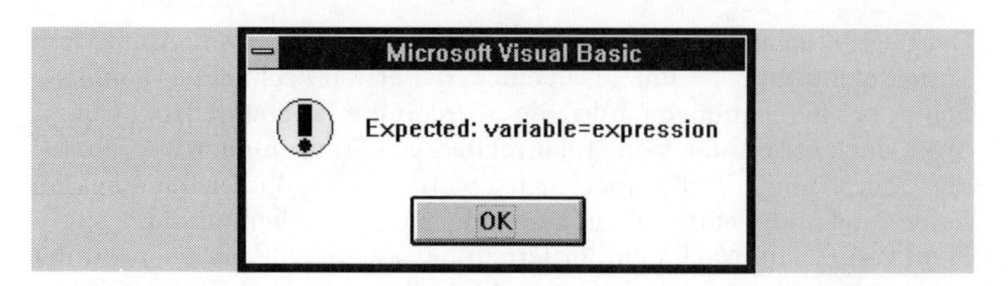

Abb. 4.1: Fehlermeldung der Syntaxprüfung

Syntax Checking

Diese Syntaxprüfung kann im Menü [OPTIONS] [ENVIRONMENT] mit dem Punkt [Syntax Checking] abgeschaltet werden. Dies ist besonders angenehm, wenn oft Teile einer Zeile durch Kopieren eingefügt werden sollen. Dabei meldet Visual Basic bei jedem Verlassen der Zeile, daß noch Anweisungen fehlen, was Ihnen in diesem Moment natürlich auch bewußt ist. Allerdings wird diese Überprüfung nur nach Änderungen in der Zeile nochmals durchgeführt. Ansonsten bleibt die Zeile so stehen, ohne eine Meldung zu erzeugen. Im allgemeinen ist die Syntaxprüfung ein sehr nützliches Hilfsmittel, das Sie beim Erstellen des Codes unterstützt.

ColorCoding

Eine andere Art der Kontrolle ist durch Farbzuweisungen der Schlüsselworte möglich. Visual Basic färbt verschiedene Bestandteile des Codes unterschiedlich ein.

Element	Beschreibung
Secection	Der Bereich, der mit dem Cursor markiert wurde.
Keyword	Ein Schlüsselwort aus dem Sprachumfang von BASIC.
Identifier	Namen von Prozeduren und Variablen
Comment	Kommentar
Code Window	Das Code-Eingabefenster
Breakpoint	Eine Zeile, die mit einem Haltepunkt versehen wurde.
Next Statement	Die Anweisung, die im Break-Modus als nächste ausgeführt wird.
Debug Window	Das Debug-Fenster

Tab. 4.1: Textelemente, deren Farben in Visual Basic verändert werden können

Durch dieses ColorCoding können Sie schnell überprüfen, ob die eingegebene Syntax richtig erkannt wurde. Bekommt ein Textelement beim Verlassen der Zeile nicht die zugehörige Farbe oder wird die gesamte Zeile nicht farbcodiert, sollten Sie die Anweisung nochmals genau untersuchen.

Neben dem ColorCoding vereinheitlicht Visual Basic noch die Abstände zwischen den einzelnen Worten. Neben Gleichheitszeichen werden z.B. automatisch Abstände eingefügt.

```
Command1.Caption="Hilfe"      'vor ColorCoding
Command1.Caption = „Hilfe"   'nach ColorCoding
```

Sie sollten sich nicht zu sehr auf das automatische Einfügen von Abständen verlassen. Problematisch ist dies beispielsweise bei dem Kaufmännischen-und-Zeichen (&). Es kann als Verknüpfungszeichen für Strings fungieren, dann steht es einzeln, oder es dient als Identifikationszeichen von Integer Variablen, dort wird es ohne Abstand verwendet.

```
Label1.Caption = „Dies ist Label Nummer „ & Zahl&
```

Beachten Sie, daß in obigem Beispiel das Ampersand-Zeichen (&) zwei unterschiedliche Bedeutungen hat.

Programmstrukturfehler

Programmstrukturfehler sind Syntaxfehler bei mehrzeiligen Anweisungen. Diese Fehler bilden aber eine eigene Gruppe, da sie von Visual Basic nicht schon bei der Eingabe erkannt werden. Die Erkennung dieser mehrzeiligen Konstruktionen bei der Eingabe ist problematisch. Die Visual Basic-Entwicklungsumgebung kann nur schwer entscheiden, ob Sie mit dem Aufbau der Anweisung noch nicht fertig sind, oder ob Sie vergessen haben diese korrekt zu beenden.

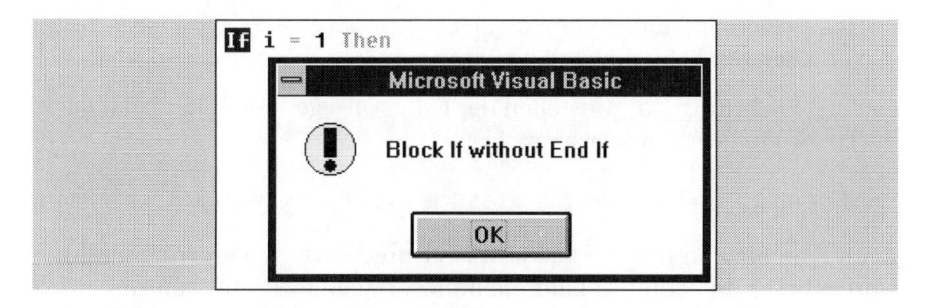

Abb. 4.2: Fehlermeldung der Programmstrukturprüfung

Trotzdem stellt die Fehlererkennung kein größeres Problem dar. Beim Starten des Programms oder beim Versuch es zu compilieren, werden solche Strukturen aufgelöst. Fehlt ein Teil in einer mehrzeiligen Anweisung, läßt Visual Basic eine MessageBox erscheinen, die das aufgetretene Problem beschreibt und zusätzlich wird in der dazugehörenden Prozedur der Beginn der fehlerhaften Anweisung markiert.

Visual Basic findet bei der Compilierung auch Objektnamen, zu denen sich kein passendes Steuerelement im Projekt befindet. Außerdem werden Variablen entdeckt, die trotz gesetztem OPTION EXPLICIT nicht deklariert wurden.

Laufzeitfehler

Im Idealfall bräuchten Programme zur Laufzeit nicht mit Fehlern zu kämpfen, aber wir leben in einer Welt, in der Dateien defekt sein können, Speichermedien voll werden oder Anwender unsinnige Eingaben machen. Solche Ereignisse nennt man Laufzeitfehler.

Die Laufzeitfehler treten nur auf, wenn das Programm läuft, deshalb muß zum Abfangen dieser Fehler bereits bei der Programmentwicklung Vorsorge getroffen werden. Diese Mechanismen werden Fehlerbehandlungsroutinen (engl.: error handling) genannt. Da aber auch der erfahrenste Programmierer nicht vollkommen ist, muß man diese Fehler in zwei Gruppen unterteilen, die erwarteten und die unerwarteten Laufzeitfehler.

Erwartete Laufzeitfehler

Laufzeitfehler können über Fehlerbehandlungsroutinen abgefangen werden. Eine Fehlerbehandlung erfolgt in drei Schritten:

- Aktivieren des Abfangmechanismus
- Überprüfen des aufgetretenen Fehlers
- Verlassen der Fehlerbehandlungsroutine

Aufstellen der Falle

Der erste Schritt ist das Aufstellen der Falle. Dies geschieht in Visual Basic durch die ON ERROR-Anweisung.

```
On Error { GoTo label | Resume Next | GoTo 0 }
```

Beim Durchlaufen der ON ERROR-Anweisung wird die Fehlerbehandlung aktiviert. Das bedeutet, sobald nach dieser Zeile ein Fehler auftritt, wird keine Meldung ausgegeben und das Programm angehalten, sondern zu dem

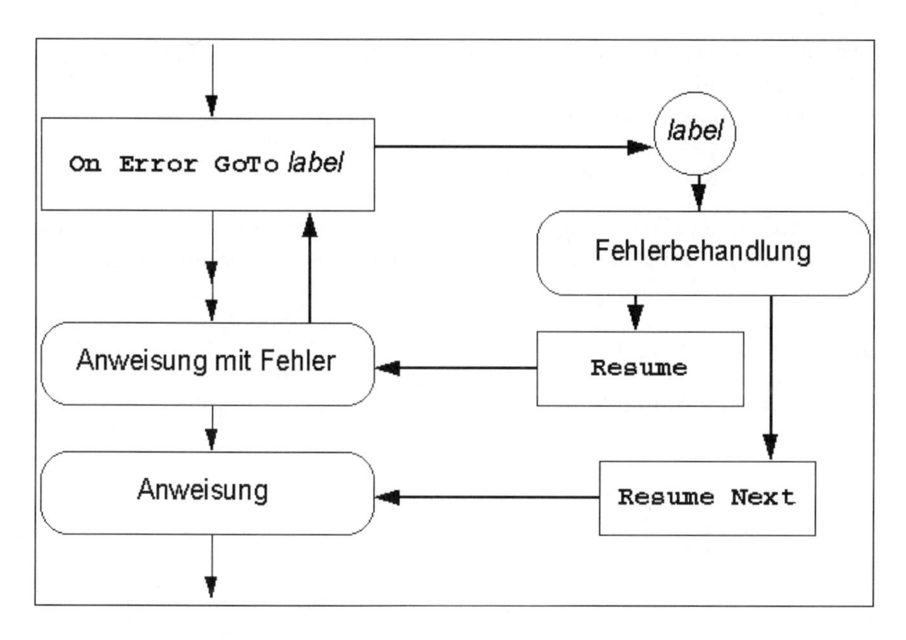

Abb. 4.3: Behandlung von Laufzeitfehlern

angegebenen Label gesprungen. Das zugehörige Label muß sich in derselben Prozedur befinden. Vor dort aus kann natürlich in andere Prozeduren gesprungen werden.

Wird als Label die Null (0) angegeben, so wird die Fehlerbehandlung wieder abgeschaltet. Die Option RESUME NEXT wird im nächsten Abschnitt genauer besprochen.

Fangen des Fehlers

Ist der Fehler erst einmal aufgespürt, muß er nur noch abgefangen werden. Das bedeutet, daß zuerst geklärt werden muß welcher Art der Fehler ist. Dazu bietet Visual Basic eine vorgegebene Variable mit dem Namen ERR. Diese Variable enthält eine Nummer, die den zuletzt aufgetretenen Fehler bezeichnet. Eine Liste aller Fehler, die abgefangen werden können, finden Sie im Anhang oder in der Visual Basic-Online-Hilfe unter dem Stichwort 'trappable errors'.

In der Fehlerbehandlungsroutine wird untersucht, welcher Fehler nun wirklich aufgetreten ist. Dazu wird die Variable ERR auf Übereinstimmung mit der erwarteten Fehlernummer überprüft. Danach wird versucht den Fehler zu beheben, oder so zu behandeln, daß er das Programm nicht zum Absturz bringt.

Programm wieder freilassen

Nachdem die Fehlerbehandlungsroutine erfolgreich durchlaufen wurde, muß diese wieder verlassen werden. Dies kann durch ein RESUME geschehen. Dabei wird an die Zeile, die den Fehler verursachte zurückgesprungen und diese nochmals ausgeführt. Mit RESUME NEXT wird an die Zeile zurück gesprungen, die auf die Fehlerzeile folgt.

```
Resume [{ Next | label }]
```

Die Anweisung RESUME NEXT kann auch im Zusammenhang mit ON ERROR verwendet werden. Dadurch wird jede Zeile, die einen Fehler verursacht, übersprungen.

```
On Error Resume Next
```

Der allgemeine Aufbau einer Fehlerbehandlung könnte folgendermaßen aussehen.

```
Sub allgemein ()
On Error GoTo Fehler

      For i = 4 To 0 Step -1
            E = 2 / i
      Next i

Exit Sub
Fehler:

      Select Case Err
            Case 11
                  i = -1
                  Resume
            Case Else
                  MsgBox Error$(Err)
                  End
      End Select

End Sub
```

Ohne RESUME oder einer anderen Vorkehrung die Fehlerbehandlung zu verlassen, tritt beim Compilieren ein Programmstrukturfehler auf.

Um zu verhindern, daß die Fehlerbehandlungsroutine innerhalb der Prozedur immer durchlaufen wird, sollte vor das Label der Fehlerroutine ein EXIT SUB gestellt werden. Dadurch wird die Prozedur an dieser Stelle verlassen ohne den restlichen Code auszuführen.

Die Funktion ERROR$() gibt den passenden Text zur Fehlernummer aus. Damit kann auch in Fehlerbehandlungsroutinen, die das Ausgeben einer Fehlermeldung durch Visual Basic ja verhindern, die korrekte Fehlermeldung ausgegeben werden.

Ein typischer Einsatz einer Fehlerbehandlungsroutine ist das Abfangen des CANCELERROR beim CommonDialog-Control.

```
Function DateiAuf ()

On Error GoTo abbruch
      CMdialog1.CancelError = True

      CMdialog1.Filter = „Alle Dateien (*.*)|*.*“
      CMdialog1.Action = 1
      DateiAuf = CMdialog1.Filename

Exit Function
abbruch:

      If Err = 32755 Then
            DateiAuf = False
      Else
            MsgBox Error$(Err)
      End If
      Exit Function

End Function
```

Listing 4.1: Abfangen des CANCELERROR beim CommonDialog-Control

Abb. 4.4: *CANCELERROR des CMDIALOG.VBX*

Durch die Eigenschaft CANCELERROR wird ein Fehler ausgelöst sobald der Anwender die Abbrechen-Taste in einem der Dialoge des CommonDialog-Controls betätigt.

Fehler in verschachtelten Routinen

Wird aus einer Prozedur eine Unterprozedur oder Funktion aufgerufen, so hat dies auch Auswirkungen auf die Fehlerbehandlung. Befindet sich in der aufgerufenen Prozedur oder Funktion keine Fehlerbehandlung, so sucht Visual Basic in der aufrufenden Prozedur. Wenn der Fehler dort abgefangen wird, so wird mit RESUME die Unterprozedur oder Funktion erneut aufgerufen, mit RESUME NEXT wird an der auf den Unterprozeduraufruf folgenden Zeile weitergearbeitet.

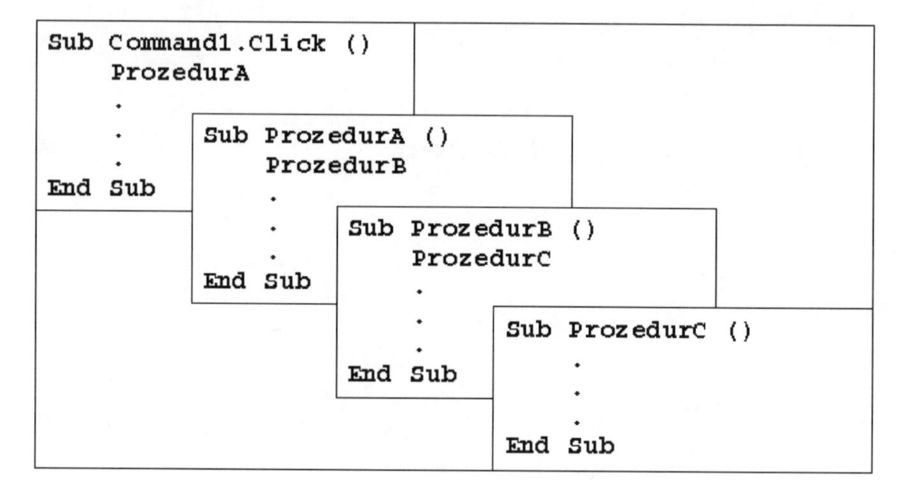

Abb. 4.5: Fehlerbehandlung in verschachtelten Prozeduren

Bei Fehlerbehandlungsroutinen in Prozeduren, die weitere Prozeduren aufrufen, sollte man sich im klaren sein, daß Fehler nicht nur in der eigenen, sondern auch in der aufgerufenen Prozedur oder Funktion entstehen können und mit abgefangen werden sollten.

! Die Suche nach einer Fehlerbehandlungsroutine einer aufgerufenen Prozedur geht durch die aufrufenden Prozeduren zurück. Sie endet allerdings an der ursprünglich aufgerufenen Ereignisprozedur. Solche Prozeduraufrufe können über das [CALLS] Fenster im [DEBUG] Menü schön verfolgt werden (dazu später mehr).

Das Fenster zum Verfolgen von Prozeduraufrufen enthält eine Liste aller momentan beteiligten Prozeduren. Dabei befindet sich die Ereignisprozedur am unteren Ende der Liste, und die gerade aktive Prozedur steht ganz oben.

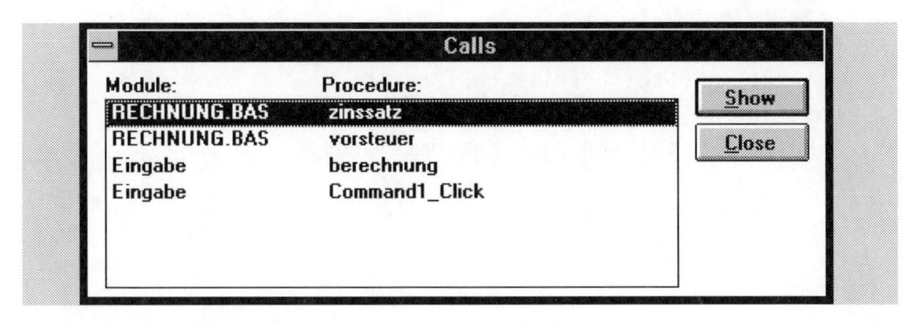

Abb. 4.6: Verfolgen von Prozeduraufrufen

Globale Fehlerbehandlung

Wenn Sie in Ihrem Programm eine Fehlerbehandlung integrieren, so werden Sie bald feststellen, daß Sie wieder und wieder die gleichen Fehler abfangen. Durch vorrausschauende Planung können Sie den Programmieraufwand und die Größe Ihres Programms reduzieren, indem Sie die Fehlerbehandlung an zentraler Stelle unterbringen.

```
Function DateiFehler (FehlerWert As Integer) As Integer
Dim BoxTyp As Integer, Txt As String, Antwort As Integer
' FehlerWert Bedeutung      FehlerWert  Bedeutung
' 0          Resume         2          Nichtbehebbarer Fehler
' 1          Resume Next    3          Nichterkennbarer Fehler

BoxTyp = MB_ICONEXCLAMATION                'Typ #48

Select Case FehlerWert
    Case ERR_DEVICEUNAVAILABLE             'Fehler #68
        Txt = „Gerät nicht verfügbar."
        BoxTyp = MB_ICONEXCLAMATION + 4
    Case ERR_DISKNOTREADY                  'Fehler #71
        Txt = „Bitte Diskette einlegen."
    Case ERR_DEVICEIO                      'Fehler #57
        Txt = „Interner Laufwerksfehler"
        BoxTyp = MB_ICONEXCLAMATION + 4
    Case ERR_BADFILENAME, ERR_BADFILENAMEORNUMBER '#64 & 52
        Txt = „Ungültiger Dateiname."
    Case ERR_PATHDOESNOTEXIST              'Fehler #76
        Txt = „Pfad ungültig."
    Case ERR_BADFILEMODE                   'Fehler #54
        Txt = „Zugriff verweigert."
```

```
    Case ERR_FILEALREADYOPEN           'Fehler #55
        Txt = „Datei bereits geöffnet."
    Case ERR_INPUTPASTENDOFFILE          'Fehler #62
        Txt = „Einlesen nach dem Dateiende."
    Case Else
        DateiFehler = 3
        Exit Function
End Select

Antwort = TxtBox(Txt, BoxTyp, „Laufwerksfehler")
Select Case Antwort
    Case 1, 4                          'OK, Wiederholen
        DateiFehler = 0
    Case 5                             'Ignorieren
        DateiFehler = 1
    Case 2, 3                          'Abbrechen
        DateiFehler = 2
    Case Else
        DateiFehler = 3
End Select

End Function
```

Listing 4.2: Globale Datei-Fehlerbehandlung in einer Funktion

Diese Funktion behandelt verbreitete Datei- und Laufwerksfehler. Handelt es sich um einen anderen Fehler, so wird der Wert 3 zurückgegeben. Prozeduren, die diese Funktion aufrufen sollten die anderen Fehler selbst behandeln, oder eine andere Fehlerprozedur aufrufen.

Unerwartete Laufzeitfehler

Alle möglicherweise auftretenden Fehler sollten entweder abgefangen oder vermieden werden. Daher sollten eigentlich in der endgültigen Version des Programms unerwartete Laufzeitfehler nicht mehr auftreten. Sie zeugen von nicht gründlich genug durchgeführten Testläufen des Programms.

Ist ein Fehler abfangbar, so sollte für ihn auch eine Fehlerbehandlungsroutine bereitstehen. Ist ein Fehler nicht abfangbar, so sollte dafür gesorgt sein, daß er nicht auftreten kann. Um dies zu erreichen, sollten alle Extremzustände, die das Programm annehmen kann, simuliert und auf korrekte Reaktion untersucht werden.

Sie bekommen sicher auch nicht gerne die Meldung: „In Ihrer Anwendung ist ein Fehler aufgetreten. Wählen Sie OK, um diese zu schließen.“

Während der Entwicklungsphase sollten Sie sich alle Fehler, die nicht abgefangen werden, als Text ausgeben lassen (MSGBOX (ERROR$(ERR)), um noch nicht behandelte Fehler leichter zu erkennen.

Schreiben Sie eine globale Fehlerbehandlungsroutine, die mit unerwarteten Fehlern so umgehen kann, daß das Programm ordentlich terminiert wird, indem UNLOAD-Prozeduren ausgeführt werden und die Arbeit des Anwenders gesichert werden kann.

Logische Fehler

Die „härtesten Nüsse“ stellen die logischen Fehler dar. Dabei wird der Code korrekt ausgeführt, aber trotzdem das gewünschte Ergebnis nicht erreicht. Dies ist auf Fehler in der Programmierung zurückzuführen. Dabei wurden die Einzelschritte des Programms nicht genau genug in BASIC-Code umgesetzt. Bei der Ausführung tritt aber kein Syntax-, Programmstruktur- oder Laufzeitfehler auf. Der Code ist in dieser Beziehung fehlerfrei, nur die verwendeten Anweisungen führen nicht zum gewünschten Ziel.

Friß oder stirb

Zur Bekämpfung dieser Fehler stehen nur zwei Lösungen zur Verfügung. Entweder Sie passen das Programm an Ihre Vorstellungen an, indem Sie die logischen Fehler korrigieren, oder Sie gleichen Ihre Vorstellungen an das Programm an, indem Sie zufrieden sind, mit dem was es eben jetzt kann.

Um logische Fehler in den Griff zu bekommen, sind umfangreiche Tests erforderlich. Um diese Tests durchführen zu können, bietet Visual Basic leistungsfähige Werkzeuge.

Debugging Tools

Sie fahren im Auto und hören plötzlich ein komisches Geräusch aus dem Motorraum. Bei voller Fahrt, also im Run-Modus, können Sie den Fehler nur schlecht lokalisieren. Sie halten auf dem nächsten Parkplatz und stellen den Motor ab (ähnlich dem Design-Modus). Nun können Sie den Fehler wieder nicht finden, da der Motor ja nicht läuft. Um einen solchen Fehler zu suchen, lassen Sie den Motor laufen, ohne einen Gang einzulegen.

Dadurch können Sie den Fehler am einfachsten aufspüren. Den gleichen Modus gibt es auch bei Visual Basic, dort heißt er Break-Modus. Alle Untersuchungen mit den Debugging Werkzeugen können nur im Break-Modus durchgeführt werden.

Die einzelnen Modi können Sie im [RUN] Menü oder über den Toolbar einstellen.

Break-Modus

Durch Drücken der F5-Taste oder des [RUN] Buttons wird ein Programm in der Entwicklungsumgebung von Visual Basic gestartet. Mit Strg Pause oder über den [BREAK] Button kann der Break-Modus erreicht werden. Zurück in den Run-Modus gelangen Sie durch F5 bzw. dem [RUN] Button, die im Break-Modus dieselbe Funktion wie der [CONTINUE] Menüpunkt haben. In den Design-Modus kommen Sie über den [END] Button bzw. Menüpunkt zurück.

Beachten Sie die unterschiedlichen [RUN] Menüpunkte in den einzelnen Modi (siehe Abbildung 4.7).

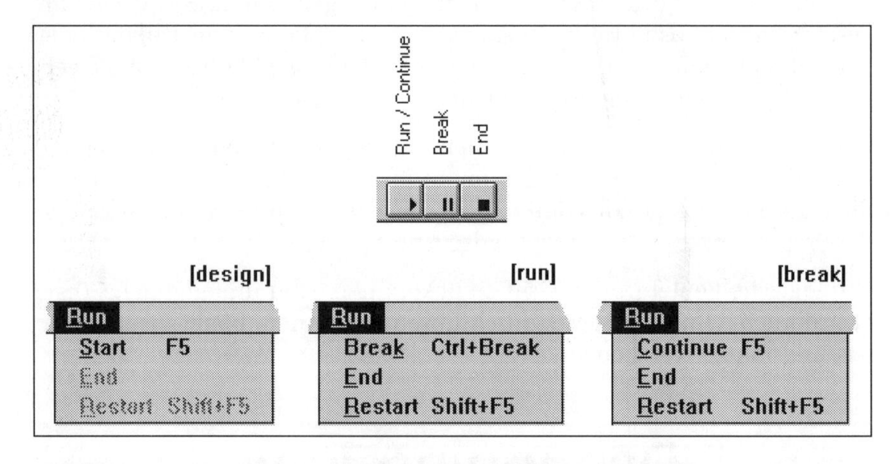

Abb. 4.7: *Das [Run] Menü in den verschiedenen Modi*

Der aktuelle Modus wird Ihnen in eckigen Klammern in der Titelzeile von Visual Basic angezeigt.

Sie gelangen auch noch in den Break-Modus, wenn Ihr Programm in der Entwicklungsumgebung läuft und einen nicht abgefangenen Laufzeitfehler verursacht. Dabei erhalten Sie eine MessageBox mit der aktuellen Fehlermeldung, und das Programm wird gleichzeitig in den Break-Modus gesetzt.

Im Break-Modus wird das Programm an der aktuellen Stelle unterbrochen. Die Inhalte aller Variablen bleiben erhalten und im Code-Fenster wird die nächste auszuführende Programmzeile markiert.

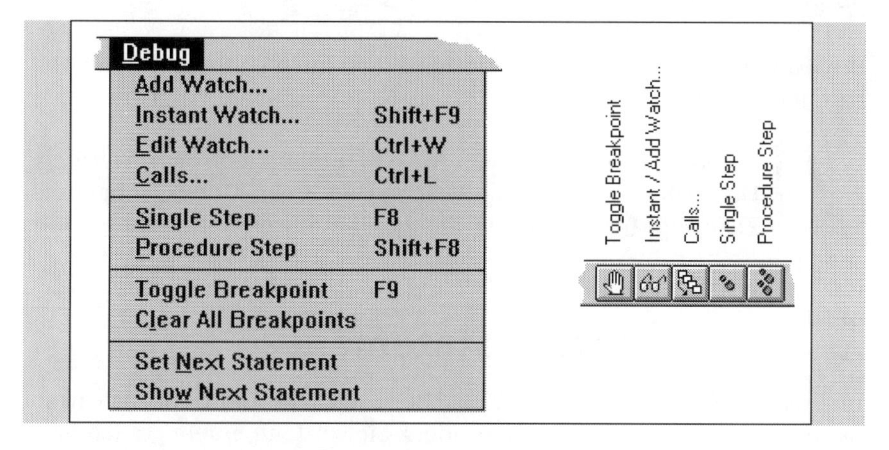

Abb. 4.8: *Debugging Werkzeuge*

Die Debugging Tools können nur im Break-Modus verwendet werden.

Breakpoint

Neben dem [BREAK] Button oder einem Laufzeitfehler führt noch ein weiterer Weg in den Break-Modus. Visual Basic bietet die Möglichkeit, die Programmausführung an einer vorher bestimmten Zeile zu unterbrechen. Dies kann durch eine Markierung einer bestimmten Zeile erreicht werden. Eine solche Markierung nennt man Breakpoint und sie bewirkt, daß Visual Basic in den Break-Modus wechselt, sobald die markierte Zeile abgearbeitet werden soll.

Ein Breakpoint kann verwendet werden, um zu überprüfen, ob eine bestimmte Zeile überhaupt ausgeführt wird. Dadurch läßt sich beispielsweise untersuchen ob eine Prozedur überhaupt ausgeführt wird oder welcher Ast einer Verzweigung durchlaufen wird.

Ein Breakpoint wird gesetzt, indem Sie im Code-Fenster die gewünschte Zeile markieren und dann mit dem [TOGGLE BREAKPOINT] Button oder der F9-Taste einen Breakpoint ein- bzw. ausschalten. Alle gesetzten Breakpoints können auf einmal mit dem Menüpunkt [CLEAR ALL BREAKPOINTS] entfernt werden.

```
Var1$ = "Dies ist eine normale Zeile"
Var2$ = "Diese Zeile enthält einen Breakpoint"
Var3$ = "Dies ist wieder eine normale Zeile"
```

Abb. 4.9: Breakpoint im Code-Fenster zur Designzeit

Breakpoints können sowohl zur Designzeit als auch im Break-Modus ein- bzw. ausgeschaltet werden.

Ähnliche Funktion wie ein Breakpoint hat die STOP-Anweisung. Dadurch schaltet Visual Basic in den Break-Modus, sobald die Zeile abgearbeitet wurde, die diesen Code enthält.

Next Statement

Im Break-Modus kennzeichnet Visual Basic die Zeile, die als nächste bearbeitet wird (NEXT STATEMENT) besonders. Sie wird mit einem grauen Rahmen umgeben, und der Text wird in Fettschrift dargestellt. Dadurch können Sie leicht erkennen an welcher Stelle im Code sich das Programm im Moment befindet.

Wenn das Programm durch einen Breakpoint unterbrochen wird, kann diese Art der Markierung beobachtet werden.

```
ElseIf TypeOf screen.ActiveControl Is PictureBox Then
    Clipboard.SetData screen.ActiveControl.Picture, CF_BITMAP
    Clipboard.SetData screen.ActiveControl.Picture, CF_DIB
    Clipboard.SetData screen.ActiveControl.Picture, CF_PALETTE
End If
```

Abb. 4.10: NEXT STATEMENT-Markierung in einem Breakpoint

Wichtig dabei ist, daß die Zeile, die den Breakpoint enthält, auch die Zeile wird, in der sich das NEXT STATEMENT befindet. Das bedeutet, daß diese Zeile noch nicht ausgeführt wurde, sondern als allernächste zur Verarbeitung ansteht!

Soll das Programm an einer anderen Stelle fortgesetzt werden, so kann die NEXT STATEMENT-Markierung auch in eine andere Zeile gesetzt werden. Dazu wird der Textcursor in die gewünschte Zeile der aktuellen Prozedur gesetzt und anschließend der Menüpunkt [SET NEXT STATEMENT] angeklickt. Dadurch springt die NEXT STATEMENT in die entsprechende Zeile, und nach einem [CONTINUE] wird die Ausführung des Programms in dieser Zeile wieder aufgenommen.

Die Kennzeichnung der nächsten auszuführenden Zeile ist besonders im Zusammenhang mit der Einzelschrittausführung von Bedeutung.

Step

Wenn sich ein Programm im Break-Modus befindet, muß die Programmausführung nicht unbedingt mit [CONTINUE] in voller Geschwindigkeit wieder aufgenommen werden. Es kann auch etwas langsamer vorgegangen werden. Sie können den Programmcode auch zeilenweise abarbeiten lassen. Dabei können Sie die Auswirkungen der jeweiligen Zeile direkt verfolgen. Diese Art der Fortbewegung in einzelnen Schritten nennt man SINGLE STEP.

Wenn Sie beispielsweise über einen Breakpoint die NEXT STATEMENT-Markierung in einer Zeile untergebracht haben, so können Sie durch Betätigen des Buttons mit dem einzelnen Fußabdruck bzw. F8 verfolgen, wie die Markierung bei jeder Betätigung eine Zeile weiter springt und was der eben ausgeführte Code bewirkt hat.

Diese Funktionalität kann verwendet werden, um bei Verzweigungen zu verfolgen welche Codeteile ausgeführt werden und welche nicht. Gerade bei verschachtelten Abfragen können dadurch schnell logische Fehler gefunden werden.

Auch im Design-Modus kann der SINGLE STEP-Button angeklickt werden. Dadurch springt das Programm aber nicht, wie vielleicht erwartet in den Break-Modus, sondern direkt in den Run-Modus. Erst nachdem eine Ereignisprozedur ausgelöst wurde, geht das Programm in den Break-Modus und die entsprechende Prozedur kann schrittweise durchgearbeitet werden.

An diesem Verhalten wird die Funktionsweise der ereignisorientierten Programmierung sehr schön deutlich. Durch den Befehl SINGLE STEP soll Visual Basic den Code zeilenweise ausführen, doch mit welcher der vielen Prozeduren begonnen werden soll, wird erst nach dem Auftreten eines Ereignisses (z.B.: COMMAND1_CLICK) klar.

Mit SINGLE STEP wird nicht nur die aktuelle Prozedur, sondern auch eine eventuell aufgerufene Prozedur in Einzelschritten durchlaufen. Ist dieses Verhalten nicht erwünscht, so können Prozeduraufrufe mit PROCEDURE STEP im Schnellgang durchlaufen werden. Dadurch wird die aktuelle Prozedur in Einzelschritten abgearbeitet, aufgerufene Prozeduren werden ausgeführt, jedoch nicht im Einzelschritt.

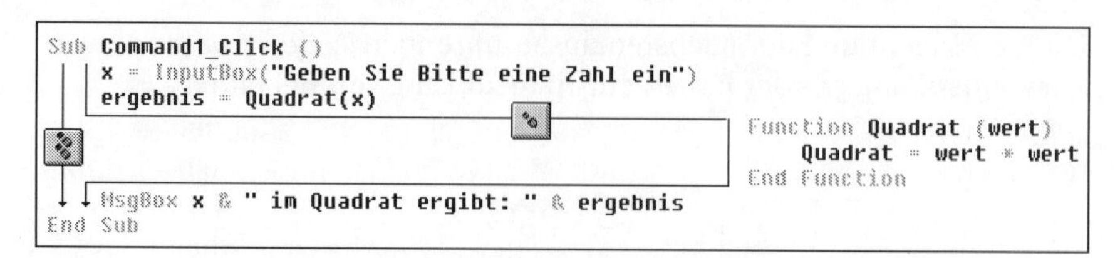

Abb. 4.11: Unterschied zwischen Single Step und Procedure Step

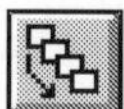

Ein Procedure Step kann durch den Button mit den zwei Fußabdrücken bzw. [↑][F8] durchgeführt werden.

Calls

Visual Basic bietet eine weitere Möglichkeit, Prozeduraufrufe zu verfolgen. Das Calls-Fenster zeigt alle Prozeduren, deren Code zumindest teilweise durchlaufen wurde, bevor die aktuelle Prozedur erreicht wurde. Dabei befindet sich die aktuelle Prozedur ganz oben und die auslösende Ereignisprozedur am unteren Ende der Prozedurliste.

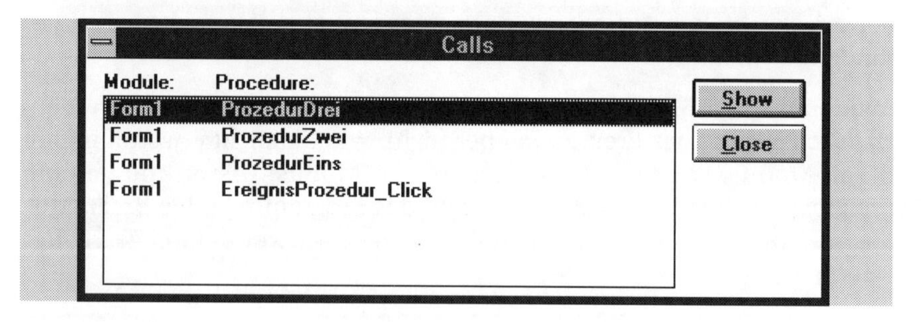

Abb. 4.12: Prozeduraufrufe im Calls-Fenster

Das Calls-Fenster kann durch den [Calls] Button bzw. [Strg][L] geöffnet werden.

Watch

Neben den Möglichkeiten den Programmablauf zu beobachten, bietet Visual Basic auch Werkzeuge, um einzelne Variablen oder ganze Ausdrücke zu untersuchen. Dies kann durch sog. Watches erreicht werden.

Befindet sich ein Programm im Break-Modus, so können Sie z.B. eine Variable im bereits durchlaufenen Teil des Codes markieren und deren aktuellen Inhalt betrachten. Dazu muß sich der Textcursor in der betreffenden Variablen befinden, oder der gesamte Variablenname (am schnellsten durch einen Doppelklick auf das Wort) markiert sein. Anschließend drücken Sie [⇧][F9], bzw. klicken Sie auf den [WATCH] Button. Dadurch erscheint das INSTANT WATCH-Fenster.

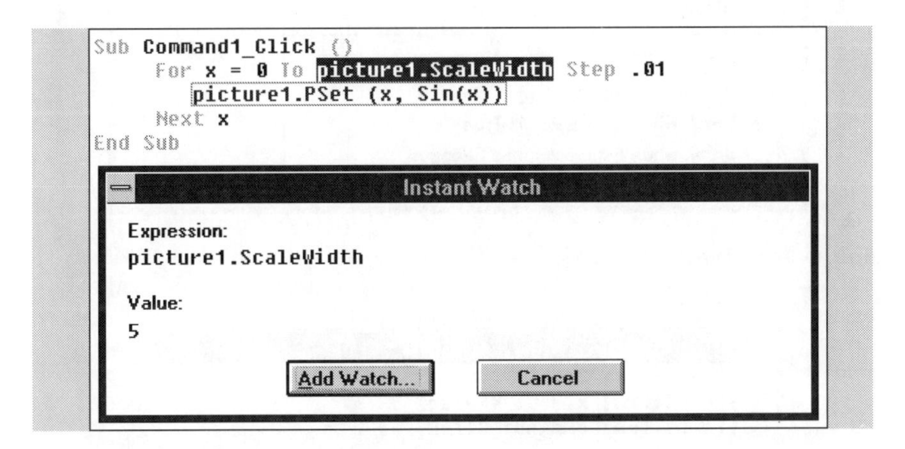

Abb. 4.13: INSTANT WATCH-Fenster

Neben dem Instant Watch, der nur den momentanen Inhalt eines Ausdrucks anzeigt, kann ein Variablenausdruck auch intensiver beobachtet werden. Dazu kann mit ADD WATCH der fragliche Ausdruck in das Debug-Fenster eingeblendet und im Break-Modus schnell betrachtet werden.

Dazu markieren Sie wieder den zu untersuchenden Ausdruck und wählen [ADD WATCH] aus dem [DEBUG] Menü, oder klicken auf den INSTANT WATCH-Button und gehen von dort weiter in den EDIT WATCH-Dialog. In diesem Dialog wird der fragliche Ausdruck eingetragen bzw. automatisch der markierte Code übernommen.

Als zu untersuchender Ausdruck kann nicht nur ein Teil des Codes verwendet werden, sondern Sie können auch eigene Ausdrücke im Eingabefeld [EXPRESSION] des EDIT WATCH-Dialoges formulieren.

In diesem Dialog wird außerdem festgelegt, in welchem Kontext der Ausdruck überwacht werden soll, auf Prozedur-, Modul- oder Projektebene, und in welcher Art und Weise. Durch den [WATCH TYPE] können Sie festlegen, daß der aktuelle Ausdruck in Break-Modus lediglich angezeigt wird, oder daß das Programm unterbrochen werden soll, sobald der überwachte Ausdruck sich ändert bzw. TRUE wird.

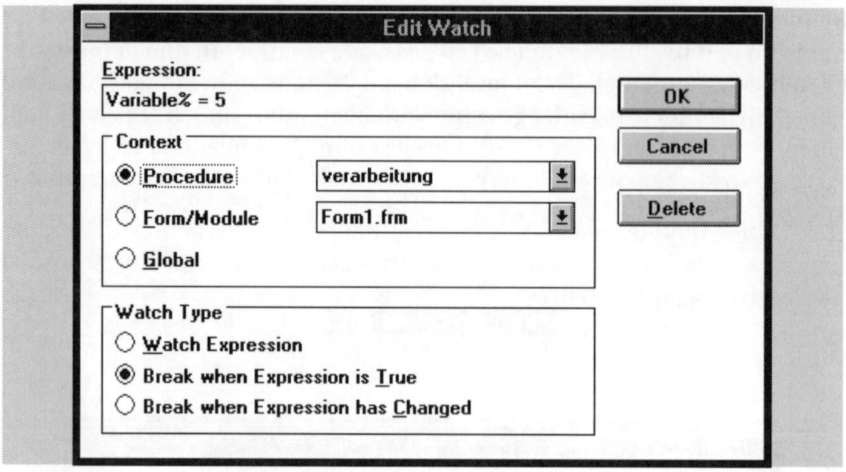

Abb. 4.14: EDIT WATCH-Dialog

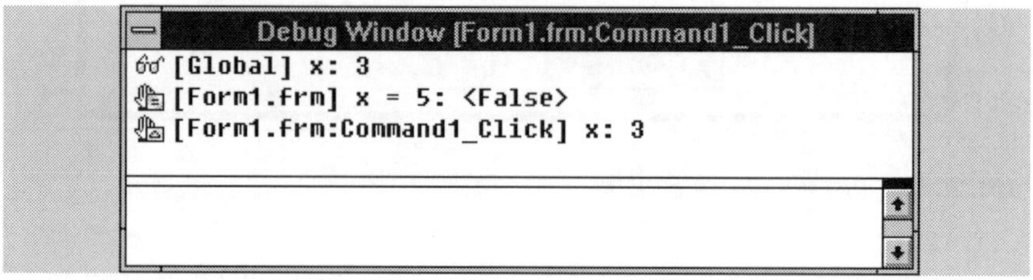

Abb. 4.15: Verschiedene Kontexte und WATCH TYPES im Debug-Fenster

Die verschiedenen WATCH TYPES werden durch unterschiedliche Symbole vor den jeweiligen Zeilen im Debug-Fenster angezeigt. Dabei bedeutet die Brille einen einfachen Watch. Die beiden anderen Symbole mit der offenen Hand deuten an, daß hier ein Break ausgelöst wird. Das Gleichheitszeichen im blauen Schildchen bedeutet, daß der Break gesetzt wird, sobald der überwachte Ausdruck TRUE wird. Das Dreieck im gelben Schildchen soll ausdrücken, daß ein Break ausgelöst wird, sobald der überwachte Ausdruck sich ändert.

Bereits bestehende Überwachungsausdrücke können auch nachträglich noch verändert werden. Dazu muß lediglich auf den betreffenden Eintrag im Debug-Fenster doppelgeklickt werden bzw. das Watch-Fenster über Strg W bzw. den Menüpunkt [EDIT WATCH] des [DEBUG] Menüs aufgerufen werden. Anschließend können im EDIT WATCH-Dialog die gewünschten Veränderungen vorgenommen oder der Watch mit [DELETE] wieder entfernt werden.

Debug-Fenster

Neben den zahlreichen Fenstern der Visual Basic-Entwicklungsumgebung erscheint im Run- und Break-Modus ein weiteres Fenster, das Debug-Fenster.

Das Debug-Fenster kann für verschiedene Aufgaben eingesetzt werden. Zum einen dient es dazu die Watches aufzunehmen. Wie im vorangegangenen Abschnitt beschrieben, enthält der obere Teil des Debug-Fensters die aktiven Watch Ausdrücke. Der untere Teil des Fensters wird Direkt-Fenster oder Immediate Panel genannt.

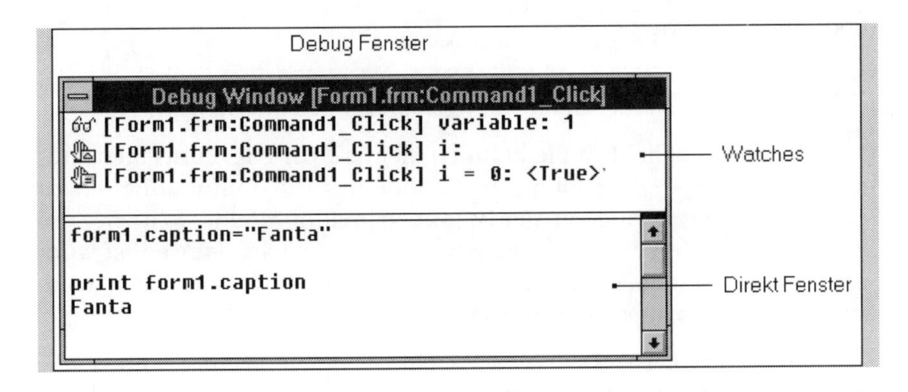

Abb. 4.16: Teile des Debug-Fensters

Direkt-Fenster

Im Break-Modus können Sie in das Direkt-Fenster gültigen Visual Basic-Code eingeben und dieser wird sofort ausgeführt, sobald Sie die Zeile mit ↵ verlassen.

Sie können Inhalte von Variablen oder Eigenschaften über das Direkt-Fenster verändern oder Methoden auf Objekte anwenden. Dies bietet Ihnen beispielsweise die Möglichkeit, Laufzeitfehler zu provozieren oder den Inhalt von Variablen auszugeben. Aber auch kleine Codeteile können im Direkt-Fenster getestet werden.

Um beispielsweise den Inhalt einer Eigenschaft zu verändern, geben Sie einfach den Code in der gleichen Form ein, wie Sie das auch in einem Code-Fenster tun würden. Soll die Anweisung ausgeführt werden, verlassen Sie die Zeile mit der ↵-Taste (siehe Abb. 4.16).

Ausgaben in das Direkt-Fenster können mit der PRINT-Methode gemacht werden. Dazu geben Sie nach der PRINT-Anweisung den auszugebenden Ausdruck ein. Nach dem Verlassen der Zeile mit ↵, wird die Ausgabe in der nächsten Zeile angezeigt.

Anstelle des Schlüsselwortes PRINT können Sie auch kurz das Fragezeichen '?' verwenden.

Im Direkt-Fenster bleiben die letzten 100 Zeilen erhalten. Sie können bereits ausgeführte Zeilen editieren und/oder erneut ausführen lassen.

Debug-Objekt

Das Direkt-Fenster kann auch noch auf eine andere Art angesprochen werden. Dabei werden die Kommandos nicht direkt in das Debug-Fenster eingegeben, sondern Ausdrücke werden aus dem Programm heraus, während es in der Entwicklungsumgebung läuft, in das Direkt-Fenster geschickt. Dazu verwenden Sie im Code das DEBUG-Objekt und dessen einzige Methode, die PRINT-Methode.

Das DEBUG-Objekt ist eines der fünf System-Objekte oder Global Objects, und damit ist der Name 'Debug' ein Visual Basic-Schlüsselwort.

Diese Ausgabemöglichkeit bietet Ihnen mehrere Vorteile. Zum einen können Sie Ausdrücke ausgeben lassen, ohne das Programm anhalten zu müßen, denn das Debug-Fenster ist ja auch im Run-Modus sichtbar. Zum anderen müssen die Zeilen, in denen das DEBUG-Objekt verwendet wird, nicht entfernt werden, bevor aus dem Projekt eine EXE-Datei gemacht wird, denn diese Arbeit übernimmt Visual Basic für Sie.

Sie könnten beispielsweise in den verschiedenen Ästen einer Abfrage unterschiedliche Ausgaben machen lassen und damit den Programmablauf verfolgen.

```
If X > 0 Then
     Links
     Debug.Print „Links Abgebogen, X=“; X
Else
     Rechts
     Debug.Print „Rechts Abgebogen, X=“; X
End If
```

Listing 4.3: Verwendung des DEBUG-Objektes

Denken Sie bei der Ausgabe auf das DEBUG-Objekt daran, daß das Direkt-Fenster keine horizontale Bildlaufleiste besitzt. Sie sollten daher keine Ausdrücke ausgeben, die Ihre Bildschirmbreite überschreiten, wenn Sie später den gesamten Ausdruck lesen wollen.

5 Datenaustausch mit anderen Anwendungen

- **Die Zwischenablage** 186
- **DDE** 189
  - Visual Basic als Ziel 191
  - DDE im Netzwerk 198
  - Visual Basic als Quelle 199
- **Zusammenfassung** 201
- **OLE - Object Linking and Embedding** 201
  - Grundlagen 202
  - Was ist OLE? 202
  - Das OLE-Control (MSOLE2.VBX) 207
  - OLE-Automation 212
  - VBA - Visual Basic für alle? 214

Bei der Arbeit mit DOS-Programmen stand man oft vor dem Problem, Daten, die in einem Programm erstellt wurden, in ein anderes zu übertragen, um sie dort weiter zu bearbeiten. Besonders die Programme unterschiedlicher Hersteller unterstützten verschiedene Dateiformate. Um beispielsweise die Ergebnisse einer Tabellenkalkulation in ein Grafik-Programm zu bekommen, mußten die Werte in eine Datei exportiert werden, für die das Grafik-Programm einen Importfilter besaß.

Bei der Entwicklung von Windows wurde dieser Problematik Rechnung getragen. Es wurden Strukturen integriert, die einen einfachen Austausch von Daten zwischen verschiedenen Applikationen ermöglichen.

Eine dieser Möglichkeiten wird durch die Windows-Zwischenablage (englisch: Clipboard) zur Verfügung gestellt. Die Funktionen AUSSCHNEIDEN, KOPIEREN und EINFÜGEN verwenden die Zwischenablage als temporären Speicher. Der aktuelle Inhalt der Zwischenablage kann mit dem Programm CLIPBRD.EXE, das zum Lieferumfang von Windows gehört, betrachtet werden. Bei Windows hat dieses Programm in der Hauptgruppe den Namen 'Zwischenablage'. Bei Windows for Workgroups dagegen heißt es 'Ablagemappe'.

Abb. 5.1: *CLIPBRD.EXE zeigt Inhalt und Formate der Zwischenablage an*

Da Daten aus den verschiedensten Typen von Applikationen kopiert werden und an anderen Stellen wieder eingefügt werden können, muß die Zwischenablage unterschiedliche Formate für die verschiedenen Daten unterstützen. Viele Applikationen kopieren die Daten in mehr als einem Format in die Zwischenablage. Die Formate des Inhaltes der Zwischenablage können auch mit dem Menüpunkt ANSICHT der CLIPBRD.EXE betrachtet werden.

Die Zwischenablage

Das CLIPBOARD-Objekt ist eines der fünf Systemobjekte von Visual Basic (die anderen vier sind APP, SCREEN, PRINTER und DEBUG) und ermöglicht den Zugriff auf die Windows-Zwischenablage. Das CLIPBOARD verfügt über keine Eigenschaften oder Ereignisse, aber einige Methoden.

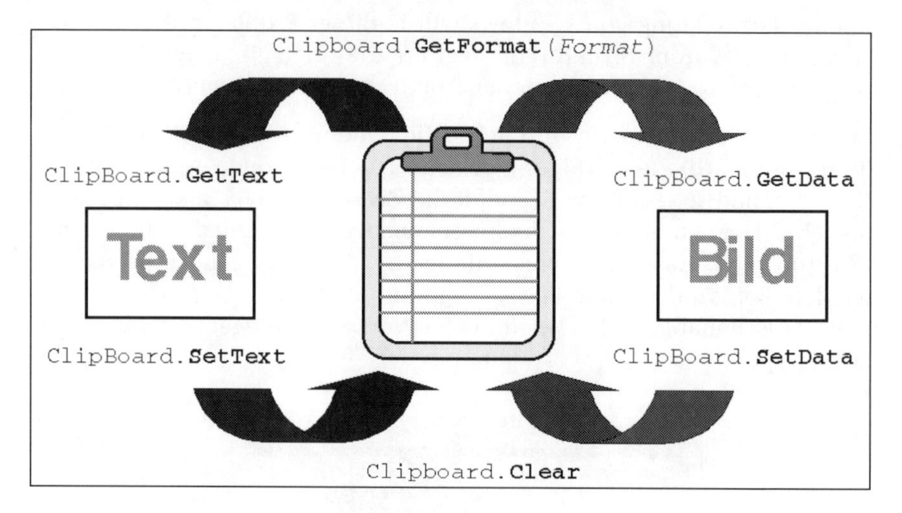

Abb. 5.2: Methoden des CLIPBOARD-Objekts

Die beiden gebräuchlichsten Methoden sind SETTEXT und GETTEXT. Damit können Textdaten mit dem CLIPBOARD ausgetauscht werden.

SetText

SETTEXT kopiert einen String in die Zwischenablage und ersetzt dabei den aktuellen Inhalt. SetText wird wie eine Anweisung verwendet:

```
Clipboard.SetText text[, format]
```

GetText

GETTEXT liefert den Textinhalt der Zwischenablage zurück. Es wird wie eine Funktion verwendet:

```
ziel = Clipboard.GetText([format])
```

SetData / GetData

Analog dazu ist die Syntax für Bilder. Mit der SETDATA-Anweisung werden die Grafikdaten in die Zwischenablage kopiert und mit der GETDATA-Funktion aus dem Clipboard importiert.

In diesem Zusammenhang ist die Angabe des Formates von Interesse, in dem die Bilddaten in die Zwischenablage kopiert werden sollen. In je mehr Formaten sich die Daten in der Zwischenablage befinden, desto größer ist die Wahrscheinlichkeit, daß einen andere Applikation diese Daten importieren kann.

CONSTANT.TXT	Wert	Beschreibung
CF_LINK	&HBF00	DDE-Information
CF_TEXT	1	Text
CF_BITMAP	2	Bitmap
CF_METAFILE	3	Windows Metafile
CF_DIB	8	Device-independent Bitmap
CF_PALETTE	9	Palette

Tab. 5.1: Konstantennamen der CLIPBOARD-Formate und deren Werte

Die letzten vier Formate können für Bilddaten verwendet werden. Die ersten beiden sind den Text-Methoden vorbehalten.

GetFormat

Die Zwischenablage ist also nicht nur ein einfacher Behälter mit nur einem Inhalt, sondern sie hat sozusagen mehrere Fächer, in die verschiedene Daten in unterschiedlichen Formaten abgelegt werden können. Mit der GETFORMAT-Methode kann untersucht werden, ob sich das gewünschte Format in der Zwischenablage befindet.

Der Ausdruck wird TRUE, wenn das angegebene Format im Clipboard vorhanden ist.

```
Clipboard.GetFormat(format)
```

Clear

Durch die Set-Methoden werden nur die entsprechenden Formate der Zwischenablage überschrieben. Um sicherzustellen, daß sich nicht ein Textinhalt und ein unterschiedlicher Bildinhalt oder ein anderes Format einer anderen Applikation gleichzeitig in der Zwischenablage befinden, sollten vor dem Exportieren in das Clipboard sämtliche Inhalte gelöscht werden. Die CLEAR-Methode erfüllt genau diese Aufgabe. Der gesamte Inhalt der Zwischenablage wird gelöscht.

```
Clipboard.Clear
```

Abhängig davon, welcher Typ von Steuerelement den Focus hat, können so unterschiedliche Formate in die Zwischenablage kopiert werden.

TIP Bei der Fehlersuche im Zusammenhang mit der CLIPBOARD-Programmierung leistet das Programm CLIPBRD.EXE wertvolle Dienste. Damit kann der Inhalt der Zwischenablage sozusagen von einem 'unabhängigen Dritten' untersucht werden.

Ein typischer 'Ausschneiden' Menüpunkt besteht aus dem Kopieren der Daten in das Clipboard und dem anschließenden Löschen der Ursprungsdaten. Beim 'Kopieren' Menüpunkt unterbleibt einfach dieses Löschen.

```
Sub mnuBearbeitenAusschneiden ()

Clipboard.Clear
If TypeOf Screen.ActiveControl Is TextBox Then
      If Screen.ActiveControl.SelText <> „“ Then
        · Clipboard.SetText Screen.ActiveControl.SelText
      End If
ElseIf TypeOf Screen.ActiveControl Is PictureBox Then
      Clipboard.SetData Screen.ActiveControl.Picture, CF_BITMAP
      Clipboard.SetData Screen.ActiveControl.Picture, CF_DIB
      Clipboard.SetData Screen.ActiveControl.Picture, CF_PALETTE
End If

'Für das Bearbeiten Kopieren Menü die folgende Sektion weglassen
If TypeOf Screen.ActiveControl Is TextBox Then
      Screen.ActiveControl.SelText = „“
ElseIf TypeOf Screen.ActiveControl Is PictureBox Then
      Screen.ActiveControl.Picture = LoadPicture()
End If

End Sub
```

Listing 5.1: Beispiel für einen Bearbeiten Ausschneiden-Menüpunkt

Beim Importieren der Daten aus dem Clipboard muß wieder darauf geachtet werden, daß das richtige Format im passenden Steuerelementetyp ankommt.

```
Sub MnuBearbEinf_Click ()

If TypeOf Screen.ActiveControl Is TextBox Then
      Screen.ActiveControl.SelText = Clipboard.GetText()
ElseIf TypeOf Screen.ActiveControl Is PictureBox Then
      Screen.ActiveControl.Picture = Clipboard.GetData()
End If

End Sub
```

Listing 5.2: Beispiel für einen Bearbeiten Einfügen-Menüpunkt

Hauptmenüpunkte mit Untermenüs haben auch ein CLICK-Ereignis. Dieses Ereignis tritt ein, sobald der Anwender das PullDown-Menü öffnet. In dieser Prozedur lassen sich Routinen unterbringen, die den Status der Menüpunkte regeln. Es kann also überprüft werden, ob sich das Programm momentan in einem Zustand befindet, in dem bestimmte Untermenüpunkte erlaubt, d.h. ENABLED, sein dürfen oder nicht.

```
Sub MnuBearb_Click ()

mnuBearbAussch.Enabled = True
mnuBearbKopier.Enabled = True
mnuBearbEinf.Enabled = False

If TypeOf Screen.ActiveControl Is TextBox Then
      If Clipboard.GetFormat(CF_TEXT) Then mnuBearbEinf.Enabled =
                         True
ElseIf TypeOf Screen.ActiveControl Is PictureBox Then
      If Clipboard.GetFormat(CF_BITMAP) Then
            mnuBearbEinf.Enabled = True
      ElseIf Clipboard.GetFormat(CF_DIB) Then
            mnuBearbEinf.Enabled = True
      End If
Else
      mnuBearbAussch.Enabled = False
      mnuBearbKopier.Enabled = False
End If

End Sub
```

Listing 5.3: Beispiel für eine Steuerung des Bearbeiten-Menüs

Typische Steuerelemente, die zusammen mit der Zwischenablage verwendet werden, sind TEXT-, LIST-, COMBO- und PICTUREBoxen. Andere Steuerelemente, auf die der Anwender nicht den Focus setzen kann, kommen nur in Ausnahmefällen zum Einsatz.

DDE

Windows stellt eine weitere Möglichkeit zur Verfügung, um Daten zwischen Applikationen auszutauschen. Dabei wird das Kopieren und Einfügen über die Zwischenablage automatisiert und die Daten aktualisiert, sobald sie sich am Herkunftsort verändert haben. Diese Art der Verbindung nennt man Dynamic Data Exchange oder kurz DDE. Im Englischen werden solche Verbindungen als 'Links' bezeichnet.

Eine DDE-Verbindung wird gerne mit einem Gespräch verglichen. Bei einer normalen DDE-Verbindung handelt es sich allerdings um ein sehr einseitiges Gespräch. Eine Seite ist der Erzähler und die andere der Zuhörer. Die korrekte Bezeichnung für die Seite, von der die Daten stammen ist 'Quelle'. Die Seite des Zuhörers wird 'Ziel' genannt.

Eine DDE-Verbindung wird manuell in zwei Schritten aufgebaut. Zuerst werden die gewünschten Daten markiert und in die Zwischenablage kopiert und im zweiten Schritt in die Ziel-Applikation eingefügt. Im Unterschied zum normalen Verwenden der Zwischenablage wird dabei nicht der Menüpunkt [BEARBEITEN] [EINFÜGEN] verwendet, der die Daten ja nur kopiert, sondern [INHALTE EINFÜGEN...]. Dadurch wird lediglich ein Verweis auf die Quelle eingefügt. Angezeigt werden allerdings die Daten aus der Quellapplikation.

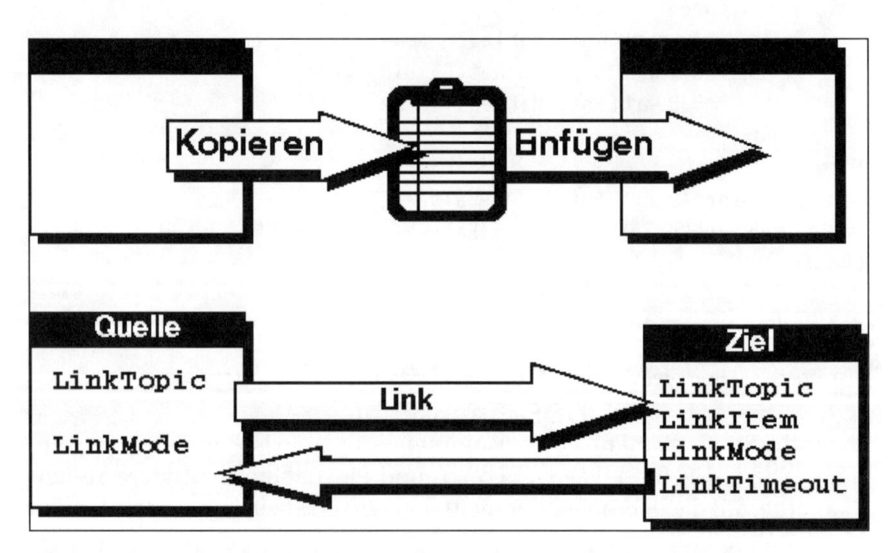

Abb. 5.3: DDE-Verbindung

Wichtig dabei ist, daß die Zwischenablage nur zum Aufbau der Verbindung benötigt wird. Eine bestehende DDE-Verbindung ist von der Zwischenablage unabhängig. Von Visual Basic werden DDE-Verbindungen direkt, also ohne Verwendung des Clipboards, aufgebaut.

Nicht alle Applikationen unterstützen DDE. Sie können an verschiedenen Merkmalen erkennen, ob ein Programm diese Fähigkeit besitzt. Der Menüpunkt [INHALTE EINFÜGEN...] zeigt an, daß ein Programm als Ziel einer DDE-Verbindung auftreten kann. Solche Programme können meistens auch als Quelle fungieren. Überprüfen läßt sich dies mit der CLIPBRD.EXE. Sind dort im Menü [ANSICHT] Einträge mit 'Link' vorhanden, so kann das Programm, von dem die Daten in der Zwischenablage stammen, als Quelle auftreten. Wenn der Menüpunkt [INHALTE EINFÜGEN...] grau hinterlegt ist, obwohl sich Daten einer DDE-Quelle in der Zwischenablage befinden, so werden die vorhandenen Formate von der Zielapplikation nicht unterstützt.

Visual Basic kann DDE-Verbindungen zur Laufzeit als auch zur Design-Zeit aufbauen. Da die Erstellung von Links zur Design-Zeit analog zu anderen Programmen mit [EDIT][PASTE LINK] erfolgt, soll im folgenden nur auf den Aufbau von Links zur Laufzeit eingegangen werden.

Visual Basic als Ziel

Visual Basic kann in einer DDE-Verbindung sowohl als Quelle als auch als Ziel auftreten. Da eine Verbindung immer von der Zielseite aus aufgebaut wird, dürften Visual Basic-Programme üblicherweise als Ziel fungieren.

Um eine DDE-Verbindung aufbauen zu können, muß sowohl die Ziel- als auch die Quell-Applikation laufen. Soll mit einem bestimmten Dokument eine Verbindung aufgebaut werden, so muß auch dieses Dokument in der Quelle geladen sein.

DDE-Eigenschaften

Der Aufbau der Verbindung mit anderen Programmen wird in Visual Basic durch Eigenschaften gesteuert. Nur wenige Steuerelemente können an DDE-Verbindungen teilnehmen. Dies sind die TEXTBOX, die PICTUREBOX und das LABEL.

LinkMode

Mit der LINKMODE-Eigenschaft wird die Art der Verbindung festgelegt, d.h., ob überhaupt eine Verbindung bestehen soll und wie die Daten aktualisiert werden.

```
control.LinkMode = wert
```

Dabei stehen mehrere Möglichkeiten zur Auswahl:

CONSTANT.TXT	Wert	Beschreibung
NONE	0	Keine Verbindung
LINK_AUTOMATIC	1	Automatischer Update
LINK_MANUAL	2	Update nur auf Anforderung
LINK_NOTIFY	3	Änderungsmitteilung

Tab. 5.2: Konstantennamen und Werte der LinkMode-Eigenschaft

Mit dem LinkMode auf Null besteht keine DDE-Verbindung zu einer anderen Applikation. Wird der LinkMode auf einen der anderen Werte gesetzt, so wird die Verbindung zur Quelle aufgebaut. Unterschiede bestehen nur noch in der Art, in der die Daten aktualisiert werden. Bei einem automatischen Link werden die Daten sofort übertragen, sobald diese sich diese in der Quell-Applikation geändert haben. Beim Notify Link werden nicht die Daten selbst übertragen, sondern nur eine Mitteilung an das Ziel gesandt, daß die Daten sich geändert haben. Der manuelle Link stellt nur eine Verbindung her. Daten werden hier nur auf Anforderung übertragen.

LinkTopic

Um eine Verbindung überhaupt herstellen zu können, muß der Ursprungsort der Daten angegeben werden. Dabei muß eine Syntax eingehalten werden, mit der die Quelle der Daten exakt bezeichnet wird:

```
Applikation|Topic!Item
```

Als *Applikation* hat jedes DDE-fähige Programm seinen speziellen Namen. Meist ist dies der Name der EXE-Datei. Mit *Topic* wird eine für die Applikation wichtige Einheit bezeichnet. Hierbei handelt es sich oft um die Dateinamen mit Erweiterung und bei gleichnamigen Dateien auch dem Pfad. Das *Item* gibt eine Untereinheit des *Topics* an.

Das Trennzeichen zwischen *Applikation* und *Topic* ist ein 'Pipe' Symbol (Zeichen Code 124). Das *Item* wird vom *Topic* durch ein Ausrufungszeichen getrennt.

An einer Tabellenkalkulation lassen sich die einzelnen Einheiten am besten darstellen. Die *Applikation* ist das Programm, das die Tabellen bearbeiten kann. Das *Topic* ist dabei eine Datei, die eine Tabelle enthält und das *Item* wäre demzufolge eine oder mehrere Zellen.

Applikations-Name und *Topic* werden in der LinkTopic Eigenschaft zusammengefaßt.

```
control.LinkTopic = "Applikation|Topic"
```

Bei einer bestehenden DDE-Verbindung führt das Ändern der LinkTopic-Eigenschaft zum Abbruch der Verbindung. Um bei einer bestehenden Verbindung das LINKTOPIC zu wechseln, muß die Verbindung beendet werden und nach Änderung des LINKTOPIC neu aufgebaut werden.

LinkItem

Mit dem LINKITEM wird eine Stelle innerhalb eines Dokumentes bezeichnet, die als Datenquelle dienen soll.

Es wird in einer eigenen Eigenschaft angegeben, da es, anders als das LINKTOPIC, geändert werden kann, ohne daß die DDE-Verbindung abbricht.

```
control.LinkItem = "name"
```

Bei Verbindungen mit einem deutschsprachigen MS Excel ist darauf zu achten, daß das LINKITEM nicht, wie in den Begleittexten von Visual Basic angegeben, in der Form "R1C1" angegeben wird, sondern hier die deutsche Syntax verwendet wird. Anstelle von Row und Column also Zeile und Spalte und folglich in der Form "Z1S1".

Hierbei wird deutlich, daß die Problematik oft darin liegt die korrekten Bezeichnungen für *Applikation, Topic* und *Item* herauszubekommen.

Viele der Programme, die DDE unterstützen, besitzen ein *Topic* namens "System". Dieses enthält oft ein *Item* namens "SysItems". Darüber lassen sich andere *Items* abrufen, die dieses Programm als mögliche Quellen zur Verfügung stellen kann.

TIP

Visual Basic kann DDE-Verbindungen auch zur Design-Zeit aufbauen. Befinden sich Daten einer DDE-fähigen Applikation in der Zwischenablage, so können diese mit dem Menüpunkt [EDIT] [PASTE LINK] in ein Ziel-Steuerelement eingefügt werden. Dabei nehmen die Eigenschaften LINKTOPIC und LINKITEM die entsprechenden Werte an. So kann also in der Eigenschaftenliste nachgesehen werden, welche Werte von der Quell-Applikation verwendet werden.

Links, die zur Design-Zeit erstellt werden, funktionieren nicht immer auch zur Laufzeit. Dies ist abhängig davon ob die Quell-Applikation diese Verbindungen beim Programmstart wieder aufbauen kann. Um sicherzugehen, daß ein Link korrekt aufgebaut wird, sollte er immer über Programmcode aufgebaut werden.

Um eine DDE-Verbindung mit Visual Basic aufzubauen, sind mindestens vier Schritte erforderlich:

1. Die LINKMODE-Eigenschaft auf NONE setzen
2. Mit LINKTOPIC die Ziel-Applikation mit Datei spezifizieren
3. Mit LINKITEM die genaue Position der Daten angeben
4. Durch Setzen der LINKMODE-Eigenschaft die Verbindung aufbauen

Ein Verbindungsaufbau mit Word für Windows könnte also folgendermaßen aussehen:

```
Const NONE = 0: LINK_AUTOMATIC = 1

Text1.LinkMode = NONE
Text1.LinkTopic = "winword|bericht.doc"
Text1.LinkItem = "\doc"
Text1.LinkMode = LINK_AUTOMATIC
```

Listing 5.4: Aufbau einer DDE-Verbindung

Bei Word für Windows steht das *Item* "\doc" für den gesamten Inhalt einer Datei, in diesem Fall der "bericht.txt".

LinkTimeout

Mit LINKTIMEOUT wird die Zeitspanne festgelegt, bevor Visual Basic einen Fehler auslöst, daß keine Applikation auf die Aufforderung zu einem DDE-Link geantwortet hat. Der Wert wird in 1/10 Sekunden angegeben.

Manche Applikationen brauchen länger, um auf DDE-Anfragen zu antworten. Wenn also beim Aufbau der Verbindung die Quell-Applikation nicht rechtzeitig antwortet, so kann der Standardwert von 5 Sekunden vergrößert werden. Normalerweise muß man diesen Eintrag allerdings nicht verändern.

DDE-Methoden

LinkRequest

Die LINKREQUEST-Methode fordert die Quell-Applikation auf, Daten über die DDE-Verbindung zu senden. Nur bei einem automatischem Link werden die Daten ständig aktualisiert. Bei einem Notify Link wird nur eine Meldung geschickt, daß die Daten sich geändert haben und bei einem manuellen Link erfährt das Ziel gar nichts von einer Änderung in der Quelle.

```
Sub Form_Load ()

Text1.LinkMode = NONE
Text1.LinkTopic = „excel|system“
Text1.LinkItem = „sysitems“
Text1.LinkMode = LINK_MANUAL
Text1.LinkRequest

End Sub
```

Listing 5.5: LINKREQUEST-Beispiel

Das 'System' *Topic* läßt keine automatischen Links zu, daher müssen die Daten explizit angefordert werden.

Bei manuellen oder Notify Links kann nur mit LINKREQUEST dafür gesorgt werden, daß die Daten der Verbindung aktualisiert werden.

LinkPoke

Über eine DDE-Verbindung fließen die Daten normalerweise immer von der Quelle zum Ziel. Mit LINKPOKE ist es möglich, Daten vom Ziel zur Quelle zu schicken. Dadurch bekommt man die Möglichkeit, DDE-Verbindungen zu einer anderen Applikation aufzubauen, was ja immer nur von der Ziel-Applikation ausgeführt werden kann. Anschließend ist die Richtung der Verbindung eigentlich egal, denn die Daten können ganz normal von der Quelle zum Ziel übertragen werden, oder sie werden mit LINKPOKE vom Ziel zur Quelle geschickt.

```
Sub Form_Load ()

Text1.LinkMode = NONE
Text1.LinkTopic = "excel|tab1"
Text1.LinkItem = "z1s1"
Text1.LinkMode = LINK_MANUAL

End Sub


SUB Command1_Click ()

Text1.LinkPoke

End Sub
```

Listing 5.6: LINKPOKE-Beispiel

> **!** Bei DDE-Verbindungen allgemein, aber besonders beim LINKPOKE ist darauf zu achten, daß keine Endlosschleifen konstruiert werden. Wäre das Beispiel in Listing 5.6 mit einem automatischen Link und das LINKPOKE im CHANGE Ereignis der TEXTBOX, so würde bei jeder Änderung in der TEXTBOX der neue Inhalt sofort an die Quelle gepoked. Dadurch ändern sich die Daten am *Item* und die Quelle schickt diese Daten an das Ziel. Dort ändert sich der Inhalt der TEXTBOX, und die Daten werden wieder zurückgeschickt usw.

LinkExecute

Durch die LINKEXECUTE-Methode werden keine Daten an die Quell-Applikation gesandt, sondern Kommandos zur Steuerung dieser Anwendung. Bei diesen Kommandos handelt es sich meist um Befehle der Makrosprache dieser Applikation.

```
control.LinkExecute = "[kommando]"
```

Beachten Sie bitte, daß die eckigen Klammern in diesem Fall zur Syntax gehören und nicht bedeuten, daß die Option nicht angegeben werden muß.

Das 'System' *Topic* vieler Applikationen ist dabei von besonderem Interesse. Damit kann eine DDE-Verbindung aufgebaut werden, ohne daß ein *Item* angegeben werden muß. Dann kann über Kommandos in der Quell-Applikation beispielsweise eine Datei geöffnet werden, um anschließend mit dieser Datei einen Link aufbauen zu können.

```
Text1.Text = „c:\kunden\moser.xls"

Text1.LinkMode = NONE
Text1.LinkTopic = „excel|system"
Text1.LinkMode = LINK_MANUAL

an = Chr(34) ' Definiert Anführungszeichen
Text1.LinkExecute „[open(„ & an & Text1.Text & an & „)]"
```

Listing 5.7: LINKEXECUTE-Beispiel

Bei den Kommandos, die man mit LINKEXECUTE absetzt, handelt es sich um Makrobefehle. Die genaue Syntax dieser Befehle muß den entsprechenden Handbüchern der jeweiligen Programme entnommen werden.

DDE-Ereignisse

LinkOpen

Das LINKOPEN-Ereignis tritt ein, sobald Visual Basic versucht eine DDE-Verbindung aufzubauen. Das Ereignis stellt auch eine CANCEL Variable zur Verfügung. Wird in der LINKOPEN Prozedur diese Variable auf TRUE gesetzt, so wird der Verbindungsaufbau abgebrochen.

LinkClose

Wird die DDE-Verbindung von der Quelle oder vom Ziel beendet, so tritt das LINKCLOSE-Ereignis ein.

LinkNotify

Das LINKNOTIFY-Ereignis tritt ein, sobald sich die Daten in der Quell-Applikation geändert haben. Die Mitteilung der Quelle, daß neue Daten vorhanden sind kommt in Visual Basic an und wird dort in Form des LINKNOTIFY-Ereignisses ausgewertet.

```
Sub Form_Load ()

      cmdRequest.Enabled = False

      Text1.LinkMode = NONE
      Text1.LinkTopic = "excel|tab1"
      Text1.LinkItem = "z1s1"
      Text1.LinkMode = LINK_NOTIFY

End Sub


Sub Text1_LinkNotify ()

      cmdRequest.Enabled = True

End Sub


Sub cmdRequest_Click ()

      Text1.LinkRequest
      cmdRequest.Enabled = False

End Sub
```

Listing 5.8: LinkNotify-Beispiel

Die LinkNotify-Prozedur wird nur ausgeführt, wenn ein Notify Link zum entsprechenden Steuerelement besteht. Nicht bei automatischen oder manuellen Links.

LinkError

Ein LinkError-Ereignis tritt nur ein, falls ein Fehler in der DDE Verbindung auftritt. Es tritt nicht ein, wenn Visual Basic Code ausgeführt wird, sondern z.B. wenn die Quelle trotz bestehendem Link geschlossen wird oder wenn versucht wird mehr als 128 Links aufzubauen.

Fehler, die beim Aufbau der Verbindung auftreten, werden wie ganz normale Laufzeitfehler behandelt.

```
Sub Form_Load ()

      On Error GoTo appstart

      Text1.LinkMode = NONE
```

```
        Text1.LinkTopic = appname & "|" & topic
        Text1.LinkItem = item
        Text1.LinkMode = LINK_AUTOMATIC


appstart:
        If Err = 282 Then
                ret% = Shell(appname & ".exe" & „ /“ & topic, 6)
                Resume
        Else
                MsgBox Error$(Err)
                Stop
        End If

End Sub
```

Listing 5.9: Automatisches Starten einer DDE-Quelle

Da eine DDE-Verbindung nur mit einem Programm aufgebaut werden kann, wenn dieses auch gestartet ist, sollte sichergestellt werden, daß die Quell-Applikation läuft. Mit dem Beispiel in Listing 5.9 wird die Quell-Anwendung automatisch gestartet, wenn dies nicht schon geschehen ist.

DDE im Netzwerk

Unter Windows for Workgroups ist es möglich, DDE-Verbindungen zwischen Rechnern aufzubauen, die über ein Netzwerk verbunden sind.

NetDDE

Um dort einen manuellen DDE-Link aufzubauen, sind neben den beiden Schritten, [KOPIEREN] und [INHALTE EINFÜGEN...], noch zwei weitere Schritte erforderlich. Wenn sich die Daten der Quelle in der Zwischenablage befinden, dann können sie von dort in die lokale Ablagemappe von Windows for Workgroups kopiert werden. Dort müssen sie für den Netzwerkzugriff freigegeben werden. Auf dem Rechner, auf dem die Ziel-Applikation läuft, wird eine Verbindung zur Ablagemappe des entfernten Rechners hergestellt. Von dort werden die Daten in die Zwischenablage des Zielrechners kopiert.

Anschließend können sie ganz normal, mit [INHALTE EINFÜGEN...], in die Ziel-Applikation eingefügt werden.

Eine solche NetDDE-Verbindung kann auch von Visual Basic aus aufgebaut werden. Dazu muß die Syntax, die die Quelle bezeichnet, etwas verändert werden.

```
\\server\NDDE$|$share.DDE!item
```

Als *Server* wird dabei der Computername angegeben, mit dem der Quellrechner im Netzwerk angemeldet ist. Mit *Share* wird der Name angegeben, mit dem die Daten auf dem entfernten Rechner in der Ablagemappe für den Zugriff über das Netzwerk freigegeben wurden. Das *Item* wird wie bei einer normalen DDE-Verbindung angegeben.

```
Text1.LinkTopic = "\\phedon\NDDE$|$film"
Text1.LinkItem = "\doc"
```

In diesem Beispiel wird eine Verbindung mit dem Freigabenamen 'Film' auf dem Rechner 'Phendon' hergestellt. Als *Item* wird mit '\doc' das gesamte in der Zwischenablage befindliche Word für Windows-Dokument angegeben.

Bei NetDDE-Verbindungen ist es nicht möglich, die Zwischenablage völlig zu umgehen. Aus Gründen der Datensicherheit ist es nur möglich auf Teile der Ablagemappe zuzugreifen, die vom Anwender dieses Rechners explizit freigegeben wurden.

Visual Basic als Quelle

Normalerweise wird das Visual Basic Programm das Ziel in einer DDE Verbindung sein. Es kann jedoch auch als Quell Applikation auftreten.

Dabei sind sowohl Eigenschaften der Form als auch der DDE fähigen Steuerelemente beteiligt.

DDE-Eigenschaften

LinkMode

Damit ein Visual Basic-Programm als Quelle für eine DDE-Verbindung auftreten kann, muß der LINKMODE-Eigenschaft der Form zur Design-Zeit auf 1 - Source gestellt werden. Ist beim Programmstart die LINKMODE-Eigenschaft eins, so kann sie zur Laufzeit auf 0 - None zurückgestellt werden, aber nicht umgekehrt.

Dadurch, daß die Form als Quelle fungieren kann, muß sie zusätzlichen Speicher allocieren und das kann zur Laufzeit nicht mehr nachträglich durchgeführt werden.

Auch hier muß die DDE-Syntax eingehalten werden, damit die Ziel-Applikation das richtige Objekt im Visual Basic Programm als Quelle angeben kann.

Applikation|Topic!Item

Applikation bezeichnet dabei den Namen der EXE-Datei, ohne die Erweiterung. Mit *Topic* muß die LINKTOPIC-Eigenschaft der Form angegeben werden. Als *Item* wird normalerweise der NAME des Steuerelementes angegeben. Da diese Eigenschaft zur Laufzeit nicht zur Verfügung steht, kann ersatzweise die TAG-Eigenschaft des Steuerelementes verwendet werden. Diese Eigenschaft wird von Visual Basic nicht verwendet, damit kann der Inhalt selbst festgelegt werden.

Wird das LINKTOPIC der Form zur Laufzeit geändert, so werden alle Links zu diesem *Topic* beendet und müssen neu aufgebaut werden.

```
Sub mnuKopieren ()

Const CF_LINK = &HBF00

<Code zum Kopieren der Daten>

Clipboard.SetText App.EXEName & „|“ & screen.ActiveForm.LinkTopic
            & „!“ & screen.ActiveControl.Tag, CF_LINK

End Sub
```

Listing 5.10: Beispiel, wie DDE-Information ins CLIPBOARD kopiert wird

DDE-Methoden

LinkSend

Tritt ein Visual Basic-Programm als DDE-Quelle auf, so wird die LINKSEND-Methode interessant. Durch diese Methode werden Daten an die Ziel-Anwendung übertragen. Dies ist besonders bei PICTUREBOXEN von Bedeutung. Dort werden auch automatische Links nicht automatisch aktualisiert. Damit wird verhindert, daß bei jeder Änderung der Bildinhalt über die DDE-Verbindung geschickt wird. Durch die LINKSEND-Methode können die Daten zu einem geeigneten Zeitpunkt an das Ziel abgeschickt werden.

DDE-Ereignisse

LinkExecute

Wenn Visual Basic die Quell-Applikation ist, arbeiten die Ereignisse LINKOPEN, LINKCLOSE und LINKERROR genauso als wäre Visual Basic das Ziel. Anstelle des LINKNOTIFY-Ereignisses steht nun das LINKEXECUTE-Ereignis zur Verfügung. Dieses Ereignis tritt dann ein, wenn von der Ziel-Applikation eine LINKEXECUTE-Methode ausgeführt wird.

```
form_LinkExecute (CmdStr as String, Cancel as Integer)
```

In der Variablen 'CmdStr' des Ereignisses wird das Kommando übergeben, das die LINKEXECUTE-Methode der Ziel-Applikation als Argument mitbekommen hat. Über die Variable 'Cancel' kann entweder dem Ziel mitgeteilt werden, daß das Kommando ausgeführt wurde (Cancel = 0), oder die Ausführung des Kommandos kann verhindert werden (Cancel = True).

DDE stellt eine sehr bequeme Möglichkeit dar, Daten schnell zwischen Applikationen auszutauschen. Dabei sollte allerdings nicht vergessen werden, daß dieser Transfer sowohl Arbeitsspeicher als auch Prozessorleistung verbraucht.

Zusammenfassung

Windows stellt verschiedene Strukturen zur Verfügung, um Daten einfach zwischen unterschiedlichen Applikationen auszutauschen.

Die gebräuchlichste dieser Strukturen ist die Windows-Zwischenablage. Sie wird immer genutzt, sobald im [BEARBEITEN] Menü einer der Punkte [AUSSCHNEIDEN], [KOPIEREN] oder [EINFÜGEN] verwendet wird, unabhängig davon ob sich der Ursprung und der Einfügepunkt in derselben oder in unterschiedlichen Programmen befindet. Die Zwischenablage kann von Visual Basic über das CLIPBOARD-Objekt angesprochen werden, für das ein Satz von Methoden zur Verfügung steht.

Durch die Verwendung des Dynamic Data Exchange (DDE) kann dieser Vorgang automatisiert werden. Die Daten müssen nicht neu kopiert werden, um sie zu aktualisieren, sondern über den DDE-Link können sie automatisch übertragen werden, sobald eine Veränderung der Quelldaten stattgefunden hat. Visual Basic kann in einer solchen DDE-Verbindung sowohl als Quelle, als auch als Ziel fungieren.

OLE - Object Linking and Embedding

OLE ist in diesem Fall kein spanischer Kraftausdruck, sondern eine weitere Methode Daten unter Anwendungen auszutauschen. Das war es zumindest bisher. Doch auch bei OLE gibt es Neuerungen. Während die letzte Version von Visual Basic noch OLE 1.0 unterstützte, glänzt Visual Basic bereits mit einer Unterstützung des OLE 2.0 Standards. Und mit der Version 2.0 ist aus OLE wesentlich mehr geworden, als nur eine weitere Datenaustauschmaschine. OLE zeigt die ersten Ausblicke auf ein objektorientiertes Betriebssystem, vielleicht sogar auf einen objektorientierten PC.

Grundlagen

Leider geht es auch hier nicht ganz ohne Grundlagen und Theorie. Aber gerade um OLE 2.0 und dessen Möglichkeiten wirklich verstehen zu können, muß man sich mit dessen Grundlagen beschäftigen.

Was ist OLE?

OLE ist erst einmal, knapp gesagt, eine Methode um Daten aus einer Anwendung in einer anderen zu bearbeiten oder dort einzufügen. Doch, wie gesagt, das ist nur die Spitze des Eisberges. OLE ist die Abkürzung für Object Linking and Embedding, also zu Deutsch das Verbinden und Einbetten von Objekten.

Was sind Objekte?

Das Wort Objekt ist eines der meistge- (und miß-)brauchtesten Wörter in diesem Geschäft. Heutzutage ist irgendwie alles objektorientiert, von der Zahnbürste bis zur High-End-Workstation. Logisch, denn das Wort Objekt läßt sich auch beliebig definieren.

Im Zusammenhang mit Visual Basic und Windows kann ein Objekt auch vielfältig sein. Ein Dokument aus Microsoft Word oder eine Tabelle aus Microsoft Excel können genauso ein Objekt sein, wie ein Steuerelement unter Visual Basic oder ein Bild aus Paintbrush. All das sind Objekte. Um Objekte zu verstehen, muß man sich auch mit dem zweiten entscheidenden Begriff im Zusammenhang mit OLE beschäftigen, den Containern. Nun, ein Container kann ein oder mehrere Objekte aufnehmen.

Auf diese Weise bietet Ihnen OLE die Möglichkeit, Dokumente aus verschiedenen Quellen zusammenzusetzen. Dabei sollten Sie Dokumente nicht immer nur als Dateien einer Textverarbeitung betrachten. Auch eine Excel-Tabelle kann ein Dokument sein, das mit Grafiken aus Paintbrush oder Objekten aus Powerpoint ausgestattet wird.

Server

In diesem Fall wäre Excel der Container und das Bild aus Paintbrush oder Powerpoint das Objekt. Die Anwendungen Paintbrush oder Powerpoint arbeiten dabei als sog. Serveranwendungen.

Jedes Objekt besitzt zwei Arten von Daten

Dabei besitzt jedes Objekt zwei verschiedene Arten von Daten, die PD (presentation data) und ND (native Data). Die PD sind dazu da, um die Informationen wie in der Originalanwendung darstellen zu können. Eine

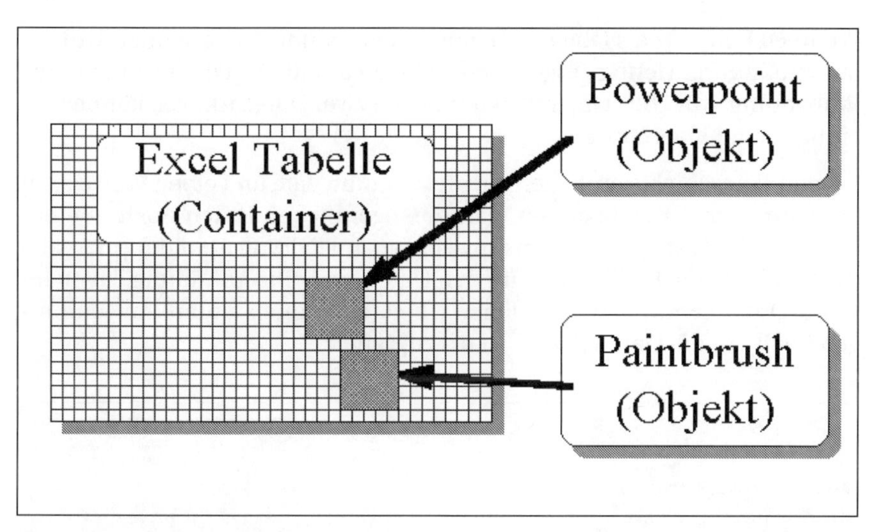

Abb. 5.4: Container und Objekte

Excel-Tabelle beispielsweise soll auch als Objekt noch in Tabellenform dargestellt werden. Die ND sind die eigentlichen Daten, also der Inhalt der Tabelle. Die folgende Abbildung verdeutlicht dies.

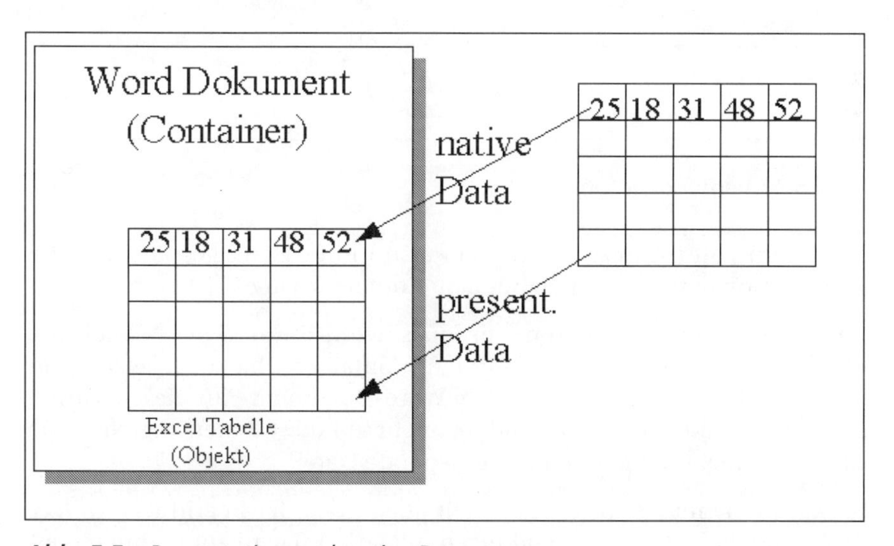

Abb. 5.5: Presentation und native Data

Hier liegt einer der Unterschiede zu DDE. Bei DDE werden nur die native data übertragen. Für die Darstellung der Daten ist die Zielanwendung verantwortlich.

Linked or embedded

Wenn OLE immer als Object Linking and Embedding bezeichnet wird, ist das nicht ganz richtig. Eigentlich müßte es heißen: Objekt Linking or Embedding. Mit OLE-Objekten können Sie zwei Dinge tun, Sie können sie einbetten oder verbinden.

Linked

Verbundene Objekte enthalten die presentation data und einen Verweis auf die native data. Das bedeutet, daß die eigentlichen Daten noch in einer Datei auf der Festplatte oder sonstwo liegen. Im Fall von Abbildung 5.5 gäbe es also noch eine Excel-Datei mit den Daten und eine Abbildung davon im Word-Dokument. Bei verbundenen Objekten können andere Anwendungen noch auf die Daten des Objektes zugreifen.

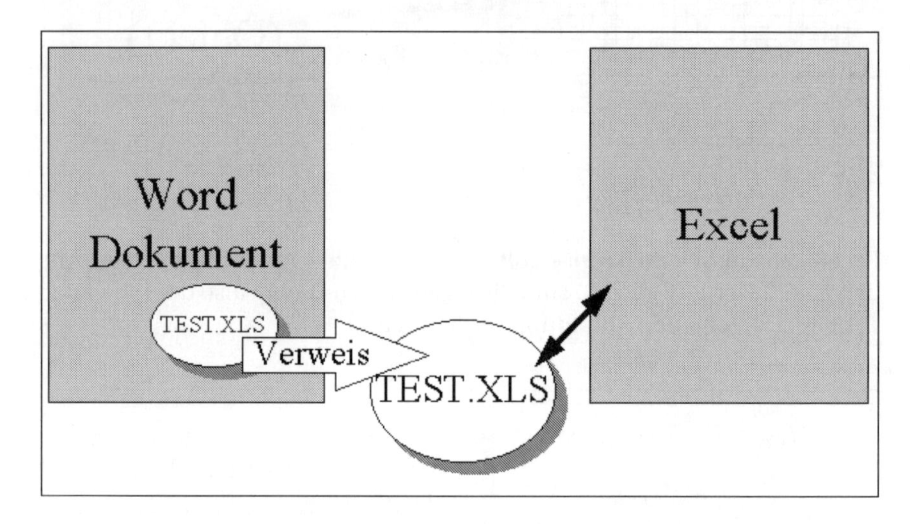

Abb. 5.6: Verbundene Objekte

In diesem Fall sind die native data also in der Datei gespeichert, die presentation data zusammen mit dem Container-Objekt.

Embedded

Bei eingebetteten Objekten werden sowohl die native als auch die presentation data zusammen mit dem Container-Objekt gespeichert, in diesem Fall also zusammen mit dem Word-Dokument. Aus diesem Grund kann auch keine andere Anwendung mehr auf diese Daten zugreifen, sie exisitieren nicht mehr als einzelne, seperate Datei.

InPlace Activation

Im Zusammenhang mit OLE 2.0 fällt auch noch der Begriff des *InPlace Activation*. Bei älteren Anwendungen mit OLE 1.0 wird zum Editieren eines eingebundenen oder verbundenen Objektes immer noch die Originalanwendung in einem eigenen Fenster gestartet.

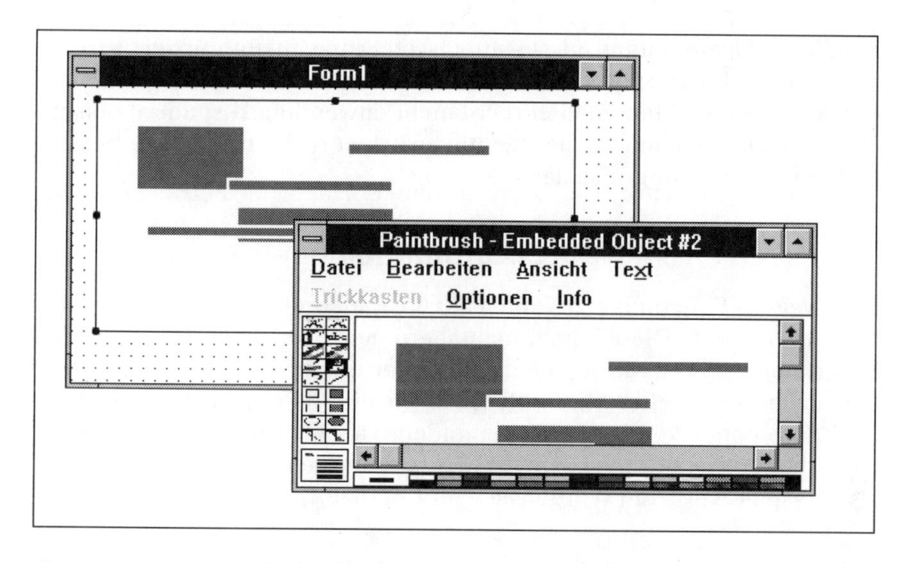

Abb. 5.7: OLE 1.0 Objekt (Paintbrush in Visual Basic)

Mit OLE 2.0 wurde also nun InPlace-Activation möglich. Hier wird die Container-Anwendung dazu verwendet und einfach "umgebaut". Fügen Sie also eine Excel-Tabelle in ein Word-Dokument ein und überarbeiten dieses Objekt, wird Excel nicht in einem eigenen Fenster geöffnet. Statt dessen wird aus Word plötzlich Excel. Der Anwender braucht also sein aktuelles Anwendungsprogramm nicht zu verlassen.

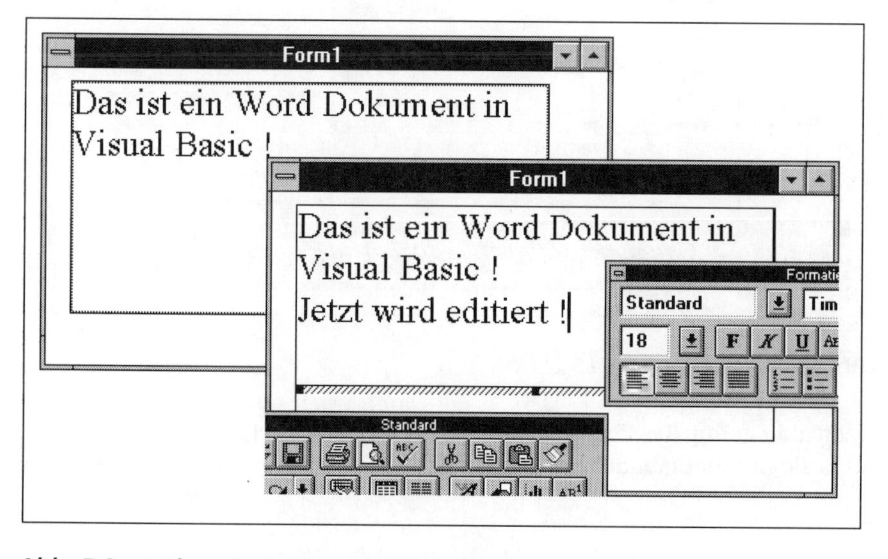

Abb. 5.8: InPlace-Activation mit Word und Visual Basic

Mit diesen Eigenschaften ausgestattet ist OLE eine Zukunft sicher. Auf diese Weise wird man später einmal nicht mehr mit verschiedenen Anwendungen arbeiten. Man arbeitet nicht mehr anwendungs- sondern objektorientert. Das Dokument, die eigentliche Arbeit rückt in den Mittelpunkt, nicht die Anwendung, also das Werkzeug.

OLE-Automation

Eine weitere Funktionalität von OLE 2.0 ist auch nicht zu verachten, die OLE-Automation. Diese Funktionalität ermöglicht es Ihnen, mit verschiedenen Objekten fast wie mit Steuerelementen umzugehen. In Zukunft können Sie ein komplettes Microsoft Word wie eine Textbox bedienen. Über OLE-Automation können Sie eingebundene Objekte per Befehle bedienen. Dabei handelt es sich meist um die Makrobefehle eingebundener Objekte, also beispielsweise um WordBasic oder Excel VBA.

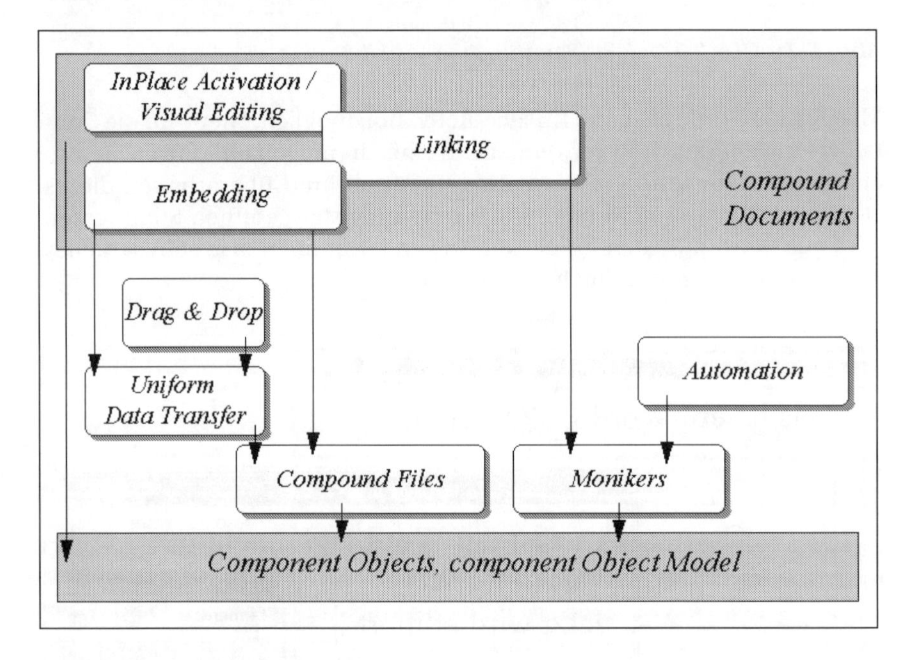

Abb. 5.9: *Modell von OLE 2.0*

Jetzt aber genug der Theorie. Wie kann diese neue Technologie unter Visual Basic nutzbar gemacht werden?

Das OLE-Control (MSOLE2.VBX)

Die einfachste Methode OLE in eigene Anwendungen zu integrieren ist das OLE-Control. Dieses wird, wie üblich über [FILE] [ADD FILE...] eingebunden.

Einfügen von OLE-Objekten

Um nun OLE-Objekte in Ihre Anwendung einzufügen, müssen Sie eigentlich nur das OLE-Control auf die entsprechende Form aufbringen. Direkt danach erfragt das Control per Dialog die Objektklasse und ob es sich um ein embedded oder linked Objekt handelt.

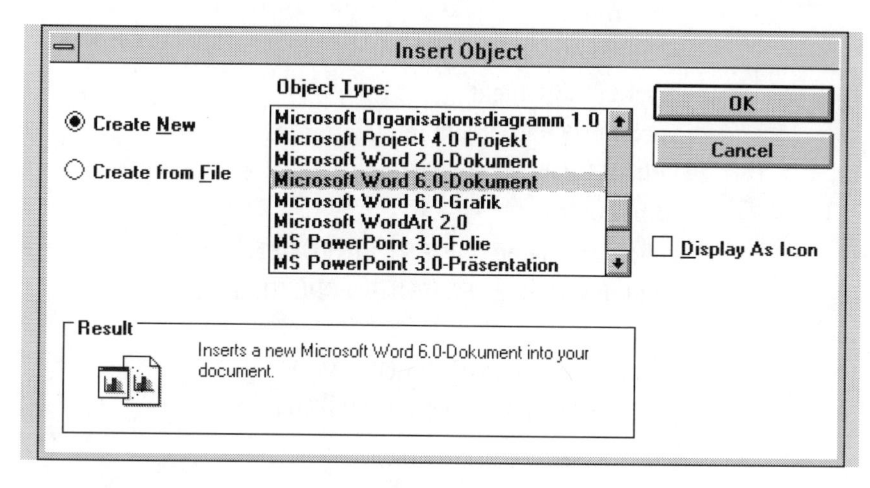

Abb. 5.10: Einbinden eines OLE-Objektes

Nachdem Sie diese Angaben gemacht haben, wird auch sofort die Objektanwendung gestartet.

AutoActivate

Mit dem OLE-Control ist auch zum ersten Mal die rechte Maustaste aktiv. Über das Menü, das hier aktiviert wird, können Sie neue Objekte erzeugen, löschen oder bearbeiten. Sobald die Anwendung gestartet wird, läßt sich über dieses Menü zumindest noch die Bearbeitung auslösen. Diese wird ansonsten über einen Doppelklick ausgelöst. Sie können das auslösende Ereignis aber auch über die Eigenschaft AUTOACTIVATE einstellen.

Action

Über die, bereits altbekannte, Pseudo-Eigenschaft ACTION können Sie codegesteuert festlegen, was mit Ihrem OLE-Objekt geschehen soll.

Action	Bedeutung
0	erzeugt ein eingebettetes Objekt
1	erzeugt ein linked Objekt aus einer Datei
2	unbenutzt
3	unbenutzt
4	kopiert OLE-Objekt in Clipboard
5	fügt OLE-Objekt aus dem Clipboard ein
6	aktualisiert die Daten bei linked Objekt
7	öffnet das OLE-Objekt zur Bearbeitung
8	unbenutzt
9	schließt ein embedded Objekt
10	löscht OLE-Objekt
11	speichert OLE-Objekt in Datei
12	lädt OLE-Objekt aus Datei
13	unbenutzt
14	zeigt den Dialog „OBJEKT EINFÜGEN“ an
15	zeigt den Dialog „EINFÜGEN SPEZIELL“ an
16	unbenutzt
17	aktualisiert die Liste der OLE-Verben
18	speichert Objekt im OLE 1.0 Format

Tab. 5.3: ACTION-Eigenschaft des OLE-Controls

Über die Werte 11 und 12 haben Sie die Möglichkeit, ein OLE-Objekt zu speichern. Dabei werden die Daten allerdings im OLE-Format gespeichert, nicht im Originalformat der Serveranwendung (z.B. *.XLS).

Erzeugen eines OLE-Objektes

Wie Sie sehen konnten, läßt sich über die Eigenschaft ACTION auch ein Objekt erzeugen. Dabei entscheiden Sie hier erst einmal darüber, ob es ein eingebettetes (embedded) oder verknüpftes (linked) Objekt sein soll. Bevor Sie jedoch die Eigenschaft ACTION setzen, müssen Sie noch einige weitere Eigenschaften festlegen.

Embedded Object

Als erstes muß die Eigenschaft OLETYPEALLOWED auf *embedded* oder *either* gestellt werden. Danach legen Sie die Klasse des Objektes fest. Die Klasse bezeichnet den Typ und die Serveranwendung. Eine mögliche Klasse ist

Excel.WorkSheet.5. Diese bezeichnet ein Excel 5.0 Arbeitsblatt. Wenn Sie diese Klassen nicht kennen, können Sie die Windows Registrations Datenbank verwenden, um diese zu bestimmen.

REG.DAT

Jede Anwendung trägt sich bei der Installation in die Windows Registrations Datenbank ein. Diese ist unter dem Dateinamen REG.DAT gespeichert und kann mittels der Anwendung REGEDIT.EXE bearbeitet werden. Dieses Programm wird bei der Installation von Windows zwar mit kopiert, aber nicht als Icon eingerichtet. Zum Starten können Sie es entweder als Icon in eine Programmgruppe einbinden oder direkt über Programm- oder Datei-Manager starten.

Abb. 5.11: *Registrier-Editor*

Dateityp ändern
Bezeichner: Excel.Sheet.5
Dateityp: Microsoft Excel 5.0-Tabell
Maßnahme
Öffnen Drucken
Befehl: C:\WINDOWS\EXCEL\EX
Verwendet DDE
OK
Abbrechen
Durchsuchen...
Hilfe
DDE
DDE-Nachricht: [open("%1")]
Anwendung: Excel
(wahlfrei)
DDE-Anwendung inaktiv:
Thema: system

Abb. 5.12: *Klasse*

Im Fenster des Registrier-Editors sehen Sie bereits die verschiedenen möglichen Objekte. Um nun an den Klassennamen zu kommen, wählen Sie einfach das Menü [BEARBEITEN] [DATEITYP ÄNDERN...] an.

Hier interessiert Sie eigentlich nur der Eintrag *Bezeichner*. Dahinter finden Sie im Normalfall den Namen der Objektklasse. Diesen Namen tragen Sie dann in die Eigenschaft CLASS des OLE-Controls ein.

Sie können den Registrier-Editor auch im Verbose-Modus aufrufen. Dies geschieht über das Zufügen des Parameters „/v" in die Befehlszeile des Programms.

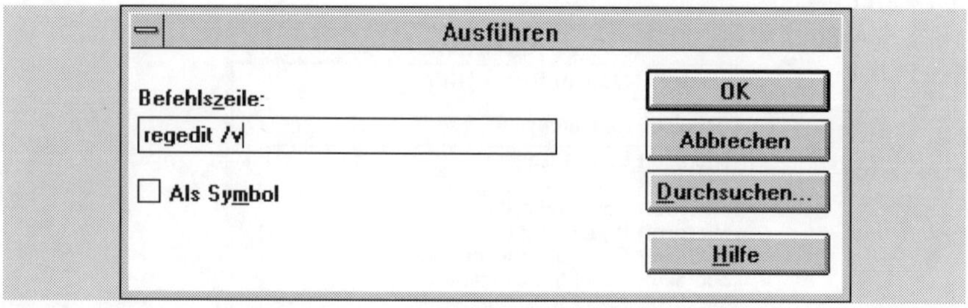

Abb. 5.13: *Aufruf des Verbose-Modus*

Hier sind die Einträge hierarchisch angeordnet. Das ist zwar auf den ersten Blick etwas gewöhnungsbedürftig, zeigt Ihnen aber die Klassennamen an, ohne das Sie den Namen des Objektes wissen müssen.

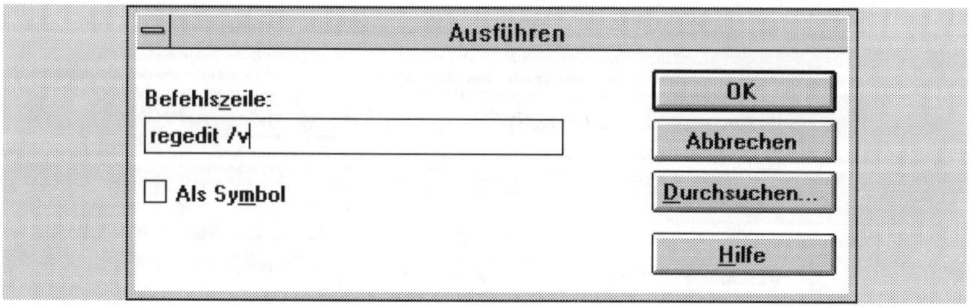

Abb. 5.14: *Registrier-Editor im Verbose-Modus*

Alles zusammen sieht das Erzeugen eines eingebetteten Objektes wie folgt aus.

```
OLE1.OLETypeAllowed = 1            'Embedded Object
OLE1.Class = „Excel.Sheet.5"       'Klasse einer Excel Tabelle
OLE1.Action = 0                    'Erzeugen des Objektes
```

Linked Object

Bei einem verknüpften Objekt ist die Vorgehensweise sehr ähnlich. Dabei ist allerdings zu berücksichtigen, daß hier eine Datei als Grundlage des Objektes gilt.

Auch hierbei kann die Eigenschaft OLETYPEALLOWED auf *either* gesetzt werden, ansonsten aber auf *linked.*

Danach wird über die Eigenschaft SOURCEDOC nun die Datei festgelegt, die als Grundlage des Objektes gilt.

```
OLE1.OLETypedAllowed = 0
OLE1.SourceDoc = „C:\Excel\Test.XLS“
OLE1.Action = 1
```

Über die Eigenschaft SOURCEITEM kann noch ein bestimmter Bereich, z.B. ein Zellenbereich festgelegt werden.

```
OLE1.SourceItem = „S3Z2“
```

Speichern von OLE-Objekten

OLE-Objekte können auch gespeichert werden. Dabei werden allerdings die Daten im OLE-Format gespeichert. Dies hat nichts mit der Speicherung eines verknüpften Objektes in dessen Originalformat zu tun. Bei eingebetteten Objekten werden die Daten gespeichert, bei verknüpften Objekten nur die Angaben über die Verknüpfung.

```
Dim FH As Integer
FH = FreeFile           'Nächster freier FileHandle
Open „DATEN.OLE“ For Binary As FH
OLE1.FileNumber = FH
OLE.Action = 11
Close #FH
```

Das Laden eine OLE-Objektes ist dazu analog.

```
Dim FH As Integer
FH = FreeFile           'Nächster freier FileHandle
Open „DATEN.OLE“ For Binary As FH
OLE1.FileNumber = FH
OLE.Action = 12
Close #FH
```

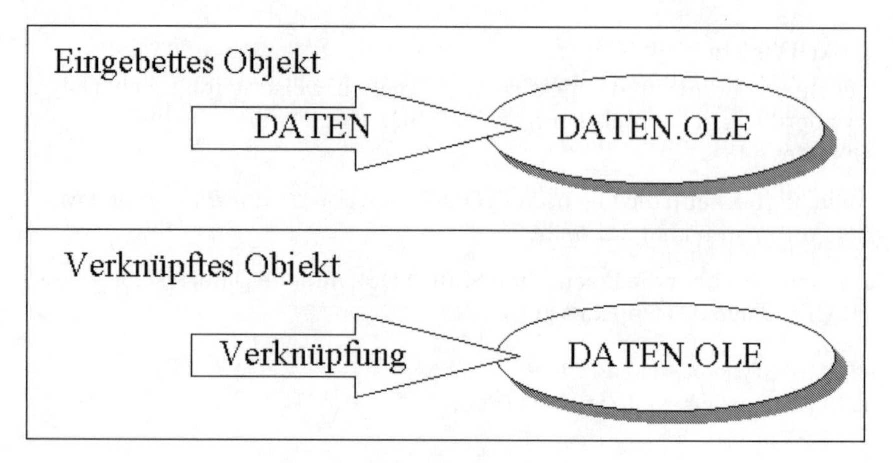

Abb. 5.15: *Speicherung von OLE-Objekten*

OLE-Automation

Nun wird´s interessant. Die OLE-Automation ist sicherlich eine der interessantesten Möglichkeiten von OLE 2.0. Damit haben Sie die Möglichkeit, andere OLE-Anwendungen so zu bedienen, als wären es "nur" einfache Steuerelemente. Die entsprechenden Anwendungen müssen nur die OLE-Automation unterstützen. Dies tun allerdings nicht alle.

Bedenken Sie bei der OLE-Automation auch die lizenzrechtliche Problematik. Während Sie bei Visual Basic-Anwendungen die Custom Controls unbedenklich mit Ihren Anwendungen ausliefern dürfen, müssen die Applikationen, die Sie per OLE-Automation bedienen auch für den Ziel-Rechner erworben werden.

Dies bedeutet, sprechen Sie in Ihrer Anwendung Microsoft Excel per Automation an, muß auf dem Einsatzrechner später auch eine lizenzierte Kopie von Microsoft Excel installiert sein.

Erzeugen eines OLE-Objektes

Auch für die Automation benötigen Sie ein OLE-Objekt. Dabei benötigen Sie hier nicht das OLE-Custom Control. Sie können einfach eine Objektvariable erzeugen und ihr ein OLE-Objekt zuweisen.

```
Set variable = CreateObject(klasse)
```

```
Dim OB As Object
Set OB = CreateObject(„Word.Basic“)
```

Sie erhalten hier die entsprechenden Klassennamen am besten wieder über den Registrier-Editor. Dabei werden bei der Automation Objekte angesprochen, die normalerweise die Makrosprache der Objektanwendung darstellen, z.B. „Word.Basic" oder „Excel.Application".

Ein solches OLE-Objekt kann aber auch aus einer bestehenden Datei (*.DOC, *.XLS) heraus erzeugt werden. Dazu steht Ihnen der Befehl GETOBJECT zur Verfügung.

```
Set variable = GetObject(dateiname,klasse)
```

```
Dim OB As Object
Set OB = GetObject(„C:\Texte\Rechnung.Doc","Word.Document.6")
```

Verwenden des OLE-Objektes

Nachdem Sie das Objekt erzeugt haben, können Sie nun damit operieren. Dazu wird, wie schon erwähnt, meist auf die Makrosprache der Objektanwendung zugegriffen.

Das folgende Beispiel öffnet ein Worddokument und fügt dort die Zeile „Hallo Welt" ein.

```
Dim OBWord As Object
Set OBWord = CreateObject(„Word.Basic")
```

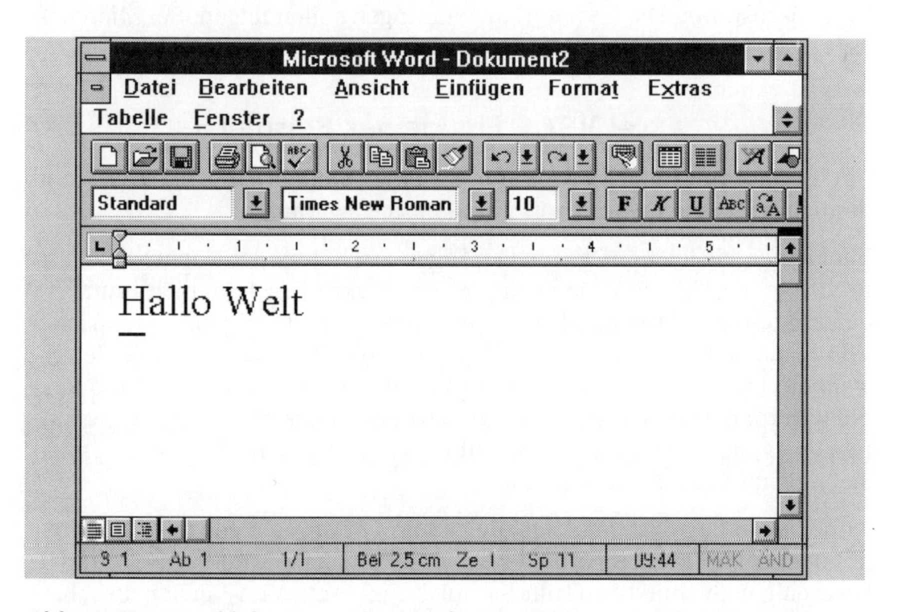

Abb. 5.16: Worddokument mit eingefügtem Text

```
OBWord.DateiNeu
OBWord.Einfügen „Hallo Welt“
```

Wie Sie sehen konnten, werden hier die deutschen WordBasic-Befehle verwendet. Bei einer englischen Word-Version müßten allerdings entsprechend die englischen Befehle Verwendung finden. Zudem wird Word hier direkt nach der Ausführung wieder geschlossen.

VBA - Visual Basic für alle?

Visual Basic for Applications

Bisher trafen Sie bei Applikationen von Microsoft auf verschiedene Makrosprachen. Es gab WordBasic, ExcelMakro, AccessBasic usw. Alle waren sie weitgehend verschieden voneinander. Das soll sich in Zukunft ändern. In Zukunft wird Microsoft seine Applikationen mit einer gemeinsamen Makrosprache ausrüsten, mit VBA. Visual Basic for Applications ist ein Visual Basic-Dialekt. Damit können Sie viel von Ihrem Visual Basic-Wissen mitnehmen, um in Zukunft die Microsoft-Anwendungen programmieren zu können.

Im Kern sind alle VBA-Dialekte dabei gleich, lediglich in den verwendeten Objekten und Funktionen unterscheiden sie sich, logischerweise, denn Excel operiert mit Zellen, Word mit Text.

Excel 5.0 und Project 4.0 besitzen bereits VBA

Die Produkte Microsoft Excel 5.0 und Microsoft Project 4.0 sind bereits mit VBA ausgestattet. Die anderen Anwendungen sollen folgen. Bei Microsoft Access 2.0 gleicht AccessBasic ohnehin schon stark Visual Basic.

Excel VBA - Ein kleines Beispiel

Am Beispiel von Excel-VBA können Sie einen kleinen Einblick in VBA und damit auch in die Zukunft von Visual Basic gewinnen.

Ein kleiner, vielleicht nicht in aller Augen erscheinender Nachteil hat sich in VBA eingeschlichen. Da es die "alten" Makrosprachen auch immer in einer nationalen Fassung, also beispielsweise in deutsch, gab, hat man auch VBA lokalisiert. Sie können hier also deutsche statt englische Befehle verwenden. Das dies für angestammte Visual Basic Programmierer ein Problem werden kann, ist vielleicht auf den ersten Blick nicht gleich zu erkennen, aber wissen Sie, was der Befehl RUFEMARKE macht? Dagegen können Sie mit GOSUB eher etwas anfangen.

Nun aber keine Angst, man hat auch an Programmierer gedacht, die lieber mit dem englischen VBA arbeiten möchten und hat deshalb eine Option in Excel eingebaut, mit deren Hilfe Sie auf die englische VBA-Version umschalten können (Abbildung 5.18).

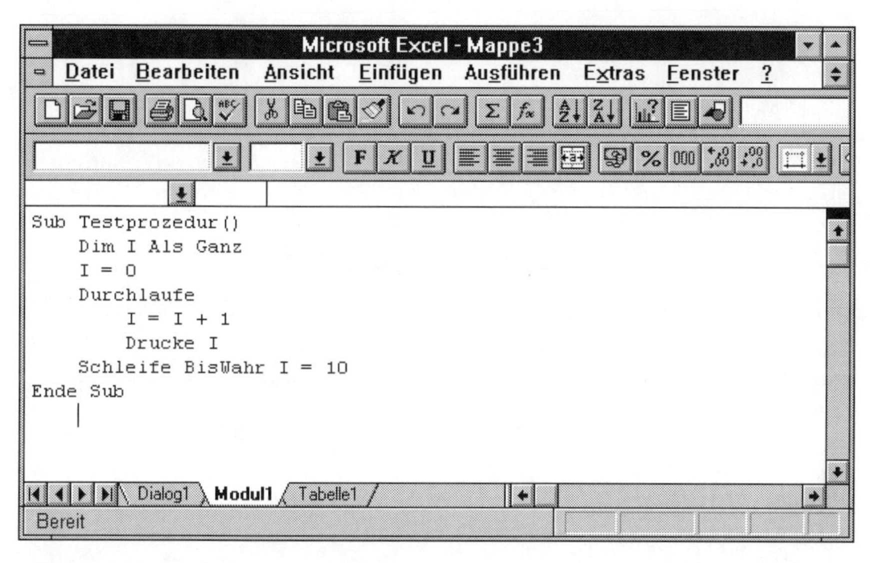

Abb. 5.17: Excel VBA in deutsch

Optionen
Ansicht Berechnen Bearbeiten Umsteigen Allgemein
AutoAusfüllen Diagramm Farbe Modul Allgemein Modul Format
Automatischer Einzug
Tabulatorweite: 4
Syntaxfehler anzeigen
Bei allen Fehlern abbrechen
Variablendeklaration erforderlich
OK
Abbrechen
Hilfe
International
Aktuelle Einstellungen
Standardeinstellungen
Sprache/Land: Englisch/[Benutzerdefiniert]
Listentrennzeichen:
Zahlenformat:
Währungsformat:
Datums-/Zeitformat:
Deutsch/[Benutzerdefiniert]
Deutsch/Deutschland
Deutsch/Österreich
Deutsch/Schweiz
Englisch/[Benutzerdefiniert]
Englisch/Australien

Abb. 5.18: Umschalten auf englisch

Danach sieht das Beispiellisting wieder so aus, wie Sie es gewohnt sind.

```
Sub Testprozedur
  Dim I As Integer
  I = 0
```

```
  Do
      I = I + 1
      Print I
  Loop Until I = 10
End Sub
```

VBA- und OLE-Automation

Gerade im Bereich der OLE-Automation erleichtert Ihnen VBA das Arbeiten. Hier können Sie die neuen VBA-Objekte, wie Sie es in Visual Basic gewöhnt sind, bedienen. Dazu ein kleines Beispiel mit Microsoft Excel:

```
Set obExcel = CreateObject(„Excel.Application.5“)
obExcel.workbooks.add
obExcel.visible = True
obExcel.workbooks(1).worksheets(1).cells(1, 1).Value = „99“
```

Damit dieses Beispiel funktioniert, muß allerdings die VBA-Sprache auf englisch eingestellt werden.

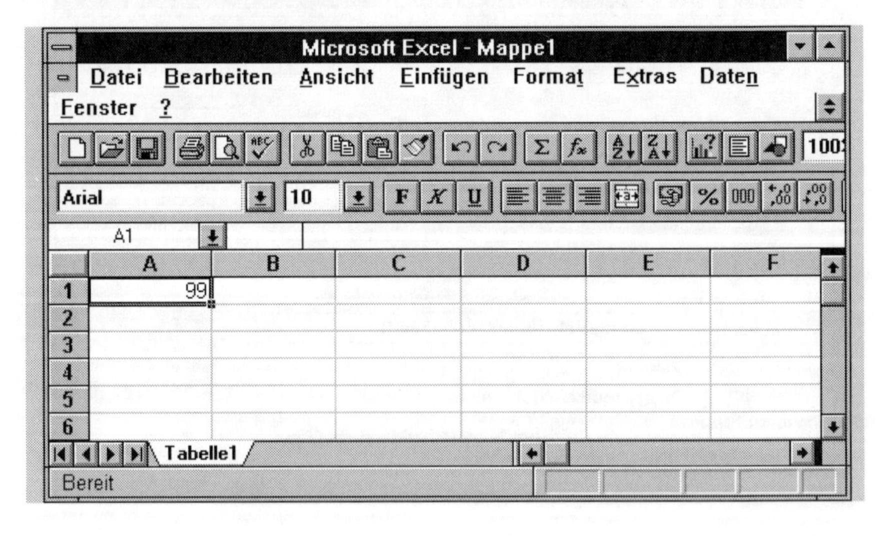

Abb. 5.19: OLE-Automation mit Excel

OLE-Automation und VBA werden in Zukunft dafür sorgen, daß Sie in einer einzigen Anwendung, in einem einzigen Projekt viele verschiedene Anwendungen (Excel, Word, ...) wie heute eine einzige verwenden.

Die Grenzen zwischen den Anwendungen werden immer fließender. Damit kommt OLE 2.0 an sein Ziel heran: Nicht die Anwendung, sondern das Dokument steht im Mittelpunkt.

6 Windows ist eigen - Eigenheiten

- **MDI - Eltern und Kinder** **221**
  - Instanzen 222
  - Erstellen von MDI-Anwendungen 227
  - Menüs in MDI-Anwendungen 228
- **Drag and Drop - Einfach fallenlassen** **230**
- **API - Das Windows-Getriebe** **232**
  - DLL-Aufrufe mit Visual Basic 232
  - Deklaration 233
  - Aufruf 235
  - Einige nützliche Funktionen 236

Auch Windows kann manchmal etwas eigen sein. Aus diesem Grund beschäftigt sich dieses Kapitel mit einigen Eigenheiten von Windows-Anwendungen. Die Programmierung von MDI-Anwendungen, „Drag and Drop" und der Aufruf der Windows APIs.

MDI - Eltern und Kinder

Wenn Sie sich einmal die "großen" Windows-Anwendungen oder auch nur den Programm-Manager von Windows ansehen, werden Sie feststellen, daß diese nicht nur mit einem einzigen Fenster, sondern mit mehreren arbeiten. Dabei können Sie aber eine bestimmte Art von Fenster, beispielsweise die Programmgruppen des Programm-Managers nicht aus dem Manager-Fenster herausbewegen. Diese Funktionalität nennt man MDI, Multiple-Document-Interface.

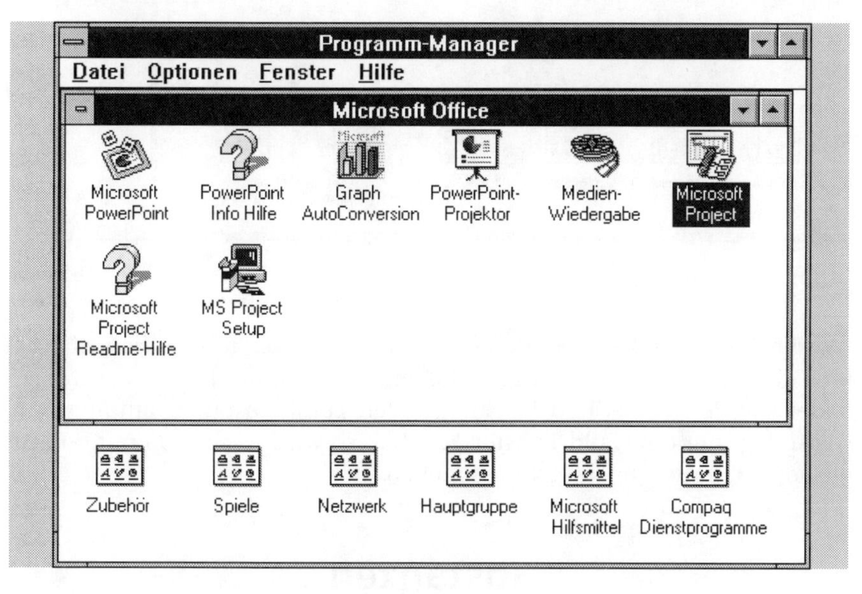

Abb. 6.1: Der Programm-Manger ist eine MDI-Anwendung

In MDI-Anwendungen existieren zwei verschiedene Arten von Fenstern, Parent-Forms, oder neuer Frame-Forms genannt und Child-Forms, oder Document-Forms genannt.

In diesem Abschnitt werden die Document-Forms immer noch unter dem alten Namen Child-Forms geführt, da auch Visual Basic selbst noch diesen Namen verwendet.

Das Fenster des Programm-Managers selbst ist eine Frame-Form. Eine Frame-Form kann mehrere Child-Fenster besitzen und umgibt diese. Die Child-Fenster können nicht von der Frame-Form gelöst werden. Diese beiden Fensterarten sind immer miteinander verbunden. In Windows, zumindest unter Visual Basic, kann eine MDI-Anwendung immer nur eine Frame-Form besitzen. Die Anzahl der Child-Forms ist nur vom physikalischen Speicher begrenzt.

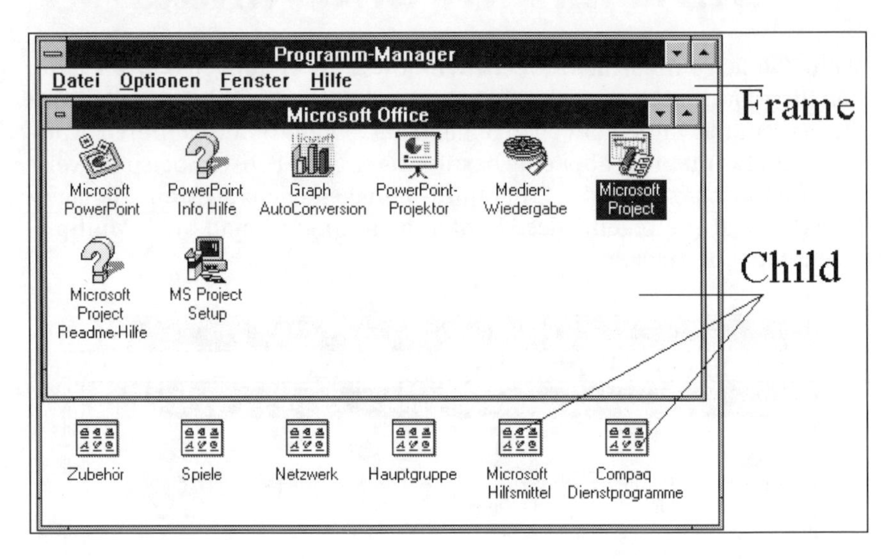

Abb. 6.2: Frame- und Child-Form

Laden und Schließen von MDI-Fenstern

Wird bei einer MDI-Anwendung das Frame-Fenster geschlossen, so werden auch alle Child-Fenster geschlossen. Wird nur das Frame-Fenster geladen, werden keine Child-Fenster geladen, zumindest nicht automatisch. Wird dagegen ein Child-Fenster geladen, so wird auch die Frame-Form geladen, falls dies noch nicht geschehen ist.

Instanzen

Das Thema Instanzen ist eines der Grundlagen von MDI. Wenn Sie in Microsoft Word für Windows beispielsweise vier Dokumente geöffnet haben, dann existieren nicht wirklich vier verschiedene Child-Fenster in dieser Anwendung, sondern nur eines. Das klingt auf den ersten Blick etwas verwirrend. Vier Fenster sehen Sie und doch ist nur eines vorhanden. Hier sehen Sie ein Beispiel für Instanzen. Es gibt nur ein Child-Fenster, dieses wird aber in vier Kopien mit verschiedenen Inhalten angezeigt. Das Child-Fenster wird also zur Laufzeit einfach dupliziert. Das Duplikat existiert danach als eigenständiges Child-Fenster mit eigenem Inhalt. Nach Beenden des Programms kann zwar der Inhalt des Duplikats gespeichert werden, aber das Duplikat selbst verschwindet wieder. Es war nur zur Laufzeit im Speicher existent.

Original Child	Entwurfszeit
Child1 1.Dupl.	Programmstart
Child1 1.Dupl. · Child2 2.Dupl.	Neues Dokument
Original Child	Programmende

Abb. 6.3: *Instanzen von Fenstern*

Das Prinzip der Instanzen ist zuerst nur schwer zu verstehen. Hier findet eine eigene Logik Anwendung. Um das Prinzip etwas deutlicher zu machen, ein kleines Testprogramm.

Sie können nicht nur in MDI-Anwendungen mit Instanzen arbeiten. Auch sonst funktioniert diese Methode sehr gut. Sehen Sie sich einmal das Beispielprojekt MDI_01.MAK an. Dort finden Sie eine Form mit einem CommandButton und einer TextBox.

Wenn Sie die Anwendung starten und den Button betätigen, erscheint eine zweite, identische Form. Diese können Sie zuerst nicht erkennen, da Sie exakt auf der alten Form liegt. Verschieben Sie die Form also etwas, dann sehen Sie, daß hier tatsächlich eine neue Form entstanden ist. Sie können diesen Schritt beliebig oft wiederholen.

Wenn Sie in verschiedene Textboxen auf verschiedenen Formen Text eingeben, sehen Sie das diese durchaus eigenes "Leben" haben, diese Formen also nach der Erzeugung unabhängig voncinander sind.

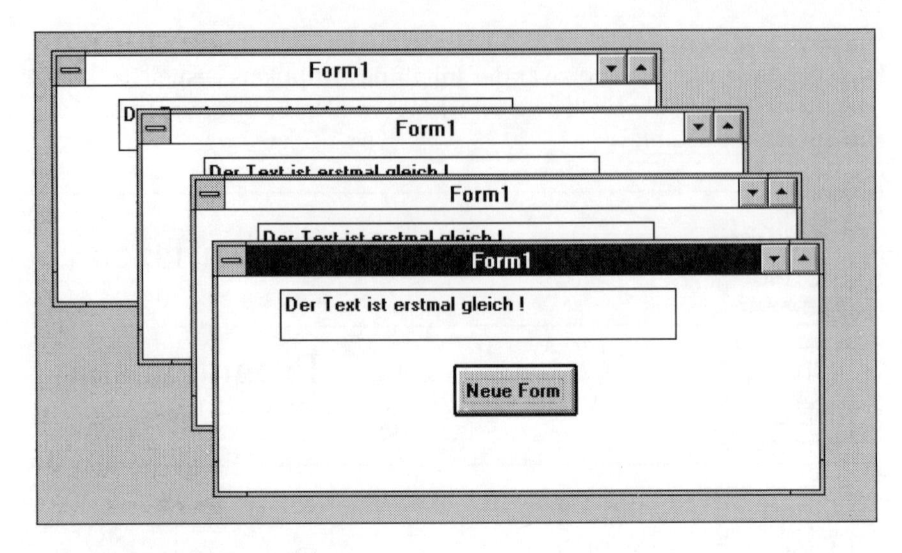

Abb. 6.4: Das Beispiel MDI_01.MAK

Sobald Sie das Programm beenden, werden alle Formen, bis auf die erste wieder gelöscht. Die erste Form war das Original, die anderen nur Duplikate, die Instanzen. Dabei entwickeln die Duplikate ein Eigenleben, sobald sie existieren. Die Ursprungsform weiß nichts von den Duplikaten, und die Duplikate kennen sich untereinander auch nicht. Sehen Sie sich nun einmal den Code des CommandButtons an.

```
Sub Command1_Click ()
    Dim neueForm As New Form1
    neueForm.Show
End Sub
```

New

Das Wichtigste hieran ist die Dimensionierung der neuen Instanz über das reservierte Wort NEW. Damit wird die *Form1* dupliziert und unter dem Namen *neueForm* angelegt. Diese neu entstandene Form muß natürlich noch angezeigt werden. Aus diesem Grund die zweite Zeile.

Die NEW-Methode funktioniert auch mit anderen Objekten. Wichtig dabei ist, daß NEW nur in Zusammenhang mit bereits existierenden Objekten eingesetzt werden kann, nicht mit Standardobjekten oder Steuerelementen.

Control Arrays

Auch Steuerelemente können wie Arrays angesprochen werden. Sie können also eine TextBox definieren und wenn Sie sieben benötigen, diese sechs Mal duplizieren. Dazu müssen Sie bei Steuerelementen allerdings etwas anders vorgehen. Hier tragen Sie in der Eigenschaft INDEX den Wert 0 ein. Danach können Sie im Code jederzeit ein neues Steuerelement dieses Typs laden oder entladen.

```
Load txtAngaben(1)
txtAngaben(1).Text = „Das ist Textbox Nummer 2"
Load txtAngaben(2)
txtAngaben(2).Text = „Das ist Textbox Nummer 3"
Unload txtAngaben(1)    'Damit verschwindet die 2. Textbox
```

Achten Sie auch hier bei Indizes darauf, daß der Standardindex immer bei 0 beginnt.

Umgang mit Instanzen einer Form

Leider muß man sich bei Instanzen einer Form immer etwas einfallen lassen, um mit den verschiedenen Kopien dieser Form noch umgehen zu können.

Bei der Erzeugung neuer Instanzen wird nicht nur das Aussehen der Form und ihre Objekte dupliziert, sondern auch alle Code innerhalb dieser Form. Das bedeutet, im Beispiel MDI_01.MAK hat jeder CommandButton auf jeder Form seinen eigenen Code. Soweit ist das alles noch kein Problem. Schwieriger wird es, wenn Sie innerhalb dieses Codes eine Form-Eigenschaft, wie die CAPTION ansprechen.

```
Form1.Caption = „Das ist Form1"
```

Eine Code-Zeile wie diese kann nun aber nicht mehr funktionieren. Schließlich handelt es sich nicht mehr um die *Form1*, sondern um eine Instanz dieser Form mit eigenem Namen und auch mit eigener CAPTION.

Me

Aus diesem Grund wurde ein weiteres Wort in den Sprachschatz von Visual Basic aufgenommen. Das Wort ME referenziert immer die Form, in der sich der gerade ausführende Code befindet.

```
Me.Caption = „Das ist eine neue Form"
```

ME ersetzt also den Namen der Form, in der sich der Code gerade befindet.

Das Wort ME ist aber dann nicht zu gebrauchen, wenn Sie sich von außerhalb einer Instanz auf ein Steuerelement auf dieser Instanz beziehen wollen. Da sich ME ja immer auf die eigene Form bezieht, kann man es bei Steuerelementen auch komplett weglassen. Die beiden folgenden Code-Zeilen haben dieselbe Wirkung.

```
Me.Text1.Text = „Hallo"
Text1.Text = „Hallo"
```

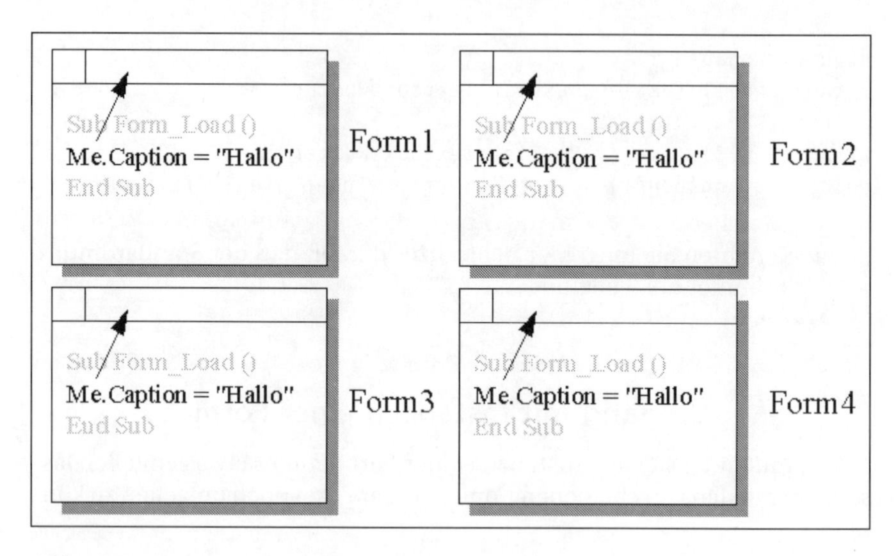

Abb. 6.5: *Das reservierte Wort Me*

Was aber nun, wenn Sie sich aus einem Modul heraus auf ein Steuerelement auf einer der Instanzen beziehen wollen. Zudem wissen Sie nicht, ob sich der Benutzer gerade auf der ersten oder letzten oder fünften Instanz befindet und welche gerade aktiv ist.

ActiveForm

Für diesen Zweck existiert die Eigenschaft ACTIVEFORM des Objektes SCREEN. Diese Eigenschaft spricht immer die augenblicklich aktive Form auf dem Schirm an. Diese sollte allerdings zu Ihrer Anwendung gehören. Bei MDI-

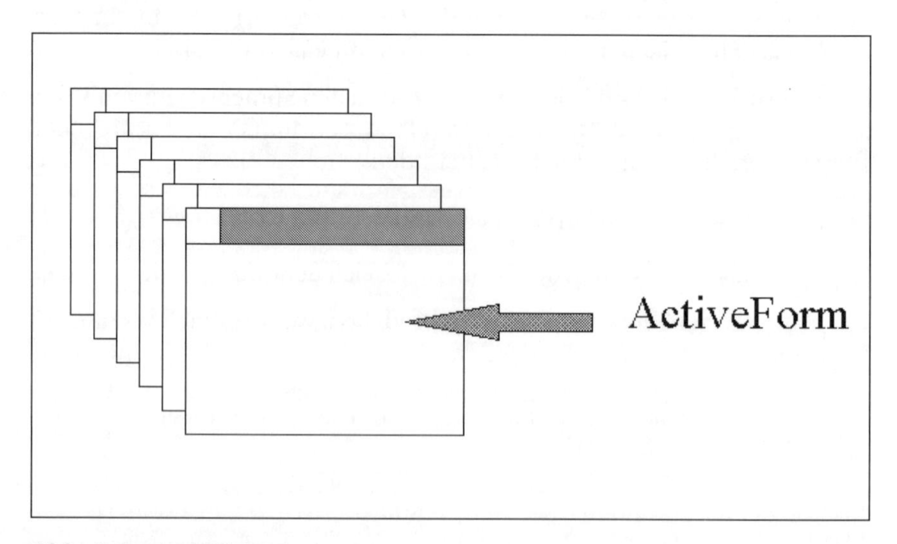

Abb. 6.6: *ActiveForm*

Anwendungen wird anstelle des Objektes SCREEN der Name der Frame-Form angegeben.

```
Screen.ActiveForm.Caption = „Das ist die Beschriftung der akt. Form"
```

ActiveControl

Diese Methode kann sogar noch einen Schritt weitergehen. Wenn Sie nicht wissen, welches Steuerelement gerade aktiv ist, dann können Sie dieses dennoch referenzieren über ACTIVECONTROL.

```
Screen.ActiveForm.ActiveControl.Text = „Hallo"
```

Dieses Beispiel funktioniert allerdings nur so lange das ACTIVECONTROL auch ein Steuerelement mit einer TEXT-Eigenschaft ist, also eine TextBox beispielsweise.

TypeOf

Um so etwas sicherzustellen, können Sie die Funktion TYPEOF verwenden. Diese liefert Ihnen TRUE oder FALSE zurück, je nachdem ob das genannte Objekt vom entsprechenden Typ ist, oder nicht.

```
If TypeOf Screen.ActiveForm.ActiveControl Is TextBox Then...
```

Generell werden Sie sich beim Umgang mit Instanzen etwas umstellen müssen, was die Programmierung betrifft. Nicht immer wissen Sie welche Instanz einer Form der Benutzer gerade verwendet oder welche Sie ansprechen wollen. Aber auch hier hat Visual Basic Lösungen für Sie.

Erstellen von MDI-Anwendungen

Genug der Theorie über Instanzen. Nun haben Sie die Möglichkeit, diese Theorie in die Praxis umzusetzen. Das Erzeugen von Anwendungen mit einer MDI-Oberfläche ist unter Visual Basic denkbar einfach.

MDIChild

Nachdem Sie ein neues Projekt angelegt haben, benötigen Sie zwei Arten von Fenstern, Frame- und Child-Forms. Die Standardform, die Visual Basic beim Anlegen eines neuen Projektes zeigt, wird Ihre MDI-Child-Form werden. Dazu brauchen Sie nichts weiter zu tun, als die Eigenschaft MDICHILD der Form auf TRUE zu setzen.

New MDI Form

Damit haben Sie bereits ein Child erzeugt. Jetzt benötigen Sie natürlich noch die Frame-Form. Diese erhalten Sie über das Menü [FILE]. Dort wählen Sie einfach [NEW MDI FORM]. Fertig. Mit diesem Schritt haben Sie Ihre Frame-Form erstellt.

Da es nur eine Frame-Form pro Visual Basic-Projekt geben kann, ist auch die Zuordnung von Childs zu Frame bereits geschehen. Alle Formen deren MDICHILD-Eigenschaft auf TRUE steht, sind Childs dieses gerade erzeugten

Frame-Fensters. Der Menüpunkt wird auch nach einmaliger Aktivierung für dieses Projekt gesperrt. Auf diese Weise können Sie nicht versehentlich eine zweite Frame-Form anlegen.

Starten Sie dieses kleine Projekt einfach einmal und Sie sehen, daß Sie damit bereits über MDI-Funktionalität verfügen.

Wenn Sie nun noch einen CommandButton auf der Child-Form erzeugen, der denselben Code zur Instanzenduplizierung wie unter MDI_01 besitzt, dann können Sie sehen, wie mehrere Child-Formen in der Frame-Form entstehen. Sie finden dieses Beispiel unter MDI_2.MAK.

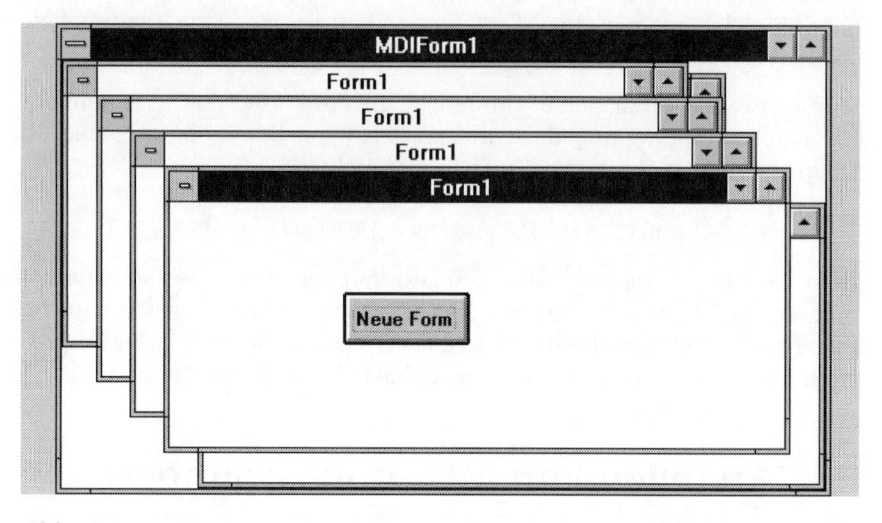

Abb. 6.7: Frame-Form mit mehreren Instanzen einer Child-Form

Keine Steuerelemente ohne Align Eigenschaft auf der Frame-Form

Falls Sie versuchen sollten, irgendwelche Steuerelemente auf die Frame-Form zu bringen, werden Sie bei den meisten Schiffbruch erleiden. Auf einer Frame-Form können nur Steuerelemente untergebracht werden, die eine ALIGN-Eigenschaft besitzen, also eine PictureBox beispielsweise.

Alle Steuerelemente Ihrer MDI-Anwendung müssen sich also auf den Child-Fenstern befinden.

Menüs in MDI-Anwendungen

Mit den Menüs hat es in MDI-Anwendungen eine besondere Bewandnis. Child-Fenster können kein Menü anzeigen. Dennoch können sie aber eines besitzen. Das Menü des aktiven Child-Fensters wird immer anstelle des Menüs des Frame-Fensters eingeblendet. Erst wenn keine Childs mehr offen sind, können Sie das Frame-Menü sehen.

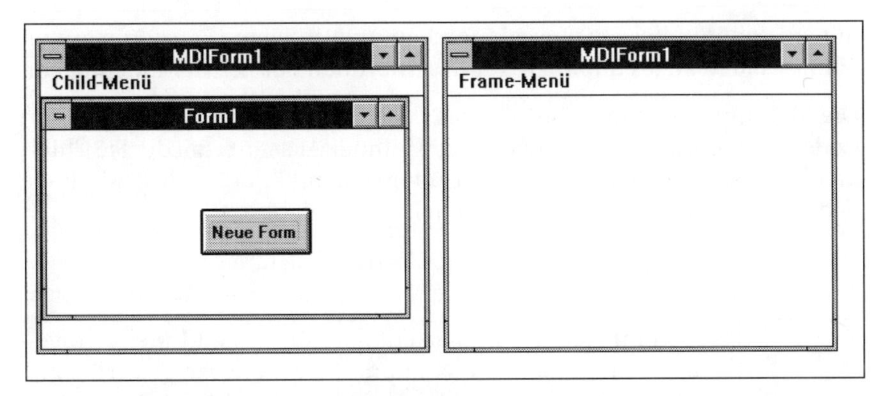

Abb. 6.8: MDI_03.MAK - Menüs in MDI-Anwendungen

Vielleicht haben Sie bereits bemerkt, daß die verschiedenen Child-Fenster versuchen, sich beim Öffnen anzuordnen. Das Anordnen und Umschalten von Fenstern können Sie aber auch steuern.

Normalerweise befindet sich in MDI-Anwendungen ein Menüpunkt [FENSTER]. In diesem Menüpunkt sehen Sie die einzelnen Fenster mit ihrer Beschriftung und können auch Fenster anordnen.

Um einen solchen Menüeintrag festzulegen, legen Sie einen neuen Menüpunkt an und wählen im Menü-Design die Eigenschaft WINDOWLIST. Da-

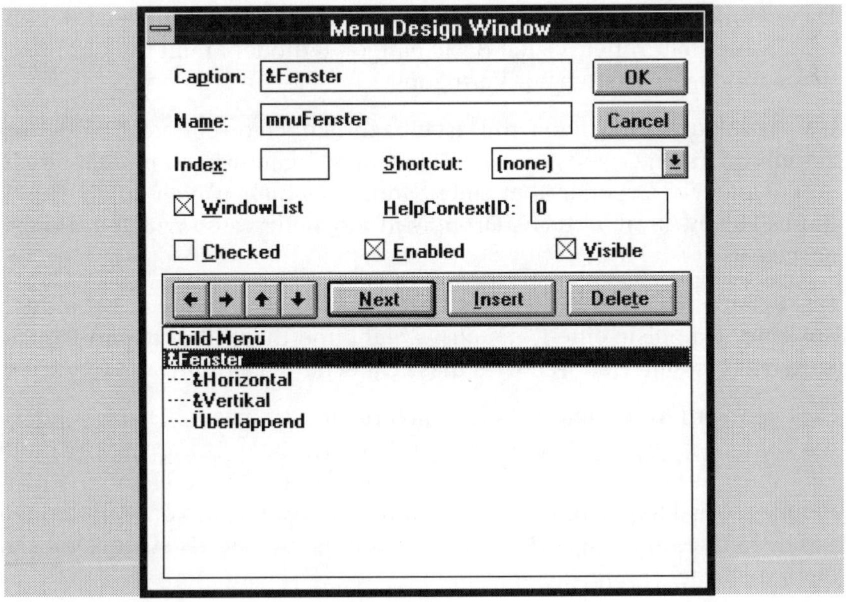

Abb. 6.9: Anlegen einer Fensterliste

mit erzeugt Windows in diesem Menü automatisch eine Fensterliste. Nun können Sie noch Menüpunkte für das Anordnen der Fenster hinzufügen.

Die Menüpunkte zum Anordnen der Fenster müssen Sie selbst noch mit Code versehen. Dazu existiert aber die Methode ARRANGE, mit der Sie Child-Fenster innerhalb einer Frame-Form anordnen können. Diese Methode bedient sich auch wieder Symbolischer Konstanten.

```
frameForm.Arrange anordnung
```

Das Menü [FENSTER] kann eigentlich nur im Child-Menü eingerichtet werden. Sobald das Frame-Menü angezeigt wird, sind keine Childs mehr vorhanden und damit entfällt auch die Notwendigkeit für ein solches Menü.

Drag and Drop - Einfach fallenlassen

Gerade die Möglichkeiten des „Drag and Drop" sind es, die Visual Basic so einfach zu bedienen machen. Sie ziehen ein Steuerelement dorthin, wo Sie es gerne haben möchten und lassen es dann los - fertig.

Diese Funktionalität läßt sich auch in Ihre eigenen Anwendungen integrieren. Dafür stellt Ihnen Visual Basic einige Methoden, Funktionen, Ereignisse und Eigenschaften zur Verfügung.

Der Prozeß des „Drag and Drop" ist eingentlich relativ einfach. Der Benutzer nimmt einen Gegenstand oder ein Objekt irgendwo auf und läßt es an einem anderen Ort oder über einem anderen Objekt wieder fallen. Durch dieses Fallenlassen, also das Drop, wird möglicherweise noch ein Prozeß ausgelöst.

Das Beispiel DD_1.MAK demonstriert ein solches Verhalten. Sie können aus einer Dateiliste eine Datei auswählen, und diese über einem Papierkorb fallenlassen. Dadurch wird diese Datei dann gelöscht.

Drag

Gezogen wird in diesem Fall eigentlich nicht die einzelne Datei, sondern das komplette Steuerelement, also die Dateiliste. Beim Loslassen wird dann allerdings nur die einzelne Datei gelöscht. Um ein Steuerelement aufzunehmen, existiert die Methode DRAG. Sinnvollerweise wird das Aufnehmen des Elementes im Ereignis MOUSEDOWN untergebracht, also beim Drücken der Maustaste.

```
File1.Drag
```

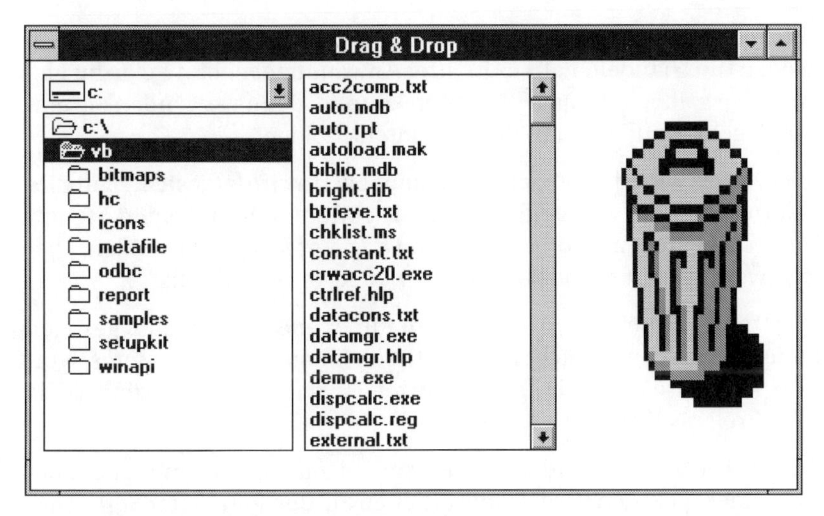

Abb. 6.10: *Die „Drag and Drop"-Anwendung DD_1.MAK*

DragDrop

Das Loslassen selbst brauchen Sie nicht zu programmieren. Sobald ein Element durch Drag aufgenommen wurde, wird beim nächsten Loslassen der Maustaste ein Drop ausgeführt. Das bedeutet auf dem Element, auf dem es fallengelassen wurde, wird ein DRAGDROP-Ereignis ausgelöst.

In diesem DRAGDROP-Ereignis wird nun der eigentliche Vorgang, also das Löschen der Datei durchgeführt.

```
Sub Image1_DragDrop (Source As Control, X As Single, Y As Single)
    Dim ret As Integer
    ret = MsgBox(„Datei „ & file1.FileName & „ löschen ?“, 36,
          „Löschen“)
    If ret = 6 Then
        Kill file1.FileName
    End If
End Sub
```

Wie Sie im Listing sehen können, wird in diesem Fall einfach eine Datei aus der Dateiauswahlliste gelöscht, sobald irgendetwas auf dem Papierkorb abgelegt wird. Um zu verhindern, daß hier Unfug geschieht, sollte also noch überprüft werden, ob das abgelegte Element eine Dateiauswahlliste ist. Dazu erhalten Sie als Parameter *Control* das abgelegte Steuerelement übergeben. Durch die Funktion TYPEOF können Sie nun wiederum prüfen, ob dieses abgelegte Control Ihren Erwartungen entspricht.

```
If TypeOf Control Is FileListBox Then
...LÖSCHEN...
End If
```

Nun ist also auch sichergestellt, ob es sich bei dem abgelegten Element um eine FileListBox handelt. Falls es in Ihrer Anwendung mehrere gleiche Elemente geben sollte, die abgelegt werden können, dann verwenden Sie einfach die Eigenschaft TAG, um diese zu unterscheiden.

Icons

Normalerweise wird das gezogene Element als Umriß dargestellt. Um dies zu ändern, können Sie die Eigenschaft DRAGICON der einzelnen Steuerelemente dazu nutzen, Symbole für den Drag-Vorgang auszuwählen. Diese Icons werden aber grundsätzlich nur zweifarbig dargestellt.

Wenn jetzt eine Datei über die Form, oder über andere Elemente gezogen wird, wäre es ganz angebracht nur auf diesen Elementen ein anderes Symbol, beispielsweise ein Verbotsschild anzeigen zu lassen. Dies können Sie über das Ereignis DRAGOVER realisieren.

Das DRAGOVER-Ereignis wird ausgelöst, sobald ein Steuerelement über ein anderes Objekt gezogen wird. Dabei erhalten Sie den Parameter *State*. Dieser zeigt Ihnen an, ob das Steuerelement gerade in oder aus dem Bereich gezogen wird oder ob es sich darüber befindet.

API - Das Windows-Getriebe

API bedeutet Applikation Programming Interface und stellt eine Schnittstelle zu internen Funktionen von Microsoft Windows dar. Die Betriebssystemerweiterung Windows setzt sich aus etlichen Dynamic Link Libraries (DLL) zusammen, die Sie in Ihrem \WINDOWS\SYSTEM-Verzeichnis sicher schon einmal entdeckt haben.

Eine solche Funktionsbibliothek bietet einige Vorteile. Zum einen können mehrere Applikationen auch dieselbe Funktion ansprechen, ohne daß diese in der jeweiligen EXE-Datei selbst enthalten sein muß. Dadurch werden die Applikationen kleiner, auch wenn man das beim Umfang moderner Windows-Software kaum glauben möchte. Der andere Vorteil liegt darin, daß durch den modularen Aufbau in verschiedenen Dateien, einzelne Bibliotheken leichter aktualisiert oder erweitert werden können, ohne das gesamte System komplett neu installieren zu müssen.

DLL-Aufrufe mit Visual Basic

Visual Basic verwendet für viele der eigenen Funktionen Aufrufe an Windows DLL's. Ein Beispiel haben Sie bereits kennengelernt. Das CommonDialog-Control. Dieses Steuerelement vermittelt zwischen Visual Basic und der COMMDLG.DLL, indem es die entsprechende ACTION-Eigenschaft dieses Controls in einen passenden DLL-Aufruf umwandelt. Bei dieser Art des Kontaktes mit dem Windows-Getriebe müssen Sie sich sozusagen die Hände nicht schmutzig machen. Anders sieht das bei Funktionen aus, die nicht von Visual Basic oder Custom Controls unterstützt werden.

Die Möglichkeit externe Funktionen einbinden zu können sprengt die Limitationen von Visual Basic fast völlig. Wenn eine gewünschte Funktion in Visual Basic nicht zu realisieren ist, so kann auf eine bestehende, oder mit einer geeigneten Programmiersprache selbst erstellten DLL zückgegriffen werden.

Ein Aufruf einer API-Funktion benötigt zwei Schritte. Zuerst muß die Funktion deklariert werden, um sie im zweiten Schritt aufrufen zu können.

! Beim Umgang mit externen Funktionen sollten Sie auch nicht vergessen Ihre Projekte vor jedem Testlauf zu speichern. Um diesen wichtigen Vorgang nicht zu vergessen, können Sie sich mit der Einstellung [OPTIONS] [ENVIRONMENT] [SAVE PROJECT BEFORE RUN] bei jedem Start daran erinnern lassen.

Um Funktionen aus DLL's aufrufen zu können, müssen Sie zuerst einmal herausfinden, welche DLL die passende Funktion enthält und welche Parameter sie erwartet. Dazu werden mit der professionellen Edition einige Hilfe-Dateien in der Visual Basic-Gruppe installiert, die Ihnen bei der Suche hilfreich sein können.

In der Datei '*Win SDK Help*' (**S**oftware **D**evelopment **K**it) finden Sie unter den Stichpunkten *„Alphabetical Functions"* oder *„Function Groups"* die verschiedenen API-Funktionen und jeweils eine knappe Beschreibung. Im Hilfethema der Funktion selbst sind die einzelnen Parameter und deren Bedeutung genauer beschrieben. Falls Sie eine passende Funktion gefunden haben, dann muß diese in Visual Basic deklariert werden. Dazu gleich mehr.

Viele der Deklarationen finden Sie in der Hilfedatei '*Windows 3.1 API Help*'. Von dort können Sie unter dem Stichpunkt *„Declare Statements"* die entsprechende Deklaration direkt in Visual Basic übernehmen.

Deklaration

Eine DLL-Funktion, die Sie in Visual Basic verwenden wollen, muß zuerst deklariert werden. Durch einen Eintrag in der [General] [Declarations] Sektion einer Form oder eines Moduls wird eine externe Funktion in Visual Basic angemeldet.

Declare

Eine Deklaration besteht aus folgenden Teilen:

```
Declare Sub procname Lib „DLLname“ [([argumente])]
Declare Function procname Lib „DLLname“
                                 [([argumente])][As typ]
```

Welche Deklarations-Syntax verwendet werden muß ist abhängig von der Art der externen Funktion, die aufgerufen werden soll. Handelt es sich um eine Funktion, die einen Rückgabewert an Visual Basic zurückliefert, so wird die Zeile mit den Schlüselwort FUCTION verwendet. Wird eine Prozedur aufgerufen, also eine Funktion, die keinen Wert zurückliefert, so kommt die Zeile mit dem SUB-Schlüsselwort zum Einsatz.

Der Eintrag *procname* steht dabei für den Namen der Funktion oder Prozedur, die aufgerufen werden soll. Der Parameter *DLLname*, in Anführungszeichen, bezeichnet den Namen der Funktionsbibliothek, in der sich die betreffende Funktion befindet. Windows-System-DLL's werden dabei mit 'KERNEL', 'USER' oder 'GDI' abgekürzt. Für andere DLL's wird der Dateiname mit Erweiterung angegeben. Daran anschließend werden, in Klammern, die erwarteten *argumente* übergeben. Werden mehrere Argumente übergeben, so können diese durch Kommata voneinander getrennt werden. Die Funktions-Syntax endet mit einem *type*, der den Datentyp des Rückgabewertes festlegt.

Alias

Falls eine externe Funktion einen Namen besitzt, den Sie unter Visual Basic nicht verwenden wollen oder können, da er vielleicht identisch mit einem reservierten Wort ist, kann die externe Funktion mit einem anderen Namen angesprochen werden. Dazu kann in die Deklaration das Schlüsselwort ALIAS vor der Klammer eingefügt werden mit dem darauffolgenden Namen, den diese Funktion unter Visual Basic haben soll.

```
Declare Function IsZoomed Lib „User“ Alias „IZ“
                                   (ByVal hWnd As Integer) As Integer

Declare Function IsZoomed% Lib „User“ Alias „IZ“ (ByVal hWnd%)
```

Beachten Sie bei den obenstehenden, identischen Deklarationen die unterschiedliche Angabe der Datentypen.

Argumentübergabe

Bei der Argumentübergabe sind noch einige Punkte zu beachten. Zum einen müssen die Argumente in der Reihenfolge übergeben werden, in der sie von der DLL erwartet werden. Wird die Reihenfolge nicht eingehalten, kann auch nicht damit gerechnet werden, daß der Funktionsaufruf das erwartete Ergebnis liefert.

By Value

Zum anderen können unter Visual Basic Argumente *By Value* oder *By Reference* übergeben werden. Wird eine Variable als *By Value* deklariert, so wird eine Kopie des Inhalts an die DLL-Routine übergeben. Eine Variable wird *By Value* deklariert, indem vor den Namen BYVAL eingefügt wird.

By Reference

Variablen, die *By Reference* deklariert werden, geben ihre Speicheradresse an die DLL-Routine weite. Dabei belegt die Adresse imme 4Byte. Eine Variable wird *By Reference* deklariert, indem das BYVAL vor dem Variablennamen weggelassen wird.

Die Art in der ein Argument übergeben werden muß, hängt wieder davon ab, in welcher Form die Argumente von der externen Funktion erwartet werden.

Variablentypen

DLL's werden häufig mit der Programmiersprache C erstellt. Desshalb kann es auch zu Problemen kommen, da beide Sprachen über verschiedene Variablentypen verfügen. In C können Variablen vom Typ CHAR verwendet werden. Visual Basic unterstützt diesen Typ nicht. Sollte eine DLL-Funktion diesen Typ erwarten, so kann der ASCII Code des Zeichens als INTEGER übergeben werden. Dagegen ist der Variablentyp CURRENCY in anderen Programmiersprachen weniger verbreitet. Um eine CURRENCY-Variable an eine DLL zu übergeben, muß diese zuvor in einen DOUBLE-Typ umgewandelt werden. C erwartet sog. Null-Terminated-Strings, die sich vom STRING-Typ, der von Visual Basic verwendet wird, unterscheiden. Diese Umwandlung erfolgt allerdings automatisch, wenn ein STRING als BYVAL übergeben wird.

Pointer

Unter Visual Basic können keine Pointer verwendet werden, da dafür kein Variablentyp zur Verfügung steht. Sollte eine DLL-Routine die Übergabe eines Pointers erwarten, so kann diese nicht von Visual Basic aus angesprochen werden.

Aufruf

Ist eine externe Funktion einmal deklariert, so ist die schwerste Hürde schon genommen. Der eigentliche Aufruf erfolgt wie bei einer internen Funktion, bei der einfach der Fuktionsname im Code verwendet wird und eventuell Argumente mit übergeben werden.

```
IsZoomed(Form1.hWnd)
```

Die Beschaffung der richtigen Argumente ist beim Aufrufen einer DLL noch eine kleine Herausforderung.

Viele Funktionen benötigen einen sog. Handle, um ein Objekt unter Windows eindeutig spezifizieren zu können. Alle Steuerelemente unter Visual Basic besitzen zur Laufzeit die Eigenschaft HWND, in der sich der aktuelle Handle befindet. Der Handle HWND wird immer BYVAL übergeben, und steht nur zur Verfügung, wenn das zugehörige Objekt geladen ist.

Einige nützliche Funktionen

Aus der Fülle der Windows-API-Funktionen sollen hier nur einige interessante herausgegriffen werden.

GetFreeSystem-Recources

Die Funktion *GetFreeSystemRecources* gibt die freien System-Recourcen zurück. Über *fuSysResource* kann angegbeben werden, welche der Recourcen auszulesen sind. Der Wert 0 bezeichnet die SystemRecourcen, 1 die Recourcen der GDI.EXE (Graphic Device Interface) und 2 die Recourcen der USER.EXE.

```
Declare Function GetFreeSystemResources Lib „User“
                    (ByVal fuSysResource As Integer) As Integer

Command1_click ()
    frei = GetFreeSystemResources(0)
End Sub
```

GetPrivate-Profile-String

Mit der Funktion *GetPrivateProfileString* kann ein Eintrag in einer Sektion einer INI-Datei eingelesen werden. Diese Funktion gehört zu einer Gruppe ähnlicher Routinen, *WritePrivateProfileString, GetProfileString* und *WriteProfileString.*

Die Deklaration befindet sich in der [GENERAL] [DECLARATIONS] Sektion. Eine benutzerdefinierte Funktion (*GetIni*) macht den DLL-Aufruf etwas handlicher und stellt einen Eingabepuffer (*retVal*) zur Verfügung. Und im Aufruf selbst wird nur noch die gewünschte Datei (*system.ini*), Sektion (*boot-.description*) und der Eintrag (*language.dll*) angegeben.

```
Declare Function GetPrivateProfileString Lib „Kernel“
  (ByVal lpApplicationName As String, lpKeyName As Any,
  ByVal lpDefault As String, ByVal lpReturnedString As String,
  ByVal nSize As Integer, ByVal lpFileName As String) As Integer

Function GetIni (datei, sektion, eintrag)
Dim retVal As String, AppName As String, worked As Integer
    retVal = String$(255, 0)
    worked = GetPrivateProfileString(sektion, eintrag, „“,
                   retVal, Len(retVal), datei)
    If worked = 0 Then
        GetIni = „unbekannt“
    Else
        GetIni = Left(retVal, worked)
    End If
End Function
```

```
Command1_Click ()
Sprache$ = GetIni(„System.ini“, „boot.description“, „language.dll“)
End Sub
```

SetWindowPos

Die Funktion *SetWindowPos* kann neben den Einstellungen der Lage und Größe eines Objekts auch dessen Zugehörigkeit zu einer bestimmten Ebene verändern. Damit kann beispielsweise eine Form (*Form1.hWnd*) so angeordnet werden, daß sie immer im Vordergrund (*HWND_TOPMOST*) bleibt, auch wenn sie den Focus verloren hat.

```
Declare Sub SetWindowPos Lib „User“ (ByVal hWnd As Integer, ByVal
      hWndInsertAfter As Integer, ByVal X As Integer, ByVal Y As
      Integer, ByVal cx As Integer, ByVal cy As Integer, ByVal
      wFlags As Integer)
Const HWND_TOPMOST = -1
Const HWND_NOTOPMOST = -2

Command1_Click ()
      Call SetWindowPos(form1.hWnd, HWND_TOPMOST, form1.Left,
            form1.Top, form1.Left, form1.Top, &H40)
End Sub
```

CTL3DV2.DLL

Durch Registrierung der CTL3DV2.DLL werden die Standard-Dialoge im neuen 3D-Look dargestellt.

```
Declare Function GetWindowWord% Lib „User“
                              (ByVal hWnd%, ByVal nIndex%)
Declare Function Ctl3dRegister% Lib „CTL3DV2.DLL“
                              (ByVal hInstance%)
Declare Function Ctl3dAutoSubClass% Lib „CTL3DV2.DLL“
                              (ByVal hInstance%)
Declare Function Ctl3dUnregister% Lib „CTL3DV2.DLL“
                              (ByVal hInstance%)
Global Const GWW_HINSTANCE = (-6)

Sub Load_CTL3D (frm As Form)
      Dim inst%, ret
      inst% = GetWindowWord(frm.hWnd, GWW_HINSTANCE)
      ret = Ctl3dRegister(inst%)
      ret = Ctl3dAutoSubClass(inst%)
End Sub

Form1_Load ()
      Load_CTL3D Me
End Sub
```

Nachdem Sie die Prozedur aufgerufen haben, werden alle Dialoge, z.B. MsgBox, CMDialog1.Action=1 etc. in 3D angezeigt.

```
Sub Unload_CTL3D (frm As Form)
Dim inst%, ret
  inst% = GetWindowWord(frm.hWnd, GWW_HINSTANCE)
  ret = Ctl3dUnregister(inst%)
End Sub

Form1_Unload ()
     Unoad_CTL3D Me
End Sub
```

Sie sollten nicht vergessen, die Registrierung wieder zu beenden, wenn Ihre Applikation geschlossen wird, um General Protection Faults in der USER.EXE zu vermeiden.

7 Datenbankzugriff - Der Grund für 3.0

- **Datenbanktheorie** **241**
  - Was ist eine Datenbank? 241
  - Datenbankmodelle 242
  - Aufbau und Funktionsweise eines RDBMS 245
  - Normalisierung von Datenbanken 249
  - Beziehungen 252
- **SQL** **255**
  - Was ist SQL? 255
  - SQL-Anweisungen 258
  - SQL-Optionen 262
- **Bound Controls - Fesselspiele mit Visual Basic** **262**
  - Anlegen von Datenbanken 263
  - Design der Datenmaske 270
  - Programmierung des Datensteuerelementes 276
- **Die Datenbankobjekte - Zugriff für Profis** **285**
  - Erzeugen von Datenbanken 288
  - Ändern der Datenbankstruktur 291
  - Öffnen von Datenbanken 291
  - Zugriff auf Daten - Das Dynaset 294
  - Fotografie in der Datenbank - Das Snapshot 295
  - Filter 295
  - Sortieren 296
  - Schließen von Dynasets und Snapshots 296
  - QueryDefs - Vordefinierte Abfragen 296
  - Der direkte Zugriff auf Tabellen 298
  - Aktionsabfragen 299
  - Transaktionen 300
  - Verwaltung von Datenbanken im Access-Format 301
- **Gemeinsamer Datenbankzugriff** **302**
  - Database Locking 302
  - Table / Dynaset Locking 302
  - Page Locking 303

❑ **Zugriff auf externe Datenquellen** **304**

Zugriff auf andere Datenbanken 304
Einbinden von Tabellen 306
SQLPassThrough 308
Besonderheiten des SQL-Servers 309

❑ **Crystal Reports - Jetzt gibt´s Druck** **309**

Erstellen eines neuen Berichts 310
Einbinden von Berichten in Visual Basic 315

Wenn Sie die Geschichte von Microsoft Visual Basic schon länger verfolgen, wird es Sie wahrscheinlich auch überrascht haben, daß der Version 2.0 sehr schnell eine Version 3.0 folgte. In der Version 3.0 wurden eigentlich nur einige, auf den ersten Blick unscheinbare Änderungen vorgenommen. Warum also ausgerechnet 3.0 und nicht vielleicht 2.1 oder 2.5?

Nun, einmal abgesehen von der Versionsnummernpolitik der Firma Microsoft und der Frage, ob ein Sprung in der Stelle vor dem Komma wirklich gerechtfertigt war, werden Sie sehen, daß es diese kleinen Änderungen in sich haben. Der Grund für die kurzfristige Folgeversion liegt vor allem in einem Manko das die Version 2.0 aufwies - der fehlende Datenzugriff. Die Datenverwaltung über Random Access oder sequentiellen Zugriff zu lösen, war bereits zu dieser Zeit nicht mehr "State of the Art". Also wurde in Redmond, dem Stammsitz von Microsoft, fieberhaft gearbeitet und schließlich die Version 3.0 auf den Markt gebracht, welche nun über die sog. JET-Engine aus Microsoft Access und diverse ODBC-Treiber Zugriff auf externe Datenbanken ermöglicht.

Dreh- und Angelpunkt vieler Applikationen, gerade in wirtschaftlichen Anwendungen, aber auch bereits im technischen Bereich, ist der Zugriff auf eine Datenbank. Seien es nun Kundendaten, Personaldaten oder der Hardwarebestand des eigenen Hauses, Datenbanken spielen in fast allen Unternehmen eine zentrale Rolle. Sie sind aus unserem Berufs- und in manchen Fällen auch aus dem Privatleben nicht mehr wegzudenken.

Sie werden in diesem Kapitel noch sehen, daß Ihnen mit Visual Basic ein mächtiges Werkzeug zur Entwicklung von Datenbankanwendungen zur Verfügung steht.

Datenbanktheorie

Auch wenn es die Möglichkeiten von Visual Basic erlauben würden, direkt in die Datenbankprogrammierung einzusteigen, so hilft Ihnen ein wenig Theorie, auch bei komplexen Datenbankproblemen den Durchblick zu behalten.

Was ist eine Datenbank?

Definition einer Datenbank

Eine Datenbank ist im Prinzip nichts anderes als ein Abbild der Wirklichkeit. Da die Wirklichkeit aber zu komplex ist, um sie vollends digital abzubilden, reduziert man die Informationen meist auf einen sehr kleinen, aber ausschlaggebenden Bestandteil. Eine Kundendatenbank beispielsweise enthält meist die Adresse der Kunden, Telefonnummern und andere, zur Abwicklung der Geschäfte wichtige Informationen. Dies ist allerdings nur ein Ausschnitt der Wirklichkeit. Es werden keine Informationen über das Aussehen, das Leben und das Umfeld des Kunden gespeichert. Alle diese Informationen gehören aber genauso zur Wirklichkeit wie Adresse oder Telefonnummer. Sie stehen aber in keiner Relation zum Zweck der Datenführung, dem Geschäftszweck. Eine unglückliche Kindheit spielt bei der Bestellung einer Waschmaschine gewöhnlich keine Rolle. Abgesehen davon ist hier auch noch der Datenschutz zu beachten. Stellen Sie sich vor, alle diese privaten Details Ihrer Existenz würden auch bei Ihrem Versandhaus gespeichert.

Gut, daß Datenbanken kein vollständiges Abbild der Wirklichkeit sind, dürfte nun klargeworden sein. Dennoch bleibt die Forderung bestehen: Daten innerhalb einer Datenbank müssen der Wirklichkeit entsprechen. Zieht der Kunde in eine andere Stadt, so muß auch seine Adresse in der Datenbank geändert werden.

Wenn Sie zuhause ein kleines Buch besitzen, in dem Sie die Adressen und Telefonnummern von Bekannten und Verwandten notieren, dann ist auch das eine Datenbank. Um aber das Postulat der Wirklichkeitstreue umsetzen und Daten in geordneter Form ablegen zu können, haben sich bereits in sehr früh Informatiker und Mathematiker Gedanken zum Aufbau von Datenbanken gemacht. So wurden eine Reihe von Definitionen und Regeln aufgestellt, denen auch moderne Datenbanksysteme folgen. Einige dieser Regeln werden Sie in diesem Abschnitt noch kennenlernen.

Datenbankmodelle

Es gibt drei Datenbankmodelle, die zur Zeit noch eine Rolle spielen. Das sind zum einen das hierarchische Modell, das Netzwerkmodell und, speziell für Sie interessant, das relationale Modell. Die ersten beiden sollen hier nur kurz angesprochen werden, um die Vor- und Nachteile des relationalen Modells erkennen zu können.

Das hierarchische Modell

Grundprinzip des hierarchischen Modells ist, wie der Name bereits sagt, ein hierarchischer Aufbau der Daten. Das bedeutet, ein Datensatz kann beliebig viele Kinder haben, aber nur jeweils eine Mutter.

Abbildung 7.1 zeigt ein Beispiel für ein hierarchisches Datenmodell. Wie Sie sehen können, ist es dabei kein Problem, die Daten von oben nach unten auszuwerten. Genau hier beginnen aber bereits die Probleme. Es gibt

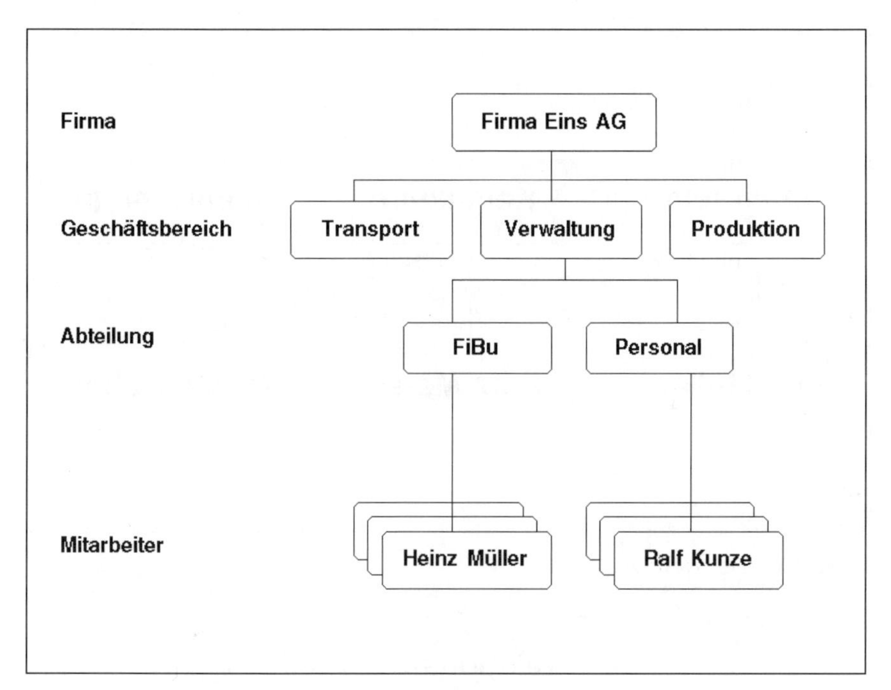

Abb. 7.1: Hierarchisches Netzwerkmodell

keine Möglichkeit, Mitarbeiter zu erfassen, die für mehrere Abteilungen oder mehrere Geschäftsbereiche tätig sind. Zudem erfordert die Versetzung eines Mitarbeiters in eine andere Abteilung einen hohen administrativen Aufwand, da eine Reorganisation der Daten von oben herab notwendig wird. Ebenso aufwendig ist es, neue Mitarbeiter in das Modell zu integrieren.

Das Netzwerkmodell

Das Netzwerkmodell hat hier einen anderen Ansatz. Bei einem Netzwerkmodell besitzt jede Information eine Verbindung zu einer anderen Information. So kann beispielsweise jede Person in beliebig vielen Vereinen aktiv sein, andererseits kann aber auch jeder Verein beliebig viele Mitglieder haben.

Sie können bereits anhand der Vielzahl von Linien erkennen, daß der administrative Aufwand bei Veränderungen immens ist. Zudem sind vor allem die Geschwindigkeit und der hohe Speicherbedarf weitere Probleme des Netzwerkmodells.

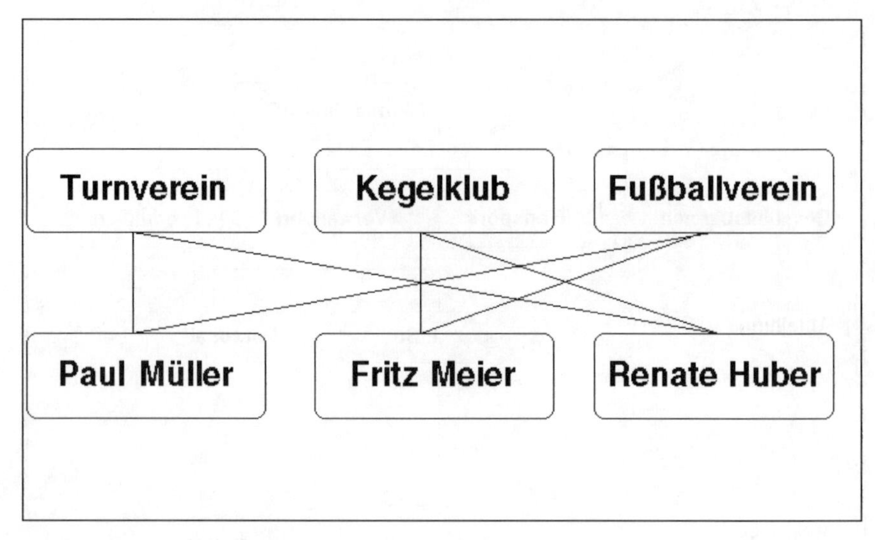

Abb. 7.2: *Das Netzwerkmodell*

Das relationale Modell

Das relationale Datenmodell wurde 1970 vom E.F.Codd entwickelt. Es birgt gegenüber den vorher genannten Modellen eine Reihe von Vorteilen. Dazu zählen eine wesentlich höhere Flexibilität und eine leichtere Handhabung.

Eine relationale Datenbank erkennt man normalerweise sofort an der Tabellenform. Alle Daten innerhalb einer relationalen Datenbank befinden sich in Tabellen und besitzen keine physikalische Verknüpfung miteinander.

Zwischen verschiedenen Tabellen können Beziehungen, wie in Abbildung 7.3, bestehen. Die Geschwindigkeit des relationalen Modells sinkt dabei aber mit zunehmender Datenmenge.

Dies war der Grund dafür, daß sich relationale Datenbanken erst durchsetzen konnten, als leistungsfähige Rechnersysteme zu akzeptablen Preisen auf dem Markt waren. Visual Basic arbeitet weitgehend mit diesem Datenmodell.

Objektorientierte Datenbanken

Einen Ausblick in die Zukunft stellen objektorientierte Datenbanken dar. Bei relationalen Datenbanken setzen sich die Datenbestände aus vielen einzelnen Datentabellen zusammen. Um im Beispiel zu Abbildung 7.3 Rechnungen an Kunden senden zu können, müssen die Tabellen Rechnung

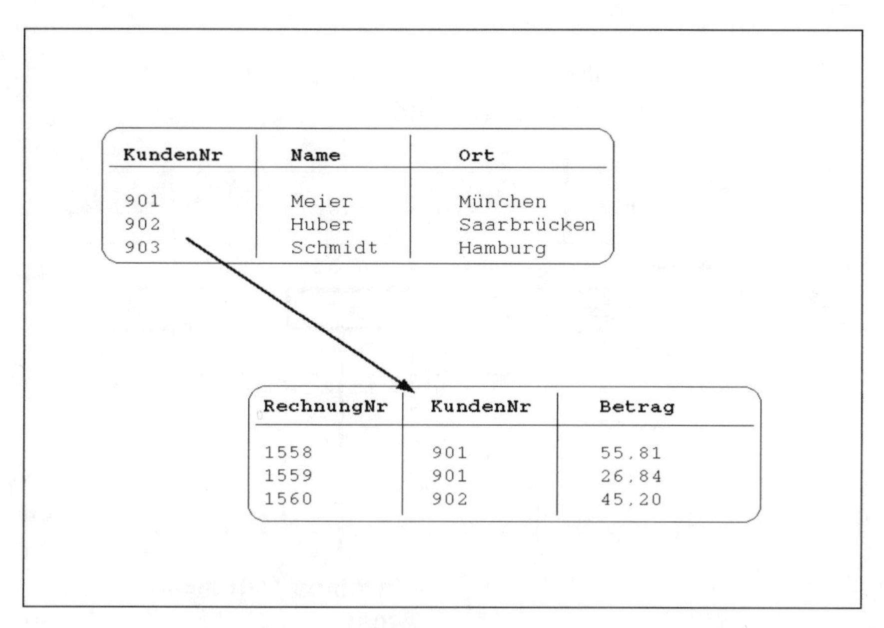

Abb. 7.3: Das relationale Datenmodell

und Kunden kombiniert werden. Sie ergeben dann den Datengrundstock zum Drucken der Rechnungen. Beim Speichern der Daten werden diese erst zerlegt und danach beim Laden wieder zusammengesetzt.

Objektorientierte Datenbanken dagegen behandeln Daten mit verschiedenen Beziehungen als ein einziges Objekt. Auf diese Weise braucht sich der Benutzer nicht mehr um das Zerlegen und Zusammensetzen der Daten zu kümmern. Dies erledigt die objektorientierte Datenbank ohne sein Wissen und Zutun.

Derzeit ist die Verbreitung von objektorientierten Datenbanken noch relativ gering. Man darf hier aber auf die zukünftige Entwicklung gespannt sein.

Aufbau und Funktionsweise eines RDBMS

Visual Basic fungiert bei der Verwaltung von Daten als RDBMS, als **R**elationales **D**aten**b**ank-**M**anagement-**S**ystem. Wie bereits erwähnt bestehen relationale Datenbanken aus Tabellen. Jede Datenbank besitzt dabei gewöhnlich mehrere Tabellen. Dabei werden die unterschiedlichen Informationsobjekte in Tabellen aufgeteilt. Bei einer Auftragsverwaltung beispielsweise hätte man verschiedene Tabellen für Kunden, Artikel, Rechnungen usw.

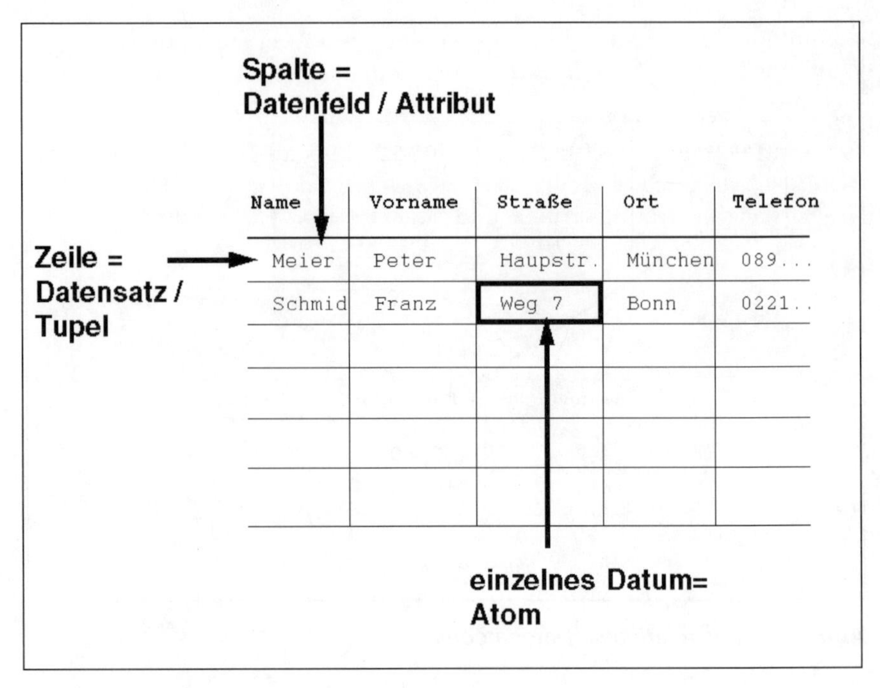

Abb. 7.4: Aufbau einer Tabelle

Tupel, Attribute und Atome

Die Zeilen einer Tabelle bezeichnet man als *Datensatz* oder auch *Tupel*. Die einzelnen Spalten sind die *Datenfelde*r oder auch *Attribute* genannt. Schnittpunkte zwischen Zeile und Spalte sind die Daten oder auch *Atome*.

Primärschlüssel

Um nun jeden einzelnen Datensatz auch eindeutig identifizieren zu können, werden sog. Schlüssel verwendet. Jede Tabelle besitzt dabei einen *Primärschlüssel* (PK = *Primary Key*). Dabei handelt es sich um ein oder mehrere Felder, die jeden Datensatz innerhalb der Tabelle eindeutig bestimmen. Im Beispiel von Abbildung 7.4 könnte dies der Nachnahme sein, da dieser jeweils nur ein einziges Mal in der Tabelle auftaucht. Das würde allerdings nur so lange funktionieren, bis ein zweiter Herr Meier in Erscheinung tritt. Aus diesem Grund würde man nie Datenfelder wie den Nachnamen als Primärschlüssel definieren. Wie bereits erwähnt, kann der Primärschlüssel auch aus einer Kombination von Feldern bestehen. Um nun auch das Problem mit Meier Nr. 2 zu umgehen, könnte man als Primärschlüssel die Felder NAME und VORNAME kombinieren. Aber auch diese Methode ist nicht eindeutig sicher. Zwar bestünde die Möglichkeit, noch mehr Felder als Primärschlüssel zu kombinieren, um so jeden doppelten Schlüssel auszuschalten, aber dann wäre bald der Sinn der relationalen Datenbank verloren. Üblicherweise legt man deshalb spezielle Primärschlüsselfelder an, beispielsweise eine Kundennummer oder eine Personalnummer. Diese Nummern werden nur einmal vergeben, und so erhält man eine eindeutige Zuordnung von Primärschlüssel und zugehörigem Datensatz.

Fremdschlüssel

Bei relationellen Datenbanken spielt allerdings auch noch ein weiterer Schlüssel eine wichtige Rolle, der *Fremdschlüssel.* Der Fremdschlüssel ist der korrespondierende Primärschlüssel einer zweiten Tabelle.

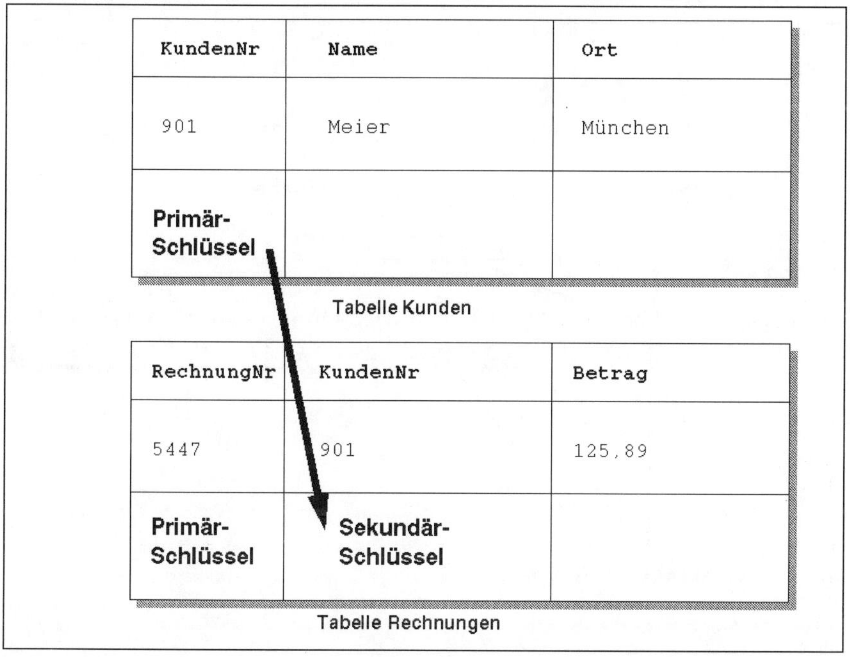

KundenNr	Name	Ort
901	Meier	München
Primär-Schlüssel		

Tabelle Kunden

RechnungNr	KundenNr	Betrag
5447	901	125,89
Primär-Schlüssel	**Sekundär-Schlüssel**	

Tabelle Rechnungen

Abb. 7.5: *Zusammenhang Primärschlüssel und Fremdschlüssel*

Die Tabellen Rechnungen und Kunden aus Abbildung 7.5 werden über den Schlüssel KundenNr verbunden. Betrachtet man nun die Tabelle Rechnung, so ist RechnungsNr hier der Primärschlüssel und KundenNr der Fremdschlüssel.

Sekundärschlüssel

Neben Primär- und Fremdschlüssel kann eine Tabelle aber noch weitere Schlüssel, die sog. *Sekundärschlüssel* enthalten. Diese Schlüssel nennt man auch *Indizes.* Sie funktionieren auch wie der Index eines Buches. Wenn Sie nach einem bestimmten Begriff innerhalb dieses Buches suchen, so blättern Sie nicht Seite für Seite durch, sondern Sie sehen in den Index und erhalten so die passende Seitennummer. Wenn Sie nun in der Tabelle Kunden nach dem Namen Meier suchen würden, müßte das RDBMS exakt so vorgehen, wie Sie mit diesem Buch, wenn es keinen Index hätte. Es muß Seite für Seite, also Datensatz für Datensatz durchsehen, um Herrn Meier zu finden. Legt man nun einen Index auf die Spalte NAME, d.h. indiziert man das Datenfeld NAME, so bildet das RDBMS eine zweite, kleine Tabelle. In dieser Tabelle stehen nur die Namen und ein Verweis auf die Position des Datensatzes innerhalb der Tabelle. Das RDBMS muß nun nicht mehr die gesamte Tabelle durchsuchen, sondern nur die begrenzte Indextabelle. Dies bringt gerade bei großen Datenmengen einen erheblichen Geschwindigkeitsvorteil.

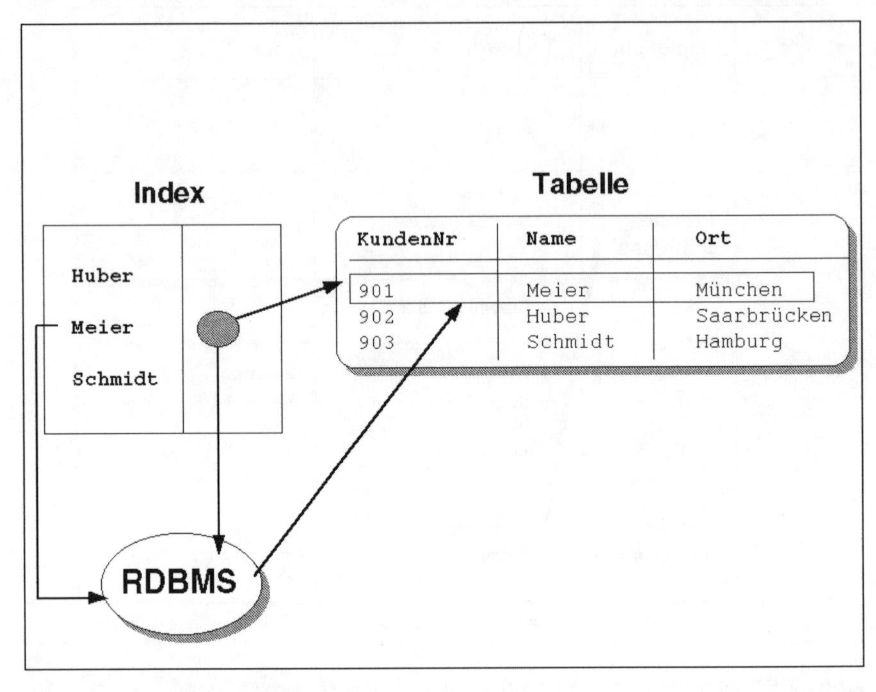

Abb. 7.6: Suchvorgang mit Index

Indizes nur auf relevante Suchfelder

Doch wie immer im Leben, ist der Geschwindigkeitsvorteil nur eine Seite der Medaille. Indizes müssen bei Operationen wie dem Einfügen oder Löschen eines Datensatzes neu aufgebaut werden. Deshalb verzögern Indizes solche Operationen. Zwar ist der Geschwindigkeitsnachteil hier nicht so groß, wie der Vorteil bei Suchoperationen, dennoch sollte man darauf achten, nie zu viele Indizes in Tabellen anzulegen. Versehen Sie nur solche Felder mit einem Index, nach denen Sie im Normalfall später auch suchen. Im Beispiel der Kundentabelle bietet sich natürlich das Feld NAME an. In der Praxis wird man wohl häufig einen Kunden nicht über seine Kundennummer, sondern wohl eher über seinen Namen ermitteln. Dagegen werden Sie wohl seltener in die Situation kommen, aufgrund einer gegebenen Telefonnummer nach einem Kunden suchen zu müssen. Ein Index auf dem Datenfeld TELEFONNR würde also mehr Schaden als Nutzen verursachen.

Normalisierung von Datenbanken

Daten-Normalisierung erspart Programmierarbeit

Bei der Erstellung von Datenbankanwendungen ist das ordentliche Design der Datenbank schon der halbe Lohn. Fehler im Datendesign können bei der Programmierung nur schwer, oft überhaupt nicht ausgebessert werden. Um so besser das Datendesign, um so leichter fällt Ihnen später die Programmierung. Ein weiterer Schritt in diese Richtung ist die Normalisierung. Die Normalisierung ist eigentlich kein Bestandteil des Relationenmodells von E.F.Codd, aber sie ist ein wichtiges Werkzeug dafür. Die Normalisierung ist ein mehrstufiger Prozeß, bei dem Tabellen einer Datenbank organisiert, zerlegt und die Daten geordnet werden. Die einzelnen Stufen der Normalisierung bauen aufeinander auf.

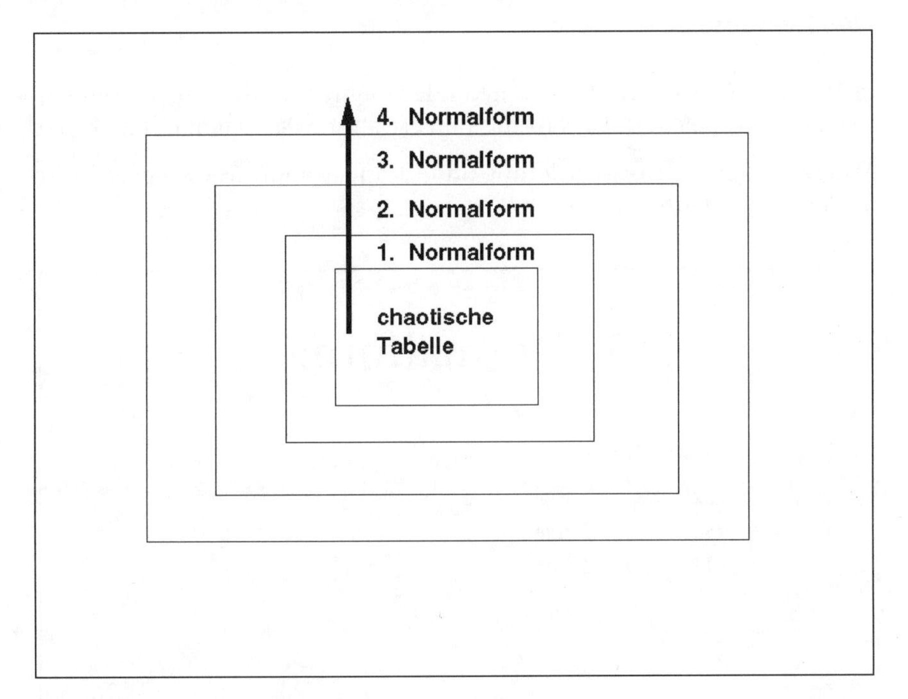

Abb. 7.7: *Stufen der Normalisierung*

Bis zur 3. Normalform

Obwohl es mehr Stufen gibt, sollte eine Normalisierung bis zur 3. Normalform üblicherweise ausreichen.

Normalisierungen führen auch dazu Redundanzen in Datenbeständen zu vermeiden. Das Beispiel der Auftragsverwaltung verdeutlicht die Problematik. Eine chaotische Tabelle würde wie folgt aussehen:

Tabelle Auftrag

Kunde	Artikel	Bez.	Menge	Preis	Gesamt
1	121,333,444	Lampe, Zange, Schirm	5,2,8	2,4,10	10,8,80

Abb. 7.8: Chaotische Tabelle

In Abbildung 7.8 werden für einen Kunden mehrere Bestellungen in einem Datensatz gespeichert. Dies ist für die Verwaltung der Daten untauglich.

Also wird hier die Normalisierung Stufe 1 angewandt: *Die Tabellenfelder dürfen nur atomare Werte enthalten.*

1. Normalform

Kunde	Artikel	Bez.	Menge	Preis	Gesamt
1	121	Lampe	5	2	10
1	333	Zange	2	4	8
1	444	Schirm	8	10	80

Abb. 7.9: Tabelle in der 1. Normalform

1. Normalform

In der 1. Normalform gibt es nur noch einen einzigen Wert pro Datenfeld. Damit multipliziert sich die Anzahl der Datensätze in der Tabelle natürlich entsprechend. In Abbildung 7.9 sehen Sie den "Optimalfall" von redundanten Daten. Falls ein weiterer Kunde eine Zange bestellt, muß diese immer mit Bezeichnung und Preis neu eingegeben werden. Das kostet Platz, Zeit und damit auch Geld.

Um zur 2. Normalform zu gelangen, muß sich die Tabelle bereits in der 1. Normalform befinden. Zusätzlich muß folgende Bedingung erfüllt sein: *Jeder nicht zum Schlüssel gehörige Feldinhalt ist von diesem voll funktional abhängig.*

2. Normalform

2.Normalform

Kunde	Artikel	Menge	Gesamt
1	121	5	10
1	333	2	8
1	444	8	80

Tabelle Bestellung

Artikel	Bezeichnung	Preis
121	Lampe	2
333	Zange	4
444	Schirm	10

Tabelle Artikel

Abb. 7.10: Tabellen in der 2. Normalform

Wie Sie erkennen können, wurden alle Informationen, die nicht direkt mit den einzelnen Bestellungen zu tun haben in separate Tabellen ausgegliedert. So müssen die Artikel nur noch ein einziges Mal erfaßt werden. Das spart bereits Zeit und Geld.

Die Voraussetzungen für die 3. Normalform sind zum einen das Vorliegen der 2. Normalform und zum anderen die Forderung: *Zwischen den Spalten, die nicht den ID-Schlüssel bilden, besteht keine Abhängigkeit.*

3. Normalform

In der 3. Normalform wurde noch die Spalte *Gesamt* aus der Datenbank genommen. Dieser Wert hängt von keinem Schlüssel ab und läßt sich durch *Preis * Menge* relativ einfach berechnen. Nun sehen Sie eine optimal strukturierte Datenbank. Jede der einzelnen Informationen ist dabei auch leicht zu warten.

Würde sich beispielsweise die Bezeichnung für Schirme ändern (große Schirme, kleine Schirme), müßte diese Änderung in jeder Schirmbestellung per Hand durchgeführt werden. Jetzt ist nur noch eine einzige Änderung nötig.

3.Normalform

Kunde	Artikel	Menge
1	121	5
1	333	2
1	444	8

Tabelle Bestellung

Artikel	Bezeichnung	Preis
121	Lampe	2
333	Zange	4
444	Schirm	10

Tabelle Artikel

Abb. 7.11: *Tabellen in der 3. Normalform*

Beziehungen

Nicht nur im zwischenmenschlichen Bereich spielen Beziehungen eine große Rolle, auch bei Datenbanken. Wenn man Abbildung 7.11 betrachtet, dann ist bereits zu erkennen, daß zwischen den einzelnen Tabellen Beziehungen herrschen. Alle Tabellen sind ja schließlich auch aus einer einzigen entstanden. Wenn nun beispielsweise eine Rechnung gedruckt werden soll, so muß das RDBMS die Informationen aus den einzelnen Tabellen entnehmen und zusammensetzen.

In Abbildung 7.12 wurden die einzelnen Tabellen, aus denen die Informationen stammen jeweils eingetragen. Beziehungen kombinieren also Tabelleninhalte miteinander. Dabei gibt es verschiedene Arten von Beziehungen.

1:1 Beziehung

Bei einer 1:1 Beziehung steht jedem Datensatz aus einer Tabelle auch genau ein Datensatz aus einer anderen Tabelle gegenüber. Beispiel hierfür wären eine Tabelle mit Mitarbeitern und eine Tabelle mit den Adressen der Mitarbeiter. Jeder Mitarbeiter hat nur eine Adresse und zu jeder Adresse gehört nur ein Mitarbeiter. 1:1 Beziehungen treten seltener auf.

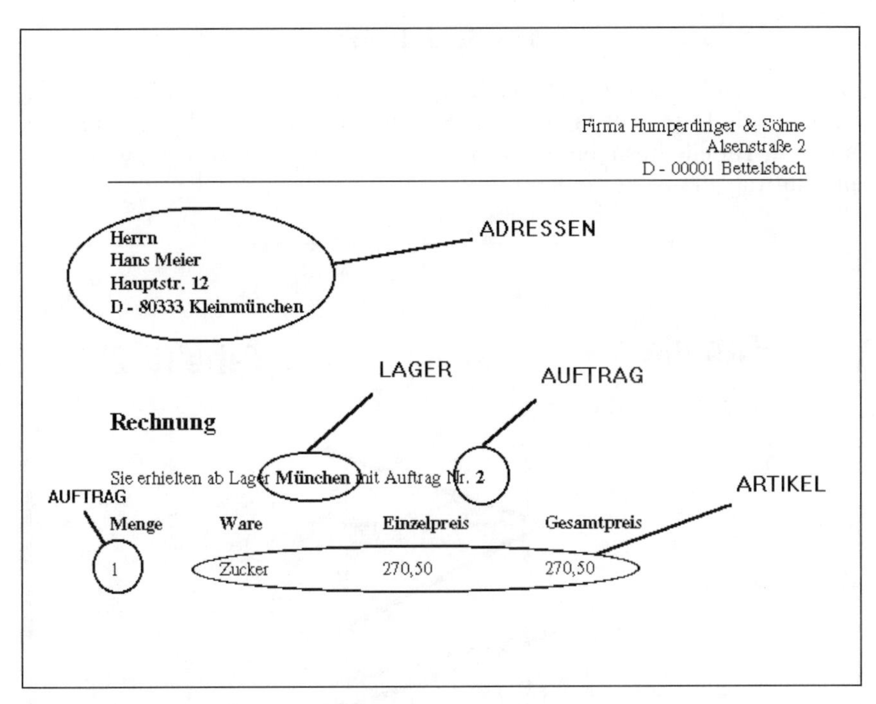

Abb. 7.12: Informationsquellen der Rechnung

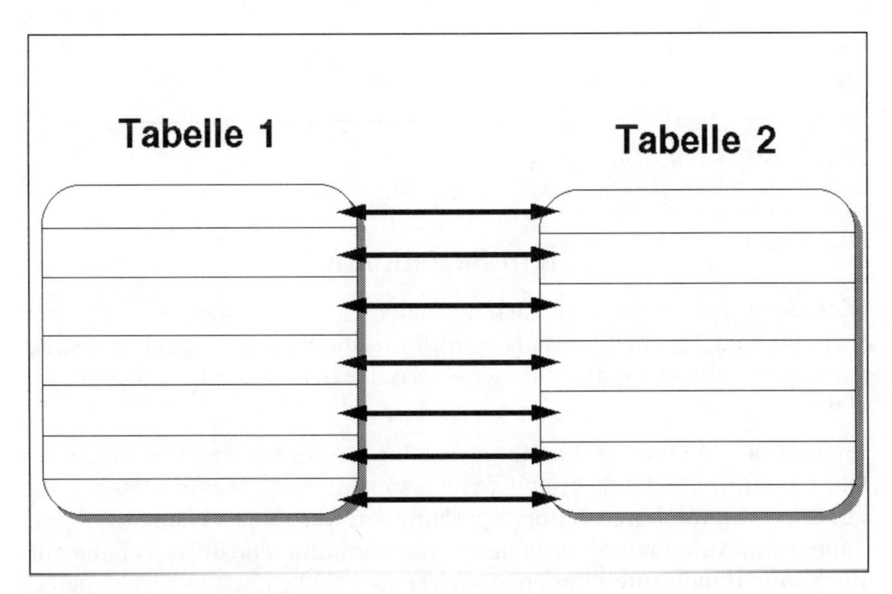

Abb. 7.13: 1:1 Beziehung

1:n Beziehung

Die 1:n Beziehung ist die wohl häufigste Beziehung bei Datenbanken. Dabei kann ein Datensatz aus einer Tabelle mehrere Entsprechungen in einer anderen Tabelle besitzen. Ein Kunde kann mehrere Aufträge haben, aber pro Auftrag gibt es nur einen Kunden.

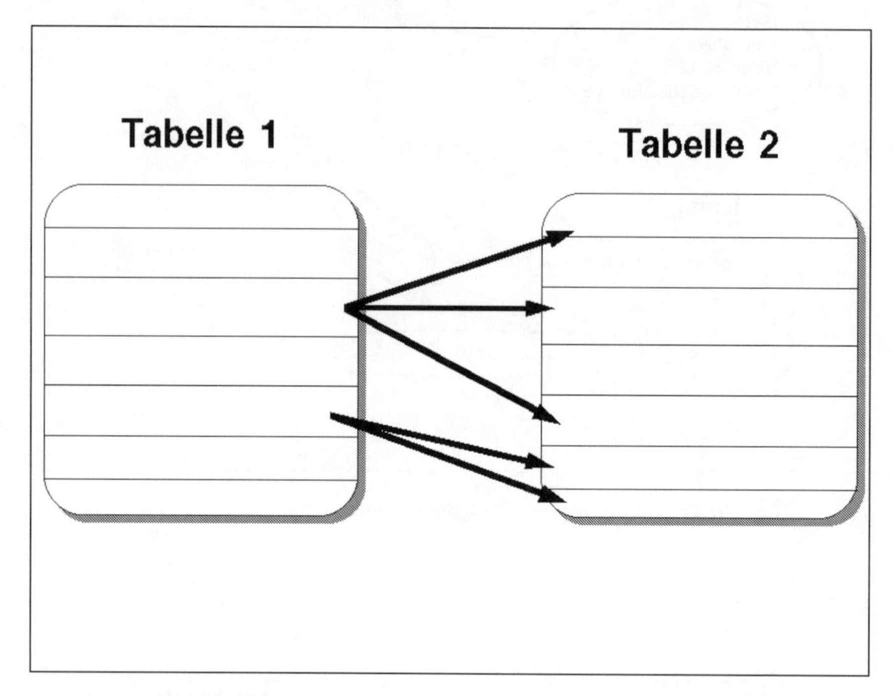

Abb. 7.14: *1:n Beziehung*

n:m Beziehung

Diese Art der Beziehung läßt sich normalerweise nicht mehr mit den zwei verbundenen Tabellen lösen. Hier wird meist eine dritte Tabelle zu Hilfe genommen, die aus den Schlüsselfeldern der beiden ersten Tabellen besteht.

Ein Beispiel für eine n:m Beziehung ist eine Autorenverwaltung. Ein Autor kann mehrere Bücher schreiben, genauso kann aber, wie in diesem Fall, ein Buch von mehreren Autoren geschrieben werden. Es würde also eine Tabelle mit Autoren, eine Tabelle mit Büchern und eine dritte Tabelle mit Buchtiteln und Autorennamen existieren.

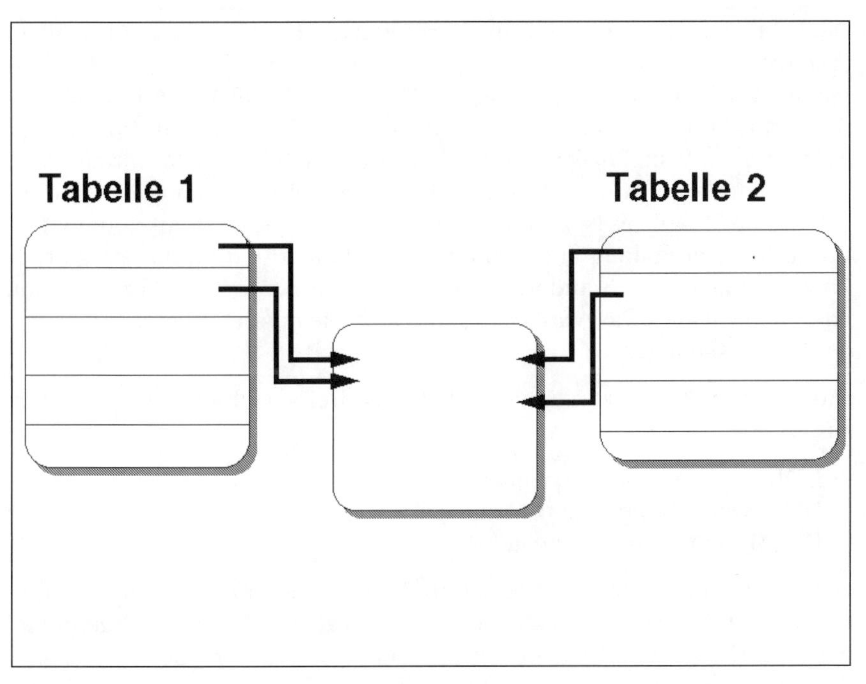

Abb. 7.15: n:m Beziehung

SQL

Viele Möglichkeiten der Manipulation von Daten laufen auch in Visual Basic über SQL-Anweisungen ab. Grund genug, sich eingehender mit diesem Thema zu befassen.

Was ist SQL?

SQL ist ein Standard

SQL ist, wie in dieser Branche üblich, natürlich eine Abkürzung. Sie steht für **S**tructured **Q**uery **L**anguage und wird normalerweise wie "Siequäl" ausgesprochen. Diese strukturierte Abfragesprache wurde von der Firma IBM in den 70er Jahren entwickelt und wurde inzwischen vom ANSI (**A**merican **N**ational **S**tandards **I**nstitute), der amerikanischen Version des deutschen DIN-Institutes standardisiert.

Aus diesem Grund spricht man häufig auch vom ANSI-SQL. Die ISO (**I**nternational **S**tandard **O**rganisation) hat diesen Standard inzwischen ebenfalls anerkannt.

VB-SQL weist Unterschiede zum ANSI-SQL auf

Der Vorteil von SQL ist ihre weite Verbreitung. Sie ist sowohl auf fast allen Systemen im PC- und Workstation-Bereich vertreten als auch auf Großrechneranlagen und Anlagen der MDT (**M**ittlere **D**atenTechnik). Aus diesem Grund nutzt Ihnen das hier erworbene Wissen nicht nur im Zusammenhang mit Visual Basic. Es gibt allerdings einen Punkt, der Ihre Freude etwas dämpfen dürfte. Das VB-SQL hält sich nicht ganz an die Definitionen des ANSI-SQL. Es ist zwar nahezu die komplette SQL-Funktionalität in Visual Basic enthalten, aber bei einigen Befehlen und Methoden gibt es Abweichungen vom Standard. Das bedeutet also, Sie können mit Visual Basic nahezu alles was ANSI-SQL kann, aber Sie müssen es manchmal anders bewerkstelligen.

Die Sprache SQL setzt sich eigentlich aus drei verschiedenen Sprachen zusammen:

- DDL (**D**ata **D**efinition **L**anguage)
- DML (**D**ata **M**anipulation **L**anguage)
- DCL (**D**ata **C**ontrol **L**anguage)

Dynaset

Das Ergebnis einer SQL-Aktion ist normalerweise immer ein *Dynaset*. Ein Dynaset ist eine virtuelle Tabelle. In dieser Tabelle stehen die Ergebnisse der SQL-Aktion. Allerdings nur im Speicher des Rechners. Beim Verlassen des Programms werden diese Tabellen nicht gespeichert und sie existieren nicht physikalisch innerhalb der Datenbank. Deshalb spricht man hier von virtuellen Tabellen.

Im Prinzip sieht diese virtuelle Tabelle genauso aus, wie ihr Original. Sie kann allerdings auch mehr oder weniger Spalten oder Zeilen haben. Ein einfaches Beispiel.

Name	Vorname	Ort	Telefon
Meier	Hans	München	089-992299
Müller	Gerd	Bonn	0221-998877
Anton	Alexander	Bayreuth	0921-43200
Flügel	Nadja	München	089-8885522

Tab. 7.1: Originaltabelle KUNDEN

Auf dieser Tabelle wird nun folgende SQL-Anweisung ausgeführt:

```
SELECT * FROM KUNDEN
```

Das Ergebnis würde nun so aussehen:

Name	Vorname	Ort	Telefon
Meier	Hans	München	089-992299
Müller	Gerd	Bonn	0221-998877
Anton	Alexander	Bayreuth	0921-43200
Flügel	Nadja	München	089-8885522

Tab. 7.2: Dynaset der vorhergehenden SQL-Anweisung

In diesem Fall hätten Sie also eine virtuelle Tabelle, die ein genaues Abbild des Originals darstellen würde. Führen Sie dagegen folgende Anweisung aus:

```
SELECT NAME,VORNAME FROM KUNDEN ORDER BY NAME
```

In diesem Fall sähe das Ergebnis so aus:

Name	Vorname
Anton	Alexander
Flügel	Nadja
Meier	Hans
Müller	Gerd

Tab. 7.3: Dynaset der SQL-Anweisung 2

Die wichtigsten SQL-Befehle werden Sie in diesem Kapitel noch kennenlernen. Ein Verzeichnis aller SQL-Befehle, die in Visual Basic zur Verfügung stehen, finden Sie im Anhang.

TIP Wenn Sie im Besitz von Microsoft Access sind, dann können Sie SQL-Anweisungen ganz einfach erzeugen. Entwerfen Sie eine Abfrage interaktiv in Access, und wählen Sie im Entwurfsmodus von Access den Menüpunkt [ANSICHT] [SQL...]. Sie sehen dann ein kleines Dialogfeld mit der passenden SQL-Anweisung. Diese können Sie mittels Kopieren (Strg X) & Einfügen (Strg V) in Ihren Visual Basic Code einfügen. Lediglich die Zeilenumbrüche müssen Sie beseitigen.

Auf diese Weise ersparen Sie sich nicht nur Arbeit, sondern können Fehler in der SQL-Syntax weitestgehend ausschließen.

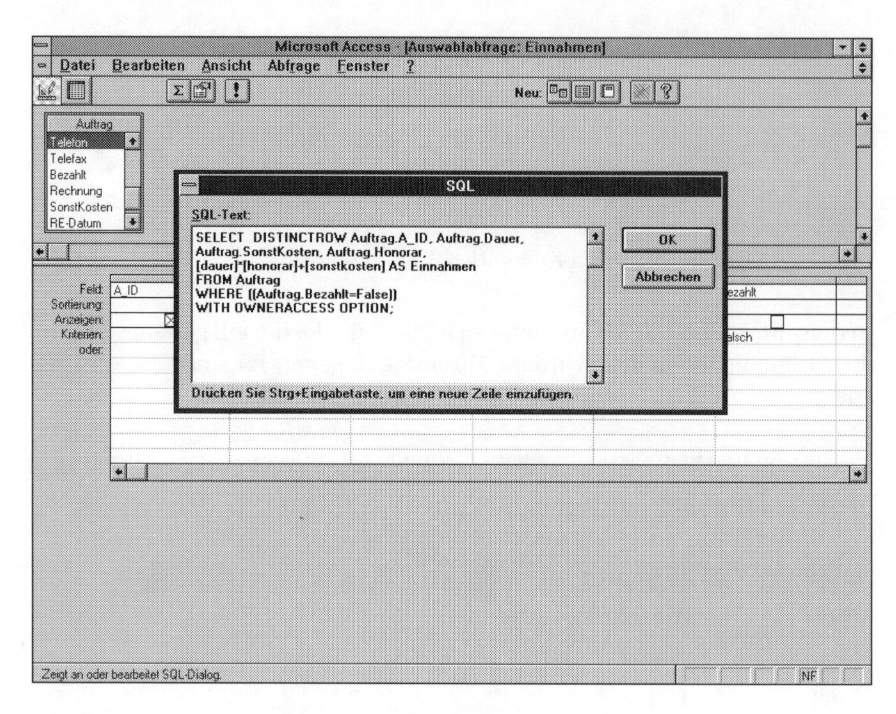

Abb. 7.16: Abfrageentwurf mit SQL in Microsoft Access

SQL-Anweisungen

Der SQL-Dialekt von Visual Basic verfügt eigentlich nur über sechs verschiedene Anweisungen, die den sechs verschiedenen Abfragetypen entsprechen. Mit diesen Anweisungen lassen sich aber alle vorstellbaren Datenmanipulationen durchführen.

SQL-Anweisung	Bedeutung	Typ
SELECT	Wählt Daten aus Tabellen aus	Auswahlabfrage
SELECT-INTO	Erstellt neue Tabellen	Tabellenerstellungsabfrage
DELETE	Löscht Datensätze aus Tabellen	Löschabfrage
INSERT	Fügt Datensätze an vorhandene Tabellen an	Anfügeabfrage
TRANSFORM	Erstellt eine Kreuztabelle	Kreuztabellenabfrage
UPDATE	Ändert Daten	Aktualisierungsabfrage

Tab. 7.4: Visual Basic SQL-Anweisungen

Select

Die Anweisung SELECT wählt, wie der Name bereits sagt, Daten aus. Dabei wird eine neue, allerdings nur virtuelle Tabelle erstellt, die das Ergebnis enthält. Die Syntax lautet folgendermaßen:

```
SELECT [ALL|DISTINCT|DISTINCTROW] select-liste
     FROM tabellen-name
     [WHERE suchbedingung]
     [ORDER BY sortier-angaben]
     [GROUP BY grupier-liste]
     [HAVING suchbedingung]
```

Where

Wie Sie anhand der Befehlsstruktur feststellen können, läßt sich die SELECT-Anweisung nahezu beliebig variieren. Dabei erlaubt die Bedingung WHERE, Kriterien anzugeben.

```
Select Name, Ort, Telefon From Kunden Where Ort = „München";
```

Das aufgeführte Beispiel zeigt von allen münchener Kunden den Namen, den Ort und die Telefonnummer an.

Select Into

Die SELECT INTO-Anweisung unterscheidet sich in der Funktionsweise von der SELECT-Anweisung nur dadurch, daß hier nicht eine virtuelle, sondern eine neue, permanente Tabelle angelegt wird. Aus diesem Grund unterscheidet sich auch die Syntax nur geringfügig:

```
SELECT [ALL|DISTINCT|DISTINCTROW] select-liste
     FROM tabellen-name
     INTO tabellen-name [zielangabe]
     [WHERE suchbedingung]
     [ORDER BY sortier-angaben]
     [GROUP BY grupier-liste]
     [HAVING suchbedingung]
```

Wie Sie sehen können liegt der Unterschied hauptsächlich in der Angabe der Tabelle, die erstellt werden soll.

```
Select * From Kunden Into Muenchner Where Ort = „Muenchen";
```

Der Beispielcode würde eine neue Tabelle MUENCHNER erzeugen. Dort hinein werden alle Datensätze aus der Tabelle KUNDEN kopiert, bei denen das Datenfeld ORT mit dem Wert „MÜNCHEN" belegt ist.

* in SQL

Der Stern (*) innerhalb einer SQL-Anweisung bedeutet alle Datenfelder.

Delete

So überraschend es auch klingen mag, die SQL-Anweisung DELETE führt Löschoperationen aus. Die Syntax sieht folgendermaßen aus:

DELETE FROM *tabellen-name* [WHERE *suchbedingung*]

Delete löscht also Datensätze aus Tabellen.

```
Delete From Kunden Where LetzteBestellung < #1.1.1992#
```

Dieses Beispiel würde aus einer Tabelle KUNDEN alle Kunden löschen, deren letzte Bestellung vor dem 1.1.1992 liegt. Der Ausdruck LETZTEBESTELLUNG stellt dabei ein Datenfeld dar.

Insert

Wo die Anweisung DELETE Daten aus einer Tabelle löscht, da fügt die Anweisung INSERT Daten an eine Tabelle an. Die Syntax lautet dabei:

INSERT INTO *tabellen-name* [*zielangabe*] [*select- befehl*]

Die Anweisung INSERT fügt also Datensätze aus einer Tabelle an eine andere Tabelle an. Dabei ist es natürlich auch hier möglich, Daten nur selektiert einzufügen. Die Tabelle selbst kann auch in einer anderen Datenbank liegen.

```
Insert Into Kunden Select * from NeuKunden;
```

Dieses Beispiel fügt alle Daten aus der Tabelle NEUKUNDEN in die Tabelle KUNDEN ein. Beide Tabellen liegen dabei in derselben Datenbank.

```
Insert Into Kunden In „C:\Daten\ALTKUND.DBF\“ „dbase IV“ Select
                                    * from NeuKunden Where Ort = „München“;
```

Nun, diese Anweisung ist schon etwas komplexer. In diesem Beispiel wird die Tabelle NEUKUNDEN, die sich in der DBASE-Datenbank „C:\DATEN\ALTKUND.DBF“ befindet, in die Tabelle KUNDEN eingefügt. Allerdings nur, wenn diese aus der „Weltstadt mit Herz“, aus München kommen.

Dieses Beispiel könnte auch noch weiter ausgebaut werden. Speziell die WHERE-Klausel läßt sich noch beliebig verschachteln und erweitern.

Transform

Die Anweisung TRANSFORM ermöglicht es Ihnen, Kreuztabellen zu erstellen. Kreuztabellen sind Abfragen, bei welchen Sie Datenfelder als Zeilen-

und Spaltenköpfe deklarieren. In den einzelnen Zellen dieser Tabelle stehen dann Werte einer Agregatsfunktion.

	Meier	Müller	Schmitt
Drucker	5	8	1
Monitore	12	9	17
Computer	7	5	7

Abb. 7.17: *Kreuztabelle*

In Abbildung 7.17 sehen Sie ein Beispiel für eine Kreuztabelle. Hier wurden die Namen der Verkäufer aus der Personaltabelle als Spaltenköpfe definiert. Die einzelnen Artikel aus der Artikeltabelle fungieren als Zeilenköpfe. Die Werte in den Zellen sind die Gesamtzahl der verkauften Produkte je Produkt und Verkäufer. Sehen Sie sich jetzt einmal die Anweisung dazu an:

```
TRANSFORM Sum(Bestelldetails.Stueck) AS Stueck
      SELECT Artikel.Artikelname AS Produkt
      FROM Personal, Bestellungen, Artikel, Bestelldetails
      PIVOT Personal.Nachname;
```

Die Syntax der TRANSFORM-Anweisung lautet wie folgt:

```
TRANSFORM funktions-referenz select-anweisung
      PIVOT spalten-name
```

Speziell bei der Erstellung von Kreuztabellenabfragen kann Microsoft Access hier nach der o.g. Methode wertvolle Hilfe bieten.

Update

Die UPDATE-Anweisung ist eine komfortable Möglichkeit, mehrere Daten gleichzeitig zu ändern. Sie wollen beispielsweise alle Preise einer bestimmten Kategorie von Artikeln um 5% erhöhen, dann ist die UPDATE-Anweisung unter SQL die richtige Wahl für Sie.

```
UPDATE tabellen-referenz SET set-liste
      [WHERE suchbedingung]
```

Um das oben angesprochene Beispiel auszuführen, bräuchten Sie die folgende SQL-Anweisung.

```
Update Artikel Set Preis = Preis * 1.05 Where Kategorie = „Kabel“
```

In diesem Beispiel würde also in der Tabelle ARTIKEL der Preis der Artikel, die in der Kategorie „KABEL“ aufgeführt sind, um 5% erhöht werden.

SQL-Optionen

Wie Sie bereits erkennen konnten, haben einige der SQL-Anweisungen noch Optionen. Die wichtigsten sind hier aufgeführt.

Option	Bedeutung
ALL	Ist gleichbedeutent mit dem Stern (*)
DISTINCT	Bei mehrfach auftretenden gleichen Feldern wird nur eines davon mit in die Abfrage aufgenommen
DISTINCTROW	Wirkt ähnlich wie DISTINCT, allerdings nur bei gleichen Datensätzen, nicht nur bei gleichen Feldern

Tab. 7.5: SQL-Optionen

Bound Controls - Fesselspiele mit Visual Basic

Erschrecken Sie nicht. Trotz des Titels ist die Methode des Datenzugriffs, die Sie hier kennenlernen werden nicht die einzige, die Visual Basic kennt. Die *Bound Controls*, die gebundenen Steuerelemente, sind Ihr Schnelleinstieg in die Programmierung von Datenbankanwendungen. Dabei ist diese Schnellstraße keine Sackgasse und kann später jederzeit mit den erweiterten Methoden der Visual Basic Professional Edition ergänzt und ausgebaut werden.

Zwei Methoden des Datenzugriffs

Wie bereits angesprochen bietet Ihnen Visual Basic zwei Möglichkeiten mit Datenbanken umzugehen. Eine davon sind die gebundenen Steuerelemente. Diese sind auch in der Standard Ausgabe enthalten. Sie werden auch sehen, daß die Möglichkeiten dieser Methode bei weitem nicht so beschränkt oder primitiv sind, wie oft behauptet wird. Mit zum Teil nur geringe Aufwand kann man auch aus den Bound Controls ein erhebliches Potential herausholen. Für viele Anwendungen ist dabei der Zugriff auf die Methoden der Professional Edition einfach nicht notwendig.

Was sind eigentlich Bound Controls? Dabei verfolgt Visual Basic ein relativ einfaches Konzept. Für eine Reihe von Steuerelementen besteht die Möglichkeit, diese direkt an ein Datenfeld aus einer Tabelle zu binden. Damit braucht der Programmierer sich weder um die Darstellung noch um die Verwaltung der Eingaben zu kümmern.

Data Control

Zudem wird Ihnen über ein spezielles Steuerelement, das *Data Control* eine Möglichkeit gegeben, sich ohne Programmieraufwand durch die Datensätze zu bewegen. Mehr dazu noch später.

Visual Basic bietet Ihnen Zugriffsmöglichkeiten auf folgende Datenquellen:

- Microsoft Access 1.0 und 1.1
- DBASE III und DBASE IV
- Paradox
- BTrieve
- Microsoft FoxPro 2.0 und 2.5

ODBC

Außerdem bleibt die Möglichkeit, über ODBC (**O**pen **D**ate**b**ase **C**onnectivity) auf externe Datenquellen wie den Microsoft SQL-Server oder Oracle Datenbanken zuzugreifen.

Datenbanken können neu angelegt werden!

Sie können aber nicht nur auf bereits existierende Datenquellen zugreifen, sondern auch neue Datenbanken anlegen. Dies allerdings nur in den Microsoft Access-Formaten.

Access Engine

Der Datenzugriff wird dabei über die *„Access Engine“* gelöst. Diese Engine haben Sie bereits unbekannterweise im Einsatz, wenn Sie Microsoft Access betreiben.

Im weiteren soll hier verstärkt auf den Zugriff auf Access-Datenbanken eingegangen werden. Der Zugriff auf andere Datenquelle entscheidet sich davon auch nicht grundlegend.

Anlegen von Datenbanken

Das Anlegen von Datenbanken geschieht in Visual Basic über den Data Manager, der sich im Lieferumfang befindet. Diese kleine Anwendung ist im übrigen auch in Visual Basic programmiert worden.

Sollten Sie sehr viel mit Datenbanken arbeiten wollen, so empfiehlt sich auf jeden Fall der Erwerb eines Microsoft Access-Paketes. Hier wird der Zugriff und vor allem die Wartung der Datenbanken erheblich vereinfacht.

Beispielprojekt

Um nun langsam die trockene Theorie zu verlassen, soll in diesem Abschnitt ein kleines Datenbankprojekt realisiert werden. Eine Erfassung von KFZ-Betriebskosten.

Datendesign

Dazu einige grundsätzliche Überlegungen zum Datendesign. Nachdem Sie ja möglicherweise mehrere Fahrzeuge besitzen, sollten diese also in einer eigenen Tabelle untergebracht werden.

Diese Tabelle wird STAMMDATEN genannt und beinhaltet folgende Informationen:

Datenfeld	Zweck
AutoNr	Zählerfeld, um einen eindeutigen Schlüssel zu vergeben
Kennzeichen	Enthält das pol. KFZ-Kennzeichen
Bezeichnung	Kurze Beschreibung des Fahrzeugs (Marke, Modell)
KM	Gefahrene Gesamtkilometer
Zulassung	Datum der Erstzulassung
Fahrzeug_ID	Fahrgestellidentifikationsnummer
Gesamtkosten	Alle bisher aufgelaufenen Kosten

Tab. 7.6: Datenfelder in Tabelle Stammdaten

Eine zweite Tabelle nimmt nun die Informationen zu den eigentlichen Kosten auf. Diese Tabelle nennt sich aus diesem Grund auch schlicht und ergreifend Kosten. Für diese Tabelle werden folgende Informationen benötigt:

Datenfeld	Zweck
KostenID	Zählerfeld als eindeutiger Schlüssel
Bezeichnung	Text für die Kosten
Datum	Datum, an dem die Kosten entstanden sind
Betrag	Kostenhöhe in DM
AutoNr	KFZ, das die Kosten verursacht hat

Tab. 7.7: Datenfelder in Tabelle Kosten

1:n Beziehung

Wie Sie bereits wissen, muß jetzt noch festgelegt werden, in welcher Beziehung die beiden Tabellen zueinander stehen. Da für jedes Fahrzeug beliebig viele Kosten auflaufen können, dagegen aber jede Kostenposition direkt auf ein Fahrzeug abgestellt werden kann, handelt es sich hier um den klassischen Fall einer *1:n Beziehung.*

Starten des Data Managers

Gut, nachdem das Datendesign geklärt ist, kann damit begonnen werden, die Datenbank physikalisch anzulegen. Dazu bietet Visual Basic, wie bereits erwähnt, den Data Manager an. Diesen starten Sie in Visual Basic im Menü [Window]. Dort finden Sie einen Punkt [Data Manager].

Sollte dies nicht der Fall sein, so müsste sich dennoch in Ihrem Visual Basic-Verzeichnis die Datei DATAMGR.EXE befinden. Falls nicht, müssen Sie diese noch von den Visual Basic-Programmdisketten kopieren.

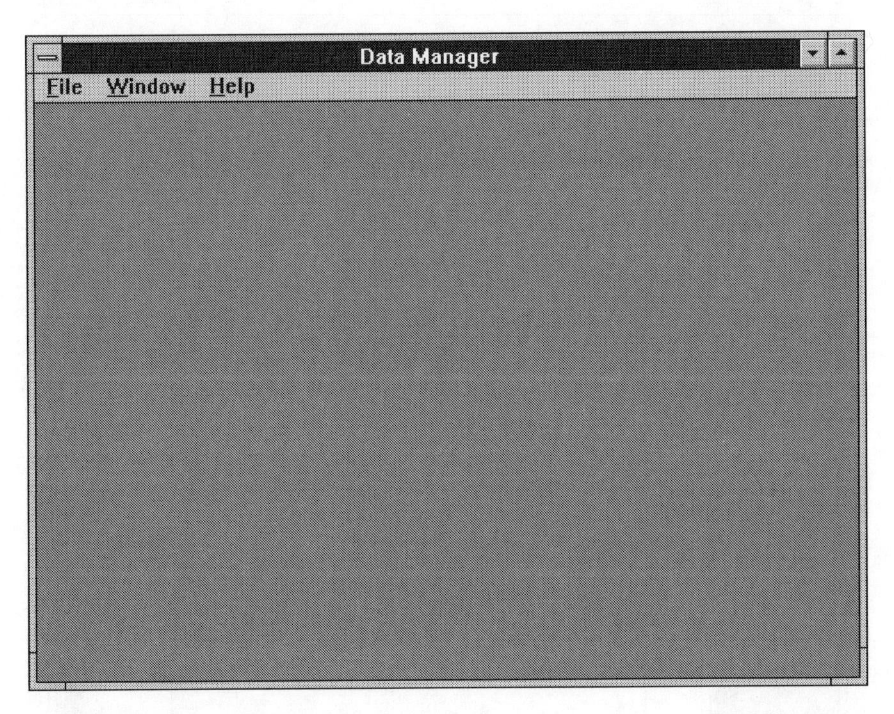

Abb. 7.18: Der Data Manager

Im Menü [FILE] des Data Managers befinden sich Menüpunkte zum Öffnen einer Datenbank und zum Anlegen. Hier wählen Sie den Punkt [NEW DATABASE]. Als Datenbanktyp ist hier die neuere Spezifikation ACCESS 1.1 am besten geeignet. In dieser Spezifikation wurden einige Limitierungen der Version 1.0 aufgehoben. Als Namen der Datenbank wird sinnvollerweise einfach AUTO.MDB gewählt.

Neue Tabelle

Falls das Anlegen der Datenbank erfolgreich war, erhalten Sie jetzt ein Datenbankfenster. Um eine neue Tabelle anzulegen, reicht es auf den Button [NEW] zu klicken. Visual Basic fragt nun nach einem Tabellennamen. Als erstes wird die Tabelle STAMMDATEN angelegt (Abbildung 7.19).

Neue Datenfelder

Ein neues Datenfeld können Sie durch einen simplen Klick auf die Schaltfläche [ADD] anlegen. Im darauffolgenden Dialogfenster (Abbildung 7.20) können Sie nun den Datenfeldnamen, den Datentyp und evtl. die Länge angeben.

Falls Sie als Datentyp LONG INTEGER gewählt haben, zeigt Ihnen dieses Dialogfeld eine weitere Option an, den *Counter*. Der COUNTER ist eine Zählervariable, die von der Data Engine automatisch hochgezählt wird. Dies bedeutet, daß im Beispiel in Abbildung

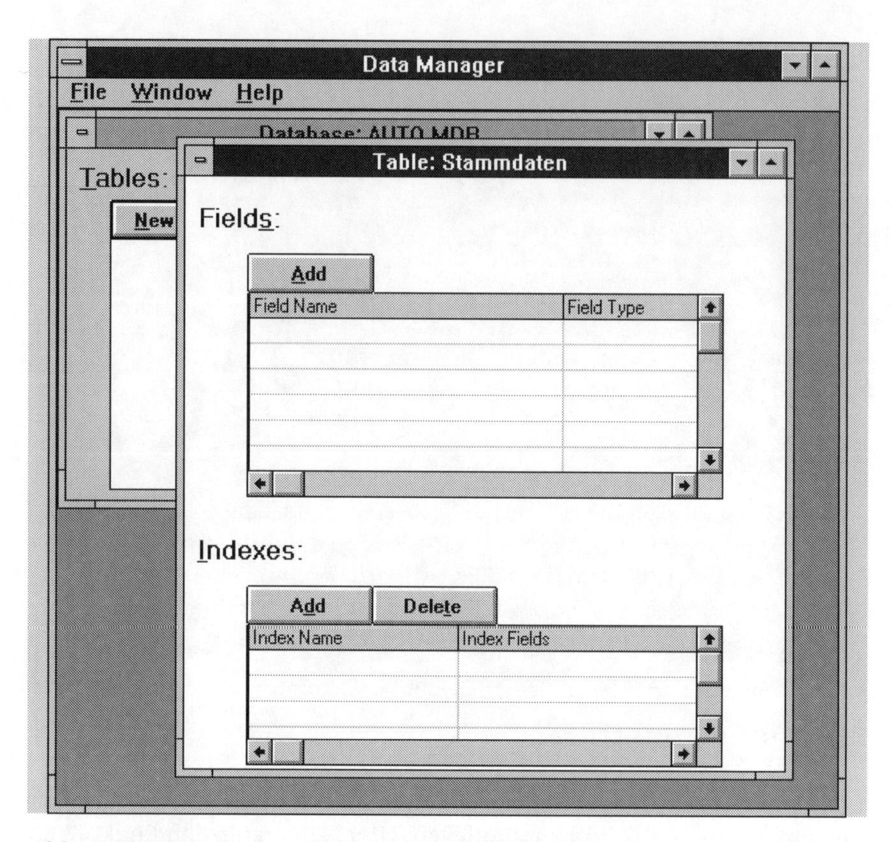

Abb. 7.19: Tabellenentwurf mit dem Data Manager

7.20 das Feld AUTONR von Visual Basic selbst verwaltet wird. Sie brauchen die Werte dort nicht von Hand einzugeben bzw. hochzuzählen. Dafür können Sie diese Werte aber auch nicht beeinflussen. Sie entziehen sich vollständig Ihrer Kontrolle und können nur gelesen werden (READ ONLY).

Add Field
Field Name: AutoNr
Field Type: Long Integer
Field Size:
Counter
OK Cancel

Abb. 7.20: Definition eines Datenfeldes

Folgende Felddefinitionen werden für die Tabelle STAMMDATEN benötigt:

Feldname	Typ	Länge
AUTONR	LONG INTEGER	-
KENNZEICHEN	TEXT	12
BEZEICHNUNG	TEXT	40
KM	LONG INTEGER	-
ZULASSUNG	DATE/TIME	-
FAHRZEUG_ID	TEXT	40
GESAMTKOSTEN	CURRENCY	-

Tab. 7.8: Felder der Tabelle Stammdaten

Im theoretischen Teil dieses Kapitels haben Sie auch schon über Schlüssel und Indizes gelesen. Auch diese Tabelle sollte einen Primärschlüssel haben. Um Schlüssel und Indizes anzulegen, wird der untere Teil des Tabellenentwurfsfensters genutzt. Klicken Sie hier auf [ADD], um einen neuen Index oder Schlüssel anzulegen.

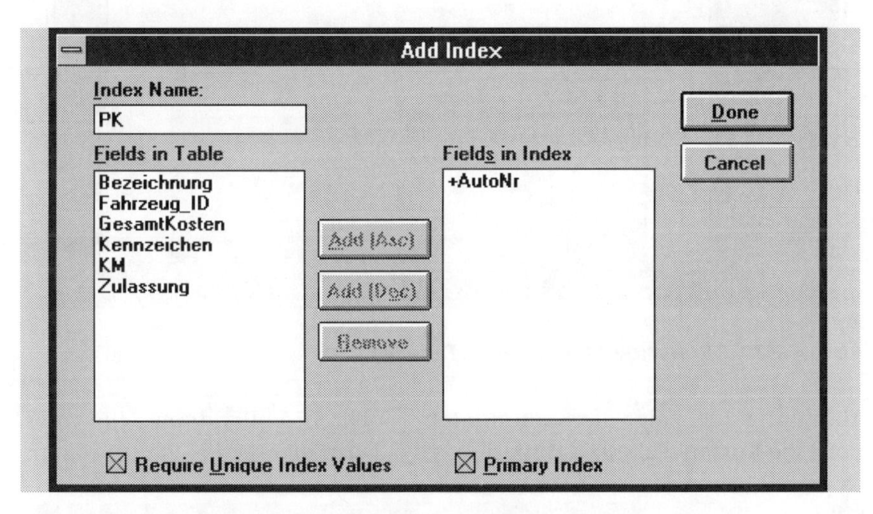

***Abb. 7.21:** Anlegen von Schlüsseln und Indizes*

Auf der linken Seite des Dialogfensters werden alle Felder angezeigt, die Ihnen zur Verfügung stehen. Hier können Sie nun einen oder mehrere Felder markieren. Bedenken Sie bitte, daß ein Schlüssel auch über mehrere Felder gehen kann. Nach dem Markieren der Felder können Sie über die Buttons [ADD (ASC)] oder [ADD (DEC)] die Sortierrichtung angeben. Im Feld INDEX NAME legen Sie den Namen des Indexes fest.

Primärschlüssel Um einen Schlüssel als Primärschlüssel zu definieren, reicht es, die entsprechende Option zu aktivieren. Ein Primärschlüssel benötigt immer einen eindeutigen Wert. Aus diesem Grund muß auch diese Option gewählt werden.

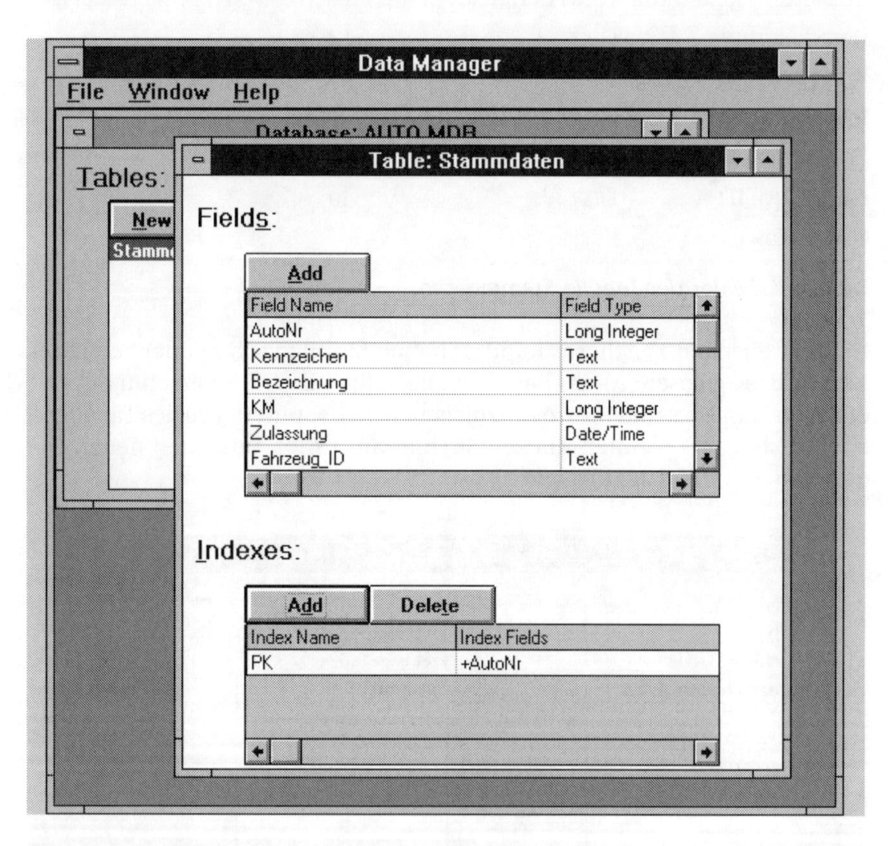

Abb. 7.22: Die fertige Stammdaten-Tabelle

Abbildung 7.22 zeigt die Stammdaten-Tabelle in Vollendung. Nun muß noch die Kosten-Tabelle definiert werden. Dazu hier die Felddefinitionen:

Feld	Typ	Länge
KOSTENID	LONG INTEGER	-
BEZEICHNUNG	TEXT	60
DATUM	DATE/TIME	-
BETRAG	CURRENCY	-
AUTONR	LONG INTEGER	-

Tab. 7.9: Felder der Tabelle Kosten

Zusätzlich sollte das Feld KOSTENID hier als Primärschlüssel definiert werden.

Daten eingeben im Data Manager

Der Data Manager erlaubt es Ihnen auch, Daten direkt einzugeben und zu editieren. Dazu wählen Sie in der Datenbankansicht die Schaltfläche [OPEN].

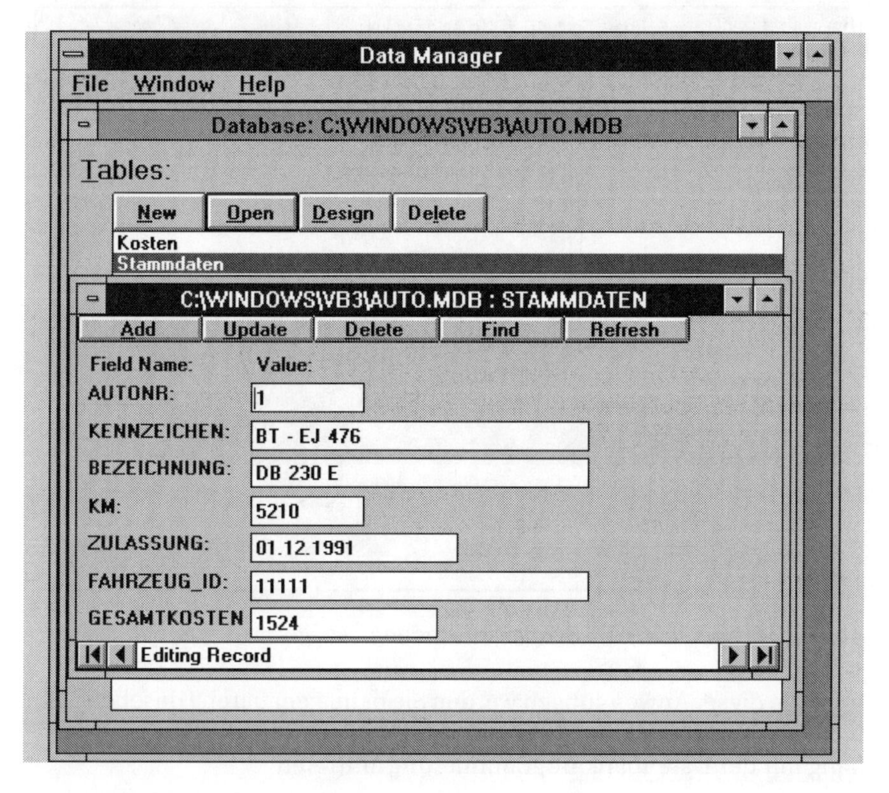

Abb. 7.23: Dateneingabe im Data Manager

Wie Sie anhand von Abbildung 7.23 sehen können, haben Sie hier alle Möglichkeiten, Ihre Daten zu editieren. Diese Form ist dabei auch über Bound Controls mit der Datenbank verbunden.

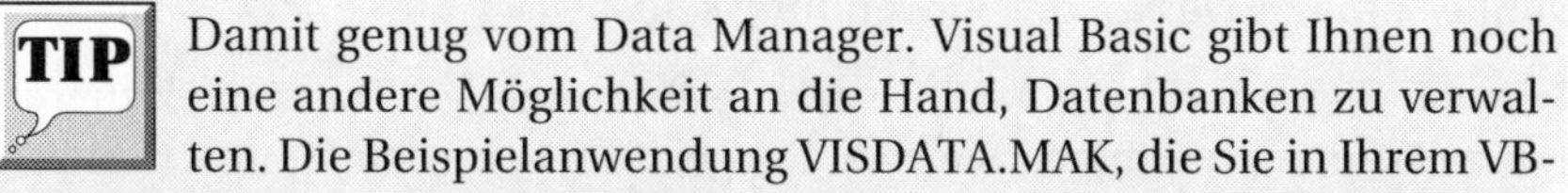

Damit genug vom Data Manager. Visual Basic gibt Ihnen noch eine andere Möglichkeit an die Hand, Datenbanken zu verwalten. Die Beispielanwendung VISDATA.MAK, die Sie in Ihrem VB-Verzeichnis unter \SAMPLES finden, stellt auch eine gelungene Alternative zum Data Manager dar. Diese Beispielanwendung stellt Ihnen alle Möglichkeiten zur Datenmanipulation zur Verfügung. Hier können Sie auch SQL-Anweisungen testen. Sollten Sie VISDATA als Ersatz für den Data Manager verwenden wollen, dann kompilieren Sie die Anwendung unter dem EXE-Namen "DATAMGR.EXE" und kopieren sie in Ihr VB-Verzeichnis. Danach können Sie über [WINDOW] [DATA MANAGER] VISDATA starten.

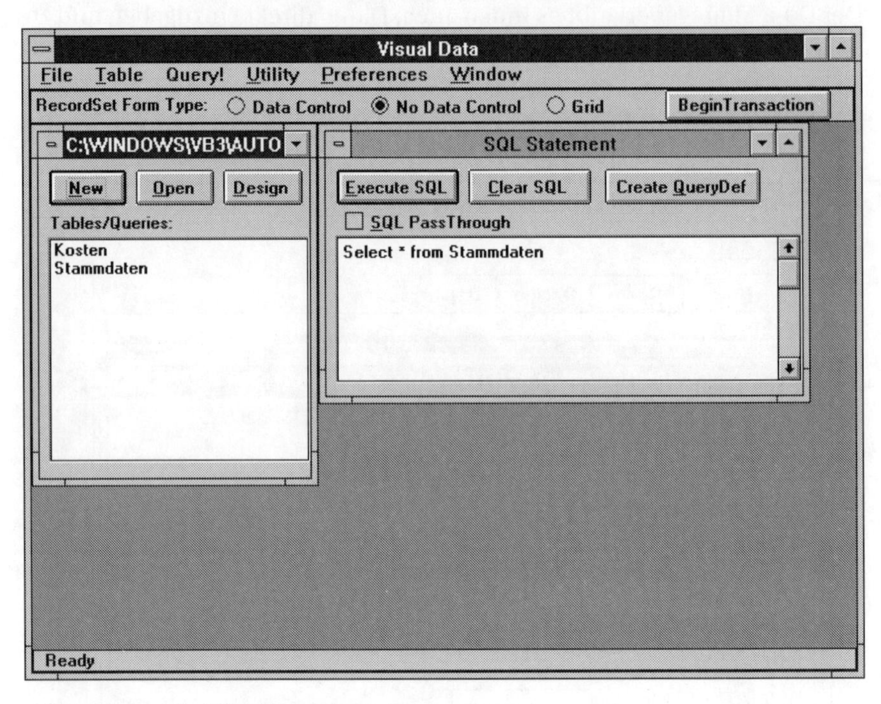

Abb. 7.24: Die VISDATA-Beispielanwendung

Im Code dieser Anwendungen werden Sie beim genaueren Hinsehen auch noch hin und wieder die Lösung für Probleme finden, die im Zusammenhang mit der Datenbankprogrammierung auftreten.

Design der Datenmaske

Nach all der Theorie und dem Anlegen der Datenbank selbst, können Sie jetzt endlich Visual Basic starten und schon mal warmlaufen lassen. Jetzt geht es um das Design der Anwendung selbst.

Um von Visual Basic aus auf Ihre gerade eben erzeugte Datenbank zugreifen zu können, benötigen Sie zwei Dinge. Zum einen die Bound Controls zur Darstellung der Daten. Gebundene Steuerelemente erkennen Sie daran, daß diese zwei Eigenschaften mehr besitzen als andere Steuerelemente:

```
Control.DataSource
Control.DataField
```

Alle Steuerelemente, die diese beiden Eigenschaften besitzen können als gebundene Steuerelemente an ein Datenfeld einer Tabelle "gefesselt" werden.

Das Datensteuerelement

Der zweite unerläßliche Bestandteil des Datenzugriffs über gebundene Steuerelemente ist das DATA CONTROL. Dieses spezielle Steuerelement stellt die Verbindung zwischen den gebundenen Steuerelementen auf der Form und der Datenbank her.

Dieses Steuerelement ist also auf der einen Seite die Verbindung zur Datenbank selbst. Aber es erfüllt auch einen Zweck für den Anwender des Programms. Mit Hilfe des Data Controls kann er sich durch die Datensätze bewegen.

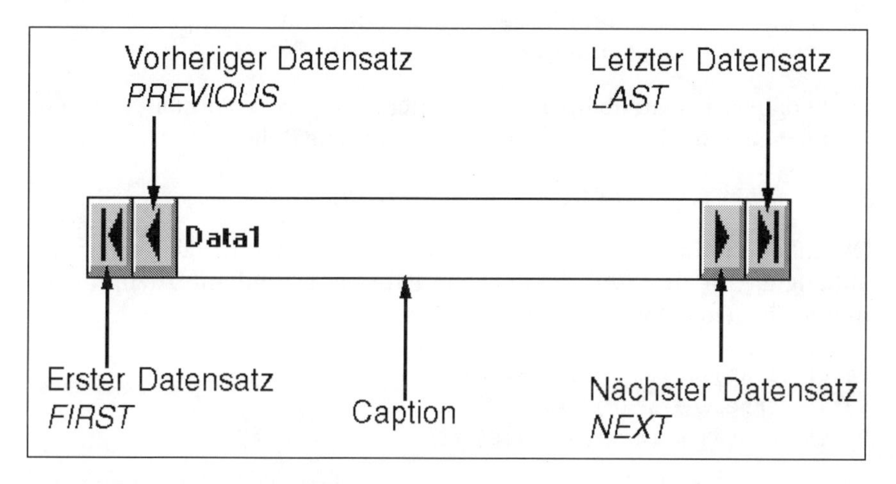

Abb. 7.25: *Das Datensteuerelement Data Control*

Dynaset und Recordset

Wie wird nun die Verbindung zur Datenbank geknüpft? DBMS (DatenBankManagementSysteme) bedienen sich beim Zugriff auf Tabellen im Normalfall immer der Dynasets. Dynasets sind, wie bereits erwähnt, virtuelle Tabellen, die nur im Speicher des Rechners abgelegt werden. Dabei sind es keine statischen Abbilder der Tabellen, sondern, wie der Name bereits vermuten läßt, dynamische. Das bedeutet, daß Änderungen an der Tabelle sich auch im Dynaset wiederspiegeln.

Andererseits werden Änderungen am Dynaset auch wieder in die Tabelle zurückgeschrieben. Eine solche virtuelle Tabelle verbirgt sich auch hinter dem Datensteuerelement, hier *Recordset* genannt.

Zusammenfassung

Um es noch einmal zusammenzufassen. Das Datensteuerelement greift auf eine Tabelle einer Datenbank zu. Aus dieser Tabelle liest es dynamisch alle Felder und Inhalte aus und ordnet sie im Speicher in einer virtuellen Tabelle an, dem Recordset. Alle Änderungen der Daten werden von den gebundenen Steuerelementen an das Data Control gegeben. Dieses ändert seine virtuelle Tabelle und schreibt über die Access Engine diese Änderungen auf die physikalische Tabelle auf der Platte zurück. Zum Anzeigen der Daten entnimmt das Datensteuerelement die Inhalte aus seiner virtuellen Tabelle und gibt diese Werte an die gebundenen Steuerelemente weiter. Dabei achtet es darauf, daß sich virtuelle und physikalische Tabelle entsprechen. Leider gibt es hier einige Ausnahmen, auf die aber auch noch eingegangen wird.

Die Verbindung zur Datenbank wird beim Datensteuerelement über zwei Eigenschaften geschlossen.

```
Datacontrol.DatabaseName = Name der Datenbank
Datacontrol.RecordSource = Name der Tabelle
```

Sollte dabei die Datenbank nicht im Microsoft Access-Format vorliegen, so spielt auch noch die Eigenschaft CONNECT eine Rolle.

```
Datacontrol.Connect = Connectstring
```

Connect

Der Inhalt der Eigenschaft CONNECT ist dabei von der Art der Datenbank abhängig. Um zum Beispiel auf eine Paradox-Datenbank zuzugreifen, müßte die Syntax folgendermaßen lauten:

```
Data1.DatabaseName = „c:\daten\Kunden"
Data1.Connect = „Paradox;"
Data1.RecordSource = „Adressentabelle"
```

Auch bei Zugriffen auf Datenbanken über einen SQL-Server oder auf Oracle-Datenbanken spielt diese Eigenschaft eine entscheidende Rolle. Hier werden dann Benutzername, Password u.ä. übergeben.

Eine weitere wichtige Möglichkeit, ist das Verwenden von SQL-Befehlen in der RECORDSOURCE-Eigenschaft eines Data Controls. Damit können Sie über die SELECT-Anweisung gezielt eine Auswahl an Daten für das Data Control treffen.

```
Data1.RecordSource = „SELECT Name FROM Kunden WHERE Ort LIKE 'M*'"
```

Diesen SQL-Befehl können Sie sowohl zur Laufzeit als auch bereits im Eigenschaftenfenster zur Entwurfszeit der Eigenschaft RECORDSOURCE zuweisen.

Verbindung gebundener Elemente mit dem Data Control

Nachdem das Datensteuerelement auf die Form aufgebracht und die Eigenschaften zur Verknüpfung mit einer Datenbank gesetzt wurden, können nun die Steuerelemente gebunden werden. Wie bereits erwäht besitzen diese dazu zwei Eigenschaften, die diese Verbindung herstellen.

Folgende Elemente können Sie in Ihrer Anwendung an Datenfelder binden:

- Text Box
- Image Box
- Label
- Picture Box
- Check Box
- 3D-Check Boc (Prof.Ed.)
- 3D-Panel (Prof.Ed.)
- Masked Edit (Prof.Ed.)

Um die Steuerelemente selbst an ein bestimmtes Datenfeld zu binden, müssen folgende Eigenschaften gesetzt werden:

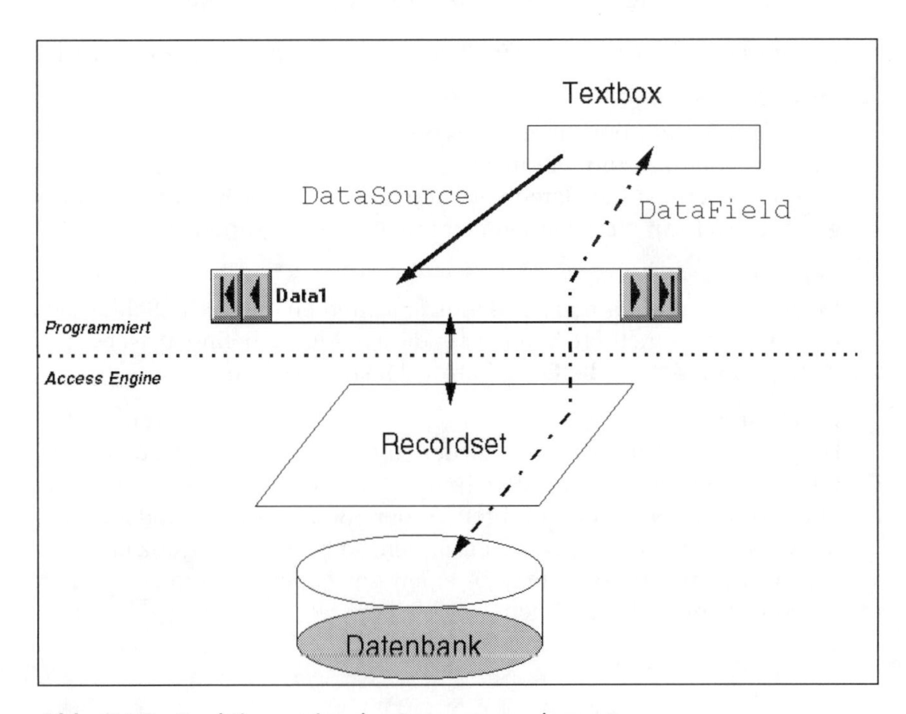

Abb. 7.26: Funktionsweise des Datensteuerelementes

```
Control.DataSource = Name des Datacontrols
Control.DataField = Name des Datenfeldes
```

Diese Art der Verknüpfung mag auf den ersten Blick etwas verwirrend erscheinen, aber eine kleine Grafik soll die Verbindungen noch einmal verdeutlichen.

Sollte der Benutzer nun auf die verschiedenen Symbole des Datensteuerelementes klicken, so bewegt er sich damit durch die Datentabelle. Das "Füllen" der gebundenen Steuerelemente geschieht dabei automatisch.

Das Data Control besitzt noch einige weitere interessante Eigenschaften. Diese sind hier kurz aufgeführt.

Gemeinsame Nutzung von Datenbanken

Datenbanken im Access-Format können mit verschiedenen Zugriffsarten geöffnet werden. Diese betreffen vor allem die gemeinsame Nutzung bei Datenbanken, die sich auf einem Netzwerkserver befinden und somit von mehreren Benutzern oder Applikationen gleichzeitig angesprochen werden können. Um diese Arten der Benutzung zu regeln, besitzt das Data Control zwei Eigenschaften:

```
Datacontrol.Exclusive = {true|false}
Datacontrol.ReadOnly = {true|false}
```

Exklusiv, gemeinsam, Read Only

Hier gibt es drei verschiedene Möglichkeiten der gemeinsamen Nutzung:

- *Exclusive Nutzung*
  Dabei greift einer der Benutzer exklusiv auf die Datenbanken zu. Alle anderen Benutzer können die Datenbank nur schreibgeschützt öffnen, also nur lesen. Ist die Datenbank bereits von einem Benutzer exklusiv geöffnet, so kann diese Option nicht mehr gesetzt werden.
- *Gemeinsame Nutzung*
  In diesem Modus können alle Benutzer schreiben und lesen. Sollten sich bereits ein oder mehrere Benutzer in diesem Modus befinden, ist es auch nicht mehr möglich, die Datenbank exklusiv zu öffnen.
- *Read Only*
  Die Datenbank kann von verschiedenen Benutzern auch mit dem Attribut Read Only geöffnet werden. In diesem Fall können diese Anwender nur Leseoperationen durchführen. Andere Benutzer können die Datenbank zur gemeinsamen Benutzung öffnen. Sollte die Datenbank nur Read Only geöffnet sein, so besteht für einen Anwender auch noch die Möglichkeit, sie exklusiv zu öffnen

Modus	EXCLUSIVE	READ ONLY
Exklusive Nutzung	True	False
Gemeinsame Nutzung	False	False
Read Only Nutzung	False	True

Tab. 7.10: Nutzungsmöglichkeiten und Data Control-Eigenschaften

Tabelle 7.10 zeigt Ihnen, wie die beiden o.g. Eigenschaften des Datensteuerelementes gesetzt werden müssen.

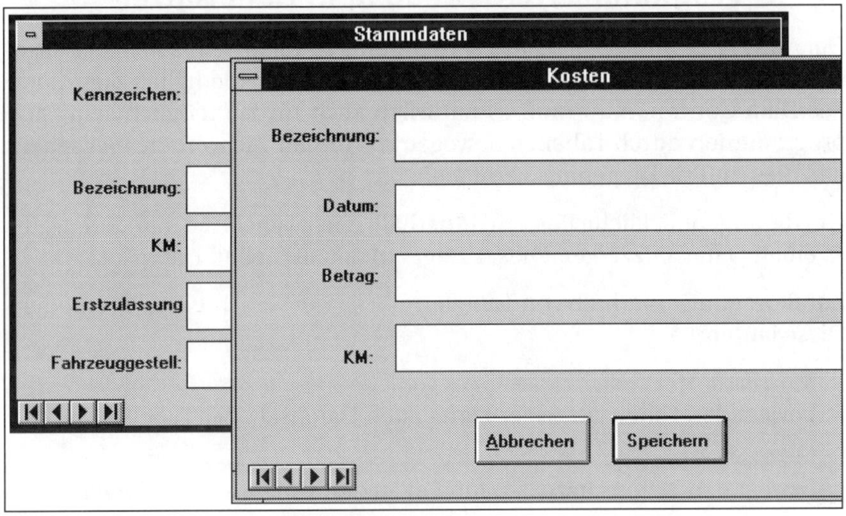

Abb. 7.27: *Die Autokostenberechnung*

In Abbildung 7.27 sehen Sie die Form der Autokostenberechnung. Sie finden darauf auch zwei verschiedene Datensteuerelemente. Das Data Control oben ist mit der Tabelle STAMMDATEN verbunden. Das Data Control unten mit der Tabelle KOSTEN.

Ein Data Control für jede Tabelle

Wie Sie hier bereits erkennen können, benötigen Sie für jede Tabelle, auf die Sie gleichzeitig zugreifen möchten ein eigenes Datensteuerelement. Selbstverständlich können aber mehrere Bound Controls mit einem Data Control verbunden werden.

Die Datenfelder KOSTEN, ERSTZULASSUNG, DATUM und BETRAG sind dabei nicht mit einer normalen Textbox verbunden, sondern mit einem Masked-Edit Control, das hier für die korrekte Darstellung der entsprechenden Zahlenwerte sorgt.

Programmierung des Datensteuerelementes

Den Kern des Datensteuerelementes haben Sie bereits kurz kennengelernt, das Recordset. Diese virtuelle Tabelle enthält alle Daten der Tabelle, die in der Eigenschaft RECORDSOURCE angegeben ist, also praktisch ein komplettes Abbild. Dazu gilt es, sich mit den Eigenschaften und Methoden dieses Recordsets vertraut zu machen.

Programmierte Bewegung in Datensätzen

Der Anwender Ihrer Visual Basic-Programme ist relativ einfach in der Lage, sich durch eine Tabelle zu bewegen. Dazu benötigt er lediglich Zugriff auf das Data Control. Nun muß es natürlich auch für Sie möglich sein, sich programmiert durch Tabellen bewegen zu können. Sie werden aber sehen, daß dies im Prinzip genauso einfach ist.

Datensatzzeiger

Um die augenblickliche Position innerhalb einer Tabelle zu markieren, gibt es einen Datensatzzeiger. Dieser zeigt auf den aktuellen Datensatz.

Zur Bewegung innerhalb von Tabellen gibt es vier verschiedene Methoden. Diese lauten:

- MOVEFIRST
  bewegt den Datensatzzeiger zum ersten Datensatz der Tabelle.
- MOVELAST
  bewegt den Datensatzzeiger auf den letzten Datensatz der Tabelle.
- MOVEPREVIOUS
  bewegt den Datensatzzeiger einen Datensatz zurück.
- MOVENEXT
  bewegt den Datensatzzeiger einen Datensatz nach vorne.

Diese einzelnen Methoden entsprechen den Symbolen auf dem Data Control.

```
Data1.RecordSet.MoveFirst
Data1.RecordSet.MoveLast
Data1.Recordset.MoveNext
Data1.Recordset.MovePrevious
```

Die beiden Methoden MOVEFIRST und MOVELAST sind dabei relativ problemlos einzusetzen. Bei den Methoden MOVEPREVIOUS und MOVENEXT hingegen können speziell dann Probleme auftreten, wenn sich der Datensatzzeiger bereits auf dem ersten bzw. letzten Datensatz befindet. Visual Basic würde in diesem Fall einen Laufzeitfehler generieren.

BOF und EOF

Aber auch hier bietet Ihnen Visual Basic eine Möglichkeit, um solche Fehler abzufangen. Das Recordset hat dazu zwei weitere Eigenschaften BOF und EOF.

Diese beiden Eigenschaften stehen Ihnen jeweils nur zur Laufzeit zur Verfügung. BOF (Begin Of File) zeigt Ihnen dabei an, ob sich der Datensatzmarkierer **vor** dem ersten Datensatz in der Tabelle befindet. EOF (End Of File) dagegen zeigt an, ob sich der Datensatzmarkierer **hinter** dem letzten Datensatz befindet.

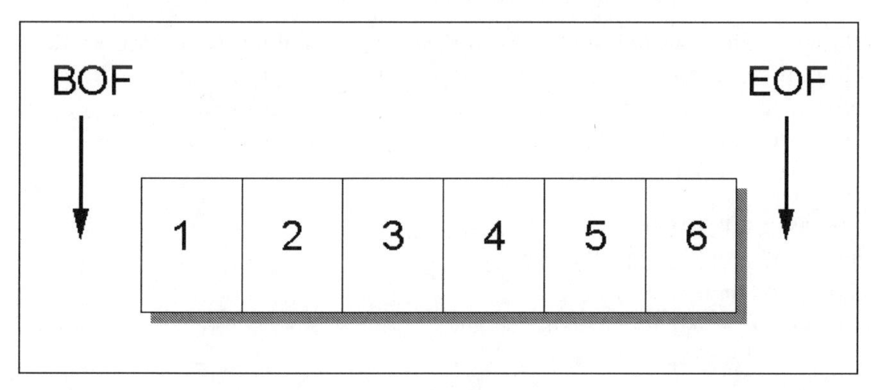

Abb. 7.28: Die Eigenschaften EOF und BOF

Beachten Sie bitte, daß diese beiden Eigenschaften nicht auf den ersten oder letzten Datensatz ansprechen. Sollte sich der Datensatzzeiger auf dem ersten Datensatz der Tabelle befinden, so hat die Eigenschaft BOF noch den Wert FALSE. Erst wenn Sie mittels MOVEPREVIOUS einen Schritt zurückgehen, wird die Eigenschaft BOF auf TRUE gesetzt. Bei einem weiteren Schritt zurück würde erst ein Fehler ausgelöst. Die Eigenschaft EOF verhält sich dabei analog.

Das Abfangen solcher Fehler würde also in etwa so aussehen:

```
Do until Data1.Recordset.Bof
   Data1.Recordset.MovePrevious
Loop

Do Until Data1.Recordset.Eof
   Data1.Recordset.MoveNext
Loop
```

RecordCount

Mittels der Eigenschaft RECORDCOUNT können Sie die Anzahl von Datensätzen innerhalb eines RecordSets oder Dynasets ermitteln. Dazu sollten Sie aber vorher über die Methode MOVELAST den Datensatzzeiger auf den letzten Datensatz stellen. Dadurch wird gewährleistet, daß das DBMS auch von jedem Datensatz Notiz nimmt.

BookMark

Eine weitere interessante Eigenschaft bei der Bewegung innerhalb einer Tabelle oder eines RecordSets ist die BOOKMARK. Eine solche BOOKMARK kann wie ein Lesezeichen eine bestimmte Stelle innerhalb des RecordSets markieren, um später dorthin zurückzukehren.

Dabei ist die BOOKMARK eine Ansammlung von Zahlen und anderen Zeichen, die eindeutig einen bestimmten Datensatz kennzeichnen. Um sich einen Datensatz zu merken, weisen Sie dessen Inhalt einem String oder einer Variant zu. Wenn Sie dorthin zurückkehren möchten, nehmen Sie den umgekehrten Vorgang vor.

```
Dim BM As Variant
BM = Data1.RecordSet.Bookmark
Data1.RecordSet.MoveNext
'...weitere Datensatzbewegungen...
Data1.RecordSet.Bookmark = BM
```

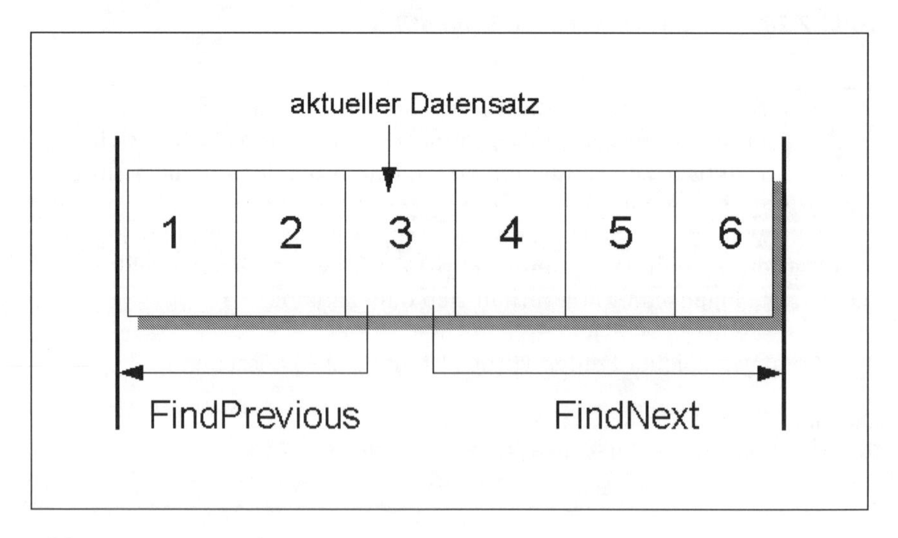

***Abb. 7.29:** Verwendung einer BOOKMARK*

Suchen von Datensätzen

Speziell das Suchen von Datensätzen ist eine wichtige Funktion innerhalb einer Datenbankanwendung.

Auch hier existieren zwei grundlegend unterschiedliche Lösungen. Die erste sind die Find-Methoden:

- FindFirst
  sucht den ersten Datensatz, der auf ein angegebenes Suchkriterium paßt.
- FindLast
  sucht den letzten Datensatz, der auf ein angegebenes Suchkriterium paßt.
- FindPrevious
  sucht den vorhergehenden Datensatz, der auf ein angegebenes Suchkriterium paßt.
- FindNext
  sucht den nächsten Datensatz, der auf ein angegebenes Suchkriterium paßt.

Mit den Find-Methoden können Sie sich also durch Tabellen "hindurchsuchen". Dabei sind sie im Prinzip analog zu den Move-Methoden zu verwenden.

Syntax

```
Dynaset.FindXXXX Kriterium
```

Kriterium

Das Kriterium wird ähnlich einem SQL-Select-Befehl angegeben, allerdings ohne das reservierte Wort "WHERE".

```
ds.FindFirst „[Name] = 'Meier'"   'Sucht alle Meiers
```

Bedenken Sie hier auch die Reihenfolge von Hochkommata bei der Verschachtelung von Strings. Von außen nach innen zuerst doppelte, dann einfache Hochkommata.

NoMatch

Natürlich müssen Sie auch erkennen, ob Sie einen passenden Datensatz gefunden haben oder nicht. Ob Ihre Suche erfolgreich war, erfahren Sie über die Eigenschaft NoMatch. Diese Eigenschaft ist True, wenn die Suche **erfolglos** war und sie ist False, falls ein passender Datensatz gefunden wurde.

```
Data1.RecordSet.FindFirst „[Name] = 'Meier'"
If Data1.NoMatch Then
     MsgBox „Wir haben keinen Meier !"
Else
     MsgBox „Wir haben einen Meier !"
End If
```

Beim Einsatz der Suchmethoden FINDNEXT und FINDPREVIOUS sollten Sie darauf achten, daß diese Ihre Suche jeweils beim aktuellen Datensatz beginnen. Dabei ist keinerlei Schleife vorgesehen. FINDNEXT endet also am letzten Datensatz und FINTPREVIOUS am ersten.

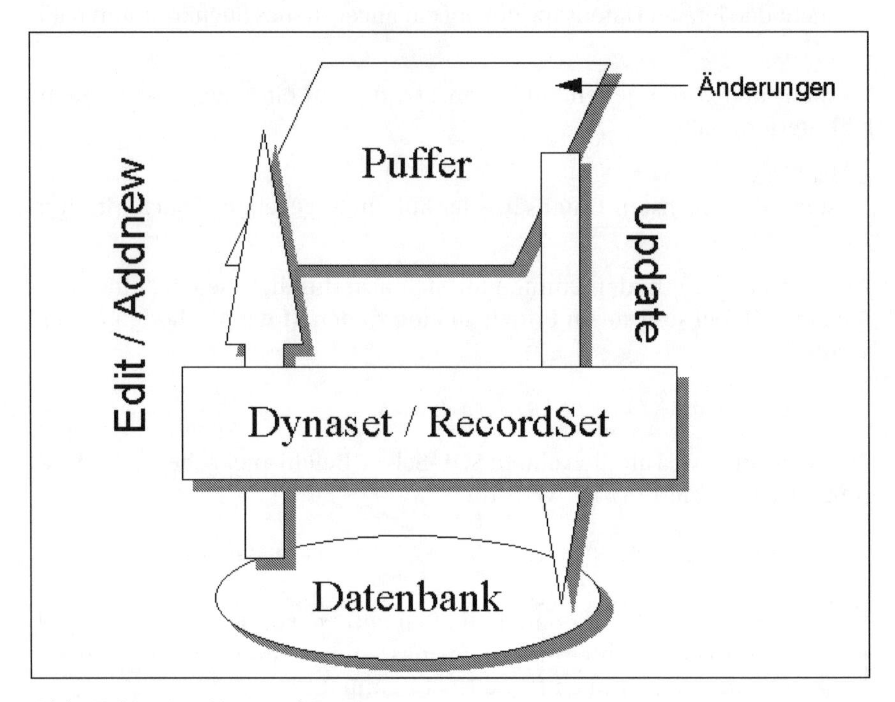

Abb. 7.30: FINDNEXT und FINDPREVIOUS

Zugriff auf Feldinhalte

Sie haben nun Möglichkeiten kennengelernt, einzelne Datensätze zu suchen bzw. auf diesen zu positionieren. Auch wenn das Data Control normalerweise den Datentransport von und zu den Bound Controls übernimmt, kann es hin und wieder nötig sein, Feldinhalte selbst zu setzen oder zu lesen. Auch dafür hält Visual Basic Möglichkeiten bereit.

Bevor Sie jedoch Änderungen an Daten durchführen können, müssen Sie wissen, wie das DBMS solche Änderungen vornimmt. Speziell für die Durchführung von Änderungen besitzt die JET-Engine einen Puffer. Daten, die geändert werden sollen, werden erst in diesen Puffer gelesen, dort verändert und danach physikalisch in der Datenbank gespeichert.

Aus diesem Grund gibt es zum Ändern von Daten auch zwei spezielle Methoden, EDIT und UPDATE. Bevor Sie Feldinhalte ändern können, müssen Sie diese über die Methode EDIT in den Änderungspuffer lesen. Nach der Änderung speichern Sie die neuen Werte über die Methode UPDATE zurück in die Datenbank.

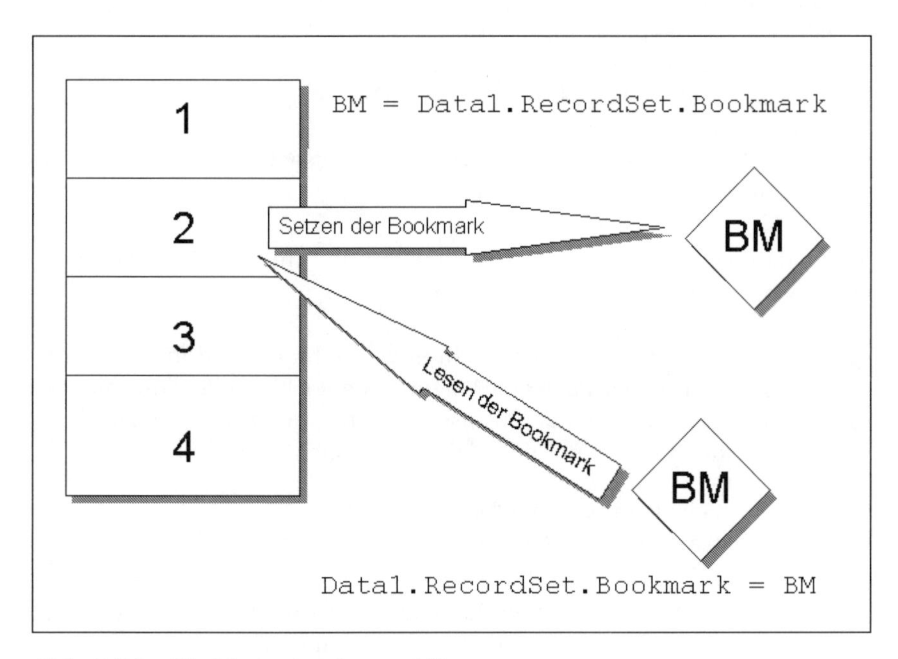

Abb. 7.31: Die Methoden EDIT und UPDATE

Die Fields Collection

Um direkt mit Feldern und deren Inhalten operieren zu können, besitzt das RecordSet, wie auch allgemein ein Dynaset, eine sog. Feld-Sammlung, die Collection FIELDS. Wie der Name schon sagt, handelt es sich hier also um die Sammlung aller Felder innerhalb eines RecordSets oder Dynasets. Jedes Feld innerhalb dieser Sammlung wiederum besitzt einen Wert, also eine Eigenschaft VALUE. Um nun beispielsweise den Inhalt des Datenfeldes "Ort" ändern zu wollen, muß aus der Sammlung FIELDS das Feld "Ort" ausgewählt und dessen VALUE verändert werden.

```
Data1.RecordSet.Edit
Data1.RecordSet.Fields(„Ort“).Value = „München“
Data1.RecordSet.Update
```

Mit dieser Beispielzeile wird der Inhalt des Feldes "Ort" im aktuellen Datensatz auf den Wert "München" gesetzt.

Bedenken Sie bitte stets dabei, daß Sie immer mit dem aktuellen Datensatz operieren. Um die Werte eines bestimmten Datensatzes zu ändern, müssen Sie also erst auf diesen Datensatz positionieren.

```
Data1.RecordSet.FindFirst „[Ort] = 'Muenchen'"
Do Until Data1.RecordSet.NoMatch
     Data1.RecordSet.Edit
     Data1.RecordSet.Fields(„Ort").Value = „München"
     Data1.RecordSet.Update
     Data1.RecordSet.FindNext „[Ort] = 'Muenchen'"
     Loop
```

Dieses kleine Beispiel ändert alle "Muenchen" in "München". Es korrigiert also die falsche Schreibweise der Umlaute.

Anstelle der kompletten Schreibweise mit Collection und Value können Sie sich auch eine Eigenheit der Fields-Collection zunutze machen. Als Default-Eigenschaft wird immer VALUE angenommen. Die beiden folgenden Code-Zeile zeigen also dasselbe Resultat.

```
Data1.RecordSet.Fields(„Name") = „Meier"
Data1.RecordSet.Fields(„Name").Value = „Meier"
```

AddNew

Bisher haben Sie nur bestehende Daten geändert. Selbstverständlich können Sie auch neue Datensätze hinzufügen. Auch dafür existiert eine Methode. Die Methode ADDNEW beeinhaltet das Anlegen eines neuen, leeren Datensatzes im Änderungspuffer, also auch gleichzeitig ein EDIT.

```
Data1.RecordSet.AddNew
Data1.RecordSet.Fields(„Name") = „Meier"
'...Weitere Feldzuweisungen...
Data1.RecordSet.Update
```

Delete

Hin und wieder kann es ja vorkommen, daß Sie nicht nur neue Datensätze hinzufügen, sondern auch bestehende Datensätze löschen möchten. Zu diesem Zweck existiert die Methode DELETE.

```
Data1.RecordSet.Delete
```

Auch DELETE nutzt den aktuellen Datensatz zur Ausführung. Nach der Durchführung von DELETE steht der Datensatzzeiger auf keinem Datensatz. Aus diesem Grund sollte nach einem DELETE noch eine der Move-Methoden, z.B. ein MOVEFIRST, ausgeführt werden.

Beschränkung von Eingaben - Verifizierung

Normalerweise machen Benutzer nicht immer alle Eingaben genau so, wie man sie gerne hätte. Es werden evtl. Felder vergessen, die ausgefüllt sein müssen, oder der eingegebene Wert paßt nicht zum betreffenden Feld. Das Data Control übernimmt keinerlei Überprüfungen der Daten für Sie. Fehler erhalten Sie lediglich, wenn das Data Control nicht in der Lage ist, den entsprechenden Datensatz in der Datenbank zu aktualisieren. Dies kann in fehlenden Primärschlüsseln u.ä. seine Ursache haben.

Grundsätzlich sollte man versuchen solche Fehler abzufangen, bevor es zu einer Fehlermeldung durch das System kommt, also entweder direkt nach der Eingabe in ein einzelnes Feld oder vor dem Schreiben in die Datenbank.

MaskedEdit

Die erste und wahrscheinlich auch einfachste Möglichkeit ist der Einsatz des MaskedEdit Custom Controls. Hiermit besitzen Sie die Möglichkeit, leicht Eingabemasken festzulegen und auch für die Formatierung der Felder zu sorgen. Allerdings müssen dabei die Werte im Datenfeld exakt der Maske entsprechen, sonst erfolgt eine Fehlermeldung.

Zudem sollten Sie auch die Fehler, die das Masked Edit Control leider besitzt berücksichtigen, die den Umgang mit diesem Steuerelement zum Teil aber erheblich erschweren.

Andere Steuerelemente besitzen teilweise auch Möglichkeiten, Eingaben zu beschränken. Diese sind von Steuerelement zu Steuerelement verschieden. Einfache Möglichkeiten der Eingabekontrolle bieten schon die Ereignisse KEYDOWN, KEYUP oder KEYPRESSED.

Validate

Es kann aber auch von Vorteil sein, die Verifizierung der Eingaben erst vorzunehmen, bevor die Speicherung der Daten stattfindet. Dies bietet unter Umständen einige Vorteile für den Benutzer. So kann er Daten jederzeit noch ändern und erhält erst beim Update der Daten die "Quittung".

Dazu bietet Ihnen Visual Basic das Ereignis VALIDATE an. Dieses Ereignis wird ausgelöst, wenn Daten aus der Datenbank gelesen oder dorthin geschrieben werden, bzw. wenn der Datensatzzeiger verschoben wird.

Dabei werden Ihnen zwei verschiedene Parameter zur Verfügung gestellt. Der Parameter ACTION zeigt Ihnen an, welchen Vorgang der Benutzer ausführen wollte.

Action

Wert	Bedeutung
0	Abbruch des Ereignisses
1	MoveFirst
2	MovePrevious

Wert	Bedeutung
3	MoveNext
4	MoveLast
5	AddNew
6	Update (**kein** UpdateRecord)
7	Delete
8	Find
9	BookMark ist gesetzt worden
10	Close
11	Form wird entladen

Tab. 7.11: Validate-Ereignis Parameter Action

Save

Der zweite Parameter, SAVE, gibt Ihnen die Möglichkeit, die Änderungen zu verwerfen und nicht in die Datenbank übernehmen zu lassen.

Aufbau von Datenbanken

Die Zugriffsmöglichkeiten des Data Controls gehen noch über das hinaus, was Sie bisher gelesen haben. Mit Hilfe des Data Controls besitzen Sie die Möglichkeit, sich die Struktur der Datenbank und der einzelnen Tabellen genauer anzusehen.

Egal ob Sie mit Datenbanken im Access-Format arbeiten oder mit anderen Strukturen über ODBC, der Aufbau der Datenbank bleibt immer der gleiche (Abbildung 7.32).

Database

Das erste und alles umfassende Objekt ist die Datenbank selbst, engl. DATABASE. Das DATABASE-Objekt enthält einige Collections, also Sammlungen von anderen Objekten. Die Sammlung FIELDS haben Sie bereits kennengelernt.

TableDefs

Jede Datenbank enthält eine oder mehrere Tabellen. Die einzelnen Definitionen dieser Tabellen sind in den einzelnen Objekten vom Typ TABLEDEF enthalten. Alle Tabellendefinitionen zusammen finden Sie in der Sammlung TABLEDEFS.

Fields

Jedes Objekt vom Typ TABLEDEF besitzt eine Sammlung vom Typ FIELDS. In dieser Sammlung wiederum befinden sich die einzelnen Objekte vom Typ FIELD. Diese enthalten die Definitionen für die einzelnen Felder innerhalb der Tabelle.

Indexes

Zu den einzelnen Feldern existieren verschiedene Indizes innerhalb von Tabellen. Aus diesem Grund besitzt TABLEDEF auch noch die Sammlung INDEXES. Diese besteht aus den einzelnen Objekten namens INDEX.

Datenbank-Objekte

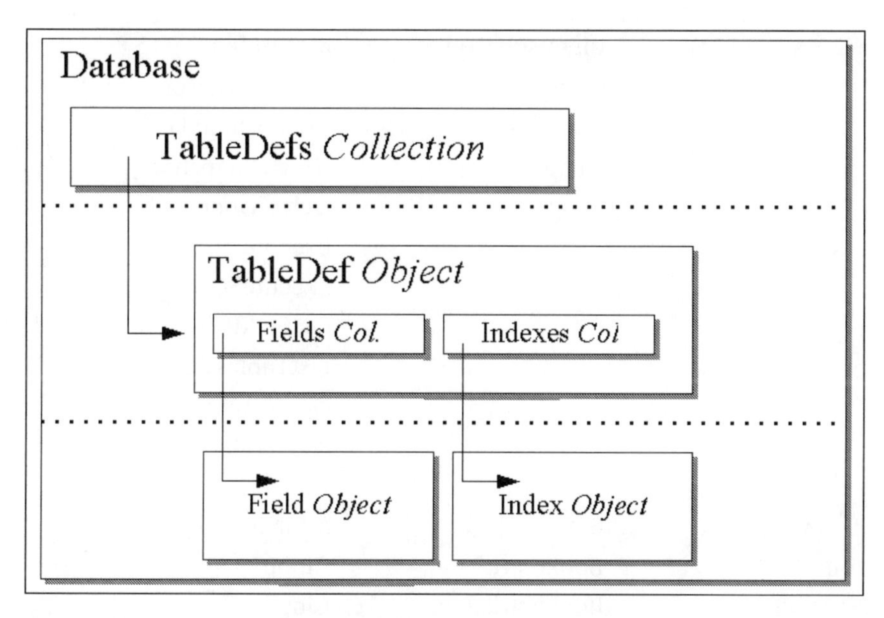

Abb. 7.32: Aufbau einer Datenbank

Die Datenbankobjekte - Zugriff für Profis

Lassen Sie sich vom Titel dieses Abschnitts nicht zu sehr in die Irre führen. Alles, was Sie ab hier lesen, läßt sich nur mit der Professionellen Edition von Visual Basic realisieren. Die hier beschriebenen Datenbankobjekte werden in der Standard Ausgabe nicht unterstützt.

Die Professionelle Ausgabe von Visual Basic stellt Ihnen eine Reihe von Objekten zur Verfügung, mit deren Hilfe Sie auf einfachste Art und Weise Datenbanken manipulieren und nutzen können. Falls Sie bereits mit Access Basic gearbeitet haben, werden Ihnen einige dieser Objekte bekannt vorkommen.

Die folgende Tabelle zeigt Ihnen eine Übersicht über die Datenbankobjekte, deren Eigenschaften und Methoden.

Objekt	Eigenschaften	Methoden
DATABASE	CollatingOrder	BeginTrans
	Connect	Close
	Name	CommitTrans

Objekt	Eigenschaften	Methoden
	QueryTimeout	CreateDynaset
	Transactions	CreateQueryDef
	Updateable	CreateSnapshot
		DeleteQueryDef
		Execute
		ExecuteSQL
		ListFields
		ListTables
		OpenQueryDef
		OpenTable
		Rollback
DYNASET,	BOF	AddNew
TABLE,	Bookmark	Clone
SNAPSHOT	Bookmarkable	Close
	DateCreated	CreateDynaset
	EOF	CreateSnapshot
	Filter	Delete
	Index	Edit
	LastModified	FindFirst
	LastUpdated	FindLast
	LockEdits	FindNext
	Name	FindPrevious
	NoMatch	ListFields
	RecordCount	ListIndexes
	Sort	MoveFirst
	Transactions	MoveLast
	Updateable	MoveNext
		MovePrevious
		Seek
		Update
FIELD	Attributes	AppendChunk
	CollatingOrder	FieldSize
	Name	GetChunk
	OrdinalPosition	

Objekt	Eigenschaften	Methoden
	Size	
	SourceField	
	SourceTable	
	Type	
	Value	
INDEX	Fields	
	Name	
	Primary	
	Unique	
TABLEDEF	Attributes	
	Connect	
	DateCreated	
	LastUpdated	
	Name	
	SourceTableName	
	Updateable	
QUERYDEF	Name	Close
	SQL	CreateDynaset
		CreateSnapshot
		Execute
		ListParameters
TABLEDEFS,	Count	Append
FIELDS,		Delete
INDEXES		Refresh

Tab. 7.12: Alle Datenbankobjekte mit Eigenschaften und Methoden

Auch wenn diese Tabelle etwas lang erscheint. Auf dieser Seite finden Sie aber schnell Hilfe, wenn es darum geht, eine bestimmte Eigenschaft oder eine Methode zu einem Datenbankobjekt zu finden.

Alle diese Datenbankobjekte müssen vor ihrer Benutzung wie Variablen deklariert werden. Dabei können Sie auch hier über die Position der Deklaration im Code den Gültigkeitsbereich festlegen.

```
Dim db As Database
Dim ds As Dynaset
Dim ss As Snapshot
```

Erzeugen von Datenbanken

Sie haben in einem der vorherigen Abschnitte gesehen, wie Sie Datenbanken zur Entwurfszeit erstellen können. Dies kann auf verschiedene Art und Weise geschehen (Access, Data Manager etc.). Sie haben allerdings auch die Möglichkeit, Datenbanken und deren Struktur erst zur Laufzeit, also mittels eines eigenen Programms, zu erzeugen.

Database

Die wichtigste Voraussetzung dafür liefert Ihnen das Objekt DATABASE. Über die Methode CREATEDATABASE können Sie eine neue Datenbank anlegen.

```
Set datenbank = CreateDatabase (Name, lokal [,optionen])
```

Interessant ist hierbei noch der Parameter *lokal*, über den Sie Sprache und Codepageinformationen für die Datenbank festlegen. Diese Informationen verwendet Visual Basic zum Sortieren der Daten.

lokal Konstante	Ländereinstellung
DB_LANG_DUTCH	Holland
DB_LANG_GENERAL	England, Frankreich, Deutschland
DB_LANG_ICELANDIC	Island
DB_LANG_NORWDAN	Norwegen, Dänemark
DB_LANG_SPANISH	Spanien, Italien
DB_LANG_SWEDEN	Schweden, Finnland

Tab. 7.13: Ländereinstellung für Sortierordnung

Der zweite Parameter *optionen* legt fest, ob die Datenbank verschlüsselt werden soll. Damit können Sie das "Lesen" der Datenbank über einen Editor verhindern. Zudem können Sie hier angeben, ob Sie die Datenbank im Format Access 1.0 anlegen möchten. Dabei werden diese beiden Parameter durch Addition kombiniert.

Option	Wert	Bedeutung
DB_ENCRYPT	2	Verschlüsselung
DB_VERSION10	1	Access 1.0-Format

Tab. 7.14: Parameter Optionen

Bevor Sie diesen Schritt jedoch ausführen, sollten Sie sich Gedanken über den Aufbau der Datenbank machen, also welche Tabellen und Felder diese enthält. Diese Struktur können Sie aber auch später noch festlegen.

Field, TableDef, Index

Für jede Tabelle innerhalb Ihrer Datenbank benötigen Sie ein Objekt vom Typ TABLEDEF. Für jedes Feld in Ihrer Datenbank benötigen Sie ein Objekt vom Typ FIELD und für jeden Index ein INDEX.

Zum Erstellen einer neuen Datenbank, sollten Sie sich also in etwa an folgende Reihenfolge halten.

Deklarieren der Objektvariablen

Als erstes müssen Sie die entsprechenden Objektvariablen deklarieren. Dies geschieht über den Befehl DIM und den Parameter NEW. Danach wird die Datenbank erzeugt.

```
Dim NeueDB As Database
Dim Tabelle As New TableDef
Dim Feld1 As New Field, Feld2 As New Field, Feld3 As New Field
Dim Index1 As New Index, Index2 As New Index
Set NeueDB = CreateDatabase
                     („C:\DATEN\ADRESS.MDB“,DB_LANG_GENERAL,2)
```

Festlegen der Datenbankstruktur

Als nächstes müssen Sie die einzelnen Felder und Indizes noch genauer definieren, also deren Typ und Größe festlegen. Zudem müssen die Indizes und Felder noch den einzelnen Tabellen zugeordnet werden.

Eigenschaften

Als erstes werden also nun die Eigenschaften der einzelnen Tabellen, Felder und Indizes angelegt.

```
Tabelle.Name = „Freunde“     'Name der Tabelle

Feld1.Name = „Name“          'Name von Feld 1
Feld1.Type = DB_TEXT         'Datentyp TEXT
Feld1.Size = 45              'Länge

Feld2.Name = „Adresse“
Feld2.Type = DB_MEMO

Feld3.Name = „Ort“
Feld3.Typ = DB_TEXT
Feld3.Size = 80

Index1.Name = „PK“           'Festlegen von Index1
Index1.Fields = „Name“       'Felder für den Index
Index1.Primary = True        'Primärschlüssel
```

```
Index2.Name = „Orte“
Index2.Fields = „Ort“
Index2.Unique = False        'Index muß nicht eindeutig sein
```

Append

Nachdem Sie die einzelnen Eigenschaften festgelegt haben, können Sie die neuen Felder, Indizes und Tabellen mit in die Datenbank aufnehmen. Dies kann aber auch bereits nach den einzelnen Definitionen erfolgen.

```
Tabelle.Fields.Append Feld1        'Feld1 in Tabelle
Tabelle.Fields.Append Feld2
Tabelle.Fields.Append Feld3

Tabelle.Indexes.Append Index1      'Neuen Index einrichten
Tabelle.Indexes.Append Index2

NeueDB.TableDefs.Append Tabelle    'Tabelle in Datenbank aufnehmen
NeueDB.Close                       'Datenbank schließen
```

Fertig ist Ihre neue Datenbank. Mittels der Methode APPEND können Sie natürlich jederzeit, auch später noch Felder, Indizes oder ganze Tabellen zu Ihrer Datenbank hinzufügen.

Wie Sie bereits gesehen haben, kommen auch bei der Felddeklaration wieder Symbolische Konstanten zum Einsatz, die den Feldtyp festlegen.

Field.Type

Konstante	Wert	Feldtyp
DB_BINARY	9	Binär (wird nicht unterstützt)
DB_BOOLEAN	1	TRUE/FALSE, JA/NEIN...
DB_BYTE	2	Integer mit 1 Byte (TinyInt)
DB_CURRENCY	5	Währung
DB_DATE	8	Datum / Zeit
DB_DOUBLE	7	Double (8 Byte)
DB_INTEGER	3	Integer (2 Byte)
DB_LONG	4	Long Integer (4 Byte)
DB_LONGBINARY	11	Binär / OLE-Objekt
DB_MEMO	12	Memo-Feld
DB_SINGLE	6	Single (4 Byte)
DB_TEXT	10	Text / String

Tab. 7.15: Feldtypen

Ändern der Datenbankstruktur

Nachträgliche Änderungen an einer bestehenden Datenbankstruktur sind nicht ganz so unproblematisch zu handhaben. Zwar können Sie jederzeit Felder, Indizes und Tabellen hinzufügen, aber Änderungen von bestehenden Objekten sind nicht möglich.

Um dennoch Änderungen an Feldern und Tabellen durchführen zu können, müssen Sie einfach eine neue Tabelle mit den geänderten Eigenschaften aufbauen. Transferieren Sie die Daten aus der alten Tabelle in die neue, und löschen Sie die alte Tabelle. Dies ist in diesem Fall leider der einzige Weg.

Delete

Um eine Tabelle zu löschen, steht Ihnen die Methode DELETE zusammen mit der Sammlung TABLEDEFS zur Verfügung.

```
datenbank.TableDefs.Delete „Tabellenname“
```

```
NeueDB.TableDefs.Delete „Freunde“
```

Indizes können natürlich auch jederzeit hinzugefügt oder gelöscht werden. Auch beim Löschen von Indizes steht Ihnen DELETE zur Verfügung.

```
datenbank.TableDefs(„Tabellenname“).
    Indexes.Delete „Indexname“
```

```
NeueDB.TableDefs(„Freunde“).Indexes.Delete „Orte“
```

Öffnen von Datenbanken

Ist die Datenbank erst einmal erzeugt oder bereits vorhanden, muß sie natürlich später für Zugriffe geöffnet werden. Dabei haben Sie auch wieder Zugriff auf die verschiedenen Objekte und Sammlungen der Datenbank. Auch hier müssen die Datenbankobjekte erst deklariert werden, bevor Sie diese verwenden können.

In diesem Abschnitt wird erst einmal auf den Umgang mit Datenbanken im Access-Format eingegangen. Für externe Datenquellen und Zugriffe via ODBC steht Ihnen ein späterer Abschnitt zur Verfügung.

OpenDatabase

Zum Öffnen einer Datenbank für den weiteren Zugriff steht Ihnen die Funktion OPENDATABASE zur Verfügung.

```
Set dbvariable = OpenDatabase
    (dateiname[,exk[,ro[,connect]]])
```

Parameter	Werte	Bedeutung
exk	true/false	Datenbank wird exklusiv geöffnet
ro	true/false	Datenbank wird readonly geöffnet
connect	-	Für Zugriff auf ODBC-Datenquellen

Tab. 7.16: Parameter von OPENDATABASE

Exklusive und readonly Nutzung

Wird eine Datenbank *exklusiv* geöffnet, erhalten alle anderen Benutzer nur noch Lesezugriff auf diese Datenbank, können diese also nur *readonly* öffnen. Um eine Datenbank *exklusiv* öffnen zu können, darf noch kein anderer Benutzer diese mit Schreibrechten geöffnet haben.

Wenn Sie eine Datenbank dagegen *readonly* öffnen, können Sie selbst keine Schreibzugriffe vornehmen. Dagegen können alle anderen Benutzer die Datenbank für Schreibzugriffe öffnen, bzw. ein weiterer Benutzer kann die Datenbank auch *exklusiv* öffnen. Falls Sie wirklich nur Daten lesen möchten, sollten Sie die Datenbank immer mit dem Parameter *ro* öffnen. Damit verhalten Sie sich als fairer Netzwerkpartner und beschleunigen gleichzeitig den Datenzugriff geringfügig.

Geben Sie keinen Parameter an, wird die Datenbank für die gemeinsame Benutzung und für Schreibzugriffe geöffnet.

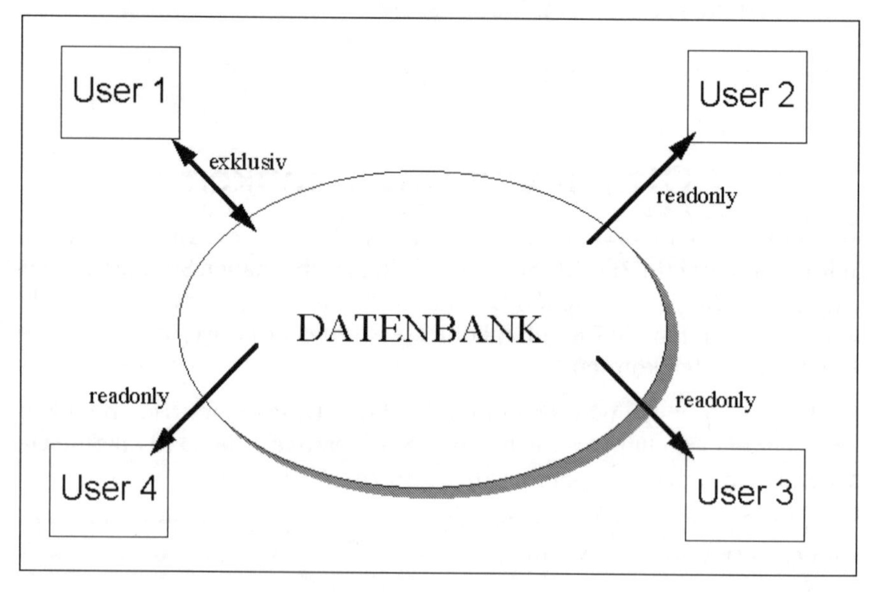

Abb. 7.33: *Exclusive- und ReadOnly-Nutzung*

```
Dim db As Database
Set db = OpenDatabase („C:\Daten\ADRESS.MDB“,,true)
```

In diesem kurzen Beispiel wird die Datenbank also *readonly* geöffnet, das bedeutet, ein weiterer Benutzer könnte sie *exklusiv* öffnen.

SetDataAccess-Option

In der Datei VB.INI werden normalerweise Einträge für die Database Engine vermerkt. Da Sie normalerweise nicht die Entwicklungsumgebung, also Visual Basic, mit Ihrer Anwendung ausliefern, sollte diese Anwendung eine eigene INI-Datei mit diesen Einträgen besitzen. Visual Basic sucht beim Starten einer Datenbankanwendung außerhalb der Entwicklungsumgebung nach einer Datei mit dem Programmnamen, allerdings mit der Endung ".INI". Starten Sie also das Programm FREUNDE.EXE, sucht Visual Basic nach einer Datei namens FREUNDE.INI. Diese Datei wird dabei im Windows-Verzeichnis gesucht.

Sollte Ihre Datei nun in einem anderen Verzeichnis liegen oder anders heißen, benötigen Sie den Befehl SETDATAACCESSOPTION.

```
SetDataAccessOption 1, „C:\DATEN\FREUNDE.INI“
```

Die Ausführung dieses Befehls muß vor dem Zugriff auf die Datenbank erfolgen, also am besten in einem FORM_LOAD- oder SUB_MAIN-Ereignis. Dies gilt auch für Zugriffe mittels des Data Controls. Einmal gesetzt, darf diese Option nur bei einem Neustart des Programms verändert werden.

SetDefault-Workspace

Falls Sie mit Datenbanken arbeiten, die mit Microsoft Access erstellt wurden, kann es sich dabei durchaus um gesicherte Datenbanken handeln. Um Datenbanken also, die durch Vergabe von Benutzerrechten gegen unberechtigte Zugriffe gesperrt wurden. Um mit einer solchen Datenbank arbeiten zu können, müssen Sie sich bei dieser anmelden und sich damit als berechtigter Benutzer identifizieren. Dies geschieht über den Befehl SETDEFAULTWORKSPACE.

SetDefaultWorkspace *userid, password*

```
SetDefaultWorkspace „Meier“, „Papagei“
```

Auch dieser Befehl muß vor dem ersten Zugriff auf eine Datenbank ausgeführt werden. Die Benutzerrechte von Access-Datenbanken werden in einer Datei namens SYSTEM.MDA verwaltet. Sie sollten beim Vertrieb des Programms also auch an diese Datei denken.

! Mit Visual Basic können Sie solche Benutzerrechte weder vergeben noch können Sie damit eine gesicherte Access-Datenbank umgehen. Dafür muß das Standardkonto „Admin“ bzw. „Administrator“ aber entweder gelöscht oder ohne Rechte ausgestattet werden.

Zugriff auf Daten - Das Dynaset

Grundsätzlich besteht zwar die Möglichkeit, über das Objekt TABLE auch direkt auf die Tabelle zuzugreifen, aber im Normalfall sollte ein Datenzugriff immer über ein Dynaset, also eine virtuelle Tabelle im Speicher erfolgen. Ein ganz bestimmtes Dynaset, das RecordSet, haben Sie im Zusammenhang mit dem Data Control schon kennengelernt. Hier haben Sie nun die Möglichkeit, beliebig viele und verschiedenartige Dynasets zu erzeugen.

Ein Dynaset ist, wie schon erwähnt, eine virtuelle Kopie einer Tabelle im Speicher Ihres Systems. Dabei steht diese Kopie in ständigem Kontakt zur darunterliegenden Tabelle. Änderungen an der Tabelle spiegeln sich also auch im Dynaset wieder und umgekehrt. Nur das Löschen und Hinzufügen von Datensätzen wird nicht dynamisch verwaltet. Neue oder gelöschte Datensätze aus Tabellen sehen Sie erst, wenn Sie das Dynaset neu erzeugt haben.

Bei der Verwendung dieser Datenbankobjekte ohne das Data Control müssen Sie allerdings generell für die Eingabe und das Anzeigen der Daten sorgen. Gebundene Steuerelemente gibt es in diesem Fall nicht.

CreateDynaset

Bevor Sie ein Dynaset erzeugen können, müssen Sie natürlich eine Datenbank geöffnet haben. Danach erstellen Sie über die Methode CREATEDYNASET ein neues Dynaset. Als Grundlage können Sie dabei Tabellen, SQL-Befehle oder andere Dynasets verwenden.

```
Set dynaset = quelle.CreateDynaset(quelle[,optionen])
```

```
Dim db As Database
Dim ds1 As Dynaset, ds2 As Dynaset, ds3 As Dynaset
Set db = OpenDatabase („C:\DATEN\ADRESS.MDB“)
Set ds1 = db.CreateDynaset („Freunde“)
                                'Dynaset auf Tabelle Freunde
Set ds2 = db.CreateDynaset
                 („Select * From Freunde Where Ort like 'B*'“)
Set ds3 = ds2.CreateDynaset()      'Dynaset auf Dynaset 2
```

Für den eigentlichen Zugriff auf die Daten innerhalb eines Dynaset, können Sie alle Methoden verwenden, die Sie bereits beim Data Control kennenlernten. Dazu zählen die FIND-Methoden, die MOVE-Methoden, aber auch die Methoden EDIT, ADDNEW und UPDATE.

```
ds.MoveFirst
ds.Edit
ds.Fields(„Name“) = „Meier“
ds.Update
```

Wenn Sie länger mit einem Dynaset arbeiten und gleichzeitig andere Benutzer auf die Datenbank zugreifen, kann es von Vorteil sein, das Dynaset hin und wieder zu erneuern. Dazu können Sie es entweder explizit löschen und danach neu aufbauen oder sich selbst zuweisen.

```
Set ds = ds.CreateDynaset()
```

Diese Methode funktioniert etwa zehn Mal. Danach sollten Sie das Dynaset explizit löschen und wieder aufbauen.

Fotografie in der Datenbank - Das Snapshot

Zeitweise kann es vorkommen, daß Sie eine Momentaufnahme einer Tabelle benötigen. Für genau diesen Zweck wird das Objekt SNAPSHOT zur Verfügung gestellt. Ein SNAPSHOT ist eine Momentaufnahme einer Tabelle oder eines Tabellenbereiches. Dies bedeutet auch, daß Änderungen an den Daten, die nach dem Erstellen des Snapshots stattfinden, sich dort nicht wiederspiegeln. Andererseits können die Methoden ADDNEW, EDIT und UPDATE nicht zusammen mit einem Snapshot ausgeführt werden.

CreateSnapshot

Snapshots werden auf dieselbe Art und Weise wie Dynasets erzeugt. Als Grundlage können auch hier Tabellen, SQL-Befehle oder andere Snapshots oder Dynasets fungieren.

```
Set snapshot = quelle.CreateSnapshot(quelle[,optionen])
```

```
Dim ss As Snapshot
Set ss = db.CreateSnapshot („Select Name from Freunde“)
```

Filter

Sowohl bei Dynasets als auch bei Snapshots besitzen Sie die Möglichkeit, Filter zu definieren. Das bedeutet, aus dem Dynaset oder Snapshot werden nur ausgewählte Daten angezeigt. Dabei kann auch schon bei der Erzeugung eines Dynasets oder Snapshots eine Auswahl an Daten getroffen werden.

Filter werden dabei auf dieselbe Art und Weise gesetzt wie die Suchkriterien bei den FIND-Methoden. Speziell für diese Aufgabe besitzen die Objekte SNAPSHOT und DYNASET auch eine Eigenschaft namens FILTER.

```
ds.Filter = „[Ort] = 'München'“
ss.Filter = „[Name] like 'M*' and [Ort] = 'Hamburg'“
```

Sortieren

Auch das Sortieren der Daten innerhalb eines Dynasets oder Snapshots ist möglich. Hierfür existiert die Eigenschaft SORT. In dieser Eigenschaft geben Sie das Feld an, nach dem sortiert werden soll.

```
ds.Sort = „[Ort]“               'Sortierung aufsteigend nach Ort
ds.Sort = „[Ort],[Name]“        'Sortierung erst aufsteigend
                                'nach Ort, dann nach Name
ds.Sort = „[Name], [Alter] DESC“  'Sortierung aufsteigend nach
                                'Name, dann absteigend nach Alter
```

Die angegebene Sortierung wirkt sich allerdings nicht sofort auf das Dynaset aus. Um die Sortierung durchzuführen, müssen Sie entweder das Dynaset neu oder ein anderes auf dessen Grundlage erzeugen.

```
ds.Sort = „[Ort]“
Set ds = ds.CreateDynaset()
```

Neue Datensätze werden auch bei einem sortierten Dynaset am Ende angefügt. Um die Sortierung danach aufrecht zu erhalten, muß das Dynaset wiederum neu erzeugt werden.

Schließen von Dynasets und Snapshots

Normalerweise werden Dynasets und Snapshots automatisch geschlossen und aus dem Speicher entfernt, sobald die dazugehörige Variable zerstört wird, also deren Gültigkeitsbereich endet. Bei statischen oder globalen Objektvariablen geschieht dies aber nur beim Verlassen oder Neustarten der Anwendung. Aus diesem Grund sollten dort die Objekte per Code geschlossen werden.

```
dynaset|snapshot.Close
```

QueryDefs - Vordefinierte Abfragen

Sobald Sie Dynasets oder Snapshots mittels eines SQL-Strings generieren, erstellen Sie Abfragen. Normalerweise haben Sie dann die Codierung für die Abfrage im Code. Datenbanken im Access-Format bieten Ihnen aber auch die Möglichkeit, solche Abfragen zu erzeugen und gespeichert wieder zu verwenden.

Für diesen Zweck steht Ihnen unter Visual Basic das Datenbankobjekt QUERYDEF zur Verfügung. Abfragen, die Sie hier erstellen, werden fest in der Datenbank gespeichert und können von dort jederzeit wieder verwendet werden.

Diese Methode hat auch den Vorteil, daß Sie bei einer Änderung der Abfrage nicht unbedingt den Code ändern müssen. Es reicht mittels eines Administrationswerkzeuges die fest gespeicherten Abfragedefinitionen zu ändern.

Dabei werden im Prinzip nur die SQL-Befehle für die Abfrage unter einem eigenen Namen in der Datenbank gespeichert und stehen dort zur Ausführung zur Verfügung.

CreateQueryDef

Bei der Erzeugung der Abfrage wird diese auch sofort in der Datenbank gespeichert.

```
Dim query As QueryDef
Set Query = db.CreateQueryDef(„Geburtstage“)
Query.SQL = „Select Name From Freunde Where [Geb] = now“
```

Nach dem Erzeugen der Abfragen können diese jederzeit wieder zur Erzeugung von Dynasets oder Snapshots verwendet werden.

```
Set ds = query.CreateDynaset()
```

Falls die QueryDef-Variable noch nicht definiert wurde, muß diese vorher noch deklariert werden.

```
Dim Query As QueryDef
Set Query = db.OpenQueryDef(„Geburtstage“)
Set ds = query.CreateDynaset
```

Sollten Sie die Abfrage nicht mehr weiter benötigen, können Sie diese auch dauerhaft aus der Datenbank löschen.

```
db.DeleteQueryDef („Geburtstage“)
```

Beachten Sie , daß nach der Erzeugung eines QueryDef dieser fest gespeichert wird. Ein zweites Mal darf dieser Code also nur ausgeführt werden, wenn Sie die Abfrage aus der Datenbank löschen.

Gerade die Möglichkeit, fest gespeicherte Abfragen zu verwenden kann äußerst nützlich sein. Auf diese Weise können Sie Abfragen in Microsoft

Access per „Drag and Drop“ entwerfen und diese danach in Ihrer Visual Basic-Anwendung einsetzen. Einfacher geht es eigentlich kaum. Zudem bietet Ihnen Access noch den Vorteil, die Abfrage sofort testen zu können.

Der direkte Zugriff auf Tabellen

Auch wenn normalerweise alle Zugriffe auf die Tabelle über Dynasets erfolgen sollten, kann es durchaus hin und wieder von Vorteil sein, direkt mit Tabellen zu arbeiten. Dazu gibt es in Visual Basic das Objekt TABLE.

Der Zugriff auf Tabellen birgt vor allem Vorteile in der Verwendung von Indizes. Indizes können Suchvorgänge erheblich beschleunigen. Bevor Sie jedoch auf Tabellen zugreifen können, müssen Sie wiederum ein entsprechendes Objekt festlegen.

```
Dim tabelle As Table
Set tabelle = db.OpenTable(„Freunde“)
```

Index

Als nächster Schritt muß der entsprechende Index festgelegt werden. Dabei wird auf den Namen des Indexes referenziert, den Sie diesem bei seiner Erstellung gegeben haben.

```
tabelle.Index = „Orte“
```

Seek

Jetzt haben Sie die Möglichkeit, mittels der Methode SEEK den Index nach einem bestimmten Kriterium zu durchsuchen. Dabei sind Indexsuchen generell schneller als die FIND-Methoden. SEEK kann allerdings nur zusammen mit dem Objekt TABLE verwendet werden und nur zusammen mit einem definierten Index.

```
tabelle.Seek vergleich, Schlüssel1, Schlüssel2...
```

```
tabelle.Seek „=“, „München“
```

Parameter	Bedeutung
vergleich	Vergleichsoperator als String: <, <=, =, =>, >, <>
Schlüssel...	Vergleichswert für jedes einzelne Feld im Index

Tab. 7.17: Parameter der Methode SEEK

Je nach Vergleichsoperator beginnt SEEK am Anfang oder Ende des Indexes. Sollte dabei der Index mehrere gleiche Werte enthalten, endet SEEK bei der ersten Übereinstimmung der Suchkriterien. Ist die Suche erfolgreich, wird der Datensatzzeiger auf dem gefundenen Datensatz positioniert, andernfalls wird die Eigenschaft NoMatch auf True gesetzt.

```
Dim db As Database
Dim tabelle As Table
Set db = OpenDatabase („DATEN.MDB“)
Set tabelle = db.OpenTable („Adressen“)
tabelle.Index = „PK“
tabelle.Seek „=“,15    ‘Sucht Index PK ist 15
If tabelle.NoMatch Then
     msgBox „Nichts gefunden !“
End If
```

Aktionsabfragen

In allen bisherigen Operationen mit Abfragen oder dem Suchen mittels Index haben Sie jeweils nur bestimmte, zu einem Kriterium passende Datensätze ausgewählt. Die Möglichkeiten der Abfragen bieten Ihnen aber noch mehr. Mit Hilfe von Aktionsabfragen können Sie Änderungen an den Daten in großem Rahmen vornehmen. Dabei soll hier nicht mehr genau auf die SQL-Syntax eingegangen werden. Dazu können Sie im Abschnitt “SQL” dieses Kapitels nachschlagen. Hier sollen vielmehr nur die Möglichkeiten der Aktionsabfragen aufgezeigt werden.

Execute

Um Aktionsabfragen auszuführen, gibt es generell mehrere Möglichkeiten. Eine davon ist die Methode Execute, die Sie auf Datenbankobjekte anwenden können. Damit können Sie zwar auch direkt auf Tabellen und Dynasets zugreifen, normalerweise sollten Sie aber erst eine fest definierte Abfrage, also ein QueryDef erzeugen und dieses dann ausführen.

```
querydef.Execute (optionen)
```

```
Set query = db.CreateQueryDef(„Preisänderung“)
query.SQL = „UPDATE preis Set [preis] * 1.15“
query.Execute
db.DeleteQuery(„Preisänderung“)
```

Dieses kleine Beispiel erhöht alle Preise um 15%.

ExecuteSQL

Eine andere Möglichkeit ist die Funktion ExecuteSQL. Diese Funktion kann aber nur bei Abfragen verwendet werden, die keine Daten als Ergebnis zurückliefern. Zudem wurde diese Funktion nur integriert, um SQL-Befehle an Backends (SQL-Server, Oracle) zu senden. Die Funktion liefert die Anzahl der geänderten Datensätze als Ergebnis zurück.

```
sätze = datenbank.ExecuteSQL(SQL)
```

```
s = db.ExecuteSQL(„Update preis Set [Preis] * 1.15")
Print s & „ Preise wurden geändert"
```

Welche Möglichkeiten sich Ihnen mit Aktionsabfragen bieten, können Sie im Abschnitt "SQL" nachlesen.

Transaktionen

Gerade wenn Sie mit Aktionsabfragen arbeiten und dabei große Datenmengen ändern oder löschen, kann es von Vorteil sein, mit Transaktionen zu arbeiten. Transaktionsorientierte Operationen geben Ihnen die Möglichkeiten nach einer Reihe von Änderungen diese wieder rückgängig zu machen.

Den Beginn einer Transaktion kennzeichnen Sie innerhalb des Codes durch die Angabe des Befehls BEGINTRANS. Nach den Codezeilen für die Datenänderung können Sie sich über COMMITTRANS entscheiden, die Änderungen endgültig zu übernehmen, oder sie über ROLLBACK zu verwerfen.

```
BeginTrans
      ds.Edit
      ....               'Änderungen
      ds.Update
      query.Execute...   'Aktionsabfrage
If Fehler Then
      Rollback           'Änderungen werden verworfen
Else
      CommitTrans        'Änderungen werden übernommen
End If
```

Der Befehl ROLLBACK führt lediglich dazu, daß die durchgeführten Änderungen nicht in die Datenbank übertragen werden. Dies hat nichts mit der Ausführung des Codes selbst zu tun. Es gibt keine Verzweigung im Programmablauf.

! Transaktionen können nur bei Datenbanken im Access-Format verwendet werden. Dynasets besitzen die Eigenschaft TRANSACTIONS, die Ihnen anzeigt, ob dieses Dynaset in der Lage ist, Änderungen rückgängig zu machen, oder nicht.

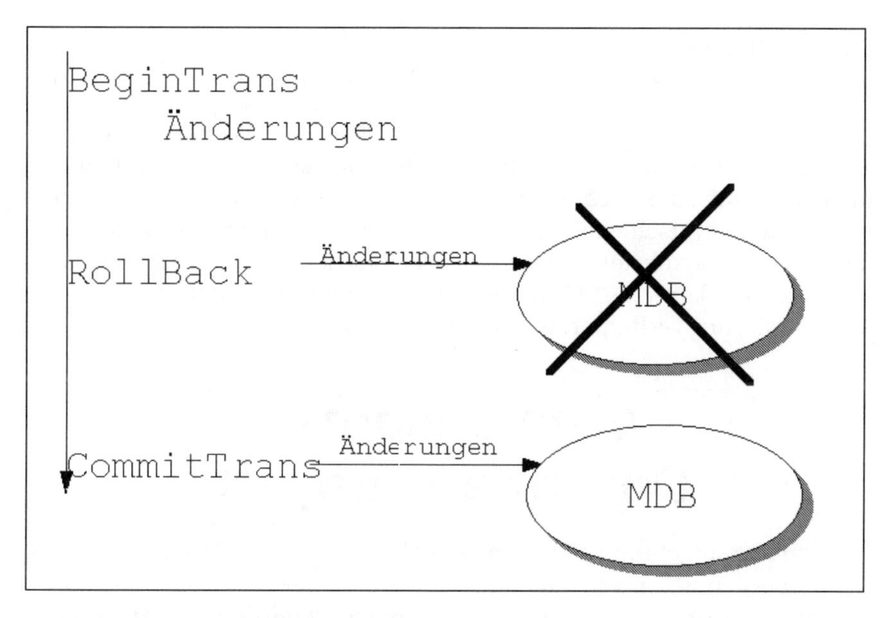

Abb. 7.34: *Transaktionen*

Verwaltung von Datenbanken im Access-Format

Falls sich Ihre Datenbanken im Microsoft Access-Format befinden, haben Sie noch zwei interessante Möglichkeiten im Umgang mit solchen Datenbanken.

Repair

Es kann durchaus vorkommen, daß Ihre Datenbank beschädigt wird. Dies geschieht meistens wenn ein Datenbankzugriff nicht vollständig zu Ende geführt wird. Gründe dafür sind meist Stromausfälle oder das plötzliche Verlassen des Programms. In diesem Fall kann die Datenbank unter Umständen durch die Befehl REPAIRDATABASE wieder hergestellt werden.

RepairDatabase *„Datenbankdateiname"*

```
RepairDatabase „AUFTRAG.MDB"
```

Compact

Wenn Sie längere Zeit mit einer Datenbank arbeiten, kann deren Dateigröße stark zunehmen. Hin und wieder werden aber auch leere Seiten oder Indizes dort gespeichert. Aus diesem Grund sollten Sie von Zeit zu Zeit die Datenbank komprimieren. Dies geschieht durch den Befehl COMPACTDATABASE.

```
CompactDatabase Quelle, Ziel
     [, Ländereinstellung [, Optionen ] ]
```

Die *Ländereinstellungen* entsprechen dabei denselben Werten, wie bei der Erzeugung einer Datenbank. Über die *Optionen* können Sie angeben, ob die Datenbank zusätzlich noch verschlüsselt werden soll. *Quelle* und *Ziel* müssen dabei verschieden sein. Im Normalfall werden Sie also eine vorhandene Datenbank unter einem neuen Namen komprimieren und danach wieder zurück kopieren. Auf diese Weise soll ein Datenverlust bei falscher Komprimierung verhindert werden.

Gemeinsamer Datenbankzugriff

In Netzwerkumgebungen werden Datenbanken normalerweise auch von mehreren Benutzern verwendet. Das bedeutet, daß das DBMS auch Methoden bereitstellen muß, um die Zugriffe mehrerer Benutzer zu koordinieren oder abzufangen. Hier bietet die Data Engine von Visual Basic drei verschiedene Methoden der Zugriffskontrolle.

- Database Locking
- Table / Dynaset Locking
- Page Locking

Database Locking

Das Database Locking haben Sie eigentlich schon kennengelernt. Hier können Sie die komplette Datenbank für den Schreibzugriff anderer Benutzer sperren. Eine genau Definition dieses Vorgangs finden Sie im Abschnitt *Öffnen von Datenbanken.*

Table / Dynaset Locking

Beim Table / Dynaset Locking wird, wie der Name schon sagt, nur eine Tabelle bzw. ein Dynaset für andere Benutzer gesperrt. Gerade beim Zugriff auf große Datenmengen aus einer Tabelle und bei Aktionsabfragen empfiehlt sich diese Methode des Locking.

Um eine Tabelle oder ein Dynaset zu sperren, wird der Parameter *Optionen* in den Methoden OPENTABLE bzw. CREATEDYNASET verwendet. Hier können Sie über die Konstanten *DB_DENYWRITE* und *DB_DENYREAD* festlegen, ob andere Benutzer lesen oder schreiben dürfen. Diese Möglichkeit bietet auch das Data Control über die Eigenschaft OPTIONS.

```
Set ds = db.CreateDynaset(„Namen",DB_DENYWRITE)
```

```
data1.Options = DB_DENYREAD + DB_DENYWRITE
```

Page Locking

Sofern Sie weder die Datenbank sperren noch die einzelnen Tabellen oder Dynasets, verwendet Visual Basic die Page Locking-Methode. Die einzelnen Datensätze werden in der Datenbank auf Seiten (Pages) aufgeteilt. Jede dieser Seiten ist etwa 2048 Bytes groß. Wenn nun auf einen Datensatz innerhalb einer Seite zugegriffen wird, werden auch alle anderen Datensätze, die auf dieser Seite gespeichert sind, gesperrt. Im Prinzip werden also mehrere Datensätze in der "Umgebung" des bearbeiteten Datensatzes gesperrt. Hier unterscheidet man jedoch zwischen zwei Methoden des Page Lockings, *optimistisch* und *pessimistisch*.

Pessimistic Locking

Als Standard verwendet Visual Basic das pessimistische Modell. Das bedeutet, daß eine Seite gesperrt wird, sobald Sie die Methode EDIT verwenden. Schreiben Sie die Änderungen via UPDATE in die Datenbank, wird danach die Sperrung wieder aufgehoben.

Diese Vorgehensweise ist zwar relativ sicher, hat aber einen entscheidenden Nachteil. Bleibt ein Benutzer bei der Bearbeitung eines Datensatzes in der Maske stehen und wurde bereits EDIT aufgerufen, bleiben alle Datensätze auf den gesperrten Seiten so lange gesperrt, bis dieser die Änderungen abschließt, evtl. auch über die Mittagspause.

Falls Sie also das pessimistische Modell einsetzen, sollte Ihre Anwendung so programmiert sein, daß EDIT und UPDATE programmtechnisch nahe beieinander liegen, um einem Benutzer gar nicht die Möglichkeit zu geben, seine Kollegen aufzuhalten.

Optimistic Locking

Beim optimistischen Locking werden die Seiten erst bei Einsatz der Methode UPDATE gesperrt und sind somit nur während der Änderung blokkiert. Dies birgt aber die Gefahr, daß inzwischen der Datensatz von einem anderen Benutzer bereits verändert wurde.

Um die optimistische Sperrung zu verwenden, müssen Sie die Eigenschaft LockEdits des aktuellen Datensatzes auf False stellen.

```
Set ds = db.CreateDynaset(„Freunde")
ds.LockEdits = False
ds.Edit
....            'Änderungen
ds.Update
```

Zugriff auf externe Datenquellen

Visual Basic und die Jet-Engine beschränken Sie in Ihrem Datenzugriff nicht auf Datenbanken des eigenen Formats. Auch der Zugriff auf andere Datenbankstrukturen steht Ihnen zur Verfügung. Dabei sollte man unterscheiden, ob Sie komplett mit einer anderen Datenbank arbeiten, oder eine Datenbank im Access-Format verwenden und dabei nur Tabellen aus externen Quellen einbinden.

Während des Zugriffs selbst werden Sie kaum merken, ob Sie mit internen oder externen Datenquellen arbeiten. Sobald Sie einmal Zugriff auf eine externe Datenbank erhalten, haben Sie es eigentlich schon geschafft. Aber es gibt noch einige Besonderheiten. Im nachfolgenden Teil soll vor allem auf den Zugriff auf Daten von einem Microsoft oder Sybase SQL-Server eingegangen werden. Dies demonstriert Ihnen nicht nur den Zugriff auf externe Datenquellen, sondern auch den Umgang mit einem Backend, also der Client-Server-Programmierung.

Zugriff auf andere Datenbanken

Visual Basic ermöglicht Ihnen Zugriffe auf folgende Datenbanktypen:

- Btrieve
- dBase III
- dBase IV
- Microsoft FoxPro 2.0
- Microsoft FoxPro 2.5
- Paradox
- ODBC (SQL-Server, Oracle)

Prinzipiell hat diese Liste keine Beschränkung, sofern für die externe Datenquelle ein ODBC-(Open DataBase Connectivity) Treiber existiert.

Der erste und wichtigste Unterschied beim Zugriff auf eine externe Datenbank, ist der Befehl OPENDATABASE bzw. dessen Parameter. Hier spielt vor allem der Parameter *Connect* die entscheidende Rolle. Er enthält alle Informationen, die das DBMS benötigt, um eine externe Datenquelle ansprechen zu können.

Database format	DatabaseName	Connect
Microsoft Access	Dateiname	-
dBASE III	drive:\path	dBASE III;
dBASE IV	drive:\path	dBASE IV;
Paradox	drive:\path	Paradox;
Btrieve	drive:\path\file.DDF	Btrieve;
FoxPro 2.0	drive:\path	FoxPro 2.0;
FoxPro 2.5	drive:\path	FoxPro 2.5;
ODBC	Quelle oder „“	ODBC; DSN=server; UID=user; PWD=password

Tab. 7.18: Zugriff auf externe Datenquellen über OPENDATABASE

```
Set db = OpenDatabase(„Kunden.dbf“,false,false,“dBaseIII“)
```

Beim Zugriff auf externe Datenquellen sollten Sie auf die Datentypen achten. Möglicherweise existieren in einer externen Datenquelle Datentypen, die nicht mit den Datentypen von Visual Basic kompatibel sind.

Sie möchten nun beispielsweise auf eine Datenbank auf einem SQL-Server zugreifen. Der Datenbankname ist *pubs*. Dies ist auch die Beispieldatenbank, die mit dem Microsoft SQL-Server ausgeliefert wird.

```
Dim db As Database
Set db = OpenDatabase(„pubs“,false,false,“ODBC;dsn=sql;uid=gerald;
                pwd=gm;database=pubs“)
```

In diesem Fall muß der installierte ODBC-Treiber für den SQL-Server auch “SQL” heißen. Den Namen einer ODBC-Datenquelle können Sie bei der Installation des ODBC-Treibers angeben.

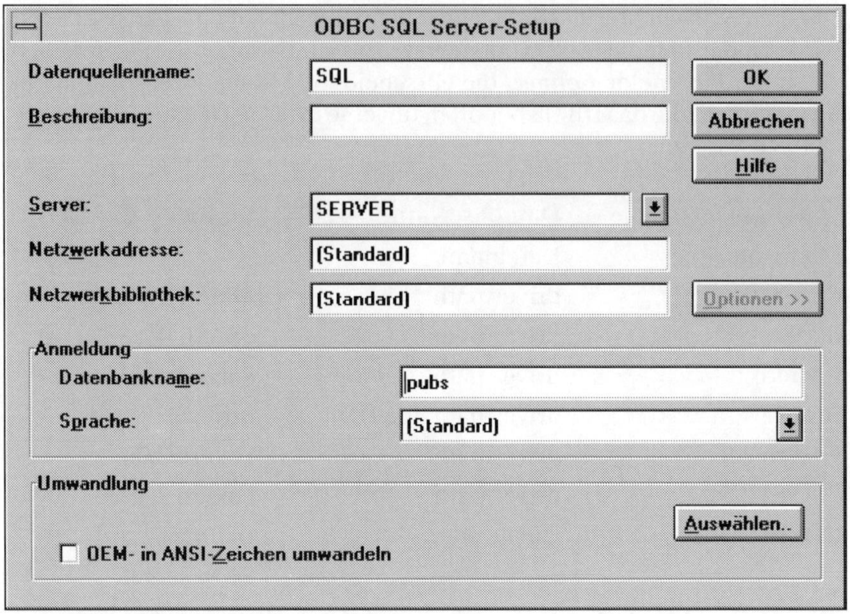

Abb. 7.35: *Einrichten des SQL-ODBC-Treibers*

Im obigen Beispiel wurden alle Daten, die der Treiber benötigt, um die Verbindung aufzubauen, im Parameter *Connect* angegeben. Sollte dort eine Angabe fehlen, kann diese evtl. vom ODBC-Treiber nachgefordert werden. Dies hängt aber von der Funktionalität des entsprechenden Treibers ab.

```
Set db = OpenDatabase(„“,false,false,“ODBC;dsn=SQL;uid=Gerald“)
```

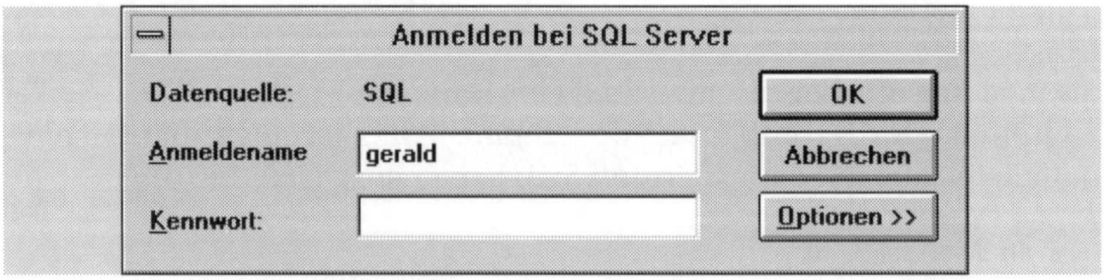

Abb. 7.36: *SQL-Server-Anmeldung*

Einbinden von Tabellen

Wenn Sie nicht eine externe Datenbank komplett nutzen wollen, können Sie auch einzelne Tabellen aus anderen Datenbanken in Ihre Datenbank einbinden. Dies kann zudem den Vorteil haben, daß die Daten auch in anderen Systemen noch zur Verfügung stehen.

Sobald Sie eine Tabelle aus einer anderen Datenbank in Ihre aktuelle Datenbank einbinden, wird eine Verbindung zwischen diesen beiden Datenquellen aufgebaut. Die Tabelle selbst bleibt in ihrer Ursprungsdatenbank. Beim Löschen einer eingebundenen Tabelle wird auch nicht die Tabelle wirklich gelöscht, sondern lediglich die Verbindung aufgelöst.

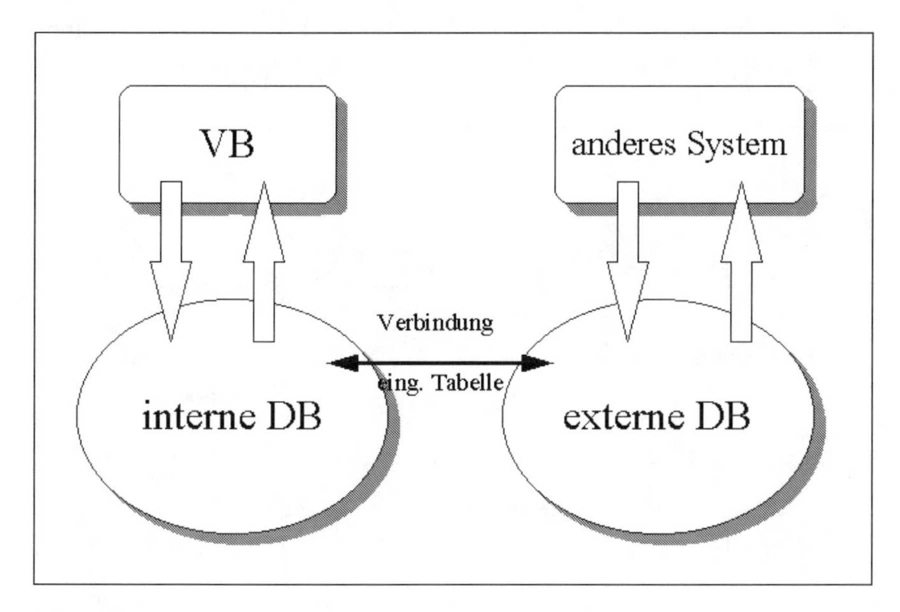

Abb. 7.37: Eingebundene Tabellen

Zum Einbinden der Tabellen wird das Objekt TABLEDEF verwendet.

```
Dim EingTab As New TableDef
Dim ds As Database
Set db = OpenDatabase(„xxxx.mdb“) ‘Interne DB
EingTab.Connect =
          „ODBC;dsn=SQL;uid=gerald;pwd=geheim;database=pubs“
EingTab.SourceTableName = „publishers“
EingTab.Name = „Verleger“
db.TableDefs.Append EingTab
```

Dieses Beispiel bindet die Tabelle „publishers“ aus der SQL-Datenbank „pubs“ als neue Tabelle „verleger“ in die eigene Datenbank ein.

SQLPassThrough

Wenn Sie Datenbankbackends wie den SQL-Server verwenden, wirft die Datenbank Engine von Visual Basic ein Problem auf. Solche Systeme arbeiten nach einem Client-Server-Prinzip, Visual Basic arbeitet dagegen noch nach dem File-Server-Prinzip. Das bedeutet, daß bei der Ausführung einer Abfrage Visual Basic die Daten komplett einliest und die Durchführung der Abfrage selbst vornimmt.

Datenbankbackends, die nach dem Client-Server-Prinzip arbeiten, sollten aber genau diese Arbeit übernehmen und nur das Ergebnis zurückliefern.

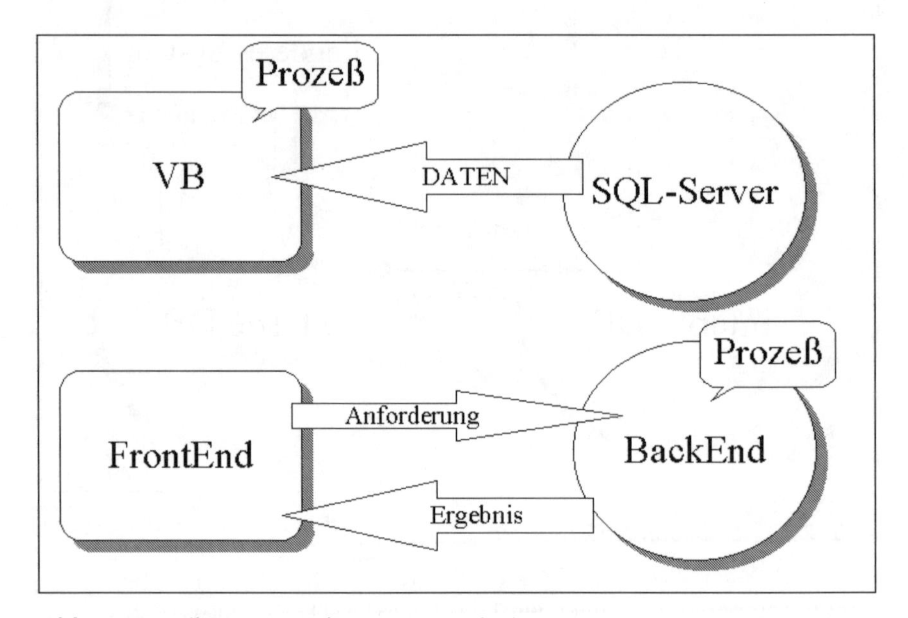

Abb. 7.38: *File-Server-/ Client-Server-Prinzip*

Normalerweise wird der Prozeß auf der Visual Basic Seite durchgeführt. Damit nun Visual Basic sich auch nach dem Client-Server-Prinzip verhält und der Prozeß damit auf das Backend (SQL-Server) verschoben wird, müssen Sie bei der Erzeugung von Dynasets, Snapshots oder QueryDefs die Option *SQLPassThrough* (Symb. Konstante) angeben. In diesem Fall wird der SQL-Befehl an das Backend weitergegeben, dort ausgeführt und das Ergebnis zurückgeliefert.

Besonderheiten des SQL-Servers

Views

Auf zwei kleine Besonderheiten des SQL-Servers soll hier kurz eingegangen werden. Die erste sind *Views*. Views sind prinzipiell mit Auswahlabfragen in einer Access-Datenbank vergleichbar.

Um Views auf einem SQL-Server anzusprechen, reicht es deren Namen bei der Erzeugung eines Dynasets oder Snapshots zu verwenden.

```
Dim ds As Dynaset
Set ds = db.CreateDynaset(„titleview") 'Name des Views
```

Stored Procedures

Stored Procedures sind am besten mit Aktionsabfragen vergleichbar. Um eine Stored Procedure ausführen zu können, reicht es einen SQL-Befehl per Dynaset oder ExecuteSQL abzusetzen.

```
Dim ds As Dynaset
Set ds = db.CreateDynaset („Execute AlleVerleger",SQLPassThrough)
```

Dieses Beispiel führt die Stored Procedure "AlleVerleger" aus und liefert das Ergebnis ins Dynaset zurück.

Crystal Reports - Jetzt gibt´s Druck

So schön eine Ansammlung von Daten innerhalb einer Datenbank auch sein mag, ab und zu ist es nötig die Daten auf Papier zu bannen. Um hier nicht mit den teilweise steinzeitlichen Printmethoden von Visual Basic arbeiten zu müssen, wurde Visual Basic ein kleines Zusatzprogramm mit auf den Weg gegeben, der Crystal Reports.

Diese kleine, im übrigen aber preisgekrönte Werkzeug ermöglicht es Ihnen, auf einfachste Weise Ihre Daten in Berichte zu packen. Dabei sollten Sie das Wort Bericht nicht zu eng sehen. So ein Bericht kann durchaus auch eine Rechnung oder ein Lieferschein sein.

Wenn Ihnen die Möglichkeiten und die Funktionalität des Crystal Reports nicht reichen sollten, dann können Sie entweder die *Plus*-Version gegen Aufpreis bestellen oder die Berichtsfunktionen anderer DBMS-Systeme, wie Microsoft Access verwenden.

Erstellen eines neuen Berichts

Um einen neuen Bericht zu erstellen, müssen Sie als erstes die Datenbank auswählen, aus der die Daten für diesen Bericht stammen. Nachdem Sie dies erledigt haben, erscheint das eigentliche Berichtdesignfenster auf Ihrem Schirm.

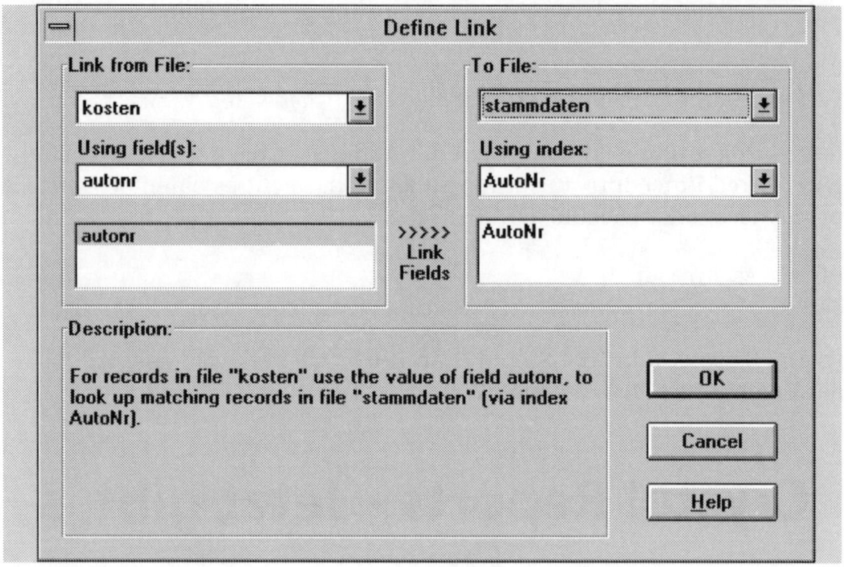

Abb. 7.39: *Beziehungen zwischen Tabellen*

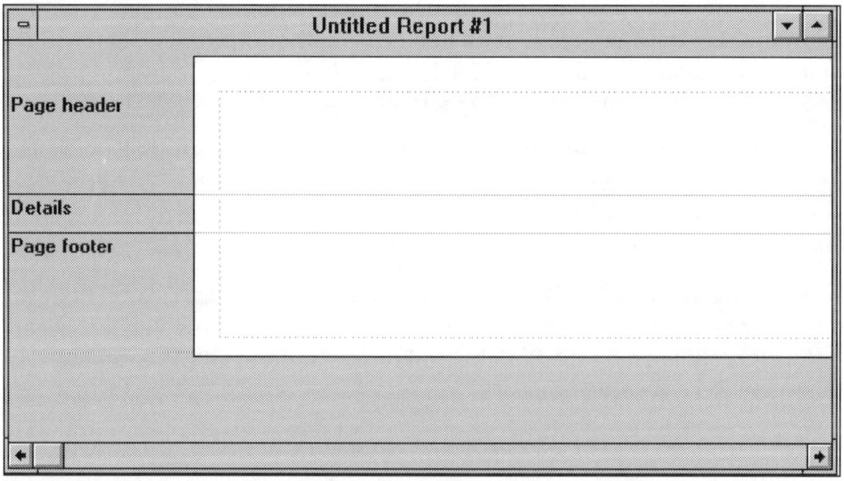

Abb. 7.40: *Berichtsentwurf mit drei Abschnitten*

Bevor Sie jedoch beginnen, den Bericht zu entwerfen, müssen Sie die Beziehungen zwischen den einzelnen Tabellen Ihrer Datenbank festlegen. Dies geschieht über [DATABASE][FILE LINKS...].

Dabei wird die Beziehung normalerweise in der Richtung Fremdschlüssel zu Primärschlüssel angegeben.

Im Designfenster sehen Sie, daß sich ein Bericht zunächst in drei Abschnitte unterteilt. Der *Page header* (Seitenkopf) wird am Anfang einer neuen Berichtseite angezeigt, der *Page footer* (Seitenfuß) dagegen am Ende einer jeden Seite. Dazwischen liegt der Bereich *Details*, in dem später die eigentlichen Daten erscheinen.

Einfügen von Datenfeldern

Nach dem ersten Öffnen der Berichts müßten Sie bereits ein weiteres Fenster *Insert Database Field* angezeigt bekommen. In diesem Fenster sehen Sie alle Tabellen Ihrer Datenbank und deren einzelne Datenfelder. Sollten Sie dieses Fenster nicht sehen, erhalten Sie es über [INSERT][DATABASE FIELD...] oder das entsprechende Symbol auf der Symbolleiste.

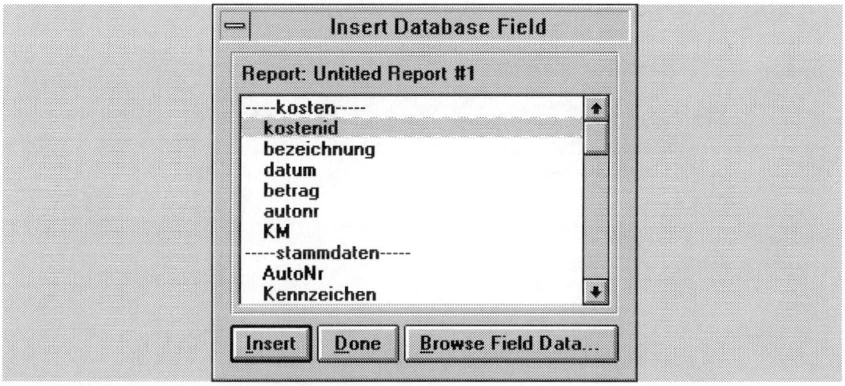

Abb. 7.41: *Einfügen von Datenfeldern*

Um Datenfelder einer Tabelle in diesem Fenster anzuzeigen bzw. auszublenden, reicht ein Doppelklick auf den Namen der Tabelle. Dieser ist mit Bindestrichen an beiden Seiten versehen und damit als Tabellenname zu erkennen.

Um ein Feld in Ihren Bericht einzufügen, wählen Sie es aus und klicken auf INSERT. Danach "klebt" dieses Datenfeld an Ihrer Maus und Sie können es an der gewünschten Stelle des Detailbereiches wieder loslassen. Sobald dies geschehen ist, wird der Feldname als Label im Seitenkopf mit angezeigt.

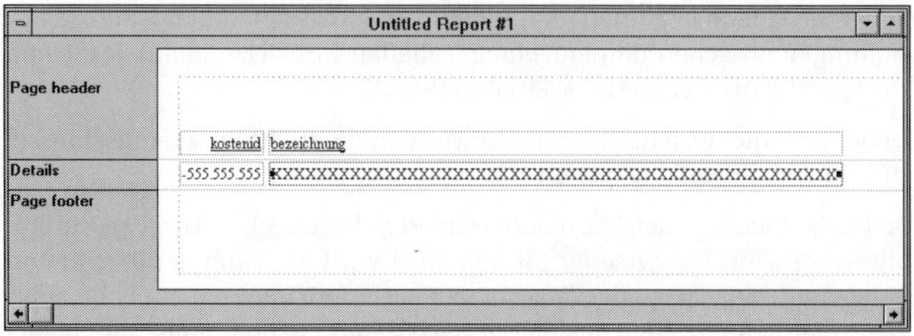

Abb. 7.42: *Felder im Detailbereich*

Einfügen von Textfeldern

Labels können Sie aber nicht nur aus Feldbezeichner verwenden. Sie können jederzeit beliebigen Text in Ihrem Bericht verwenden. Dazu wählen Sie [INSERT][TEXTFIELD...] oder das entsprechende Symbol.

Um den Text später noch zu editieren, klicken Sie mit der rechten Maustaste auf das entsprechende Feld und wählen aus dem Pulldown-Menü [EDIT TEXTFIELD...].

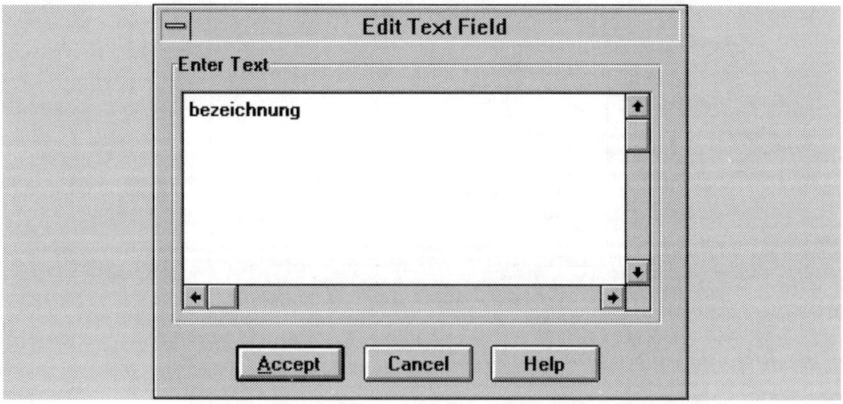

Abb. 7.43: *Textfelder*

Formatierungen

Text- oder Datenfelder können natürlich auch in anderen Schriftarten, -größen usw. dargestellt werden. Hierzu wählen Sie das entsprechende Feld an und klicken mit der rechten Maustaste darauf. In dem erscheinenden Menü können Sie sich der verschiedenen Formatbefehle bedienen.

Abb. 7.44: Kontextmenü für Feldformatierungen

Einfügen von graphischen Elementen

Über des Menü [INSERT] können Sie ebenfalls graphische Elemente wie Linien, Rechtecke oder auch Bitmaps einfügen.

Drucken

Nachdem die Grundelemente eines Berichtes vorhanden sind, können Sie den Bericht auch direkt aus dem Crystal Reports heraus drucken. Dabei stehen Fenster, Datei oder Drucker als mögliche Ziele zur Verfügung. Die sinnvollste Variante ist natürlich zuerst in ein Fenster zu drucken, um das Ergebnis zu überprüfen und danach erst die Ausgabe auf einem Drucker zu starten.

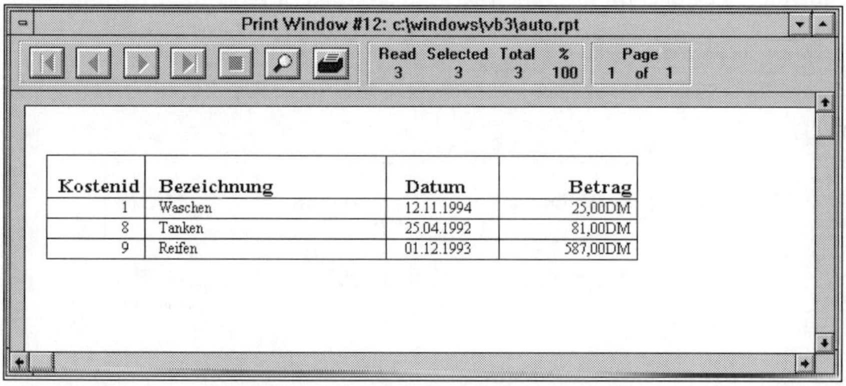

Abb. 7.45: Druckkontrolle im Fenster

Formeln

Das Einfügen von Formeln ist mit dem Crystal Reports eigentlich ein Kinderspiel. Speziell für diesen Zweck existiert ein eigener Formeleditor. Zum Einfügen einer Formel wählen Sie [INSERT][FORMULA FIELD...] oder das entsprechende Symbol.

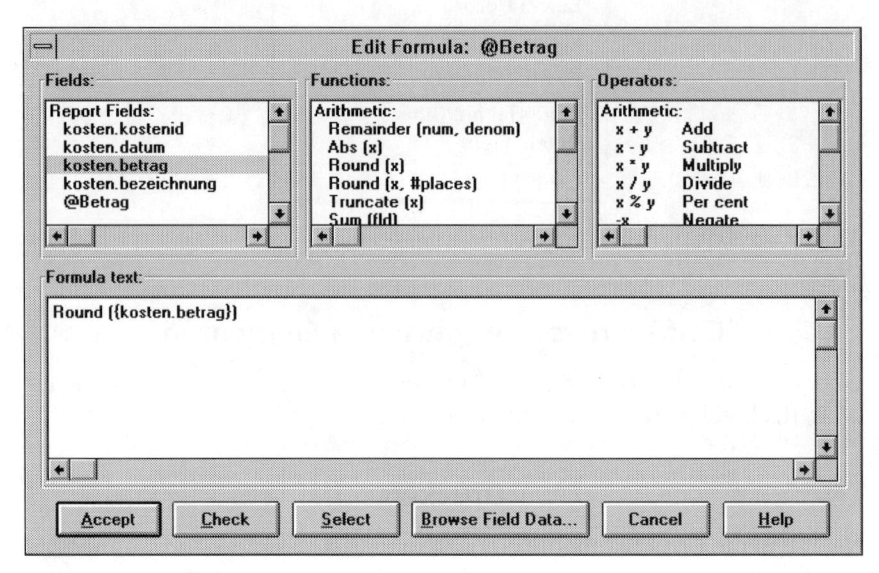

Abb. 7.46: Der Formel-Editor

Gruppierungen

Natürlich gibt Ihnen der Crystal Reports auch die Möglichkeit zur Gruppierung. Dies geschieht über [INSERT][GROUP SECTION...]. Dort können Sie

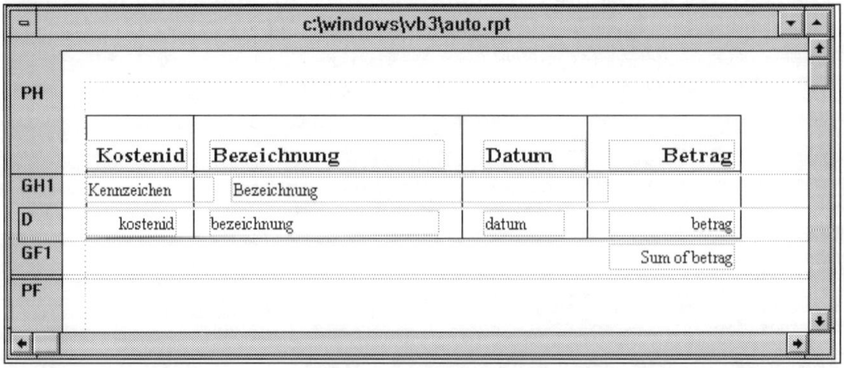

Abb. 7.47: Bericht mit Gruppierung

wählen, nach welchem Wert und wie gruppiert werden soll. Danach werden zwei neue Abschnitte in Ihren Bericht eingefügt. Ein Gruppenkopf und ein Gruppenfuß, die jeweils vor und nach einer Gruppe im Bericht erscheinen.

Sie haben nun einen Teil der Möglichkeiten des Crystal Reports kennengelernt.

Einbinden von Berichten in Visual Basic

Nachdem Sie nun einen Bericht erstellt und unter einem beliebigen Namen, mit der Endung .RPT abgespeichert haben, können Sie ihn in Ihre Visual Basic-Anwendung einfügen.

Dazu müssen Sie als erstes ein weiteres Custom Control in Ihre Visual Basic-Anwendung einfügen. Dieses Custom Control lautet CRYSTAL.VBX. Es stellt die Verbindung zwischen Visual Basic und dem Report her.

Nach dem Einfügen des Steuerelementes auf Ihrer Form sollten Sie folgende Eigenschaften setzen.

Eigenschaft	Bedeutung
REPORTFILENAME	Name der Report-Datei
DESTINATION	Druckziel: Datei, Fenster, Drucker

Tab. 7.19: Wichtige Eigenschaften des Crystal Controls

Nachdem Sie diese beiden Eigenschaften gesetzt haben, können Sie über die Pseudo-Eigenschaft ACTION das Drucken des Berichts auslösen.

Mit einer Reihe von anderen Eigenschaften können Sie noch Aussehen und einige Details des Reports verändern. Grundsätzlich müssen Sie aber für jede Aufgabe einen neuen Bericht entwerfen. In diesem Punkt ist der Crystal Reports leider sehr unflexibel.

8 Hilfe-Compiler

- **Erstellung eines Hilfetextes** 320
- **Compilieren einer Hilfedatei** 328
- **Programmierung unter Visual Basic** 330
- **Von der Theorie zur Praxis** 332
  - Anlegen des Hilfe-Textes 333
  - Anlegen der Projektdatei 338

Sie sitzen vor dem Rechner und versuchen zum wiederholten Mal eine Funktion im Programm auszuführen, erhalten aber immer nur eine wenig hilfreiche MessageBox. Nur unwesentlich verärgert entschließen Sie sich doch das entsprechende Handbuch zu suchen. Nach etlichen Anläufen haben Sie die richtige Seite gefunden. Dort merken Sie dann, daß Sie den ganzen Aufwand nur betreiben mußten, um festzustellen, daß Sie lediglich eine Kleinigkeit vergessen hatten.

Falls Ihnen so etwas noch nicht passiert ist, dann haben Sie vielleicht die Windows Online-Hilfe schätzen gelernt. Um Hilfe zu erhalten, müssen Sie üblicherweise nur F1 drücken. Daraufhin erscheint eine (mehr oder weniger) aufschlußreiche Hilfestellung zu dem Kontext, in dem sich die zugehörige Applikation momentan befindet.

In der professionellen Edition von Visual Basic gehört ein Hilfe-Compiler zum Lieferumfang. Damit sind Sie in der Lage eigene Hilfesysteme zu erstellen, die Ihre Visual Basic-Programme zu einem kompletten Software-Paket abrunden können. Möglicherweise können sogar die Produktionskosten für Ihre Applikation günstiger sein, wenn sie kein gedrucktes Handbuch mitliefern müssen.

WINHELP.EXE

Die Windows-Hilfe wirkt zwar meist wie der Bestandteil einer Applikation, besteht aber eigentlich aus zwei Komponenten. Der eine Teil, die WINHELP.EXE, gehört zur Windows-Umgebung und ist ein eigenständiges Programm, das dazu dient Hilfedateien anzuzeigen. Den zweite Teil bildet die Hilfedatei selbst. Zu jeder Applikation, die eine Online-Hilfe unter Windows bietet, gehört eine oder mehrere Hilfedateien. Hilfedateien können an der Dateierweiterung *.HLP leicht erkannt werden.

HotSpot

Ein weiterer wichtiger Vorteil der Online-Hilfe ist die Möglichkeit, durch Querverweise schnell zu anderen relevanten Themen zu gelangen. Solche Querverweise nennt man HotSpots und werden bei unveränderten Farbeinstellungen als grüner Text dargestellt. Aber auch Bilder können als HotSpots fungieren. Wird auf einen HotSpot geklickt, es genügt übrigens immer ein einfacher Klick, so erscheint das angegebene Thema. Wird das Thema dabei im Fenster der Hilfe-Engine angezeigt, so spricht man von einem Jump. Erscheint ein zusätzliches, kleines Fenster vor dem Fenster der Windows-Hilfe, so nennt man dies PopUp.

Den Text, der zu einem bestimmten Objekt angezeigt wird, nennt man Thema. Ein Thema beginnt mit dem Titel und kann mit der vertikalen Bildlaufleiste des Hilfefensters bis zum Ende durchgescrollt werden. Beachten Sie, daß Sie mit der Bildlaufleiste nicht zum nächsten Thema kommen, sondern sich nur innerhalb eine Themas bewegen können.

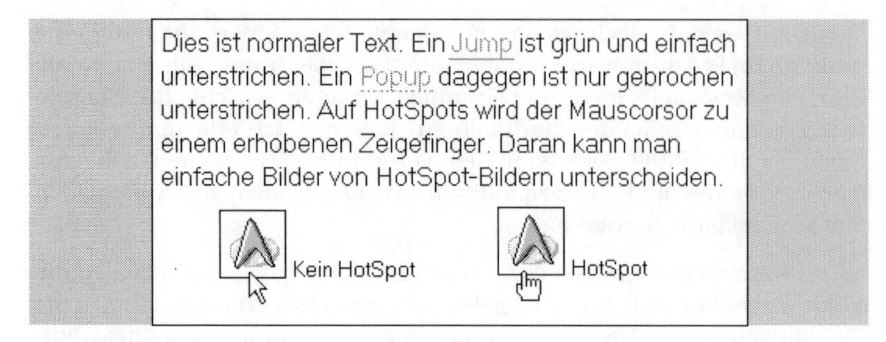

Abb. 8.1: *Ausschnitt aus einer Hilfedatei*

Die Entwicklung eines Hilfesystems teilt sich in zwei Seiten. Zum einen die Erstellung der Hilfedatei selbst, zum anderen die Ansteuerung dieser Datei unter Visual Basic.

Erstellung eines Hilfetextes

Bei der Erstellung einer Hilfedatei zu Ihrer Applikation sollten Sie sich zuerst Gedanken machen für welche Art von Anwender Sie Hilfe zur Verfügung stellen wollen. Welche Voraussetzungen bringen die späteren Anwender mit? Müssen Grundlagen oder nur anwendungsspezifische Themen behandelt werden? Soll die Hilfe eher bei der Einarbeitung in das Programm unterstützen oder als Nachschlagewerk dienen?

Neben solchen Fragen sollten Sie auch klären zu welchen Dialogen Ihrer Applikation ein eigenes Hilfethema erscheinen soll. Normalerweise sollte für jeden relevanten Dialog mindestens ein Hilfethema vorhanden sein.

Denken Sie bei der Erstellung der einzelnen Texte auch daran, daß das Lesen größerer Textpassagen am Monitor nicht jedem leichtfällt. Verwenden Sie daher eine gut lesbare Schriftart, und versuchen Sie den Text möglichst kurz und präzise zu formulieren. Als Faustregel sollte ein Thema zwei Bildschirmseiten nicht überschreiten. Eine Bildschrimseite wird dabei mit ca. 20 Zeilen gerechnet. Je besser Ihre Hilfedatei aufgebaut ist, desto öfter wird der Anwender sie benutzen.

Als Mindestausstattung zur Erstellung von Hilfedateien brauchen Sie ein Textverarbeitungsprogramm, das Dokumente im Rich-Text-Format (*.RTF) abspeichern kann. Es gibt mehrere Hilfe-Autorensysteme auf dem Markt, aber im folgenden wird von einem normalen Editor, wie Word for Windows, ausgegangen.

Nachdem Sie sich über Inhalt und Struktur der Hilfedatei im klaren sind beginnen Sie mit der Erstellung der einzelnen Themen.

Thema

Beginnen Sie ein Thema mit dem Titel, der die Überschrift des nachfolgenden Textes bildet. Danach schreiben Sie die den eigentlichen Text, der zu diesem Thema angezeigt werden soll. Wenn Sie damit fertig sind, können Sie damit beginnen den Text zu formatieren, d.h. Zeichen einzufügen, die später Querverweise und Suchen ermöglichen.

Zuerst wird das Thema mit Steuercodes versehen. Dazu setzen Sie den Textcursor vor das erste Zeichen des Titels, das das erste Zeichen im ganzen Thema darstellen sollte, und fügen dort eine Fußnote ein. Von der Art des Fußnotenzeichens hängt ab, welche Bedeutung der Fußnotentext erhält.

Themen Codierung

\# Context String (Hache-Zeichen)
Der 'Context String' bezeichnet, ähnlich der NAME-Eigenschaft unter Visual Basic, eine in der Hilfedatei einmalige Zeichenfolge unter der dieses identifiziert werden kann. Ein Context String darf maximal 255 Zeichen lang sein und nur folgende Zeichen enthalten: A bis Z, 0 bis 9, Punkt (.) und Unterstrich (_).

$ Titel (Dollar-Zeichen)
Unter der Fußnote 'Titel' wird der Text angegeben, der im Fenster „Hilfe - Bisherige Themen" und in der unteren Hälfte des Suchen Fensters (siehe Abb. 8.2 und 8.3) erscheint. Titel dürfen Leerzeichen enthalten und eine Länge von 128 Zeichen nicht überschreiten. Ebenso dürfen Titel nicht besonders formatiert werden (Farbe, Schriftart etc.).

K Suchbegriff
Unter der Fußnote 'Suchbegriff' wird der Text angegeben, der in der oberen Hälfte des „Suchen" Fensters der Hilfe-Engine erscheinen soll (siehe 8.3). Zulässig sind alle ANSI-Zeichen, aber die Länge ist auf 255 Zeichen begrenzt. Nach Suchbegriffen wird später nicht Case-Sensitiv gesucht. Mehrere Suchbegriffe werden durch Semikolon (;) voneinander getrennt (^{K}Wort Eins;Zwei). Suchbegriffe dürfen nicht formatiert werden (Farbe, Schriftart etc.).

\+ Browse Sequenz Nummer (Plus-Zeichen)
Durch die Fußnote 'Bowse Sequenz' wird der Themenkreis und die Reihenfolge festgelegt, mit der duch die einzelnen Themen geblättert werden kann. Das Blättern erfolgt über die Browse Buttons (siehe Abb 8.4). Die Browse Sequenz-Einträge bestehen aus zwei Teilen, der Gruppe und der Position. Die beiden Teile können durch einen Doppelpunkt voneinander getrennt werden ($^{+}$Gruppe:005). Beide Teile werden nach ihrer ASCII-Reihenfolge sortiert. Beachten Sie, daß dabei 100 vor 99 einsortiert würde, 099 dagegen richtig vor 100 erscheint.

* Build Tag (Stern)
'Build Tag' bezeichnet, ähnlich wie die 'Suchbegriff' Fußnote, eine Reihe von Schlüsselworten, über die festgelegt werden kann, ob dieses Thema mit compiliert werden soll oder nicht (*Demo; VollVer). Themen, die keinen Build Tag enthalten, werden immer mit compiliert.

Ein Hilfethema wird vom nächsten durch einen harten Seitenumbruch getrennt. Das erste Zeichen des neuen Themas nach dem Seitenumbruch muß wieder eines der Fußnotenzeichen sein.

Der Context String bleibt später für den Anwender immer unsichtbar. Die Einträge unter der Titel-Fußnote erscheinen sowohl im Bisher-Fenster der Windows-Hilfe als auch im Suchen-Fenster.

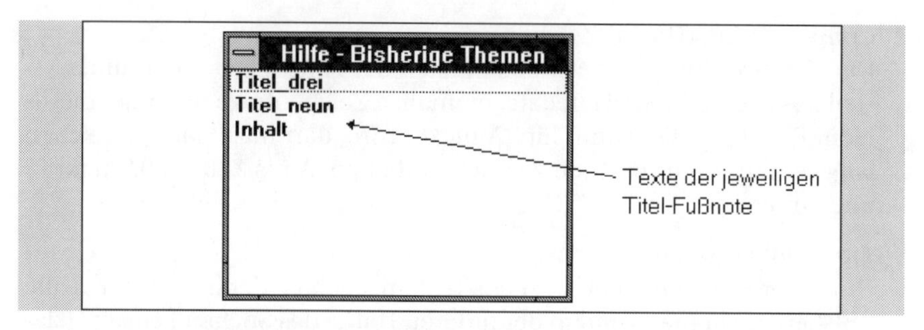

Abb. 8.2: Bisher-Fenster mit Titel-Einträgen

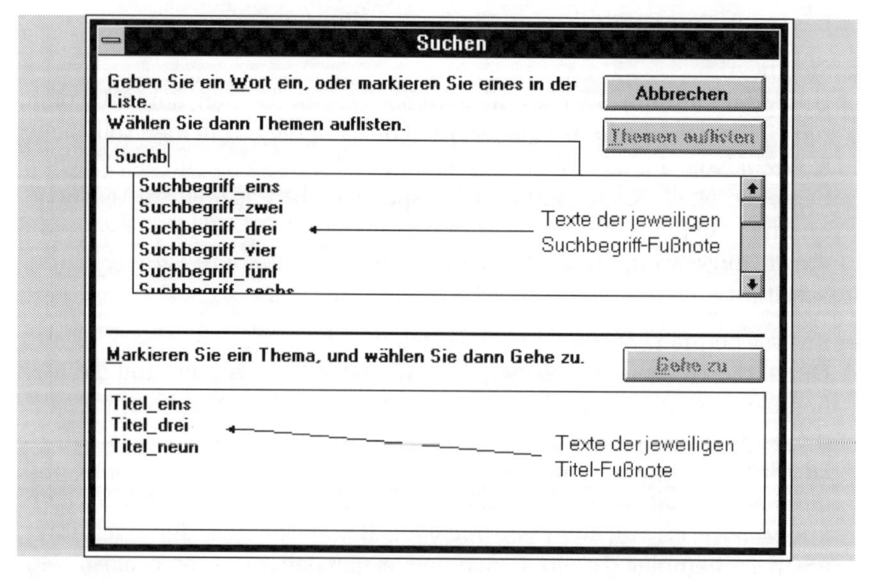

Abb. 8.3: Suchen-Fenster mit Titel- und Suchbegriff-Einträgen

Unter der Suchen-Fußnote können mehrere, durch Semikolon (;) getrennte Schlüsselworte angegeben werden. Jeder dieser Einträge erscheint alphabetisch sortiert in der oberen ListBox des Suchen-Fensters der Windows-Hilfe. Wird einer der Suchbegriffe markiert und der Button [Themen Auflisten] angewählt, so erscheinen in der unteren ListBox die Titel-Fußnoten aller Themen, die diesen Suchbegriff enthalten.

Unter BrowseSequenz wird ein später nicht sichtbarer Ausdruck angegeben, der zeigt in welcher Reihenfolge durch einen bestimmten Themenkreis geblättert werden kann. Die BrowseButtons ermöglichen dieses Blättern zwischen den Themen. Sie befinden sich in der Buttonleiste der Windows Help-Engine.

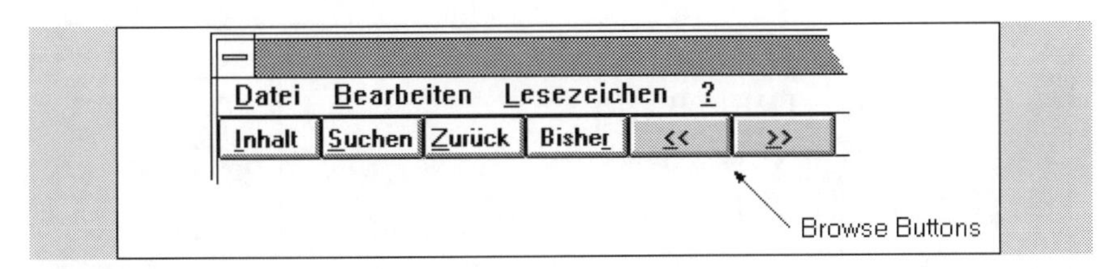

Abb. 8.4: *BrowseButtons der WindowsHilfeEngine*

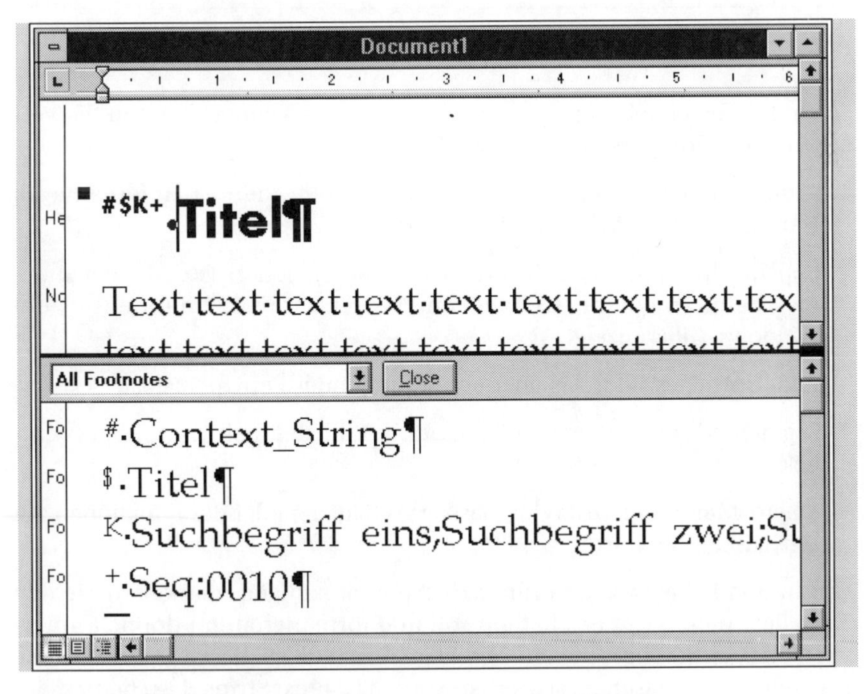

Abb. 8.5: *Text- und Fußnotenfenster mit einem Hilfetext*

Wenn Sie die Fußnoten soweit eingefügt haben, könnte Ihr Hilfethema etwa wie in Abbildung 8.5 aussehen.

Bilder

Das RTF-Format, in dem der Hilfetext gespeichert werden muß, kann keine eingefügten Bilder mit speichern. Aus diesem Grund muß das Bild als eigene Datei im Format *.BMP (Bitmap) oder *.WMF (Windows Metafile) vorliegen. Dann fügen Sie an der Stelle im Text, an der das Bild später erscheinen soll, den Dateinamen des Bildes in geschweiften Klammern ein. Vor dem Dateinamen steht das Kürzel 'bmc' wenn das Bild im Text an der angegebenen Stelle erscheinen soll ({bmc AUTOS.BMP}). Das Kürzel 'bml' bzw. 'bmr' sorgt dafür, daß das Bild am linken bzw. rechten Rand der entsprechenden Zeile angezeigt wird.

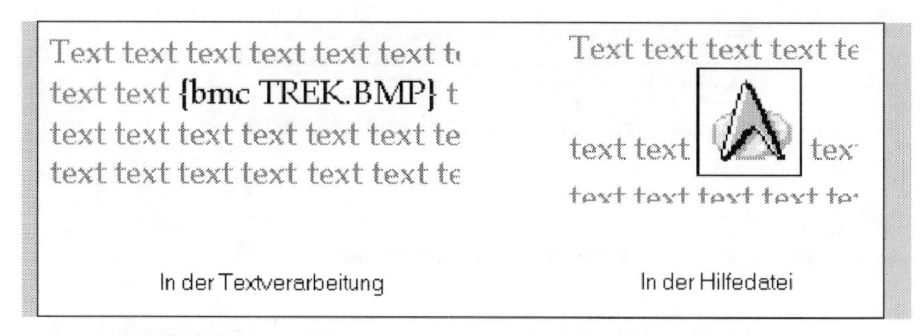

Abb. 8.6: Einbinden von Bildern in einen Hilfetext

HotSpot Codierung

Nach der Texterstellung und der Codierung des Themas können die verschiedenen HotSpots eingefügt werden.

- Jump. Einfach unterstrichener Text, der ein anderes Hilfethema im Hauptfenster der Windows-Hilfe anzeigt.
- PopUp. Unterpunktelter (gebrochen unterstrichener) Text, der ein anderes Thema in einem zusätzlichen Fenster vor dem Hauptfenster der Windows-Hilfe anzeigt.
- Bild. Normales Bild, das aber einen Jump oder PopUp auslöst.
- Segmented HotSpot oder Hypergraphic. Bild, das mehrere HotSpots enthält.
- Macro. Markierter Text oder markiertes Bild, der oder das Funktionen der WINHELP.EXE aufruft.

Jump

Um in den Hilfetext einen Jump HotSpot einzufügen, markieren Sie den Text, der später grün erscheinen soll und formatieren ihn doppelt unterstrichen bzw. durchgestrichen. Direkt im Anschluß an diesen Text, also ohne Leerzeichen dazwischen, schreiben Sie den Context String des Themas, das nach Anklicken des unterstrichenen Begriffs erscheinen soll. Der Context String selbst wird mit dem Schriftattribut 'Versteckt' versehen, also als Text, der nicht ausgedruckt wird (siehe Abbildung 8.7).

PopUp

Ähnlich wie ein Jump wird auch ein PopUp HotSpot formatiert. Nur hier wird der Text der später grün erscheinen soll nicht doppelt, sondern nur einfach unterstrichen. Auch hier wird direkt im Anschluß an diesen Text, also ohne Leerzeichen dazwischen, der Context String des Themas geschrieben, das nach Anklicken des gebrochen unterstrichenen Begriffs erscheinen soll. Der Context String wird mit dem 'Versteckt' Schriftattribut versehen (siehe Abbildung 8.7).

Text text JumpThema_eins text text JumpThema_drei text tex
text text text text text text text text text text text text text text t
text text PopUpThema_eins text text text text text text text tex
text text text text text text text text text text text text text text t
text {bmc BILD.BMP}Thema_eins text {bmc BILD.SHG} text te
text text text text text text text text text text text text text text t

Abb. 8.7: Codierung verschiedener HotSpots im Texteditor

Beachten Sie, daß der Unterschied zwischen einem PopUp und einem Jump nur in der Art der Darstellung liegt, in der das zugehörige Thema angezeigt wird.

Bild

Bilder können auch als HotSpot fungieren. Die Formatierung erfolgt ähnlich wie beim Jump oder PopUp, nur daß anstelle des grünen Textes der Verweis auf ein Bild verwendet wird. Sie schreiben also den Dateinamen des Bildes in geschweiften Klammern mit dem entsprechenden Kürzel davor, etwa 'bmc', und unterstreichen diesen Ausdruck einfach (PopUp) oder doppelt (Jump). Direkt nach der zweiten geschweiften Klammer beginnen Sie mit dem Context String, der wieder 'Versteckt' formatiert wird (siehe Abbildung 8.7).

Hypergraphic

In der Visual Basic-Gruppe des Programm-Managers befindet sich das Programm HotSpot Editor. Damit können Sie ein bestehendes Bitmap mit verschiedenen HotSpots versehen. Diese können beispielsweise verwendet werden, um in der Hilfe ein Bild einer Form anzuzeigen. Abhängig davon, auf welchen Teil dieses Bildes der Anwender klickt, werden die jeweils gewünschten Themen angezeigt.

Um auf einem Bitmap einen HotSpot anzubringen, drücken Sie auf der ersten Ecke des HotSpots die Maustaste und lassen sie an der gegenüberliegenden Ecke wieder los. Über [Edit][Attributes] oder einen Doppelklick in den HotSpot öffnet sich ein Dialog. In dem Attributes-Fenster können

Sie festlegen, zu welchem Context String gesprungen und ob dies über einen Jump oder PopUp geschehen soll. Mit dem Attribut Visible bzw. Invisible können Sie festlegen, ob der Rahmen um den HotSpot später sichtbar sein soll oder nur an dem veränderten Mauscursor erkannt werden soll. In dem Feld [Bounding Box] können Sie die Größe und Position des HotSpots nachträglich verändern. Das Feld [Hotspot Id] kann verwendet werden, um Kommentare zu den HotSpots unterzubringen.

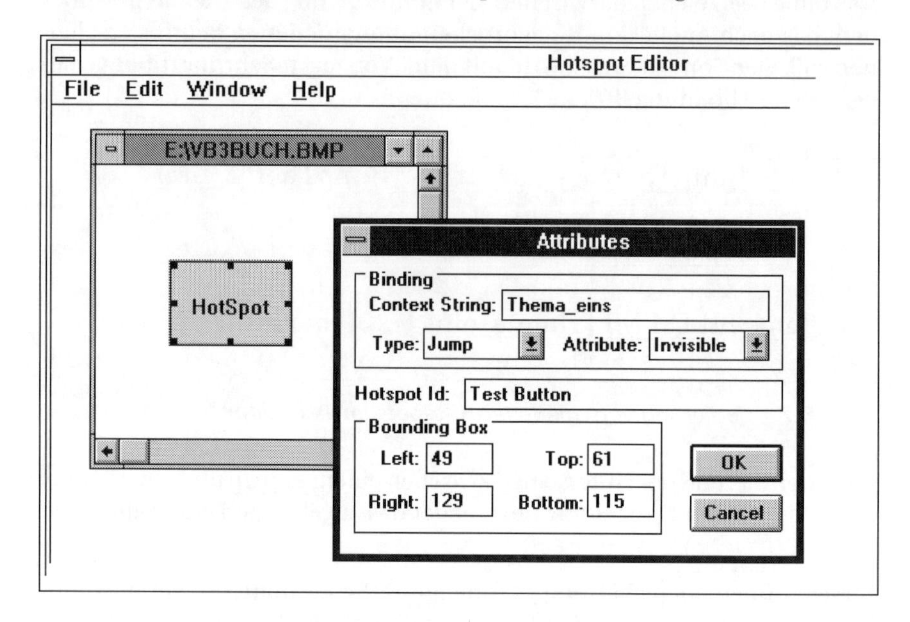

Abb. 8.8: Segemented HotSpot Editor

Nachdem die sog. Hypergraphic-Datei gespeichert wurde, sie erhält die Dateierweiterung *.SHG (Segmented HotSpot Graphic), kann sie wie ein normales Bild eingebunden werden.

Beachten Sie, daß Hypergraphic-Bilder im Text nicht nochmals als HotSpots formatiert werden. Alle Daten der HotSpots sind bereits in der SHG-Datei enthalten (siehe auch Abbildung 8.7).

Makro

Die WINHELP.EXE besitzt eine eigene Makrosprache. Solche Makrobefehle können auch als HotSpots in den Hilfetext eingebunden werden. Dazu wird der HotSpot-Text doppelt unterstrichen und das Makro 'Versteckt' formatiert. Um Makros und Context Strings zu unterscheiden, wird vor den Makrobefehl ein Ausrufungszeichen (!) eingefügt.

```
Grüner Text!Makro()
```

Beispielsweise können Sie über einen HotSpot eine andere Applikation starten. Dazu verwenden Sie die EXECPROGRAMM-Funktion, die der SHELL-Funktion von Visual Basic entspricht.

```
ExecProgram("befehlszeile", windowstate)
```

Die einzelnen Makrobefehle sind in der Datei 'Help Compiler Reference' gut dokumentiert, so daß an dieser Stelle auf die einzelnen Makros nicht genauer eingegangen werden soll. Weiter unten, im Abschnitt HPJ-Datei, wird noch auf einige Makrobefehle eingegangen, die zur Konfigurierung der Hilfe-Engine verwendet werden können.

Achten Sie bei der Formatierung von verschachtelten Anführungszeichen darauf, daß das öffnende einzelne Anführungszeichen von einem Accent Grave, auf der [´]-Taste, und das schleissende Anführungszeichen durch einen Apostroph, [↑][#]-Taste, gebildet wird. Bei den doppelten Anführungszeichen, [↑][2]-Tasten, gibt es solche Unterschiede nicht.

Farbeinstellungen der HotSpots

In der Standardeinstellung von Windows werden Texte, die HotSpots darstellen grün angezeigt. In der Sektion [WindowsHelp] der WIN.INI können Sie die Farben der einzelnen HotSpots verändern. Mögliche Einträge sind dabei:

```
JumpColor=rot grün blau
PopupColor=rot grün blau
MacroColor=rot grün blau
```

Die Argumente *rot, grün* und *blau* bezeichnen dabei die einzelnen Farbanteile, in der die jeweiligen HotSpots dargestellt werden sollen. Die Werte können jeweils zwischen 0 und 255 liegen und werden analog der RGB-Funktion verwendet.

Multi-Resolution-Bitmap

Neben dem Hilfecompiler und dem HotSpot Editor gehört noch ein Multi-Resolution-Bitmap-Compiler (MRBC.EXE) zu den Werkzeugen, die mit der professionellen Visual Basic-Version mitgeliefert werden.

Mit diesem Programm können Bilder, die für verschiedene Monitorauflösungen optimiert wurden, in eine Datei zusammenkopiert werden. Dabei sind bis zu vier Formate möglich: CGA, EGA, VGA und 8514. Abhängig davon welcher Bildschirmadapter aktiv ist, sucht die Hilfe-Engine das entsprechende Bild aus einer solchen *.MRB- Datei.

Da inzwischen die Mehrzahl der Rechner mit VGA-Grafikadaptern ausgestattet ist, dürfte dieses Programm nur selten benötigt werden.

Compilieren einer Hilfedatei

Nachdem der Hilfetext und die Bilder erstellt wurden, können die einzelnen Teile zusammengefügt werden.

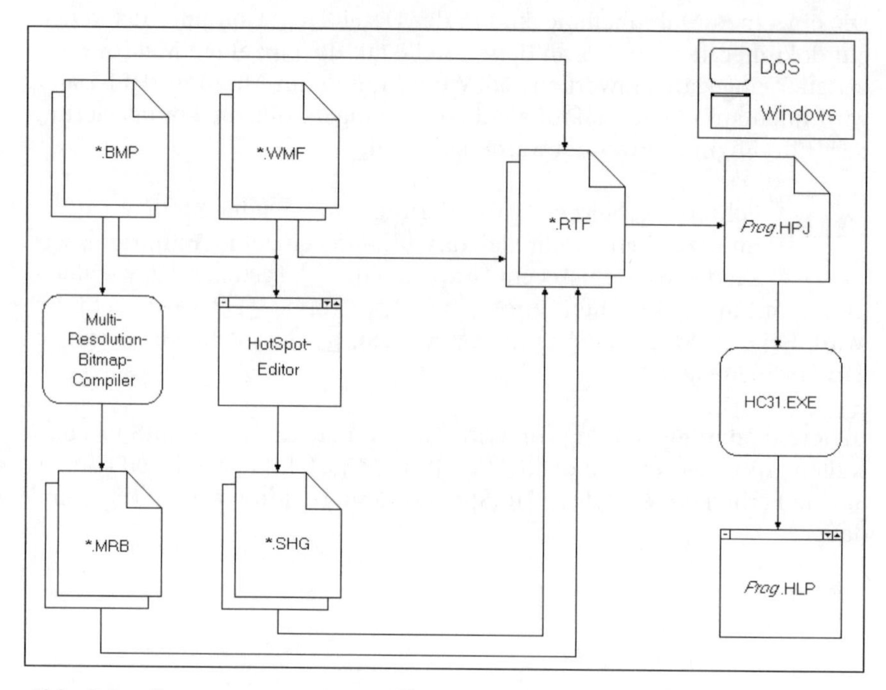

Abb. 8.9: Komponenten eines Hilfesystems

HPJ-Datei

Dazu muß dem Hilfecompiler mitgeteilt werden, welche Komponenten zu einer Hilfedatei zusammenzufügen sind. Diese Aufgabe übernimmt die Hilfe-Projekt Datei (*.HPJ). Diese ASCII-Datei steuert den Hilfecompiler und enthält die Namen der einzelnen Komponenten.

Die Projektdatei ist, ähnlich wie die Windows-Systemdateien, in einzelne Sektionen unterteilt. Die wichtigste davon ist die Sektion [Files]. In diesem Abschnitt stehen die Namen der Hilfetextdateien (*.RTF), die zu einer Hilfedatei compiliert werden sollen.

```
[Files]
text1.RTF    ;Hilfetextdateien
text2.RTF
```

```
[Config]
BowseButtons()      ;Makro zum Einschalten der Browse Buttons, die unter
                    ;Windows 3.1 nicht standardmäßig eingeschaltet sind
[Option]
Icon=c:\icon.ICO    ;Icon, das sichtbar wird, wenn die Hilfedatei zum
                    ;Symbol verkleinert wird
Title=VB-Hilfe      ;Text, der in der Titelleiste erscheint
Contens=Thema_elf   ;Context String des Themas, das angezeigt wird,
                    ;wenn auf den Inhalt-Button geklickt wird
Compress=High       ;Hilfedatei wird während des Compilierens gepackt
                    ;(No|Medium|High)
BMRoot=d:\bild      ;Verzeichnis, in dem sich die Bilder befinden
Root=d:\text        ;Verzeichnis in dem sich die Texte befinden
[Map]
Thema_eins  100     ;Verknüpfungen von HelpContextID mit Context String
Thema_zwei  110
Thema_drei  120
```

Listing 8.1: Kommentiertes Beispiel: HPJ-Datei

Im Listing 8.1 sehen Sie eine HPJ-Datei, mit einigen nützlichen Einträgen. Der einzige Eintrag der unbedingt enthalten sein muß, ist mindestens eine Textdatei in der [Files] Sektion. Die anderen Einträge sind optional.

Nachdem die Projektdatei erstellt wurde, kann die Hilfedatei erzeugt werden. Dazu wird der Hilfecompiler aufgerufen und als Parameter die HPJ-Datei mitgegeben.

```
HC31 prog.HPJ
```

Sollten bei der Compilierung Fehler auftreten, so werden diese am Bildschirm angezeigt. Sollten die Fehlermeldungen eine Bildschirmseite übersteigen, so kann die [Options] Sektion um drei Einträge erweitert werden.

```
[Options]
Report=off             ;Schaltet die Fehlerausgabe auf dem
                       ;Bildschirm aus
ErrorLog=fehler.txt    ;Bezeichnet eine Datei, in die
                       ;Fehlermeldungen ausgegeben werden.
Warning=1              ;Fehlermeldungsempfindlichkeit gering(1)
                       ;bis hoch(3)
```

Listing 8.2: Debugging-Einträge der HPJ-Datei

Debuggen

Die Fehlermeldungen geben relativ genau Aufschluß über das aufgetretene Problem. Als Referenzpunkt wird die Nummer des Hilfethemas angegeben, die sich auf die Reihenfolge im Hilfetext bezieht.

Achten Sie beim Testen der Hilfedatei darauf, daß die HotSpots auch zu den gewünschten Themen führen, daß die Einträge im Suchen-Fenster korrekte Ergebnisse liefern und daß die Bilder an der gewünschten Stelle erscheinen.

Hilfe-Autorensysteme

Auf dem Markt stehen zur Zeit mehrere Autorensysteme zur Erstellung von Windows-Hilfedateien zur Verfügung. Diese Programme übernehmen die Formatierung der Themen und HotSpots und erstellen eigenständig eine passende HPJ-Datei. Besonders die Verwaltung der HELPCONTEXTIDs wird durch solche Programme wesentlich erleichtert, so daß für die Erstellung umfangreicherer Hilfeprojekte die Anschaffung durchaus empfehlenswert sein kann.

Programmierung unter Visual Basic

Eine Hilfedatei kann auf zwei Arten von einer Visual Basic-Applikation aufgerufen werden. Passiv, wenn der Anwender die F1-Taste betätigt, oder aktiv, wenn aus dem Programmcode heraus die Hilfe gestartet wird. Normalerweise sind beide Arten von Interesse.

Kontext-sensitivität

Wird in einer Applikation die Hilfe aufgerufen, so wird von Windows der Start der Hilfe-Engine (WINHELP.EXE) angefordert und dieser als Parameter mitgegeben, welche Hilfedatei mit welchem Thema angezeigt werden soll. Dazu muß die Visual Basic Applikation bekanntgeben können auf welchem Steuerelement sich momentan der Focus befindet und welche Hilfedatei aufzurufen ist. Um diese Aufgaben zu lösen, stehen unter Visual Basic zwei Eigenschaften zur Verfügung.

Die Eigenschaft HELPFILE gibt an, welche Hilfedatei von der Hilfe-Engine geöffnet werden soll. Windows sucht zuerst im aktuellen, dann im \Windows und \Windows\System-Verzeichnis nach der angegebenen Datei.

```
{[form.]cmdialog|APP}.HelpFile[ = dateiname]
```

Diese Eigenschaft wird seltener im Code gesetzt, sondern meistens über [Options][Project][HelpFile] eingestellt.

Damit ist die Übergabe des Hilfedateinamens geregelt. Nun muß noch festgelegt werden, welches der Themen dieser Hilfedatei angezeigt werden soll.

Dazu haben alle Steuerelemente, die den Focus bekommen können, die Eigenschaft HELPCONTEXTID.

```
[form.][control.]HelpContextID[ = nummer ]
```

In der [Map] Sektion der HPJ-Datei wurde jedem Context String eine eindeutige Nummer zugeordnet. Diese Nummer kann nun unter der HELPCONTEXTID angegeben werden. Damit kann ein bestimmtes Steuerelement mit dem dazugehörigen Hilfethema verknüpft werden.

Soll nicht zu jedem Steuerelement auf der Form ein eigenes Hilfethema erscheinen, so genügt es der FORM eine HELPCONTEXTID zu vergeben. Damit erscheint für alle Steuerelemente, deren eigene HELPCONTEXTID gleich Null (0) ist, das der FORM zugeordnete Thema.

Da sich die Nummer des Hilfethemas, das zu einem bestimmten Steuerelement erscheinen soll, zur Laufzeit nicht mehr ändert, wird diese Eigenschaft meistens zur Design-Zeit im Properties-Fenster vergeben.

Passive Hilfe

Wenn der Anwender die [F1]-Taste drückt, wird dieser Tastendruck von Windows direkt abgefangen. Windows startet die WINHELP.EXE und gibt dieser die Parameter HELPFILE und HELPCONTEXTID mit, die von der aktiven Applikation abgerufen wurden.

Daraus wird deutlich, daß die Einstellung dieser beiden Eigenschaften genügt, um das richtige Hilfethema anzuzeigen, wenn der Anwender dieses fordert.

Aktive Hilfe

Es kann jedoch wünschenswert sein, z.B. über einen COMMANDBUTTON mit der CAPTION „Hilfe“, daß die Visual Basic-Applikation selbst die Windows-Hilfe startet.

Am einfachsten kann dies über das Common Dialog-Steuerelement erfolgen. Neben den Standarddialogen kann über dieses Steuerelement auch der Zugriff zur Hilfe-Engine erfolgen. Mit folgendem Code kann das Thema zu einer angegebenen HelpContextID aufgerufen werden.

```
      CMDialog1.HelpFile = „prog.HLP“
      CMDialog1.HelpContext = 120        ‘ HelpContextID
      CMDialog1.HelpCommand = &H1        ‘ Const für HELP_CONTEXT
CMDialog1.Action = 6                     ‘ Ruft WINHELP.EXE
```

Listing 8.3: Hilfethema zu einer HelpContextID öffnen

Ist die HELPCONTEXTID nicht bekannt, oder ein bestimmtes Thema ist mit keiner HelpContextID verknüpft, so kann auch die Hilfe über einen angegebenen Suchbegriff das gewünschte Thema anzeigen.

```
CMDialog1.HelpCommand = &H101          ‘ Const für HELP_KEY
CMDialog1.HelpKey = „Suchbegriff_eins“        ‘ Suchbegriff
CMDialog1.Action = 6
```

Listing 8.4: Hilfethema zu einem Suchbegriff öffnen

Visual Basic kann die Hilfe-Engine nicht wieder schließen, aber der WINHELP.EXE kann mitgeteilt werden, daß sie von dieser Applikation nicht mehr gebraucht wird. Erfordert keine weitere Applikation die Anwesenheit der Windows-Hilfe, so wird sie mit folgendem Code geschlossen.

```
CMDialog1.HelpCommand = &H2          ‘Const für HELP_QUIT
CMDialog1.Action = 6
```

Listing 8.5: Beenden der Windows-Hilfe

Die Steuerung der Windows-Hilfe kann auch direkt über die Aufrufe der entsprechenden API-Funktionen durchgeführt werden.

Von der Theorie zur Praxis

Das Erstellen von Hilfe-Dateien klingt erst einmal schwieriger, als es wirklich ist. Um die Theorie in die Praxis umzusetzen, soll im folgenden eine kleine Hilfe-Datei erstellt werden.

Trotzdem ist das Erstellen einer Hilfe-Datei mit den o.g. Mitteln noch tiefste Steinzeit. Generell kann man eigentlich nur empfehlen auf Tools auszuweichen, die Ihnen die Erstellung von Hilfe-Dateien erleichtern. Hierzu gibt es eine ganze Reihe wirklich nützlicher Programme, mit deren Hilfe die Erstellung einer Hilfe-Datei zum Kinderspiel wird. Sollten Sie auf der Suche nach solchen Hilfsmitteln auf eine Word für Windows-Dokumentvorlage namens WHAT.DOT stoßen, so achten Sie bitte als erstes auf die entsprechende Version. Speziell für Word für Windows 6.0 existiert nämlich eine eigene Version namens WHAT6.DOT. Leider weist auch dieses Hilfsmittel einige Schwächen auf, vor allem in der Zusammenarbeit mit deutschen Word-Versionen.

Zur Erstellung der Hilfe-Datei im folgenden Beispiel wurden Word für Windows 6.0 und der Microsoft Hilfe-Compiler verwendet.

Die zu erstellende Hilfe-Datei finden Sie auch auf der Beispieldiskette unter dem Namen TEST.HLP bzw. TEST.RTF. Sie soll aus drei verschiedenen

Hilfethemen, also aus drei Hilfeseiten bestehen. Eine Inhaltsseite, eine Themenseite und eine Definitionsseite für ein Popupfenster.

Anlegen des Hilfe-Textes

Jedes Hilfethema besteht, wie erwähnt, aus einer Seite in der Textdatei. Diese Textdatei soll später im RTF-Format vorliegen. Am Beginn der Seite steht normalerweise der Titel der Seite, also beispielsweise „Inhalt". Dieses Wort sollte dann auch wie eine Überschrift formatiert werden, also etwas größer und vielleicht auch fett.

Vor das erste Wort auf dieser Seite werden danach Fußnoten gesetzt. Diese Fußnoten enthalten Informationen für die Windows-Hilfe, die vom Benutzer später nicht gesehen werden können.

Als erstes wird das Zeichen „$" eingefügt. Damit wird der Titel des Themas festgelegt. Dieser taucht später wieder in der Hilfe bei der Suche nach einem Thema auf. Für diesen Zweck werden nun auch über das Zeichen „K" Suchbegriffe (Keywords) festgelegt, nach denen der Benutzer später suchen kann. Als letztes erhält das Hilfethema noch seine Sprungmarke, eine Art von Label, die später angesprungen werden kann. Dies geschieht über das Zeichen „#".

Zum Eingeben dieser Zeichen wählen Sie unter Word für Windows 6.0 den Menübefehl [EINFÜGEN][FUß NOTE...] und geben eines der o.g. Zeichen als benutzerdefiniertes Fußnotenzeichen ein. Danach aktiviert Word die Fußnotenansicht und dort folgt die Eingabe des Suchbegriffes, des Titels oder der Sprungmarke hinter der entsprechenden Fußnote.

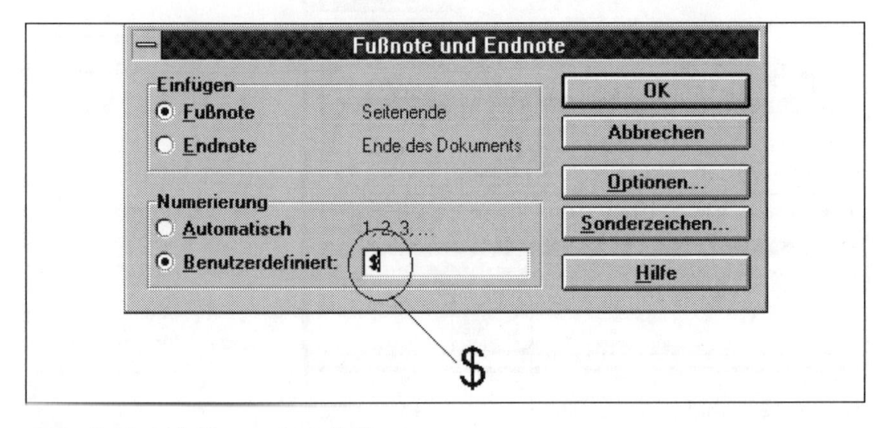

Abb. 8.10: *Einfügen einer Fußnote*

Nach der vollständigen Eingabe der Fußnoten, sollte Ihr Bildschirm in etwa wie folgt aussehen.

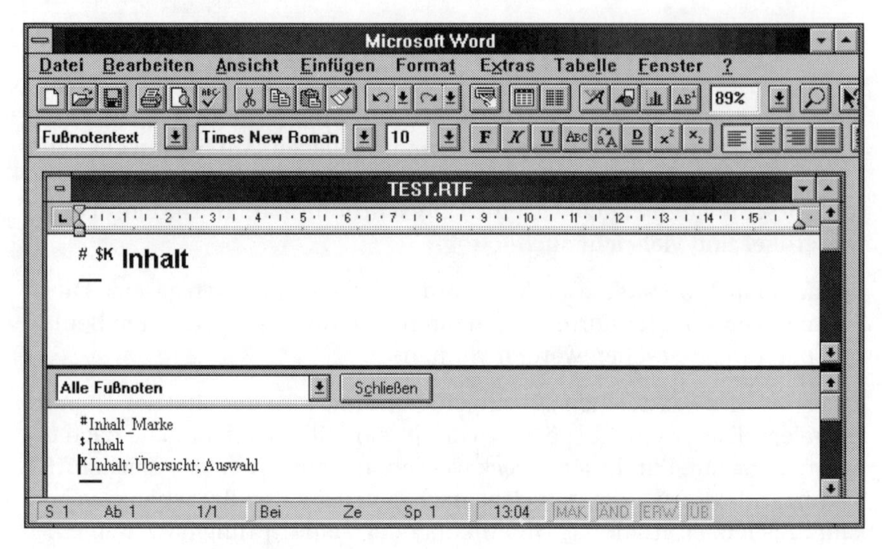

Abb. 8.11: Fußnoten der ersten Hilfethemas

Abbildung 8.12 zeigt Ihnen nochmals den Zusammenhang zwischen den einzelnen Fußnoten und der fertigen Hilfedatei. Auf das Fußnotenzeichen „#" wird später noch näher eingegangen.

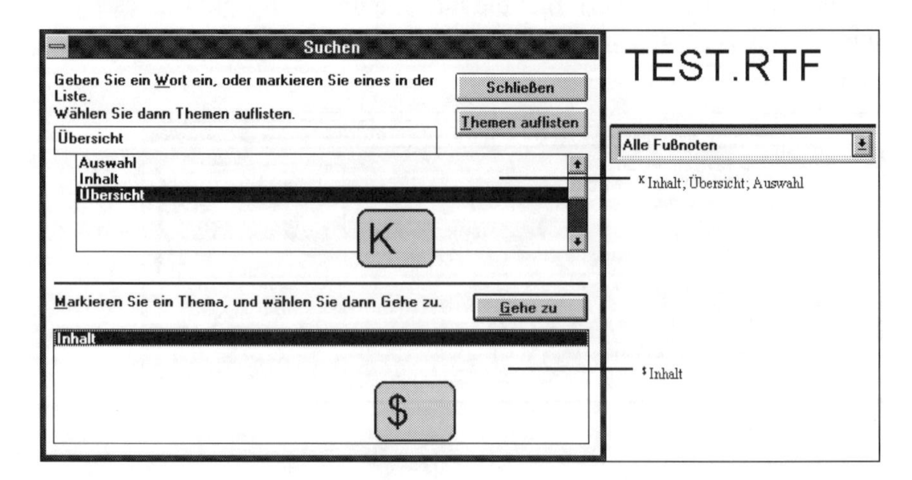

Abb. 8.12: Suchen eines Themas

Nun können Sie noch etwas Text unter die Überschrift eingeben, z.B. „Hier können Sie aus folgenden Themen wählen:“. Bevor Sie jedoch die einzelnen Themen auflisten, sollten diese erst einmal angelegt werden. Ein neues Thema legen Sie durch einen „harten“ Seitenumbruch fest. Dies geschieht in Word für Windows mittels der Tastenkombination Strg ↵.

Auch das neue Thema erhält natürlich eine Überschrift und die diversen Fußnoteninformationen. Das fertige Thema sollte wie in Abbildung 8.13 gezeigt aussehen.

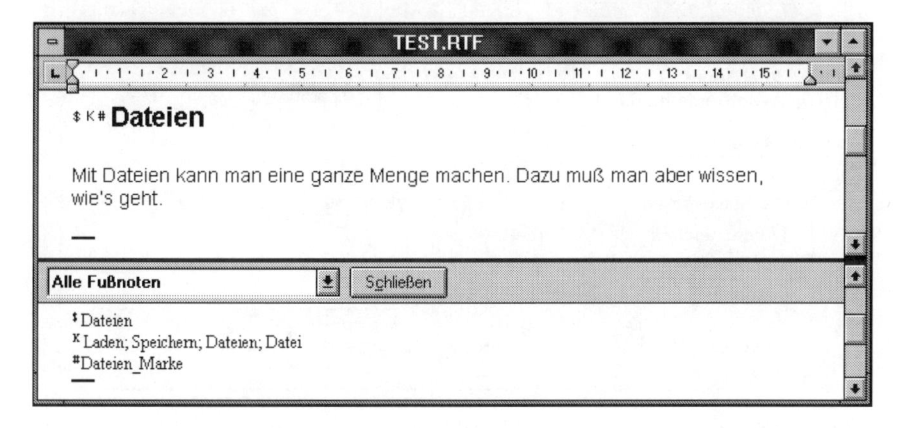

Abb. 8.13: Zweites Hilfethema

So, nun muß nur noch eine Möglichkeit geschaffen werden, von der ersten Themenseite, dem Inhalt, zur zweiten Themenseite, den Dateien, zu gelangen. Dazu wurden aber bereits Sprungziele von Ihnen angelegt. Sie haben als Fußnoteninformation das Zeichen „#“ eingetragen und dahinter eine Art von Label festgelegt. So wie Sie in Visual Basic ein Label mit GOTO anspringen können, können Sie auch ein Hilfethema anspringen.

Da der Hilfe-Compiler den Befehl GOTO allerdings nicht versteht, muß der Sprungbefehl anders angegeben werden. Auch dies geschieht wiederum durch eine Formatierung.

Fügen Sie auf der ersten Hilfeseite noch das Wort „Dateien“ ein. Der Benutzer soll später durch einen Mausklick auf dieses Wort zum Hilfethema „Dateien“ gelangen. Dazu muß dieses Wort in der Hilfe später grün unterstrichen auftauchen. Zudem muß die Windows-Hilfe später wissen, an welche Stelle gesprungen werden soll.

Geben Sie aus diesem Grund direkt hinter „Dateien“ noch die Sprungmarke an, also den Fußnoteneintrag auf der Zielseite, der mit dem Zeichen „#“ beginnt. In diesem Fall wäre das also „Dateien_Marke“.

Um das Wort „Dateien_Marke" nun noch als Sprungbefehl kenntlich zu machen, muß es als verborgener Text formatiert werden. Dies geschieht unter Word über den Menübefehl [FORMAT][ZEICHEN...].

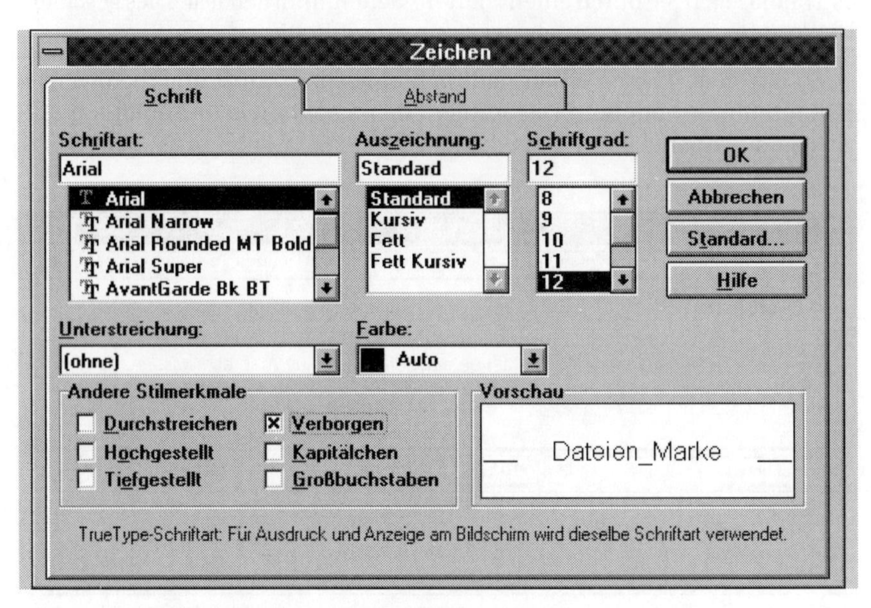

Abb. 8.14: Formatieren des Sprungbefehls

Als nächster Schritt muß das Wort „Dateien" für den Benutzer als Sprung gekennzeichnet werden. Dies geschieht durch eine weitere Formatierung. Markieren Sie das Wort „Dateien", und formatieren Sie es als „doppelt unterstrichen". Wörter die doppelt unterstrichen werden, tauchen in der späteren Hilfe-Datei einfach unterstrichen und farblich markiert, normalerweise grün, auf.

Abbildung 8.15 verdeutlicht noch einmal den Zusammenhang zwischen Sprungbefehl und Sprungziel.

Nachdem Sie gesehen haben, wie ein Sprung entsteht, soll nun noch ein PopUp eingefügt werden. PopUps sind ganz normale Hilfethemen, die allerdings nicht direkt angesprungen werden, sondern ein einem kleinen PopUp-Fenster, daher der Name, auftauchen.

PopUp-Themen unterscheiden sich im Aufbau nicht von normalen Jump-Themen. Auch ein PopUp-Thema ist eine eigene Seite innerhalb der RTF-Datei. Lediglich bei den Fußnoten gibt es Unterschiede. Da ein Popup-Thema normalerweise nicht über die Suchen-Funktion der Hilfe angesprungen werden kann, werden hier kein Titel und keine Suchbegriffe eingegeben. Normalerweise taucht hier nur die Sprungmarke („#") als Fußnote auf.

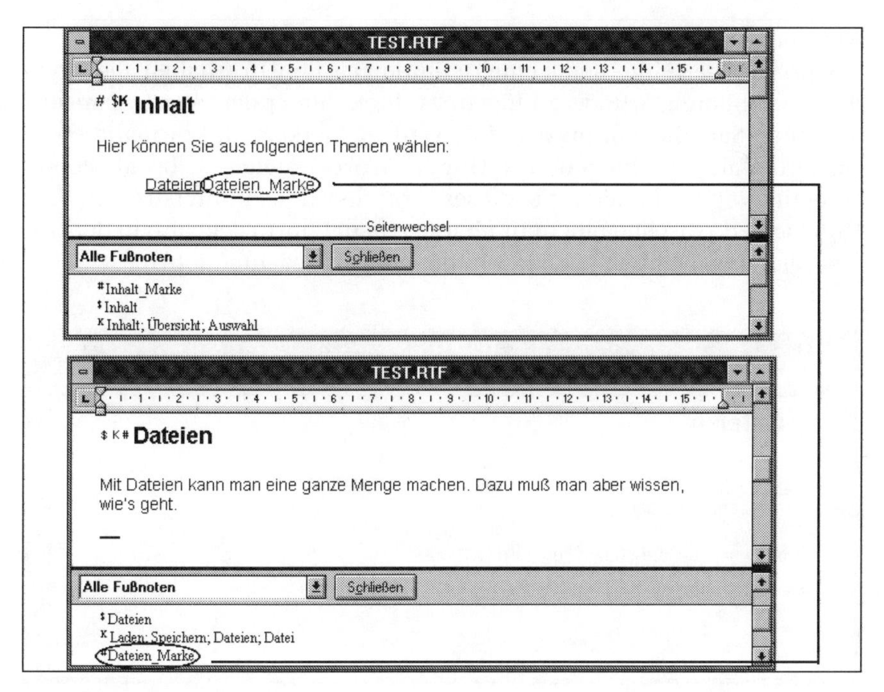

Abb. 8.15: Sprung

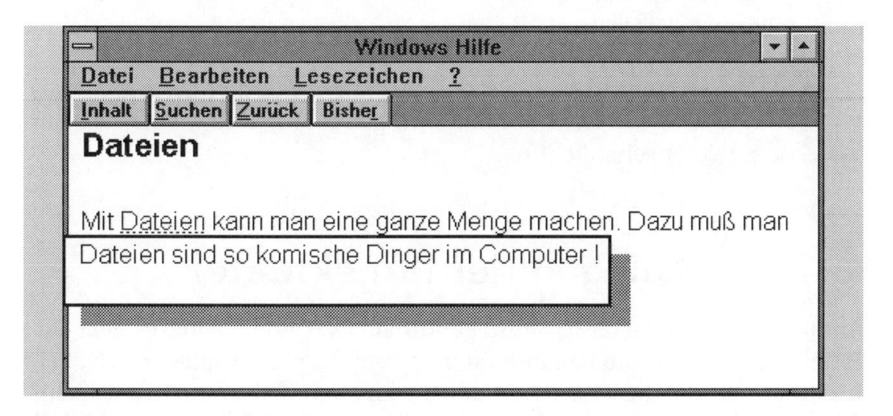

Abb. 8.16: Popup

Legen Sie ein neues Hilfethema zur Definition des Begriffes „Dateien" an. Hier sollte nur ein einziger Satz zur Definition der Datei stehen und davor die Fußnote „#" mit der Sprungmarke „DatDef_Marke".

Nun soll der spätere Benutzer durch einen Klick auf das Wort „Dateien“ im entsprechenden Hilfethema eine Definition als PopUp erhalten. Sie sehen dies in Abbildung 8.16. Dazu fügen Sie direkt hinter dem Wort „Dateien“ im ersten Satz das Sprungziel ein („DatDef_Marke“) und formatieren es wiederum als verborgenen Text. Um das Wort „Dateien“ selbst als Popup zu definieren formatieren Sie dieses Wort als einfach unterstrichen. Der Unterschied zwischen einem Jump und einem PopUp liegt also in der Unterstreichung. Doppelt bedeutet Jump, einfach bedeutet PopUp.

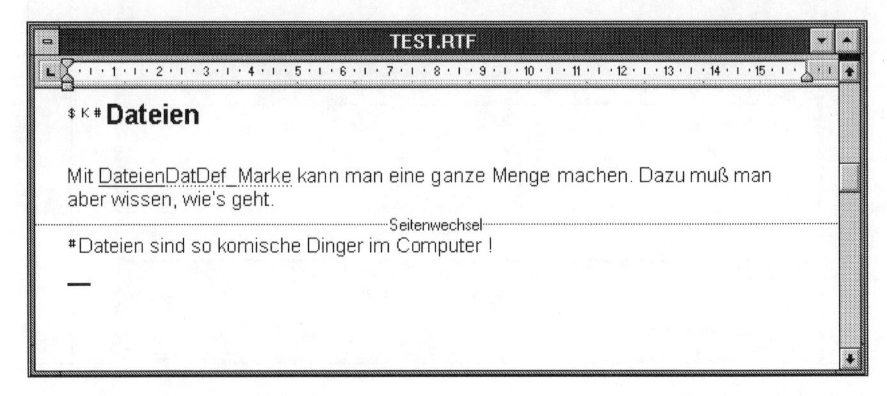

Abb. 8.17: Definition des PopUps

Damit ist der eigentliche Text für Ihre Hilfe fertig. Speichern Sie diesen Text nun im Format „RTF“ ab.

Die Sprungmarken wurden hier immer mit dem Zusatz „_Marke“ benannt. Dies ist nicht zwingend nötig und diente hier nur zu Veranschaulichung.

Anlegen der Projektdatei

Ähnlich wie in Visual Basic selbst, gehört auch zu einem Hilfe-Projekt eine Projektdatei, in diesem Fall unter der Endung „*.HPJ“ gespeichert. Nähere Informationen zu dieser Datei finden Sie im oberen Abschnitt dieses Kapitels. Die Beispielprojekt-Datei finden Sie als TEST.HPJ auf Ihrer Beispieldiskette.

Nachdem Sie die Projektdatei angelegt und gespeichert haben, muß die Hilfedatei lediglich noch kompiliert werden. Dies geschieht unter MS-DOS durch den eigentlichen Hilfe-Compiler.

Editor - TEST.HPJ

Datei Bearbeiten Suchen Hilfe

```
[options]
;Legt den Copyright-Eintrag unter [HILFE][INFO...] fest
Copyright=(C) 1994 by G.Mutsch & M.Reitinger, Sybex Verlag

;Legt die Sprungmarke der Inhalts-Seite fest
contents=inhalt_marke

[files]
;Legt fest, welche Dateien kompiliert werden sollen
test.rtf
```

Abb. 8.18: *Die Projektdatei*

hc31 *projektdatei*

```
hc31 test.hpj
hc31 test
```

Die Endung der Datei kann auch weggelassen werden.

In der Beispiel-Hilfe-Datei sehen Sie noch weitere Möglichkeiten des Hilfe-Compilers. Diese wurden bereits alle beschrieben. Nun steht einer gut gemachten Hilfe zu Ihren Anwendungen nichts mehr im Wege.

9 E-Forms - Das Ende des Papierkrieges

- **Der E-Forms-Designer** **343**
- **Das Erstellen einer E-Form** **344**
  1. Lokalisieren der E-Form-Designer-Dateien auf der Festplatte 344
  2. Anlegen eines neuen E-Form-Projektes in Visual Basic 345
  3. Entwerfen der Compose Form 345
  4. Entwerfen der Read Form 348
  5. Festlegen des Nachrichtentyps 348
  6. Kompilieren des Projektes 349
  7. Editieren der MSMAIL.INI 349
  8. Testen der E-Form 350
- **Die Funktionsweise einer E-Form** **350**
- **Custom Message Types** **351**
- **Installation und Verwaltung von E-Forms** **351**
  - Lokale- und Server-Installation 352
  - Der Eintrag in die Sektion [Custom Messages] 353
  - Einträge für die Server-Installation und den Cache 355
  - Abschließende Bemerkungen 356
- **E-Forms für Profis - Erweiterte Möglichkeiten** **357**
  - Überprüfen der Benutzer-Eingaben 358
  - Zusätzliche Formulare 359
  - Festlegen der Empfänger 361
- **Zusammenfassung** **362**

Sie kennen das Problem sicherlich. Da brauchen Sie unbedingt ein neues Farbband für Ihre Schreibmaschine. Nun beginnt der Lauf durch die einzelnen Abteilungen in Ihrem Unternehmen. Vielleicht gilt es auch noch das eine oder andere Formular auszufüllen.

Ein weiteres Beispiel. Das Telefon klingelt und der Anrufer möchte gerne einen Ihrer Kollegen sprechen. Dieser ist aber leider nicht erreichbar. Also nehmen Sie einen kleinen Zettel, notieren den Namen und die Rufnummer und legen dies auf den Schreibtisch des Kollegen. Wenn dieser nun länger außer Haus weilt, so sammeln sich die Zettel wüst auf seinem Tisch und vielleicht geht durch einen kleinen Windstoß auch der ein oder andere verloren.

Für alle diese Probleme gibt es nun eine einfache Lösung. Soweit Sie bereits ein Mail-System, bevorzugterweise Microsoft Mail, in Ihrem Unternehmen einsetzen, können die Zeiten der "Zettelwirtschaft" und des "Papierkrieges" vorbei sein. Das Zauberwort heißt hier "E-Forms".

E-Forms sind, wie der Name bereits vermuten läßt, elektronische Formulare. Das hat zur Folge, daß Sie Bestellformulare oder Telefonnotizen nicht mehr auf Papier ausfüllen und evtl. per Hauspost an den Empfänger übermitteln. Sie füllen das Formular einfach am Bildschirm aus und senden es dann elektronisch an den Empfänger. Dabei fallen nicht nur Papier und Transportzeiten weg, Sie können auch alle technischen Möglichkeiten Ihres Systems ausnutzen.

Jetzt werden Sie sich vielleicht fragen, was das hier in diesem Buch zu suchen hat. Nun, um in den Genuß elektronischer Formulare zu kommen benötigen Sie zwei Dinge. Einmal, wie bereits erwähnt, ein E-Mail-System und zum zweiten den Microsoft E-Forms-Designer. Dieser Designer ist aber weiter nichts anderes, als eine neue Visual Basic-Extension, eine VBX-Datei mit Beispielen.

Der E-Forms-Designer

Systemvoraussetzungen

Um den E-Forms-Designer einsetzen zu können, benötigen Sie:

- Microsoft Windows 3.1 od. höher
- Microsoft Visual Basic Professional Edition 2.0 od. höher
- Microsoft Mail 3.0 oder Microsoft Windows f. Workgroups 3.1

! Der Microsoft Electronic Forms Designer ist ein eigenständiges Produkt, das separat erworben werden muß.

Das Paket selbst enthält neben den Disketten und einem Handbuch eine Run-time-Lizenz zum Vertrieb der E-Forms und einige bereits fertige Beispiele.

Nach der Installation steht Ihnen in Visual Basic eine neue Erweiterung, die MEFAPI.VBX zur Verfügung. Ihre Funktionsweise läßt sich mit der CMDIALOG.VBX vergleichen.

Bevor nun auf die Funktionsweise der E-Forms genauer eingegangen wird, soll erst einmal eine einfache E-Form erstellt werden.

Das Erstellen einer E-Form

Eines soll hier gleich vorausgeschickt werden. Falls Sie noch nicht im Besitz eines Microsoft E-Form-Designers sind, können Sie die Beispiele im folgenden Abschnitt nicht nachvollziehen. Sie können aber dennoch das Beispiel Formular "Urlaubsantrag", das mit dem Setup installiert wird, benutzen und betrachten.

Zum Erstellen eigener elektronischer Formulare sind grundsätzlich acht Schritte notwendig:

1. Lokalisieren der E-Form-Designer-Dateien auf der Festplatte

Nach der Installation befindet sich im Visual Basic Verzeichnis auf der Festplatte ein neues Unterverzeichnis namens \EFORMS. Der Inhalt dieses Verzeichnisses sollte wie folgt aussehen:

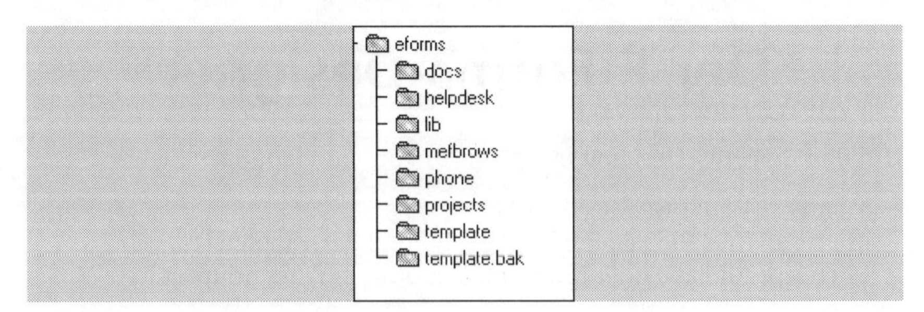

Abb. 9.1: *Verzeichnisstruktur E-Forms*

2. Anlegen eines neuen E-Form-Projektes in Visual Basic

Hierzu müssen Sie erst das komplette Verzeichnis \TEMPLATE in das Verzeichnis \PROJECTS kopieren und umbenennen. In diesem Verzeichnis befindet sich eine Grund-E-Form, die nur noch angepaßt werden muß.

Sollten Sie versehentlich die Originaldateien im Verzeichnis TEMPLATE ändern, so finden Sie eine Sicherungskopie dieser Dateien im Verzeichnis TEMPLATE.BAK.

Bestandteile eines E-Form-Projektes

Nun können Sie Visual Basic starten und dort das Projekt EFORM.MAK aus Ihrem neu erstellten Verzeichnis laden. Hier finden Sie nun alle Dateien, die zu einer E-Form gehören. Dies sind im einzelnen:

Dateiname	Bedeutung
CANCEL.FRM	Form zum Abbruch des Druckvorganges
MEFLINK.FRM	Form stellt die Verbindung zur MEFAPI her
COMPOSE.FRM	Form zum Erstellen einer Mail-Nachricht Form zum Lesen der Mail-Nachricht
CONSTANT.BAS	Konstantendeklarationen
EFORM.BAS	Code-Modul
MAPILIB.BAS	Routinen zum MAPI-Zugriff
MEFLIB.BAS	Routinen zum MEFAPI-Zugriff

Tab. 9.1: Bestandteile des Projektes EFORM.MAK

Compose und Read Form

Grundsätzlich besteht ein elektronisches Formular aus zwei Teilen. Zum einen dem Formular, das ausgefüllt wird, die *Compose* Form und zum anderen, das Formular, das gelesen wird, die *Read* Form.

Beide können zwar grundsätzlich identisch sein, dies ist normalerweise aber nicht der Fall. In der READ FORM stehen beispielsweise Informationen, wie der Absender, die nicht mehr geändert werden können.

3. Entwerfen der Compose Form

Die COMPOSE FORM wird von Microsoft Mail geladen, wenn ein Benutzer ein neues elektronisches Formular auf den Weg schicken will. Die Vorlage liefert hier schon eine Grund-Form, die bereits alle nötigen Funktionalitäten enthält.

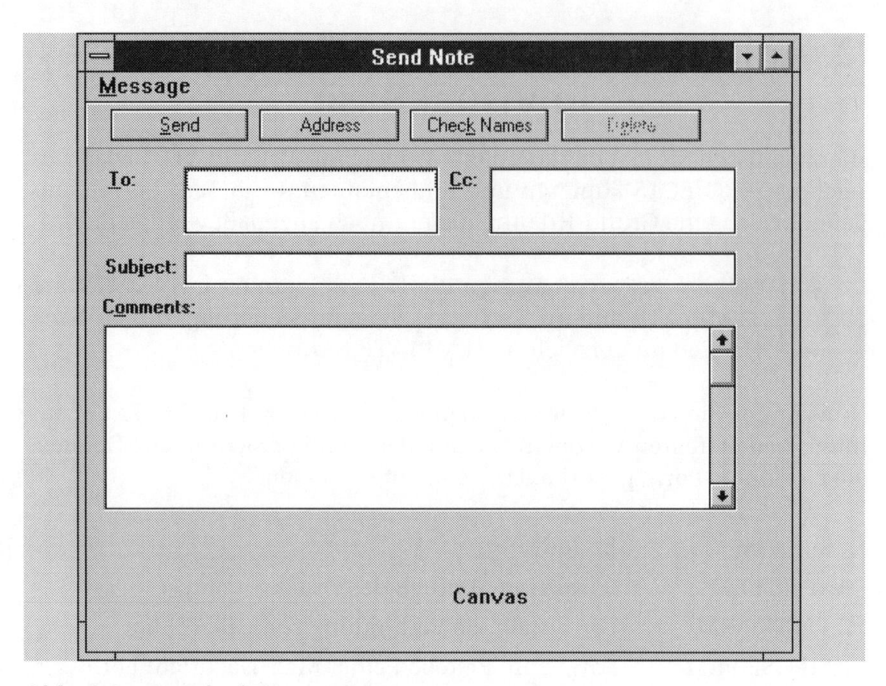

Abb. 9.2: Standard-COMPOSE-FORM

Canvas

Besonders wichtig auf dieser Form ist der sog. *Canvas,* ein 3D-Panel, auf dem sich alle Elemente, die übermittelt werden sollen befinden müssen.

Beim Aufbringen von neuen Steuerelementen auf die E-Form ist zu beachten, daß diese Elemente mit dem Canvas verbunden sein müssen. Wie Elemente mit einem Container-Objekt verbunden werden wurde bereits erläutert.

Als Beispiel soll einfach eine Check-Box eingefügt werden, die für den Leser der Form festlegt, ob es sich dabei um vertrauliche Informationen handelt oder nicht. Dazu wird nun eine 3DCHECKBOX auf die Form aufgebracht. Danach wird die Eigenschaft CAPTION auf "Vertraulich" gesetzt.

TAG-Eigenschaft

Um eine Verbindung mit der READ FORM herzustellen, wird die Eigenschaft TAG genutzt. Hier tragen Sie eine Art zweiten Steuerelementnamen ein, beispielsweise "vertraulich".

Vordefinierte Steuerelemente

Folgende Steuerelemente können verwendet werden, ohne auch nur eine einzige Zeile Code tippen zu müssen:

Steuerelement	Übermittelte Eigenschaft
OPTIONBUTTON	Value (falls True)
CHECKBOX	Value
TEXTBOX	Text (Single- oder Multi-Line)
LISTBOX	Index
COMBOBOX	Index und Text
HSCROLLBAR	Value
VSCROLLBAR	Value
3DCHECKBOX	Value
3DOPTIONBUTTON	Value
3DGROUPPUSHBUTTON	Value
GRID	Die einzelnen Zellen werden als String zusammengefaßt und mit Trennzeichen versehen.
OLECLIENT	Der Inhalt wird als Binärdatei übermittelt.

Tab. 9.2: Steuerelemente und Eigenschaften zur Übermittlung

Alle anderen Funktionalitäten sind bereits vorhanden. Im Menü MESSAGE kann die Nachricht gespeichert, gelöscht oder gedruckt werden.

Button-Leiste

Zudem befindet sich auf der COMPOSE FORM bereits eine Leiste mit folgenden Buttons:

Button	Funktion
SEND	Schickt die Nachricht ab. Gleichzeitig wird überprüft, ob mindestens ein Empfänger eingetragen wurde.
ADDRESS	Hier können die Empfänger aus dem Mail-Mitgliederverzeichnis ausgewählt werden.
CHECK NAMES	Die eingetragenen Empfängernamen werden auf das Vorhandensein geprüft.
DELETE	Damit kann die Nachricht gelöscht werden. Dieser Knopf ist normalerweise nur im Lesemodus aktiviert.

Tab. 9.3: Die Buttonleiste der COMPOSE-FORM

All diese Elemente, sowohl Menü, Buttons als auch die Listenfelder mit Empfänger und CC sind bereits mit Code versehen.

4. Entwerfen der Read Form

Als nächstes muß die Form READ.FRM bearbeitet werden. Der einfachste Weg hierzu ist es, auf der COMPOSE FORM alle neuen Elemente auszuschneiden und in der READ FORM einzufügen. Dadurch ersparen Sie sich das erneute Setzen der Eigenschaften.

Wichtig ist hierbei, daß die neu hinzugekommenen Steuerelemente jeweils die gleiche TAG-Eigenschaft besitzen, wie in der COMPOSE FORM. Der E-Form-Designer stellt eine Verbindung der Steuerlemente nur dann her, wenn sie auf beiden Formularen dieselbe TAG-Eigenschaft besitzen.

5. Festlegen des Nachrichtentyps

Nachrichten-klasse

Als nächster Schritt müssen noch zwei kleine Änderungen am Code vorgenommen werden. Die entsprechenden Codestellen befinden sich im Modul EFORM.BAS und hier im Abschnitt GENERAL DECLARATIONS.

```
Global Const MESSAGE_CLASS = „IPM.Microsoft.Template“
Global Const SUBJECT_PREFIX = „Generic: „
```

Diese beiden Zeilen müssen nun wie folgt aussehen:

```
Global Const MESSAGE_CLASS = „IPM.VendorName.Sample“
Global Const SUBJECT_PREFIX = „Beispiel: „
```

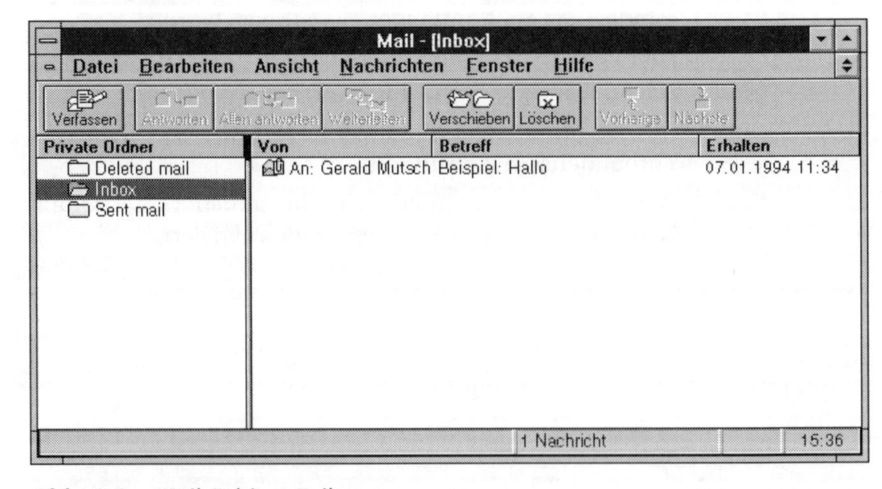

Abb. 9.3: Mail Subject-Zeile

In der ersten Zeile wird die Nachrichtenklasse festgelegt, diese wird später noch in der MSMAIL.INI von Bedeutung sein. Anstelle von VendorName können Sie Ihren Namen oder den Namen Ihres Unternehmens angeben.

Die zweite Zeile legt das Subject-Prefix fest. Der Text, der hier eingegeben wird, taucht später in der Subject-Zeile der Nachricht vor dem eingentlichen Subject auf.

6. Kompilieren des Projektes

Das Kompilieren des Projektes stellt kein Problem dar. Achten Sie aber auf die Icons, die Sie verwenden. Der E-Form-Designer bietet für die Read- und Compose-Form jeweils ein passendes Icon an.

7. Editieren der MSMAIL.INI

MSMAIL.INI

Als nächster Schritt wird Microsoft Mail mitgeteilt, wo es die neue E-Form findet und wie es sie verwenden soll. Dies geschieht in der Datei MSMAIL-.INI, welche Sie im Windows-Verzeichnis finden.

Hier spielt der Abschnitt [CUSTOM MESSAGES] eine entscheidende Rolle:

```
;IPM.VendorName.Sample=3.0;;Sample
Form;;C:\WINDOWS\SYSTEM\MEFLIB.DLL;<MC:IPM.VendorName.Sample
>C:\VB\EFORMS\PROJECTS\SAMPLE\SAMPLE.EXE -MSG <COMMAND>
<MESSAGEID>;1111111000000000;Sample Form;;;
```

Diese Zeile befindet sich nach der Installation des E-Form Designers bereits in der MSMAIL.INI. Sie ist allerdings durch ein Semikolon am Zeilenanfang als Kommentar gekennzeichnet.

Als erstes löschen Sie das Semikolon am Zeilenanfang. Danach passen Sie die unterstrichene Pfad-Angabe Ihren eigenen Werten an. Wie Sie ebenfalls sehen können, taucht hier im Abschnitt [MC]: der gleiche Ausdruck auf, den Sie auch im Modul EFORM.BAS als Nachrichtenklasse verwendet hatten.

Das sind vorerst alle Änderungen, die Sie an der MSMAIL.INI vornehmen müssen. Diese Eintragungen selbst werden später noch eingehender besprochen.

8. Testen der E-Form

Ihr selbst entworfenes elektronisches Formular ist nun fertig. Sie sollten es allerdings noch ausführlich testen, bevor Sie es zum Einsatz bringen. Dazu verlassen Sie Microsoft Mail und melden sich ab. Danach starten Sie Microsoft Mail erneut. Nun werden die Änderungen in der MSMAIL.INI berücksichtigt.

E-Form Browser

Im Menü [NACHRICHTEN] finden Sie nun einen Eintrag SELECT E-FORM... Wenn Sie diesen Eintrag wählen, startet der E-Form Browser, ein kleines Hilfsprogramm, das Ihnen alle zur Verfügung stehenden elektronischen Formulare anzeigt. Ihr gerade erstelltes Formular finden Sie unter SAMPLE FORM.

Die Funktionsweise einer E-Form

Um später größere Änderungen an der Standard-Form durchzuführen und komplexere E-Forms zu erstellen, ist es wichtig die Funktionsweise der elektronischen Formulare zu kennen.

MAPI und MEFAPI

Das Senden und Empfangen von Mail-Nachrichten wird unter Windows über das sog. *MAPI* (**M**ail **A**pplication **P**rogrammers **I**nterface) durchgeführt. Dabei wird der Inhalt einer E-Form als Nachrichtenpaket an ein Standardmail angehängt, ein sog. *Attachment.* Microsoft Mail weist E-Forms auch durch ein spezielles Icon, das Attachment-Icon, aus. Dazu wird von der *MEFAPI* (**M**ail **E**lectronic **F**orms **A**pplication **P**rogrammers **I**nterface) ein Nachrichtenpaket erzeugt. In dieses Paket legt das Modul EFORMS.BAS nun den Inhalt aller zusätzlichen Steuerelemente der Compose Form.

Nach dem Packen der E-Form-Inhalte werden diese zusammen mit dem Mail an den Empfänger gesandt. Dort wird beim Öffnen der Mail die Read Form aufgerufen und danach das Nachrichtenpaket geöffnet und ausgelesen. Wieder ist es dann das Modul EFORMS.BAS, das die Inhalte der E-Form-Steuerelemente den Steuerelementen auf der Read Form zuweist, die die entsprechende TAG-Eigenschaft besitzen.

Die gesamte Nachricht wird von Microsoft Mail als sog. *Custom Message Typ* behandelt. Das sind spezielle Nachrichtenklassen, die von Mail benutzt werden, strukturierte Informationen auszutauschen.

Custom Message Types

Die Deklaration eines Custom Message Types enthält:

- Aussehen, Inhalt und Verhalten des Formulars in den Aktionen Senden, Lesen, Speichern, Drucken, Beantworten oder Weiterleiten
- Den Namen der E-Form für den E-Form Browser
- Die Beschreibung der E-Form für den E-Form Browser
- Erscheinungsform im Menü von Microsoft Mail

Für jede dieser Nachrichtenklassen gibt es einen Eintrag in der MSMAIL.INI, den Sie bereits gesehen haben.

MEFLIB.DLL und E-Form Cache

Erreicht nun eine Nachricht dieses Typs seinen Empfänger, so wird sie von Microsoft Mail erst einmal wie eine gewöhnliche Nachricht behandelt. Erst beim Lesen, Beantworten oder Weiterleiten der Nachricht übergibt Mail die Kontrolle an eine DLL. Wenn es sich nun um eine E-Form handelt, so ist dies die MEFLIB.DLL. Diese DLL lädt nun die entsprechende Read- oder Compose-Form in den Speicher. Dabei benutzt Sie allerdings einen Zwischenspeicher, den E-FORM CACHE. In diesem Cache werden die zuletzt geladenen E-Forms zwischengespeichert und brauchen dann, bei einem erneuten Aufruf nicht nocheinmal in den Speicher geladen zu werden. Sie werden auch noch sehen, wie Sie das Verhalten des E-Form Caches steuern können.

Interpersonal und Interprocess Messages

Die Nachrichtenklassen können grob in zwei Kategorien eingeteilt werden. Die *Interpersonal Messages* erscheinen in der Inbox (eingegangene Nachrichten) des Empfängers und können somit von diesem gelesen werden. Die *Interprocess Messages* tauchen nicht in der Inbox auf. Sie sind unsichtbar, können aber per Programm ausgelesen werden. Auf diese Weise ist es möglich, Informationen von Programm zu Programm zu versenden, ohne daß der Benutzer etwas tun muß oder es merkt.

Installation und Verwaltung von E-Forms

Bei der Installation des E-Form Designers werden auch benötigte DLL und Programmdateien automatisch installiert. Die Installation der E-Forms selbst müssen Sie übernehmen. Dabei haben Sie die Wahl zwischen zwei Installationsarten.

Lokale- und Server-Installation

E-Forms können sich sowohl auf den Maschinen der Benutzer lokal in deren Mail-Verzeichnis befinden als auch gemeinsam von einem Server benutzt werden. Generell empfiehlt sich jedoch die Installation auf einem Server. Hier können Sie Änderungen an den E-Forms vornehmen, ohne sie auf jedem PC neu installieren zu müssen.

Lokale-Installation

Zur lokalen Installation müssen die elektronischen Formulare in der MSMAIL.INI des jeweiligen Benutzers eingetragen werden. Die E-Form selbst muß sich dann auch auf diesem Rechner befinden. Vorteil dieser Installationsart ist auch die Möglichkeit, E-Forms offline zu benutzen, also wenn der Benutzer nicht mit dem Netzwerk oder dem Mail Server verbunden ist. Dagegen spricht, wie bereits erwähnt, der Verwaltungsaufwand. Zudem kann hier das Problem inkompatibler E-Forms auftreten. Angenommen, eine E-Form wurde auf Ihrem Rechner bereits upgedatet, also evtl. mit neuen Elementen und Funktionen versehen und Sie senden dieses Formular an einen Kollegen, der noch die alte Version benutzt.

Server-Installation

Um E-Forms für alle Benutzer auf einem Mail-Server bereitzustellen, sind mehrere Schritte zu erledigen. Die E-Form befindet sich in diesem Fall natürlich in einem Verzeichnis auf dem Server. Nun muß auf dem Server eine Datei namens SHARED.INI erstellt bzw. modifiziert werden. Sie enthält analog zur MSMAIL.INI auch einen Abschnitt [CUSTOM MESSAGES]. In diesem Abschnitt werden die E-Forms eingetragen. In der MSMAIL.INI der einzelnen Benutzer taucht nun nicht mehr die E-Form direkt auf, sondern nur ein Verweis auf die SHARED.INI. Die folgende Grafik soll das Prinzip verdeutlichen.

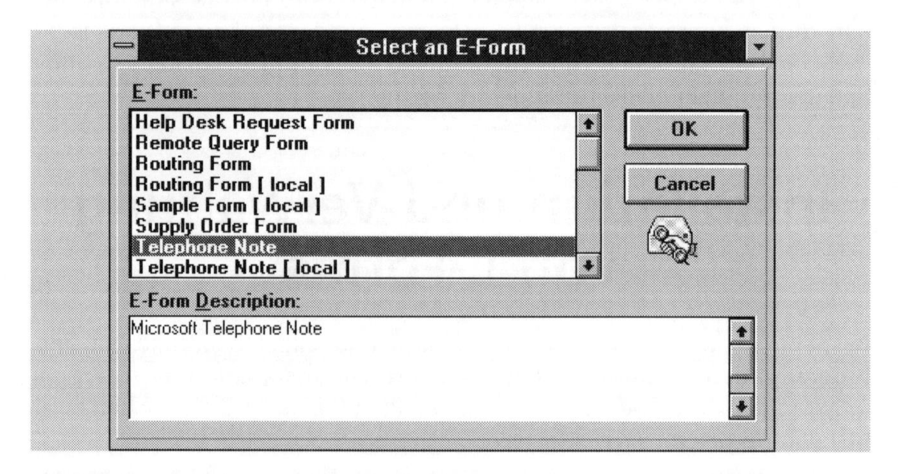

Abb. 9.4: Prinzip der Server-Installation

Der Eintrag in die Sektion [Custom Messages]

Egal, ob Sie nun auf dem Server oder lokal installieren, interessant ist für Sie erst einmal der Abschnitt [CUSTOM MESSAGES]. Dort finden Sie Einträge, wie diesen:

```
IPM.VendorName.Sample=3.0;;Sample
Form;;C:\WINDOWS\SYSTEM\MEFLIB.DLL;<MC:IPM.VendorName.Sample
>C:\windows\VB3\EFORMS\PROJECTS\TEMPLATE\EFORM.EXE -MSG
<COMMAND> <MESSAGEID>;1111111000000000;Bewerbung;;;
```

Einen solchen Eintrag haben Sie bereits benutzt um Ihre kleine Beispiel E-Form einzutragen. Die einzelnen Parameter haben folgende Bedeutung:

MessageClass Name

Der Name der Nachrichtenklasse muß eindeutig sein und darf die Länge von 64 Zeichen nicht überschreiten.

```
IPM.VendorName.FormType
IPC.VendorName.FormType
```

Das Kürzel IPM bezeichnet eine Interpersonal-Nachricht, also ein Mail, das in der Inbox des Empfängers sichtbar ist. IPC dagegen steht für eine Interprocess-Nachricht, die für den Benutzer nicht zu erkennen ist.

Danach folgt VendorName, der Name des E-Form-Herstellers, also im Normalfall Ihr Name oder der Name Ihres Unternehmens.

FormType ist der Name Ihrer E-Form.

Mail Version

Die Versionsnummer Ihres Mailsystems. Diese muß bei Microsoft Mail 3.0 sein.

Menu Name

Hier können Sie einen Menüeintrag angeben, falls Sie die E-Form nicht nur über den E-Form Browser aufrufen möchten, dabei kann dieser Parameter folgende Werte annehmen: FILE, EDIT, VIEW, MAIL, WINDOWS oder HELP. Auch wenn Sie mit einer deutschen Mail-Version arbeiten, sollten Sie hier die englische Bezeichnung verwenden. Sollten Sie keinen Menüeintrag wünschen, so lassen Sie diesen Parameter einfach leer, d.h. direkt gefolgt von einem Semikolon.

Command Name

Hier tragen Sie den Namen ein, der im o.g. Menü oder im Browser auftauchen soll. Dabei können Sie das Zeichen „&" verwenden, um einen Buchstaben als Hotcut zu definieren.

Command Position

Falls Sie einen Menüeintrag wünschen und das entsprechende Menü gewählt haben (Menu Name), so geben Sie hier die Position des Eintrages innerhalb des Menüs an. Dabei hat der erste Menüeintrag (Zeile 1) den Wert

0, der zweite 1 und so weiter. Sollten Sie dabei eine Position wählen, die bereits besetzt ist, so wird der neue Eintrag **oberhalb** des Bestehenden eingefügt.

DLL-Name

Hier geben Sie den Namen und den Pfad der DLL an, die für das Laden der E-Form zuständig ist. Dies wird wohl normalerweise die MEFLIB.DLL sein. Die Pfadangabe können Sie weglassen, falls sich die DLL im selben Verzeichnis wie die MSMAIL.EXE befindet, der Pfad in die Umgebungsvariable PATH aufgenommen wurde, oder sie sich im Windows-Verzeichnis befindet. Sollte sich die DLL im selben Verzeichnis wie die E-Forms befinden und Sie haben dies bei einer Server-Installation in der MSMAIL.INI als *SharedExtensionDir* angegeben, so können Sie hier anstelle der Pfadangabe den Ausdruck <EXTSDIR> verwenden. Wurden die E-Forms über das User Setup des E-Form Designers installiert, so befindet sich die MEFLIB.DLL im Windows-Verzeichnis unabhängig davon, ob Sie eine lokale oder eine Server-Installation betreiben.

Command String

Der Command String übergibt Parameter und Kommandos an die o.g. DLL. Sollten Sie also die MEFLIB.DLL benutzen, so übernehmen Sie diesen Parameter am besten unverändert aus dem Beispiel.

Operation Map

Dieser Parameter besteht aus 16 einzelnen Zeichen. Dabei steht jede Stelle innerhalb dieser Folge für eine bestimmte Mail-Operation, die Mail durchführt, wenn der Benutzer die E-Form aktiviert hat. Alle 16 Stellen müssen angegeben werden.

Stelle	Operation
0	Compose
1	Read (Öffnen)
2	Reply
3	Reply-All
4	Forward
5	Print
6	Save
7	Delivery (Eine Nachricht dieser Klasse ist angekommen.)
8-15	Reserviert. Alle diese Stellen müssen vorhanden und 0 sein.

Tab. 9.4: Stelle und Operation

Dabei können die einzelnen Stellen Werte von 0 bis 2 annehmen.

Wert	Bedeutung
0	Mail behandelt diese Nachricht, wie eine Standard-Nachricht und führt alle Operationen entsprechend durch, ohne dabei Rücksicht auf die Besonderheiten der E-Form zu nehmen.
1	Mail übergibt die Operation an die angegebene DLL. Diese, im Normalfall also die MEFLIB.DLL, führt die Operation, der E-Form entsprechend, durch.
2	Mail meldet in einer Dialogbox, daß diese Operation nicht erlaubt ist.

Tab. 9.5: Wert und Bedeutung

Die Operation Map 1110200000000000 würde ein Weiterleiten der Nachricht verhindern, dabei Compose, Read und Reply an die DLL weiterleiten und allen anderen Operation selbst durchführen.

Status Line

Der hier eingetragene Text erscheint als Erklärung im E-Form Browser oder falls ein Menüeintrag existiert in der Statuszeile von Microsoft Mail. Dieser Parameter ist optional.

Help File Name

Hier können Sie eine Windows-Hilfe-Datei (*.hlp) angeben, die aufgerufen wird, wenn der Benutzer Hilfe zum Befehl Compose sucht. Dabei muß auch hier der komplette Pfad angegeben werden. Dieser Parameter ist optional.

Help Context

Hier wird die Nummer des Hilfe-Themas angegeben. Mehr zur Windows-Hilfe erfahren Sie im entsprechenden Kapitel dieses Buches.

Einträge für die Server-Installation und den Cache

Die beiden letzten Einträge, die für Sie noch interessant sein können, sind die Einträge für die Server-Installation und den E-Form Cache. Wie bereits erwähnt, werden bei der Server-Installation die CUSTOM MESSAGES-Einträge in einer Datei names SHARED.INI gemacht. Damit Mail diese Datei auslesen kann, müssen Sie in der MSMAIL.INI noch folgenden Eintrag hinzufügen:

```
[Microsoft Mail]
SharedExtensionsDir=C:\WINDOWS\WGPO\ADDONS
```

Damit legen Sie das Verzeichnis fest, in dem Microsoft Mail die SHARED.INI finden kann. Danach können Sie innerhalb der MSMAIL.INI durch den Ausdruck <EXTSDIR> auf dieses Verzeichnis verweisen.

Sollten Sie den E-Form Designer als Server-Version Installiert haben, so wird die o.g. Zeile bereits beim Setup automatisch eingefügt.

Auch der E-Form Cache wird bereits beim Designer Setup installiert. Dies geschieht durch die Zeile:

```
E-Form Cache=3.0;;;;
C:\WINDOWS\SYSTEM\MEFLIB.DLL;;1100000000000000;;;;
```

Die Größe des Caches können Sie im Abschnitt [E-FORM CACHE] festlegen. Dabei geben Sie als Argument die Anzahl Formen an, die das Programm im Speicher behalten soll.

```
Maximum=5
```

Abschließende Bemerkungen

Sie haben nun die grundlegenden Möglichkeiten zum Erstellen elektronischer Formulare kennengelernt. Im nächsten Abschnitt soll noch auf erweiterte Möglichkeiten eingegangen werden.

Beachten Sie bei der Erstellung von E-Forms bitte noch folgende Punkte:

- Bei den Aktionen Reply und ReplyAll werden von der MEFLIB.DLL grundsätzlich Standard-Mail-Formulare und nicht E-Forms benutzt. Wie Sie dies ändern können, erfahren Sie im nächsten Abschnitt.
- Beim Löschen von E-Forms (nach dem Lesen) über den entsprechenden Button in Microsoft Mail wird die E-Form im Ordner (Folder) GELÖSCHTE NACHRICHTEN (DELETED MAIL) abgelegt und, je nach eingestellter Mail-Option, erst beim Verlassen von Microsoft Mail physikalisch gelöscht. Bei Betätigung des DELETE-Buttons auf der E-Form selbst, wird die E-Form unwiederbringlich sofort physikalisch gelöscht.
- Falls Sie in der MSMAIL.INI bei E-Forms Operationsmöglichkeiten wie Forward oder Reply sperren, so gilt dies nur für die entsprechenden Buttons in Microsoft Mail, nicht für die Buttons auf der E-Form. Um diese zu sperren, setzen Sie entweder die Eigenschaft ENABLED oder die Eigenschaft VISIBLE auf FALSE.

E-Forms für Profis - Erweiterte Möglichkeiten

Die Beispiel E-Form

Als Beispiel dient ein Urlaubsantrag als elektronisches Formular. Dabei werden die Daten des Antragstellers aus einer Personaldatenbank ausgelesen. Auf diese Weise brauchen sich weder der Antragsteller noch der Bearbeiter des Antrages Gedanken über verbleibene oder bereits erhaltene Urlaubstage zu machen. Alle diese Daten werden automatisch aus der Personaldatenbank entnommen und in das elektronische Formular eingefügt.

Zudem wird das Formular nur an einen vordefinierten Empfänger versandt, wobei der Sender die CC-Liste noch verändern kann. Der Empfänger hat nun die Möglichkeit, über ein spezielles Reply-Formular auf den Antrag zu antworten und diesen zu genehmigen oder abzulehnen.

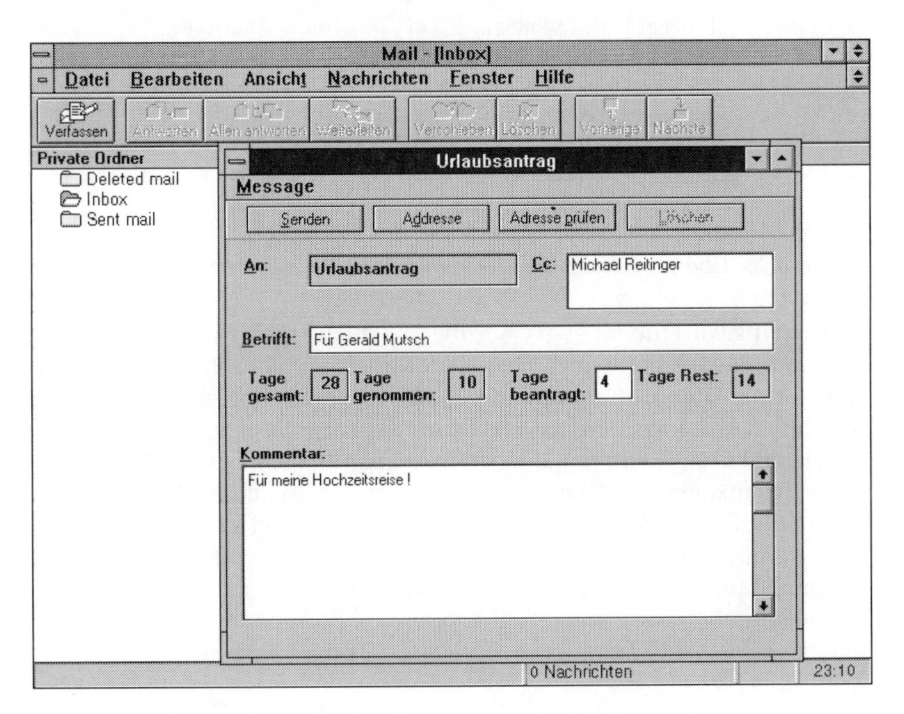

Abb. 9.5: Urlaubsantrag als elektronisches Formular

Überprüfen der Benutzer-Eingaben

Ein wichtiger Vorteil elektronischer Formulare gegenüber herkömmlichen Mails ist ihre eingebaute "Intelligenz". Sie können Eingaben der Benutzer programmiert abfangen, überprüfen und verändern. So sorgt beispielsweise folgende Routine im Urlaubsantrag dafür, daß für die Anzahl der beantragten Urlaubstage nur Ziffern eingegeben werden und die Zahl der beantragten Tage nicht über den noch vorhandenen Urlaubstagen liegt.

```
Sub txtBeantragt_LostFocus ()
      TageRest = Val(txtGesamt.text) - Val(txtGenommen.text))
      If Val(txtBeantragt.text) > TageRest Then
            MsgBox „So viele Tage haben Sie gar nicht !“
            txtBeantragt.text = RTrim$(LTrim$(Str$(TageRest)))
      End If
      If txtBeantragt.text Like „#“ Or txtBeantragt.text Like „##“
                                    Then
            TageRest = TageRest - Val(txtBeantragt.text)
            txtRest.text = RTrim$(LTrim$(Str$(TageRest)))
      Else
            MsgBox „Bitte nur Zahlen eingeben !“
            txtBeantragt.text = „0“
      End If
End Sub
```

Listing 9.1: Überprüfen der Benutzereingabe in Anzahl Urlaubstage

Gleichzeitig wird mit obigem Code die Anzahl der verbleibenden Urlaubstage automatisch berechnet. Dies ist natürlich nur ein sehr einfaches Beispiel für die Überprüfung und Manipulation von Benutzereingaben. Eine wesentlich komfortablere Art elektronische Formulare auszufüllen ist es, auf Daten zurückzugreifen, die bereits vorhanden sind. Dabei können Sie alle Möglichkeiten des Datenzugriffs nutzen, die im Kapitel *Datenbankzugriff* in diesem Buch besprochen wurden. Das Beispiel-Formular Urlaubsantrag greift beispielsweise auf eine Personaldatenbank zu und entnimmt dieser alle Information zu Mitarbeiter und Urlaub.

```
Dim db As Database
Dim ds As Dynaset
Dim subrecip as MapiRecip   ‘ Typ Deklaration MAPI Empfänger Typ
Dim ok_code As Long          ‘ Return-Wert der MAPI Funktion

‘Auslesen des Anmeldenamens
ok_code = MEFWhoAmI(gSession, subrecip)
```

```
'Eintragen des Anmeldenamens in die Subject Zeile
If ok_code = MEF_OKAY Then
      txtSubject.text = „Für „ & subrecip.Name
End If

Set db = OpenDatabse
      („C:\windows\vb3\Eforms\projects\template\personal.mdb“)

Set ds = db.CreateDynaset(„Select * from Urlaub“)
            ds.FindFirst „[name]=“ & „'„ & subrecip.Name & „'„

If Not ds.NoMatch Then
      TageGesamt = ds.Fields(„TageGes“).Value
      TageGenommen = ds.Fields(„TageGeb“).Value
      TageRest = TageGesamt - TageGenommen
      txtGesamt = Str$(TageGesamt)
      txtGenommen = Str$(TageGenommen)
      txtRest = Str$(TageRest)
End If
```

Listing 9.2: Verwenden von Daten aus einer Datenbank

Genauso ist es natürlich auch möglich, Daten nicht nur zu entnehmen, sondern bei einem Bestellformular beispielsweise sofort nach Absenden der E-Form den Lagerbestand in der Datenbank zu aktualisieren. Denken Sie dabei auch an die Möglichkeit der Interprocessing Messages. Auf diese Weise kann eine Applikation eine Nachricht an eine andere senden, ohne daß der Benutzer irgendetwas damit zu tun hat.

Zusätzliche Formulare

Bei den Standard-E-Forms, die bisher betrachtet wurden, gab es zwei Formulare. Eines zum Erstellen (Compose Form) und eines zum Lesen (Read Form). Eine Reply-Aktion wurde aber beispielsweise ohne Formular durchgeführt. Nun ist es mit dem E-Form Designer und Visual Basic aber auch problemlos möglich, weitere spezielle Formulare zu integrieren. In der E-Form Urlaubsantrag wurde eine spezielle Reply-Form integriert, auf der sich eine Möglichkeit befindet, den Urlaub zu genehmigen oder abzulehnen.

Dabei sollten Sie allerdings daran denken, daß eine Compose-Form immer als Gegenstück eine Read-Form benötigt. Entwerfen Sie also eine spezielle Reply-Compose-Form, benötigen Sie auch eine Reply-Read-Form, damit der Empfänger des Replys dieses auch richtig darstellen kann.

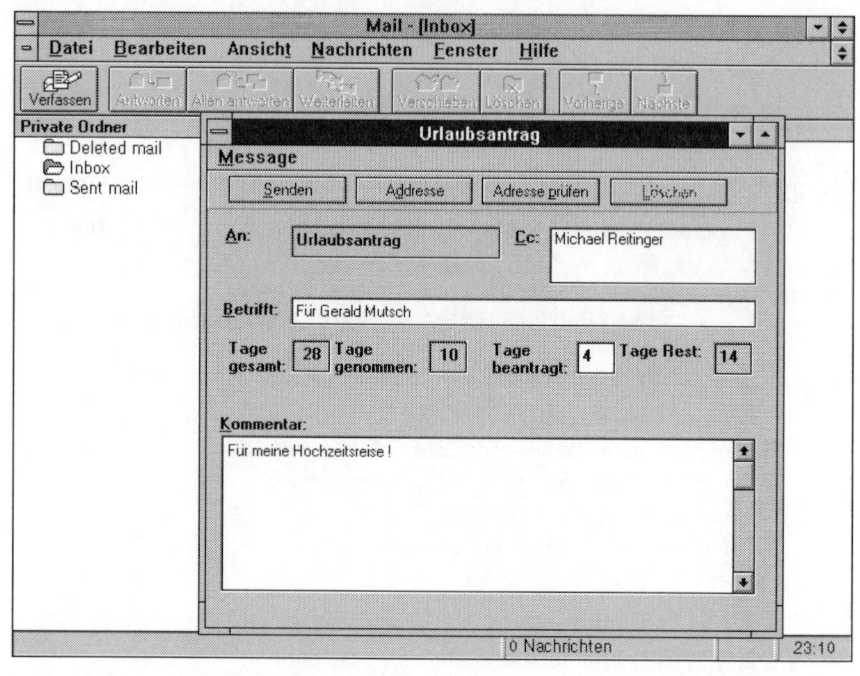

Abb. 9.6: Spezielles Reply-Formular zur Genehmigung des Urlaubsantrages

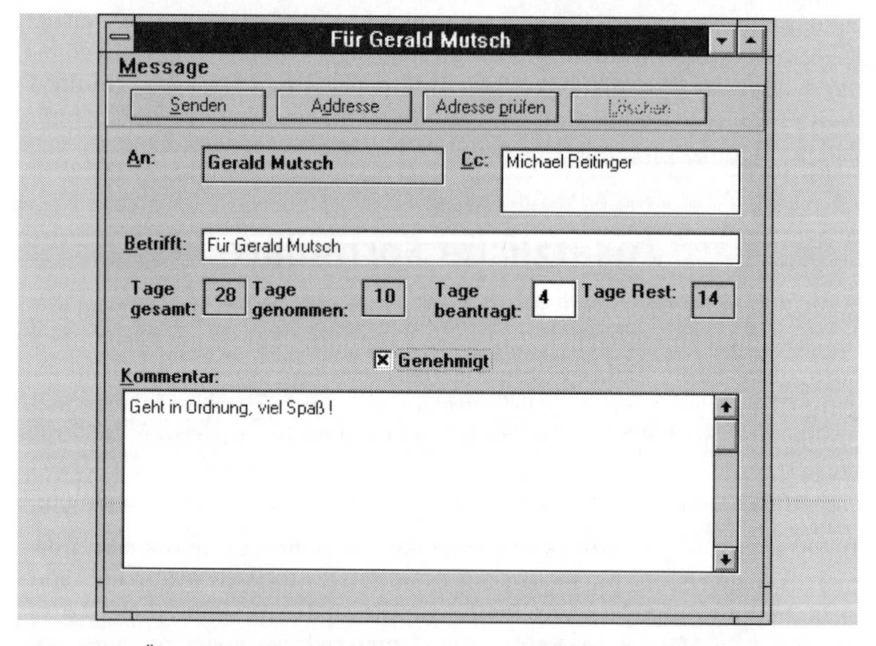

Abb. 9.7: Übersicht über die Formen im Projekt Urlaubsantrag

Auf diese Weise lassen sich natürlich auf spezielle Formulare für die Aktion Forward entwerfen. Damit aber noch nicht genug. Sollte Ihnen ein Formular als Compose Form nicht reichen, so gibt es keinen Grund, der Compose Form nicht noch andere Formen unter- bzw. zuzuordnen. Eine E-Form ist also auch beim Erstellen und Lesen nicht auf ein Formular eingeschränkt, sondern kann, wie "im richtigen Leben" auch mehrere Bestandteile enthalten.

Festlegen der Empfänger

Normalerweise kann der Sender eines elektronischen Formulars seinen Empfänger frei wählen. Dies kann in einigen Fällen aber auch nicht erwünscht sein. Ein Urlaubsantrag sollte beispielsweise an den zuständigen Sachbearbeiter in der Personalabteilung gesandt werden und nicht an irgendjemanden. Selbstverständlich ist es mit dem E-Form Designer auch kein Problem, einen fest definierten Empfänger anzugeben. Im Fall des Beispiels wird der E-Mail Empfänger "Urlaubsantrag" fest vorgegeben. Urlaubsantrag ist in diesem Fall ein eigens eingerichtes Benutzerkonto, unter welchen sich dann der jeweilige Sachbearbeiter der Personalabteilung anmelden kann. Es empfiehlt sich generell auch bei anderen Empfänger u.U. immer solche eigenen Benutzerkonton einzurichten. So braucht bei Urlaub oder Ausscheiden des Empfängers nicht jede E-Form geändert zu werden. Der neue Mitarbeiter bzw. die Vertretung meldet sich einfach unter diesem Pseudonamen ("Urlaubsantrag", "Einkauf", "Buchhaltung" etc.) an. Die Mitglieder der CC-Liste (Vorgesetzer o.ä.) kann der Sender im Beispiel selbst wählen, theoretisch können aber auch diese vorgegeben sein.

Mail Routing

Dabei läßt sich mit den E-Forms eine weitere interessante Mail-Funktion nutzen, das sog. Mail Routing. Normalerweise kann eine Nachricht ja an verschiedene Empfänger versandt werden. Diese Empfänger können sich entweder in der To-Liste befinden oder unter CC aufgeführt sein. Dies bedeutet aber, daß das Mail an alle Empfänger zur gleichen Zeit gesandt wird. Gerade dies ist im innerbetrieblichen Ablauf aber nicht immer von Vorteil. Eine Bestellung muß oft mehrere Stationen passieren, aber immer mit einem Vermerk der vorgehenden Abteilung. So werden Bestellungen oft erst an den Vorgesetzten übermittelt, dieser muß die Bestellung genehmigen. Danach nimmt sie ihren Weg weiter zum Einkauf, der die Ware bestellt und danach evtl. noch zur Buchhaltung, die die Ware verbucht. Würde hier nun eine E-Form auf die herkömmliche Weise (To- oder CC-Liste) verschickt, so erhielten alle das Formular zur gleichen Zeit, d.h. der Einkauf ohne die Genehmigung der Vorgesetzten und die Buchhaltung ohne das die Ware überhaupt bestellt wurde.

Theoretisch ließe sich das Problem natürlich dadurch lösen, daß die Nachricht nur an einen Empfänger geleitet wird und dieser sie nach Bearbeitung an die nächste Stelle weiterleitet. Es gibt aber eine wesentlich komfortablere Möglichkeit. An dieser Stelle greift das Mail Routing. Hier kann die Reihenfolge der Empfänger festgelegt werden. Dabei sorgt Microsoft Mail dann dafür, daß die Nachricht erst an den nächsten Empfänger weitergeleitet wird, wenn der erste sie erhalten und bearbeitet hat. Diese Methode birgt auch einen weiteren Vorteil. Der einzelne Empfänger braucht nichts zu tun und er braucht auch nicht zu wissen, wer der nächste Empfänger ist. Alles funktioniert automatisch. Zudem kann sich der Sender von Microsoft Mail nach jedem Bearbeitungsschritt eine Kopie des Formulars senden lassen.

Abb. 9.8: Beispiel Routing Form

Zusammenfassung

E-Forms ist im Zusammenhang mit Workgroup Computing ein weiteres Zauberwort, das in nächster Zukunft wohl Einzug in vielen Büros halten wird. Dabei ist es eigentlich nur ein weiterer Schritt, aus vorhandener Hardware- und Netzwerkinstallation konsequent Nutzen zu ziehen. Die Vorteile von elektronischen Formularen sind dabei unübersehbar. Abgesehen von sinkenden Papier- und Druckkosten, wie sie herkömmliche Formulare verursachen, steigt auch die Geschwindigkeit. Diese steigt aber nicht nur in bezug auf den Transport, sondern in bezug auf das Ausfüllen und Verarbeiten von Formularen. Fehler beim Ausfüllen können auch der Vergangenheit angehören, wenn die Daten aus einer Datenbank stammen und nur noch per Liste und Mausklick am Bildschirm ausgewählt werden müssen.

Selbst die grundlegenden Möglichkeiten der E-Forms beschleunigen Arbeits- und Verwaltungsprozesse bereits. Seine volle Leistungsfähigkeit spielt das System aber erst dann aus, wenn alle Möglichkeiten der Automation wie Datenbankzugriff, Multimediazugriff, Überprüfung von Benutzereingaben und nicht zuletzt Interprozess-Kommunikation eingesetzt werden. Und das Beste daran: Als Leser dieses Buches haben Sie mit Ihren Visual Basic Kenntnissen das Wissen, alle diese Möglichkeiten schnell und kompetent zu nutzen. Viel Erfolg dabei!

Objekte und Befehlsübersicht

- **Objekte** **367**
  - App-Objekt 367
  - Clipboard-Objekt 367
  - Data Control 367
  - Database-Objekt 367
  - Debug-Objekt 368
  - Dynaset-Objekt 368
  - Field-Objekt 368
  - Fields-Collection 368
  - Form 368
  - Index-Objekt 369
  - Indexes-Collection 369
  - MDI-Form 369
  - Printer-Objekt 369
  - QueryDef-Objekt 370
  - Screen-Objekt 370
  - Snapshot-Objekt 370
  - Steuerelemente 370
  - Table-Objekt 371
  - TableDef-Objekt 371
  - TableDefs-Collection 371
- **Befehlsübersicht** **371**
  - Arrays 371
  - Programmablauf 372
  - Umwandlung 372
  - Zwischenablage 373
  - Datum / Zeit 373
  - Dynamic Data Exchange (DDE) 373
  - Fehlerbehandlung 373
  - Datei Ein-/Ausgabe 374
  - Grafiken 375
  - Methoden zum Umgang mit Objekten 375
  - Mathematik 376
  - Finanzmathematik 376
  - Drucken 377
  - Prozeduren 377
  - Strings 377
  - Variablen und Konstanten 378
  - Diverses 378
  - Operatoren 379

Objekte

App-Objekt

Das APP-Objekt ist ein Systemobjekt, auf das mit dem Schlüsselwort APP zugegriffen werden kann. Dieses Objekt bestimmt oder ermittelt Informationen über den Anwendungstitel und -pfad sowie über den Namen EXE-Datei und den Hilfedateien. Außerdem kann es angeben, ob gegenwärtig bereits eine andere Instanz der Anwendung ausgeführt wird.

Das APP-Objekt besitzt keine Ereignisse oder Methoden.

Clipboard-Objekt

Auf die Windows-Zwischenablage wird mit dem Schlüsselwort CLIPBOARD zugegriffen. Es wird verwendet, um Text und Grafiken mit der Zwischenablage auszutauschen.

Die Zwischenablage kann mehrere Datenformate enthalten.

Das CLIPBOARD-Systemobjekt kennt sechs Methoden. SETTEXT, GETTEXT, SETDATA und GETDATA, um Text bzw. Bilddaten mit der Zwischenablage auszutauschen. Außerdem die Methode GETFORMAT, um die in der Zwischenablage befindlichen Formate zu prüfen und CLEAR, um alle Datenformate der Zwischenablage zu löschen.

Data Control

Das DATACONTROL-Steuerelement ermöglicht den Zugriff auf in Datenbanken gespeicherte Daten und das Bewegen von einem Datensatz zum nächsten sowie das Anzeigen der Daten eines Datensatzes in gebundenen Steuerelementen.

Database-Objekt

Ein DATABASE-Objekt ist eine logische Darstellung einer physischen Datenbank in Visual Basic.

Debug-Objekt

Auf das DEBUG-Systemobjekt wird mit dem Schlüsselwort DEBUG zugegriffen. Es wird nur die Methode PRINT verwendet, um zur Laufzeit Informationen im Direktfenster auszugeben.

Dynaset-Objekt

Ein DYNASET ist eine dynamische Gruppe von Datensätzen, mit der Datensätze den zugrundeliegenden Tabellen hinzugefügt, geändert oder gelöscht werden können. Ein DYNASET kann Felder aus einer oder mehreren Tabellen einer Datenbank enthalten.

Field-Objekt

Ein FIELD ist ein Teil einer Datensatzgruppe (DYNASET), der eine Spalte von Daten definiert. Die VALUE-Eigenschaft eines FIELD-Objekts enthält die Daten einer einzelnen Spalte des aktuellen Datensatzes.

Fields-Collection

Das FIELDS-Objekt ist eine Auflistung von FIELD-Objekten. Eine FIELDS-Collection existiert für alle DYNASET-Objekte und für das TABLEDEF-Objekt.

Form

Eine FORM ist ein Fenster oder ein Dialogfeld, das den Hintergrund der Benutzeroberfläche der Visual Basic-Applikation bildet.

Formen besitzen einen Satz von Eigenschaften, die deren Aussehen (CAPTION, TOP, LEFT, WIDTH, HEIGHT,...) oder Verhalten (BORDERSTYLE, KEYPREVIEW, MDICHILD) beeinflussen.

Formen besitzen einige wichtige Ereignisse (CLICK, LOAD, QUERYUNLOAD, ACTIVATE, DEACTIVATE, RESIZE,...).

Außerdem verfügen Formen über einen Satz von Methoden (PSET, LINE, SHOW, HIDE,...).

Das Wort FORM steht für einen Objekttyp. Sie können Variablen vom Typ FORM deklarieren. Mit dem reservierten Wort NEW können in DIM-, GLOBAL-, SET- und STATIC-Anweisungen mehrfache Instanzen von Formen erzeugt werden. Formen können auch als Source (Quelle) in einer DDE-Verknüpfung verwendet werden, in der LABEL, PICTUREBOX oder TEXTBOX die LinkItems bilden.

Index-Objekt

Ein in den INDEXES-Collection von TABLE- und TABLEDEF-Objekten enthaltenes Objekt. Ein Index wird in einer Datenbank als INDEX-Objekt gespeichert. Eine Tabelle kann einen, mehrere oder keinen Index besitzen.

Indexes-Collection

Eine Auflistung von INDEX-Objekten. Eine INDEXES-Collection kann sich in TABLE- und TABLEDEF-Objekten befinden.

MDI-Form

Eine MDI-Form (Multiple-Document Interface) ist ein Fenster, das als Hintergrund für eine Applikation dient. Diese Form dient als Frame-Form für Child-Formen, d.h. für Formen, deren MDIChild-Eigenschaft auf TRUE festgelegt ist.

Zur Erstellung einer MDI-Form wählen Sie den Befehl [Datei] [Neue MDI-Form]. Jede Applikation kann nur eine MDI-Form besitzen, aber viele Child-Formen. Wenn eine Child-Form aktiviert wird, wird die Menüleiste der MDI-Form automatisch durch die Menüleiste der Child-Form ersetzt, falls das Child ein eigenes Menü besitzt. Eine minimierte Child-Form erscheint als Symbol innerhalb der MDI-Form.

Auf MDI-Formen können nur MENU, PICTUREBOX und bestimmte erweiterte Steuerelemente positioniert werden, wenn sie über eine ALIGN-Eigenschaft verfügen. Beliebige Steuerelemente können allerdings auf Container-Elementen wie der PictureBox aufgebracht werden.

Printer-Objekt

Auf den Windows-Standarddrucker wird über das Systemobjekt PRINTER zugegriffen. Es wird verwendet, um Text- und Grafikausgabe auf einem Drucker vorzunehmen.

Das PRINTER-Objekt besitzt die PRINT-Methode zur Ausgabe sowie Eigenschaften, die das Aussehen der Ausgabe beeinflussen (FONTNAME, CURRENTX, SCALEMODE,...).

QueryDef-Objekt

Definition einer Abfrage, die in einer Datenbank gespeichert ist.

Screen-Objekt

Auf den Windows-Bildschirm wird mit dem Schlüsselwort SCREEN zugegriffen. Es wird verwendet, um auf eine unbestimmte(s) Form oder Steuerelement zuzugreifen (ACTIVEFORM, ACTIVECONTROL), oder um den Mauszeiger (MOUSEPOINTER) außerhalb der Form der Visual Basic-Applikation zu steuern.

Außerdem kann über das SCREEN-Objekt die aktuelle Auflösung des Bildschirms (TWIPSPERPIXELX) sowie die installierten Schriftarten (FONTS, FONTCOUNT) bestimmt werden.

Snapshot-Objekt

Ein SNAPSHOT ist eine statische Gruppe von Datensätzen. Ein SNAPSHOT kann Felder aus einer oder mehreren Tabellen einer Datenbank enthalten.

Steuerelemente

Ein Steuerelement ist ein grafisches Objekt auf einer Form. Über Steuerelemente werden hauptsächlich Benutzereingaben oder -ausgaben gemacht.

Das MENU-Steuerelement wird über das Menüdesignfenster erzeugt. Alle anderen Steuerelemente befinden sich in der ToolBox und werden durch Doppelklicken oder durch Drag and Drop in eine Form gesetzt.

Steuerelemente besitzen Eigenschaften und Methoden, die teilweise bei fast allen Objekten vorkommen (TOP, WIDTH, MOVE,...), teilweise charakteristisch für das jeweilige Steuerelement sind. Steuerelemente können auch auf Ereignisse reagieren.

Jedes Steuerelement verfügt über einen vorgegebenen, charakteristischen Satz von Eigenschaften, Ereignissen und Methoden.

Das reservierte Wort CONTROL bezeichnet einen Objekttyp. Damit können Sie eine Variable vom Typ CONTROL deklarieren, bevor der Typ des Steuerelements genauer spezifiziert wird. Mit einer TYPEOF-Abfrage kann der Typ des CONTROL bestimmt werden.

Eine Übersicht aller in der professionellen Edition von Visual Basic enthaltenen Steuerelementen mit deren Typbezeichnungen finden Sie weiter hinten im Anhang.

Table-Objekt

Ein TABLE ist eine Art Datensatz innerhalb einer DATABASE. Das TABLE-Objekt ist eine logische Darstellung einer physikalischen Tabelle.

TableDef-Objekt

Das TABLEDEF-Objekt definiert die Struktur einer TABLE in einer Datenbank. Die Table selbst repräsentiert die physischen Daten in einem DATABASE-Objekt.

TableDefs-Collection

Eine Auflistung von TABLEDEF-Objekten. Eine TABLEDEF-Collection befindet sich in einem Database-Objekt.

Befehlsübersicht

Arrays

Index-Standarduntergrenze festlegen	OPTION BASE
Deklaration und Initialisierung	DIM GLOBAL REDIM STATIC
Grenzen des Index-Bereiches finden	LBOUND OBOUND
Reinitialisierung	ERASE REDIM

Programmablauf

Verzweigungen	GoSub...Return GoTo On Error On...GoSub On...GoTo
Beenden / Pausieren	DoEvents End Stop Unload
Schleifen	Do...Loop For...Next While...Wend
Abfragen	Choose If...Then...Else IIf Select Case Switch

Umwandlung

ANSI in String	Chr, Chr$
Datum in Zahl	DateSerial DateValue
Dezimalzahl in Octal-/Hexadezimalzahl	Hex, Hex$ Oct, Oct$
Zahl in String	Format, Format$ Str , Str$
Umwandlung verschiedener Datentypen	CCur CDbl CInt CLng CSng CVar CVDate Fix Int
Zahl in Datum	Day Month Weekday Year

Zahl in Zeit	HOUR MINUTE SECOND
String in ASCII	ASC
String in Zahl	VAL
Zeit in Zahl	TIMESERIAL TIMEVALUE
Aufteilung in Intervalle	PARTITION

Zwischenablage

Methoden des CLIPBOARD-Objekts	CLEAR GETDATA GETFORMAT GETTEXT SETDATA SETTEXT

Datum / Zeit

Systemzeit/-datum lesen	DATE, DATE$ NOW TIME, TIME$
Systemzeit/-datum setzen	DATE, DATE$ TIME, TIME$
Zeitgeber	TIMER

Dynamic Data Exchange (DDE)

Methoden des DDE-Ziels	LINKEXECUTE LINKPOKE LINKREQUEST
Methoden der DDE-Quelle	LINKSEND

Fehlerbehandlung

Text einer Fehlermeldung	ERROR$
Fehlerstatus	ERR ERL

Fehlersimulation	ERROR
Abfangen von Laufzeitfehlern	ON ERROR
	RESUME

Datei Ein-/Ausgabe

Datei öffnen	OPEN
Datei schließen	CLOSE
	RESET
Steuerung der Dateiausgabe	SPC
	TAB
	WIDTH #
Kopieren von Datei	FILECOPY
Dateiinformation	EOF
	FILEATTR
	FILEDATE
	FILELEN
	FREEFILE
	LOC
	LOF
	SEEK
Umgang mit Laufwerken	CHDIR
	CHDRIVE
	CURDIR, CURDIR$
	MKDIR
	RMDIR
Umgang mit Dateien	DIR, DIR$
	KILL
	LOCK...UNLOCK
	NAME
Einlesen von Dateien	GET
	INPUT
	INPUT #
	INPUT$
	LINE INPUT #

Dateiattribute	GetAttr
	SetAttr
Lese-/Schreibposition setzen	Seek
Dateiausgabe	Print #
	Put
	Write #

Grafiken

Festlegen eines Koordinatensystems	Scale
Löschen von Grafiken	Cls
Grafische Methoden	Circle
	Line
	PSet
Zeichenausgabe	Print
Größe eines Strings bestimmen	TextHeight
	TextWidth
Grafiken laden oder speichern	LoadPicture
	SavePicture
Arbeiten mit Farben	Point
	QBColor
	RGB

Methoden zum Umgang mit Objekten

Formen / Controls anordnen	Arrange
	ZOrder
Steuern der Benutzereingaben	SetFocus
Anzeigen von Dialog-Boxen	InputBox
	InputBox$
	MsgBox
Drag and Drop	Drag
Formen anzeigen / verstecken	Hide
	Show
Objekte laden / entfernen	Load
	Unload

Position / Größe von Controls verändern	MOVE
Formen ausdrucken	PRINTFORM
Aktualisieren der Bildschirmanzeige	REFRESH
Methoden für List-/ComboBoxen	ADDITEM
	REMOVEITEM

Mathematik

Allgemeine Rechnungen	EXP
	LOG
	SQR
Zufallswerte	RANDOMIZE
	RND
Absolutwert	ABS
Vorzeichen	SGN
Runden auf Ganzzahlen	FIX
	INT
Trigonometrie	ATN
	COS
	SIN
	TAN

Finanzmathematik

Anlageobjekt:	Abschreibungswert	DDB
	Linearer Abschreibungswert	SLN
	Digitale Abschreibung	SYD
Investition:	Zukünftiger Wert	FV
	Anzahl der Zinszeiträume	NPER
	Nettobarwert	NPV
	Zahlungsbasis	PMT
	Kapitalbetrag	PPMT
	Aktueller Wert	PV
Zins:	Betrag pro Zeitraum	IPMT
	Zinsfuß	IRR
	Interner Zinsfuß	MIRR
	Zinssatz pro Zeitraum	RATE

Drucken

Steuerung der Ausgabe	SCALE
	SPC
	TAB
	TEXTHEIGTH
	TEXTWIDTH
Steuerung des Druckers	ENDDOC
	NEWPAGE
Drucken	PRINT
	PRINTFORM

Prozeduren

Aufrufen einer Sub-Prozedur	CALL
Referenz zu einer externen Prozedur	DECLARE
Definition einer Prozedur	FUNCTION... END FUNCTION
	SUB...END SUB
Beenden einer Prozedur	EXIT FUNCTION
	EXIT SUB

Strings

Zuweisung	LET
Vergleichen von Strings	STRCOMP
Groß-/Kleinschreibung Umwandlungen	LCASE, LCASE$
	UCASE UCASE$
Strings / Redundante Zeichenfolgen	SPACE, SPACE$
	STRING, STRING$
Länge eines Strings	LEN
Strings formatieren	FORMAT, FORMAT$
Ausrichten eines Strings	LSET
	RSET
String Bearbeitung	INSTR
	LEFT, LEFT$

	LTRIM, LTRIM$
	MID, MID$
	RIGHT, RIGHT$
	RTRIM, RTRIM$
	TRIM, TRIM$
String-Vergleichsmodus festlegen	OPTION COMPARE
ASCII- / ANSI-Wert eines Zeichens	ASC
	CHR$

Variablen und Konstanten

Deklaration	CONST
	DIM
	GLOBAL
	STATIC
Informationen über Variant-Variablen	ISDATE
	ISEMPTY
	ISNULL
	ISNUMERIC
	VARTYPE
Festlegen einer Deklarationspflicht	OPTION EXPLICIT
Standard-Variablen-Typ	DEF*type*

Diverses

Umgebungsvariablen	ENVIRON, ENVIRON$
Erzeugen von Tastenanschlägen	SENDKEYS
Programm-Parameter	COMMAND, COMMAND$
Übergabe der Ablaufsteuerung	DOEVENTS
Starten anderer Programme	APPACTIVATE SHELL
Erzeugen eines Systemklangs	BEEP

Operatoren

Arithmetisch	*
	+
	-
	/
	\
	^
	Mod
Logisch	And
	Eqv
	Imp
	Not
	Or
	Xor
Sonstige	Is
	Like
Vergleich	<
	>
	=
Verkettung	&
	+

B *Sprachreferenz*

Abs-Funktion

Berechnet den Absolutwert einer Zahl.

```
Abs(zahl)
```

Der Absolutwert einer Zahl ist der positive Absolutbetrag. Das Argument *zahl* kann ein beliebiger numerischer Ausdruck sein.

```
1 = ABS(-1)
```

Der zurückgegebene Datentyp entspricht dem des Arguments *zahl*, außer das Argument *zahl* ist ein STRING und kann in eine Zahl umgewandelt werden, dann erhält der Funktionswert den Datentyp DOUBLE. Ist das Argument NULL, so gibt auch ABS NULL zurück.

AppActivate-Anweisung

Aktiviert ein Anwendungsfenster.

```
AppActivate titeltext
```

Das Argument *titeltext* bezeichnet den Text in der Titelleiste des zu aktivierenden Anwendungsfensters. Das Argument *titeltext* muß dem Namen, der in der Titelleiste erscheint genau entsprechen, Groß-/Kleinschreibung muß jedoch nicht übereinstimmen.

APPACTIVATE verschiebt den Fokus zum angegebenen Fenster.

Asc-Funktion

Gibt den ANSI-Code für das erste Zeichen eines Strings zurück.

```
Asc(string)
```

Ist das Argument *string* eine leere Zeichenfolge vom Datentyp STRING oder NULL, so tritt ein Laufzeitfehler auf.

Atn-Funktion

Berechnet den Arkustangens einer Zahl.

```
Atn(zahl)
```

Das Argument *zahl* kann ein beliebiger zulässiger numerischer Ausdruck sein.

Das Ergebnis wird im Bogenmaß zurückgegeben und liegt zwischen -Pi/2 und +Pi/2. Die Kreiszahl Pi entspricht ungefähr dem Wert 3,141593.

Zur Umrechnung von Bogenmaß in Grad wird das Bogenmaß mit 180/Pi multipliziert. Zur Umrechnung von Grad in Bogenmaß wird die Gradzahl mit Pi/180 multipliziert.

ATN ist die Umkehrfunktion der trigonometrischen Funktion TAN (Tangens). ATN ist nicht mit dem Kotangens, dem Kehrwert des Tangens (1/Tangens), zu verwechseln.

Beep-Anweisung

Erzeugt einen Systemklang wie er unter 'Standardsignal' oder 'Default Beep' in der Windows-Systemsteuerung eingestellt ist.

```
Beep
```

Die Frequenz und Länge des Signaltons können nicht beeinflußt werden.

BeginTrans-, CommitTrans-, Rollback-Anweisungen

Die Anweisung BEGINTRANS startet eine neue Transaktion. Mit COMMITTRANS wird die Transaktion beendet und mit ROLLBACK wird die Transaktion beendet und die Datenbank wieder in den Zustand gebracht, in dem sie sich vor dem Beginn der Transaktion befunden hat.

```
BeginTrans
```

```
CommitTrans
```

```
Rollback
```

Eine Transaktion entspricht mehreren Datenbankänderungen, die als eine vollständige Einheit behandelt werden soll. Eine Transaktion wird mit BEGINTRANS begonnen und mit ROLLBACK oder COMMITTRANS beendet. Dabei übernimmt COMMITTRANS die Änderungen in die Datenbank, ROLLBACK dagegen verwirft die Änderungen wieder. Nach dem Verwenden von COMMITTRANS können Änderungen, die während der Transaktion vorgenommen wurden, nicht mehr rückgängig gemacht werden. Bis zu fünf Transaktionsebenen können gleichzeitig geöffnet sein, indem BEGINTRANS mehrfach verwendet wird. Die Größe des Transaktionspuffers beträgt 3MB.

Wenn das verwendete Datenbankformat keine Transaktionen unterstützt, besitzt die TRANSACTIONS-Eigenschaft des DATABASE-Objekts den Wert FALSE. In diesem Fall werden die Anweisungen nicht bearbeitet, aber es tritt kein Fehler auf.

COMMITTRANS oder ROLLBACK ohne vorangegangenes BEGINTRANS erzeugt einen Fehler. Nach der Verwendung von ROLLBACK, sollten alle Datensteuerelemente mit Referenzen auf in der Transaktion geänderte Daten, mit REFRESH aktualisiert werden.

Beachten Sie, daß es BEGINTRANS, COMMITTRANS und ROLLBACK auch als Methoden gibt. Diese werden zur Kompatibilität mit Microsoft Access noch unterstützt und werden nicht empfohlen.

Call-Anweisung

Übergibt die Programmsteuerung an eine Visual Basic SUB-Prozedur oder eine externe Prozedur (DLL-Prozedur).

```
Call name [(argumentenliste)]
```

```
name [argumentenliste]
```

CALL muß zum Aufrufen einer Prozedur nicht unbedingt verwendet werden. CALL verwendet folgende Argumente:

name
Name der aufzurufenden Prozedur.

argumentenliste
Argumente, die an die Prozedur übergeben werden sollen.

Wird CALL zum Aufrufen einer Prozedur verwendt, müssen die erforderlichen Argumente in Klammern hinzugefügt werden. Ohne CALL können diese Klammern weggelassen werden.

Argumente können als Referenz oder als Wert übergeben werden (siehe DECLARE: BYVAL). Viele DLL-Routinen unterstützen nicht alle Visual Basic-Datentypen, die durch BYVAL gegebenenfalls umgewandelt werden.

Werden Arrays mit leeren Klammern übergeben, so wird der gesamte Array an die Prozedur übergeben.

CCur-Funktion

Siehe Datentypumwandlungs-Funktionen.

CDbl-Funktion

Siehe Datentypumwandlungs-Funktionen.

ChDir-Anweisung

Ändert das aktuelle Standardverzeichnis des angegebenen Laufwerks.

```
ChDir pfad
```

Das *pfad*-Argument ist ein STRING, der das neue Standardverzeichnis angibt. Das *pfad*-Argument darf nicht länger als 128 Zeichen sein und muß der folgenden Syntax folgen:

```
[Laufwerk:] [ \ ]Verzeichnis[\Verzeichnis] . . .
```

Um das aktuelle Laufwerk zu ändern, kann die CHDRIVE-Anweisung verwendet werden.

ChDrive-Anweisung

Ändert das aktuelle Laufwerk.

```
ChDrive laufwerk
```

Das *laufwerk*-Argument ist ein String, der das neue Standardlaufwerk angibt. Dabei muß ein bestehendes Laufwerk bezeichnet werden, das im Bereich von A bis *lastdrive* liegt. Ein leeres Argument („“) wechselt das aktuelle Laufwerk nicht.

Besteht *laufwerk* aus mehr als einem Zeichen, wird nur das erste Zeichen verwendet.

Um das aktuelle Verzeichnis zu ändern, kann die CHDIR-Anweisung verwendet werden.

Choose-Funktion

Gibt einen über einen Index angegebenen Wert aus einer Liste von Argumenten zurück.

```
Choose(index, ausdruck [,ausdruck] . . .)
```

Die CHOOSE-Funktion verwendet folgende Argumente:

index
Numerischer Ausdruck, dessen Wert zwischen 1 und der Anzahl der *ausdrücke* liegen sollte. Bezeichnet die Stellung in der Liste des auszuwählenden *ausdruck*.

ausdruck
VARIANT-Ausdruck. Es können bis zu 13 Ausdrücke angegeben werden.

Mit Hilfe der CHOOSE-Funktion können Sie einen bestimmten Wert aus einer Liste von Möglichkeiten auswählen.

Liegt der Wert indes unter oder über der Anzahl der Ausdrücke, so gibt die CHOOSE-Funktion NULL zurück.

Das Argument *index* wird als nächste Ganzzahl gerundet.

Chr[$]-Funktion

Gibt das Zeichen des zugehörigen ANSI-Codes zurück.

```
Chr[$](ansicode)
```

Das Argument *ansicode* kann eine Ganzzahl zwischen 0 und 255 sein.

```
„A“ = CHR$(65)
```

CHR gibt einen Datentyp VARIANT zurück. CHR$ liefert einen STRING zurück.

Windows-Anwendungen verwenden den ANSI-Zeichensatz. Die ersten 128 Zeichen des ASCII- und ANSI-Code sind identisch. Die zweiten 128 Zeichen, die sog. Sonderzeichen enthalten, sind bei beiden Zeichensätzen unterschiedlich.

Im Bereich von 0 bis 31 liegen die standardmäßig nicht darstellbaren ANSI-Zeichen. Beispielsweise gibt CHR(10) ein Zeilenvorschubzeichen aus. Dieses Zeichen kann beispielsweise als Zeilenumbruch in einer MSGBOX oder INPUTBOX verwendet werden.

CInt-Funktion

Siehe Datentypumwandlungs-Funktionen.

CLng-Funktion

Siehe Datentypumwandlungs-Funktionen.

Close-Anweisung

Schließt die Ein-/Ausgabe in eine Datei.

```
Close [[#]dateihandle] [,[#]dateihandle] . . .
```

Das Argument *dateihandle* bezeichnet den Filehandle, der bei der OPEN-Anweisung zum Öffnen der Datei verwendet wurde. Dabei kann es sich um einen beliebigen numerischen Ausdruck handeln, sofern der Handle einer geöffneten Datei zugeordnet wurde.

Enthält die CLOSE-Anweisung keine Argumente, werden alle geöffneten *dateihandles* geschlossen.

Command[$]-Funktion

Liefert die Parameter der Befehlszeile zurück, die zum Starten des Programms verwendet wurden.

```
Command[$][( )]
```

COMMAND gibt eine Zeichenfolge vom Typ VARIANT, COMMAND$ vom Typ STRING zurück.

COMMAND[$] gibt die Parameter zurück, mit denen die mit Visual Basic erzeugten .EXE-Dateien in der Befehlszeile gestartet wurde.

```
MEINPROG.EXE /Parameter /Weitere
"/Parameter /Weitere" = Command$
```

In der Entwicklungsumgebung kann die Eingabe der Parameter durch den Menüpunkt [OPTIONEN][PROJEKT][COMAMD LINE ARGUMENT] vorgenommen werden. So werden die Befehlszeilenparameter der .EXE-Datei simuliert.

Auch beim Aufrufen von Visual Basic selbst können über die Befehlszeile Parameter an COMMAND[$] übergeben werden.

```
VB /cmd Parameter
```

Dadurch wird der auf das Schlüsselwort '/cmd' folgende Ausdruck an COMMAND[$] übergeben.

CommitTrans-Anweisung

Siehe BEGINTRANS-Anweisung.

CompactDatabase-Anweisung

Komprimiert und ver- bzw. entschlüsselt eine Datenbank im Microsoft Access-Format.

```
CompactDatabase altDBname, neuDBname [, locale [, option ]]
```

COMPACTDATABASE verwendet folgende Argumente:

altDBname
Ein STRING mit dem Namen und Pfad einer bestehenden Datenbank. Die Dateinamenserweiterung, falls vorhanden, muß mit angegeben werden.

neuDBname
Ein STRING mit dem ausführlichen Pfadnamen der zu erstellenden neuen Datenbank. Dieser Pfad darf nicht mit *altDBname* übereinstimmen.

locale
Ein STRING, der Sprachangaben für das Erstellen der Zieldatenbank enthält.

Für Englisch, Deutsch, Französisch:

“;LANGID=0x0809;CP=1252;COUNTRY=0"

Für Spanisch, Italienisch:

“;LANGID=0x040A;CP=1252;COUNTRY=0"

Für Holländisch:

“;LANGID=0x0413;CP=1252;COUNTRY=0"

Für Schwedisch, Finnisch. (VB3 and Access 1.1):

“;LANGID=0x040C;CP=1252;COUNTRY=0"

Für Norwegisch, Dänisch. (VB3 and Access 1.1):

“;LANGID=0x0414;CP=1252;COUNTRY=0"

Für Isländisch. (VB3 and Access 1.1):

“;LANGID=0x040F;CP=1252;COUNTRY=0"

Für Sprachen der nordischen Länder. (Access 1.0):

“;LANGID=0x041D;CP=1252;COUNTRY=0"

option
Ein LONG-Wert, der eine oder mehrere Optionen festlegt. Mehrere Werte können durch Addition kombiniert werden.

1 Datenbank im Access 1.0-Format erstellen.
2 Datenbank verschlüsseln.
4 Verschlüsselungscodierung entfernen.

Symbolische Konstanten der einzelnen Werte finden Sie in der Datei DATACONS.TXT bereits vordefiniert.

Wird das Argument *option* weggelassen, stimmt der Verschlüsselungszustand von *neuDBname* mit dem von *altDBname* überein.

Wenn Sie Daten in einer Datenbank ändern, kann eine Fragmentierung der Datei auftreten, daher sollte regelmäßig die Datenbank komprimiert werden. Die Datenbank muß jedoch geschlossen sein, bevor sie komprimiert werden kann.

Nach der erfolgreichen Komprimierung einer Datenbank kann die Originaldatenbank gelöscht werden.

Const-Anweisung

Deklariert Konstanten, die anstelle von den eigentlichenWerten verwendet werden.

```
[Global] Const konstante = ausdruck
  [, konstante = ausdruck] ...
```

Die CONST-Anweisung verwendet folgende Argumente:

Global
Reserviertes Wort, das CONST in Modulen vorangestellt werden kann, um Konstanten zu deklarieren, die global, d.h. projektweit verwendet werden können.

konstante
Name der Konstanten.

ausdruck
Ausdruck, der dem Konstantennamen zugeordnet wird. Kann als STRING, Wert oder Ausdruck mit beliebigen arithmetischen, außer des Potenzierungsoperators (^), oder logischen Operatoren angegeben werden.

Durch Konstanten dokumentieren sich Ihre Programme selbst und können so leichter gepflegt werden. Konstanten können im Gegensatz zu Variablen nicht versehentlich geändert werden.

Sie können Konstanten ein Typkennzeichen hinzufügen, um den Datentyp der *konstanten* anzugeben. Wenn kein Typkennzeichen im Namen verwendet wird, so erhalten Zeichenfolgen den STRING-Datentyp, numerische Ausdrücke verwenden den einfachsten Datentyp, durch den sie dargestellt werden können. Da eine Konstante einen vordefinierten Datentyp besitzen muß, ist der VARIANT-Datentyp ausgeschlossen.

Verwenden Sie für Konstantennamen bevorzugt Großbuchstaben, um sie in Ihren Programmen leicht erkennbar zu machen.

Cos-Funktion

Berechnet den Kosinus eines Winkels.

```
Cos(winkel)
```

Als *winkel* kann ein beliebiger numerischer Ausdruck in Bogenmaß angegeben werden.

Das Ergebnis liegt zwischen -1 und +1.

Zur Umrechnung von Bogenmaß in Grad wird das Bogenmaß mit 180/Pi multipliziert. Zur Umrechnung von Grad in Bogenmaß wird die Gradzahl mit Pi/180 multipliziert. Die Kreiszahl Pi entspricht ungefähr dem Wert 3,141593.

CreateDatabase-Funktion

Erzeugt eine Datenbank im Access-Format und gibt ein geöffnetes Datenbankobjekt zurück.

```
Set dbobject =
  CreateDatabase( dbname [, locale [, option]] )
```

Die CREATEDATABASE-Funktion verwendet folgende Argumente:

dbobject
Bezeichnet eine Datenbank Objektvariable.

dbname
Der String *dbname* bezeichnet den Dateinamen der neuen Datenbank ggf. mit Laufwerk und Pfad. Auch die Dateierweiterung muß, wenn gewünscht, mit angegeben werden.

locale
Ein STRING, der Sprachangaben für das Erstellen der Datenbank enthält. Eine Angabe ist optional, unzulässige Angaben führen zu einem Laufzeitfehler.

Für Englisch, Deutsch, Französisch:

```
";LANGID=0x0809;CP=1252;COUNTRY=0"
```

Für Spanisch, Italienisch:

`";LANGID=0x040A;CP=1252;COUNTRY=0"`

Für Holländisch:

`";LANGID=0x0413;CP=1252;COUNTRY=0"`

Für Schwedisch, Finnisch. (VB3 and Access 1.1):

`";LANGID=0x040C;CP=1252;COUNTRY=0"`

Für Norwegisch, Dänisch. (VB3 and Access 1.1):

`";LANGID=0x0414;CP=1252;COUNTRY=0"`

Für Isländisch. (VB3 and Access 1.1):

`";LANGID=0x040F;CP=1252;COUNTRY=0"`

Für Sprachen der nordischen Länder. (Access 1.0):

`";LANGID=0x041D;CP=1252;COUNTRY=0"`

option
Ein LONG-Wert, der eine oder mehrere Optionen festlegt. Mehrere Werte können durch Addition kombiniert werden.

1 Datenbank im Access 1.0-Format erstellen.
2 Datenbank verschlüsseln.

Verschlüsselte Datenbanken können mit COMPACTDATABASE wieder entschlüsselt werden.

Symbolische Konstanten der einzelnen Werte finden Sie in der Datei DATACONS.TXT bereits vordefiniert.

Die Datenbank Objektvariable wird geöffnet, mit exclusivem Zugriff zurückgegeben. Um die Datenbank für Mehrbenutzerumgebungen freizugeben, muß sie zuerst mit CLOSE geschlossen werden, um dann mit OPENDATABASE wieder mit den entsprechenden Zugriffsrechten geöffnet werden zu können.

Existiert der Dateiname der neu zu erstellenden Datei bereits, so tritt ein Laufzeitfehler auf.

CreateObject-Funktion

Erzeugt ein Objekt zur OLE-Automation.

```
CreateObject ( klasse )
```

Der String *klasse* bezeichnet eine OLE-Objektklasse, die zum Erstellen des Objekts verwendet werden soll. Dabei wird von OLE 2.0 Server-Applikationen meistens folgende Schreibweise verwendet:

„*AppName.Objekttyp.VerNo*"

Das Argument *klasse* besteht dabei aus folgenden Teilen:

AppName
Der Name der Applikation, von der das Objekt zur Verfügung gestellt wird.

Objekttyp
Der Typ oder die Klasse des zu erstellenden OLE-Objekts.

VerNo
Versionsnummer der Applikation, von der das Objekt zur Verfügung gestellt wird.

Jede Applikation, die OLE unterstützt, stellt mindestens eine Objektklasse zur Verfügung. Eine Liste aller von einer Applikation unterstützten OLE-Automation-Objekte kann in der Dokumentation der jeweiligen Applikation aufgeführt sein.

Die CREATEOBJECT-Funktion kann verwendet werden, um ein OLE-Automation-Objekt zu erstellen und dieses Objekt einer Objektvariablen zuzuweisen. Dazu wird zuerst eine Variable vom Typ OBJECT dimensioniert; dann das von der CREATEOBJECT-Funktion zurückgegebene Objekt mit der SET-Anweisung einer Objektvariablen zugewiesen.

```
Dim MeinObjekt As Object
Set MeinObjekt = CreateObject(„TextPrg.Dokument.7")
```

Durch diesen Code wird die Server-Anwendung gestartet, die das Objekt zur Verfügung stellt, wenn diese nicht bereits läuft, und ein entsprechendes Objekt wird erstellt.

Auf dieses Objekt wird im Visual Basic-Code dann über die Objektvariable zugegriffen.

```
MeinObjekt.Insert „Hallo Welt."
MeinObjekt.Print
```

CSng-Funktion

Siehe Datentypumwandlungs-Funktionen.

CStr-Funktion

Siehe Datentypumwandlungs-Funktionen.

CurDir[$]-Funktion

Gibt den aktuellen Pfad im angegebenen Laufwerk zurück.

```
CurDir[$][(laufwerk)]
```

CURDIR gibt eine Zeichenfolge des VARIANT-Datentyps zurück. CURDIR$ liefert eine Zeichenfolge des STRING-Datentyps zurück.

Als *laufwerk* kann eine Zeichenfolge verwendet werden, die ein Laufwerk aus dem Bereich A bis *lastdrive* angibt. Dabei bezeichnet *lastdrive* ein Laufwerk mehr, als im System vorhanden ist bzw. den Laufwerksbuchstaben, der in der CONFIG.SYS unter 'Lastdrive=' angegeben wurde.

Wird kein Laufwerk angegeben oder ist *laufwerk* eine leere Zeichenfolge, so gibt CURDIR[$] den Pfad für das aktuelle Laufwerk zurück. Dies ist vergleichbar mit dem DOS-Befehl CHDIR, ohne Angabe eines Pfades.

Liegt das erste Zeichen in *laufwerk* außerhalb des Bereichs A bis *lastdrive* bzw. ist dieses Zeichen kein Buchstabe, so tritt ein Fehler auf.

CVar-Funktion

Siehe Datentypumwandlungs-Funktionen.

CVDate-Funktion

Wandelt einen Ausdruck in einen VARTYPE 7 (DATE) um.

```
CVDate(ausdruck)
```

Dabei muß das Argument *ausdruck* eine Zeichenfolge oder ein numerischer Ausdruck sein, der als Datum interpretiert werden kann. Der zulässige Bereich liegt zwischen dem 1. Januar 100 (-657434) und dem 31. Dezember 9999 (2958465). Die folgenden Aktionen sind als Ergebnis der Auswertung des *ausdrucks* möglich:

- Ein numerischer Ausdruck wird auf den zulässigen Bereich überprüft. Liegt er außerhalb, so wird ein Laufzeitfehler erzeugt, andernfalls wird *ausdruck* in das Datumsformat umgewandelt. Dabei werden Dezimalstellen in eine Tageszeit (beginnend bei 0:00) umgewandelt.

- Eine gültige Datum-Zeichenfolge, z.B. „27. April 1992 18:00“, wird in das Datumsformat umgewandelt.
- Eine numerische Zeichenfolge, z.B. „12345“, wird in eine Zahl umgewandelt. Anschließend wird der zulässige Bereich überprüft und ein Laufzeitfehler erzeugt, wenn die Zahl sich außerhalb des gültigen Bereichs befindet. Ansonsten wird der *ausdruck* in das Datumsformat umgewandelt.
- Jede andere Zeichenfolge erzeugt einen Laufzeitfehler.
- Als Zeichenfolgen erkennt CVDATE alle Datumsformate an, die im Abschnitt „Ländereinstellungen“ der Windows-Systemsteuerung eingestellt werden können. Lange Datumsformate werden von CVDATE nicht erkannt, wenn eine Wochentag-Zeichenfolge enthalten ist.
- Mit der Funktion ISDATE kann überprüft werden, ob ein numerischer Ausdruck oder eine Zeichenfolge in ein Datum umgewandelt werden kann. Numerische Zeichenfolgen können mit ISDATE jedoch nicht überprüft werden.

Date[$]-Anweisung

Stellt das aktuelle Systemdatum ein.

```
Date[$] = ausdruck
```

Für die DATE-Anweisung muß *ausdruck* ein STRING bzw. ein VARIANTTYP 7 (Datum) sein.

DATE erkennt Ausdrücke im kurzen Datumsformat der Windows-Systemsteuerung sowie eindeutige Datumsangaben. Neben den Formaten 27.4.1994 und 27.4.94, erkennt DATE zum Beispiel die Datumsformate 27-4-1994, 27/4/94, 27. April 1994 und 27. Apr 1994.

Befindet sich das angegebene Datum nicht zwischen dem 1. Januar 1980 und 31. Dezember 2099, tritt ein Fehler auf.

Date[$]-Funktion

Gibt das aktuelle Systemdatum zurück.

```
Date[$]
```

Die DATE[$]-Funktion gibt einen VARTYPE 7 (Datum) zurück, der intern als DOUBLE gespeichert wird.

Die DATE[$]-Funktion gibt eine 10-stellige Zeichenfolge mit dem Format *mm-tt-jjjj* zurück, wobei *mm* den Monat (01-12), *tt* den Tag (01-31), und *jjjj* das Jahr (1980-2099) angibt.

Die DATE$-Funktion ist äquivalent zu:

```
Format$(Now,"mm-dd-yyyy")
```

Mit der DATE[$]-Anweisung kann das Systemdatum eingestellt werden.

DateAdd-Funktion

Addiert bzw. subtrahiert ein angegebenes Intervall zu bzw. von einem Datum.

```
DateAdd(intervall, anzahl, datum)
```

Die ADDDATE-Funktion gibt einen VARTYPE 7 (Datum) zurück, der intern als DOUBLE gespeichert wird.

DATEADD verwendet folgende Argumente:

intervall
Bezeichnet das Intervall, das dem *datum* hinzugefügt werden soll. Zulässige STRINGS sind dabei:

yyyy	Jahr
q	Quartal
m	Monat
y	Kalendertag
d	Tag
w	Wochentag
ww	Woche
h	Stunde
n	Minute
s	Sekunde

anzahl
Bezeichnet die Anzahl der *intervalle*, die dem Datum hinzugefügt werden sollen. Positive Werte addieren, negative Werte subtrahieren das *interval* vom *datum*.

datum
Ausdruck, der ein gültiges Datum enthält.

Das folgende Beispiel fügt dem Datum „27. April" 100 Tage hinzu.

```
DateAdd(„d"; 100; „27-Apr-95")
```

Liegt das zurückgegebene Datum vor dem Jahr 0, tritt ein Fehler auf. Das Argument *anzahl* wird nach den Regeln der FIX-Funktion gerundet.

Bei Verwendung dieser Funktion müssen Sie mit der Visual Basic-Applikation die MSAFINX.DLL ausliefern und im \WINDOWS\SYSTEM-Verzeichnis installieren.

DateDiff-Funktion

Gibt die Anzahl der angegebenen Zeitintervalle zurück, die zwischen zwei Datumsangaben liegen.

```
DateDiff(intervall, Datum1, Datum2)
```

DATEDIFF verwendet folgende Argumente:

intervall
Bezeichnet das Intervall, das zum Berechnen der Datumsdifferenz verwendet werden soll. Zulässige STRINGS sind dabei:

yyyy	Jahr
q	Quartal
m	Monat
y	Kalendertag
d	Tag
w	Wochentag
ww	Woche
h	Stunde
n	Minute
s	Sekunde

datum1, datum2
Datumsangaben, deren Differenz berechnet werden soll.

Die DATEDIFF-Funktion berechnet, wieviele Zeitintervalle zwischen zwei Datumsangaben liegen.

Bei Verwendung dieser Funktion müssen Sie mit der Visual Basic-Applikation die MSAFINX.DLL ausliefern und im \WINDOWS\SYSTEM-Verzeichnis installieren.

Datentypumwandlungs-Funktionen

Damit können Ausdrücke von einem Datentyp in einen anderen umgewandelt werden.

`CCur(ausdruck)`

`CDbl(ausdruck)`

`CInt(ausdruck)`

`CLng(ausdruck)`

`CSng(ausdruck)`

`CStr(ausdruck)`

`CVar(ausdruck)`

Das Argument *ausdruck* kann ein beliebiger STRING oder numerischer Ausdruck sein.

Durch die Verwendung der jeweiligen Funktion wird folgender Datentyp erzeugt:

```
CURRENCY = CCUR(ausdruck)
DOUBLE = CDBL(ausdruck)
INTEGER = CINT(ausdruck)
LONG = CLNG(ausdruck)
SINGLE = CSNG(ausdruck)
STRING = CSTR(ausdruck)
VARIANT = CVAR(ausdruck)
```

Ist der Wert für *ausdruck* bei den Funktionen CCUR, CINT, CLNG und CSNG außerhalb des zulässigen Wertebereiches, so tritt ein abfangbarer Laufzeitfehler auf.

Im Gegensatz zu den Funktionen FIX und INT, die die Nachkommastellen des *ausdruck* lediglich abschneiden, werden die bei CINT gerundet.

DatePart-Funktion

Berechnet, zu welchem Teil eines angegebenen Intervalls ein Datum gehört.

`DatePart(intervall, datum)`

DATEPART verwendet folgende Argumente:

intervall
Bezeichnet die Zeitspanne, in der das Ergebnis angegeben werden soll. Zuläßige STRINGS sind dabei:

yyyy	Jahr
q	Quartal
m	Monat
y	Kalendertag
d	Tag
w	Wochentag
ww	Woche
h	Stunde
n	Minute
s	Sekunde

datum
Bezeichnet das zu untersuchende Datum.

Die DATEPART-Funktion kann ein Datum prüfen und davon ein bestimmtes Zeitintervall ausgeben.

Bei Verwendung dieser Funktion müssen Sie mit der Visual Basic-Applikation die MSAFINX.DLL ausliefern und im \WINDOWS\SYSTEM-Verzeichnis installieren.

DateSerial-Funktion

Gibt die fortlaufende Datumszahl eines bestimmten Jahres, Monats und Tages zurück.

```
DateSerial(jahr, monat, tag)
```

Die DATESERIAL-Funktion verwendet folgende Argumente:

Jahr
Eine Zahl zwischen 0 und 9999, oder ein numerischer Ausdruck. Werte von 0 bis 99 als die Jahre 1900-1999 interpretiert, alle anderen *jahr*-Argumente erfordern eine vierstellige Jahresangabe (z.B.1800).

Monat
Eine Zahl zwischen 1 und 12, oder ein numerischer Ausdruck.

Tag
Eine Zahl zwischen 1 bis 31, oder ein numerischer Ausdruck.

Als numerisch Ausdrücke können also auch relative Datumsangaben gemacht werden, z.B. „zwei Tage von dem 25."

```
DateSerial(94, 5, 24 - 2)
```

Ein Fehler tritt auf, wenn das Datum oder eines der drei Argumente außerhalb des zulässigen Bereichs liegen.

DateValue-Funktion

Gibt das Datum eines STRING-Arguments zurück.

```
DateValue(string)
```

Das Argument wird im STRING-Datentyp angegeben und stellt ein Datum zwischen dem 1. Januar 100 und dem 31. Dezember 9999 dar.

Die DATEVALUE-Funktion gibt ein Datum im VARTYPE 7 (Datum) zurück, das intern als DOUBLE behandelt wird. Diese Zahl steht für ein Datum vom 1. Januar 100 bis zum 31. Dezember 9999, wobei der 1. Januar 1900 dem Wert 2 entspricht. Datumsangaben vor dem 30. Dezember 1899 werden als negative Zahlen angegeben.

Besteht *string* nur aus Ziffern, verwendet DATEVALUE die Reihenfolge der Tages-, Monats- und Jahresangabe sowie das Datumstrennzeichen gemäß der Datumseinstellung im Abschnitt „Ländereinstellungen" der Windows-Systemsteuerung. Außerdem werden eindeutige Datumsangaben mit abgekürzten oder ausgeschriebenen Monatsnamen erkannt. Neben den Formaten 24.12.1994 und 24.12.94, erkennt DATEVALUE auch die Datumsformate 24. Dezember 1994, 24. Dez 1994, 24-Dez-94 und Dezember 24, 1994.

Wenn die Jahresangabe in *string* weggelassen wird, verwendet DATEVALUE das aktuelle Jahr des Systemdatums.

Enthält *string* neben einer Datums- auch eine Zeitangabe, so wird diese von DATEVALUE nicht ausgegeben. Ist die angegebene Zeitangabe unzulässig, so tritt ein Fehler auf.

Day-Funktion

Gibt eine Ganzzahl (INTEGER) zwischen 1 und 31 zurück, die den Monatstag eines als Datum eingegebenen Arguments zurück.

```
Day(zahl)
```

Das Argument *zahl* ist ein numerischer Ausdruck, der als Datum und/oder eine Uhrzeit zwischen dem 1. Januar 100 und dem 31. Dezember 9999 liegen kann, wobei der 1. Januar 1900 gleich 2 ist. Zahlen links vom Dezimalzeichen in *zahl* stehen für das Datum, Zahlen rechts davon für die Uhrzeit. Negative Zahlen stellen für Datumsangaben vor dem 30. Dezember 1899 dar.

Weist *zahl* den Wert NULL auf, dann liefert die DAY-Funktion auch NULL zurück.

DDB-Funktion

Finanzmathematische Funktion, die den Abschreibungswert eines Anlageobjekts für einen bestimmen Zeitraum in geometrisch degressiven Abschreibung errechnet.

```
DDB(anschwert, restwert, nutzungsdauer, periode)
```

Die geometrisch degressive Abschreibung berechnet die Abschreibung eines Anlageobjekts mit einer nicht linearen Abschreibungsrate.

DDB verwendet folgende Argumente:

anschwert
Anfangskosten des Anlageobjekts.

restwert
Restwert des Anlageobjekts am Ende der Nutzungsdauer.

nutzungsdauer
Länge der Nutzungsdauer.

periode
Abschreibungszeitraum.

Alle Argumente müssen positive numerische Werte sein. Die Argumente *nutzungsdauer* und *periode* müssen in derselben Einheit angegeben werden.

Bei Verwendung dieser Funktion müssen Sie mit der Visual Basic-Applikation die MSAFINX.DLL ausliefern und im \WINDOWS\SYSTEM-Verzeichnis installieren.

Declare-Anweisung

Deklariert Referenzen zu einer externen Prozedur in einer Dynamic-Link Library (DLL).

```
Declare Sub name Lib „dll“ [Alias „alias“ ][([[ByVal] variable
  [ As datentyp] [,[ByVal] variable [ As datentyp] ] . . .])]

Declare Function name Lib „dll“ [Alias „alias“ ] [([[ByVal]
  variable [ As datentyp] [,[ByVal] variable
  [ As datentyp] ] . . .])] [As datentyp]
```

Die DECLARE-Anweisung verwendet folgende Argumente:

Sub
Gibt an, daß die Prozedur keinen Wert zurückgibt.

Function
Gibt an, daß die Prozedur einen Wert zurückgibt.

name
Name der externen SUB- oder FUNCTION-Prozedur. Bei FUNKTIONEN kann *name* ein Typkennzeichen enthalten, das den von der Prozedur ausgegebenen Datentyp angibt.

dll
Name der DLL, in der sich die externe Prozedur befindet.

alias
Anderer Name unter der die exteren Prozedur aufgerufen werden soll. Dies kann zweckmäßig sein, wenn der Name der externen Prozedur einem reservierten Wort von Visual Basic oder einer bereits verwendeten Variablen bzw. Konstanten entspricht.

variable
Name einer Variablen, die an die externe Prozedur übergeben werden soll.

datentyp
Deklariert den Datentyp des von einer Function-Prozedur ausgegebenen Wertes bzw. der an die Prozedur übergebenen *variable*. Folgende Datentypen sind dabei erlaubt: INTEGER, LONG, SINGLE, DOUBLE, CURRENCY, STRING (nur Zeichenfolgen variabler Länge) oder VARIANT bzw. ANY.

ByVa l
Übergibt die Argumente variable als Wert und nicht als Referenz. Steht BYVAL vor einem numerischen Argument, wird das eigentliche Argument vor der Übergabe in den numerischen Datentyp umgewandelt, wie er in der DECLARE-Anweisung festgelegt ist. Steht BYVAL vor einem Argument vom

STRING-Datentyp, wird die Adresse der Zeichenfolge, die durch den Wert 0 beendet wird, an die Prozedur übertragen. Wird BYVAL nicht angegeben, wird ein Zeichenfolgen-Deskriptor an die aufgerufene DLL-Prozedur übertragen.

Eine DECLARE-Anweisung für eine externe Prozedur kann nur im Deklarationsabschnitt erscheinen.

Leere Klammern geben an, daß die externe Prozedur keine Argumente erwartet. Wird eine Argumentenliste angegeben, so wird bei jedem Aufruf die Anzahl und der Datentyp der Argumente überprüft.

DefTyp-Anweisung

Werden im Deklarationsabschnitt von Formen und Modulen verwendet, um den Standarddatentyp für Variablen und Function-Prozeduren festzulegen.

```
DefInt buchstabe1 [- buchstabe2][,buchstabe3 [- buchstabe4]]...
DefLng buchstabe1 [- buchstabe2][,buchstabe3 [- buchstabe4]]...
DefSng buchstabe1 [- buchstabe2][,buchstabe3 [- buchstabe4]]...
DefDbl buchstabe1 [- buchstabe2][,buchstabe3 [- buchstabe4]]...
DefCur buchstabe1 [- buchstabe2][,buchstabe3 [- buchstabe4]]...
DefStr buchstabe1 [- buchstabe2][,buchstabe3 [- buchstabe4]]...
DefVar buchstabe1 [- buchstabe2][,buchstabe3 [- buchstabe4]]...
```

Die Argumente *buchstabex* und *buchstabey* geben einen Bereich an, für die ein Standarddatentyp festgelegt werden soll. Diese Argumente stehen für den ersten Buchstaben von Variablennamen und können ein beliebiger Klein- oder Großbuchstabe sein.

Das reservierte Wort *typ* in **Def***typ* bestimmt, welche Datentypen als Standardeinstellung für die Variablen im angegebenen Buchstabenbereich verwendet wurden: INTEGER (DEFINT), LONG (DEFLNG), SINGLE (DEFSNG), DOUBLE (DEFDBL), CURRENCY (DEFCUR), STRING (DEFSTR) oder VARIANT (DEFVAR).

```
DefStr A-Q
```

Eine **Def***typ*-Anweisung wirkt sich nur auf die Form oder das Modul aus, in dem sie angewendet wird. Wird keine **Def***typ*-Anweisung im Deklarationsabschnitt angegeben, so werden alle Variablen und Funktionen implizit als VARIANT-Datentyp dimensioniert. Ein Typkennzeichen hat jedoch immer

Vorrang vor einer **Def***typ*-Anweisung. Jeder Variablen oder Funktion kann so, mit einer DIM-Anweisung oder einem Typkennzeichen, ein Datentyp explizit zugeordnet werden.

Dim-Anweisung

Deklariert Variablen und alloziert Speicherplatz.

```
Dim variable[([index])][As [New] datentyp]
          [, variable[([index])][As [New] datentyp]]...
```

Die DIM-Anweisung verwendet folgende Argumente:

variable
Name der Variablen.

index
Dimensionen des Arrays. Um mehrere Dimensionen zu deklarieren kann für *index* folgende Syntax verwendet werden:

[*untergrenze* **To**]*obergrenze*[,[*untergrenze* **To**]*obergrenze*]..

datentyp
Reserviertes Wort, das zum Deklarieren des Datentyps einer Variablen verwendet wird. *Datentyp* kann INTEGER, LONG, SINGLE, DOUBLE, CURRENCY, STRING (für Strings variabler Länge), STRING * *länge* (für Strings fester Länge), VARIANT, ein benutzerdefinierter Datentyp oder ein Objektdatentyp sein. Für jede Variable muß eine separate Typ-Deklaration angegeben werden.

New
Erstellt eine neue Instanz des angegebenen Objekttyps. NEW kann nicht verwendet werden, um neu Instanzen grundlegender Datentypen, allgemeiner Objektdatentypen (MDIFORM, FORM oder CONTROL) oder spezifischer Steuerelementtypen (COMMANDBUTTON, TEXTBOX, usw.) zu erstellen.

Wird DIM in der 'General Declarations' Sektion einer Form oder eines Moduls verwendet, dann stehen diese Variablen allen Prozeduren in dieser Form oder diesem Modul zur Verfügung. Wird DIM auf Prozedurebene verwendet, können die Variablen nur innerhalb dieser Prozedur verwendet werden.

Das reservierte Wort TO bietet die Möglichkeit, sowohl die unteren als auch die oberen Indexgrenzen eines Arrays anzugeben. Arrayindizes können zwischen -32768 und 32767 festgelegt werden.

Die Anzahl zulässiger Arraydimensionen in einer DIM-Anweisung ist auf 60 begrenzt.

Wird ein *index* verwendet, der größer als *obergrenze* oder kleiner als *untergrenze* ist, tritt ein Laufzeitfehler auf.

Wird NEW bei der Deklaration einer Objektvariablen nicht verwendet, existiert keine neue Instanz dieses Objekts. Die Variable muß zuerst einem existierenden Objekt eines *datentyps* zugeordnet werden, bevor sie verwendet werden kann. Bevor sie einem existierenden Objekt zugeordnet wird, hat die Objektvariable den besonderen Wert NOTHING.

Mit leeren Klammern deklariert DIM einen Array dynamischer Größe. Um die Größe festzulegen, wird innerhalb einer Prozedur die REDIM-Anweisung verwendet.

Bei der Initialisierung von Variablen werden numerische Variablen mit dem Wert Null (0) und VARIANT-Variablen mit dem Wert 'Empty' initialisiert; Zeichenfolgen variabler Länge werden als LeerStrings („") initialisiert, und Strings fester Länge werden mit Nullen gefüllt. Die Felder von Variablen eines benutzerdefinierten Datentyps werden analog zu separaten Variablen initialisiert.

DIM-Anweisungen in einer Prozedur sollten am Anfang des Prozedurcodes stehen.

Dir[$]-Funktion

Gibt einen Datei-, Verzeichnis- oder Laufwerksnamen zurück, der einem gegebenen Suchmuster oder Dateiattribut entspricht.

```
Dir[$][(dateibezeichnung[, attribute])]
```

DIR liefert eine VARIANT-Zeichenfolge (Typ 8), DIR$ einen STRING zurück.

Die DIR[$]-Funktion verwendet folgende Argumente:

dateibezeichnung
Das Argument *dateibezeichnung* gibt eine Zeichenfolge an, die einen Pfad oder einen Dateinamen bezeichnet. Pfad und Dateiname können jedes zulässige Platzhalterzeichen sowie eine Laufwerksbezeichnung enthalten.

attribute
Legt die Attribute (Archiv, ReadOnly, Hidden, System und Volume) für die auszugebenden Dateien fest. Wird *attribute* nicht definiert, dann gibt DIR[$] nur Dateien ohne Attribut zurück, die mit *dateibezeichnung* übereinstimmen. DIR[$] kann auch das Label (Laufwerksbezeichnung) des aktuellen

Laufwerks oder des durch *dateibezeichnung* angegebenen Laufwerks zurückliefern. Wird über *attribute* die Laufwerksbezeichnung ausgewählt, dann bleiben alle anderen Attribute unbeachtet.

Kombinationen von Attributen können verwendet werden, indem Werte aus der untenstehenden Tabelle addiert werden und als *attribute*-Argument verwendet werden.

CONSTANT.TXT	Wert	Bedeutung
ATTR_NORMAL	0	Normale Dateien
ATTR_HIDDEN	2	Versteckte Dateien
ATTR_SYSTEM	4	Systemdateien
ATTR_VOLUME	8	Laufwerksbezeichnung
ATTR_DIRECTORY	16	Verzeichnis

Beim ersten Aufruf dieser Funktion muß eine *dateibezeichnung* angegeben werden, ansonsten tritt ein Fehler auf. DIR$ liefert den ersten Dateinamen zurück, der mit *dateibezeichnung* übereinstimmt. Um weitere Dateinamen zu erhalten, müssen Sie DIR$ erneut, jedoch ohne Argument aufrufen. Die Dateinamen werden in der Reihenfolge zurückgegeben, in den sie sich in der Verzeichnisstruktur befinden.

Wenn keine passenden Dateinamen gefunden werden, liefert DIR[$] eine leere Zeichenfolge (STRING bzw. VARIANT) zurück. Wurde einmal eine leere Zeichenfolge ausgegeben, muß beim nächsten Aufruf der Funktion wieder eine *dateibezeichnung* verwendet werden, um einen Fehler zu vermeiden.

Eine neue *dateibezeichnung* kann natürlich verwendet werden, ohne zuvor sämtliche Dateinamen abzurufen, die mit der aktuellen *dateibezeichnung* übereinstimmen. DIR[$] kann jedoch nicht rekursiv aufgerufen werden.

Do...Loop-Anweisung

Wiederholt einen Block von Anweisungen, so lange oder bis eine Bedingung TRUE wird.

```
Do [{While | Until} bedingung]
     [code]
  [Exit Do]
     [code]
Loop
```

```
Do
     [code]
  [Exit Do]
     [code]
Loop [{While | Until} bedingung]
```

Die Do...Loop-Anweisung verwendet folgende Teile:

While
Bewirkt, daß die Schleife ausgeführt wird, während *bedingung* TRUE wird.

Until
Bewirkt, daß die Schleife ausgeführt wird, bis *bedingung* TRUE wird.

bedingung
Ausdruck, der TRUE (ungleich Null) oder FALSE (0 oder NULL) wird.

code
Anweisungen, die wiederholt werden sollen, während oder bis *bedingung* TRUE ist.

Exit Do
Alternative Möglichkeit zum Verlassen einer Do...Loop-Schleife. Exit Do übergibt die Steuerung an die Anweisung unmittelbar nach dem Ende der Schleife. Bei verschachtelten Schleifen wird die Ausführung an die nächste Verschachtelungsebene übergeben.

DoEvents-Funktion, DoEvents-Anweisung

Visual Basic übergibt die Ausführung an Windows, damit anliegende Ereignisse anderer Anwendungen abgearbeitet werden können.

Funktion:

```
DoEvents( )
```

Anweisung:

```
DoEvents
```

Die DoEvents-Funktion liefert die Anzahl der sichtbaren Formen. DoEvents übergibt die Ablaufsteuerung an Windows, so lange bis die Ereignisse in der Warteschlange bearbeitet wurden und alle Tastenanschläge der SendKeys-Anweisung ausgeführt worden sind.

DoEvents wird zum Unterbrechen der Verarbeitung verwendet, damit Windows auf andere Ereignisse, wie z.B. Tastatur-Eingaben oder Maus-Klicks, reagieren kann. DoEvents kann in Codes-Teilen eingesetzt werden, die sehr viel Prozessorzeit beanspruchen und trotzdem die Ablaufsteuerung an Windows übergeben werden soll. Verwenden Sie DOEVENTS nicht, wenn andere Anwendungen den Ablauf Ihrer Prozedur während der Zeit beeinflussen, in der die Steuerung abgegeben ist.

End-Anweisung

Beendet eine Prozedur oder einen Syntax-Block.

```
End [{Function | If | Select | Sub | Type}]
```

END kann wie folgt verwendet werden:

End Function
Beendet die Definition einer FUNCTION-Prozedur. END FUNCTION muß immer zusammen mit FUNCTION verwendet werden.

End If
Beendet eine IF...THEN-Anweisung in Blockschreibweise. END IF muß zusammen mit einem IF...THEN...ELSE-Block verwendet werden.

End Select
Beendet eine SELECT CASE-Anweisung in Blockschreibweise. END SELECT muß zusammen mit einem SELECT CASE -Block verwendet werden.

End Sub
Beendet eine SUB-Prozedur. Wird automatisch mit einer neuen SUB-Prozedur erzeugt.

End Type
Beendet eine benutzerdefinierte Datentypdefinition (TYPE-Anweisung).

End
Die END-Anweisung allein bricht die Ausführung eines Programms ab.

Eine END-Anweisung ist zur Beendigung der Programmausführung nicht unbedingt erforderlich, sollte aber verwendet werden, da dadurch Dateien geschlossen, Formen entfernt und die Werte aller Variablen gelöscht werden.

Environ[$]-Funktion

Gibt die Zeichenfolge einer DOS-Umgebungsvariablen zurück.

Environ[$](*umgebungsvar*)

Environ[$](*n*)

ENVIRON liefert eine VARIANT-Zeichenfolge (Typ 8), ENVIRON$ einen STRING zurück.

Die ENVIRON[$]-Funktion verwendet folgende Argumente:

umgebungsvar
Eine Zeichenfolge, die den Namen einer Umgebungsvariablen enthält.

n
Ein numerischer Ausdruck, der die *n*-te Umgebungsvariable der Betriebsumgebung entspricht. Das Argument *n* kann ein beliebiger numerischer Ausdruck sein, der vor seiner Auswertung auf eine ganze Zahl gerundet wird.

Wird der angegebene Name der Umgebungsvariablen nicht in der Tabelle des Betriebssystems gefunden, so wird eine leere Zeichenfolge zurückgeliefert. Andernfalls liefert ENVIRON[$] den Text, der angegebenen Umgebungsvariablen zurück (d.h. den Text, der im Anschluß an das Gleichheitszeichen steht).

Wenn Sie ein numerisches Argument (*n*) angeben, so wird die *n*-te Umgebungsvariable des Betriebssystems ausgegeben. In diesem Fall gibt ENVIRON[$] den gesamten Text, einschließlich Variablenname und Gleichheitszeichen zurück. Existiert keine *n*-te Umgebungsvariable, so gibt ENVIRON[$] eine leere Zeichenfolge zurück.

EOF-Funktion

Gibt TRUE zurück, wenn während eines Dateizugriffs das Dateiende erreicht wird, ansonsten FALSE.

```
EOF(dateihandle)
```

Das Argument *dateihandle* ist die Nummer, die in der OPEN-Anweisung zum Öffnen der Datei verwendet wurde. Es kann ein beliebiger numerischer Ausdruck verwendet werden, sofern er der Nummer einer geöffneten Datei entspricht.

Die EOF-Funktion liefert den Wert TRUE, wenn das Ende einer Datei erreicht wurde, ansonsten den Wert FALSE zurück. Die EOF-Funktion kann bei sequentiellen Dateizugriffen verwendet werden, um das Erreichen des Endes der einzelnen Dateien zu überprüfen. Dadurch kann ein Fehler vermieden werden, der auftritt, wenn über das Dateiende hinaus gelesen werden soll.

Beim Zugriff auf wahlfreie Datein (RANDOM) oder im Binärmodus (BINARY) liefert EOF den Wert TRUE, wenn die zuletzt ausgeführte GET-Anweisung keinen ganzen Datensatz lesen konnte, andernfalls gibt sie FALSE zurück.

Erase-Anweisung

Reinitialisiert die Elemente statischer Arrays und gibt den von dynamischen Arrays belegten Speicherplatz frei.

```
Erase arrayname [, arrayname] . . .
```

Das *arrayname*-Argument bezeichnet den Namen des zu löschenden Arrays. Bei statischen Datenfeldern wird kein Speicherplatz freigegeben. ERASE stellt die Elemente eines festen Datenfeldes wie folgt ein:

Array	**Reinitialisierung jedes Feldes mit**
Statischer numerischer Array	Null (0)
Statische STRING-Array variabler Länge	LeerString („“).
Statischer STRING-Array fester Länge	Null (0).
Statische VARIANT-Array	‘Empty’Wert
Array benutzerdefinierter Datentypen	wie Variable
Array von Objekten	NOTHING

Bei dynamischen Arrays gibt ERASE den durch das Datenfeld eingenommenen Speicherplatz wieder frei. Mit einer REDIM-Anweisung kann das Array erneut deklariert werden.

Erl-Funktion

Siehe ERR-Funktion.

Err-, Erl-Funktion

Geben den zuletzt aufgetretenen Fehlerstatus zurück.

```
Err
```

```
Erl
```

Die ERR-Funktion gibt die Nummer des zuletzt aufgetretenen Laufzeitfehlers zurück. Die ERL-Funktion gibt die Zeilennummer der Programmzeile als LONG-Wert zurück, in welcher der Fehler aufgetreten ist bzw. die der unmittelbar vorangehenden Programmzeile.

Da die ERR- und ERL-Funktionen nur nach dem aktuellen Auftreten eines Fehlers sinnvolle Werte liefern, werden sie üblicherweise in Fehlerbehandlungsroutinen verwendet, um die Art des Fehler zu bestimmen und entsprechende Korrekturmaßnahmen auszuwählen.

Durch eine RESUME- oder ON ERROR-Anweisung sowie ein EXIT SUB oder EXIT FUNCTION in einer Fehlerbehandlungsroutine wird sowohl ERR als auch ERL auf 0 zurückgesetzt.

Der Wert der ERR-Funktion kann durch die ERR-Anweisung direkt festgelegt werden. Die Werte der beiden Funktionen ERR und ERL können aber auch über die ERROR-Anweisung indirekt festgelegt werden.

Die ERL-Funktion liefert lediglich eine Zeilennummer, kein Zeilenlabel, zurück. Besitzt Ihr Programm keine Zeilennummern oder die Zeile, in der ein Fehler auftrat, hat keine Zeilennummer, liefert ERL den Wert 0 zurück. Diese bezieht sich auf die Zeile, die den Fehler verursacht hat oder die direkt davor liegende Zeile. Zeilennummern über 65529 werden als Zeilenlabel behandelt und können daher nicht von ERL ausgegeben werden.

Err-Anweisung

Setzt ERR auf den angegebenen Wert.

```
Err = n
```

Das Argument *n* ist ein Ganzzahl-Ausdruck im Bereich zwischen 1 und 32767, der einen Laufzeit-Fehlercode bezeichnet. Der Wert 0 steht für den Fall, daß kein Laufzeitfehler aufgetreten ist.

In der Systemvariablen ERR hält Visual Basic fest, ob ein Laufzeitfehler aufgetreten ist, und um welchen Fehler es sich gegebenenfalls handelte.

Es können anwendungsspezifische, benutzerdefinierte Fehler erzeuget werden, indem Fehlercodes, beginnend mit dem Fehlercode 32767, in absteigender Reihenfolge verwendet werden.

ERR kann auch auf 0 gesetzt werden, indem eine RESUME- oder ON ERROR-Anweisung verwendet wird oder innerhalb einer Fehlerbehandlungsroutine eine EXIT SUB- oder EXIT FUNCTION-Anweisung ausgeführt wird. Darüber hinaus kann über die ERROR-Anweisung ERR auf jeden beliebigen Wert gesetzt werden, um den entsprechenden Laufzeitfehler zu simulieren.

Error-Anweisung

Kann das Auftreten eines Fehlers simulieren oder einen benutzerdefinierten Fehler erzeugen.

```
Error fehlercode
```

Das Argument *fehlercode* muß eine Ganzzahl aus dem Bereich zwischen 1 und 32767 sein. Ist *fehlercode* ein von Visual Basic definierter Fehlercode, simuliert die ERROR-Anweisung das Auftreten dieses Fehlers. Das heißt, ERR wird auf diesen *fehlercode* gesetzt.

Mit Werten, die größer als alle von Visual Basic verwendeten Standard-Fehlercodes sind, können eigene Fehlercodes definiert werden. Anwendungsspezifische, benutzerdefinierte Fehler können erzeugt werden, indem Fehlercodes, beginnend mit dem Fehlercode 32767, in absteigender Reihenfolge verwendet werden.

Ist bei der Ausführung einer ERROR-Anweisung keine Fehlerbehandlungsroutine aktiv, so zeigt Visual Basic die entsprechende Fehlermeldung an und beendet die Programmausführung. Gibt die ERROR-Anweisung keinen Fehlercode an, der in Visual Basic verwendet wird, erscheint die Meldung: Benutzerdefinierter Fehler.

Error[$]-Funktion

Gibt den Text der Fehlermeldung aus, die einer gegebenen Fehlernummer entspricht.

```
Error[$][(fehlernummer)]
```

ERROR liefert einen VARIANT-Wert, ERROR$ einen STRING zurück.

Das Argument *fehlernummer* muß eine Ganzzahl zwischen 1 und 32767 sein. Wird *fehlernummer* weggelassen, so wird die zuletzt aufgetretene Fehlermeldung ausgegeben. Ist *fehlernummer* in Visual Basic nicht definiert, wird die Meldung „Benutzerdefinierter Fehler" bzw. „User defined error" ausgegeben.

Einige Fehlermeldungen verwenden interne Variablen, um bestimmte Informationen zu dem aufgetretenen Fehler zu liefern. Wenn ein solcher Fehler auftritt, wird die Fehlermeldung durch eine Zeichenfolge ersetzt bzw. ergänzt, die dem Fehlerkontext entspricht. Normalerweise erscheinen diese Informationen in Apostrophe gesetzt.

```
Property 'test' not found
```

Wird dagegen ein Fehlertext über die ERROR[$]-Funktion ausgegeben, liegt kein Kontext für diese Meldung vor, so daß der betreffende Informationstext nicht eingefügt werden kann. Deshalb stehen bei den von ERROR[$] ausgegebenen Fehlermeldungen keine kontextspezifischen Informationen zwischen den Apostrophen. Anstelle der eigentlichen kontextabhängigen Informationen wird ein Leerzeichen eingefügt.

Wird ERROR[$] ohne Argument aufgerufen, so wird die Fehlermeldung für den zuletzt aufgetretenen Laufzeitfehler ausgegeben. Ist bereits ein Laufzeitfehler aufgetreten, enthält die ausgegebene Fehlermeldung die Ersetzungen, die dem Kontext des Fehlers entsprechen. Ist noch kein Laufzeitfehler aufgetreten, so gibt ERROR[$] eine leere Zeichenfolge zurück.

Exit-Anweisung

Verläßt eine Do...Loop- oder For...Next-Schleife bzw. eine Funktion- oder eine Sub-Prozedur vorzeitig.

```
Exit { Do | For | Function | Sub }
```

EXIT kann wie folgt verwendet werden:

Exit Do
Ermöglicht vorzeitiges Verlassen einer DO...LOOP-Anweisung. EXIT DO übergibt die Programmausführung an die Anweisung, die der LOOP-Anweisung folgt. Wird EXIT DO in verschachtelten DO...LOOP-Anweisungen verwendet, wird die Steuerung an die nächste Verschachtelungsebene übergeben.

Exit For
Ermöglicht das vorzeitige Verlassen einer FOR...NEXT-Schleife. EXIT FOR übergibt die Programmausführung an die Anweisung, die der NEXT-Anweisung folgt. Wird EXIT FOR in verschachtelten FOR...NEXT-Schleifen verwendet, wird die Steuerung an die nächste Verschachtelungsebene übergeben.

Exit Function
Verläßt sofort eine FUNCTION-Prozedur. Der Programmablauf wird mit der Anweisung fortgesetzt, die der Anweisung folgt, mit der die FUNCTION-Prozedur aufgerufen wurde.

Exit Sub
Verläßt sofort eine SUB-Prozedur. Der Programmablauf wird mit der Anweisung fortgesetzt, die der Anweisung folgt, mit der die SUB-Prozedur aufgerufen wurde.

EXIT definiert nicht das Ende einer Blockstruktur. Verwechseln Sie daher EXIT nicht mit END.

Exp-Funktion

Berechnet *e* potenziert mit der eingegebenen Zahl.

```
Exp(zahl)
```

Ist das Argument *zahl* größer als 709,782712893, so tritt ein Überlauf-Fehler ein. Die Konstante *e*, die Basis des natürlichen Logarithmus, entspricht ungefähr dem Wert 2,718282.

Die EXP-Funktion stellt die Umkehrfunktion der LOG-Funktion dar und wird auch als Antilogarithmus bezeichnet.

FileAttr-Funktion

Gibt den Öffnungsmodus oder den DOS-Dateihandle einer geöffneten Datei zurück.

```
FileAttr(dateihandle, attribut)
```

Die FILEATTR-Funktion verwendet folgende Argumente:

dateihandle
Bezeichnet den Filehandle, der bei der OPEN-Anweisung zum Öffnen der Datei verwendet wurde. Dabei kann es sich um einen beliebigen numerischen Ausdruck handeln, sofern der Handle einer geöffneten Datei zugeordnet wurde.

attribut
Durch *attribut* wird festgelegt, welche Information die FILEATTR-Funktion zurückliefert.

1 Öffnungsmodus
2 DOS-Dateihandle

Wird über das *attribut* der Öffnungsmodus abgefragt, so sind folgende Rückgabewerte möglich:

1 Eingabemodus (INPUT)
2 Ausgabemodus (OUTPUT)
4 Modus mit wahlfreiem Zugriff (RANDOM)
8 Anfügemodus (APPEND)
32 Binärmodus (BINARY)

FileCopy-Anweisung

Kopiert eine Datei.

```
FileCopy quelldatei zieldatei
```

FILECOPY verwendet folgende Argumente:

quelldatei
Bezeichnet eine eindeutige Dateispezifikation (ohne Platzhalter), wahlweise auch mit Laufwerk und Pfad, für die zu kopierende Datei.

zieldatei
Bezeichnet eine eindeutige Dateispezifikation (ohne Platzhalter), wahlweise auch mit Laufwerk und Pfad, für die Datei in die die *quelldatei* kopiert werden soll.

Geöffnete Dateien können nicht kopiert werden.

FileDateTime-Funktion

Gibt einen STRING mit dem Erstellungs- bzw. Änderungszeitpunkt der angegebenen Datei zurück. Datum und Uhrzeit dieses STRING werden dabei in dem Format zurückgegeben, das in der Windows-Systemsteuerung eingestellt ist.

```
FileDateTime (dateiname)
```

Der STRING *dateiname* bezeichnet einen eindeutigen Dateinamen, bei dem auch Laufwerks- und Pfadangaben zulässig sind.

FileLen-Funktion

Gibt die Größe einer angegebenen Datei in Byte als LONG-Zahl zurück.

```
FileLen (dateiname)
```

Der STRING *dateiname* bezeichnet einen eindeutigen Dateinamen, bei dem auch Laufwerks- und Pfadangaben zulässig sind.

Ist die Datei beim Aufruf der FILELEN-Funktion bereits geöffnet, so liefert die Funktion die Dateigröße vor dem Öffnen zurück.

Fix-Funktion

Siehe INT-Funktion.

For...Next-Anweisung

Wiederholt eine Folge von Befehlen mehrmals.

```
For zähler = startwert To endwert [ Step schrittgröße ]
     [anweisungsblock]
     [Exit For]
     [anweisungsblock]
Next [zähler [, zähler]]
```

Die FOR-Anweisung verwendet folgende Teile:

zähler
Numerische Schleifenzähler Variable. Diese Variable darf weder ein Array-Element noch ein Datensatzelement sein.

startwert
Bezeichnet den Anfangswert des *zählers.*

endwert
Bezeichnet den Endwert des *zählers.*

schrittgröße
Betrag, um den *zähler* bei jedem Schleifendurchlauf geändert wird. Wird kein Wert für STEP angegeben, erhält *schrittgröße* den Wert 1. Wert von *schrittgröße* kann sowohl positiv als auch negativ sein.

anweisungsblock
Programmzeilen zwischen FOR und NEXT, die so oft wie angegeben ausgeführt werden sollen.

Exit For
Kann innerhalb einer FOR...NEXT-Schleife verwendet werden, um eine alternative Möglichkeit zum Beenden der Schleife zu bieten.

Nach dem Aufruf der Schleife und dem Ausführen aller Anweisungen in der Schleife wird der Wert von STEP zum *zähler* addiert. Danach werden entweder die Anweisungen in der Schleife erneut ausgeführt oder die Schleife wird verlassen, und die Programmausführung wird bei der Anweisung fortgesetzt, die der NEXT-Zeile folgt.

Eine NEXT-Anweisung ohne vorangegangene FOR-Anweisung, erzeugt einen Fehler.

Format[$]-Funktion

Die FORMAT-Funktion formatiert eine Zahl, ein Datum, eine Uhrzeit oder einen STRING nach den Angaben innerhalb eines Formatausdrucks.

```
Format[$](ausdruck[, fmt] )
```

FORMAT liefert einen VARIANT-Wert, FORMAT$ einen STRING zurück.

Die FORMAT[$]-Funktion verwendet folgende Argumente:

ausdruck
Zu formatierender numerischer oder STRING-Ausdruck.

fmt
Der Formatausdruck *fmt* bezeichnet Formatnamen oder eine Folge von Zeichen, die das Anzeigeformat des *ausdruck* festlegen. In einem einzelnen *fmt*-Argument können keine Formatausdrücke unterschiedlicher Typen (Zahl, Datum/Zeit oder STRING) zusammen verwendet werden.

Wird *fmt* ausgelassen oder ist leer, liefert FORMAT[$] dasselbe Ergebnis wie die STR[$]-Funktion, wenn es sich dabei um einen numerischen Ausdruck handelt. Dabei verlieren positiven Zahlen, die mit FORMAT[$] in STRINGS umgewandelt werden, das für die Anzeige des Vorzeichens reservierte vorangestellte Leerzeichen. Bei mit STR[$] umgewandelten Zahlen bleibt das vorangestellte Leerzeichen erhalten.

Formatierung von Zahlen

Zahlen kann mit Visual Basic-Formatnamen ein vordefiniertes Format zugewiesen werden. Es können aber auch selbsterstellte Formatausdrücke mit definierten Symbolzeichen erstellt werden.

Visual Basic stellt folgende vordefinierten Formate zur Verfügung:

General Number
Zeigt eine Zahl ohne Formatierungen und Tausendertrennzeichen an.

Currency
Zeigt eine Zahl entsprechend der Währungseinstellung in der [International] Sektion der Windows-Systemsteuerung an.

Fixed
Zeigt zwei Ziffern nach und mindestens eine Ziffer vor dem Dezimalzeichen an.

Standard
Wie Fixed, nur mit Tausendertrennzeichen.

Percent
Zeigt eine Zahl multipliziert mit 100 und einem Prozentzeichen (%) am Ende an. Nach dem Dezimaltrennzeichen werden zwei Ziffern angezeigt.

Scientific
Zeigt eine Zahl in der sog. wissenschaftliche Darstellung an. Dabei wird die Zahl als dreistellige Potenz von Zehn mit zweistelligem Exponenten angezeigt.

Yes/No
Zeigt NO, falls die Zahl 0 ist, ansonsten wird YES angezeigt.

True/False
Zeigt FALSE, falls die Zahl 0 ist, ansonsten wird TRUE angezeigt.

On/Off
Zeigt OFF, falls die Zahl 0 ist, ansonsten wird ON angezeigt.

Die folgende Auflistung zeigt Symbole, mit denen Sie eigene Formatausdrücke *fmt* erstellen können:

Null String
Anzeigen einer Zahl ohne Formatierung.

0 (Null)
Platzhalter für eine Ziffer: Anstelle dieses Symbols wird die jeweilige Ziffer oder einer 0 angezeigt. Befindet sich in dem zu formatierenden Ausdruck eine Ziffer an der Stelle, an der sich der 0-Platzhalter befindet, wird die Ziffer angezeigt. Ansonsten erscheint an dieser Stelle eine 0.

Hat die zu formatierende Zahl weniger Ziffern als der Formatausdruck Nullen enthält, werden führende bzw. nachfolgende Nullen hinzugefügt. Hat die Zahl mehr Stellen nach dem Dezimaltrennzeichen als der Formatausdruck *fmt* Nullen, so werden die Nachkommastellen auf die Anzahl der Nullen im Formatausdruck gekürzt.

Hat die zu formatierende Zahl mehr Stellen vor dem Dezimaltrennzeichen als der Formatausdruck *fmt* Nullen, werden die zusätzlichen Stellen ohne Veränderung angezeigt.

(hache)
Platzhalter für eine Ziffer: Anstelle dieses Symbols wird eine Ziffer oder eine leere Stelle angezeigt. Befindet sich in dem zu formatierenden Ausdruck eine Ziffer an der Stelle des #-Platzhalters, wird die Ziffer angezeigt. Ansonsten wird diese Stelle nicht angezeigt.

Dieses Symbol funktioniert wie der 0-Platzhalter, außer daß führende oder nachfolgende Nullen nicht angezeigt werden.

. (Punkt)
Platzhalter für ein Dezimaltrennzeichen. Das Punkt-Symbol legt fest, an welcher Stelle im Formatausdruck *fmt* sich das Dezimaltrennzeichen befinden soll. Als erstes Dezimaltrennzeichen wird das Trennzeichen verwendet, das durch die Ländereinstellung in der Windows-Systemsteuerung festgelegt ist. Alle nachfolgenden Punkt-Symbole werden als Punkt dargestellt.

, (Komma)
Platzhalter für ein Tausendertrennzeichen. Das Tausendertrennzeichen kann sich an einer beliebigen Stelle befinden. Sind die Stellen links und

rechts vom Komma-Symbol Platzhalter für Ziffern (0 oder #), so wird die Zahl vor dem Dezimaltrennzeichen in dreistellige Ziffergruppen formatiert. Als Tausendertrennzeichen wird dabei das Trennzeichen verwendet, das durch die Ländereinstellung in der Windows-Systemsteuerung festgelegt ist. Zwei aufeinanderfolgende Tausendertrennzeichen am Ende oder ein Tausendertrennzeichen unmittelbar vor dem Dezimalzeichen teilen die Zahl durch Tausend und runden sie entsprechend.

% (Prozentzeichen)
Platzhalter für Prozent. Befindet sich das Prozentzeichen in einem Formatausdruck *fmt* neben Platzhaltern für Ziffern (0 oder #), so wird die Zahl links vom Prozent-Symbol mit 100 multipliziert und ein Prozentzeichen wird an der entsprechenden Stelle eingefügt.

E- E+ e- e+
Symbol für Exponentialformat. Befindet sich ein Exponentialformat-Symbol in einem Formatausdruck *fmt* neben Platzhaltern für Ziffern (0 oder #), so wird die Zahl links vom E-, E+, e- oder e+ Symbol im Exponentialformat angezeigt. Die Anzahl der Ziffernplatzhalter vor dem Exponenten-Symbol bezeichnet die Stellenzahl der Basis, die Anzahl der Ziffernplatzhalter nach dem Exponent-Symbol bezeichnet die Stellenzahl des Exponenten. Das Exponenten-Symbol in Großschreibung bewirkt, daß ein E angezeigt wird, in Kleinschreibung erscheint ein e. Mit einem dem Exponenten-Symbol nachgestellten Minuszeichen werden negative Exponenten mit Vorzeichen dargestellt. Mit einem nachgestellten Pluszeichen erhalten sowohl positive als auch negative Exponenten das entsprechende Vorzeichen.

: (Doppelpunkt)
Zeit-Trennzeichen. Bei der Formatierung von Zeitangaben werden mit dem Zeit-Trennzeichen Stunden, Minuten und Sekunden voneinander getrennt. Als Zeit-Trennzeichen wird das Trennzeichen verwendet, das durch die Ländereinstellung in der Windows-Systemsteuerung festgelegt ist.

/ (slash)
Datum-Trennzeichen. Bei der Formatierung von Datumsangaben werden mit dem Schrägstrich Tag, Monat und Jahr voneinander getrennt. Als Datum-Trennzeichen wird das Trennzeichen verwendet, das durch die Ländereinstellung in der Windows-Systemsteuerung festgelegt ist.

- + $ ( ) Leerzeichen
Literalzeichen. Diese Zeichen werden ohne Veränderung an der entsprechenden Stelle angezeigt. Um andere Zeichen, das sind u.a. die Buchstaben zur Datums- und Zeitformatierung (a, c, d, h, m, n, p, q, s, t, w, y; sowie /), die Zeichen zur numerischen Formatierung (#, 0, %, E, e, Komma und Punkt) sowie die Zeichen zur Formatierung von Strings (@, &, <, > und !), als Literalzeichen zu verwenden, muß vor dem Zeichen ein umgekehrter

Schrägstrich eingefügt werden oder eine Folge von Zeichen in Anführungszeichen gesetzt werden.

\ (backslash)
Durch einen umgekehrten Schrägstrich wird das Zeichen rechts davon zum Literalzeichen, d.h. es wird unverändert angezeigt.

„ABC"
Zeichenfolgen innerhalb der Anführungszeichen werden unverändert an der entsprechenden Stelle angezeigt. Das doppelte Anführungszeichen kann unter Visual Basic mit der CHR(34) in einen String eingefügt werden.

Der Formatausdruck *fmt* kann mehrere Formatanweisungen für unterschiedliche Wertebereiche enthalten. Die möglichen Wertebereiche sind: positive Werte, negative Werte, Null (0) und NULL. Die Formatierungsausdrücke für die einzelnen Bereiche werden durch ein Semikolon (;) getrennt („#,00 \H;#,00 \S").

Enthält der Formatausdruck *fmt*
einen Abschnitt,
so wird das Format allen Werten zugewiesen.

zwei Abschnitte,
so wird das Format des ersten Abschnitts den positiven Werten und Nullen (0), das Format des zweiten Abschnitts den negativen Werten zugewiesen.

drei Abschnitte,
so wird das Format des ersten Abschnitts den positiven Werten, das Format des zweiten Abschnitts den negativen Werten und das Format des dritten Abschnitts den Nullen (0) zugewiesen.

vier Abschnitte,
so wird das Format des ersten Abschnitts den positiven Werten, das Format des zweiten Abschnitts den negativen Werten, das Format des dritten Abschnitts den Nullen (0) und das Format des vierten Abschnitts dem NULL-Wert zugewiesen.

Formatierung von Datum und Uhrzeit

Zahlen können neben Werten auch Datums- und Zeitangaben repräsentieren. Datum und Uhrzeit können mit Visual Basic-Formatnamen ein vordefiniertes Format zugewiesen werden. Es können aber auch selbsterstellte Formatausdrücke mit definierten Symbolzeichen erstellt werden.

Visual Basic stellt folgende vordefinierten Formate zur Verfügung:

General Date
Zeigt den ganzzahligen Anteil einer Zahl als Datum und den Nachkomma-

Anteil als Uhrzeit an. Fehlt einer der beiden Teile, wird nur der jeweils andere angezeigt.

Long Date
Als Datumsformat wird das lange Datumsformat verwendet, das durch die Ländereinstellung in der Windows-Systemsteuerung festgelegt ist.

Medium Date
Als Datumsformat wird das kurze Datumsformat verwendet, das durch die Ländereinstellung in der Windows-Systemsteuerung festgelegt ist. Anstelle des Monats wird die (englische) Monatsabkürzung verwendet.

Short Date
Als Datumsformat wird das kurze Datumsformat verwendet, das durch die Ländereinstellung in der Windows-Systemsteuerung festgelegt ist.

Long Time
Als Format wird das Zeitformat verwendet, das durch die Ländereinstellung in der Windows-Systemsteuerung festgelegt ist (Stunden, Minuten und Sekunden).

Medium Time
Zeigt die Zeit im 12-Stunden-Format an (Stunden, Minuten und AM/PM).

Short Time
Zeigt die Zeit im 24-Stunden-Format an (Stunden und Minuten).

Die folgende Auflistung zeigt Symbole, mit denen Sie eigene Formatausdrücke *fmt* erstellen können:

d
Zeigt den Tag ohne führende Null an (1-31).

dd
Zeigt den Tag mit führender Null an (01-31).

ddd
Zeigt die (englische) Tagesabkürzung an (Sun-Sat).

dddd
Zeigt den (englischen) Tagesnamen an (Sunday-Saturday).

ddddd
Zeigt die Zahl im Short Date-Format an.

dddddd
Zeigt die Zahl im Long Date-Format an.

w
Zeigt die Wochentageszahl an (1 für Sonntag, 2 für Montag).

ww
Zeigt die Kalenderwoche an (1-53).

m
Zeigt die Monatszahl ohne führende Null an (1-12). Folgt m unmittelbar auf ein h, wird die Minute anstatt des Monats angezeigt.

mm
Zeigt die Monatszahl mit führender Null an (01-12). Folgt m unmittelbar auf ein h, wird die Minute anstatt des Monats angezeigt.

mmm
Zeigt die (englische) Monatsabkürzung an (Jan-Dec).

mmmm
Zeigt den (englischen) Monatsnamen an (January-December).

q
Zeigt das Jahresquartal an (1-4).

y
Zeigt den Kalendertag an (1-366).

yy
Zeigt eine zweistellige Jahreszahl an (00-99).

yyyy
Zeigt eine vierstellige Jahreszahl an (100-9999).

h
Zeigt die Stunde ohne führende Null an (0-23).

hh
Zeigt die Stunde mit führender Null an (00-23).

n
Zeigt die Minute ohne führende Null an (0-59).

nn
Zeigt die Minute mit führender Null an (00-59).

s
Zeigt die Sekunde ohne führende Null an (0-59).

ss
Zeigt die Sekunde mit führender Null an (00-59).

ttttt
Als Format wird das Zeitformat verwendet, das durch die Ländereinstellung in der Windows-Systemsteuerung festgelegt ist (Stunden, Minuten und Sekunden).

c
Zeigt den ganzzahligen Anteil einer Zahl als Long Date und den Nachkomma-Anteil als Long Time an. Fehlt einer der beiden Teile, wird nur der jeweils andere angezeigt.

AM/PM
Zeigt für Uhrzeiten vor Mittag AM und nach Mittag PM an.

am/pm
Zeigt für Uhrzeiten vor Mittag am und nach Mittag pm an.

A/P
Zeigt für Uhrzeiten vor Mittag A und nach Mittag P an.

a/p
Zeigt für Uhrzeiten vor Mittag a und nach Mittag p an.

AMPM
Verwendet das in der WIN.INI vorgegebene Format. Für Uhrzeiten vor Mittag („s1159") und nach Mittag („s2359").

Formatierung von Strings

Die folgende Auflistung zeigt Symbole, mit denen Sie eigene Formatausdrücke *fmt* erstellen können:

@ (each)
Zeichen Platzhalter. Befindet sich in *ausdruck* an der entsprechenden Stelle ein Zeichen, so wird dieses ausgegeben. Befindet sich dort kein Zeichen, wird ein Leerzeichen ausgegeben.

& (ampersand)
Zeichen Platzhalter. Befindet sich in *ausdruck* an der entsprechenden Stelle ein Zeichen, so wird dieses ausgegeben. Befindet sich dort kein Zeichen, wird auch kein Zeichen ausgegeben.

< (Kleiner als Zeichen)
Anzeigen als Kleinbuchstaben. Befindet sich ein <-Zeichen im Formatausdruck *fmt*, so werden alle Zeichen als Kleinbuchstaben angezeigt.

> (Größer als Zeichen)
Anzeigen als Großbuchstaben. Befindet sich ein >-Zeichen im Formatausdruck *fmt*, so werden alle Zeichen als Großbuchstaben angezeigt.

! (Ausrufungszeichen)
Befindet sich ein Ausrufungszeichen im Formatausdruck *fmt*, so wird bei den Zeichen Platzhaltern (@ und &) von links nach rechts anstatt von rechts nach links ausgefüllt.

Der Formatausdruck *fmt* kann mehrere Formatanweisungen für unterschiedliche STRINGS enthalten.

Die möglichen Wertebereiche sind: String, NULL und Leerstring. Die Formatierungsausdrücke für die einzelnen Bereiche werden durch ein Semikolon (;) getrennt.

Enthält der Formatausdruck *fmt*

einen Abschnitt,
wird das Format allen *ausdruck* zugewiesen.

zwei Abschnitte,
wird das erste Format STRINGS, das zweite Format NULL und Leerstrings zugewiesen.

FreeFile-Funktion

Gibt den nächsten freien Dateihandle zurück.

```
FreeFile [( )]
```

FREEFILE wird verwendet, um einen Dateihandle zu bekommen, bei dem sichergestellt ist, daß dieser Dateihandle nicht bereits verwendet wird.

FreeLocks-Anweisung

Unterbricht die Bearbeitung einer Datenbank, damit gesperrte Datensatzseiten freigegeben und alle lokal in DYNASET-Objekten vorhandenen Daten in einer Mehrbenutzerumgebung aktualisiert werden können.

```
FreeLocks
```

FREELOCKS bewirkt, daß in einer Mehrbenutzer- und Multitasking-Umgebung während der Hintergrundverarbeitung nicht alle Datensätze des Recordset aktualisiert werden können.

FREELOCKS wird in Einzelbenutzer-Umgebungen nicht benötigt.

Function-Anweisung

Deklariert eine benutzerdefinierte Funktion.

```
[Static] [Private] Function funktionsname
     [(argumentenliste)] [As datentyp]
     [code]
     [funktionsname = ausdruck]
  [Exit Function]
     [code]
     [funktionsname = ausdruck]
End Function
```

Die *argumentenliste* hat folgende Syntax:

```
[ByVal]variable[( )] [As datentyp] [, [ByVal]variable
     [( )] [ As datentyp] ] . . .
```

Eine FUNCTION-Prozedur enthält ausführbaren Code, der ein Ergebnis zurückliefert.

Die FUNCTION-Anweisung verwendet folgende Teile:

Static
Gibt an, daß alle implizit deklarierten Variablen der FUNCTION zwischen einzelnen Aufrufen lokal erhalten bleiben.

Private
Gibt an, daß die FUNCTION nur von anderen Prozeduren in dem selben Modul aufgerufen werden kann, in dem sie deklariert ist. In Formen ist das Schlüßelwort PRIVATE nicht sinnvoll, da alle Funktionen, die in Formen deklariert werden grundsätzlich PRIVATE sind.

funktionsname
Für dieses Argument gelten dieselben Regeln wie für Namen von Variablen. Außerdem kann durch Typkennzeichen, die dem Namen angehängt werden bzw. durch einen AS-Abschnitt festgelegt werden, welcher Datentyp von der Funktion zurückgegeben wird. Die Namen von Funktionen dürfen nicht mit anderen global erkannten Namen im Projekt übereinstimmen.

argumentenliste
Liste von Variablen, die beim Aufruf der FUNCTION übergeben werden. Mehrere Variablen werden durch Kommata voneinander getrennt. Die Argumente werden, wenn nicht besonders BYVAL angegeben wird, als Referenz übergeben.

variable
Name der Variablen. Bei Arrays werden Klammern, jedoch ohne die Anzahl der Dimensionen, verwendet.

datentyp
Legt fest, welchen Datentyp die FUNCTION zurückliefert: INTEGER, LONG, SINGLE, DOUBLE, CURRENCY, STRING oder VARIANT.

code
Beliebige Anweisungen.

ausdruck
Rückgabewert der Funktion, der dem *funktionsnamen* zugewiesen werden kann. Wird kein Wert zugeordnet, so liefert die Prozedur einen Standardwert zurück. Numerische Funktionen geben Null (0), eine STRING-Funktion gibt einen LeerString („") und eine VARIANT-Funktion gibt 'Empty' zurück.

Exit Function
Bewirkt das vorzeitige Verlassen einer FUNCTION-Prozedur. Die Programmausführung wird in der Zeile fortgesetzt, die nach dem Aufruf der FUNCTION folgt.

Eine FUNCTION-Prozedur ist, wie eine SUB-Prozedur, eine eigene Prozedur, die eine Reihe von Anweisungen ausführen und die Werte ihrer Argumente ändern kann. Im Gegensatz zu einer SUB-Prozedur kann eine FUNCTION im Programmcode genau wie eine eingebaute Funktion aufgerufen werden.

```
Ret = MeineFunktion(Var)
```

FUNCTIONEN können auch rekursiv sein, d.h. sie können sich selbst aufrufen. Eine solche Rekursion kann jedoch zu einem internen Stapelüberlauf führen.

FV-Funktion

Finanzmathematische Funktion, die den zukünftigen Wert einer Investition auf der Basis regelmäßiger Zahlungen und eines konstanten Zinssatzes zurückliefert.

```
FV(zins, zzr, rmz, aw, fällig)
```

Eine Investition (ein Kredit oder eine Kapitalanlage) besteht aus einer Reihe konstanter Zahlungen über einen bestimmten Zeitraum.

FV verwendet folgende Argumente:

zins
Zinssatz pro Zeitraum. Ein Jahreszins von 7% entspricht dabei einem Zinssatz pro Zeitraum von 0,07 / 12 oder 0,0058.

zzr
Gesamtzahl aller Zahlungszeiträume für die Rückzahlung der Investition.

rmz
Höhe der Zahlung je Zeitraum.

aw
Aktueller Wert (oder Pauschalbetrag) einer Reihe zukünftiger Zahlungen zum aktuellen Zeitpunkt.

fällig
Gibt an, wann Zahlungen fällig werden. 0 bedeutet, daß Zahlungen am Anfang, 1 daß Zahlungen am Ende eines Zahlungszeitraums fällig werden.

Die Argumente *zins* und *zzr* müssen in den gleichen Zahlungszeiträumen angegeben werden.

Für alle Argumente werden ausgehende Zahlungen durch negative Zahlen dargestellt; eingehende Zahlungen werden durch positive Zahlen dargestellt.

Bei Verwendung dieser Funktion müssen Sie mit der Visual Basic-Applikation die MSAFINX.DLL ausliefern und im \WINDOWS\SYSTEM-Verzeichnis installieren.

Get-Anweisung

Liest von einer Datei in eine Variable ein.

```
Get [#] dateihandle,[datensatz],variable
```

Die GET-Anweisung verwendet folgende Argumente:

dateihandle
Bezeichnet den Filehandle, der bei der OPEN-Anweisung zum Öffnen der Datei verwendet wurde. Dabei kann es sich um einen beliebigen numerischen Ausdruck handeln, sofern der Handle einer geöffneten Datei zugeordnet wurde.

datensatz
Bei Dateien, die im RANDOM-Modus geöffnet wurden, bezeichnet *datensatz* die Nummer des zu lesenden Datensatzes. Bei Dateien, die im BINARY-Modus geöffnet wurden, bezeichnet *datensatz* die Byte-Position für den Beginn des Lesezugriffs. Wird *datensatz* nicht angegeben, so wird der nächste Datensatz oder das nächste Byte gelesen, das der letzten GET- oder PUT-Anweisung folgt bzw. worauf die letzte SEEK-Funktion zeigt. Der maximal zulässige Wert für *datensatz* beträgt 2^{31} - 1 (2.147.483.647).

variable
Variablenname, in den eingelesen werden soll. Es können beliebige Variablen verwendet werden. Ausgenommen davon sind jedoch Objektvariablen und Arrays. Variablen, die nur ein einzelnes Array-Element bezeichnen, können verwendet werden.

Enthält eine einzulesende Variable einen numerischen Wert vom VARIANT-Datentyp (VARIANTTYP 0-7), liest GET zunächst 2 Byte, die den VARIANTTYP dieser Variablen identifizieren, und dann den eigentlichen Inhalt der Variablen. Die im LEN-Abschnitt der OPEN-Anweisung festgelegte Datensatzlänge muß also mindestens 2 Byte größer sein als die zum Speichern der Variablen tatsächlich benötigte Anzahl von Bytes.

Enthält eine einzulesende Variable den VARIANTTYP 8 (STRING), liest GET zunächst 2 Byte, durch die der Varianttyp identifiziert wird, dann 2 Byte, die die Länge der Zeichenfolge angeben und schließlich die Daten der Zeichenfolge. Die im LEN-Abschnitt der OPEN-Anweisung festgelegte Datensatzlänge muß demnach mindestens 4 Byte größer sein als die tatsächliche Länge des STRING.

Bei den restlichen Datentypen liest GET nur die Daten der Variablen ein. Die im LEN-Abschnitt der OPEN-Anweisung festgelegte Datensatzlänge muß also in jedem Fall gleich der Länge der zu lesenden Daten sein.

Benutzerdefinierte Datentypen werden von GET so gelesen, als ob jedes Element einzeln gelesen werden würde. Die Leerräume zwischen den einzelnen Elementen werden jedoch nicht aufgefüllt. Die im LEN-Abschnitt der OPEN-Anweisung festgelegte Datensatzlänge muß gleich der Summe aller Byte sein, die für das Lesen aller einzelnen Elemente benötigt werden.

Im BINARY-Modus hat der LEN-Abschnitt der OPEN-Anweisung keine Bedeutung.

GetAttr-Funktion

Gibt die Attribute einer Datei, eines Verzeichnisses oder eines Datenträgers zurück.

```
GetAttr (dateiname)
```

Das Argument *dateiname* bezeichnet eine eindeutige Datei-, Verzeichnis- oder Datenträgerspezifikation.

Die GETATTR-Funktion kann folgende Werte zurückliefern. Besitzt die angegebene Datei mehrere Attribute, so wird die Summe der einzelnen Attribute zurückgegeben.

Symbolische Konstante	Wert	Bedeutung
ATTR_NORMAL	0	Normale Datei
ATTR_READONLY	1	Schreibgeschützt Attribut
ATTR_HIDDEN	2	Versteckt Attribut
ATTR_SYSTEM	4	System Attribut
ATTR_VOLUME	8	Datenträgerlabel
ATTR_DIRECTORY	16	Verzeichnis
ATTR_ARCHIVE	32	Archiv Attribut

Um zu überprüfen ob ein bestimmtes Attribut gesetzt ist, kann man folgenden Ausdruck verwenden:

```
Lesbar= GetAttr(DatName) And ATTR_READONLY
```

Ist das Ergebnis ungleich Null (0), so ist dieses Attribut gesetzt.

Global-Anweisung

Deklariert eine projektweit gültige Variable in der 'General Deklarations'-Sektion eines Moduls.

```
Global variable[([index])] [As [New] datentyp]
        [, variable[([index])] [As [New] datentyp]]...
```

GLOBAL verwendet folgende Teile:

variable
Name der Variablen.

index
Dimensionen des Arrays. Um mehrere Dimensionen zu deklarieren, kann für *index* folgende Syntax verwendet werden:

```
[untergrenze To]obergrenze[,[untergrenze To]obergrenze]..
```

datentyp
Reserviertes Wort, das zum Deklarieren des Datentyps einer Variablen verwendet wird. *Datentyp* kann INTEGER, LONG, SINGLE, DOUBLE, CURRENCY, STRING (für Strings variabler Länge), STRING * *länge* (für Strings fester Länge), VARIANT ein benutzerdefinierter Datentyp oder ein Objektdatentyp sein. Für jede Variable muß eine separate Typ-Deklaration angegeben werden.

New
Erstellt eine neue Instanz des angegebenen Objekttyps. NEW kann nicht verwendet werden, um neue Instanzen grundlegender Datentypen, allge-

meiner Objektdatentypen (MDIForm, Form oder Control) oder spezifischer Steuerelementtypen (CommandButton, TextBox usw.) zu erstellen.

Die Global-Anweisung wird eingesetzt, um globale Variablen zu deklarieren, d.h. Variablen, die für sämtliche Prozeduren in allen Formen und Modulen verfügbar sind.

Das reservierte Wort To bietet die Möglichkeit für *index*, sowohl die unteren als auch die oberen Grenzen eines Arrays anzugeben. Arrayindizes können zwischen -32768 und 32767 festgelegt werden.

Die Anzahl zulässiger Arraydimensionen in einer Dim-Anweisung ist auf 60 begrenzt.

Wird ein *index* verwendet, der größer als *obergrenze* oder kleiner als *untergrenze* ist, tritt ein Fehler auf.

Wird New bei der Deklaration einer Objektvariablen nicht verwendet, existiert keine neue Instanz dieses Objekts. Die Variable muß zuerst einem existierenden Objekt eines *datentyps* zugeordnet werden, bevor sie verwendet werden kann. Bevor sie einem existierenden Objekt zugeordnet wird, hat die Objektvariable den besonderen Wert Nothing.

Mit leeren Klammern deklariert Global einen Array dynamischer Größe. Um die Größe festzulegen, wird innerhalb einer Prozedur die ReDim-Anweisung verwendet.

Bei der Initialisierung von Variablen werden numerische Variablen mit dem Wert Null (0) und Variant-Variablen mit dem Wert 'Empty' initialisiert; Zeichenfolgen variabler Länge werden als LeerStrings („") initialisiert, und Strings fester Länge werden mit Nullen gefüllt. Die Felder von Variablen eines benutzerdefinierten Datentyps werden analog zu separaten Variablen initialisiert.

Die Global-Anweisung kann nicht in Formen verwendet werden.

Gosub...Return-Anweisung

Bewirkt eine Verzweigung zu einem Unterprogramm innerhalb einer Prozedur und einer Rückkehr zur aufrufenden Prozedur.

```
GoSub {label| zeilennummer}
. . .
label: oder zeilennummer
. . .
Return
```

GoSub verwendet folgende Teile:

label
Label, das die erste Zeile eines Unterprogramms markiert. Ein *label* muß mit einem Buchstaben beginnen, mit einem Doppelpunkt enden und kann bis zu 40 Zeichen lang sein. Jedes *label* muß sich innerhalb der Form bzw. des Moduls befinden, in dem es mit GoSub angesprungen werden soll.

zeilennummer
Nummer, die die erste Zeile in einer Unterroutine markiert. *Zeilennummern* dürfen bis zu 40 Zeichen lang sein.

GoSub und Return können an jeder beliebigen Stelle in einer Prozedur verwendet werden. Die GoSub-Anweisung und die zugehörige Return-Anweisung müssen jedoch innerhalb derselben Prozedur verwendet werden.

Rekursive Unterprogramme sind möglich, können allerdings den verfügbaren Stapelspeicher überschreiten und damit die Ausführung des Programms unerwarteterweise anhalten.

GoTo-Anweisung

Bewirkt eine unbedingte Verzweigung zu einer angegebenen Routine.

```
GoTo { label | zeilennummer}
```

Die GoTo-Anweisung verwendet folgende Teile:

label
Label, das die erste Zeile eines Unterprogramms markiert. Ein *label* muß mit einem Buchstaben beginnen, mit einem Doppelpunkt enden und kann bis zu 40 Zeichen lang sein. Jedes *label* muß sich innerhalb der Form bzw. des Moduls befinden, in dem es mit GoSub angesprungen werden soll.

zeilennummer
Nummer, die die erste Zeile in einer Unterroutine markiert. *Zeilennummern* dürfen bis zu 40 Zeichen lang sein.

GoTo kann nur zu Zeilen innerhalb einer Prozedur verzweigen.

Hex[$]-Funktion

Wandelt einen dezimalen Ausdruck in einen hexadezimalen Wert um.

```
Hex[$](zahl)
```

HEX$ gibt einen STRING, HEX gibt einen VARIANT-Datentyp zurück.

Das Argument *zahl* ist ein numerischer Ausdruck, der auf die nächste Ganzzahl gerundet wird. Das Argument NULL erzeugt einen Laufzeitfehler. INTEGER-Datentypen liefern eine bis zu vierstellige Hex-Zahl, andere Datentypen bis zu acht Stellen.

Hex-Zahlen werden im Programmcode von Visual Basic folgendermaßen geschrieben:

```
&HHEXzahl&
```

oder

```
&HHEXzahl
```

Hour-Funktion

Gibt eine INTEGER-Zahl zwischen 0 bis 23 der als Argument angegebenen Uhrzeit zurück, die der Tagesstunde entspricht.

```
Hour(zahl)
```

Das Argument *zahl* stellt dabei einen beliebigen numerischen Ausdruck dar, der ein Datum und/oder eine Uhrzeit repräsentiert. Dabei wird nur der Anteil nach dem Dezimaltrennzeichen (dem englischen Punkt) als Uhrzeit interpretiert.

Das Argument NULL liefert auch den Funktionswert NULL zurück.

If...Then...Else-Anweisung

Ermöglicht eine bedingte Programmverzweigung aufgrund der Auswertung eines Ausdrucks.

```
If bedingung Then thenteil [Else elseteil]
```

Der *thenteil* und *elseteil* besitzen beide die folgende Syntax:

```
{anweisungen | [GoTo] zeilennummer | GoTo zeilenmarke }
```

```
If bedingung1 Then
  [anweisungsblock1]
[ElseIf bedingung2 Then
  [anweisungsblock2] ]
```

```
[Else
  [anweisungsblockN] ]
End If
```

IF...THEN verwendet folgende Teile:

bedingung
Entweder ein numerischer Ausdruck bzw. ein Stringausdruck, der TRUE (ungleich 0) oder FALSE (0 oder Wert NULL) darstellt, oder ein einzelner Ausdruck der Form IF TYPEOF *objekt* **Is** *objekttyp*. Das *objekt* ist dabei eine Steuerelementvariable, und *objekttyp* kann einer der Visual Basic-Objekttypen (z.B. TEXTBOX) sein.

thenteil, anweisungsblock1
Anweisungen, die ausgeführt werden, wenn *bedingung* TRUE oder wenn *objekt* von der durch *objekttyp* festgelegten Art ist.

elseteil, anweisungsblockX
Anweisungen, die ausgeführt werden, wenn die *bedingung* FALSE oder *objekt* nicht vom angegebenen *objekttyp* ist.

Beim Ausführen eines **If**-Blocks überprüft Visual Basic zuerst *bedingung1*, wenn dieser Ausdruck TRUE ist, werden die nach der THEN-Anweisung folgenden Anweisungen ausgeführt. Ist der erste Ausdruck FALSE, beginnt Visual Basic anschließend, alle ELSEIF-Bedingungen nacheinander auszuwerten. Sobald Visual Basic eine wahre Bedingung findet, werden die der zugehörigen THEN-Anweisung folgenden Anweisungen ausgeführt. Ist keine der *ElseIf*-Bedingungen TRUE, werden die auf die ELSE-Anweisung folgenden Anweisungen ausgeführt. Nach dem Ausführen der Anweisungen in den THEN- bzw. ELSE-Teilen, wird das Programm mit der Anweisung fortgesetzt, die auf das END IF folgt.

IIf-Funktion

Gibt, abhängig von einem Ausdruck, eines von zwei Argumenten zurück.

```
IIf( ausdruck, truepart, falsepart )
```

IIF verwendet folgende Argumente:

ausdruck
Auszuwertender Ausdruck.

truepart
Ausdruck, der zurückgeliefert wird, wenn *ausdruck* TRUE ist.

falsepart
Ausdruck, der zurückgeliefert wird, wenn *ausdruck* FALSE ist.

Immediate If (IIF) wertet immer den *truepart* und den *falsepart* aus, auch wenn nur einer der beiden Teile zurückgeliefert wird. Tritt in einem der beiden Argumente ein Laufzeitfehler auf, so erzeugt IIF einen Fehler, auch wenn das fehlerfreie Argument zurückgegeben würde.

Input #-Anweisung

Liest Daten von einer sequentiellen Datei ein und ordnet diese vorgegebenen Variablen zu.

```
Input # dateihandle, variablenliste
```

Die INPUT-Anweisung besteht aus folgenden Teilen:

dateihandle
Bezeichnet den Filehandle, der bei der OPEN-Anweisung zum Öffnen der Datei verwendet wurde. Dabei kann es sich um einen beliebigen numerischen Ausdruck handeln, sofern der Handle einer geöffneten Datei zugeordnet wurde. Das vorangestellte #-Zeichen ist nicht optional!

variablenliste
Durch Kommata getrennte Liste von Variablen.

Eine Variable in *variablenliste* darf kein Array sein; ein Element eines Arrays kann jedoch verwendet werden. Ferner darf eine solche Variable keinen benutzerdefinierten Datentyp besitzen; jedoch ein Element eines benutzerdefinierten Datentyps kann verwendet werden. Außer Objektvariablen sind alle anderen Variablentypen zulässig.

Wird versucht über das Dateiende hinaus zu lesen, während ein Datenelement eingegeben wird, so tritt ein Laufzeitfehler auf.

Input[$]-Funktion

Gibt von einer sequentiellen Datei eingelesene Zeichen zurück.

```
Input[$](n, [#]dateihandle)
```

INPUT$ gibt einen STRING, INPUT gibt einen VARIANT-Datentyp zurück.

Die INPUT[$]-Funktion verwendet folgende Argumente:

n
Bezeichnet die Anzahl der zu lesenden Zeichen in Byte. Dieser Wert darf nicht größer als 65.535 sein.

dateihandle
Bezeichnet den Filehandle, der bei der OPEN-Anweisung zum Öffnen der Datei verwendet wurde. Dabei kann es sich um einen beliebigen numerischen Ausdruck handeln, sofern der Handle einer geöffneten Datei zugeordnet wurde.

Die INPUT[$] kann nur für Dateien verwendet werden, die im INPUT- oder BINARY-Zugriffsmodus geöffnet wurden.

Im Gegensatz zu INPUT #, liefert INPUT[$] sämtliche gelesenen Zeichen einschließlich Kommata, CarriageReturns, LineFeeds, Anführungszeichen und vorangestellten Leerzeichen zurück.

InputBox[$]-Funktion

Zeigt ein Dialogfeld an, in das Eingaben gemacht werden können, die mit dem [OK]-Button zurückgegeben, mit dem [Abbrechen]-Button verworfen werden.

```
InputBox[$](aufforderung [, [titel] [, [vorgabe]
    [, x, y ] ] ])
```

INPUTBOX$ gibt einen STRING, INPUTBOX gibt einen VARIANT-Datentyp zurück.

Die INPUTBOX[$]-Funktion verwendet folgende Argumente:

aufforderung
Bezeichnet die im Dialogfenster angezeigte Meldung. Das Argument *aufforderung* darf eine länge von 255 Zeichen nicht überschreiten. Um lange Ausrücke lesen zu können, muß an geeigneten Stellen CarriageReturn- und LineFeed-Zeichen (CHR(13) & CHR(10)) eingefügt werden, um eine neue Zeile zu beginnen.

titel
Bezeichnet den Ausdruck, der in der Titelleiste des Dialoges erscheinen soll.

vorgabe
Bezeichnet der Ausdruck, der im Eingabefeld beim Anzeigen des Dialogfensters bereits enthalten sein soll.

x
Bezeichnet den Abstand in Twips des linken Dialogfensterrandes vom Bildschirmrand. Wird *x* nicht angegeben, so erscheint das Dialogfenster horizontal zentriert.

y
Bezeichnet den Abstand in Twips des oberen Dialogfensterrandes vom Bildschirmrand. Wird *y* nicht angegeben, so erscheint das Dialogfenster vertikal zentriert.

Wird der [OK]-Button oder [↵] betätigt, so liefert INPUTBOX[$] den Inhalt des Eingabefeldes als Funktionswert zurück. Wird der [Abbrechen]-Button betätigt, so liefert die Funktion einen LeerString („") zurück.

InStr-Funktion

Gibt die Position des ersten Vorkommens einer Zeichenfolge innerhalb einer anderen Zeichenfolge.

```
InStr( [start,] string, suchstring)
InStr( start, string, suchstring, vergleich)
```

Die INSTR-Funktion verwendet folgende Argumente:

start
Bezeichnet die Startposition für den Suchlauf. Gültige Werte liegen zwischen 1 und 65.535. Wird *start* nicht angegeben, so wird der Suchlauf an der ersten Stelle begonnen. Wenn *vergleich* angegeben wird, ist *start* nicht optional.

string
STRING, der durchsucht wird.

suchstring
STRING, nach dem gesucht wird.

vergleich
Gibt die Vergleichsmethode an. Wird *vergleich* angegeben, muß auch *start* angegeben werden. Ist *vergleich* gleich 0, wird CaseSensitiv verglichen (R=R). Ist *vergleich* gleich 1, wird die Groß- und Kleinschreibung nicht beachtet (R=r).

Ohne die Angabe von *vergleich* verwendet INSTR die durch die OPTION COMPARE-Anweisung festgelegte Vergleichsmethode (OPTION COMPARETEXT und OPTION COMPAREBINARY).

Wird in *suchstring* ein LeerString verwendet, so wird als Funktionswert *start* zurückgegeben. Der Wert Null (0) wird zurückgegeben, wenn *start* größer als der *suchstring* ist, *string* ein LeerString ist oder *suchstring* nicht gefunden wurde. Der Wert NULL wird zurückgegeben, wenn *string* oder *suchstring* NULL sind. Ist *start* oder *vergleich* NULL, tritt ein Laufzeitfehler auf.

Int-Funktion, Fix-Funktion

Gibt den ganzzahligen Anteil einer Zahl zurück.

```
Int(zahl)
```

```
Fix(zahl)
```

Das Argument *zahl* kann ein beliebiger zulässiger numerischer Ausdruck sein. INT und FIX entfernen beide die Dezimalstellen des Arguments und geben nur den ganzzahligen Anteil aus.

Der ausgegebene Datentyp entspricht dabei dem des Arguments, mit Ausnahme des VARTYPE 8 (STRING), der in den VARTYPE 5 (DOUBLE) umgewandelt wird. Das Argument NULL gibt den Funktionswert NULL zurück.

INT und FIX unterscheiden sich in dem Verhalten, in dem negative Zahlen gerundet werden.

INT gibt die nächste kleinere oder gleiche, FIX die nächste größere oder gleiche Ganzzahl zurück.

IPmt-Funktion

Finanzmathematische Funktion, die den Betrag der Zinszahlungen für eine Investition über einen bestimmten Zeitraum auf der Basis regelmäßiger, konstanter Zahlungen und eines konstanten Zinssatzes zurückliefert.

```
IPmt(zins, zr, zzr, aw, zw, fällig)
```

Eine Investition (ein Kredit oder eine Kapitalanlage) besteht aus einer Reihe konstanter Zahlungen über einen bestimmten Zeitraum.

IPMT verwendet folgende Argumente:

zins
Zinssatz pro Zeitraum. Ein Jahreszins von 7% entspricht dabei einem Zinssatz pro Zeitraum von 0,07 / 12 oder 0,0058.

zr
Zahlungszeitraum. Liegt zwischen 1 und *zzr*.

zzr
Gesamtzahl aller Zahlungszeiträume für die Rückzahlung der Investition.

aw
Aktueller Wert (oder Pauschalbetrag) einer Reihe zukünftiger Zahlungen zum aktuellen Zeitpunkt.

zw
Zukünftiger Wert oder Kontostand, den Sie nach Durchführen der letzten Zahlung erreichen möchten.

fällig
Gibt an, wann Zahlungen fällig werden. 0 bedeutet, daß Zahlungen am Anfang, 1 daß Zahlungen am Ende eines Zahlungszeitraums fällig werden.

Die Argumente *zins* und *zzr* müssen in den gleichen Zahlungszeiträumen angegeben werden.

Für alle Argumente werden ausgehende Zahlungen durch negative Zahlen dargestellt; eingehende Zahlungen werden durch positive Zahlen dargestellt.

Wichtig:
Bei Verwendung dieser Funktion müssen Sie mit der Visual Basic-Applikation die MSAFINX.DLL ausliefern und im \WINDOWS\SYSTEM-Verzeichnis installieren.

IsDate-Funktion

Gibt an, ob ein VARIANT-Datentyp in ein Datum umgewandelt werden kann.

```
IsDate(variant)
```

Das Argument *variant* kann ein VARTYPE 7 (DATUM) oder VARTYPE 8 (STRING) sein. ISDATE gibt den Wert TRUE zurück, wenn eine Umwandlung in ein Datum zulässig ist; anderenfalls wird sie FALSE.

IsEmpty-Funktion

Gibt an, ob ein VARIANT-Datentyp einen Wert enthält.

```
IsEmpty(variant)
```

Das Argument *variant* kann ein VARIANT-Datentyp sein. ISEMPTY gibt den Wert TRUE zurück, wenn die Variable 'leer' ist, ansonsten wird sie FALSE.

Wenn das Argument *variant* mehrere Variablen des VARIANT-Datentyps enthält, gibt ISEMPTY immer FALSE zurück.

Eine Variable ist 'leer', wenn sie noch keinen Wert enthält. Dabei stellen auch NULL und LeerString („“) Werte dar.

IsNull-Funktion

Gibt an, ob ein VARIANT-Datentyp den Wert NULL enthält.

```
IsNull(variant)
```

Das Argument *variant* kann ein VARIANT-Datentyp sein. ISNULL gibt den Wert TRUE zurück, wenn das Argument NULL ist, ansonsten wird sie FALSE.

Eine Variable ist NULL, wenn sie keine Daten enthält. Nicht zu verwechseln mit 'leer' oder LeerString.

Nur mit ISNULL kann festgestellt werden, ob ein Ausdruck NULL ist. Beim Vergleichen einer Variablen mit NULL wird der gesamte Vergleichsausdruck selbst NULL, also FALSE.

IsNumeric-Funktion

Gibt an, ob ein VARIANT-Datentyp in eine Zahl umgewandelt werden kann.

```
IsNumeric(variant)
```

Das Argument *variant* kann ein VARIANT-Datentyp sein. ISNUMERIC gibt den Wert TRUE zurück, wenn das Argument ein numerischer Ausdruck ist, ansonsten wird sie FALSE.

Zulässig sind dabei der VARTYPE 0 (leer), die VARTYPEN 2-6, der VARTYPE 7 (DATE) sowie der VARTYPE 8 (STRING), wenn er einen numerischen Ausdruck enthält.

Kill-Anweisung

Löscht Dateien vom Datenträger.

```
Kill dateiname
```

Die KILL-Anweisung ist mit den DOS-Befehlen ERASE und DEL vergleichbar.

Der String *dateiname* bezeichnet dabei den Namen einer Datei, wobei auch Laufwerk und Pfad mit angegeben werden können. Auch die Verwendung von Platzhaltern (wie * oder ?) ist möglich.

KILL löscht nur Dateien. Verzeichnisse können mit RMDIR entfernt werden. Gerade geöffnete Dateien können mit KILL nicht gelöscht werden.

LBound-Funktion

Gibt den kleinsten verwendeten Index für die angegebene Dimension eines Arrays.

```
LBound(array [,dimension])
```

Die LBOUND-Funktion wird in Verbindung mit der UBOUND-Funktion verwendet, um die Größe eines Datenfeldes zu bestimmen. Verwenden Sie die UBOUND-Funktion, um die obere Grenze einer Datenfelddimension zu bestimmen.

Die LBOUND-Funktion verwendet die folgenden Argumente:

array
Name des Arrays.

dimension
Bezeichnet die Nummer der Dimension, deren unterer Index ermittelt werden soll. Ohne Angabe von *dimension* wird die Zahl 1 angenommen.

Die Standardeinstellung der Indexuntergrenze ist abhängig von der OPTIONBASE-Einstellung.

LCase[$]-Funktion

Wandelt alle Zeichen eines Strings in Kleinbuchstaben um.

```
LCase[$](string)
```

LCASE$ gibt einen STRING, LCASE gibt einen VARIANT-Datentyp zurück.

Alle Großbuchstaben des Argumentes *string* werden in Kleinbuchstaben umgewandelt. Kleinbuchstaben und andere Zeichen bleiben unverändert. Das Argument NULL gibt den Funktionswert NULL zurück.

Left[$]-Funktion

Gibt die ersten *n* Zeichen eines Arguments zurück.

```
Left[$](string, n)
```

LEFT$ gibt einen STRING, LEFT gibt einen VARIANT-Datentyp zurück.

Die LEFT[$]-Funktion verwendet folgende Argumente:

string
Ausdruck, von dessen Anfang eine bestimmte Zahl von Zeichen ausgegeben werden sollen. Das Argument NULL gibt den Funktionswert NULL zurück.

n
Anzahl der Zeichen, die vom Anfang des *string* ausgegeben werden sollen. Zulässige Werte liegen dabei zwischen 0 und 65.535. Ist *n* gleich 0, wird ein LeerString zurückgegeben. Ist *n* größer als die Länge des Argumentes *string*, so wird der gesamte *string*-Ausdruck zurückgegeben.

Die Gesamtlänge eines Ausdrucks kann mit LEN festgestellt werden.

Len-Funktion

Gibt die Größe eines STRING in Zeichen oder die Größe einer Variablen in Byte zurück.

```
Len(string)
```

Gibt die Anzahl der Zeichen des Arguments zurück.

```
Len(variablenname)
```

Gibt die Größe der angegebenen Variablen in Bytes zurück.

Ist *variablenname* ein VARIANT-Datentyp, so wird, unabhängig vom tatsächlichen Inhalt, ein VARTYPE 8 (STRING) zugrundegelegt. Weist das Argument von LEN den Wert NULL auf, liefert die Funktion NULL.

Len kann auch zur Bestimmung der Größe von benutzerdefinierten Datentypen verwendet werden, ist dabei aber bei Elementen des VARTYPE 8 nicht zuverlässig.

Let-Anweisung

Weist einer Variablen einen Wert zu.

```
[Let] variable = wertausdruck
```

Die LET-Anweisung verwendet folgende Teile:

variable
Name einer Variablen.

wertausdruck
Zuzuweisender Ausdruck oder Wert.

Das reservierte Wort LET ist optional. Zuweisungen können auch ohne Let durchgeführt werden.

Ein *wertausdruck* kann einer Variablen nur zugewiesen werden, wenn die jeweiligen Datentypen kompatibel sind. ansonsten erscheint die Meldung: 'Type Mismatch'.

Mit LET-Anweisungen können nur dann ein Datensatz einem anderen Datensatz zugewiesen werden, wenn beide Variablen denselben benutzerdefinierten Datentyp besitzen. Mit LSET können Datensatzvariablen verschiedener benutzerdefinierter Datentypen zugewiesen werden.

Line Input #-Anweisung

Liest Daten zeilenweise von einer sequentiellen Datei ein und ordnet diese einer STRING- oder VARIANT-Variablen zu.

```
Line Input # dateihandle, variable
```

LINE INPUT # wird für das zeilenweise Einlesen einer Textdatei verwendet.

Die LINEI NPUT #-Anweisung verwendet folgende Argumente:

dateihandle
Bezeichnet den Filehandle, der bei der OPEN-Anweisung zum Öffnen der Datei verwendet wurde. Dabei kann es sich um einen beliebigen numerischen Ausdruck handeln, sofern der Handle einer geöffneten Datei zugeordnet wurde. Das vorangestellte #-Zeichen ist nicht optional!

variable
Variable, die zum Einlesen einer Zeile verwendet wird.

Die LINE INPUT #-Anweisung liest alle Zeichen in einer sequentiellen Datei ein, bis zum Auftreten eines CarriagReturn-Zeichens. Die CarriageReturn/ LineFeed-Zeichenfolge (CHR(13) & CHR(10)) wird nicht mit eingelesen.

Load-Anweisung

Lädt eine Form oder ein Control in den Arbeitsspeicher.

```
Load objekt
```

Das *objekt*-Argument stellt eine zu ladende FORM, eine MDIFORM oder ein zu ladendes Element eines Controlarrays dar.

Die LOAD-Anweisung muß nur dann verwendet werden, wenn eine Form geladen, jedoch nicht gleich angezeigt werden soll. Durch jede Referenz auf eine Form, außer mit der SET- oder IF...TYPEOF-Anweisung, wird die jeweilige Form automatisch geladen, falls nötig. Daher lädt beispielsweise die SHOW-Methode eine nicht geladene Form, bevor diese angezeigt wird.

Wird eine Form mehrmals geladen, dann besitzt jede dieser Formen ihren eigenen Satz von Eigenschaften und Variablen, die unabhängig von denen anderer Instanzen der Form geändert werden können.

LoadPicture-Funktion

Gibt den Bildinhalt eines, von einem Datenträger geladenen, Bildes zurück.

```
LoadPicture( [dateiname])
```

Das Argument *dateiname* bezeichnet den Namen einer Bilddatei, die geladen werden soll. Bereits geladene Bilder werden gelöscht, wenn LOADPICTURE ohne Argument verwendet wird. Zulässige Bildformate sind unter Visual Basic: *.BMP (Bitmaps), *.ICO (Icons), *. RLE (run-length encoded) und *.WMF (Windows Metafile).

```
Image1.Picture = LoadPicture(„AUTOS.BMP")
```

Loc-Funktion

Gibt die aktuelle Lese- bzw. Schreibposition innerhalb einer geöffneten Datei zurück.

```
Loc(dateihandle)
```

Das Argument *dateihandle* bezeichnet den Filehandle, der bei der OPEN-Anweisung zum Öffnen der Datei verwendet wurde. Dabei kann es sich um einen beliebigen numerischen Ausdruck handeln, sofern der Handle einer geöffneten Datei zugeordnet wurde.

Bei Dateien, die im sequentiellen Zugriff geöffnet wurden, liefert LOC die Byte-Position dividiert durch 128 zurück. Bei Dateien, die im RANDOM-Zugriff geöffnet wurden, liefert LOC die Nummer des Datensatzes zurück, auf den zuletzt zugegriffen wurde. Bei Dateien, die im BINARY-Zugriff geöffnet wurden, liefert LOC die Nummer des Bytes zurück, auf den zuletzt zugegriffen wurde.

Lock...Unlock-Anweisung

Legt die Zugriffsmöglichkeiten anderer Prozesse auf eine bereits geöffnete Datei fest.

```
Lock [#]dateinummer [,{datensatz | [anfang] To ende} ]
. . .
Unlock [#]dateinummer [,{datensatz | [anfang] To ende} ]
```

LOCK und UNLOCK werden in Netzwerkumgebungen eingesetzt, wo unter Umständen mehrere Prozesse auf dieselbe Datei zugreifen müssen.

LOCK...UNLOCK verwendet folgende Teile:

dateihandle
Bezeichnet den Filehandle, der bei der OPEN-Anweisung zum Öffnen der Datei verwendet wurde. Dabei kann es sich um einen beliebigen numerischen Ausdruck handeln, sofern der Handle einer geöffneten Datei zugeordnet wurde.

datensatz
Zu sperrender Datensatz oder Byte. Es kann eine beliebige Zahl zwischen 1 und 2^{31}-1 (2.147.483.647) verwendet werden. Ein Datensatz kann dabei maximal 65.535 Byte lang sein.

anfang
Erster zu sperrender Datensatzes bzw. Byte.

ende
Letzter zu sperrender Datensatzes bzw. Byte.

Bei Dateien, die im BINARY-Modus geöffnet wurden, bezeichnen *datensatz, anfang* und *ende* die Nummer eines Byte, bezogen auf den Anfang einer Datei. Bei Dateien die im RANDOM-Modus geöffnet wurden, bezeichnen *datensatz, anfang* und *ende* die Nummer eines Datensatzes, bezogen auf den Anfang einer Datei. Wurde die Datei für eine sequentielle Ein- oder Ausgabe geöffnet, beziehen sich LOCK und UNLOCK immer auf die gesamte Datei.

Die LOCK- und UNLOCK-Anweisungen können grundsätzlich nur paarweise verwendet werden.

Wird nur ein Datensatz angegeben, so wird nur dieser Datensatz gesperrt bzw. freigegeben. Wird einen Datensatzbereich angeben und *anfang* weglassen, so werden vom ersten Datensatz bis zum *ende* des Bereichs alle Datensätze gesperrt bzw. freigegeben. Wird LOCK bzw. UNLOCK ohne *datensatz* verwendet, so wird die gesamte Datei gesperrt bzw. freigegeben.

Es können nur DOS-Versionen 3.1 oder höher verwendet werden und das Programm SHARE.EXE muß gestartet sein, um Sperroperationen durchführen zu können.

Sie sollten sicherstellen, daß vor dem Schließen einer Datei oder einem Programmabbruch sämtliche Sperrungen mit der UNLOCK-Anweisung aufgehoben wurden.

LOF-Funktion

Gibt die Größe einer geöffneten Datei in Bytes zurück.

```
LOF(dateinhandle)
```

Das Argument *dateihandle* bezeichnet den Filehandle, der bei der OPEN-Anweisung zum Öffnen der Datei verwendet wurde. Dabei kann es sich um einen beliebigen numerischen Ausdruck handeln, sofern der Handle einer geöffneten Datei zugeordnet wurde.

Mit FILELEN kann die Länge einer nicht geöffneten Datei bestimmt werden.

Log-Funktion

Berechnet den natürlichen Logarithmus des Arguments.

```
Log(zahl)
```

Das Argument *zahl* kann ein beliebiger numerischer Ausdruck sein, der größer als 0 ist. Der natürliche Logarithmus ist der Logarithmus zur Basis e (. 2,718282).

Sie können den Logarithmus einer beliebigen Basis *b* für jede Zahl x berechnen, indem Sie den natürlichen Logarithmus von x durch den natürlichen Logarithmus von n dividieren.

```
Logb = Log(x) / Log(b)
```

LSet-Anweisung

Richtet eine Zeichenfolge innerhalb einer Stringvariablen fester Länge links aus oder kopiert eine Variable eines festgelegten benutzerdefinierten Datentyps in eine Variable eines anderen Datentyps.

```
LSet stringvariable = stringausdruck
```

```
LSet variable1 = variable2
```

LSET verwendet folgende Teile:

stringvariable
Name einer STRING-Variablen.

stringausdruck
Links auszurichtender Zeichenfolgenausdruck.

variable2
Variable eines bestimmten benutzerdefinierten Datentyps, aus der kopiert werden soll.

variable1
Variable eines anderen benutzerdefinierten Datentyps, in die kopiert wird.

Wenn *stringausdruck* kürzer als *stringvariable* ist, richtet LSET den *stringausdruck* innerhalb der *stringvariable* links aus. LSET ersetzt dabei alle übrigen Zeichen in *stringvariable* durch Leerzeichen.

Ist *stringausdruck* länger als *stringvariable*, stellt LSET nur die äußerst linken Zeichen in die *stringvariable*. Zeichen weiter rechts werden abgeschnitten.

LSET kann nicht benutzt werden, um Variablen unterschiedlicher benutzerdefinierter Datentypen zu kopieren, wenn Strings variabler Länge oder VARIANT-Variablen enthalten sind.

LTrim[$]-, RTrim[$]-, Trim[$]-Funktion

Gibt eine Zeichenfolge zurück, bei der Leerzeichen vom Anfang, Ende oder beiden Seiten entfernt wurden.

```
[L | R]Trim[$](string)
```

LTRIM$, RTRIM$ und TRIM$ geben einen STRING, LTRIM, RTRIM und TRIM geben einen VARIANT-Datentyp zurück.

LTRIM[$] entfernt Leerzeichen vom Anfang der Zeichenfolge *string*. RTRIM[$] entfernt Leerzeichen vom Ende der Zeichenfolge *string*. TRIM[$] entfernt

Leerzeichen sowohl vom Anfang als auch vom Ende der Zeichenfolge *string*. Weist das Argument von LTRIM[$], RTRIM[$] oder TRIM[$] den Wert NULL auf, liefert die Funktion NULL zurück.

Mid$-Anweisung

Ersetzt den angegebenen Teil eines Strings durch eine andere Zeichenfolge.

```
Mid[$](stringvariable, start [, länge] ) = stringausdruck
```

MID$ verwendet folgende Argumente:

stringvariable
STRING-Variable oder VARIANTTYP 8 (STRING), die verändert werden soll.

start
Zeichenposition in *stringvariable*, an der der Ersetzungstext beginnen soll.

länge
Anzahl zu ersetzender Zeichen.

stringausdruck
String, der einen Teil von *stringvariable* ersetzen soll.

Die *start*- und *länge*-Argumente sind Zahlen aus dem Bereich zwischen 0 und 65.535. *Stringvariable* muß eine Variable, *stringausdruck* kann jedoch ein beliebiger Stringausdruck sein.

Wird *länge* weggelassen, so werden alle Zeichen aus *stringausdruck* verwendet. Die Anzahl der ersetzten Zeichen ist immer kleiner oder gleich der Anzahl Zeichen in *stringvariable*.

Mid[$]-Funktion

Gibt einen bestimmten Teil einer Zeichenfolge zurück.

```
Mid[$](string, start, [länge] )
```

MID$ gibt einen STRING, MID gibt einen VARIANT-Datentyp zurück.

Die MID[$]-Funktion verwendet folgende Argumente:

string
Ausdruck, aus dem eine bestimmte Zahl von Zeichen von einer bestimmten Position ausgegeben werden sollen. Das Argument NULL gibt den Funktionswert NULL zurück.

start
Gibt an, an welcher Stelle der ausgegebene Teilausdruck beginnen soll.

länge
Gibt die Länge in Zeichen des auszugebenden Teilausdrucks an.

Zulässige Werte für *start* und *länge* liegen dabei zwischen 0 und 65.535. Wird *länge* nicht angegeben oder ist *string* kürzer als *länge* angibt, werden alle Zeichen von *start* bis zum Ende des Ausdrucks zurückgegeben. Ist *start* größer als die Länge von *string*, wird ein LeerString („") zurückgegeben.

Minute-Funktion

Gibt eine INTEGER-Zahl zwischen 0 bis 59 der als Argument angegebenen Uhrzeit zurück, die der Minute der angegebenen Stunde entspricht.

```
Minute(zahl)
```

Das Argument *zahl* stellt dabei einen beliebigen numerischen Ausdruck dar, der ein Datum und/oder eine Uhrzeit repräsentiert. Dabei wird nur der Anteil nach dem Dezimaltrennzeichen (dem englischen Punkt) als Uhrzeit interpretiert.

Das Argument NULL liefert auch den Funktionswert NULL zurück.

MkDir-Anweisung

Erstellt ein Verzeichnis.

```
MkDir [laufwerk:] [ \ ]verzeichnis[\verzeichnis] . . .
```

Das Argument von MKDIR bezeichnet dabei den Namen eines Verzeichnisses. Dieses Argument darf nicht länger als 128 Zeichen sein. *Laufwerk* bezeichnet eine optionale Laufwerksangabe, *verzeichnis* einen Verzeichnisnamen.

Die MKDIR-Anweisung entspricht dem DOS-Befehl MKDIR (MD).

Month-Funktion

Gibt eine INTEGER-Zahl zwischen 1 bis 12 des als Argument angegebenen Datums zurück, das der Monatszahl des angegebenen Jahres entspricht.

```
Month(zahl)
```

Das Argument *zahl* stellt dabei einen beliebigen numerischen Ausdruck dar, der ein Datum und/oder eine Uhrzeit repräsentiert. Dabei wird nur der Anteil vor dem Dezimaltrennzeichen (dem englischen Punkt) als Uhrzeit interpretiert. Negative Zahlen stellen Datumsangaben vor dem 30. Dezember 1899 dar.

Das Argument NULL liefert auch den Funktionswert NULL zurück.

MsgBox-Funktion, MsgBox-Anweisung

Zeigt ein Meldungs-Dialogfeld an und kann die zum Verlassen des Dialoges ausgewählte Schaltfläche zurückgeben.

Funktion:

```
MsgBox(mldg [, typ [, titel] ] )
```

Anweisung:

```
MsgBox mldg [, typ [, titel] ]
```

MSGBOX-Funktion und -Anweisung verwenden folgende Argumente:

mldg
Bezeichnet den Ausdruck, der im Dialogfenster angezeigt werden soll. Es können maximal 1024 Zeichen angezeigt werden. Zudem sollte die Meldung mindestens alle 255 Zeichen ein Leerzeichen als Zeilenumbruchsmöglichkeit enthalten.

typ
Legt fest welche Buttons und welches Bildsymbol sich auf dem Meldungsdialog befinden sollen, welcher der Buttons mit betätigt werden soll sowie ob der Dialog Anwendungs- oder System-Modal sein soll.

Dazu stehen folgende Werte zur Verfügung:

typ	**Bedeutung**
0	Nur OK
1	OK und Abbrechen
2	Abbrechen, Wiederholen und Ignorieren
3	Ja, Nein und Abbrechen
4	Ja und Nein
5	Wiederholen und Abbrechen
16	'Stop' Symbol
32	'Fragezeichen' Symbol
48	'Ausrufungszeichen' Symbol
64	'Info' Symbol

typ	**Bedeutung**
0	Erste Schaltfläche ist Default
256	Zweite Schaltfläche ist Default
512	Dritte Schaltfläche ist Default
0	Anwendungs-Modal
4096	System-Modal

Um Kombinationen der einzelnen Typen zu verwenden, werden die jeweiligen Werte addiert. Wird kein *typ* angegeben, wird *typ* 0 verwendet.

Symbolische Konstanten der einzelnen Typen finden Sie in der Datei CONSTANT.TXT bereits vordefiniert.

titel
Bezeichnet den Ausdruck, der in der Titelleiste des Meldungsdialoges erscheinen soll. Wird kein *titel* angegeben, wird in der Entwicklungsumgebung „Microsoft Visual Basic“, ansonsten der Anwendungsname verwendet.

Die MsgBox bricht automatisch Zeilen am rechten Rand des Dialogfeldes um. Um selbst festzulegen wo Zeilen umgebrochen werden, können CarriageReturn- und LineFeed-Zeichen (Chr(13) & Chr(10)) eingefügt werden. (Funktioniert nur bei Microsoft Windows-Versionen größer als 3.0.)

Die Rückgabewerte der MsgBox-Funktion geben an, welcher der Buttons ausgewählt wurde. Folgende Rückgabewerte sind dabei möglich:

Wert	**gewählter Button**
1	OK
2	Abbrechen
3	Abbrechen
4	Wiederholen
5	Ignorieren
6	Ja
7	Nein

Symbolische Konstanten der einzelnen Typen finden Sie in der Datei CONSTANT.TXT bereits vordefiniert.

Name-Anweisung

Ändert den Namen einer Datei oder eines Verzeichnisses auf einem Datenträger.

```
Name altname As neuname
```

Die NAME-Anweisung ist mit dem DOS-Befehl RENAME vergleichbar. NAME kann aber nicht nur Dateinamen, sondern auch Verzeichnisnamen ändern.

Der String *altname* bzw. *neuname* bezeichnet dabei den Namen einer Datei oder eines Verzeichnisses, wobei auch Laufwerk und ggf. Pfad mit angegeben werden können. Auch die Verwendung von Platzhaltern (wie * oder ?) ist möglich.

Die mit *altname* angegebene Datei muß existieren, die Datei *neuname* darf noch nicht vorhanden sein. *Altname* und *neuname* müssen sich auf demselben Laufwerk befinden.

Gerade geöffnete Dateien können mit NAME nicht bearbeitet werden.

Now-Funktion

Gibt das aktuelle Systemdatum und die aktuelle Systemuhrzeit des Rechners zurück.

```
Now
```

NOW gibt das Systemdatum und die Systemuhrzeit im VARTYPE 7 (DATE) zurück.

Die zurückgegebene Zahl steht für ein Datum und eine Uhrzeit zwischen dem 1. Januar 100 und dem 31. Dezember 9999. Dabei entspricht 2 dem 1. Januar 1900. Der Anteil nach dem Dezimaltrennzeichen wird als Uhrzeit, der Anteil von dem Dezimaltrennzeichen als Datum interpretiert.

Direkt angezeigt, wird der Rückgabewert allerdings als Zeichenfolge der Kurzformate der International Sektion der Windows-Systemsteuerung dargestellt.

NPer-Funktion

Finanzmathematische Funktion, die die Anzahl der Zahlungszeiträume für eine Investition auf der Basis regelmäßiger, konstanter Zahlungen und eines konstanten Zinssatzes zurückgibt.

```
NPer (zins, rmz, aw, zw, fällig)
```

Eine Investition (ein Kredit oder eine Kapitalanlage) besteht aus einer Reihe konstanter Zahlungen über einen bestimmten Zeitraum.

NPER verwendet folgende Argumente:

zins
Zinssatz pro Zeitraum. Ein Jahreszins von 7% entspricht dabei einem Zinssatz pro Zeitraum von 0,07 / 12 oder 0,0058.

rmz
Höhe der Zahlung je Zeitraum.

aw
Aktueller Wert (oder Pauschalbetrag) einer Reihe zukünftiger Zahlungen zum aktuellen Zeitpunkt.

zw
Zukünftiger Wert oder Kontostand, den Sie nach Durchführen der letzten Zahlung erreichen möchten.

fällig
Gibt an, wann Zahlungen fällig werden. 0 bedeutet, daß Zahlungen am Anfang, 1 daß Zahlungen am Ende eines Zahlungszeitraums fällig werden.

Für alle Argumente werden ausgehende Zahlungen durch negative Zahlen dargestellt; eingehende Zahlungen werden durch positive Zahlen dargestellt.

Wichtig:
Bei Verwendung dieser Funktion müßen Sie mit der Visual Basic-Applikation die MSAFINX.DLL ausliefern und im \WINDOWS\SYSTEM-Verzeichnis installieren.

Oct[$]-Funktion

Wandelt einen dezimalen Ausdruck in einen Oktalwert um.

```
Oct[$](zahl)
```

OCT$ gibt einen STRING, OCT gibt einen VARIANT-Datentyp zurück.

Das Argument *zahl* ist ein numerischer Ausdruck, der auf die nächste Ganzzahl gerundet wird. Das Argument NULL erzeugt einen Laufzeitfehler. INTEGER-Datentypen liefern eine bis zu sechsstellige Octalzahl, andere Datentypen bis zu elf Stellen.

Oktalzahlen werden im Programmcode von Visual Basic folgendermaßen geschrieben:

```
&OOCTALzahl&
```

oder

```
&OOCTALzahl
```

On Error-Anweisung

Aktiviert bzw. deaktiviert eine benutzerdefinierte Fehlerbehandlung.

```
On [Local] Error {[{ GoTo {label | 0} | Resume Next}] |
. . .
[label: ]
. . .
[{ Resume [Next] | Exit Sub | Exit Function | Stop | End }]}
```

Ohne ON ERROR-Anweisung wird jeder auftretende Laufzeitfehler von der Standard Fehlerbehandlung von Visual Basic behandelt. Das heißt, Visual Basic zeigt eine Fehlermeldung an und unterbricht die Programmausführung.

Die ON ERROR-Anweisung verwendet folgende Teile:

Local
Das Schlüsselwort LOCAL hat unter Visual Basic keine besondere Bedeutung.

GoTo *label*
Aktiviert die benutzerdefinierte Fehlerbehandlung, die bei *label* (oder Zeilennummer) beginnt. Tritt nach der ON ERROR-Zeile ein Laufzeitfehler auf, verzweigt die Programmsteuerung zu dem angegebenen *label*. Das angegebene *label* muß sich in derselben Prozedur befinden.

GoTo 0
Deaktiviert die benutzerdefinierte Fehlerbehandlung und aktiviert die Standard-Fehlerbehandlung von Visual Basic wieder.

Resume Next
Bewirkt, daß die Programmsteuerung bei Auftreten eines Laufzeitfehlers zu der Anweisung geht, die auf die fehlerhafte Anweisung folgt.

Eine benutzerdefinierte Fehlerbehandlungsroutine wird aktiviert, wenn sich eine ON ERROR GOTO *label*-Anweisung darauf bezieht. Wenn eine Fehlerbehandlungsroutine aktiviert ist, löst jeder Laufzeitfehler einen Sprung der Programmsteuerung zu der aktivierten benutzerdefinierten Fehlerbehandlungsroutine aus. Eine benutzerdefinierte Fehlerbehandlungsroutine wird bei einem Laufzeitfehler angesprungen, und durch ein RESUME, EXIT SUB, EXIT FUNCTION, STOP oder END wieder verlassen.

Tritt ein Fehler auf, solange eine benutzerdefinierte Fehlerbehandlungsroutine bereits aktiv ist, so kann diese Fehlerbehandlung den Fehler nicht bearbeiten. Verfügt also die aufrufende Prozedur über eine bereits aktivierte Fehlerbehandlungsroutine, wird die Fehlerbehandlung an die aufrufende

Prozedur übergeben. Dadurch wird deren Fehlerbehandlungsroutine aktiviert. Ist die Fehlerbehandlungsroutine der aufrufenden Prozedur ebenfalls bereits aktiv, wird die Programmsteuerung solange an aufrufende Prozeduren weitergegeben, bis eine noch nicht aktive Fehlerbehandlungroutine gefunden wird. Wenn keine freie Fehlerbehandlungroutine gefunden wird, wird der Fehler von der Standard-Fehlerbehandlung von Visual Basic bearbeitet.

Sobald ein Fehler durch eine benutzerdefinierte Fehlerbehandlungsroutine bearbeitet wurde, wird die Programmausführung in der aktuellen Prozedur an der Stelle wiederaufgenommen, die durch die RESUME-Anweisung festgelegt ist.

Durch ON ERROR RESUME NEXT wird bei einem Laufzeitfehler die fehlererzeugende Zeile einfach übersprungen.

Der Typ des aufgetretenen Fehlers kann durch die Systemvariable ERR genauer bestimmt werden.

On...GoSub-, On...GoTo-Anweisung

Verzweigt mit oder ohne Rücksprung, je nach dem Wert eines angegebenen Ausdrucks, zu einer von mehreren angegebenen Labels.

```
On ausdruck GoSub label1[, label2] . . . [, label256]
On ausdruck GoTo label1[, label2] . . . [, label256]
```

ON...GOSUB und ON...GOTO verwenden folgendeTeile:

ausdruck
Bezeichnet einen beliebigen numerischen Ausdruck, der einen Wert aus dem Bereich zwischen 0 und 255 darstellt. Der *ausdruck* wird auf einen ganzzahligen Wert aufgerundet. Der Wert für Ausdruck bestimmt, zu welchem *label* das Programm verzweigt.

labelX
Liste von Zeilenlabeln und Zeilennummern, die durch Kommata getrennt werden.

Sie können als *label* sowohl Zeilennummern als auch Zeilenlabel verwenden. Die Anzahl der *label* ist nur durch die in eine Zeile passende Anzahl von Zeichen begrenzt.

Open-Anweisung

Ermöglicht eine Eingabe bzw. Ausgabe in bzw. aus einer Datei (File-I/O).

```
Open datei [ For modus][Access zugriff][sperrung] As
        [#]dateihandle [Len = datensatzlänge]
```

Eine Datei muß geöffnet sein, bevor eine File-I/O Operation durchgeführt werden kann. Die OPEN-Anweisung weist der Datei einen I/O Puffer zu und bestimmt den Zugriffsmodus für diesen Puffer.

Die OPEN-Anweisung verwendet folgende Teile:

datei
Dateiname mit oder ohne Laufwerk und Pfad.

modus
Reserviertes Wort für den Dateimodus: APPEND, BINARY, INPUT, OUTPUT, RANDOM.

zugriff
Reserviertes Wort für die Zugriffsrichtung: READ, WRITE, READ WRITE.

sperrung
Reserviertes Wort für die Zugriffsrechte in Mehrbenutzerumgebungen: SHARED, LOCK READ, LOCK WRITE, LOCK READ WRITE.

dateihandle
Ganzzahliger Wert aus dem Bereich zwischen 1 und 255. Durch eine Open-Anweisung wird ein *dateihandle* einer Datei zugeordnet, solange diese geöffnet ist. Andere File-I/O-Anweisungen verwenden dann nur noch diese Nummer, um auf die zugehörige Datei zuzugreifen.

datensatzlänge
Gibt bei Dateien, die im RANDOM-Modus geöffnet wurden, die Datensatzlänge an, bei sequentiellen Dateien die Anzahl gepufferter Zeichen. Die *datensatzlänge* ist ein, ganzzahliger Ausdruck zwischen 1 und 32.767 Byte.

Ist eine *datei* noch nicht vorhanden, wird sie beim Öffnen im OUTPUT-, RANDOM-, BINARY- oder APPEND-Modus durch Ausgaben erstellt.

MODUS ist ein reserviertes Wort:

RANDOM
Dateimodus für wahlfreien Zugriff (Standardvorgabe). Ohne ACCESS-Angabe, zuerst versucht die Datei mit READ/WRITE Zugriff zu öffnen, dann nur als WRITE und zuletzt als READ.

BINARY
Im BINARY-Modus können über GET- und PUT-Anweisungen Daten an je-

der Byte-Position einer Datei gelesen oder geschrieben werden. Ohne ACCESS-Angabe, zuerst versucht die Datei mit READ/WRITE Zugriff zu öffnen, dann nur als WRITE und zuletzt als READ.

INPUT
Sequentieller Einlesemodus.

OUTPUT
Sequentieller Ausgabemodus.

APPEND
Sequentieller Ausgabemodus, wobei mit dem Dateizeiger am Ende der Datei begonnen wird, also die Ausgaben an eine bestehende Datei angehängt werden.

Das *zugriff*-Argument funktioniert nur mit DOS-Versionen 3.1 oder höher und das Programm SHARE.EXE muß gestartet sein, um Sperroperationen zu durchführen können. Ansonsten erscheint die Meldung: 'Feature unavailable'.

Das *sperrung*-Argument hat in einer Mehrbenutzerumgebung die Aufgabe, den Zugriff anderer Prozesse auf eine geöffnete Datei zu beschränken:

SHARED
Jeder Prozeß auf jedem Rechner hat auf diese Datei sowohl Lese- als auch Schreibzugriff.

LOCK READ
Kein anderer Prozeß erhält Lesezugriff auf diese Datei, wenn nicht bereits ein anderer Prozeß Lesezugriff auf diese Datei angemeldet hat.

LOCK WRITE
Kein anderer Prozeß erhält Schreibzugriff auf diese Datei, wenn nicht bereits ein anderer Prozeß Schreibzugriff auf diese Datei angemeldet hat.

LOCK READ WRITE
Kein anderer Prozeß erhält Lese- oder Schreibzugriff auf diese Datei, wenn LOCK READ oder LOCK WRITE noch nicht eingesetzt worden sind.

Ohne Angabe von *sperrung* wird die Datei mit SHARED geöffnet.

Das *datensatzlänge*-Argument ist ein ganzzahliger Ausdruck zwischen 1 und 32.767, das bei Dateien mit RANDOM oder sequentielle Zugriff verwendet werden kann. Bei RANDOM-Dateien beträgt die vorgegebene Datensatzlänge 128 Byte. Bei sequentiellen Dateien beträgt die Standardpuffergröße 512 Byte.

Bei den Modi INPUT, RANDOM und BINARY kann eine Datei unter Verwendung eines anderen Filehandles geöffnet werden, ohne sie zuvor schließen zu müssen. Bei den Modi OUTPUT und APPEND muß die Datei zunächst geschlossen werden, bevor sie unter einem anderen Dateihandle geöffnet werden kann.

Option Base-Anweisung

Legt die Standarduntergrenze des Indexes für einen Array fest.

```
Option Base [{0 | 1}]
```

Die OPTION BASE-Anweisung ist optional. Sie kann in einem Modul nur einmal in der 'General Declarations'-Sektion verwendet werden und bevor die Dimensionen der Arrays deklariert werden.

Die OPTION BASE-Anweisung hat keine Bedeutung für Arrays innerhalb benutzerdefinierter Typen. Die Untergrenze für diese Arrays ist immer 0.

Option Compare-Anweisung

Deklariert den zu verwendenden STRING-Vergleichsmodus.

```
Option Compare {Binary | Text}
```

Die OPTION COMPARE-Anweisung kann in der 'General Declarations'-Sektion einer Form oder eines Moduls verwendet werden. Es stehen zwei Vergleichsverfahren zur Vefügung: BINARY und TEXT.

Beim BINARY-Vergleich wird die Groß-/Kleinschreibung beachtet, beim TEXT-Vergleich wird die Groß-/Kleinschreibung nicht beachtet.

Enthält eine Form oder ein Modul keine OPTION COMPARE-Anweisung, wird der BINARY-Vergleich verwendet.

Option Explicit-Anweisung

Erzwingt eine explizite Deklaration aller Variablen eines Moduls oder einer Form.

```
Option Explicit
```

Die OPTION EXPLICIT-Anweisung wird in der 'General Declarations'-Sektion einer Form oder eines Moduls verwendet, um eine explizite Deklaration aller Variablen für diese Form oder dieses Modul zu erzwingen.

Ohne eine OPTION EXPLICIT-Anweisung erhalten alle implizit deklarierten Variablen den Datentyp VARIANT, außer durch eine DEF*typ*-Anweisung wurde anderes festgelegt.

OPTION EXPLICIT sollte möglichst immer verwendet werden, um die falsche Eingabe des Namens einer bestehenden Variablen oder eine Verwechslung im Code zu vermeiden.

OPTION EXPLICIT wird automatisch eingefügt, wenn im Menü [Options] [Environment] [Require Variable Declaration] auf „Yes" gesetzt wurde.

Partition-Funktion

Gibt die Position zurück, an der sich eine Zahl innerhalb einer berechneten Folge befindet.

```
Partition(zahl, startwert, stopwert, intervall)
```

Die PARTITION-Funktion teilt einen Wertebereich in vorgegebene Intervalle und gibt zurück, in welchem Intervall sich der angegebene Wert befindet.

PARTITION verwendet folgende Argumente:

zahl
LONG-Zahl, die klassifiziert werden soll.

startwert
LONG-Zahl, die den Anfang des Wertebereichs angibt. Muß größer als 0 sein.

stopwert
LONG-Zahl, die das Ende des Wertebereichs angibt. Muß größer als *start wert* sein.

intervall
LONG-Zahl, die den Wertebereich zwischen *startwert* und *stopwert* in gleiche Bereiche aufteilt. Darf nicht kleiner als 1 sein.

Wenn eines der Teile den Wert NULL hat, gibt PARTITION den Wert NULL zurück.

Bei Verwendung dieser Funktion müssen Sie mit der Visual Basic-Applikation die MSAFINX.DLL ausliefern und im \WINDOWS-\SYSTEM-Verzeichnis installieren.

Pmt-Funktion

Finanzmathematische Funktion, die die Zahlung für eine Investition auf der Basis regelmäßiger, konstanter Zahlungen und eines konstanten Zinssatzes zurückgibt.

```
Pmt(zins, zzr, aw, zw, fällig)
```

Eine Investition (ein Kredit oder eine Kapitalanlage) besteht aus einer Reihe konstanter Zahlungen über einen bestimmten Zeitraum.

PMT verwendet folgende Argumente:

zins
Zinssatz pro Zeitraum. Ein Jahreszins von 7% entspricht dabei einem Zinssatz pro Zeitraum von 0,07 / 12 oder 0,0058.

zzr
Gesamtzahl aller Zahlungszeiträume für die Rückzahlung der Investition.

aw
Aktueller Wert (oder Pauschalbetrag) einer Reihe zukünftiger Zahlungen zum aktuellen Zeitpunkt.

zw
Zukünftiger Wert oder Kontostand, den Sie nach Durchführen der letzten Zahlung erreichen möchten.

fällig
Gibt an, wann Zahlungen fällig werden. 0 bedeutet, daß Zahlungen am Anfang, 1 daß Zahlungen am Ende eines Zahlungszeitraums fällig werden.

Die Argumente *zins* und *zzr* müssen in den gleichen Zahlungszeiträumen angegeben werden.

Für alle Argumente werden ausgehende Zahlungen durch negative Zahlen dargestellt; eingehende Zahlungen werden durch positive Zahlen dargestellt.

Bei Verwendung dieser Funktion müssen Sie mit der Visual Basic-Applikation die MSAFINX.DLL ausliefern und im \WINDOWS\SYSTEM-Verzeichnis installieren.

PPmt-Funktion

Finanzmathematische Funktion, die den Kapitalbetrag für einen bestimmten Zeitraum einer Investition auf der Basis regelmäßiger, konstanter Zahlungen und eines konstanten Zinssatzes zurückgibt.

```
PPmt(zins, zr, zzr, aw, zw, fällig)
```

Eine Investition (ein Kredit oder eine Kapitalanlage) besteht aus einer Reihe konstanter Zahlungen über einen bestimmten Zeitraum.

PPMT verwendet folgende Argumente:

zins
Zinssatz je Zeitraum. Wenn Sie z.B. einen Kredit für ein Kraftfahrzeug zu einem Jahreszinssatz von 10% aufnehmen und monatliche Rückzahlungen leisten, beträgt der Zinssatz je Zeitraum 0,1/12 oder 0,0083.

zr
Zahlungszeitraum. Liegt zwischen 1 und *zzr*.

zzr
Gesamtzahl aller Zahlungszeiträume für die Rückzahlung der Investition.

aw
Aktueller Wert (oder Pauschalbetrag) einer Reihe zukünftiger Zahlungen zum aktuellen Zeitpunkt.

zw
Zukünftiger Wert oder Kontostand, den Sie nach Durchführen der letzten Zahlung erreichen möchten.

fällig
Gibt an, wann Zahlungen fällig werden. 0 bedeutet, daß Zahlungen am Anfang, 1 daß Zahlungen am Ende eines Zahlungszeitraums fällig werden.

Die Argumente *zins* und *zzr* müssen in den gleichen Zahlungszeiträumen angegeben werden.

Für alle Argumente werden ausgehende Zahlungen durch negative Zahlen dargestellt; eingehende Zahlungen werden durch positive Zahlen dargestellt.

Bei Verwendung dieser Funktion müssen Sie mit der Visual Basic-Applikation die MSAFINX.DLL ausliefern und im \WINDOWS\SYSTEM-Verzeichnis installieren.

Print #-Anweisung

Schreibt Daten in eine sequentielle Datei.

```
Print # dateihandle, [[{Spc(n) | Tab(n)}][ ausdruck][{; | ,}]]
```

Die PRINT #-Anweisung verwendet folgende Argumente:

dateihandle
Bezeichnet den Filehandle, der bei der OPEN-Anweisung zum Öffnen der Datei verwendet wurde. Dabei kann es sich um einen beliebigen numerischen Ausdruck handeln, sofern der Handle einer geöffneten Datei zugeordnet wurde. Das vorangestellte #-Zeichen ist nicht optional!

ausdruck
Numerische-Ausdrücke oder String-Ausdrücke, die in die Datei geschrieben werden sollen. Wird kein *ausdruck* angegeben, schreibt PRINT # eine Leerzeile in die Datei.

{;|,}
Legt die Position des nächsten ausgegebenen Zeichens fest. Ein Semikolon bedeutet dabei, daß das nächste Zeichen unmittelbar im Anschluß an das vorausgehende Zeichen angehängt wird. Ein Komma bedeutet dagegen, daß das nächste Zeichen am Anfang des folgenden Ausgabebereichs ausgegeben wird. Ein neuer Ausgabebereich beginnt jeweils nach 14 Spalten.

Durch die Funktionen SPC und TAB kann die Position des Ausdrucks in der Datei genauer bestimmt werden.

Put-Anweisung

Schreibt Variablen in eine Datei.

```
Put [#]dateihandle, [datensatz], variable
```

Die PUT-Anweisung verwendet folgende Teile:

dateihandle
Bezeichnet den Filehandle, der bei der OPEN-Anweisung zum Öffnen der Datei verwendet wurde. Dabei kann es sich um einen beliebigen numerischen Ausdruck handeln, sofern der Handle einer geöffneten Datei zugeordnet wurde.

datensatz
Bei Dateien, die im RANDOM-Modus geöffnet wurden, bezeichnet *datensatz* die Nummer des zu schreibenden Datensatzes. Bei Dateien, die im BINARY-Modus geöffnet wurden, bezeichnet *datensatz* die Byte-Position für den Beginn des Schreibzugriffs. Wird *datensatz* nicht angegeben, so wird der nächste Datensatz oder das nächste Byte geschrieben, das der letzten GET- oder PUT-Anweisung folgt bzw. worauf die letzte SEEK-Funktion zeigt. Der maximal zulässige Wert für *datensatz* beträgt 2^{31} - 1 (2.147.483.647).

variable
Variablenname, in die ausgegeben werden soll. Es können beliebige Variablen verwendet werden. Ausgenommen davon sind jedoch Objektvariablen und Arrays. Variablen, die nur ein einzelnes Array-Element bezeichnen, können verwendet werden.

Ist die zu schreibende Variable ein STRING variabler Länge, schreibt PUT zunächst einen 2-Byte-Deskriptor, der die Länge der Zeichenfolge enthält, und dann den Inhalt der Variablen. Daher muß die im LEN-Abschnitt der OPEN-Anweisung festgelegte Datensatzlänge mindestens 2 Byte größer sein als die tatsächliche Länge der Zeichenfolge.

Enthält die zu schreibende Variable einen numerischen Wert vom VARIANT-Datentyp (VARIANTTYP 0-7), schreibt PUT zunächst 2 Byte, die den VARIANTTYP dieser Variablen identifizieren, und dann den eigentlichen Inhalt der Variablen. Die im LEN-Abschnitt der OPEN-Anweisung festgelegte Datensatzlänge muß also mindestens 2 Byte größer sein als die zum Speichern der Variablen tatsächlich benötigte Byte-Anzahl.

Enthält die zu schreibende Variable den Varianttyp 8 (STRING), schreibt PUT zunächst 2 Byte, durch die der VARIANTTYP identifiziert wird, dann 2 Byte, die die Länge der Zeichenfolge angeben und schließlich die Daten der Zeichenfolge. Die im LEN-Abschnitt der OPEN-Anweisung festgelegte Datensatzlänge muß demnach mindestens 4 Byte größer sein als die tatsächliche Länge der Zeichenfolge.

Bei den restlichen Datentypen schreibt PUT nur die Daten der Variablen. Die im LEN-Abschnitt der OPEN-Anweisung festgelegte Datensatzlänge muß in diesem Fall gleich der Länge der zu schreibenden Daten sein.

Benutzerdefinierte Datentypen werden von PUT so geschrieben, als ob jedes Element einzeln geschrieben würde. Die Leerräume zwischen den Elementen werden nicht aufgefüllt. Die im LEN-Abschnitt der OPEN-Anweisung festgelegte Datensatzlänge muß gleich der Summe aller Byte sein, die für das Schreiben der einzelnen Elemente benötigt werden.

PV-Funktion

Finanzmathematische Funktion, die den aktuellen Wert einer Investition auf der Basis zukünftiger regelmäßiger, konstanter Zahlungen und eines konstanten Zinssatzes zurückliefert.

```
PV(zins, zzr, rmz, zw, fällig)
```

Eine Investition (ein Kredit oder eine Kapitalanlage) besteht aus einer Reihe konstanter Zahlungen über einen bestimmten Zeitraum.

PV verwendet folgende Argumente:

zins
Zinssatz pro Zeitraum. Ein Jahreszins von 7% entspricht dabei einem Zinssatz pro Zeitraum von 0,07 / 12 oder 0,0058.

zzr
Gesamtzahl aller Zahlungszeiträume für die Rückzahlung der Investition.

rmz
Höhe der Zahlung je Zeitraum.

zw
Zukünftiger Wert oder Kontostand, den Sie nach Durchführen der letzten Zahlung erreichen möchten.

fällig
Gibt an, wann Zahlungen fällig werden. 0 bedeutet, daß Zahlungen am Anfang, 1 daß Zahlungen am Ende eines Zahlungszeitraums fällig werden.

Die Argumente *zins* und *zzr* müssen in den gleichen Zahlungszeiträumen angegeben werden.

Für alle Argumente werden ausgehende Zahlungen durch negative Zahlen dargestellt; eingehende Zahlungen werden durch positive Zahlen dargestellt.

Bei Verwendung dieser Funktion müssen Sie mit der Visual Basic-Applikation die MSAFINX.DLL ausliefern und im \WINDOWS\SYSTEM-Verzeichnis installieren.

QBColor-Funktion

Gibt den RGB-Farbcode einer definierten Farbnummer zurück.

```
QBFarbe (farbe)
```

Das Argument *farbe* ist eine Ganzzahl zwischen 0 und 15 die den von verschiedenen Basic-Versionen verwendeten Werten entspricht. Die Werte bezeichnen dabei die 12 Farben und vier Graustufen der Standard-VGA-Palette.

Der Rückgabewert entspricht der der jeweiligen Farbe im von Visual Basic verwendeten RGB-System.

Folgende Werte sind für *farbe* zulässig:

0	Schwarz
1	Blau
2	Grün
3	Zyan
4	Rot
5	Violett
6	Gelb
7	Weiß
8	Grau
9	Hellblau
10	Hellgrün
11	Hellzyan
12	Hellrot
13	Hellviolett
14	Hellgelb
15	Weiß, intensiv

Randomize-Anweisung

Initialisiert den Pseudozufallszahlengenerator.

```
Randomize [zahl]
```

Als *zahl* kann ein beliebiger zulässiger numerischer Ausdruck angegeben werden. Durch *zahl* wird dem Pseudozufallszahlengenerator ein neuer Startwert zugewiesen. Ohne das Argument *zahl,* wird als neuer Startwert die aktuelle TIMER-Funktion verwendet.

Ohne einen durch RANDOMIZE neu gesetzten Startwert liefert die RND-Funktion bei jeder Programmausführung dieselbe Zufallszahlenfolge.

Rate-Funktion

Finanzmathematische Funktion, die den Zinssatz je Zeitraum für eine Investition berechnet.

```
Rate(zzr, rmz, aw, zw, fällig, schätzwert)
```

Eine Investition (ein Kredit oder eine Kapitalanlage) besteht aus einer Reihe konstanter Zahlungen über einen bestimmten Zeitraum.

RATE verwendet folgende Argumente:

zzr

Zinssatz pro Zeitraum. Ein Jahreszins von 7% entspricht dabei einem Zinssatz pro Zeitraum von 0,07 / 12 oder 0,0058.

rmz
Höhe der Zahlung je Zeitraum.

aw
Aktueller Wert (oder Pauschalbetrag) einer Reihe zukünftiger Zahlungen zum aktuellen Zeitpunkt.

zw
Zukünftiger Wert oder Kontostand, den Sie nach Durchführen der letzten Zahlung erreichen möchten.

fällig
Gibt an, wann Zahlungen fällig werden. 0 bedeutet, daß Zahlungen am Anfang, 1 daß Zahlungen am Ende eines Zahlungszeitraums fällig werden.

schätzwert
Vorgabewert. In den meisten Fällen wird *schätzwert* mit „0,1“ (10 Prozent) eingesetzt.

Für alle Argumente werden ausgehende Zahlungen durch negative Zahlen dargestellt; eingehende Zahlungen werden durch positive Zahlen dargestellt.

RATE berechnet iterativ bis das Ergebnis eine Genauigkeit von bis zu 0,00001 Prozent hat. Ist das Ergebnis nach maximal 20 Iterationen nicht erzielt, erzeugt RATE einen Fehler. Dann sollte ein anderer *schätzwert* verwendet werden.

Bei Verwendung dieser Funktion müssen Sie mit der Visual Basic-Applikation die MSAFINX.DLL ausliefern und im \WINDOWS\SYSTEM-Verzeichnis installieren.

ReDim-Anweisung

Kann auf Prozedurebene die einzelnen Dimensionen eines dynamischen Arrays deklarieren oder verändern.

```
ReDim [Preserve] variable(index) [As datentyp]
         [, variable(index) [As datentyp] ] . . .
```

Die REDIM-Anweisung verwendet folgende Argumente:

Preserve
Initialisiert die Daten eines bestehenden Arrays nicht neu, wenn die Größe der letzten Dimension verändert wird.

variable
Name des Arrays.

index
Dimensionen des Arrays in der Form:

```
[untergrenze To]obergrenze[,[untergrenze To]obergrenze]...
```

datentyp
Reserviertes Wort, das zum Deklarieren des Datentyps einer Variablen verwendet wird. *Datentyp* kann INTEGER, LONG, SINGLE, DOUBLE, CURRENCY, STRING (für Strings variabler Länge), STRING * *länge* (für Strings fester Länge), VARIANT, ein benutzerdefinierter Datentyp oder ein Objektdatentyp sein. Für jede Variable muß eine separate Typ-Deklaration angegeben werden.

Das reservierte Wort TO bietet die Möglichkeit, sowohl die unteren als auch die oberen Indexgrenzen eines Arrays anzugeben. Arrayindizes können zwischen -32768 und 32767 festgelegt werden.

Wird ein *index* verwendet, der größer als *obergrenze* oder kleiner als *untergrenze* ist, tritt ein Laufzeitfehler auf.

Die REDIM-Anweisung kann verwendet werden, um die Größe eines dynamischen Arrays festzulegen oder zu ändern, der bereits mit leeren Klammern in einer GLOBAL- oder DIM-Anweisung formal deklariert wurde.

Wurde ein dynamischer Array zunächst mit einer GLOBAL- oder DIM-Anweisung deklariert und dabei keine Indizes angegeben, können mit REDIM maximal acht Arraydimensionen festgelegt werden. Sind für einen Array mehr als acht Dimensionen erwünscht, kann REDIM innerhalb einer Prozedur verwendet werden, um eine lokale Variable als dynamischer Array zu deklarieren. Dann kann der Array bis zu 60 Dimensionen erhalten.

REDIM kann wiederholt verwendet werden, um die Anzahl von Elementen in einem Array zu ändern. Die Anzahl der Dimensionen in einem Array kann danach jedoch nicht mehr geändert werden. Es ist auch nicht möglich, den Datentyp eines bereits deklarierten Arrays zu verändern.

Bei der Initialisierung von Variablen werden numerische Variablen mit dem Wert Null (0), und VARIANT-Variablen mit dem Wert 'Empty' initialisiert; Zeichenfolgen variabler Länge werden als LeerStrings („") initialisiert, und Strings fester Länge werden mit Nullen gefüllt. Die Felder von Variablen eines benutzerdefinierten Datentyps werden analog zu separaten Variablen initialisiert.

Rem-Anweisung

Erlaubt Kommentare im Programmcode unterzubringen.

```
Rem bemerkung
```

‘ *bemerkung*

Anstelle des reservierten Wortes REM kann auch ein einfaches Anführungszeichen (Apostroph) verwendet werden. Das Argument *bemerkung* steht für beliebige Zeichen, die nicht ausgeführt werden sollen, sondern zur Dokumentation des Programmcodes dienen.

Wird das reservierte Wort REM mit anderen Anweisungen verwendet, muß es durch einen Doppelpunkt von den Anweisungen getrennt werden. Wird der Apostroph verwendet, ist der Doppelpunkt nicht erforderlich.

RepairDatabase-Anweisung

Versucht eine beschädigte Datenbank im Microsoft Access-Format zu reparieren.

```
RepairDatabase ( dbname )
```

Der String *dbname* bezeichnet den Dateinamen ggf. mit Pfad einer bestehenden Access-Datenbankdatei. Ist die durch *dbname* bezeichnete Datenbank bereits durch einen anderen Benutzer geöffnet oder ungültig, tritt ein Laufzeitfehler auf.

Durch REPAIRDATABASE wird eine Access-Datenbank repariert, die nach einer unvollständigen Schreiboperation ungültige Einträge enthalten kann. Eine Datenbank enthält keine ungültigen Einträge, wenn sie mit der CLOSE-Methode geschlossen oder wenn das Visual Basic-Programm ordnungsgemäß beendet wurde.

REPAIRDATABASE überprüft alle Systemtabellen sowie Indizes und dabei werden alle Daten aus der Datenbank entfernt, die nicht wiederhergestellt werden können.

Nach einem REPAIRDATABASE sollte die Datenbank mit COMPACTDATABASE auch komprimiert werden.

Reset-Anweisung

Schließt alle offenen Dateien.

```
Reset
```

RESET schließt alle momentan geöffneten Dateien und schreibt den Inhalt aller DOS-Dateipuffer auf den Datenträger.

Resume-Anweisung

Beendet eine benutzerdefinierte Fehlerbehandlungsroutine und nimmt die normale Programmausführung wieder auf.

```
Resume { [0] | Next | label}
```

Die RESUME-Anweisung verwendet die folgenden Teile:

Resume [0]
Die Programmausführung wird an der Anweisung fortgesetzt, die den Fehler verursacht hatte.

Resume Next
Die Programmausführung wird an der Anweisung fortgesetzt, die auf die Zeile folgt, die den Fehler verursacht hatte.

Resume *label*
Die Programmausführung wird an dem angegebenen *label* (einem Zeilenlabel oder einer Zeilennummer) fortgesetzt. Das *label* muß sich in derselben Prozedur befinden wie die Fehlerbehandlungsroutine.

Eine RESUME-Anweisung kann außerhalb einer Fehlerbehandlungsroutine nicht verwendet werden, da ansonsten ein Fehler auftritt.

Wenn eine aktive benutzerdefinierte Fehlerbehandlungsroutine das Ende einer Prozedur (END SUB oder END FUNCTION) erreicht, ohne daß eine RESUME-Anweisung aufgerufen wurde, tritt ein Fehler auf. Trifft eine aktive Fehlerbehandlungsroutine auf EXIT SUB oder EXIT FUNCTION, so tritt kein Fehler auf, da dies als vorsätzliche Umlenkung des Programmablaufs angesehen wird.

RGB-Funktion

Gibt den RGB-Farbcode einer Kombination aus Rot-, Grün- und Blau-Anteil zurück.

```
RGB (rot, grün, blau)
```

Die RGB-Funktion verwendet folgende Argumente:

rot
Rot-Anteil der Farbe.

grün
Grün-Anteil der Farbe.

blau
Blau-Anteil der Farbe.

Die Argumente *rot, grün* und *blau* können Ganzzahlen zwischen 0 und 255 sein. Größere Werte werden auf 255 gerundet.

Der Rückgabewert entspricht einer Farbe im von Visual Basic verwendeten RGB-System.

Right[$]-Funktion

Gibt die letzten *n* Zeichen eines Arguments zurück.

```
Right[$](string, n)
```

RIGHT$ gibt einen STRING, RIGHT gibt einen VARIANT-Datentyp zurück.

Die RIGHT[$]-Funktion verwendet folgende Argumente:

string
Ausdruck, von dessen Ende eine bestimmte Zahl von Zeichen ausgegeben werden sollen. Das Argument NULL gibt den Funktionswert NULL zurück.

n
Anzahl der Zeichen, die vom Ende des *string* ausgegeben werden sollen. Zulässige Werte liegen dabei zwischen 0 und 65.535. Ist *n* gleich 0, wird ein LeerString zurückgegeben. Ist *n* größer als die Länge des Argumentes *string*, so wird der gesamte *string*-Ausdruck zurückgegeben.

Die Gesamtlänge eines Ausdrucks kann mit LEN festgestellt werden.

RmDir-Anweisung

Entfernt ein bestehendes Verzeichnis.

```
RmDir [laufwerk:] [ \ ]verzeichnis[\verzeichnis] . . .
```

Das Argument von RMDIR bezeichnet den Namen eines zu löschenden Verzeichnisses. Dieses Argument darf nicht länger als 128 Zeichen sein. *Laufwerk* bezeichnet eine optionale Laufwerksangabe, *verzeichnis* einen Verzeichnisnamen.

Die RMDIR-Anweisung entspricht dem DOS-Befehl RMDIR (RD). Enthält das zu löschende Verzeichnis außer dem aktuellen Verzeichnis '.' und dem untergeordneten Verzeichnis '..' weitere Verzeichnisse oder Dateien, so tritt ein Fehler auf.

Rnd-Funktion

Gibt eine Zufallszahl zurück.

```
Rnd[(zahl)]
```

Das Argument *zahl* kann ein beliebiger numerischer Ausdruck sein.

RND liefert einen SINGLE-Wert zwischen 0 und 1 zurück.

Das Argument *zahl* legt die Art der zurückgegebenen Zufallszahl fest:

zahl < 0
Gibt, abhängig von *zahl*, eine bestimmte Zahl zurück.

zahl > 0 oder ohne *zahl*
Gibt eine neue Zufallszahl zurück.

zahl = 0
Gibt noch einmal die zuletzt zurückgegebene Zufallszahl.

Bei den erzeugten Zahlen handelt es sich nicht wirklich um Zufallszahlen. Bei denselben Startwert wird auch dieselbe Folge von 'Zufalls'-Zahlen erzeugt. Um bei jedem Programmstart eine unterschiedliche Zahlenfolge zu erzeugen, kann die RANDOMIZE-Anweisung verwendet werden.

Rollback-Anweisung

Siehe BEGINTRANS-Anweisung.

RSet-Anweisung

Richtet eine Zeichenfolge innerhalb einer Stringvariablen rechts aus.

```
RSet stringvariable = stringausdruck
```

Die RSET-Anweisung verwendet folgende Teile:

stringvariable
Name einer STRING-Variablen.

zeichenfolgenausdruck
Rechts auszurichtender Zeichenfolgenausdruck.

Wenn *stringausdruck* kürzer als *stringvariable* ist, richtet RSET den *stringausdruck* innerhalb der *stringvariable* rechts aus. RSET ersetzt dabei alle übrigen Zeichen in *stringvariable* durch Leerzeichen.

Ist *stringausdruck* länger als *stringvariable*, stellt RSET nur die äußerst linken Zeichen in die *stringvariable*. Zeichen weiter rechts werden abgeschnitten.

RSET kann nicht benutzt werden, um Variablen eines benutzerdefinierten Datentyps Elementen eines anderen benutzerdefinierten Datentyps zuzuweisen.

RTrim[$]-Funktion

Siehe LTRIM[$].

SavePicture-Anweisung

Schreibt den Bildinhalt einer FORM, PICTUREBOX oder IMAGE in eine Datei.

```
SavePicture bild, dateiname
```

Die SAVEPICTURE-Anweisung verwendet folgende Argumente:

bild
Die PICTURE- oder IMAGE-Eigenschaft, deren Bildinhalt gespeichert werden soll.

dateiname
Name der Datei, in die das Bild gespeichert werden soll.

Bilder einer PICTURE-Eigenschaft werden im gleichen Format gespeichert wie in der ursprünglichen Datei, aus der sie geladen wurden: *.BMP (Bitmaps), *.ICO (Icons), *. RLE (run-length encoded) und *.WMF (Windows Metafile). Bilder aus einer IMAGE-Eigenschaft werden immer als *.BMP (Bitmaps) gespeichert.

Second-Funktion

Gibt eine INTEGER-Zahl zwischen 0 bis 59, der als Argument angegebenen Uhrzeit zurück, die der Sekunde der angegebenen Minute entspricht.

```
Second(zahl)
```

Das Argument *zahl* stellt dabei einen beliebigen numerischen Ausdruck dar, der ein Datum und/oder eine Uhrzeit repäsentiert. Dabei wird nur der Anteil nach dem Dezimaltrennzeichen (dem englischen Punkt) als Uhrzeit interpretiert.

Das Argument NULL liefert auch den Funktionswert NULL zurück.

Seek-Anweisung

Gibt die Position für den nächsten Schreib-/Lesezugriff an.

```
Seek [#]dateihandle, position
```

Die SEEK-Anweisung verwendet folgende Teile:

dateinummer
Bezeichnet den Filehandle, der bei der OPEN-Anweisung zum Öffnen der Datei verwendet wurde. Dabei kann es sich um einen beliebigen numerischen Ausdruck handeln, sofern der Handle einer geöffneten Datei zugeordnet wurde.

position
Numerischer Ausdruck zwischen 1 und 2^{31}-1 (2.147.483.647).

Für Dateien, die im RANDOM-Zugriff geöffnet wurden, bezeichnet SEEK die Nummer des Datensatzes, auf den als nächstes zugegriffen wird. Bei Dateien, die in einer der anderen Zugriffsarten (INPUT, OUTPUT, APPEND oder BINARY) geöffnet wurden, bezeichnet SEEK die Nummer des Bytes, auf das als nächstes zugegriffen wird.

GET- und PUT-Anweisungen verändern die von SEEK vorgenommene Dateipositionierung.

Geht ein Schreibzugriff nach einer SEEK-Anweisung über das Dateiende hinaus, wird die Datei erweitert. Zeigt SEEK auf eine negative Position oder Null (0), tritt ein Fehler auf.

Seek-Funktion

Gibt die Position für den nächsten Schreib-/Lesezugriff zurück.

```
Seek (dateihandle)
```

Das Argument *dateihandle* bezeichnet den Filehandle, der bei der OPEN-Anweisung zum Öffnen der Datei verwendet wurde. Dabei kann es sich um einen beliebigen numerischen Ausdruck handeln, sofern der Handle einer geöffneten Datei zugeordnet wurde.

Die SEEK-Funktion gibt einen Wert zwischen 1 und 2.147.483.647 zurück.

Für Dateien, die im RANDOM-Zugriff geöffnet wurden, liefert SEEK die Nummer des Datensatzes zurück, auf den als nächstes zugegriffen wird. Bei Dateien, die in einer der anderen Zugriffsarten (INPUT, OUTPUT, APPEND oder BINARY) geöffnet wurden, liefert SEEK die Nummer des Bytes zurück, auf das als nächstes zugegriffen wird.

Select Case-Anweisung

Abhängig vom Wert eines Ausdrucks wird einer von mehreren Anweisungsblöcken ausgeführt.

```
Select Case testausdruck
  [Case ausdruck [, ausdruck ][, ausdruck To ausdruck]
          [, Is vergleichsoperator-ausdruck]
     [anweisungsblock1] ]
  [Case ausdruck2 [, ausdruck ][, ausdruck To ausdruck]
          [, Is vergleichsoperator-ausdruck]
     [anweisungsblock2] ]
  [Case Else
     [anweisungsblockn] ]
End Select
```

Ausdrucksliste verwendet folgende Syntax:

```
ausdruck [, ausdruck ][, ausdruck To ausdruck]
          [, Is vergleichsoperator-ausdruck]
```

SELECT CASE verwendet folgende Teile:

testausdruck
Jeder beliebige numerische oder STRING-Ausdruck. Stimmt *testausdruck* mit mehreren *Case*-Abschnitten überein, wird der Anweisungsblock mit der ersten Übereinstimmung ausgeführt.

ausdruck
Jeder beliebige numerische oder STRING-Ausdruck. Der *ausdruck* Datentyp muß mit dem von *testausdruck* kompatibel sein.

To
Reserviertes Wort, das einen Wertebereich angibt, wobei der kleinere Wert vor dem TO stehen muß.

Is
Reserviertes Wort, das mit Vergleichsoperatoren den *ausdruck* repräsentiert.

vergleichsoperator
Ein beliebiger zulässiger Vergleichsoperator, jedoch nicht Is oder Like. (Verwechseln Sie nicht den Vergleichsoperator Is mit dem reservierten Wort Is.)

anweisungsblock
Steht für eine beliebige Anzahl von Anweisungen in einer oder mehreren Zeilen.

Case Else
Reserviertes Wort, das bezeichnet, welcher *anweisungsblock* ausgeführt werden soll, falls keiner der *ausdrücke* mit *testausdruck* übereinstimmen. Gibt es keine Case Else-Anweisung und entspricht kein *ausdruck* in den Case-Abschnitten dem *testausdruck*, wird kein *anweisungsblock* ausgeführt und das Programm wird bei der auf End Select folgenden Anweisung fortgesetzt.

Select Case-Anweisungen können auch verschachtelt werden, dabei muß jede Select Case-Anweisung eine zugehörige End Select-Anweisung haben.

```
Case „Dani“ To „Gaby“, Is like „Cola“, Test$
```

SendKeys-Anweisung

Sendet einen oder mehrere Tastenanschläge in den Windows-Tastaturpuffer und damit an das aktive Fenster.

```
SendKeys text [,pause]
```

SendKeys verwendet folgende Argumente:

text
Zeichen, die an das aktive Fenster gesendet werden sollen.

pause
Ist *pause* True, wird die Steuerung an die Prozedur übergeben, sobald die Tatenanschläge verarbeitet wurden. Ist *pause* False, wird die Steuerung an die Prozedur zurückgegeben, sobald die Tastenanschläge abgesendet worden sind. Ohne *pause*-Argument wird False als Standardwert angenommen.

Jede Taste wird durch ihr entsprechendes Zeichen repräsentiert. Für Tasten, die beim Drücken nicht angezeigt werden, kann einer der nachfolgenden Codes verwendet werden.

Bild ↑	{PGUP}
Bild ↓	{PGDN}
Druck	{PRTSC}
Einfg	{INSERT}
↵	{ENTER}
Ende	{END}
Entf	{DELETE} oder {DEL}
Esc	{ESCAPE} oder {ESC}
⇩	{CAPSLOCK}
HILFE-TASTE	{HELP}
LÖSCHTASTE	{CLEAR}
←	{LEFT}
↑	{UP}
→	{RIGHT}
↓	{DOWN}
Num	{NUMLOCK}
Pos 1	{HOME}
Rollen	{SCROLLLOCK}
⇦	{BACKSPACE} oder {BS}
↹	{TAB}
Pause	{BREAK}
F1	{F1}
F2	{F2}
F3	{F3}
F4	{F4}
F5	{F5}
F6	{F6}
F7	{F7}
F8	{F8}
F9	{F9}
F10	{F10}
F11	{F11}
F12	{F12}
F13	{F13}
F14	{F14}
F15	{F15}
F16	{F16}

Das Plus-Zeichen (+), Caret-Zeichen (^), Prozent-Zeichen (%), die Tilde (~) und Klammern ( ) haben bei SENDKEYS eine spezielle Bedeutung. Um eines dieser Zeichen zu verwenden, kann das Zeichen in geschweifte Klammern gesetzt werden.

Um Tastenkombinationen anzugeben, wird einer bzw. mehrere der folgenden Codes hinzugefügt:

⇧-Taste	+
Strg-Taste	^
Alt-Taste	%

Sich mehrmals wiederholende Tasten können in der Form {*taste anzahl*} angegeben werden, wobei zwischen *taste* und *anzahl* ein Leerzeichen eingefügt werden muß.

SENDKEYS kann keine Tastenanschläge DOS-Anwendungen senden. Auch DRUCK-TASTE {PRTSC} kann nicht an eine Anwendung gesendet werden.

Set-Anweisung

Weist einer Variablen eine Objektreferenz zu.

```
Set variable = {objektausdruck | New formtyp | Nothing}
```

Die SET-Anweisung verwendet folgende Teile:

variable
Name der Objektvariablen.

objektausdruck
Entweder der Namen eines Objekts, eine andere deklarierte Variable desselben Objektdatentyps oder eine Funktion bzw. Methode, die ein Objekt zurückgibt.

New
Erstellt eine neue Instanz des angegebenen Objekttyps. NEW kann nicht verwendet werden, um neue Instanzen grundlegender Datentypen, allgemeiner Objektdatentypen (MDIFORM, FORM oder CONTROL) oder spezifischer Steuerelementtypen (COMMANDBUTTON, TEXTBOX usw.) zu erstellen.

formTyp
Name einer spezifischen Form.

Nothing
Reserviertes Wort, mit dem die Verbindung zwischen *variable* und dem spezifischen Objekt abgebrochen wird.

Die *variable* muß einen Objektdatentyp besitzen, der mit dem zugewiesenen Objekt übereinstimmt und sie muß formal deklariert worden sein.

Wird SET verwendet, um eine Objektreferenz zu erstellen, wird keine Kopie des Objekts für diese Variable erstellt, sondern eine Referenz zu diesem Objekt.

```
Dim X As ListBox
Set X = Form1!Liste1
```

Da es sich bei diesen Variablen um Referenzen handelt, können mehrere Objektvariablen auf dasselbe Objekt verweisen.

Durch das reservierte Wort NEW wird eine neue Instanz des referenzierten Formtyps erstellt.

```
Dim Formular As Form1
Set Formular = New Form1
```

Diese neue Instanz wird nicht geladen, bis sie explizit mit der LOAD-Anweisung geladen bzw. im Code auf sie bezogen wird.

SetAttr-Anweisung

Legt Attribute einer Datei fest.

```
SetAttr dateiname, attribute
```

Die SETATTR-Anweisung verwendet folgende Argumente:

dateiname
Bezeichnet einen beliebigen String, der eine eindeutige Datei-, Verzeichnis- oder Datenträgerspezifikation enthält.

attribute
Die SETATTR-Anweisung kann folgende Werte setzen. Sollen mehrere Attribute gesetzt werden, so kann die Summe der einzelnen Attribute angegeben werden.

Symbolische Konstante	Wert	Bedeutung
ATTR_NORMAL	0	Normale Datei
ATTR_READONLY	1	Schreibgeschützt Attribut
ATTR_HIDDEN	2	Versteckt Attribut
ATTR_SYSTEM	4	System Attribut
ATTR_VOLUME	8	Datenträgerlabel
ATTR_DIRECTORY	16	Verzeichnis
ATTR_ARCHIVE	32	Archiv Attribut

Attribute geöffneter Dateien können nicht verändert werden. Ein solcher Versuch bewirkt einen Laufzeitfehler.

SetDataAccessOption-Anweisung

Bezeichnet Optionen für Datenbankzugriffsfunktionen.

```
SetDataAccessOption option, wert
```

Die SETDATAACCESSOPTION-Anweisung verwendet folgende Argumente:

option
Eine numerische Option. Bei der vorliegenden Visual Basic-Version kann nur die *option* 1 verwendet werden.

wert
Eine VARIANT-Zeichenfolge, die für die entsprechende *option* gültig ist. Bei *option* 1 legt *wert* den Namen und Pfad der Initialisierungsdatei (.INI) Ihrer Anwendung fest.

Programminitialisierungsdateien werden üblicherweise im \WINDOWS-Verzeichnis gespeichert und haben denselben Namen wie die EXE-Datei, jedoch mit der Erweiterung .INI. Befindet sich die zugehörige INI-Datei in einem anderen als dem \WINDOWS-Verzeichnis, kann SETDATAACCESSOPTION auf dieses Verzeichnis verweisen. Jede Anwendung, die auf Datenbanken in einem anderen als dem Microsoft Access-Format zugreift (z.B. FoxPro, Paradox, Btrieve, dBASE oder eine ODBC-Datenbank), muß eine Initialisierungsdatei besitzen.

SetDefaultWorkspace-Anweisung

Legt die User ID und das Passwort bei geschützten Microsoft Access-Datenbanken (d.h. Datenbanken mit aktiviertem Datenschutz) fest.

```
SETDEFAULTWORKSPACE userID, passwort
```

SETDEFAULTWORKSPACE verwendet folgende Teile:

userID
Ein String, der einen von der Systemdatenbank erkannten Benutzer bezeichnet.

passwort
Ein String, der ein gültiges Kennwort des angegebenen Benutzernamens darstellt.

SETDEFAULTWORKSPACE muß bei geschützten Datenbanken die erste Anweisung für den Datenzugriff sein. Ohne diese Anweisung wird „Admin“ als Standard-Benutzername und ein LeerString („“) als Standard-Kennwort übergeben. Nachfolgende Versuche, *userID* oder *passwort* festzulegen, werden dann nicht mehr beachtet.

Wenn Sie keine geschützte Datenbank verwenden, wird diese Anweisung nicht beachtet.

Wird auf mehrere Datenbanken zugegriffen, müssen alle geschützten Datenbanken jedoch dieselbe *userID* und dasselbe *passwort* erkennen, da nach der ersten Übergabe keine Änderung mehr möglich ist. Diese Einstellung kann nur geändert werden, wenn die Anwendung beendet und erneut mit anderen Einstellungen gestartet wird.

Soll in der Applikation ein Datensteuerelement verwendet werden, so muß die SETDEFAULTWORKSPACE-Anweisung in der SUB MAIN-Prozedur oder in der ersten Form_Load-Ereignisprozedur verwendet werden.

Sgn-Funktion

Gibt für das Vorzeichen einer Zahl einen Wert zurück.

```
Sgn(zahl)
```

Das Argument *zahl* kann ein beliebiger numerischer Ausdruck sein.

Der Rückgabewert ist 1 bei Argumenten größer als 0, -1 bei Argumenten kleiner als 0 und 0 beim Argument 0.

Shell-Funktion

Startet ein Programm.

```
Shell(dateiname [, windowstyle])
```

Die SHELL-Funktion verwendet folgende Argumente:

dateiname
Das Argument kann neben dem Dateinamen, ggf. mit Laufwerks- und Pfadangabe, auch Parameter enthalten, die dem auszuführenden Programm mitgegeben werden sollen. Wird die Dateierweiterung weggelassen, wird .EXE hinzugefügt.

windowstyle
Das Argument *windowstyle* legt den Zustand des Fensters fest, mit dem das Programm gestartet werden soll. Wird *windowstyle* nicht angegeben, wird 2 verwendet.

Normal mit Focus	1, 5 und 9
Normal ohne Focus	4 und 8

Vollbild mit Focus	3
Symbol mit Focus	2
Symbol ohne Focus	6 und 7

Die SHELL-Funktion gibt die Windows-Task-ID des gestarteten Programms zurück. Kann das angegebene Programm nicht gestartet werden, tritt ein Laufzeitfehler auf.

Sin-Funktion

Berechnet den Sinus eines Winkels.

`Sin(`*`winkel`*`)`

Als *winkel* kann ein beliebiger numerischer Ausdruck in Bogenmaß angegeben werden.

Das Ergebnis liegt zwischen -1 und +1.

Zur Umrechnung von Bogenmaß in Grad wird das Bogenmaß mit 180/Pi multipliziert. Zur Umrechnung von Grad in Bogenmaß wird die Gradzahl mit Pi/180 multipliziert. Die Kreiszahl Pi entspricht ungefähr dem Wert 3,141593.

SLN-Funktion

Finanzmathematische Funktion, die den Wert einer linearen Abschreibung eines Anlageobjekts für einen einzelnen Zeitraum berechnet.

`SLN(`*`anschwert, restwert, nutzungsdauer`*`)`

SLN verwendet folgende Argumente:

anschwert
Anfangskosten des Anlageobjekts.

restwert
Wert des Anlageobjekts am Ende der Nutzungsdauer.

nutzungsdauer
Länge der Nutzungsdauer.

Alle Argumente müssen positive Zahlen sein. Die Zeiträume müssen in denselben Zeiteinheiten angegeben werden.

Bei Verwendung dieser Funktion müssen Sie mit der Visual Basic-Applikation die MSAFINX.DLL ausliefern und im \WINDOWS\SYSTEM-Verzeichnis installieren.

Space[$]-Funktion

Gibt die angegebene Zahl von Leerzeichen zurück.

```
Space[$](zahl)
```

SPACE$ gibt einen STRING, SPACE gibt einen VARIANT-Datentyp zurück.

Das Argument *zahl* legt die Anzahl der Leerzeichen fest, die ausgegeben werden sollen. Zulässige Werte liegen dabei zwischen 0 und 65.535. Nicht ganzzahlige Werte werden gerundet.

Spc-Funktion

Gibt bei einer PRINT #-Anweisung oder einer PRINT-Methode die angegebene Zahl von Leerzeichen aus.

```
Spc(zahl)
```

Das Argument *zahl* legt die Anzahl der Leerzeichen fest, die ausgegeben werden sollen. Zulässige Werte liegen dabei zwischen 0 und 32.767.

Sqr-Funktion

Berechnet die Quadratwurzel des Arguments.

```
Sqr(zahl)
```

Dabei kann *zahl* ein beliebiger numerischer Ausdruck sein, der größer oder gleich 0 ist.

Die SQR-Funktion gibt einen Rückgabewert vom Typ DOUBLE zurück.

Static-Anweisung

Kann auf Prozedurebene verwendet werden, um statische Variablen zu deklarieren. Variablen, die als Static deklariert wurden, behalten ihren Inhalt, so lange das Programm läuft.

```
Static variable[([index])] [As [New] datentyp]
         [, variable[([index])] [As [New] datentyp]]...
```

Die STATIC-Anweisung verwendet folgende Argumente:

variable
Name der Variablen.

index
Dimensionen des Arrays. Um mehrere Dimensionen zu deklarieren, kann für *index* folgende Syntax verwendet werden:

[*untergrenze* **To**] *obergrenze*[,[*untergrenze* **To**] *obergrenze*]..

datentyp
Reserviertes Wort, das zum Deklarieren des Datentyps einer Variablen verwendet wird. *Datentyp* kann INTEGER, LONG, SINGLE, DOUBLE, CURRENCY, STRING (für Strings variabler Länge), STRING * *länge* (für Strings fester Länge), VARIANT, ein benutzerdefinierter Datentyp oder ein Objektdatentyp sein. Für jede Variable muß eine separate Typ-Deklaration angegeben werden.

New
Erstellt eine neue Instanz des angegebenen Objekttyps. NEW kann nicht verwendet werden, um neue Instanzen grundlegender Datentypen, allgemeiner Objektdatentypen (MDIFORM, FORM oder CONTROL) oder spezifischer Steuerelementtypen (COMMANDBUTTON, TEXTBOX, usw.) zu erstellen.

Wird STATIC in einer Prozedur verwendet, dann stehen die damit deklarierten Variablen nur dieser Prozedur zur Verfügung. Die Inhalte werden aber, anders als bei der DIM-Anweisung, nach Beendigung der Prozedur nicht verworfen, sondern bleiben während der gesamten Laufzeit des Programms erhalten.

Das reservierte Wort TO bietet die Möglichkeit, sowohl die unteren als auch die oberen Indexgrenzen eines Arrays anzugeben. Arrayindizes können zwischen -32768 und 32767 festgelegt werden.

Die Anzahl zulässiger Arraydimensionen in einer DIM-Anweisung ist auf 60 begrenzt.

Wird ein *index* verwendet, der größer als *obergrenze* oder kleiner als *untergrenze* ist, tritt ein Laufzeitfehler auf.

Wird NEW bei der Deklaration einer Objektvariablen nicht verwendet, existiert keine neue Instanz dieses Objekts. Die Variable muß zuerst einem existierenden Objekt eines *datentyps* zugeordnet werden, bevor sie verwendet werden kann. Bevor sie einem existierenden Objekt zugeordnet wird, hat die Objektvariable den besonderen Wert NOTHING.

Bei der Initialisierung von Variablen werden numerische Variablen mit dem Wert Null (0) und VARIANT-Variablen mit dem Wert 'Empty' initialisiert; Zeichenfolgen variabler Länge werden als LeerStrings („") initialisiert, und Strings fester Länge werden mit Nullen gefüllt. Die Felder von Variablen eines benutzerdefinierten Datentyps werden analog zu separaten Variablen initialisiert.

Die STATIC-Anweisung und das reservierte Wort STATIC haben eine verschiedene Bedeutung für die Gültigkeitsdauer von Variablen. Wird eine Prozedur mit dem reservierten Wort STATIC deklariert, so wird für alle lokalen Variablen innerhalb der Prozedur einmal Speicherplatz allociert, deren Wert während der Ausführung des Programms erhalten bleibt. Bei nicht statischen Prozeduren wird für die Variablen bei jedem Aufruf der Prozedur Speicherplatz allociert. Dabei wird dieser Speicherplatz beim Beenden der Prozedur wieder freigegeben. In diesem Fall kann die STATIC-Anweisung für die Deklaration von Variablen in nicht statischen Prozeduren verwendet werden, wodurch diese ihren Wert über die gesamte Ausführungszeit des Programms beibehalten.

STATIC-Anweisungen in einer Prozedur sollten am Anfang des Prozedurcodes zusammen mit den DIM-Anweisungen stehen.

Stop-Anweisung

Unterbricht die Ausführung des Visual Basic-Programms.

```
Stop
```

STOP-Anweisungen können an jeder beliebigen Stelle im Programmcode verwendet werden, um vom Run- in den Break-Modus umzuschalten.

Im Gegensatz zur END-Anweisung, werden jedoch keine Dateien geschlossen und keine Variablen gelöscht. Um die Ausführung eines Programms fortzusetzten, kann aus dem Menü [Run] der Punkt [Continue] angewählt werden.

Str[$]-Funktion

Wandelt einen numerischen Ausdruck in einen STRING um.

```
Str[$](zahl)
```

STR$ gibt einen STRING, STR gibt einen VARIANT-Datentyp zurück.

Mit STR[$] wird ein (numerischer) Ausdruck in einen STRING umgewandelt.

Bei der Umwandlung einer Zahl in einen STRING wird bei positiven Argumenten vor der ersten Ziffer ein Leerzeichen, bei negativen Argumenten ein Minuszeichen eingefügt.

Um einen STRING in einen numerischen Wert umzuwandeln, kann VAL verwendet werden.

StrComp-Funktion

Liefert einen Wert des Variant-Datentyps, der das Ergebnis des Zeichenfolgenvergleichs von zwei Zeichenfolgenargumenten anzeigt.

```
StrComp( string1, string2 [,vergleich])
```

Die STRCOMP-Funktion verwendet folgende Argumente:

string1
Bezeichnet einen beliebigen String.

string2
Bezeichnet einen beliebigen String.

vergleich
Bezeichnet die Vergleichsmethode. Ist *vergleich* gleich 0, wird CaseSensitiv verglichen (R=R). Ist *vergleich* gleich 1, wird die Groß- und Kleinschreibung nicht beachtet (R=r).

Ohne die Angabe von *vergleich* verwendet INSTR die durch die OPTION COMPARE-Anweisung festgelegte Vergleichsmethode (OPTION COMPARETEXT und OPTION COMPAREBINARY).

Die STRCOMP-Funktion gibt immer VARIANT-Datentyp zurück, unabhängig vom Typ der Argumente, die vor dem Vergleich in einen VARIANT-Datentyp umgewandelt werden.

Mögliche Rückgabewerte sind dabei:

-1	*string1* ist größer als *string2*
0	*string1* ist gleich *string2*
1	*string1* ist kleiner als *string2*
NULL	*string1* oder *string2* ist NULL

String[$]-Funktion

Gibt eine Zeichenfolge angegebener Länge zurück, deren Zeichen einem gegebenen ANSI-Code oder dem ersten Zeichen eines Strings entsprechen.

```
String[$](zahl, ANSIcode)
```

```
String[$](zahl, string)
```

STRING$ gibt einen STRING, die STRING-Funktion gibt einen VARIANT-Datentyp zurück.

Die Funktion STRING[$] gibt eine Zeichenfolge zurück, die ein angegebenes Zeichen *n*-mal enthält.

Die STRING[$]-Funktion verwendet folgende Argumente:

zahl
Das Argument *zahl* legt die Anzahl der Zeichen fest, die ausgegeben werden sollen. Zulässige Werte liegen dabei zwischen 0 und 65.535.

ANSIcode
Bezeichnet den ANSI-Code des Zeichens, das *n*-mal ausgegeben werden soll. Zulässige, ganzzahlige Werte liegen dabei zwischen 0 und 255. Größere Werte werden umgewandelt (*ANSIcode* Mod 256).

string
Bezeichnet den STRING, dessen erstes Zeichen *n*-mal wiederholt werden soll.

Der Datentyp des Rückgabewertes wird vom Datentyp des zweiten Argumentes (*ANSIcode* oder *string*) bestimmt. Zeichenfolgen werden vom zweiten Argument als *string* interpretiert, numerische Werte als *ANSIcode*. Das Argument NULL erzeugt einen Laufzeitfehler.

Sub-Anweisung

Deklariert eine benutzerdefinierte Prozedur.

```
[Static] [Private] Sub prozedurname [(argumentenliste)]
     [code]
  [Exit Sub]
     [code]
End Sub
```

Die *argumentenliste* hat folgende Syntax:

```
[ByVal]variable[( )] [As datentyp] [, [ByVal]variable[( )]
                    [ As datentyp] ] . . .
```

Die SUB-Anweisung verwendet folgende Teile:

Static
Gibt an, daß alle implizit deklarierten Variablen der SUB-Prozedur zwischen einzelnen Aufrufen lokal erhalten bleiben.

Private
Gibt an, daß die SUB-Prozedur nur von anderen Prozeduren in demselben

Modul aufgerufen werden kann, in dem sie deklariert ist. In Formen ist das Schlüsselwort PRIVATE nicht sinnvoll, da alle Funktionen, die in Formen deklariert werden grundsätzlich PRIVATE sind.

prozedurname
Für dieses Argument gelten dieselben Regeln wie für Namen von Variablen, außer daß keine Typkennzeichen dem Namen angehängt werden dürfen. Die Namen von Funktionen dürfen nicht mit anderen global erkannten Namen im Projekt übereinstimmen.

argumentenliste
Liste von Variablen, die beim Aufruf der SUB-Prozedur übergeben werden. Mehrere Variablen werden durch Kommata voneinander getrennt. Die Argumente werden, wenn nicht besonders BYVAL angegeben wird, als Referenz übergeben.

variable
Name der Variablen. Bei Arrays werden Klammern, jedoch ohne die Anzahl der Dimensionen, verwendet.

datentyp
Legt fest, welchen Datentyp die FUNCTION zurückliefert: INTEGER, LONG, SINGLE, DOUBLE, CURRENCY, STRING oder VARIANT.

code
Beliebige Anweisungen.

Exit Sub
Bewirkt das vorzeitige Verlassen einer SUB-Prozedur. Die Programmausführung wird in der Zeile fortgesetzt, die nach dem Aufruf der SUB-Prozedur folgt.

An eine SUB-Prozedur können, wie eine FUNCTION-Prozedur, Argumente übergeben werden. Sie führen eine Reihe von Anweisungen aus und können die Werte ihrer Argumente ändern. Eine SUB-Prozedur kann nicht in einem Ausdruck verwendet werden, da im Gegensatz zu einer FUNCTION-Prozedur, kein Wert zurückgeliefert wird.

SUB-Prozeduren können auch rekursiv sein, d.h. sie können sich selbst aufrufen. Eine solche Rekursion kann jedoch zu einem internen Stapelüberlauf führen.

Switch-Funktion

Prüft die Liste von Ausdrücken und gibt den zugeordneten Wert des ersten Ausdrucks zurück, der TRUE ist.

```
Switch(ausdr1, var1 [, ausd2, var2 . . . [, ausdr7, var7]] )
```

SWITCH verwendet folgende Argumente:

ausdr
Auszuwertender Ausdruck.

var
Auszugebender Ausdruck, wenn der zugehörige *ausdr* TRUE ist.

Es können maximal sieben *ausdr*/*var*-Paare verwendet werden. Die Ausdrücke in der Liste werden von links nach rechts ausgewertet und der Inhalt von *var* des zugehörigen Ausdrucks zurückgegeben.

SWITCH beachtet Groß-/Kleinschreibung. Bei Verwendung UCASE oder LCASE können Ausdrücke auch nicht CaseSensitiv geprüft werden.

Die SWITCH-Funktion gibt den Wert NULL zurück, wenn keiner der *ausdr* TRUE ist oder das Argument *var* des ersten *ausdr*, der TRUE ist, einen Wert NULL hat. Die SWITCH-Funktion prüft alle Ausdrücke, auch wenn nur einer ausgegeben wird.

SYD-Funktion

Finanzmathematische Funktion, die den Wert der digitalen Abschreibung eines Anlageobjekts für einen bestimmten Zeitraum berechnet.

```
SYD(anschwert, restwert, nutzungsdauer, periode)
```

SYD verwendet folgende Argumente:

anschwert
Anfangskosten des Anlageobjekts.

restwert
Wert des Anlageobjekts am Ende der Nutzungsdauer.

nutzungsdauer
Länge der Nutzungsdauer.

periode
Abschreibungszeitraum.

Alle Argumente müssen positive Zahlen sein. Die Argumente *nutzungsdauer* und *periode* müssen in den gleichen Zahlungszeiträumen angegeben werden.

Bei Verwendung dieser Funktion müssen Sie mit der Visual Basic-Applikation die MSAFINX.DLL ausliefern und im \WINDOWS\SYSTEM-Verzeichnis installieren.

Tab-Funktion

Gibt bei einer PRINT #-Anweisung oder einer PRINT-Methode die Nummer der Spalte an, in die ausgegeben werden soll.

```
Tab(spalte)
```

Das Argument *spalte* ist dabei ein ganzzahliger Ausdruck, der die Nummer der Spalte festlegt, in die die Ausgabe gemacht werden soll.

Dabei entspricht 1 der ersten Spalte und mit der WIDTH #-Anweisung kann die Nummer der letzten Spalte in einer Datei festgelegt werden.

Tan-Funktion

Berechnet den Tangens eines Winkels.

```
Tan(winkel)
```

Als *winkel* kann ein beliebiger numerischer Ausdruck in Bogenmaß angegeben werden.

Die TAN-Funktion gibt DOUBLE-Zahl zurück.

Zur Umrechnung von Bogenmaß in Grad wird das Bogenmaß mit 180/Pi multipliziert. Zur Umrechnung von Grad in Bogenmaß wird die Gradzahl mit Pi/180 multipliziert. Die Kreiszahl Pi entspricht ungefähr dem Wert 3,141593.

Time[$]-Anweisung

Stellt die Systemuhr ein.

```
Time[$] = ausdruck
```

Bei TIME muß das Argument *ausdruck* als eine formatierte Zeichenfolge bzw. ein VARIANTTYP 7 (DATE) oder 8 (STRING) sein, der eine Uhrzeit darstellt. TIME versucht die vogegebene Zeitangabe in einen VARIANTTYP umzuwandeln, wobei die im Abschnitt „Ländereinstellungen“ der Windows-Systemsteuerung festgelegten Uhrzeit-Trennzeichen verwendet werden. Ist eine Umwandlung in eine zulässige Zeitangabe nicht möglich, so tritt ein Laufzeitfehler auf.

Bei TIME$ muß der Ausdruck *anweisung* eines der folgenden Formate besitzen (dabei wird das 24-Stunden-Format verwendet):

hh
Bezeichnet die Stunde; Minuten und Sekunden werden auf 00 gesetzt.

hh:mm
Bezeichnet die Stunde und Minute; die Sekunden werden auf 00 gesetzt.

hh:mm:ss
Bezeichnet die Stunde, Minute und Sekunde.

Wird die TIME[$]-Anweisung bei DOS-Versionen vor 3.3 verwendet, bleibt die Einstellung nur so lange wirksam, bis Sie das Datum wieder ändern oder Ihren Computer ausschalten. Um permanente Systemuhrzeitänderungen auf Rechnern mit früheren DOS-Versionen zu ermöglichen, beachten Sie die Dokumentation zu Ihrem Computersystem.

Time[$]-Funktion

Gibt die aktuelle Systemuhrzeit zurück.

```
Time[$][( )]
```

Die TIME-Funktion gibt einen VARTYPE 7 (DATE) zurück, dessen Dezimalstellen eine Uhrzeit darstellen.

Die TIME$-Funktion gibt eine achtstellige Zeichenfolge in der Form *hh:mm:ss* zurück. Dabei wird das 24-Stunden-Format verwendet.

Um die Systemuhrzeit einzustellen, kann die TIME$-Anweisung verwendet werden.

Timer-Funktion

Gibt die seit Mitternacht verstrichenen Sekunden zurück.

```
Timer
```

Die TIMER-Funktion kann als eine Art Stoppuhr, zur Ermittlung von Sekunden-Differenzen, verwendet werden, aber auch zusammen mit der RANDOMIZE-Anweisung als Startwertgeber für die RND-Funktion.

TimeSerial-Funktion

Gibt einen fortlaufenden Zeitwert für eine aus Stunden, Minuten und Sekunden bestehende Uhrzeit zurück.

```
TimeSerial(stunde, minute, sekunde)
```

Die TIMESERIAL-Funktion verwendet folgende Argumente:

stunde
Bezeichnet eine Stundenangabe zwischen 0 und 23 oder einen numerischen Ausdruck.

minute
Bezeichnet eine Minutenangabe zwischen 0 und 59 oder einen numerischen Ausdruck.

sekunde
Bezeichnet eine Sekundenangabe zwischen 0 und 59 oder einen numerischen Ausdruck.

Die TIMESERIAL-Funktion gibt einen VARTYPE 7 (DATE) zurück.

Liegt der Wert von mindestens einem der drei Argumente außerhalb des zulässigen Wertebereiches, tritt ein Laufzeitfehler auf.

TimeValue-Funktion

Wandelt einen String, der eine Uhrzeit darstellt, in einen fortlaufenden Zeitwert um.

```
TimeValue(string)
```

Das Argument *string* stellt eine Uhrzeit zwischen 0:00:00 und 23:59:59 bzw. 12:00:00AM und 11:59:59PM dar.

In *string* eventuell enthaltene Datumsangaben werden ignoriert. Bei unzulässigen Datumsangaben tritt allerdings ein Laufzeitfehler auf.

Die TIMEVALUE-Funktion liefert eine Uhrzeit im VARTYPE 7 (DATE).

Die zurückgegebene Zahl steht für ein Datum und eine Uhrzeit. Der Anteil nach dem Dezimaltrennzeichen wird als Uhrzeit, der Anteil von dem Dezimaltrennzeichen als Datum interpretiert.

Trim[$]-Funktion

Siehe LTRIM[$].

Type-Anweisung

Deklariert einen benutzerdefinierten Datentyp.

```
Type benutzertyp
    elementname [(index)] As datentyp
  [ elementname [(index)] As datentyp]
  . . .
End Type
```

Die TYPE-Anweisung besteht aus folgenden Teilen:

Type
Markiert den Anfang eines benutzerdefinierten Typs.

benutzertyp
Name des benutzerdefinierten Datentyps.

elementname
Name eines Elements eines benutzerdefinierten Datentyps.

index
Dimensionen des Arrays. Um mehrere Dimensionen zu deklarieren, kann für *index* folgende Syntax verwendet werden:

[*untergrenze* **To**] *obergrenze*[,[*untergrenze* **To**] *obergrenze*]..

datentyp
Reserviertes Wort, das zum Deklarieren des Datentyps einer Variablen verwendet wird. *Datentyp* kann INTEGER, LONG, SINGLE, DOUBLE, CURRENCY, STRING (für Strings variabler Länge), STRING * *länge* (für Strings fester Länge), VARIANT, ein benutzerdefinierter Datentyp oder ein Objektdatentyp sein. Für jede Variable muß eine separate Typ-Deklaration angegeben werden.

Das reservierte Wort TO bietet die Möglichkeit, sowohl die unteren als auch die oberen Indexgrenzen eines Arrays anzugeben. Arrayindizes können zwischen -32768 und 32767 festgelegt werden. Die Anzahl zulässiger Arraydimensionen ist auf 60 begrenzt.

Die TYPE-Anweisung kann nur in der 'General Declarations'-Sektion eines Moduls verwendet werden. Nachdem ein benutzerdefinierter Datentyp deklariert ist, kann in jeder Form oder jedem Modul eine Variable dieses Datentyps deklariert werden.

Um eine Variable nach einem benutzerdefinierten Datentyp zu deklarieren, wird die DIM-, GLOBAL-, REDIM- oder STATIC-Anweisung verwendet.

Wird ein statischer Array innerhalb eines benutzerdefinierten Datentyps deklariert, so müssen dessen Dimensionen mit numerischen Konstanten, anstelle von Variablen, deklariert werden.

UBound-Funktion

Gibt den größten verwendeten Index für die angegebene Dimension eines Arrays.

```
UBound(array [,dimension])
```

Die UBOUND-Funktion wird in Verbindung mit der LBOUND-Funktion verwendet, um die Größe eines Datenfeldes zu bestimmen. Verwenden Sie die LBOUND-Funktion, um die untere Grenze einer Datenfelddimension zu bestimmen.

Die UBOUND-Funktion verwendet die folgenden Argumente:

array
Name des Arrays.

dimension
Bezeichnet die Nummer der Dimension, deren oberer Index ermittelt werden soll. Ohne Angabe von *dimension* wird 1 angenommen.

UCase[$]-Funktion

Wandelt alle Zeichen eines Strings in Großbuchstaben um.

```
UCase[$](string)
```

UCASE$ gibt einen STRING, UCASE gibt einen VARIANT-Datentyp zurück.

Alle Kleinbuchstaben des Arguments *string* werden in Großbuchstaben umgewandelt. Großbuchstaben und andere Zeichen bleiben unverändert. Das Argument NULL gibt den Funktionswert NULL zurück.

Unload-Anweisung

Entfernt eine Form oder ein Steuerelement aus dem Speicher.

```
Unload objekt
```

Das *objekt*-Argument bezeichnet dabei die zu entladende Form oder das zu entfernende Element eines Steuerelementearrays.

Wenn Elemente eines Steuerelementearrays oder Formen aus dem Arbeitsspeicher entfernt werden, wird der allocierte Speicher wieder frei und die Eigenschaften werden auf ihren ursprünglichen Wert zurückgesetzt.

Wird eine Form entladen, so tritt das FORM_QUERYUNLOAD-Ereignis und anschließend das FORM_UNLOAD-Ereignis ein. Wird das CANCEL-Argument in einem dieser Ereignisse auf TRUE gesetzt, wird das Entladen der Form abgebrochen. Wird eine MDI-Form mit UNLOAD entfernt, tritt das MDIFORM_QUERYUNLOAD-Ereignis vor den FORM_QUERYUNLOAD- und FORM_UNLOAD-Ereignissen der MDIChild-Formen ein und zuletzt wird das MDIFORM_UNLOAD-Ereignis ausgeführt.

Nachdem eine Form aus dem Speicher entfernt wurde, können alle Steuerelemente, die zur Laufzeit einer Form hinzugefügt wurden, nicht länger angesprochen werden. Steuerelemente, die zur Design-Zeit auf der Form positioniert wurden, sind davon nicht betroffen. Nur der sichtbare Teil der Form wird durch UNLOAD entfernt. Der Programmcode der Form verbleibt im Speicher.

Die Eigenschaften von Steuerelementen werden initialisiert, wenn die Steuerelemente erneut geladen werden.

Val-Funktion

Gibt den numerischen Wert eines STRING zurück.

```
Val(string)
```

Das Argument *string* kann eine Zeichenfolge sein, die in einen numerischen Wert umgewandelt werden kann.

Leer-, Tabulator- und CarriageReturn-Zeichen werden von der VAL-Funktion entfernt. Wird ein nicht umwandelbares Zeichen erreicht, so endet die Umwandlung vor dieser Stelle. Ausgenommen davon sind die Bezeichner für Oktal- (&O) und Hexadezimalzahlen (&H). In diesen Fällen wird der Dezimalwert zurückgegeben.

Die Funktion VAL gibt DOUBLE-Datentyp zurück.

Rein numerische Zeichenfolgen können auch mit einer der Typkonvertierungsfunktionen (CCUR, CDBL, CINT, CLNG, CSNG oder CVAR) umgewandelt werden. Beim Datentyp VARIANT ist keine Umwandlung durch VAL notwendig, da diese automatisch durchgeführt wird.

VarType-Funktion

Ermittelt, in welchem Format der Inhalt einer VARIANT-Variablen gespeichert wird und gibt für jedes Format einen bestimmten numerischen Wert zurück.

```
VarType(variant)
```

Das Argument *variant* sollte eine VARIANT-Variable sein.

Die VARTYPE-Funktion gibt einen Wert zurück, der angibt, welcher Datentyp momentan in der VARIANT-Variablen gespeichert ist.

Mögliche Rückgabewerte sind dabei:

0 Leer
1 NULL
2 INTEGER
3 LONG
4 SINGLE
5 DOUBLE
6 CURRENCY
7 DATUM
8 STRING

Symbolische Konstanten der einzelnen Typen finden Sie in der Datei CONSTANT.TXT bereits vordefiniert.

Weekday-Funktion

Gibt eine INTEGER-Zahl zwischen 1 und 7 zurück, die dem Wochentag des als Argument angegebenen Datums entspricht.

```
Weekday(zahl)
```

Das Argument *zahl* stellt dabei einen beliebigen numerischen Ausdruck dar, der ein Datum und/oder eine Uhrzeit repräsentiert. Dabei wird nur der Anteil vor dem Dezimaltrennzeichen (dem englischen Punkt) als Datum interpretiert.

Das Argument NULL liefert auch den Funktionswert NULL zurück.

Der Rückgabewert 1 entspricht dabei „Sonntag“, 2 „Montag“ usf.

While...Wend-Anweisung

Wiederholt einen Block von Anweisungen, so lange oder bis eine Bedingung TRUE wird.

```
While bedingung
    [code]
Wend
```

Die WHILE...WEND-Anweisung verwendet folgende Teile:

bedingung
Ausdruck, der TRUE (ungleich Null) oder FALSE (0 oder NULL) wird.

code
Anweisungen, die wiederholt werden sollen, während die *bedingung* TRUE ist.

Ist die *bedingung* TRUE, werden alle *code*-Anweisungen ausgeführt, bis die WEND-Anweisung erreicht wird. Die Programmsteuerung kehrt danach zur WHILE-Anweisung zurück und überprüft die *bedingung* erneut. Ist *bedingung* immernoch TRUE, wird der Vorgang nochmals wiederholt. Ist sie FALSE geworden, wird die Programmausführung mit der Zeile fortgesetzt, die auf die WEND-Anweisung folgt.

WHILE...WEND-Schleifen können verschachtelt werden, wobei jede WEND-Anweisung sich auf die zuletzt aufgetretene WHILE-Anweisung bezieht.

Eine Programmverzweigung in den Anweisungsteil einer WHILE...WEND-Schleife, ohne eine WHILE-Anweisung zu durchlaufen, kann zu schwer lokalisierbaren Laufzeitfehlern führen.

Eine WHILE...WEND-Schleife ist nur eine eingeschränkte Form einer DO...LOOP-Schleife, die aus Kompatibilitätsgründen zu älteren BASIC-Dialekten in Visual Basic übernommen wurde.

Width #-Anweisung

Legt die Breite einer Ausgabezeile in einer Datei fest.

```
Width # dateihandler, breite
```

Die WIDTH #-Anweisung verwendet folgende Argumente:

dateinummer
Bezeichnet den Filehandle, der bei der OPEN-Anweisung zum Öffnen der Datei verwendet wurde. Dabei kann es sich um einen beliebigen numeri-

schen Ausdruck handeln, sofern der Handle einer geöffneten Datei zugeordnet wurde. Das vorangestellte #-Zeichen ist nicht optional!

breite
Numerischer Ausdruck zwischen 0 und 255, der angibt, wie viele Zeichen in eine Zeile ausgegeben werden können, bevor eine neue Zeile begonnen wird. Eine *breite* gleich 0, hebt eine Längenbeschränkung einer Zeile auf. Der Vorgabewert für *breite* ist 0.

Mit WIDTH # kann die Breite der Ausgabezeilen einer bereits geöffneten Datei geändert werden.

Write #-Anweisung

Schreibt Daten in eine sequentielle Datei.

```
Write # dateihandle [, ausdruck]
```

Die WRITE #-Anweisung verwendet folgende Argumente:

dateinummer
Bezeichnet den Filehandle, der bei der OPEN-Anweisung zum Öffnen der Datei verwendet wurde. Dabei kann es sich um einen beliebigen numerischen Ausdruck handeln, sofern der Handle einer geöffneten Datei zugeordnet wurde. Das vorangestellte #-Zeichen ist nicht optional!

ausdruck
Numerische Ausdrücke oder String Ausdrücke, die in die Datei geschrieben werden sollen. Mehrere Ausdrücke werden durch Kommata voneinander getrennt. Ohne *ausdruck* schreibt WRITE # eine Leerzeile in die Datei.

Die angesprochene Datei muß im OUTPUT- oder APPEND-Modus geöffnet worden sein.

Im Gegensatz zur PRINT # schreibt WRITE # Kommata zwischen die einzelnen Ausdrücke und setzt Strings in Anführungszeichen. Nach *ausdruck* fügt WRITE # ein CarriageReturn-Zeichen in die Datei ein.

Handelt es sich bei der zu schreibenden Variablen um einen VARIANTTYP 0 (Leer), so schreibt WRITE # keinerlei Daten in die Datei.

Beim VARIANTTYP 1 (NULL) schreibt WRITE # das Literal #NULL# in die Datei.

Der VARIANTTYP 7 (DATE) wird durch WRITE # als festes Datumsformat #yyyy-mm-dd hh:mm:ss# in die Datei geschrieben.

Year-Funktion

Gibt eine INTEGER-Zahl zwischen 100 und 9999 zurück, die dem Kalenderjahr des als Argument angegebenen Datums entspricht.

```
Year(zahl)
```

Das Argument *zahl* stellt dabei einen beliebigen numerischen Ausdruck dar, der ein Datum und/oder eine Uhrzeit repräsentiert. Dabei wird nur der Anteil vor dem Dezimaltrennzeichen (dem englischen Punkt) als Datum interpretiert.

Das Argument NULL liefert auch den Funktionswert NULL zurück.

C *Trappable Errors*

Dieser Abschnitt enthält dokumentierte Fehlernummern, die nicht in der Visual Basic-Dokumentation unter 'Trappable Errors' aufgeführt sind. Darin nicht enthalten sind die Fehlernummern der Controls für 'Pencomputing for Windows'.

Animated Button Control

321	Invalid file format.
361	Can't load or unload this object.
380	Invalid property value.

ODBC

600	Set value not allowed on collections.
601	Get Value not allowed on collections.
602	General ODBC error:.
603	ODBC - SQLAllocEnv failure.
604	ODBC - SQLAllocConnect failure.
605	OpenDatabase - invalid connect string.
606	ODBC - SQLConnect failure 'item'.
607	Access attempted on unopened database.
608	ODBC - SQLFreeConnect error.
609	ODBC - GetDriverFunctions failure.
610	ODBC - SQLAllocStmt failure.
611	ODBC - SQLTables (TableDefs.Refresh) failure.
612	ODBC - SQLBindCol failure.
613	ODBC - SQLFetch failure.
614	ODBC - SQLColumns (Fields.Refresh) failure.
615	ODBC - SQLStatistics (Indexes.Refresh) failure.
616	Table exists - append not allowed.
617	No fields defined - cannot append table.
618	ODBC - SQLNumResultCols (Create Dynaset) failure.
619	ODBC - SQLDescribeCol (Create Dynaset) failure.
620	Dynaset is open - CreateDynaset method not allowed.
621	Row-returning SQL is illegal in ExecuteSQL method.
622	CommitTrans/Rollback illegal.
623	Name not found in this collection.
624	Unable to build data type table.

ODBC	
625	Data type of field not supported by target database.
626	Attempt to Move past EOF.
627	Dynaset is not updatable or Edit method not invoked.
628	Dynaset method illegal.
629	ODBC - SQLSetConnectOption failure.
630	Property is read-only.
631	Zero rows affected by Update method.
632	Update illegal without Edit or AddNew method.
633	Append illegal - field is part of a TableDefs collection.
634	Property value only valid when part of a Dynaset.
635	Object property as part of a Database can not be set.
636	Set field value illegal without Edit or AddNew method.
637	Append illegal - Index is part of a TableDefs collection.
638	Access attempted on unopened Dynaset.
639	Field type is illegal.
640	Field size illegal for specified Field Type.
641	'Item' illegal - no current record.
642	Reserved parameter must be FALSE.
643	Property Not Found.
644	ODBC - SQLConfigDataSource error.
645	No support of exclusive access to Dynasets.
646	GetChunk: Offset/Size argument combination illegal.
647	Delete method requires a name argument.
648	ODBC Objects require VBDB300.DLL.

Data Access Control	
3001	Invalid argument.
3002	Couldn't start session.
3003	Couldn't start transaction.
3004	Couldn't find database.
3005	'Item' isn't a valid database name.
3006	Database is exclusively locked.
3007	Couldn't open database.

Data Access Control	
3008	Table is exclusively locked.
3009	Couldn't lock table; currently in use.
3010	Table already exists.
3011	Couldn't find object.
3012	Object already exists.
3013	Couldn't rename installable ISAM file.
3014	Can't open any more tables.
3015	Isn't an index in this table.
3016	Field won't fit in record.
3017	Field length is too long.
3018	Couldn't find field.
3019	Operation invalid without a current index.
3020	Update without AddNew or Edit.
3021	No current record.
3022	Can't have duplicate key.
3023	AddNew or Edit already used.
3024	Couldn't find file.
3025	Can't open any more files.
3026	Not enough space on disk.
3027	Couldn't update; database is read-only.
3028	System file couldn't be opened.
3029	Not a valid account name or password.
3030	Not a valid account name.
3031	Not a valid password.
3032	Can't delete account.
3033	No permission.
3034	Commit or Rollback without BeginTrans.
3035	Out of memory.
3036	Database has reached maximum size.
3037	Can't open any more tables or queries.
3038	Out of memory.
3039	Couldn't create index; too many indexes already defined.
3040	Disk I/O error during read.
3041	Incompatible database version.

Data Access Control	
3042	Out of MS-DOS file handles.
3043	Disk or network error.
3044	Isn't a valid path.
3045	File already in use.
3046	Couldn't save; currently locked by another user.
3047	Record is too large.
3048	Can't open any more databases.
3049	Is corrupted or isn't a Visual Basic-format database.
3050	Couldn't lock file; SHARE.EXE hasn't been loaded.
3051	Couldn't open file.
3052	MS-DOS file sharing lock count exceeded.
3053	Too many client tasks.
3054	Too many Memo or Long Binary fields.
3055	Not a valid file name.
3056	Couldn't repair this database.
3057	Operation not supported on attached tables.
3058	Can't have Null value in index.
3059	Operation canceled by user.
3060	Wrong data type for parameter.
3061	Parameters were expected.
3062	Duplicate output alias.
3063	Duplicate output destination.
3064	Can't open action query.
3065	Can't execute a non-action query.
3066	Query must have at least one output field.
3067	Query input must contain at least one table or query.
3068	Not a valid alias name.
3069	Can't have action query as an input.
3070	Can't bind name.
3071	Can't evaluate expression.
3073	Operation must use an updatable query.
3074	Can't repeat table name in FROM clause.
3075	Already in query expression.
3076	Already in criteria expression.

Data Access Control	
3077	Already in expression.
3078	Couldn't find input table or query.
3079	Ambiguous field reference.
3080	Joined table not listed in FROM clause.
3081	Can't join more than one table with the same name.
3082	JOIN operation refers to a non-joined table.
3083	Can't use internal report query.
3084	Can't insert into action query.
3085	Undefined function in expression.
3086	Couldn't delete from specified tables.
3087	Too many expressions in GROUP BY clause.
3088	Too many expressions in ORDER BY clause.
3089	Too many expressions in DISTINCT output.
3090	Table may not have more than one Counter field.
3091	HAVING clause without grouping or aggregation.
3092	Can't use HAVING clause in TRANSFORM statement.
3093	ORDER BY clause conflicts with DISTINCT.
3094	ORDER BY clause conflicts with GROUP BY clause.
3095	Can't have aggregate function in expression.
3096	Can't have aggregate function in WHERE clause.
3097	Can't have aggregate function in ORDER BY clause.
3098	Can't have aggregate function in GROUP BY clause.
3099	Can't have aggregate function in JOIN operation.
3100	Can't set field in join key to Null.
3101	Join is broken by value(s) in fields.
3102	Circular reference caused by.
3103	Circular reference in query definition's SELECT list.
3104	Can't specify Fixed Column Heading.
3105	Missing destination field in SELECT INTO statement
3106	Missing destination field in UPDATE statement.
3107	Couldn't insert.
3108	Couldn't replace.
3109	Couldn't delete.
3110	Couldn't read definitions.

Data Access Control	
3111	Couldn't create.
3112	Couldn't read.
3113	Can't update field.
3114	Can't include Memo or Long Binary.
3115	Can't have Memo or Long Binary.
3116	Can't have Memo or Long Binary.
3117	Can't sort on Memo or Long Binary.
3118	Can't join on Memo or Long Binary.
3119	Can't group on Memo or Long Binary.
3120	Can't group on fields selected with '*'.
3121	Can't group on fields selected with '*'.
3122	Not part of aggregate function or grouping.
3123	Can't use '*' in crosstab query.
3124	Can't input from internal report query.
3125	Not a valid name.
3126	Invalid bracketing of name.
3127	INSERT INTO statement contains unknown field name.
3128	Must specify tables to delete from.
3129	Invalid SQL statement.
3130	Syntax error in DELETE statement.
3131	Syntax error in FROM clause.
3132	Syntax error in GROUP BY clause.
3133	Syntax error in HAVING clause.
3134	Syntax error in INSERT statement.
3135	Syntax error in JOIN operation.
3136	Syntax error in LEVEL clause.
3137	Missing semicolon (;) at end of SQL statement.
3138	Syntax error in ORDER BY clause.
3139	Syntax error in PARAMETER clause.
3140	Syntax error in PROCEDURE clause.
3141	Syntax error in SELECT statement.
3142	Characters found after end of SQL statement.
3143	Syntax error in TRANSFORM statement.
3144	Syntax error in UPDATE statement.

Data Access Control	
3145	Syntax error in WHERE clause.
3146	ODBC—call failed.
3147	ODBC—data buffer overflow.
3148	ODBC—connection failed.
3149	ODBC—incorrect DLL.
3150	ODBC—missing DLL.
3151	ODBC—connection to 'item' failed.
3152	ODBC—incorrect driver version.
3153	ODBC—incorrect server version.
3154	ODBC—couldn't find DLL.
3155	ODBC—insert failed.
3156	ODBC—delete failed.
3157	ODBC—update failed.
3158	Couldn't save record; currently locked by another user.
3159	Not a valid bookmark.
3160	Table isn't open.
3161	Couldn't decrypt file.
3162	Null is invalid.
3163	Couldn't insert or paste; data too long for field.
3164	Couldn't update field.
3165	Couldn't open .INF file.
3166	Missing memo file.
3167	Record is deleted.
3168	Invalid .INF file.
3169	Illegal type in expression.
3170	Couldn't find installable ISAM.
3171	Couldn't find net path or user name.
3172	Couldn't open PARADOX.NET.
3173	Couldn't open table 'MSysAccounts'.
3174	Couldn't open table 'MSysGroups'.
3175	Date is out of range or is in an invalid format.
3176	Couldn't open file.
3177	Not a valid table name.
3178	Out of memory.

Data Access Control	
3179	Encountered unexpected end of file.
3180	Couldn't write to file.
3181	Invalid range.
3182	Invalid file format.
3183	Not enough space on temporary disk.
3184	Couldn't execute query; couldn't find linked table.
3185	SELECT INTO produced too many fields.
3186	Couldn't save.
3187	Couldn't read.
3188	Couldn't update.
3189	Table is exclusively locked by user.
3190	Too many fields defined.
3191	Can't define field more than once.
3192	Couldn't find output table.
3196	Database already in use.
3197	Data has changed; operation stopped.
3198	Too many sessions already active.
3199	Couldn't find reference.
3200	Can't delete or change record.
3201	Can't add or change record.
3202	Couldn't save; currently locked by user.
3203	Can't specify subquery in expression.
3204	Database already exists.
3205	Too many crosstab column headers.
3206	Can't create a relationship between a field and itself.
3207	Operation not supported on Paradox table.
3208	Invalid Deleted entry in [dBASE ISAM] section.
3209	Invalid Stats entry in [dBASE ISAM] section.
3210	Connect string too long.
3211	Couldn't lock table; currently in use.
3212	Couldn't lock table; currently in use by user.
3213	Invalid Date entry in [dBASE ISAM] section.
3214	Invalid Mark entry in [dBASE ISAM] section.
3215	Too many Btrieve tasks.

Data Access Control

3216	Parameter specified where a table name is required.
3217	Parameter specified where a database name is required.
3218	Couldn't update; currently locked.
3219	Can't perform operation; it is illegal.
3220	Wrong Paradox sort sequence.
3221	Invalid entries in [Btrieve ISAM] section in WIN.INI.
3222	Query can't contain a Database parameter.
3223	Not a valid parameter name.
3224	Btrieve—data dictionary is corrupted.
3225	Encountered record locking deadlock.
3226	Errors encountered while using the Btrieve DLL.
3227	Invalid Century entry in [dBASE ISAM] section.
3228	Invalid CollatingSequence entry in .INI file.
3229	Btrieve—can't change field.
3230	Out-of-date Paradox lock file.
3231	ODBC—field would be too long; data truncated.
3232	ODBC—couldn't create table.
3233	ODBC—incorrect driver version.
3234	ODBC—remote query timeout expired.
3235	ODBC—data type not supported on server.
3236	ODBC—encountered unexpected Null value.
3237	ODBC—unexpected type.
3238	ODBC—data out of range.
3239	Too many active users.
3240	Btrieve—missing WBTRCALL.DLL.
3241	Btrieve—out of resources.
3242	Invalid reference in SELECT statement.
3243	None of the import field names match fields.
3244	Can't import password-protected spreadsheet.
3245	Couldn't parse field names of import table.
3246	Operation not supported in transactions.
3247	ODBC—linked table definition has changed.
3248	Invalid NetworkAccess entry in .INI file.
3249	Invalid PageTimeout entry in .INI file.

Data Access Control	
3250	Couldn't build key.
3251	Feature not available.
3252	Illegal reentrancy during query execution.
3254	ODBC—Can't lock all records.
3255	ODBC—Can't change connect string parameter.
3256	Index file not found.
3257	WITH OWNERACCESS declaration error.
3258	Query contains ambiguous (outer) joins.
3259	Invalid field data type.
3260	Ccurrently locked by user.
3263	Invalid database object.
3264	No fields defined - cannot append table.
3265	Name not found in this collection.
3266	Append illegal - Field is part of a TableDefs collection.
3267	Property value invalid when Field is part of a recordset.
3268	Cannot set the property of an object.
3269	Append illegal - Index is part of a TableDefs collection.
3270	Property not found.
3271	Invalid property value.
3272	Object is not an array.
3273	Method not applicable for this object.
3274	External table isn't in the expected format.
3275	Unexpected error from external database driver.
3276	Invalid database ID.
3277	Can't have more than 10 fields in an index.
3278	Database engine has not been initialized.
3279	Database engine has already been initialized.
3280	Can't delete a field that is part of an index.
3281	Can't delete an index that is used in a relationship.
3282	Can't perform operation on a nontable.
3283	Primary key already exists.
3284	Index already exists.
3285	Invalid index definition
3286	Invalid type for Memo field.

Data Access Control

3287	Can't create index on Memo or Long Binary field.
3288	Invalid ODBC driver.
3289	Paradox: No primary index.
3290	Syntax error.
3291	Syntax error in Create Table statement.
3292	Syntax error in Create Index statement.
3293	Syntax error in column definition.
3294	Syntax error in Alter Table statement.
3295	Syntax error in Drop Index statement.
3296	Syntax error in Drop statement.
3297	Not supported in Microsoft Access version 1.1 database.
3298	Couldn't import.
3299	Several tables exist with that name.

Common Dialog Control

20476	The lpstrFile buffer is too small.
20477	File name is invalid.
20478	Making list box subclass error.
24574	No fonts exist.
28660	Requested printer in the WIN.INI [devices] missing.
28661	PRINTDLG information context function failed.
28662	Devmode and Devnames describe 2 different printers.
28663	A default printer does not exist.
28664	No printer device drivers were found.
28665	PRINTDLG function failed during initialization.
28666	Error initializing printer device Devmode datastructure.
28667	PRINTDLG failed to load printer's device driver.
28668	PRINTDLG hDevMode or hDevNames field nonzero.
28669	Parse failure in the WIN.INI [devices] section.
28670	Load of the required resources failed.
28671	PRINTDLG hDevMode or hDevNames field nonzero.
32751	Error calling WinHelp.
32752	Error allocating memory for FileName or Filter.

Common Dialog Control

32755	Cancel was selected.
32757	Error locking memory associated with a handle.
32758	Error allocating memory for internal data structures.
32759	Error locking a specified resource.
32760	Error loading a specified resource.
32761	Error loading a specified string.
32765	Initialization error.

Spin Button Control

30000	Negative value invalid for this property.

3D Command Button Control

30000	Only picture formats '.BMP' & '.ICO' supported.
30004	Bevel width must be from 0 to 10.

3D Group Push Button

30001	Only picture format '.BMP' supported.
30005	Group number must be from 0 to 99.
30007	Bevel width must be from 0 to 2.

3D Panel Control

30002	Bevel width must be from 0 to 30.
30003	Border width must be from 0 to 30.
30006	Flood percent must be from 0 to 100.

MAPI messages controls

32000	Success.
32001	User abort.
32002	Failure.
32003	Login failure.
32004	Disk full.

MAPI messages controls

32005	Insufficient memory.
32006	Access denied.
32008	Too many sessions.
32009	Too many files.
32010	Too many recipients.
32011	Attachment not found.
32012	Attachment open failure.
32013	Attachment write failure.
32014	Unknown recipient.
32015	Bad recipient type.
32016	No messages.
32017	Invalid message.
32018	Text too large.
32019	Invalid session.
32020	Type not supported.
32021	Ambiguous recipient.
32022	Message in use.
32023	Network failure.
32024	Invalid Editfields.
32025	Invalid recipients.
32026	Not supported.
32050	Session ID already exists.
32051	Read-only in read buffer.
32052	Valid in compose buffer only.
32053	No valid session ID.
32054	Originator information not available.
32055	Action not valid in compose buffer.
32056	Control failure.
32057	No recipients.
32058	No attachments.

Outline Control

32000	Picture Format Not Supported
32001	Bad Outline Indentation

Outline Control

32002	Out of Memory
32003	Parent Not Expanded

Picture Clip Control

32000	Picture format not supported.
32001	Unable to obtain display context.
32002	Unable to obtain memory device context.
32003	Unable to obtain bitmap.
32004	Unable to select bitmap object.
32005	Unable to allocate internal picture structure.
32006	Bad GraphicCell index.
32007	No GraphicCell picture size specified.
32008	Only bitmap GraphicCell pictures allowed.
32010	Bad GraphicCell picture size or stretch property request.
32011	Clipboard already open.
32012	GetObject () Windows function failure.
32013	CreateCompatibleDC () Windows function failure.
32014	GlobalAlloc () Windows function failure.
32015	Clip region boundary error.
32016	Cell size too small.
32017	Rows property must be greater than zero.
32018	Cols property must be greater than zero.
32019	StretchX property cannot be negative.
32020	StretchY property cannot be negative.
32021	No picture assigned.

LinkError Ereignis

1	Destination application has requested wrong data format.
6	Destination application continued DDE after LinkMode=0.
7	All the 128 source links are in use.
8	Destination controls: update of automatic link or LinkRequest failed. Source forms: Linkpoke failed.
11	Not enough memory for DDE.

D *Schaltflächen und Zeichentabelle*

- Visual Basic-Schaltflächen 517
- Zeichentabelle 518

Visual Basic-Schaltflächen

Alle Schaltflächen der professionellen Edition von Visual Basic. Die Buttons der Toolbars sind mit den entsprechenden Menübefehlen beschriftet. Neben den Steuerelementen ist jeweils die Typ-Bezeichnung aufgeführt.

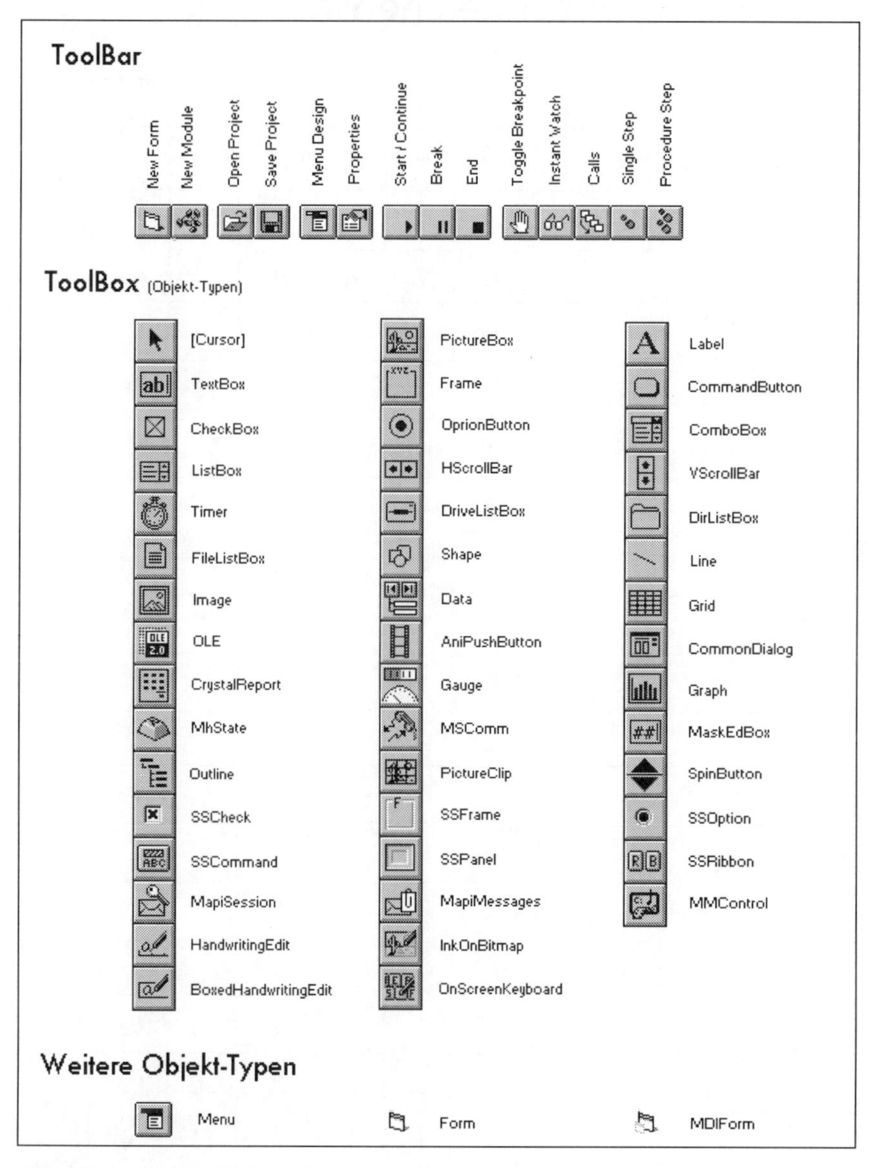

Abb. D.1: *Schaltflächen von Visual Basic*

Zeichentabelle

Zum Abschluß die Zeichentabelle, die in keinem Programmierhandbuch fehlen darf.

ANSI Zeichensatz

	0	1	2	3	4	5	6	7	8	9
30	-			!	„	#	$	%	&	‘
40	(	)	*	+	,	-	.	/	0	1
50	2	3	4	5	6	7	8	9	:	;
60	<	=	>	?	@	A	B	C	D	E
70	F	G	H	I	J	K	L	M	N	O
80	P	Q	R	S	T	U	V	W	X	Y
90	Z	[	\	]	^	_	‘	a	b	c
100	d	e	f	g	h	i	j	k	l	m
110	n	o	p	q	r	s	t	u	v	w
120	x	y	z	{	|	}	~	•	•	•
130	é	ƒ	“	…	†	‡	ˆ	‰	Š	‹
140	Œ	•	•	•	•	‘	’	”	”	•
150	–	—	˜	™	š	›	œ	•	•	Ÿ
160		¡	¢	£	¤	¥	¦	§	¨	©
170	º	«	¬	-	®	¯	°	±	²	³
180	´	µ	¶	·	¸	¹	º	»	¼	½
190	¾	¿	À	Á	Â	Ã	Ä	Å	Æ	Ç
200	È	É	Ê	Ë	Ì	Í	Î	Ï	Ð	Ñ

	0	1	2	3	4	5	6	7	8	9
210	Ò	Ó	Ô	Õ	Ö	×	Ø	Ù	Ú	Û
220	Ü	Ý	Þ	ß	à	á	â	ã	ä	å
230	æ	ç	è	é	ê	ë	ì	í	î	ï
240	ð	ñ	ò	ó	ô	õ	ö	÷	ø	ù
250	ú	û	ü		þ	ÿ				

Stichwortverzeichnis

Symbole

3D-Dialoge 237
3D-Steuerelement
- Check Box 92
- Command Button 92
- Frame 92
- Group Push Button 93
- Option Button 92
- Panel 95

3D-Steuerelemente 91

A

Ablagemappe 185
Abs 383
Access Engine 263
Action 78, 116, 118, 283
ActiveControl 227
ActiveForm 226
Add File 76
AddItem 59, 90, 109
AddNew 282
Alias 234
Align 69, 96
Align to Grid 31
Alignment 92
ANIBUTON.VBX 99
Animated Button 99
Anweisungen 12
Anwendungsdesign 3
Anzeigesteuerelement 52
API Funktionen 233
App 367
AppActivate 150, 383
Append 155
Applikation Programming Interface 232
applikationsmodal 153
Argumente 12, 25
Arrange 230
Array 138
Asc 383
Atn 383
Atome 246
Attribute 246
Ausgabefenster 8
Ausgaben 5, 148
Ausschneiden 185
Aussehen der MessageBox 153
AutoEnable 125
AutoInc 103
AUTOLOAD.MAK 35
AutoSize 52, 69, 93, 95
AVIVideo 125

B

BackColor 22, 42
BackGround 104
BASIC 3, 4
Baumstruktur 107
Beep 384
Befehlsschaltfläche 10
BeginTrans 300, 384

benutzerdefinierte Variablentypen 142
benutzerdefinierter Datentyp 158
Bericht 309
erstellen 310
BevelInner 95
BevelOuter 95
BevelWidth 93
Beziehung 252
1zu n 254
1zu1 252
n zu m 254
Bild 69
Hilfedatei 324 f.
Binary Access 160
Bitmap 69
Blockstruktur 144
bmc 324
bml 324
bmr 324
Bof 277
BookMark 278
Border Style 32, 52
BottomTitle 104
Bound Control
3D-Check 273
3D-Panel 273
Check Box 273
Image Box 273
Label 273
Masked Edit 273
Picture Box 273
Text Box 273
Bound Controls 262
Break Modus 174
Breakpoint 175
Browse Sequenz 321, 323
Btrieve 263, 304
Build Tag 322
Button 47
ButtonClick 129
ButtonCompleted 129
By Reference 235
By Value 234
ByVal 235

C

Call 235, 385
Calls 178
Fenster 178
Cancel 22, 51, 129, 196
CancelError 87, 169
CanEject 126
CanRecord 126
Canvas 346
Caps Lock 113
Caption 11, 22, 52, 73, 101
Case Else 145
CC-Liste 361
CCBfileLoad 100
CCBfileSave 100
CCur 398
CD-ROM 123
CDAudio 125
CDbl 398
CDK 34
CelSelected 89
Change 54, 62, 63, 65, 114
Char 235
ChDir 386
ChDrive 386
Checkboxen 57
Checked 75
Child-Fenster
laden 222
schließen 222
Child-Forms 221
Choose 386

Chr[$] 387
CInt 398
Clear 60
Click 47, 51, 57, 59, 62, 66, 69, 75, 110
 -Ereignis 19
Clip 89
Clipboard 185, 186, 367
CLIPBRD.EXE 185
CLng 398
Close 157, 296, 388
CMDIALOG.DLL 232
Code 12
 -Fenster 11
Col 89
ColAlignment 90
Collapse 110
Color 83, 85
ColorCoding 164
ColorData 104
Cols 88
Columns 60
ColWidth 89
Com 114
Combobox 62
Command 127
 Back 124, 128
 Close 127
 Eject 124, 128
 Next 124, 128
 Open 127
 Pause 124, 127
 Play 124, 127
 Prev 124, 128
 Record 128
 Save 129
 Seek 128
 Sound 128
 Step 124, 128
 Stop 124, 127
Command Button 10, 51
Command[$] 388
CommEvent 115
CommitTrans 300, 384
Communication Control 114
CompactDatabase 301, 389
Compiler 4, 5
Compilieren
 Hilfedatei 328
Compose Form 345, 347
CompuServe 130
Connect 272
Const 137, 390
CONSTANT.TXT 137
Container 202
Containerelement 68
Containerobjekt 58, 69, 346
Context String 321 f.
Control 370
Control Arrays 224
Control Box 33
Cos 391
Counter 265
CreateDatabase 288, 391
CreateDynaset 294
CreateObject 392
CreateQueryDef 297, 350
CreateSnapshot 295
Crystal Reports 309
 Control 315
 Datenfelder 311
 Drucken 313
 Formatierungen 312
 Formeln 314
 Textfelder 312
CRYSTAL.VBX 315
CSng 398
CStr 398
CTL3DV2.DLL 237
CurDir[$] 394

Currency 14, 235
Custom Control 10, 34, 77
Custom Message Typ 350
Custom Messages 349, 353
CVar 398
CVDate 394

D

DAT 125
Data
    Control 262, 367
        Language 256
    Definition Language 256
    Manager 264
    Manipulation Language 256
Database 284, 285, 288, 367
    Name 272
DataField 274
DATAMGR.EXE 264
DataSource 274
Date[$] 395
DateAdd 396
DateDiff 397
Datei 154
Dateiauswahl 65
Dateioperationen 153
Datenaustausch 183
Datenbank 241, 284
    Anlegen 263
    Beziehungen 252
    Erstellen 288
    Management-System 245
    Öffnen 291
    Struktur 289
    Suchen 278
Datenbankmodell 242
    hierarchisch 242
    relational 244
Datenbankmodell
    Netzwerkmodell 243
    Objektorientiert 244
    relational 244
Datenbankzugriffe 239
Datenfelder 246
Datensatz 246
Datensatzzeiger 276
DatePart 398
DateSerial 399
DateValue 400
Day 400
DBASE 263
dBase 304
DblClick 47
DDB 401
DDE 189
    Ereignisse 196
    Methoden 194
    Netzwerk 198
Debug 368
    Fenster 181
    Objekt 182
Debuggen
    Hilfedatei 330
Debugging 161
    Next 176
    Step 177
    Tools 173
Declare 234, 402
    Function 234
    Sub 234
Default 22, 51
    -Knopf 153
DefaultExt 82
DefCur 403
DefDbl 403
DefInt 403
DefLng 403
DefSng 403

DefStr 403
DefTyp 403
DefVar 403
Deklaration 14
Delay 111
Delete 282, 291
Destination 315
DeviceType 125
Dialog
  drucken 86
  Farbauswahl 83
  Farben 77
  öffnen 77, 78
  Schriftarten 77
  speichern 77, 81
DialogTitle 80
DigitalVideo 125
Dim 15, 289, 404
Dimensionierung 14
Dir[$] 405
DirectoryListbox 65
Disabled 124
DLL 232
  Argumentübergabe 234
DO...LOOP 146, 406
Document-Forms 221
DoEvents 407
Done 129
Double 14
DownloadMail 118
Drag 230
Drag&Drop 230 f.
DragIcon 22, 232
DragMode 22
DragOver 232
DrawMode 104
Drive 65
DriveListbox 65
Drucker 77
Dynamische Arrays 140
Dynaset 286, 294, 368
  Schließen 296

E

E-Form 341
  Browser 350
  Cache 356
E-Mail 343
Edit 303
Edition 5
  Professional 5, 77
  Standard 5, 77
Eigenschaften 8, 20
  DDE 191
  Form 32
Einfg-Taste 113
Einfügen 185
Eingabeelement 55
Eingaben 148
Electronic Forms Designer 343
elektronisches Formular 343
Embedded 204
Embedded Object 208
Enabled 23, 44, 73, 124
End 408
End Of File 156
End Select 145
End Sub 27
Entscheidungsstrukturen 143
Environ[$] 408
Environment 31
EOF 156, 409, 277
Erase 410
Ereignis 19 f.
  DDE 196
Ereignis-Orientierte Programmierung
  18 f.

Ereignisprozedur 25
Erl 410
Err 167, 410 f.
Error 126, 411
Error[$] 412
Errorcode 129
ErrorMessage 126
Exclusive 274
Execute 299
ExecuteSQL 299
Exit 413
exklusiv 292
Exp 413
Expand 109, 110
Explizit 133
ExtraData 104

F

False 58
Farben 42
    Hilfedatei 327
Fehler, logische 173
Fenster
    anordnen 230
    Größenänderung 33
    Properties 22
Fensterliste 229
fester Indexbereich 140
Festplatte 153
Field 281, 284, 286 f., 368
File 29
FileAttr 414
FileCopy 414
FileDateTime 415
Filehandle 154
FileLen 415
FileListbox 66
FileName 67, 80, 125
FillColor 42
Filter 78, 295
FilterIndex 80
FindFirst 279
FindLast 279
FindNext 279
FindPrevious 279
Fix 415, 437
FixedAlignment 90
FixedCols 88
FixedRows 88
Flags 80, 83, 85
FloodColor 96
FloodPercent 96
FloodShowPct 96
FloodType 95
Focus 49
Fokus 49, 76
Font3D 92
FontBold 23, 43, 85
FontFamily 105
FontItalic 23, 85
FontItalics 43
FontName 23, 43, 85
FontSize 23, 43, 85, 105
FontStrikeThru 23
FontStrikethru 43, 85
FontStyle 105
FontTransparent 43
FontUnderline 43, 85
FontUse 105
FOR...NEXT 146, 415
ForeColor 42
ForeGround 104
Form 8, 10, 50, 368
    immer im Vordergrund 237
Form Fenster 8
Form Text 30
Form_Load 50

Form_Resize 50
Format 98
Format[$] 416
FormatedText 98
Formen 30
Formlisting 31
Formweite Variablen 134
Frame 68, 99
-Forms 221
-Grabber Karte 125
FreeFile 157, 424
FreeLocks 424
Fremdschlüssel 247
FullPath 109
Function 27, 424
Funktionen 25 ff.
Funktionskopf 28
FV 426

G

Gauge Control 111
GAUGE.VBX 111
GDI 234
General Declarations 26
Get 159, 427
GetAttr 428
GetData 186
GetFreeSystemRecources 236
GetPrivateProfileString 236
GetProfileString 236
GetText 186
Gitternetz 88
Global 134, 429
Global Const 137
Globale Variablen 134
Gosub...Return 430
GotFocus 49, 54, 56
GoTo 431
Grafik 69
Graph Control 101
GRAPH.VBX 101
GraphData 103
Graphics Server 102
GraphStyle 102
GraphTitle 104
GraphType 102
Grid 88
Grid Height 31
Grid Width 31
GRID.VBX 88
GridLines 89
GridLineWidth 89
GridStyle 104
GroupAllowAllUp 94
GroupNumber 94
Gültigkeitsbereich 133
von Variablen 134

H

Handle 235
HasSubItems 109
Height 23, 41
Help Context 355
Help File Name 355
HelpContextID 23, 331
HelpFile 330
Hex[$] 431
HighLight 90
Hilfe
aktiv 331
passiv 331
-Compiler 317, 328 f.
Hilfesysteme 319
Hilfetexte 320

Hotkey 74, 76
HotSpot 319, 324
  segmented 324
HotSpot Editor 325
Hour 432
Huge Arrays 141
hWnd 235
hWndDisplay 126
Hypergraphic 324

I

Icon 69
IF...THEN 143, 432
IIf 433
Image 70
ImageFile 105
Implizit 133
Indent 109
Index 23, 139, 247, 284, 287, 298, 369
INI-Datei 236
InitDir 80
InnerBottom 113
InnerLeft 113
InnerRight 113
InnerTop 113
InPlace Activation 204
Input 155
Input # 156, 434
Input$ 156
Input[$] 434
InputBox 150
InputBox[$] 435
Instanzen 222
InStr 436
Int 437
Integer 14
Interpersonal Messages 351
Interpreter 4
Interprocess Messages 351
Interval 64
IPmt 437
IsDate 438
IsEmpty 438
IsItemVisible 109
IsNull 439
IsNumeric 439
Item 192
ItemData 61

J/K

JET-Engine 241
Jump 319, 324Kernel 234
Key Status Control 113
KeyAscii 48, 149
KeyCode 48
KeyDown 48, 149
KeyPress 48, 66, 149
KeyPreview 48, 149
KEYSTAT.VBX 113
KeyUp 48, 149
Kill 439
Klasse 209
Kombinationsfeld 62
Komma 157
Kommentare 14
Konstante 136
Koordinatensystem 42
Kopieren 185
Kreuztabelle 260

L

Label 52, 104
LabelEvery 104
LabelText 104
LargeChange 64
Laufzeitfehler 163, 166
    erwartete 166
    unerwartet 172
LBound 141, 440
LCase[$] 440
Lebensdauer von Variablen 133, 135
Left 23, 41
Left[$] 441
LeftTitle 104
LegendStyle 104
LegendText 104
Len 441
Length 126
Length Of File 156
Let 442
Line Input 156
Line Input # 442
Link
    automatisch 192
    manuell 192
LinkClose 196, 200
Linked 204
Linked Object 211
LinkError 197, 200
LinkExecute 195, 200
LinkItem 193
LinkMode 191, 192, 193, 199
LinkNotify 196, 200
LinkOpen 196, 200
LinkPoke 195
LinkRequest 194, 195
Links 190
LinkSend 200
LinkTimeout 194
LinkTopic 192, 193, 200
List 60
Listbox 59
ListCount 60, 110
Listenfeld 59
ListIndex 60
Listing 12
Load 443
LoadPicture 69, 443
Loc 443
Lock Read 159
Lock Read Write 159
Lock Write 159
Lock-Status 159
Lock...Unlock 444
LockEdits 304
Locking
    Database 302
    Dynaset 302
    Optimistic 303
    Page 303
    Pessimistic 303
    Table 302
LOF 156, 445
Log 445
logische Fehler 163
LogonUI 116
lokal 288
Lokale Variablen 134
Long 14
LostFocus 49, 54
LSet 446
LTrim[$] 446

M

Macro 324, 326
Mail Application Programmers Interface 115, 350
Mail Routing 361
MAPI 115, 350
  Controls 115
  Messages Control 118
  Session Control 115
Mask 96
Masked Edit Control 96
MaskedEdit 283
Max 64, 85, 112
MaxButton 33
MaxFileSize 82
MCI Control 123
MCI-Standard 122
MCI.VBX) 123
MDI 221
MDI Form 227
MDI-Anwendung
  laden 222
MDIChild 227
MDIForm 369
Me 225
Media Control Interface 122
MEFAPI 350
Mefapi.vbx 344
Meflib.dll 351
mehrdimensionale Arrays 140
Menü 70
Menüdesign 70
Menüeinträge 20
Menüs
  MDI 228
Menüzeile 7
MessageBox 151
MessageClass Name 353
Metafile 69
Methoden 20
  DDE 194
Microsoft, Access 263
  FoxPro 263, 304
  SQL-Server 263, 304
Mid$ 447
Mid[$] 447
MIDI-Sequencer 125
Min 64, 85, 112
MinButton 33
Minute 448
MkDir 448
MMMovie 125
MMSYSTEM 123
Mode 126
Modem 115
Modul 10
  -Variablen 134
Month 448
MouseDown 47
MousePointer 23
MouseUp 48
MoveFirst 276
MoveLast 276
MoveNext 276
MovePrevious 276
MRBC.EXE 327
MSCOMM.VBX 114
MsgBox 449
MsgIndex 119, 121
MsgNoteText 121
MsgRecieptRequestet 122
MsgSubject 121
MSMAIL.INI 349, 355
MSMAPI.VBX 115
MSMASKED.VBX 96
MSOUTLIN.VBX 106
MultiLine 55
Multiple-Document-Interface 221
MutliSelect 61

N

Nachricht 19
Nachrichtenklasse 348
Name 22, 23, 44, 450
  Standardname 22
native Data 202
NeedleWidth 113
NetDDE 198
New 224, 289
NewIndex 61
NewSession 117
NoMatch 279
None 193
Normalform
  Dritte 251
  Erste 250
  Zweite 251
Normalisierung 249, 250
Notify 126
Notify Link 192
NotifyCode 129
Now 451
NPer 451
Num Lock 113
NumPoints 103
NumSets 103

O

Oberfläche 6
Objekte 20
Objektvariable 289
Oct[$] 452
ODBC 241, 263, 304
OLE 201
  Control 207
  Einfügen von Objekten 207
OLE
  Erzeugen von Objekten 208
  Speichern von Objekten 211
OLE Automation 206 216
On Error 166, 453
On...GoSub 454
On...GoTo 454
OnComm 115
Open 155, 158, 160, 455
OpenDatabase 291
Operation Map 354
Optionen 288
Option Base 139, 457
Option Button 58
Option Compare 457
Option Explicit 133, 166, 457
Options 31, 303
Optionsgruppe 58
Oracle 263, 304
Orientation 126
Outline 93
Outline Control 106
Output 155
Overlay-Board 125

P

Palette 104
Paradox 263, 304
Parent-Forms 221
Partition 458
Password 116
Path 66
PathChange 66
PathSeperator 109
Pattern 67
PatternChange 66
PatternData 104

Picture 69, 70, 93, 113
Picturebox 69
PictureClick 110
PictureClosed 108
PictureDisabled 94
PictureDnChange 94
PictureDown 94
PictureLeaf 108
PictureMinus 108
PictureOpen 108
PicturePlus 108
PictureUp 94
Pmt 459
Pointer 235
PopUp 319, 324, 325
Position 126
PPmt 459
presentation data 202
Preserve 141
Primärschlüssel 246, 268
Primary Key 246
Print 11, 69
Print # 157, 460
Printer 369
PrintStyle 104
Programmstrukturfehler 163, 165
Project Fenster 9
Projekt 29
    Datei 29
    Elemente 9
    Hilfe 328
PromtChar 98
Properties 8
Prozeduren 25, 28
Prozedurname 24
Put 159, 461
PV 462

Q

QBColor 463
Quellcode 9
Quelle 190, 191, 199
Querverweise 321
QueryDef 287, 296, 370

R

Radio Button 58
Rahmen 32
Random Access 158
RandomData 102
Raster 31
Rate 464
RDBMS 245
Read 158
Read Form 345
Read Only 41, 274, 292
Read Write 158
RecipDisplayName 121
Record 124
RecordCount 278
RecordSet 294
RecordSource 272
ReDim 140, 465
REGEDIT.EXE 209
Registrier-Editor 209
relationale Datenbank 244
Rem 14, 467
RemoveItem 60, 90, 109
RepairDatabase 467
Reply-Compose-Form 359
Reply-Read-Form 359
ReportFileName 315
Require Variable Declaration 134
Reset 467

Resume 168, 468
RGB 468
Right[$] 469
RmDir 469
Rnd 470
RollBack 300, 384
Rollbalken 63
RoundedCorner 93
Row 88 f.
RowHeight 89
RSet 470
RTrim[$] 446, 471
Rückgabewert 27

S

Save 284
Save Project 29
  Before Run 233
SavePicture 69, 471
Scanner 125
Schleifen 145
Schriftart 84
Screen 226, 370
Scroll Lock 113
ScrollBars 55, 63
Second 471
Seek 298, 472
SeeThru 104
Sekundärschlüssel 247
SELECT CASE 145, 473
Selected 61
SelEndCol 89
SelEndRow 89
SelLength 56
SelStart 56
SelStartCol 89
SelStartRow 89
SelText 56
Semikolon 157
SendKeys 149, 474
Sequentieller Zugriff 155
serielle Schnittstelle 115
Server 202
SessionID 117, 119
Set 476
SetAttr 477
SetData 186
SetDataAccessOption 293, 478
SetDefaultWorkspace 293, 478
SetText 186
SetWindowPos 237
Sgn 479
ShadowColor 92
ShadowStyle 92
Shared 159
Shared.ini 352
Shell 479
Shift 47, 48
Shortcut 74
Show Grid 31
Silent 126
Sin 480
Single 14
SLN 480
SmallChange 64
Snapshot 286, 370
  schließen 296
Software Development Kit 233
Software-Design-Ingenieure 3
Sort 296
Sorted 61
Sound Karte 123
Space[$] 481
Spc 481
SpecialOp 101
Speed 100
Speichern 29

Spin Control 110
SPIN.VBX 110
SpinDown 111
SpinOrientation 111
SpinUp 111
SQL 255
    All 262
    DCL 256
    DDL 256
    DELETE 258, 260
    Distinct 262
    Distinctrow 262
    DML 256
    Gruppen 314
    INSERT 258, 260
    SELECT 258 f.
    Select Into 259
    SELECT-INTO 258
    Stored Procedure 309
    TRANSFORM 258, 260
    UPDATE 258, 261
    Views 309
SQLPassThrough 308
Sqr 481
Startkonfiguration 35
Static 136, 481
StatusUpdate 129
Steuerelemente 20, 37
Stop 483
    Anweisung 176
Str[$] 483
StrComp 484
Stretch 70
String 14, 15
    Null-Terminated 235
String[$] 484
Structured Query Language 255
Style 62, 107, 112, 113
Sub 485
Subject-Prefix 349
Suchbegriff 321
Suchen
    Hilfedatei 323
Switch 486
SYD 487
Syntax 12
Syntax Checking 164
Syntaxfehler 163
SYSTEM.MDA 293
Systemmenü 33

T

Tab 488
Tabelle 246
TabIndex 23, 76
Table 286, 298, 371
TableDef 284, 287, 307, 371
TabStop 23, 76
Tag 23, 200
TAG Eigenschaft 346
Tan 488
Tastatur 148
Tastaturereignis 19
Tastenanschläge 19
Text 54, 60, 89
Textbox 53
TextPosition 101
Thema 319, 321
ThickLines 104
ThisPoint 103
ThisSet 103
Threaded-P-Code 4, 13
    Technik 4
THREED.VBX 91
Time[$] 488, 489
TimeFormat 126

Timer 64, 489
TimerInterval 114
TimeSerial 490
TimeValue 490
Titel 321
  Hilfedatei 322
To-Liste 361
Toolbar 7
Toolbox 7, 8, 10
Top 23, 41
Topic 192
Track 126
TrackLength 126
TrackPosition 126
Transaktionen 300
Trim[$] 446
True 58
Tupel 246
Twip 41
Type 142, 290, 491
TypeOf 227

U

UBound 141, 492
UCase[$] 492
Unload 492
Update 303
User 234
UserName 116

V

Val 493
Validate 283
ValidationError 98
Value 51, 57, 64, 92, 101, 112, 114, 281
Variable 133
Variable 14
  Typ 15
Variablendeklaration
  explizit 16
Variant 16
VarType 494
VB.INI 293
VBA 214
  Excel 214
VBRUN300.DLL 5
VBX 34, 76
  -Datei 343
Video 123
Videodisc 125
Videorecorder 125
Visible 23, 44, 74, 125
VISUAL 4
Visual Basic for Applications 214

W

wahlfreier Zugriff 158
Wait 127
Watch 178
WaveAudio 125
Weekday 494
Werkzeugleiste 7
WHILE...WEND 147, 495
Width 23, 41
Width # 495
Win SDK Help 233
Windows 3.1 API Help 233
WINHELP.EXE 319
WordWrap 52

Workgroup Computing 362
Write 158
Write # 157, 496
WritePrivateProfileString 236
WriteProfileString 236

X/Y/Z

X 47
Y 47
Year 497
Zeilenabschlußzeichen 13
Zettelwirtschaft 343
Ziel 190 f.
Zugriffsarten 155
Zwischenablage 185
    Formate 187
    Inhalt 185

SYBEX
Computerbücher & Software